FOUR
BRIDGE
PREACHING

박현신 지음

청중과 사회를 변혁시키는
적용 지향적 설교 패러다임

포브릿지 프리칭

CLC

기독교문서선교회(Christian Literature Center: 약칭 CLC)는 1941년 영국 콜체스터에서 켄 아담스에 의해 시작되었으며 국제 본부는 미국의 필라델피아에 있습니다.

국제 CLC는 59개 나라에서 180개의 본부를 두고, 약 650여 명의 선교사들이 이동도서차량 40대를 이용하여 문서 보급에 힘쓰고 있으며 이메일 주문을 통해 130여 국으로 책을 공급하고 있습니다.

한국 CLC는 청교도적 복음주의 신학과 신앙서적을 출판하는 문서선교 기관으로서, 한 영혼이라도 구원되길 소망하면서 주님이 오시는 그날까지 최선을 다할 것입니다.

FOUR BRIDGE PREACHING

Written by
Hyun Shin Park

Korean Edition
Copyright©2017, 2022 by Christian Literature Center
Seoul, Korea

추천사 1

허셀 요크(Hershael W. York) 박사
미국 남침례신학교 설교학 교수

청중에게 아무것도 요구하지 않는 설교보다 그들을 더 좌절시키는 것은 없다. 그런 절망적 설교는 어떻게 하면 청중이 본문의 진리로부터 삶을 변화시킬 수 있는지를 보여주는 도전과 적용적 가르침을 제공하지 않는다. 하나님의 말씀은 본질적으로 회중들이 의로운 삶을 살아가도록, 교훈과 책망과 바르게 함과 의로 교육하기에 강력하고 유익한 적용을 제공한다. 적용이 없이 제시되는 모든 설교는 청중을 낙담하게 만든다. 왜냐하면 이러한 설교는 하나님의 말씀을 통해 청중이 무언가를 행동하도록 강조하지만, 청중이 어떻게(how) 그것을 실행할 수 있는지(적용적 차원)에 대해서는 외면하기 때문이다.

이런 점에서 나의 자랑스러운 제자인 박현신 박사가 설교의 적용을 위한 놀라운 안내서를 내놓게 되어 너무나 기쁘고 감사하다. 본서는 본문에 깊이 뿌리를 내리고 있으면서도 청중으로 하여금 그리스도를 닮게 하는 설교 적용에 관한 탁월한 안내서로서, 변혁적인 설교 적용을 추구하는 설교자들을 위한 책이다. 오늘날 청중에게 말씀을 효과적으로 적용시키시는 성령의 능력으로 변혁적 설교를 하기 원하는 설교자들에게 본서는 소중한 선물이 될 것임을 확신하며 기쁘게 추천한다.

추천사 2

정성구 박사
전 총신대학교 총장 및 명예교수

교회사에 가장 위대한 설교가는 크리소스톰이다. 그는 설교를 호밀리(Homily)라고 했는데, 이는 헬라어의 "ὁμιλία"(호밀리아)에서 나온 말이다. 그 의미는 '같이 만나게 해준다'는 뜻을 갖고 있다. 즉, 설교란 하나님과 죄인들을 만나게 해주는 것이다. 존 칼빈도 이와 같은 해석을 했다.

그래서 설교학을 'Homiletics'라고 하고 다른 말로는 설교신학(*Theologia Homiletica*, 데올로기아 호밀레티카)이라 한다. 오늘의 설교자는 대게 설교신학의 이론 정립이 없고 설교를 가볍게 생각하여 자기 자신의 세계관과 믿음을 기초로 일방적으로 성도들에게 유익한 교훈을 주는 것으로 알고 있다. 더구나 지금 한국교회는 미국의 번영신학과 더불어 스토리텔링(Story telling) 설교가 유행이다. 이것은 설교할 때 성경의 계시사건(fact)에 매달리지 말고 그 성경이 오늘 우리에게 주는 의미가 무엇인지를 알아보고 적용하는 운동이다.

그러나 나는 평생 성경은 위대한 하나님의 구속사요, 복음이므로 그것을 정확히 증거하고, 성도들이 이해되도록 하고, 그래서 성도들이 결심하고 결단하는 데까지 나가야 한다고 본다. 개혁주의 설교는 오직 성경(*Sola Scriptura*, 솔라 스크립투라)이어야 하지만 또한 성경 전부(*Tota Scriptura*, 토타 스크립투라)를 증거해야 한다. 그런 것을 나는 구속사적 강해 설교(Redemptive Historical Expository Preaching)라고 했다.

이번에 총신대학교의 설교학 교수인 박현신 교수가 아주 학문적이고 무게있는 설교학 책을 집필했다. 대게 이론적인 사람은 실천적인 면에서 약점이 있고, 아주 실제적으로 설교를 잘하는 사람은 이론과 학문이 부족한 것이 사실이다. 그런데 박현신 교수는 명설교가일 뿐만 아니라 실천신학자로서 이번에 보기 드문 대작을 낸 것이다.

특히, 성경적 설교에서 어찌하면 적용을 옳게 할 것인지를 이론적으로 밝혔다. 바라기는 이 귀한 본서가 일선 목회자들이나 신학생들에게 널리 읽혀져서, 뜻 깊은 교회개혁 500주년되는 시점에 한국교회의 강단을 통한 교회개혁 운동의 견인차가 되길 바라며 추천하는 바이다.

추천사 3

류응렬 박사 ■ 전 총신대학교 신학대학원 설교학 교수, 현 와싱톤중앙장로교회 담임목사

적용이 제시될 때 삶을 변화시키는 설교가 시작된다. 그 적용은 성경에 근거하고 청중에 적실할 때 올바른 삶의 변혁을 가져온다. 박현신 교수의 『포브릿지 프리칭』(Four Bridge Preaching)은 해석학과 설교학을 씨줄과 날줄처럼 엮어, 적용이라는 아름다운 예술품을 탄생시킨다. 설교자라면 본서를 읽는 순간 반드시 강단에 변화를 기대하게 될 것이다. 그 변화는 영혼을 깨우는 적용을 통한 청중의 변화로 확인될 것이다.

김창훈 박사 ■ 총신대학교 신학대학원 실천신학/설교학 교수

주해와 적용은 설교를 세워 주는 두 기둥이다. 하지만 오늘날 한국교회는 이 두 기둥이 모두 제 역할을 감당하지 못하고 있다. 이러한 상황에서 강단의 약화가 심화되는 것은 명약관화하다. 설상가상으로 적용에 대한 바른 지침서도 전무한 것이 안타까운 현실이다.

차제에 박현신 교수가 가뭄에 단비와 같은 책을 냈다. 본서는 적용과 관련하여 원리적이고 실제적인 지침들을 제시하고 있다. 적용에 있어서 백과사전과 같은 탁월한 저서이다. 본서를 통해 한국교회의 강단이 더욱 풍성해지길 간절히 소망한다.

정우홍 박사 ■ 총신대학교 목회신학전문대학원 설교학 교수, 명성교회 담임목사

박현신 교수는 학자로서 좋은 자질을 타고난 분이다. 깊은 학문적 연구를 통해 후학들에게 아름다운 영향력을 주는 학자이다. 그의 많은 강점 중에서 하나는 교회를 알고 목회자들의 아픔을 잘 알고 있다는 사실이다. 목회 현장에서 설교자에게 가장 중요한 부분은 적용인데 이에 대한 좋은 책이 없는 현실을 바라보면서 박현신 교수가 목회자들과 신학생들에게 설교의 적용에 관한 길잡이가 될 수 있는 좋은 책을 출간되었으니, 한국교회의 축복이다. 박현신 교수의 본서로 말미암아 한국교회 목회자들이 옥동자를 낳는 멋진 설교자로 거듭날 것을 기대한다.

신성욱 박사 ■ 아세아연합신학대학교 설교학 교수

하나님의 말씀인 성경의 목적은 청중의 변화이다. 이 변화를 위한 필수적인 작업을 우리는 설교라 한다. 설교의 생명은 적용에 있다. 청중에게 적용하지 않고 단순히 지식과 정보 전달로 그치는 설교는 설교라 할 수 없다. 설교는 반드시 청중에게 하나님의 말씀을 잘 적용하여 삶의 변화를 가져오게 해야 하기 때문이다.

본서는 적용 패러다임에 대한 소개와 그 필요성, 구약의 선지자들과 신약의 바울과 존 크리소스톰, 칼빈, 조나단 에드워즈, 존 브로더스와 같은 위대한 설교자들의 적용 지향적 설교 패러다임의 샘플들, 포브릿지 프리칭 10단계 프로세스, 그 예시(스가랴 4장)에 관한 내용들 등을 구체적이고 알차게 잘 소개하고 있다.

딱딱하고 메마르고 무미건조한 설교가 아닌, 생명력과 감동이 넘치는 설교를 원하는가?

청중의 머리만 아니라 가슴까지 터치함으로 하나님이 기대하시는 놀라운 변화의 장을 꿈꾸는 이들이 있는가?

박현신 교수가 쓴 본서는 바로 그들을 위한 책이다. 일독을 강력하게 추천한다.

이우제 박사 ■ 백석대학교 신학대학원 설교학 교수

　다소 도발적인 정의가 되겠지만, 설교는 한마디로 적용이다. 이러한 정의가 타당한 이유는 설교의 승패가 결국 적용에서 결정되기 때문일 것이다.

　적용이 실종된 설교는 단지 미완성의 작업에 불과할 것이다. 이토록 설교에 있어서 사활적으로 소중한 분야인 적용에 대한 연구는 그동안 그 중요성에 비하여 너무 빈약하게 다루어진 것이 사실이다. 이러한 아쉬움을 한방에 날려 보낼 수 있는 책이 드디어 출간되었다. 탁월한 설교 신학자이자 뛰어난 설교자이기도 한 박현신 교수의 노고를 통하여 빛을 발하게 된 본서는 척박한 사막에 오아시스와 같은 책이라고 할 수 있다. 본서는 무엇보다도 적용에 대한 깊이 있는 신학적 논의와 구체적인 설교적 활용과 제안이 돋보이는 책이다. 본서를 통하여 분명히 설교적인 안목과 지평이 넓어지게 될 것이라고 확신하면서 모든 목회자들과 신학자들에게 강력히 일독을 권한다.

이승진 박사 ■ 합동신학대학원대학교, 설교학 교수

　모든 설교자의 간절한 열망은 자신이 입으로 선포하는 하나님의 말씀이 성도들의 삶 속에서 온전하게 구현되고 실현되는 것이다. 성령의 기름 부으심을 받은 설교는 설교자의 입을 통해서 선포되어 회중의 귀에 들려오는 말씀(audible Word)이 성도들의 삶 속에 적용되어 사람들의 눈에 보이는 말씀(visible Word)으로 고스란히 실현되는 설교이다.

　이것이 진정 사도 요한이 언급한 "말씀이 육신이 되어 우리 가운데 거하시매 우리가 그 영광을 보니 아버지의 독생자의 영광이요 은혜와 진리가 충만하더라"(요 1:14) 하던 바로 그 영광스런 하나님의 말씀이 아닐까?

　이런 간절한 열망에 해답을 제시할 책이 출간되었다. 박현신 교수는 "삶을 변화시키는 적용 지향적인 강해 설교"를 연구하여 박사학위를 취득하였고, 이후에도 계속해서 적용 지향적인 강해 설교의 패러다임을 꾸준히 연구하고 소논문들을 발표하였으며, 그동안의 연구 결과들을 본서, 『포브릿지 프리칭』에 담아서 세상에 내놓았다. 저자가 제안하는 '포브릿지 설교'의 브릿지(bridge-making)는 주해적인 다리놓기와, 원리화의 다리놓기, 적실화의 다리놓기, 그리고 성령의 다차원적인 역사를 통한 변혁적인 다리놓기이다. 앞의 4가지 다리놓기 중에서 단연 저자의 연구가 빛을 발하는 부분이 4번째

변혁적인 다리놓기이다. 저자는 '포브릿지 프리칭' 패러다임을 제시하고자 성경적, 해석학적, 설교학적, 수사학적으로 탄탄한 이론 위에서 설교자들이 실제적으로 활용할 수 있는 실천 지향적인 설교 패러다임을 모색하여 본서에 담았다.

설교가 회중 개인과 공동체, 그리고 사회 전반에 대한 변혁을 가져올 하나님의 말씀의 선포임에도 불구하고 현대교회의 실제 설교 사역 현장에서 그리고 설교에 대한 신학적인 분석과 설명을 시도하는 현대 설교학의 두 영역에서 '적용 지향적인 강해 설교 패러다임'에 대한 입체적이고 통전적인 연구가 충분히 이뤄지지 못했다. 이런 점에서 박현신 교수의 연구가 목회 현장의 모든 설교자들과, 설교에 대한 좀 더 깊이 있는 연구를 시도하는 신학생들, 그리고 이 분야에 관심이 있는 실천신학자들에게 탁월한 안내서 역할을 할 수 있기를 기대한다.

김대혁 박사 ■ 총신대학교 신학대학원 실천신학/설교학 교수

성경은 적용된 진리입니다. 시공간을 초월하는 하나님의 말씀이지만 시공간 안에 살아가는 사람들에게 주신 말씀이기 때문입니다. 그래서 본문에 충실하고도 회중의 삶에 적실한 설교, 그래서 회중의 삶에 변화를 추구하는 설교자라면, 매주일 초월과 내재, 불변과 변화, 진리와 삶, 서술과 규정, 이 사이에서 몸부림을 칩니다. 이것이 바로 적용이 가져다주는 설교적 도전입니다.

적용의 길은 처음은 쉽게 여겨져도 결코 가볍고 짧은 길이 아닙니다. 적용은 실제 설교 가운데, 반드시 가야 할 궤도에서 벗어나도록 하는 위험한 교차로가 되기도 하고, 본문을 깊이 다루면 다룰수록, 회중의 삶을 품고 아파하는 설교자의 눈물을 요구하는 길이도 합니다. 그러므로 설교 역사에서 계속적으로 강조해 온 적용의 중요성과 필요성은, 반드시 바르고 효과적인 적용을 위한 설교자의 섬세한 해석의 안목과 정교한 이론 체계가 요구됩니다.

박현신 교수의 『포브릿지 프리칭』은 바로 설교자들의 적용에 대한 갈증과 아픔을 해결해 줄 수 있는 귀한 책입니다. 적용에 대한 해석학적, 성경적, 역사적, 그리고 실천 방법론적 단계들에 이르는 본서는 설교 적용의 필독서가 될 것입니다. 본서를 읽고 그 내용을 자신의 설교에 적용시켜 보십시오. 적용이 살아있는 설교로 회중과 교회, 사회를 살려낼 희망을 보게 될 것입니다.

채경락 박사 ■ 고신대학교 설교학 교수

적용은 설교를 설교 되게 하는 필수 작업입니다. 본서가 제시하는 원리를 설교 작성에 적용한다면 풍성한 적용을 품은 설교다운 설교가 마련될 것입니다.

임도균 박사 ■ 침례신학대학교 신학대학원 설교학 교수

한국교회는 진리의 성경과 청중의 현장 간에 안전한 접촉점을 찾기 위해 고민해 왔다. 박현신 박사는 철저한 설교학적 연구와 한국교회의 현장 분석을 기반으로 체계적인 해결점을 제시한다. 바로『포브릿지 프리칭』이다. 성경적이면서도 삶에 연결되는 설교를 실현하기를 꿈꾸는 말씀의 종들에게 본서를 강력히 추천한다!

❖ 약어표

ANQ	*Andover Newton Quarterly*
BECNT	*Baker Exegetical Commentary in the NT*
BI	*Biblical Interpretation*
Bib	*Biblica*
BibInt	*Biblical Interpretation*
BJRL	*Bulletin of the John Rylands University Library*
BSac	*Bibliotheca Sacra*
BT	*The Bible Translator*
BTB	*Biblical Theology Bulletin*
CBQ	*Catholic Biblical Quarterly*
CH	*Church History*
CJ	*Classical Journal*
CTJ	*Calvin Theological Journal*
CTM	*Concordia Theological Monthly*
CTQ	*Concordia Theological Quarterly*
CTR	*Criswell Theological Review*
Did	*Didaskalia*
DRev	*Downside Review*
ERT	*Evangelical Review of Theology*
EuroJT	*European Journal of Theology*
EvQ	*Evangelical Quarterly*
Exp	*Expositor*
ExpTim	*Expository Times*

FN	Filologia Netestamentaria
FJ	Founders Journal
GOTR	Greek Orthodox Theological Review
GTJ	Grace Theological Journal
HTR	Harvard Theological Review
Int	Interpretation
IBS	Irish Biblical Studies
JAAR	Journal of the American Academy of Religion
JBC	Journal of Biblical Counseling
JBL	Journal of Biblical Literature
JCR	Journal of Communication and Religion
JETS	Journal of the Evangelical Theological Society
JNSL	Journal of Northwest Semitic Languages
JR	Journal of Religion
JSNT	Journal for the Study of the New Testament
JSOT	Journal for the Study of the Old Testament
JTS	Journal of Theological Studies
MJT	Mid-America Journal of Theology
MSJ	Master's Seminary Journal
MQR	Methodist Quarterly Review
NICNT	New International Commentary on the New Testament
NIVAC	NIV Application Commentary
NovT	Novum Testamentum
NTS	New Testament Studies
OTE	Old Testament Essays

QR	*Quarterly Review*
RefR	*Reformed Review*
RefRev	*Reformation & Revival*
ResQ	*Restoration Quarterly*
RevExp	*Review and Expositor*
RTR	*Reformed Theological Review*
SBL	Studies Biblical Literature
SBJT	*The Southern Baptist Journal of Theology*
SBLSP	*Society of Biblical Literature Seminar Papers*
SJT	*Scottish Journal of theology*
SSJ	*Southern Speech Journal*
SVTQ	*St. Vladimir's Theological Quarterly*
SWJT	*Southwestern Journal of Theology*
TE	*Theologia Evangelica*
TJT	*Toronto Journal of Theology*
TynBul	*Tyndale Bulletin*
TJ	*Trinity Journal*
TJT	*Toronto Journal of Theology*
TS	*Theological Studies*
TToday	*Theology Today*
VE	*Vox Evangelica*
VT	*Vetus Testamentum*
WBC	Word Biblical Commentary
WTJ	*Westminster Theological Journal*
WW	*Word & World*
ZAW	*Zeitschrift für die alttestamentliche Wissenschaft*

감사의 글

박현신
총신대학교 신학대학원 실천신학/설교학 교수

먼저 선하신 손으로 연약한 필자의 삶을 여기까지 인도해주신 하나님 아버지의 끝없는 헤세드의 사랑과 측량할 수 없는 은혜에 감사의 제사를 올려 드립니다. 미국 남침례신학교(Southern Baptist Seminary)에서 설교학 박사과정(Ph.D in Preaching) 내내 필자의 모든 관심과 열정은 오로지 청중과 사회를 변혁시키는 설교의 '적용'에 있었습니다.

학위를 마치고, 한국에서 지난 5년간, 부족하지만 총신대학교 신학대학원에서 치열하게 강의하면서 얻은 경험과 여러 설교 세미나와 아카데미에서 설교자들과 목회자들을 섬기면서 얻은 통찰력들의 열매들이 알알이 본서 안에 녹아 있습니다. 또한 미국에서 공부한 적용에 대한 연구들 가운데 일부를 발췌, 수정 및 보완하여 여러 학회와 세미나에 발표한 논문들과 한국에 와서 새롭게 쓴 글들을 개혁주의 설교학의 용광로에 녹이고, 필자의 손으로 수없이 두드리고 정련하여 약 10년 만에 한 권의 책으로 설교자들을 위해 내놓게 되어 얼마나 감사하고 기쁜지 모릅니다.

감사와 겸손의 눈으로 돌아보면, 저의 마음 가장 깊은 곳에서부터 흘러나오는 고마움을 표현해야 할 분들이 많다는 것을 새삼 깨닫습니다. 먼저 천국에 가셨지만, 얼마 전 국가유공자로 대통령표창을 받은 아버님, 사랑과 눈물로 7남매를 양육해주시고 아들을 위해 늘 기도해 주신 어머님, 그리고 가족들에게 감사를 드리고 싶습니다. 또한 비전의 골짜기면서 동시에 눈물의 골짜기였던 미국 유학 기간 동안 항상 저에게 힘과 위로가 되어 준 사랑하는 아내, 자랑스러운 아들 예성(Eddie), 그리고 졸업 선물로 주신 늦둥이 딸 예본(Jubilee)이 없었다면 본서는 나오지 못했을 것입니다.

설교학이라는 거대한 산맥들을 등정하는 험난한 여정에 소중한 멘토와 아름다운 설교자 숲 모델이 되어주신 필자의 지도교수 요크(Dr. York) 교수님과 영적 아버지가 되어주신 피어슨 교수님(Dr. Pearson), 탁월한 가르침을 주신 보겔 교수님(Dr. Vogel), 알렌

교수님(Dr. Allen), 스미스 교수님(Dr. Smith)께도 존경과 감사를 드립니다.

부족하지만 모교 총신대학교 신학대학원에 10년 만에 돌아와 설교학을 가르치는 동안, 많은 도움과 조언을 해 주신 총신대학교 신학대학원의 존경하는 스승님들과 동료 교수님들, 실천신학 교수님들께도 존경과 감사를 드립니다.

그리고 2012년 가을학기부터 만났던 총신 교정의 사랑하는 제자들과 석·박사과정 목사님들의 기도와 성원, 그리고 날카로운 질문과 피드백에 고마운 마음을 전하고 싶습니다.

귀한 추천사를 써 주신 설교학 교수님들(정성구 교수님, 김창훈 교수님, 정우홍 교수님, 신성욱 교수님, 이승진 교수님, 이우제 교수님, 채경락 교수님)께 깊은 감사를 드립니다.

미국 유학 기간 동안 기도 후원과 장학금을 보내주셨을 뿐 아니라 귀국 후 협동목사로 섬기면서 공동체의 사랑을 받게 해 주신 최종천 목사님과 분당중앙교회 성도님께도 진심 어린 감사를 드립니다.

프락시스 아카데미를 함께 섬기고 있는 양현표 교수님과 김대혁 교수님, 미국 와싱턴중앙장로교회 류응렬 목사님과 미국 NPC(National Preaching Conference)와 NEP(New Expository Preaching)에서 함께 강사로 섬겼던 권 호, 임도균 교수님께도 감사를 드립니다. 본서가 세상에 나올 수 있도록 해 주신 CLC 박영호 대표님과 꼼꼼히 원고를 교정해 주신 직원 여러분들의 귀한 수고에 감사를 드립니다. 소망하기는, 21세기 한국교회 청중들과 한국 사회 전 영역을 말씀으로 변혁(transformation)시키기 위해, 본문이 이끄는 적용(text-driven application)을 배우고 설교 생태계에 접목하려는 설교자들에게 본서가 작은 다리가 될 수 있기를 간절히 기도합니다.

CONTENTS

추천사 1 허셀 요크 박사(미국 남침례신학교 설교학 교수) _5
추천사 2 정성구 박사(전 총신대학교 총장 및 명예교수) _6
추천사 3 류응렬 박사(현 와싱톤중앙장로교회 담임목사) 외 8인 _8
약어표 _13
감사의 글 _16
프롤로그 _26

제1부 청중과 사회를 변혁시키는 적용 패러다임을 위한 해석학적 기초: 왜, 설교의 적용 패러다임이 필요한가? / 35

제1장 설교 적용 패러다임 구축을 위한 적용 해석학의 필요성 _39

1. 설교 적용에 대한 정의(definition)를 통해 본 적용 해석학의 필요성 _39
2. 현대 해석학의 흐름을 통해 본 적용 패러다임의 필요성 _41
3. 성경 해석학의 흐름을 통해 본 적용 패러다임의 필요성 _45
4. 강해 설교의 흐름을 통해 본 적용 패러다임의 필요성 _48
5. 적용 오류를 극복하기 위한 적용 패러다임의 필요성 _50
6. 해석학과 적용 사이의 역동적 관계 지평 재정립을 위한 적용 패러다임의 필요성 _61
7. 허쉬의 이분법 논쟁을 넘어 구체적인 방법론으로 발전하기 위한 적용 해석학 필요성 _65

제2장 기존의 다리놓기 모델에 대한 발전적 평가 _68

1. 존 스토트의 두 다리놓기 모델을 넘어 _68
2. 두 지평 융합을 넘어 세 지평 변혁을 향하여 _70
3. 재상황화, 재적용을 위한 다리놓기 패러다임의 필연성 _71
4. 다리놓기에 대한 해석학적 반대 입장 비판과 개혁주의 입장 _73

제3장 청중의 삶과 사회를 변혁시키는 적용 패러다임으로서의 네 다리놓기를 향하여 _79

1. 네 지평, 네 다리놓기 모델을 청사진으로 삼으라 _79
2. 적용 지향적 주해 다리놓기(application-aimed exegetical bridge) _80
3. 적용 지향적 신학 지평 다리놓기(application-aimed theological bridge) _81
4. 적용 지향적 적실성 과정 다리놓기(application-aimed homiletical bridge) _82
5. 적용 지향적 변혁 과정 다리놓기(application-aimed transformational bridge) _83
6. 끊어진 다리들에 의한 탈선적 적용 형태들(deviations by broken bridges) _85
7. 결어: 적용 지향적 설교 패러다임을 위한 적용 해석학을 향하여 _86

제2부 청중과 사회를 변혁시키는 적용 패러다임을 위한 성경적 모델 / 88

제1장 구약의 모델 _89

1. 에스라의 적용 지향적 강해 설교 _90
2. 모세의 적용 지향적 설교 패러다임 _91
3. 소선지서에 나타난 적용 지향적 설교 패러다임 _93

제2장 바울의 설교에 나타난 적용 패러다임 _100

1. 바울의 설교 분석을 통한 적용 패러다임 연구의 필요성 _100
2. 바울의 설교 분석을 통한 적용 패러다임 고찰 _104
3. 바울의 설교 분석을 통해 본 적용 패러다임 주요 특징들 _121
4. 결어: 대안적 적용 모델로서의 바울의 설교 패러다임 _142

제3부 청중과 사회를 변혁시키는 적용 패러다임을 위한 역사적 모델 / 147

제1장 존 크리소스톰의 설교 적용 패러다임 _148

1. 청중의 삶의 변혁을 궁극적인 목적으로 추구하는 적용 _150
2. 건실한 주해와 신학적/보편적인 원리에 뿌리박은 윤리적 적용 _152
3. 부와 가난에 대한 적용을 강조함 _156
4. 교회적 공동체로서의 가정과 양육에 대한 적용을 강조함 _157
5. 청중 분석과 다양한 적실성 범주 _160
6. 결어: 한국의 크리소스톰을 기대하며 _164

제2장 존 칼빈의 목회적 설교에 나타난 적용 패러다임 _168

1. 칼빈의 적용이 정초하고 있는 해석학적 토대: 이중 음성에 근거한 칼빈의 적용 해석학 _171
2. 칼빈의 적용에 초점을 둔 목회적 설교 _172
3. 칼빈의 삼중적 적용의 목적 _174
4. 네 다리놓기 적용 패러다임을 통해 본 칼빈 설교의 적용 패러다임 _176
5. 결어: 칼빈 설교의 적용 패러다임이 개혁주의 설교의 모델이 되어야 _193

제3장 조나단 에드워즈의 설교 분석을 통한 적용 패러다임 _198

1. 에드워즈의 설교와 적용에 대한 재조명 _200
2. 에드워즈의 적용 해석학의 주요 특징들 _205
3. 에드워즈의 다리놓기 적용 패러다임 특징 _208
4. 결어: 에드워즈의 적용을 통해 본 한국교회 설교의 적용 회복을 위한 제언 _219

제4장 존 브로더스 설교의 적용 패러다임 _224

1. 브로더스의 본문이 이끄는 설교 철학 _226
2. 브로더스의 본문이 이끄는 설교에 대한 발전적 평가(현대 강해 설교학자들의 관점에서) _242
3. 결어: 브로더스의 설교 적용 연구를 통한 제언 _248

제4부 포브릿지 프리칭 패러다임 / 249

제1장 주해적 다리놓기 과정 _253

1. 적용적 주해를 통해 저자 의도적 의미 파악 _253
2. 저자가 의도했던 원 청중을 향한 원 적용 찾기 및 직접/간접적 적용 구별하기 _264
3. 원 적용에 기초한 저자 의도적 빅아이디어와 주해 아웃라인 _268

제2장 원리화 과정을 통한 트랜스퍼링 방법론 _273

1. 원리화 다리놓기의 정의와 본질 _275
2. 원리화 과정 패러다임의 필요성을 넘어 _283

    3. 원리화 과정을 위한 트랜스퍼링의 기준 _287
    4. 7가지 교리에 기초한 원리화 다리를 통해 트랜스퍼링 _293
    5. 원리화 과정을 통한 트랜스퍼링 5단계 방법론을 향하여 _298
    6. 결어: 설교자여, 원리화 다리놓기를 위한 트랜스퍼링 패러다임을 구축하라! _313

제3장 적실성 다리놓기 _316

    1. 다양한 적실성 범주 모델들 _317
    2. 성경적, 역사적, 현대적 모델에 기초한 7가지 적실성 범주 _321
    3. 7가지 적용 영역과 연결된 적용적 예화 _348
    4. 적실성 다리놓기를 위한 청중 주해 _353
    5. 적용을 지향하는 설교적 아웃라인과 서론 및 결론 _382

제4장 변혁적 다리놓기 _400

    1. 변혁적 설교를 위한 성령의 역할, 그 설교신학적 근거 _404
    2. 변혁적 설교를 위한 성령의 다차원적 역할 _410
    3. 적혁적 설교의 전달 과정에서 성령의 역할 _423
    4. 설교 전달 후 성령의 역할: 성령을 따라 행함(πνεύματι περιπατεῖτε)으로 성령의 열매(καρπὸς τοῦ πνεύματός)를 맺게 하심 _430
    5. 결어: 성령이 이끄는 변혁적 다리놓기를 향하여 _433

에필로그 _436

부록 1 포브릿지 프리칭 10단계 프로세스 _444
부록 2 포브릿지 프리칭 10단계 프로세스 예시(스가랴 4장) _446
참고문헌 _463

❖ 표 목록

〈표 1. 적용 오류 패턴 10가지〉 52

〈표 2. 적용 해석학 관점에서 본 저자 의도적 주해의 요소들〉 261

〈표 3. 직접적 적용과 간접적 적용을 분별하기(원 적용의 5가지 패턴)〉 265

〈표 4. 원 청중과 현 청중의 비교(히 12:1-2)〉 283

〈표 5. 포브릿지 트랜스퍼링 모델〉 317

〈표 6. 파이파의 적실성 범주 모델〉 319

〈표 7. 관계 지평의 개인적 적실성 요소들〉 325

〈표 8. 개인 영역의 적용 패턴〉 327

〈표 9. 가정 영역 적용 패턴〉 329

〈표 10. 바울의 덕과 악에 대한 적용 패턴〉 331

〈표 11. 공동체적, 목회적 적용 패턴〉 332

〈표 12. 정치와 국가 영역에 대한 적용〉 334

〈표 13. 경제적 영역의 적용 패턴〉 336

〈표 14. 문화적/세계관 적용 패턴〉 340

〈표 15. 윤리적 영역 적용 패턴〉 342

〈표 16. 도리아니의 하나님 나라 윤리 적용 패턴〉 344

〈표 17. 종교적, 철학적 적용 패턴〉 345

〈표 18. 원리화 7기준과 적실성 7범주의 통합적 적용 패턴〉 347

〈표 19. 청중 주해 매트릭스〉 365

〈표 20. 오버도르프(Overdorf)의 청중 분석표〉 366

〈표 21. 성령의 나타남을 통한 비언어적 커뮤니케이션 영역〉 430

〈표 22. 성령 주도적인 변혁적 설교의 전 과정〉 435

〈표 23. 포브릿지 프리칭 10단계 프로세스〉 444

❖ 도형 목록

〈도형 1. 데니스 존슨(Dennis Johnson)의 목회적 구속사 설교 패러다임〉 77

〈도형 2. 포브릿지 프리칭 패러다임〉 84, 252, 445

〈도형 3. 바울의 고린도전서 15장 설교 분석〉 106

〈도형 4. 3가지 목적, 3가지 청중〉 278

〈도형 5. 추상 작용(원리화) 사다리 모델〉 279

〈도형 6. 추상화 다리 패러다임〉 280

〈도형 7. 트랜스퍼링 정도(레벨) 분류〉 303

〈도형 8. 포브릿지 트랜스퍼링 모델〉 315

〈도형 9. 깔대기 적용 모델〉 320

〈도형 10. 적용 지향적 설교 준비 프로세스〉 382

FOUR BRIDGE

PREACHING

프롤로그

현재 한국교회 설교의 위기를 초래한 원인이 어디에 정초하고 있는지에 대해 설교학자들은 다양한 측면에서 진단과 전망들을 내놓고 있다.[1] 이러한 전망들도 진지하게 성찰해야 할 건설적 비판임에 분명하다. 또한 설교 생태계 곳곳에 자라난 문제들에 관해 단순히 한두 가지 측면으로부터 근본 원인과 해법 구도를 찾기보다는 다차원적으로 조망하는 것이 필요하다. 이런 점에서 이승진은 한국교회 설교 생태계의 복잡다단한 문제를 성경 해석학과 설교신학, 교회론, 기독교신학, 선교신학, 문화신학과 종교 사회학, 목회 리더십의 문제의 측면에서 다면적으로 분석한다.[2]

본서는 이러한 거시설교학(macro homiletics)의 흐름을 감지하면서, 미시설교학(micro homiletics) 차원, 즉 적용 해석학적인 측면에서 조망하고 렌즈의 초점을 좁혀 다음과

---

1 류응렬은 한국교회 강단의 문제를 인본주의적 설교가 강단을 지배하고 있다는 점, 예수 그리스도의 복음보다 삶의 이야기로 청중을 끌어간다는 점, 진리의 대언자로서 설교자가 점점 사라진다는 점으로 본다(류응렬, "한국교회 개혁주의 설교의 정착을 위한 8가지 제언," 한국개혁신학회, 「한국개혁신학」 26 [2009]: 171-72). 김지찬은 한국교회 설교의 근본적인 문제가 QT 차원에서 머무는 성경 해석의 심리화, 사사화, 적용의 정형화에 있다고 지적한다(김지찬, "한국교회 설교의 근본적인 문제점," 한국복음주의신학회, 「성경과 신학」 67 [2013]: 261). 정창균은 현상학적으로 양적 성장의 쇠퇴, 도덕성 상실로 인한 사회적 불신, 포스트모던 사회(세대)와 타종교로부터의 반기독교적 압력, 이단에 대한 무방비 상태에 직면해 있으며, 그 근본 원인이 설교에 있어서 본문 이탈 현상(성경을 사용하지 않거나, 성경을 오용하고 남용함)과 교리 설교 기피현상에서 찾고 있다(정창균, "한국교회와 설교: 한국교회 설교가 직면하고 있는 도전들," 한국복음주의신학회 제61차 정기논문발표회 미간행논문, 25-28, 36-39). 김창훈은 해석학적으로 왜곡된 설교, 필요 지배적(마케팅적)이며 흥미 위주의 설교 문제, 교리 설교 부족으로 인한 정체성의 위기 상황에 직면하고 있다고 진단한다(김창훈, "강단회복을 위한 제안: (삼위) 하나님 중심적 설교의 회복," 한국복음주의실천신학회, 「복음과실천신학」 27 [2013] 121-24); 김창훈, "교리 설교, 어떻게 할 것인가" 한국복음주의신학회, 「성경과 신학」 67 [2013]: 75). 그러나 필자는 현재 한국교회 설교의 문제를 적용 해석학적인 측면에서 먼저 이론적으로 분석하고, 이를 기초로 한 실천적인 대안을 모색하는 접근도 필요하다고 본다.

2 이승진, "한국교회 설교의 사사화와 공동체지향적인 설교," 한국복음주의신학회, 「성경과신학」 67 (2013): 34. 이승진은 대형교회(설교)의 과잉대표의 문제, 인격적 관여가 배제된 설교들, 종교시장의 논리와 교회 성장의 논리가 지배하는 설교, "설교의 사사화"(privatization of preaching)의 문제를 지적한다(이승진, "한국교회 설교의 사사화와 공동체 지향적인 설교," 46-54).

같은 과정들을 통해 적용 지향적 강해 설교의 방법론을 모색하는 데 그 목적이 있다.

① 저자 의도적 의미와 적용을 찾기 위한 주해적 다리놓기 과정.
② 현대적 적용으로 넘어가기 위한 원리화 과정.
③ 청중 주해와 적응을 통한 적실성 다리놓기.
④ 변혁적 적용 다리놓기.

그렇다면 오늘날 교회 현장의 설교자들이 느끼고 있는 가장 절실한 필요들(needs)은 무엇일까?

목회와 신학, 설교학회에서 주관하여 조사한 '설교 사역 분석 리포트'에 따르면, 설교자들은 여러 가지 면에서 자신의 설교에 부족함과 한계성이 있다는 것을 직시함과 동시에 그 근원적 문제가 설교신학에 대한 지식의 부족함에서 기인한다고 생각하고 있다. 또한 그들은 설교의 발전을 위한 '신학적 지식의 필요성'을 절실히 느끼고 있는 것으로 나타났다(99.0%). 그리고 한국교회 설교자들이 가장 부족하다고 생각하는 부분들은 다름 아닌 '설교 전달력'(24.6%)과 '설교의 적용'(22.2%)이었다.[3]

아이러니한 것은 해돈 로빈슨(Haddon Robinson)을 비롯한 강해 설교학자들이 제시한 강해 설교 철학의 핵심이 "저자의 의도와 본문의 주해에 뿌리를 내린, 삶을 변화시키는 적용 커뮤니케이션"[4]임에도 불구하고, 그동안 설교학계와 설교 현장이 본문 해석과 주해에 대한 연구에 무게 중심이 기울어져 불균형을 이루고 있었다. 사실 몇몇 학자들이 지적하고 있는 것처럼, 최근까지도 한국교회에 강해 설교에 관한 글과 책이 '적용 해석학 혹은 패러다임'에 관한 포괄적이고 체계적인 접근을 제대로 하지 못한 점을 인식해야 한다.[5]

---

3 전체 설문 결과 분석을 위해서는 목회와 신학 편, 『목회와 신학 총서 01: 한국교회 설교 분석』(서울: 두란노서원, 2009)을 참조하라.
4 Haddon W. Robinson, *Biblical Preaching* (Grand Rapids: Baker Academic, 2003), 21. 해돈 로빈슨의 정의에 따르면 강해 설교란 "성경의 본문을 문맥 가운데 역사적, 문법적, 문예적으로 연구함을 통해 얻어진 성경적 개념을 성령님께서 설교자의 인격과 경험에 **적용한 다음, 그를 통해 청중을 향하여 적용하는 커뮤니케이션이다**"(필자 강조).
5 다행히도 최근 설교의 적용에 관한 주요한 안내서가 한국교회에 소개되고 있다. Daniel Doriani, 『적용: 성경과 삶의 통합을 말하다』(*Putting the Truth to Work*), 정옥배 역 (서울: 성서유니온, 2009); Gary T. Meadors ed., 『성경 어떻게 적용할 것인가』(*Four Views on Moving beyond the Bible to Theology*), 윤석인 역 (서울: 부흥과 개혁사, 2009); Daniel Overdorf, 『설교를 적용하기』(*Applying the Sermon*), 이재학 역 (서울: 디모데, 2013).

본서는 이러한 설교자들의 필요에 주목하면서 특별히 강해 설교의 약점이라고 인식되는(그러나 실제로는 강점이다!) 효과적인 설교 적용에 대한 패러다임 전환과 함께 새로운(강해 설교 이론만이 아닌 설교 현장에서 경험되고 정리된) 적용 지향적 강해 설교 패러다임(application-focused expository preaching paradigm)을 제공하는 것이 주요한 목적이다.

본서와 앞으로 계속될 필자의 프리칭 시리즈를 통해 설교 역사와 서구의 현대 강해 설교 이론을 모아서 정리하여 21세기 강해 설교의 '적용' 이론을 한 눈에 조망할 것이다. 이는 앞으로 나아가야 할 미래 설교학의 좌표를 설정할 수 있는 입체적인 '나침반'과 함께 20년간의 실제 사역 현장에서 얻은 '적용 커뮤니케이션'에 관한 '로드맵'을 보여 주는 것이다.

그리고 이 '로드맵'을 한국 목회에 재상황화(recontextualization)하여 제시함으로써 새로운 강해 설교의 지평을 열어, 청중과 사회를 변혁시키는 적용 지향적 설교의 청사진(blueprint of homiletics)을 제시할 것이다. 또한 강해 설교자들의 최대 고민인 청중의 삶과 사회를 변화시키는 실제적인 '적용 방법론/패러다임'을 성경적, 해석학적, 설교학적, 수사학적으로 탄탄한 이론 위에서 설교자들이 실제적으로 활용할 수 있도록 제시할 것이다.[6]

강해 설교 스타일이 포스트모던 청중에게 진짜 '통'할 수 있을까?

본문이 이끄는 강해 설교의 핵심은 '방법'(method)이라기보다 '철학'(philosophy)인 것처럼, 본문이 이끄는 적용 지향적 강해 설교의 핵심도 방법이 아니라 철학이다. 저자가 의도한 원 적용에 근거(철학)할 뿐만 아니라 다양한 방법의 현대적 적용이 살아있는 강해 설교를 통해 설교자는 청중의 삶을 변화시키는 설교의 목적을 추구해야 한다.[7]

한 마디로 말해, 성경 본문이 이끄는 변혁적 적용을 회복하는, 적용 지향적 강해 설교 패러다임이 포스트모던 청중과 사회를 변혁시키기 위한 하나의 설교 대안이다.[8]

필자가 한국과 미국 이민교회에서 20년 넘게 소위 포스트모던 청중을 향해 설교하면서 또한 미국에서 설교학을 전공하고 다양한 모델 교회와 떠오르는 설교자들을 연

---

6 미리 밝혀둘 것은 본서의 뿌리는 필자의 박사학위 논문(Park, "Toward A Life-Changing Application Paradigm in Expository Preaching," SBTS [2012])에 있다. 이후 이 논문의 일부를 발췌하여 수정, 보완, 발전시켜 발표하고 게재한 논문들과 이 주제와 관련하여 새롭게 연구하고 발표, 게재한 논문들을 다시 재조직화하고 수정, 발전시켜 나온 책이다.

7 Robinson, *Biblical Preaching*, 22-30; Hershael W. York and Bert Decker, *Preaching with Bold Assurance* (Nashville, TN: Broadman & Holman Pub., 2003), 33-34.

8 포스트모던 세대를 변혁시키는 설교 모델과 설교 커뮤니케이션 전략에 대한 상세한 안내를 위해서는 졸저, 박현신, 『미셔널 프리칭』(서울: 예영커뮤니케이션, 2012) 7장을 참조하라.

구하면서 내린 확신과 결론은 이것이다. 즉 포스트모던 청중의 실제적인 '필요'와 성경을 '브릿지'(혹은 커넥션)하는 차원으로서 '다리놓기 패러다임'(bridge-building paradigm)을 재구축하는 '새로운 강해 설교'가 포스트모던 영혼들을 변화시키는 진정한 '대안'(alternative)이라는 것이다. 본서에서 제시할 '적용 새부대'(말씀이라는 새포도주를 시대에 맞게 새롭게 담을 적용 지향적 설교)는 현장에서 치열하게 몸부림치고 있는 설교자들의 갈증과 '필요'를 채워주며, 회중들의 갈망과 '필요'를 성경적으로 채워 줄 수 있는 여름날의 '생수'와 같을 것이다.

본서의 목적은 '포브릿지 패러다임'(four bridge paradigm) 설교를 통해 설교자들이 포스트모던 청중과 사회를 변혁하기 위해, '본문'(저자의 의도)이라는 날카로운 한쪽 날과, '청중'을 사로잡고 삶을 변화시키는 '성경적 적용'이라는 예리한 다른 한쪽 날을 가진 '양날의 적용 보검으로 진검승부하는 승부사'로 세워지는 것이다.

본서는 주해(본문)와 적용(청중)의 두 마리 토끼를 다 잡도록 이끌어 갈 것이다. 기존의 전통적인 강해 설교는 본문이라는 하나의 렌즈만이 작동하는 경향(약점)이 있었다. 그러나 철저히 본문에 뿌리를 둔(text-centered) 렌즈와 청중 중심적인(audience-focused) 렌즈를 동시에 살리는 것이 필자가 추구하는 적용 해석학의 '이중 렌즈'이다.

왜 오늘날 강해 설교자들이 저자 중심적인 적용(author-intended application)을 추구해야만 진정한 목회적 적용 혹은 청중 지향적인 적용이 살아날 수 있을까?

이 질문에 대한 답변을 필자는 그동안 연구해 온 적용 해석학 이론뿐 아니라 성경의 설교자들(선지자들과 바울), 역사적인 강해 설교자들(크리소스톰, 칼빈, 조나단 에드워즈, 존 브로더스 등), 현대 강해 설교자 모델들이 준 통찰력들을 성경적 강해 설교 적용 패러다임이라는 용광로에 녹여내서 제시해 보고자 한다.

한 가지 아쉬운 점은 아쉬운 점은 교부들, 어거스틴, 루터와 종교개혁자들, 청교도 설교자들, 찰스 스펄전(Charles Spurgeon), 마틴 로이드 존스(D. Martin Lloyd-Jones), 존 맥아더(John MacArthur)를 비롯한 탁월한 영미 현대 설교자들의 설교 분석을 통한 적용 패러다임 원리들과 한국교회 역사에 보석같이 빛나는 탁월한 한국적인 설교자들의 적용 연구를 바탕으로 한 통찰력들을 함께 녹여내어 제시하지 못했다는 점이다.

그러나 필자의 차후 저술 프로젝트를 통해 현대 개혁주의 설교자들과 한국교회 모델 설교자들의 적용 분석과 대안적 방향을 제시할 계획이다. 성경과 역사 안에서 적용 지향적 설교 패러다임의 원형을 발견할 때, 담대한 확신이 생긴다. 이를 통해 강해 설교 역사에서 잃어버린 적용 전통을 한국교회 설교자들은 더욱 발전적으로 계승해야 할 것이다.

성경적 적용의 가장 적합한 이미지는 '다리놓기'(bridge-building)이다.[9] 본문이 이끄는 강해 설교 적용의 관건은 해석학적 '다리놓기' 실력이다. 설교자는 브릿지빌더(bridge-builder)로서 고대의 성경 본문과 현대의 청중 사이에 성경적 적용을 위해서 보편적 원리(doctrinal principles) 혹은 기준(criteria)을 마련하기 위한 해석학적 마스터 키(master key)를 찾아야 한다. 현장 설교자들에게는 어떻게 성경 본문에서 청중으로 넘어오는 '적용의 다리'를 구축할 수 있는지를 보여주는 적용 '건축 설계도'가 필요하다. 적용 해석학 다리놓기를 통해서, 성경의 청중에게 저자 의도를 따라 '적용된 진리'(truth applied)가 가장 생생하게 오늘날의 청중의 삶의 정황에 건너올 수 있도록, 즉 재적용될 수 있도록 본서는 험한 세상의 다리를 다시 구축하고자 한다.

먼저 강해 설교의 적용은 모든 해석의 주인(목적)으로서, 청중과 사회를 변혁시키기 위해 성령의 주도하에 주해적, 신학(교리)적, 적용적, 변혁적 다리놓기(bridge-building)를 하는 해석학적이며 설교학적인 과정이라고 할 수 있다.

제1부에서는 적용 지향적 해석학에 기초하여, 삶을 변혁시키는 설교의 적용 패러다임의 필요성을 7가지 논제를 중심으로 전개해 나가고자 한다.

첫째, 현대 해석학과 성경 해석학 그리고 강해 설교학이라는 상호 연관된 세 축의 흐름을 분석함으로써 설교의 적용 패러다임의 필요성을 입체적으로 조명할 것이다.

둘째, 오늘날 한국교회 설교에서 어렵지 않게 찾아 볼 수 있는 불균형적인 적용 오류 패턴들을 근본적으로 분석하고, 그 대안을 제시하기 위해서는 균형 잡힌 적용 패러다임 이론과 실제적 방법론이 설교자들에게 제공되어야 한다는 점을 살펴볼 것이다.

셋째, 해석학과 적용 사이의 역동적 관계 지평을 분리나 혼합이 아닌, 상호 유기적이면서 구별된 관계로 자리매김하기 위해서는 확고히 정리된 적용 해석학이 필요할 수밖에 없다는 점을 주지할 것이다. 오랫동안 계속되어 온 허쉬의 이분법(의미와 적용적 함의[significance]) 논쟁을 넘어 구체적인 방법론, 즉 저자 의도적 적용에 기초한 현대적 적용 패러다임으로 발전하기 위해서는 적용 해석학 모델이 분명히 요구된다.

개인과 가정, 공동체 나아가 문화와 민족을 변혁시키는 적용 패러다임을 구축하기 위해서는 성경적 모델, 역사적 모델, 현대적 모델에 대한 실제적인 설교 분석과 원리를 찾는 작업이 발전적으로 연구되어야 할 것이다. 이러한 적용 해석학의 필요성을 인

---

9 John Stott, *Between Two Worlds: The Art of Preaching in the Twentieth Century*(Grand Rapids: Eerdmans, 1982).

식할 뿐 아니라 성경적 모델들(예, 모세, 선지자들, 바울 등), 역사적 모델들(예, 크리소스톰, 칼빈, 에드워즈, 브로더스 등) 위에서 삶과 공동체를 변혁시키기 위한 설교의 대안적 적용 패러다임을 체계적으로 정립해 나가야 할 것이다.

제2부에서는 포브릿지 프리칭(Four Bridge Preaching) 패러다임 구축을 위한 성경적 모델을 고찰하려고 한다.

구약의 에스라와 모세를 비롯하여 아모스, 호세아, 하박국, 요엘, 말라기 선지자의 설교에 나타난 적용 패턴을 연구한 후에 바울의 사도행전 설교와 서신서 분석을 통해 적용 패러다임 차원의 원리를 제시해 보려고 한다. 바울의 네 다리놓기 적용 패러다임은 설교자들로 하여금 부적절한 적용 패러다임들을 피할 수 있게 해 줄 뿐만 아니라, 두 세계(성경과 현대) 사이에 놓인 간격들을 메울 수 있도록 해 주며, 윤리적 적용을 위한 보편적 규범들을 세우기 위한 기준들을 확립할 수 있게 해 준다. 포스트모던 청중의 삶을 변혁시키는 강해 설교 적용 패러다임을 새롭게 회복하기 위해서는 바울의 네 다리놓기 적용 패러다임 모델이 성경적 기초가 되어야 한다.

제3부에서는 설교 역사 가운데 존 크리소스톰(John Chrysostom), 존 칼빈(John Calvin), 조나단 에드워즈(Jonathan Edwards), 존 브로더스(John Broadus)의 모델을 집중적으로 분석해 보고자 한다.

첫째, 크리소스톰은 당시의 필요와 그의 청중이 가지고 있었던 다양한 관심사와 적용을 절묘하게 연결시키는 브릿지빌더(bridgebuilder)로서, 개인과 교회와 사회를 변혁시키기 위한 탁월한 모델이다.

과연 한국교회 설교자들의 적용 회복을 위해 주목해야 할 크리소스톰의 설교 적용 패러다임의 핵심적인 원리와 특징은 무엇인가?

지금은 이러한 질문에 대한 답을 얻기 위해, 크리소스톰의 원문 설교 분석을 통한 적용 패러다임에 대한 연구와 이를 통한 반성과 대안이 한국교회에 다시 요청되는 시점이다.

둘째, 칼빈의 신학과 주해 및 성경 해석 중심의 연구 프레임을 넘어, 칼빈의 목회적 설교 분석을 통한 개혁주의 변혁적 '적용' 패러다임에 대한 연구의 지평을 열어가고자 한다. 이런 맥락에서 본서는 '칼빈 설교에 나타난 적용 원리와 특징'을 설교 분석을 통해 제시하고자 한다.

셋째, 지금까지 에드워즈의 목회적인 설교 원문에 대한 연구가 아직 미흡할 뿐 아니라 그의 목회적 설교의 '적용' 패러다임에 대한 분석과 대안적 접근은 거의 없었다고 볼 수 있다. 이런 맥락에서 강해 설교자들은 조나단 에드워즈의 설교와 적용을 원문 설교 분석을 기초로, 네 다리놓기 적용 패러다임의 관점에서 재평가할 필요가 있다. 에드워즈는 청교도들 안에 있는 적절한 적용 유산을 이어받아 청중의 성화를 위해 양심과 개인적인 삶에 초점을 둔 적용을 항상 추구했다. 그의 설교를 분석함을 통해 다리놓기로서의 적용 패러다임의 특징을 제시해 볼 것이다.

넷째, 설교와 적용이 본문의 지배를 받지 않음으로 인해 몰려온 먹구름의 위기 가운데, 현대 본문 중심의 강해 설교에 중대한 영향을 미친 브로더스의 설교와 적용에 대한 재조명과 발전적 평가는 먹구름 가운데 한 줄기 빛을 제시할 수 있을 것이다. 현대 미국 강해 설교학자들을 통해 브로더스의 설교를 평가하고 발전적인 제언을 제시해 볼 것이다.

제4부에서는 적용 해석학적 기초와 성경 및 역사의 모델을 통해 나타난 원리를 재료로 건축한 '적용 지향적 설교 패러다임'(포브릿지 프리칭[four bridge preaching])과 방법론을 단계별로 제시하고자 한다.

첫 번째 단계는 **주해적 다리놓기** 과정으로서, 성경 저자가 의도한 의미와 적용적 함의(significance)를 어떻게 분별하고, 원 청중에게 전달하고자 했던 원 적용을 찾기 위해 설교자에게 필요한 적용 지향적 주해 과정 방법론을 체계적으로 제시할 것이다.

두 번째 단계는 **원리화 다리놓기** 과정으로서, 적용적 주해에서 추출된 보편적인 성경의 원리들을 신학화하기 위한 단계이다. 저자가 원 청중을 변화시키기 위해 의도한 원 적용이 현대 청중을 변혁시키기 위한 현대적 적용으로 넘어오는 데 필요한 트랜스퍼링(transferring)의 기준과 방법론에 대해 진술할 것이다. 본문의 지평과 현대 지평 사이에 존재하는 해석학적인 간격을 연결(overarching)하고, 여러 가지 불균형적 적용 오류와 패턴을 방지하며, 다양한 교리적 기준과 다차원적 적실성을 함의하는 목회적인 구속사 설교를 위해서는 원리화 다리놓기를 통한 적용 트랜스퍼링 방법론이 필요하다.

세 번째 단계는 **적실화 다리놓기** 과정으로서, 주해 과정과 원리화 과정을 넘어 현대 청중을 변화시키기 위해 입체적인 적실성 범주를 체계화하며 원 청중과 현 청중을 주해하기 위한 원리와 패러다임을 제시하고자 한다. 이를 위해서는 개혁주의 해석학에 기초한 적용 해석학 위에서, 성경의 설교자 모델과 역사적인 설교자 모델의 설교에 나타난 균형 잡힌 다양한 적실성 범주를 현 한국 사회와 교회 상황 가운데 재상황화해야 한다. 이를 위해 본서는 균형 잡힌 변혁적인 적실성 범주(transformational relevance category)의 회복을 위한 적용 해석학적 전제 2가지를 논증한다.

① 저자(본문) 의도적 적용의 함의.
② 적용의 전이 혹은 트랜스퍼링(transferring)을 가능하게 하는 7가지 보편적인(교리적) 원리를 발견하기 위한 신학(교리)의 기준(criteria)의 필연성.

이어서 설교자 모델들을 통해 발견한 개인, 가정, 공동체, 사회, 정치, 문화, 경제, 윤리, 종교적 영역에 걸친 다양한 적실성 범주에 관한 논의와 청중 주해를 위한 방법론을 중점적으로 다루고자 한다.

네 번째 단계는 **변혁적 다리놓기**로서 본서에서 가장 특징적인 부분이라고 할 수 있다. 기존의 해석학과 설교학에서 주해 과정, 원리화, 적용에 대해서는 어느 정도 논의하고 있지만, 설교의 전 단계를 주도하시는 '성령이 이끄시는 변혁 과정'(Spirit-led transformational process)에 대해서는 거의 논의되지 않았다. 설교의 궁극적인 목적인 그리스도의 형상을 닮아가는 변화는 설교의 전 과정(whole process)에서 성령의 다차원적 역사가 있어야만 가능하다. 이러한 전제 아래서, 변혁적 다리놓기를 위한 설교신학적 근거 및 성경적 기초와 설교사적 기초를 고찰하고, 성령의 다차원적 역할(해석과 적용 과정의 '성령의 조명하심')과 설교 전달 과정에서 성령의 부어 주심을 통한 '나타남'의 역할을 살펴본 후, 설교 전달 이후에 성령의 인도하심을 통한 변화된 삶의 열매에 대해 논의하고자 한다.

FOUR BRIDGE

PREACHING

제1부

청중과 사회를 변혁시키는 적용 패러다임을 위한
해석학적 기초:
왜, 설교의 적용 패러다임이 필요한가?

브라이언 채플(Bryan Chapell)이 말한 대로, "강해 설교의 미래는 적용 커뮤니케이션에 달렸다"[1]고 한다면 강해 설교의 미래, 나의 설교의 미래는 어떤 빛으로 드러날까?

그것은 회색빛이 아닐까?

적용 커뮤니케이션이 현장 설교자들의 가장 큰 필요임에도 불구하고 강해 설교가 이러한 필요를 채워주지 못한다면 그 미래는 암울할 것이다.

아니 이미 잿빛 절망의 그늘이 우리의 설교 현장에 드리우고 있는 것은 아닐까?

2000년 이후, 현대 강해 설교학의 아버지라 불리우는 해돈 로빈슨(Haddon Robinson)과 그의 제자들을 필두로 한 강해 설교의 변화와 흐름을 파악해 보면, 결국 2가지 키워드, 즉 새로운 '적용'(application)과 '형식'(form)으로 요약된다. 이는 성경적 강해 설교가 본래 가지고 있는 커뮤니케이션적인 강점, 즉 '적용'과 '다양한 강해 설교 커뮤니케이션 형식'을 포스트모던 문화와 청중에 적합한 상황화를 통해 새롭게 회복하고 발전시키는 방향으로 나아가는 것이다. 이 점은 바로 본서가 추구하는 방향과 궤를 같이 한다.

로빈슨이 지적한 것처럼, 설교자들이 때로는 적용이 주해보다 위험하며, 잘못된 적용으로 '이단'의 연기가 피어오를 수 있다고 경고한 이유가 무엇일까?

이것은 설교자의 자의적 해석(eisegesis)에 근거한 '불발탄 적용 혹은 산탄 적용'을 일삼는 설교자들을 향한 경고이면서, 동시에 소위 강해 설교를 한다고 하는 설교자들 가운데도 적용을 할 때 본문의 저자가 의도한 '궤도'(orbit)를 벗어난 '궤도 이탈 적용'을 연발하고 있다는 지적이 아닐까?

따라서 성경적 설교의 궤도에서 이탈하지 않으려면, 성경적 설교 적용의 철칙인 '저자 의도 중심의 적용'으로 소위 '설교 궤도 수정'을 하여 성경적 설교의 본궤도로 다시 돌아와야 할 것이다.

현 한국교회 설교들 가운데서도 인본주의, 율법주의, 교회 성장주의 등에 부합하여 '인간 중심적, 설교자 의도적 적용'으로 인한 오염된 메시지들을 목회 생태계에 흘려보내는 설교가 있지 않는가?

이제라도 장밋빛 한국교회 설교 미래를 열어가기 위해서는 강해 설교의 원형으로 돌아가 성경 본문 중심, 저자 의도 중심의 '적용'으로 '궤도'를 수정하기 위한 구체적인 전략을 세워야 한다. 성경 본문의 '저자'가 당대 회중들을 향해 선포한 '적용'을 오늘날

---

1 Brian Chapell, "The Future of Expository Preaching," *Presbyterion* 30 (2004): 71–72.

설교자가 자신의 회중에게 '보편적 원리'의 다리를 넘어 '재적용'하지 않으면 진정한 의미에서 적용이 아니다. 어떻게 하면 다시 성경적 적용의 궤도를 따라 '궤도 수정'을 할 수 있을까에 대해 함께 고민해 보자.

대안보다 분석이 우선이다!

최근 한국교회 설교를 분석해 보면, '청중 중심의 적용'이 대세인 것 같다. 오늘날 적용 대세론(?)을 따라 많은 설교자들이 청중을 사로잡기(?) 위한 재미와 감동이 넘치는 이야기(예화)와 적용에 심혈을 기울이고 있는 형국이다. 기독교 방송, 인터넷과 스마트폰의 생활화로 인해 뷔페처럼 차려진 웬만한 유명한 설교자들의 다양한 설교를 원할 때마다 들어서 수준이 꽤 높아진(?) 청중이 있다. 이들 앞에서 설교자는 한 없이 초라해지기 마련이다. 설교자들로부터 이런 상담을 받기도 한다.

"재미가 없으면 아무 반응이 없어요. 어떻게 하면 방송 설교자처럼 재미있는 설교를 하고, 감동적인 예화를 들어 적용을 할 수 있나요?"

대안을 찾기 위한 처절한 몸부림이었다.

과연 그 설교자만의 고민일까?

헝클어질 대로 헝클어진 실마리를 어디서부터 풀어야 할까?

우리가 건강을 체크할 때, 나 자신과 주위 사람들의 반응에 따라 최종적인 판단을 내리기보다, 정기적으로 전문의를 통해 종합 건강 검진을 받고 건강 상태를 점검한다. 이처럼 자신의 설교의 적용을 '평가하고 그 건강성을 '진단'할 때, 그 판단 기준이 무엇이냐가 일차적으로 중요하다. 현장에서 만난 많은 설교자들의 한결같은 고민 가운데 적용은 가장 난맥상이었다.

이 점에서 '설교신학' 혹은 '적용 해석학'의 궁극적인 필요성이 자연스럽게 공감대를 형성할 수밖에 없다. 바꾸어 말하면, 필자가 프롤로그에서 최근 통계를 통해 문제 제기를 한 것처럼, 설교자들이 설명하기는 어려워도, 이미 직감적으로 설교의 신학(해석학)과 적용 커뮤니케이션의 개발이 필요하다고 느끼고 있는 것이다. '적용'의 어려움 혹은 '적용'의 잘못된 방향으로 인해 생겨나는 여러 가지 현상들(청중이 강해 설교에 흥미를 잃어버리고 지겨워한다거나, 혹은 아무래도 삶이 변화되지 않는다거나 등등)을 통해 설교자는 실패와 좌절감 속에 자주 '만병통치약'과 같은 '적용 매직'을 찾으려 한다.

더 심각한 상황은 어떤 유명한 설교자의 고백처럼, 설교자 자신이 강해 설교 자체에 흥미와 확신을 잃어버리는 '건강 적신호'가 켜졌을 때가 아닐까?

그러나 진단이 대안보다 우선이다. 그래서 다음의 7가지 잘못된 적용 패턴을 통해 설교자 스스로 자신의 적용을 진단하고, 나아가 올바른 적용의 방향과 대안을 모색해 보고자 한다.

제1장에서는 설교자들이 가장 절실히 필요하다고 생각하는 '삶을 변혁시키는 설교의 적용'을 회복하는 데 가장 먼저 조명해야 할 첫 단계로서 '적용 해석학'(applicatory hermeneutics)의 필요성을 7가지로 제시함으로써 실제적인 강해 설교의 적용 패러다임을 구축하기 위한 차후 발전적인 논의의 이론적인 기초를 놓고자 한다.

제1장

설교 적용 패러다임 구축을 위한 적용 해석학의 필요성[1]

1. 설교 적용에 대한 정의(definition)를 통해 본 적용 해석학의 필요성

적용(application)에 대한 학자들의 정의를 통해서도 '삶의 변화를 목적으로 한 적용 해석학'의 필요성을 인식할 수 있다. 존 브로더스(John A. Broadus)는 '적용이 모든 해석의 주인'이라고 강조하면서, "성경적 적용은 필연적인 행동에 대한 실제적인 지침들"이라고 정의했다.[2] 제이 아담스(Jay E. Adams)는 적용이란 "청중을 분석하고 그들의 '삶의 변화'를 위한 적절한 과정(relevant process)"이라고 보았고,[3] 웨인 맥딜(Wayne McDill)은 적용이란 "그리스도께 헌신하도록 호소함으로써 '변화된 행동'을 지향하는 의사 전달적 메시지"로 보았다.[4]

다니엘 도리아니(Daniel Doriani)에 따르면, 설교자는 청중의 실제 필요(real need)와 느끼는 필요(felt need)를 구별해야 할 뿐만 아니라 해석학적 기술(권위)과 본문에 대한 겸손한 듣기(신뢰성)를 기초로 성경의 적실성을 청중에게 증명하는, 적용의 본질에 충실한 설교를 추구해야 한다.[5]

---

[1] 적용 해석학의 필요성에 관한 논의는 박현신, "삶을 변혁시키는 적용 해석학의 필요성에 대한 소고," 한국설교학회, 「설교한국」 4 (2012): 101-33에서 수정, 보완한 것임을 밝힌다. 본 장에서는 일반 해석학과 성경 해석학에 대한 다중적 논의는 최소화하고, 적용 해석학적 자원과 관련된 논의에 집중하고자 한다.

[2] John A. Broadus, *On the Preparation and Delivery of Sermons* (New York: Harper & Row Publishers, 1979), 166-67.

[3] Jay E. Adams, *Truth Applied: Application in Preaching* (Grand Rapids: Zondervan, 1990), 17.

[4] Wayne McDill, *The 12 Essential Skills for Great Preaching* (Nashville: Broadman & Holman, 1994), 187.

[5] Daniel Doriani, *Putting the Truth to Work* (Phillipsburg, NJ: P&R 2001), 8.

이처럼 적용은 효과적인 설교를 위한 필수적인 요소이며 설교의 목적이라고 할 수 있다.[6] 적용은 해석학적 과정 이후 성경 본문의 적실성을 증거하며,[7] 강해 설교의 부속적 부분이 아니라 본질적인 요소이다.[8] 이러한 적용의 본질을 회복하기 위해 적용 해석학은 반드시 필요하다.

본질적으로 적용은 단순히 설교 결론에서 제시하는 삶의 지침이 아니라 성경의 세계와 청중의 세계 사이에 놓인 해석학적 간격(hermeneutical gap) 사이를 다리 놓는 고도의 작업이다.[9] 따라서 적용 해석학은 그랜트 오스본(Grant R. Osborne)의 표현대로 해석학적 다리놓기 원리에 의해 진행되는 논리적 작업(science)이면서, 해석학의 궁극적인 목표인 삶의 변화를 위한 상황화적 적용의 작업(art)이며, 나아가 십자가와 성령의 통제와 조명하심에 전적으로 의존하는 영적 작업이다(spiritual act).[10]

라메쉬 리차드(Ramesh Richard)는 적용을 본문의 의미와 적실성 사이를 잇는 해석학적 다리(hermeneutical bridge)와 동일한 것으로 보았다. 그는 적용 해석학을 추구하면서, 성경 본문과 현대의 상황 사이에 있는 연속성과 함께, 두 상황(context) 사이에 존재하는 불연속성을 균형 있게 강조했다.[11] 키이스 휠화이트(Keith Willhite)는 두 세계 사이에 존재하는 간격을 다리 놓는 작업이 바로 성경 본문의 의미를 적절하게 청중에게 적용하는 것이라고 강조한다.[12]

실제 설교자들이 설교에 있어서, 두 세계를 다리 놓는 적용의 본질을 실체화하기 위해서는 해석학적 기술들과 구체적인 패러다임과 방법론이 필요할 수밖에 없다. 그럼에도 불구하고 신학적 해석학은 그동안 원래의 상황 속에서의 텍스트 분석에만 주로 초점을 맞추어 왔다고 할 수 있다. 이로 인해 현대적 적용에 대한 해석학적 성찰은 이차적인 부분으로 소외되어 온 것이다.[13] 해돈 로빈슨도 설교자들이 "너무 많은 시간을 텍스트

6　Robinson, *Biblical Preaching*, 26; idem, "What Is Expository Preaching?" *BSac* 131 (1974): 60; Broadus, *On the Preparation and Delivery of Sermon*, 165; Adams, *Truth Applied*, 54.
7　William W. Klein, Craig L. Blomberg, and Robert L. Hubbard, *Introduction to Biblical Interpretation* (Dallas: Word, 1993), 18.
8　H. David Schuringa, "The Vitality of Reformed Preaching," *CTJ* 30 (1995): 188.
9　Hershael W. York and Scott A. Blue, "Is Application Necessary in the Expository Sermon?" *SBJT* 4 (1999): 80; York and Decker, *Preaching with Bold Assurance*, 79.
10　Grant R. Osborne, *The Hermeneutical Spiral* (Downers Grove: IVP, 1991), 5.
11　Ramesh P. Richard, "Levels of Biblical Meaning," *BSac* 142 (1986): 131.
12　Keith Willhite, "Audience Relevance in Expository Preaching," *BSac* 149 (1992): 356.
13　Daniel J. Estes, "Audience Analysis and Validity in Application," *BSac* 150 (1993): 228-29.

해석에만 시간을 보내고 적용에 충분한 시간을 보내지 않는 것"을 지적한 바 있다.[14] 이러한 지적은 현재 한국교회의 설교자들에게 뼈아픈 충고로 다가오는 동시에 적용의 정당한 자리매김을 회복시키기 위한 적용 해석학의 필요성과 맞닿아 있다.

그렇다면 적용의 필연적 중요성에도 불구하고 강해 설교에 있어서 적용적 측면은 왜 이토록 외면되어 왔는가?

이러한 문제 제기에 응전하기 위해서는 심층적인 분석을 통한 근본적인 원인들을 발견해야 할 뿐만 아니라 적용의 필요성을 넘어 적용 해석학(applicatory hermeneutics)에 뿌리를 둔 '다리놓기로서 적용 패러다임'이라는 구체적인 대안과 방법론을 제시하는 데까지 나아가야 할 것이다.

2. 현대 해석학의 흐름을 통해 본 적용 패러다임의 필요성

해석학(Hermenutics)이라는 어원은 '헤르메뉴오'(ἑρμηνεύω)에서 유래한 것으로 '설명하다, 번역하다'는 의미가 있으며(요 1:43; 9:7; 히 7:2), 누가복음 24:27에서 "이에 모세와 모든 선지자의 글로 시작하여 모든 성경에 쓴 바 자기에 관한 것을 자세히 설명(디에르메뉴센, διερμήνευσεν)하시니라"라고 할 때 예수님이 사용하신 단어이기도 하다.[15] 일반적으로 해석학은 "개인적 저자가 의도한 의미를 해석하기 위한 원칙들과 방법들로 규정하는 학문"이라고 정의할 수 있다.[16] 역사적으로 해석학의 흐름은 역사 비평학, 문예적 비평학, 독자 비평학 등 텍스트의 해석 방법론 자체에만 지나치게 편향된 초점을 가진 나머지, 단순한 텍스트의 객관적 정보에 대한 발견과 지식을 지향해 왔다.[17]

대부분의 해석학자들은 텍스트 이해를 위한 '방법론과 의미의 인식'에 해석학의 닻을 내리는 경향이 있다. 안토니 티셀튼(Anthony Thiselton)은 해석학의 목적이 고대의 텍스트가 함의하고 있는 '의미'(meaning)를 이해할 수 있도록 하는 원칙적 규정들의 다

14　Haddon W. Robinson, "Blending Bible Content and Life Application," in *Making a Difference in Preaching* (Grand Rapids: Baker Books, 1999), 90.
15　Robert H. Stein, 『성경 해석학』(*A Basic Guide to Interpreting the Bible*), 배성진 역 (서울: CLC, 2011), 25-26.
16　Osborne, *The Hermeneutical Spiral*, 5.
17　Werner G. Jeanrond, 『신학적 해석학』(*Theological Hermeneutics*), 최덕성 역 (서울: 본문과 현장사이, 2000), 230-37.

면적 요소들을 인식하는데 있다고 말한다.[18] 밴 포이트레스(Vern S. Poythress)도 해석학의 목적이 텍스트의 '의미'를 파악하기 위한 구체적인 전제들을 해명하고 인식하는 데 있다고 본다.[19]

그러나 한스 가다머(Hans-George Gadamer)는 해석학의 진자를 '인식'의 차원만을 지향하는 한 극단에서 중심으로 옮겨가야 한다는 점을 역설하면서 텍스트(개체)의 지평과 독자(해석자)의 지평(주체) 사이의 '지평의 융합'[20]을 주장하였다. 가다머의 해석학이 말해주는 것은, 해석자에게 텍스트의 이해의 구조가 대화적이며, 설교란 보편적 진리의 적용이지만 주해(해석)가 끝난 후 그러한 적용의 작업이 일어나는 것이 아니라 주해 자체의 시작에서부터 그러한 관심에서 출발한다는 것이다. 그래서 해석은 항상 내 관점에서 관찰함으로 파악되는 것이 아니라 들음의 요소에 의한 것, 즉 텍스트를 우리가 해석하는 것이 아니라 텍스트가 우리를 해석한다는 것을 알게 해 준다.

진리는 지적인 작업이 아니라 언제나 존재론이며 실천적인 '적용' 문제라는 것을 강조한 것을 주목할 필요가 있다. 이는 폴 리꾀르(Paul Ricoeur)가 제안한 해석자의 삶을 지향하는 '역동적 침적 과정'과도 맥을 같이 한다.[21] 텍스트 '의미'(meaning) 도출을 위한 방법론에만 집중할 경우 해석자의 '삶'은 텍스트를 통한 '인식론적인 만남과 변화'를 이끌어 낼 수 없다.

그러므로 해석학의 과제는 본문의 주해인 동시에 설교자와 청중에게 본문의 의미가 갖는 실존적 적실성(relevance)[22]을 찾는 상황화(contextualization)를 포함해야만 한다. 해석자가 원래 정황 속에서 텍스트의 '의미'(meaning)를 더 입체적으로 이해하면 할수록 현재의 정황 가운데 '적용적 함의'(significance)로서 적용을 더욱 실제적으로 볼 수 있다.[23] 티셀튼도 텍스트 해석은 종국적으로 두 지평 융합을 통한 '독자의 변혁'으로 이

---

18 Anthony C. Thiselton, *The Two Horizon: NT Hermeneutics and Philosophical description* (Grand Rapids: Eerdmans, 1980), 11.
19 Vern S. Poythress, *Science and Hermeneutics* (Grand Rapids: Zondervan, 1988), 43-44.
20 가다머도 텍스트에 대한 독자의 인식론적 이해는 항상 존재론적 적용을 함의하고 있기 때문에, 적용의 지평에까지 나아가지 않는 한 그것을 진정한 이해에 도달한 것으로 간주할 수 없다고 말한다. Hans-George Gadamer, *Truth and Method*, 2nd ed. (New York: Continuum, 1989), 307-11.
21 Paul Ricouer, "Life in Quest of Narrative," in David Wood ed. *On Paul Ricoeur* (London: Routledge, 1991), 20-33.
22 본서에서 적실성(relevance)과 적용(application)은 그 차이에도 불구하고 포괄적인 차원에서 등가적 개념으로 사용할 것이다.
23 Moises Silva, *Exploration in Exegetical Method* (Grand Rapids: Baker, 1996), 197-99.

어져야 한다고 본다.[24] 이후 그는 좀 더 구체적으로 포스트모던 시대의 해체주의적인 '회의적' 자아 해석학의 딜레마를 지적하면서, 성경 해석의 목적으로 '자아 변혁'을 지향하는 '약속의 해석학'을 새롭게 주장한다.[25]

그러나 이들의 적절한 문제 제기에도 불구하고, 이들의 분명한 해석학적 한계는 이성적 해석 방법론의 독재에서 벗어나 '어떻게'(how-to) 본질적 해석학의 목표인 자아의 변혁으로 나아갈 수 있는지에 대한 패러다임에 대해서는 체계적으로 제시하지 않았다는 점에 있다.

이러한 현대 해석학의 흐름을 살펴볼 때 인식론적 '이해 중심의 해석학 패러다임'에서 실존적인 '삶의 변혁을 위한 적용 중심의 해석학 패러다임'으로의 전환 필요성이 제기될 수 있다. 이러한 차원에서 하비 콘(Harvie Conn)은 지금까지 전통적인 성경 해석학과 설교에 문제가 있었다고 지적하는데, 이는 전통적인 성경 해석학과 설교가 지나치게 문법적-역사적 해석에 기울어져 있었다는 점이다.

참된 해석학은 인간 '삶의 정황'에서 구체적으로 이해되고 '실천'되는 것이다. 지금까지 사용되어온 해석학의 제 방법들로는 문법적-역사적 해석, 신학적 해석, 의미론적 해석, 유대 랍비적 해석, 상황적 해석이 있지만,[26] 이제는 예수님과 바울의 방식을 따라 텍스트의 상황화를 위한 적용 지향적 해석학의 지평을 열어야 한다. '정황적 해석학'(situational hermeneutics)은 성경이 인간 '삶의 정황' 속에서 형성된 것으로 확신하고, 특히 상황 속에서 성경의 의미를 추적하는 적용적 해석학이다.[27]

그러나 데이비드 헬름(David Helm)은 설교의 상황화를 성경의 메시지를 현 청중의 문화적인 상황에 적합한 방식으로 전하는 것으로 정의하면서, 이러한 상황화가 이루어지지 않을 때 "맹목적인 집착의 문제"(상황화를 설교자의 실제적 이익의 도구로 사용함)로 인해 "인상주의적 설교"(하나님 말씀보다 세상에 마음에 뺏기는), "도취적인 설교"(설교자 자신의 계획과 목적을 이루기 위한), "영감적인 설교"(설교자의 본문에 대한 주관적인 감동과 직관에 의존하는)와 같은 변질된(비상황화된) 설교가 양산될 수 있음을 경고한다.[28]

---

24 Thiselton, *The Two Horizon*, 31-35.
25 Anthony C. Thiselton, *Interpreting God and the Postmodern Self* (Edinburgh: T&T Clark, 1995), 31-42.
26 Jeanrond, 『신학적 해석학』, 35-72.
27 Harvie M. Conn, "Contextual Theologies-The Problem of Agenda," *WTJ* 52 (1990): 51-63.
28 David Helm, 『강해 설교』(*Expositional Preaching*), 김태곤 역 (서울, 부흥과개혁사, 2014), 17-40.

성경적 상황화(Biblical contextualization)와 설교의 적용은 매우 긴밀한 해석학적 관계의 지평을 형성하고 있다. 궁극적으로 성경의 지평과 현대의 지평 사이에 다리놓기를 위한 적용 패러다임의 필요성을 재인식하기 위해서는 상황화와 적실성 간의 상호 관계성을 재발견해야 한다. 강해 설교의 목적은 문화적 세계관과 연결하면서 혼합주의를 피하기 위해 문화적으로 적실한 형태로 복음의 초문화적 메시지를 전하는 것이다.[29] 설교의 적용 관점에서 구약과 신약은 상황화의 생생한 본보기로 가득 차 있다고 할 수 있다.[30]

하비 콘에 따르면, 설교자들은 바울의 상황화의 모델을 신중히 고려해야 한다.[31] 아담스와 톰슨은 빌립보서에서 원 청중인 빌립보 회중들에게 적용된 진리를 전하고자 했던 바울의 상황화 모델에 주목한다(빌 1:27-2:13).[32] 어거스틴의 설교도 성경적 진리와 고전적 수사학을 활용하면서 설교의 상황화를 추구하였다고 볼 수 있다.[33] 존 크리소스톰(John Chrysostom)도 상황화를 통해 하나님 나라 중심의 윤리와 사회적 적실성의 탁월함을 보여주었다.[34] 존 칼빈(John Calvin)도 당시 제네바 회중의 상황에 설교를 상황화함으로 적용의 정수를 보여주었다.[35] 이러한 상황화를 통한 적용은 조나단 에드워즈의 주해(explication), 교리(doctrine), 적용(application)으로 구성된 설교의 상황화에 영향을 주었다고 볼 수 있다.[36]

오스본에 의하면, 상황화된 적용은 해석자의 삶과 상황을 넓게 포괄하기 위한 해석학적 융합 사이클 과정 가운데 일어난다.[37] 윌리엄 클라인(William W. Klein), 크레이

29　David Hesselgrave and Edwards Rommen, *Contextualization* (Grand Rapids: Baker, 1989), 1. 성경적 해석학과 상황화의 관계성에 대한 보다 상세한 논의를 위해서는 다음을 참조하라. Bruce J. Nicholls, *Contextualization* (Downers Grove, IL: InterVarsity, 1979), 37-52; Daniel R. Sanchez, "Contextualization in the Hermeneutical Process," in *Biblical Hermeneutics*, ed. B. Corley, S. Lemke, and G. Lovejoy (Nashville: B&H, 1996), 293-306; T. E. van Spanje, "Contextualization," *BJRL* 80 (1998): 197-217; Larkin, *Culture and Biblical Hermeneutics*, 319-21.

30　John R. Davies, "Biblical Precedence for Contextualization," *ERT* 21 (1997): 197-211.

31　Harvie M. Conn, "Contextual Theology," *WTJ* 52 (1990): 62; Dean Flemming, "Contextualizing the Gospel in Athens," *Missiology* 30 (2002): 199-214.

32　Adams, *Truth Applied*, 47-48; James W. Thomson, *Preaching Like Paul* (Louisville: Westminster John Knox, 2001), 21-36.

33　George A. Kennedy, *Classical Rhetoric & Its Christian and Secular Tradition* (Chapel Hill and London: The University of North Carolina Press, 1999), 170-82; Scot A. Wenig, "Biblical Preaching that Adapts and Contextualizes," in *The Big idea of Biblical Preaching* (Grand Rapids: Baker, 1998), 29-31.

34　Kennedy, *Classical Rhetoric & Its Christian and Secular Tradition*, 165-67.

35　John H. Leith, "Calvin's Doctrine of the Proclamation of the Word," *RevExp* 86 (1989): 34-41; John Piper, "The Man and His Preaching," *SBJT* 3 (1999): 4-15.

36　Kenneth P. Minkema and Richard A. Bailey, "Reason, Revelation, and Preaching," *SBJT* 3 (1999): 18-19.

37　Osborne, "Preaching the Gospels," 35.

그 블룸버그(Craig L. Bloomberg), 로버트 허버드(Robert L. Hubbard)는 청중을 위한 상황화된 적실성이 해석의 목적이라고 지적한다(이하에서 이 세 사람을 합하여 "KBH"로 호칭한다).[38] 그러므로 적용 패러다임은 성경적이며 역사적인 설교자 모델들이 보여준 상황화를 통한 적용의 토대 위에 건설되어야 한다.

3. 성경 해석학의 흐름을 통해 본 적용 패러다임의 필요성

아이러니하게도 성경 해석학의 흐름에 있어서 이러한 삶의 변혁을 위한 적용의 본질에 부합하는 적용 해석학적 패러다임은 철저히 간과되어 왔다.[39] 1950년대에서 70년대 사이에는 버나드 램(Bernard Ramm)과 루이스 벌코프(Louis Berkhof)를 중심으로 간략한 적용의 원리가 제시되긴 했다.[40] 1980년대는 고든 피(Gordon Fee)와 윌리엄 라킨(William Larkin) 등이 텍스트의 다양한 장르와 해석학적 방법론들을 강조하였지만 적용적 패러다임은 비교적 작은 부분만 할애되었다.[41]

1990년대를 지나면서 그랜트 오스본(Grant R. Osborne)과 시드니 그레이다누스(Sidney Greidanus), 로버트 맥퀼킨(Robert McQuillkin)을 필두로 해석학에 있어서 적용의 중요성에 대한 비중이 점차 증대하고 관심이 고조되는 바람직한 방향으로 선회하면서 더욱 폭넓게 해석학적 논의가 진행되었다.[42] 채플도 21세기 들어서는 시점부터 어떻게 주

---

38 Klein, Blomberg, and Hubbard, *Introduction to Biblical Interpretation*, 18.
39 Louis Berkhof, *Principles of Biblical Interpretation* (Grand Rapids: Baker, 1950); A. Berkeley Mickelsen, *Interpreting the Bible* (Grand Rapids: Eerdmans, 1963); Bernard Ramm, *Protestant Biblical Interpretation* (Grand Rapids: Baker, 1970); Henry A. Virkler, *Hermeneutics* (Grand Rapids: Baker, 1981); Walter C. Kaiser Jr., *Toward an Exegetical Theology* (Grand Rapids: Baker, 1981); Gordon D. Fee, *New Testament Exegesis* (Philadelphia: Westminster, 1983); Douglas K. Stuart, *Old Testament Exegesis* (Philadelphia: Westminster, 1984); W. Randolph Tate, *Biblical Interpretation* (Peabody, MA: Hendrickson, 1991); Gordon D. Fee and Douglas Stuart, *How to Read the Bible for All Its Worth*, 2nd ed. (Grand Rapids: Zondervan, 1993); Walter C. Kaiser Jr., and Moisés Silva, *An Introduction to Biblical Hermeneutics* (Grand Rapids: Zondervan, 1994), 173-90; Sydney Greidanus, *Preaching Christ from the Old Testament* (Grand Rapids: Eerdmans, 1999); Graham Goldsworthy, *Preaching the Whole Bible as Christian Scripture* (Grand Rapids: Eerdmans, 2000); J. Scott Duvall and J. Daniel Hays, *Grasping God's Word* (Grand Rapids: Zondervan, 2001), 216-23. 페이지가 없는 저술은 적용에 대해 거의 찾을 수가 없는 경우이다.
40 Ramm, *Protestant Biblical Interpretation*; Berkhof, *Principles of Biblical Interpretation*.
41 Fee, *New Testament Exegesis*; Larkin, *Culture and Biblical Hermeneutics*, 104-13.
42 Sidney Greidanus, *The Modern Preacher and the Ancient Text* (Grand Rapids: Eerdmans, 1988); Jack Kuhatschek, *Taking the Guesswork out of Applying the Bible* (Downers Grove, Ill: Intervarsity, 1990);

해적으로 온건한 적용을 할 것인지에 대한 바람직한 시도가 최근의 논문과 책들을 통해 제시되고 있음을 고무적으로 평가하고 있다.[43]

설교의 적용과 관련하여 최근 해석학과 설교학의 주요 흐름을 정리하면 다음과 같다.

① 강해 설교 본질과 적용 지향적 특성에 대한 편견과 편향된 이해.[44]

② 적용에 대한 양극단적 경향: 설교의 불필요성(needlessness) 혹은 설교의 과도한 강조(over-dominance).[45]

③ 윤리적 설교에 대한 접근과 강조.[46]

④ 적용의 필요성에 대한 해석학적 정당성 논의.[47]

⑤ 역사적, 현대적 설교 모델들에 대한 분석.[48]

⑥ 적용의 해석학적 단계로서 다리놓기 이론(모델)에 대한 해석학적 논의(스토트, 그레이다누스, 워렌, 채플, 휠화이트 등).[49]

⑦ 적용 패러다임에 있어서 신학적 다리(과정)의 중요성에 대한 재숙고.[50]

Grant R. Osborne, *The Hermeneutical Spiral* (Downers Grove: IVP, 1991); Robert McQuilkin, *Understanding and Applying the Bible* (Chicago: Moody, 1992); Dave Veerman, *How to apply the Bible* (Wheaton, Tyndale, 1993); William Klein, Craig Blomberg, and Robert Hubbard, *Introduction to Biblical Interpretation* (Waco: Word, 1993); Dan McCartney and Charles Clayton, *Let the Reader Understand: A Guide to Interpreting and Applying the Bible* (Wheaton: Bridgepoint, 1994).

43 Chapell, "The Future of Expository Preaching," 71–72.
44 Robert Stephen Reid, *The Four Voices of Preaching* (Grand Rapids: Baker, 2006).
45 Doriani, *Putting the Truth to Work*, 6–9; McDill, *The Twelve Essential Skills for Great Preaching*, 1994; York and Blue, "Is Application Necessary in the Expository Sermon?" 77.
46 Doriani, *Putting the Truth to Work*.
47 Scott A. Blue, "The Hermeneutic of E. D. Hirsch, Jr. and Its Impact on Expository Preaching," *JETS* 44(2001): 253–70.
48 Anthony Dale Guthrie, "An Investigation into the Use of Application in the Preaching of John of Antioch (Chrysostom)" (Ph.D. diss., New Orleans Baptist Theological Seminary, 2002); John Francis Taylor, "Toward the Development of a Model of Application for Contemporary Preaching (Stuart Briscoe, Charles R. Swindoll, Richard D. Warren)" (Ph.D. diss., New Orleans Baptist Theological Seminary, 2001); William Bland Mason Jr., "A Critical Analysis of Purpose-Driven Hermeneutic of Rick Warren" (Ph.D. diss., The Southern Baptist Theological Seminary, 2005).
49 Paul Scott Wilson, *Preaching and Homiletic Theory* (St. Louis: Chalice, 2004), 49–55.
50 Keith Willhite, *Preaching with Relevance* (Grand Rapids: Kregel, 2001), 63; Adams, *Truth Applied*, 39; Greidanus, *The Modern Preacher and The Ancient Text*, 169–71; Osborne, *The Hermeneutical Spiral*, 6; Timothy Warren, "A Paradigm for Preaching," *BSac* 148(1991): 483; idem, "The Theological Process in Sermon Preparation," *BSac* 156 (1999): 337–38.

⑧ 삶을 변화시키는 적용에 있어서 성령의 역할에 대한 재강조.[51]
⑨ 바울의 해석학적 모델과 설교학적 적용 전략에 대한 연구.[52]
⑩ 적용과 관련한 수사학적 커뮤니케이션 이론에 대한 통합적 연구.[53]

이와 같이 적용에 대한 정당한 관심과 평가가 최근 들어 증가하고 있긴 하지만, 이러한 성경 해석학 차원의 논의들에 있어서 궁극적인 지향점으로서 삶의 변혁에 대한 동기를 부여하는 적용의 지평은 여전히 작은 부분을 차지하고 있다. 나아가 해석학자들과 설교학자들은 적용을 위한 균형 잡힌 해석학적 패러다임을 충분히 제시하지 못하고 있다.[54]

그러므로 채플은 최근의 적용에 대한 해석학적 연구와 공헌 위에서 적용의 구체적인 원리와 방법론을 체계화하는 작업이 여전히 필요한 가운데 있다고 도전한다.[55]

---

51 Craig Collier Christina, "Calvin's Theology of Preaching" (Ph.D. diss., The Southern Baptist Theological Seminary, 2001); Gregory W. Heisler, "A Case for a Spirit-Driven Methodology of Expository Preaching" (Ph.D. diss., The Southern Baptist Theological Seminary, 2003); John MacArthur, Jr., *Rediscovering Expository Preaching* (Dallas: Word, 1992), 102-17, 300; Kaiser, *Toward an Exegetical Theology*, 235-47.

52 David Eung-Yul Ryoo, "Paul's Preaching in the Epistle to the Ephesians and Its Homiletical Implications" (Ph.D. diss., The Southern Baptist Theological Seminary, 2003); Christopher Wayne King, "Expository Preaching as a Means to Fulfill Paul's Admonitions in the Pastoral Epistles to Confront and Correct False Teaching" (Ph.D. diss., The Southern Baptist Theological Seminary, 2006).

53 Michael C. Graves, "A Study of Kenneth Burke's Model of Persuasion by Identification and the Concept of Indirect Communication and Their Implications for Sermon Structure" (Ph.D. diss., Southwestern Baptist Theological Seminary, 1988); Scott E. Boyd, "The Use of Transformational Speaking Techniques in Christian Preaching" (Ph.D. diss., The Southern Baptist Theological Seminary, 1994); Yeong Jae Park, "Chaim Perelman's Rhetorical Theory and Its Implications for Preaching" (Ph.D. diss., The Southern Baptist Theological Seminary, 1996); Adam Brent Dooley, "Utilizing Biblical Persuasion Techniques in Preaching without Being Manipulative" (Ph.D. diss., Southern Baptist Theological Seminary, 2006).

54 William J. Larkin, *Culture and Biblical Hermeneutics* (Grand Rapids: Baker, 1988), 104-13; Sydney Greidanus, *The Modern Preacher and the Ancient Text* (Grand Rapids: Eerdmans, 1988), 159-87; Elliott E. Johnson, *Expository Hermeneutics* (Grand Rapids: Zondervan, 1990), 224-64; Grant R. Osborne, *The Hermeneutical Spiral* (Downers Grove, IL: InterVarsity, 1991), 341-53; Roy B. Zuck, *Basic Bible Interpretation* (Wheaton, IL: Victor, 1991); 279-92; Howard G. Hendricks and William D. Hendricks, *Living By the Book* (Chicago: Moody, 1991): 291-301; J. Robertson McQuilkin, *Understanding and Applying the Bible* (Chicago: Moody, 1992), 239-72; Millard J. Erickson, *Evangelical Interpretation* (Grand Rapids: Baker, 1993), 33-76; Dan McCartney and Charles Clayton, *Let the Reader Understand* (Grand Rapids: Baker, 1994), 250-72; Robert Stein, *A Basic Guide to Interpreting Bible* (Grand Rapids: Baker, 1994): 39-46; Daniel M. Doriani, *Getting the Message* (Phillipsburg, NJ: P&R, 1996), 122-54; Klein, Blomberg, and Hubbard, *Introduction to Biblical Interpretation*, 406-25; Terry G. Carter, J. Scott Duvall, and J. Daniel Hays, *Preaching God's Word* (Grand Rapids: Zondervan, 2005), 116-30.

55 Chapell, "The Future of Expository Preaching," 71-72.

맥퀼킨도 "적용을 위한 분명한 이론적인 해석학적 모델의 부족한 문제"에 직면해야 함을 역설한 바 있다.[56] 이러한 도전에 응전하지 못할 경우 적용적 패러다임의 부재는 복음주의 성경 해석학에 뿌리를 둔 '강해 설교의 아킬레스건'(Achilles' Heel)이 될 것이다.

결국 성경 해석과 설교의 목적은 성경의 인식론적 이해를 넘어 '삶과 공동체, 사회와 문화의 변혁'이다. 오스본의 지적대로, 성경 해석학의 상호 역동성을 가진 두 지평은 텍스트와 독자의 삶의 정황이다.[57] 이를 위해서는 텍스트 지평과 독자의 지평 사이에 존재하는 역사적, 문화적, 신학적 간격(gap)을 이어줄 수 있는 '적실성 패러다임'(relevant paradigm)이 전제되어야 한다. 적용 중심적 해석학의 준거틀(framework)은 개체의 지평과 주체의 지평을 이어주는 '해석학적 다리'(hermeneutical bridge)의 역할을 해야 한다.

여기서 일반 학문적 상아탑에 갇힌 성경 해석학(자)과 교회의 현장 및 성도들의 삶의 현장 간의 엄청난 간격(gap)이 생긴 것은 해석학적인 목적의 한계와 실제 현장에서 활용할 수 있는 적용적 해석학적 패러다임의 부재에서 기인한 것임을 알게 된다. 성경 해석학의 궁극적 좌표는 인식론적인 '이해'의 지평에 있는 것이 아니라 실천적인 '삶'의 지평에 있다는 진정한 패러다임의 전환이 요구된다.

4. 강해 설교의 흐름을 통해 본 적용 패러다임의 필요성

설교의 적용 필요성에 대한 초점으로부터 적용을 위한 해석학적 모델의 필연성으로의 초점을 이동하기 위해서는 위에서 논의한 적용에 대한 정의와 본질적인 기능에 대한 동의가 먼저 전제되어야 한다.[58] 설교자들이 적용 커뮤니케이션 과정의 필요를 인정한다 할지라도 반드시 체계적인 해석학적 적용 패러다임을 만들어 가야 한다. 적법한 해석학적 적용 패러다임에 대한 필요에 대해서는 동의하면서도, 대부분의 강해 설교 교과서들은 체계화된 모델을 제시하는데 한계를 노정시키고 있다는 점을 지적하지 않을 수 없다.

56　McQuilkin, *Understanding and Applying the Bible*, 236.
57　Osborne, *The Hermeneutical Spiral*, 5.
58　Keith Willhite, "Audience Relevance in Expository Preaching," *BSac* 149 (1992): 356; Greidanus, *The Modern Preacher and the Ancient Text*, 159; Chapell, *Christ-Centered Preaching*, 204-05; Doriani, *Getting the Message*, 143.

먼저 로빈슨은 의사 전달적 과정의 프레임은 충분히 제공하지만 해석학적 모델을 충분히 제공하지는 않고 있다.[59] 채플은 적용의 기능, 요소, 구조, 어려움, 태도에 대해서는 초점을 맞추면서도 조직적인 적용 패러다임을 제안하지는 않는다.[60] 라메쉬 리차드는 적용의 위치와 발전시키는 방법에 대해서 간략히 논할 뿐, 체계적인 패러다임은 주장하지 않는다(물론 논문을 통해 적용이론과 간략한 모델을 제시하고 있지만).[61] 제리 바인즈(Jerry Vines)와 짐 새딕스(Jim Shaddix)는 로빈슨의 "추상화 다리"(abstraction ladder)와 함께 적용의 필요, 본질, 긴장, 능력에 대한 기본적인 안내를 제공하고 있지만, 효과적인 적용을 위한 해석학적 프로세스를 제안하는 데는 약점을 가지고 있다.[62]

토니 메리다(Tony Merrida)는 설교자가 강해 설교에 대한 삼위일체적 확신을 가지고 하나님의 말씀에 충실한 설교를 하도록 유익한 통찰을 제공하면서도 설교의 상황화에 대한 논의 외에는 적용 해석학적 관점의 이론과 방법론을 제공하지 않는다.[63] 켄트 에드워즈(Kent Edwards)는 설교자가 간과하기 쉬운 '골방 작업'과 원 청중과 현 청중 사이의 다리놓기에 대한 깊은 통찰을 제시하고 있지만, 적용 해석학적 차원에서의 적실성 과정에 대한 논의의 지평은 거의 닫혀 있다.[64]

다행히도 최근 테리 카터(Terry Carter), 스캇 듀발(Scott Duvall), 다니엘 헤이즈(Daniel Hays)가 공저한 책과 다니엘 애이킨(Daniel L. Akin), 데이비드 알렌(David L. Allen), 네드 매튜스(Ned L. Mattews)가 공저한 책과 다니엘 애이킨(Daniel L. Akin), 빌 커티스(Bill Curtis), 스티븐 러미지(Stephen Rummage)가 공저한 책 등에서는 한 챕터를 할애하여 설교의 적용(적용적 함의와 방법론, 주의점 등)에 대해 좀 더 진전된 논의를 보여주고 있다. 그러나 본서에서 제시하고자 하는 적용 해석학과 이에 근거한 주해의 측면, 신학의 측면, 적실성의 측면, 성령의 역할 측면, 그리고 구체적인 적용 지향적 설교 방법론에 대해 충분히 논의가 부족하다고 볼 수 있다.[65]

59　Robinson, *Biblical Preaching*, 21-30, 75-86.
60　Chapell, *Christ-Centered Preaching*, 199-224.
61　Ramesh P. Richard, *Preparing Expository Sermons* (Grand Rapids: Baker, 2001), 113-21.
62　Jerry Vines and Jim Shaddix, *Power in the Pulpit* (Chicago: Moody, 1999), 181-90.
63　Tony Merrida, 『설교다운 설교』(*Faithful Preaching*), 김대혁 역 (서울: CLC, 2016), 368-94.
64　Kent Edwards, 『깊은 설교』(*Deep Preaching*), 조성헌 역 (서울: CLC, 2012), 233-301.
65　Terry Carter, Scott Duvall, and Daniel Hays, 『성경설교』(*Preaching God's Word*), 김창훈 역 (서울: 성서유니온, 2009), 127-45; Daniel L. Akin, David L. Allen, and Ned L. Mattews, *Text-driven Preaching* (Nashville, TN: B&H Pub., 2010), 269-93; Daniel L. Akin, Bill Curtis and Stephen Rummage, *Engaging Exposition* (Nashville, TN: B&H Pub., 2011), 170-85.

한마디로 말해 적용의 필요성을 강조하고 있는 기초적인 강해 설교 저서들에서도 어떻게 해석학적인 패러다임을 통해 적용 과정을 체계적으로 구성해 나가야 하는지에 대한 체계적인 이론을 찾아보기 어렵다.[66]

바로 이러한 점들이 강해 설교자들의 적용 실패와 적용 부재 등의 원인으로 이어지고 있지 않는가?

5. 적용 오류를 극복하기 위한 적용 패러다임의 필요성

1) 인식론적 해석학을 넘어 적용적 해석학 패러다임이 설교자에게 절실히 필요한 이유는 무엇인가?

첫 번째 이유는 텍스트에 대한 의미와 적용적 함의, 그리고 영향력을 '구분'해야 할 해석학적 렌즈가 필요하기 때문이다. 이러한 해석학적 안목이 결여된 채 성경을 주해할 때 텍스트에 대한 온건한 이해에 도달함에도 불구하고 보편적 원리의 추출과 독자의 개인적이며 공동체적 변혁을 위한 적실성(relevance)의 닻을 올리지 못할 수 있다.[67]

두 번째 이유는 텍스트의 이해를 넘어 적용에까지 나아가는 길이 확보된다 할지라도 확고한 적용적 해석학 패러다임이 부실한 경우 독자는 다양한 적용 오류의 위험성에 노출되기 때문이다.[68] 설교자가 객관적인 주해와 적용의 기초 작업 없이 개인적 영성만을 강조하면, 주관적 묵상에만 기초하여 적용하는 오류가 나타날 수 있다.[69] 또한 익숙한 텍스트에 대한 직관적 해석과 적용으로 일관함으로 생길 수 있는 오류도 있을 수 있다.[70]

---

66 G. Waldemar Degner, "From Text to Context," *CTQ* 60 (1996): 259; Merrill F. Unger, *Principles of Expository Preaching* (Grand Rapids: Zondervan, 1955); Harold T. Bryson, *Expository Preaching* (Nashville: Broadman & Holman, 1995); Olford, *Anointed Expository Preaching*; Richard, *Preparing Expository Sermons*.
67 Kevin Vanhoozer, *Is There a Meaning in This Text?* (Grand Rapids: Zondervan, 1998), 259–63.
68 Haddon Robinson, "The Heresy of Application," *Leadership Journal* 18 (1997): 20–27.
69 칼 바르트는 참된 적용이 하나님과 인간 사이의 '직접적 만남'이라고 함으로써 적용을 위한 해석학적 패러다임에 대한 부정적인 견해를 피력하고 있다(Karl Barth, *Prayer and Preaching* [London: SCM, 1964], 107). 그러나 데이비드 헬름(David R. Helm)은 잘못된 상황화의 패턴 가운데 상황화를 통한 영적 해석에 의존하는 시도(주관적인 해석 방식으로 영감된 하나님의 말씀과 저자의 의도를 간과하는)를 비판하면서 바르트와 신정통주의 운동에서도 이러한 시도가 있었다는 점을 지적한다. Helm, 『강해 설교』, 39–40.
70 Klein, Blomberg, and Hubbard, *Introduction to Biblical Interpretation*, 4–5. 비록 성경 본문이 전문적

로빈슨의 냉철한 지적처럼, 많은 설교자들과 성경 독자들이 주해적 과정보다 적용적 과정에서 심각한 해석학적 오류에 빠질 수가 있다. 이는 본문(text)과 상황(context) 사이의 간격을 잇는 해석학적 다리놓기인 적용 패러다임이 부재하기 때문이다. 더글라스 스튜어트(Douglas Stuart)는 본문이 이끄는 적용에서 '해야 할 것들'과 '하지 말아야 할 것들'을 아래와 같이 각각 4가지 씩 제시한다.

1. 적용을 기획할 때에 청중의 필요들과 구성을 고려하라.
2. 적용을 본문으로부터 직접적으로 그리고 논리적으로 도출해 내도록 주의를 기울여라(본문의 의도를 존중하라).
3 가능한 한 중심이 되거나 우선순위가 높은 적용에만 국한시키도록 노력하라.
4. 설교하는 본문이 주로 성경의 다른 본문에서 언급된 원칙을 예시하는 기능을 한다면, 이 둘 간의 진정한 관계를 나타내 보이도록 하라.

1. 적용을 불필요하게 많이 제시하지 말라.
2. 당신이 주해를 잘했기 때문에 청중이 당연히 본문을 적절하게 적용할 것이라고 생각하지 말라.
3. 적용으로 제시할 포인트가 아무것도 없어 보이는 경우에는 억지로 적용을 만들어내지 말라.
4. 성령의 조명(illumination)과 영감(inspiration)을 혼동하지 말라.[71]

그러나 스튜어트도 적용 해석학적 다리놓기 관점에서 발생할 수 있는 적용의 오류들을 체계적으로 상세하게 제시하지는 않기에 더욱 심층적인 연구가 필요하다.

인 신학과 해석학적 훈련을 받지 못한 평범한 독자라 할지라도 텍스트의 중심적 의미를 잘 이해할 수 있는 특성을 가지고 있지만, 그럼에도 불구하고 삶의 변화를 지향하며 실천적 현장의 필요에 민감한 성경 해석학적 이론은 반드시 필요하다(Peter Cotterel and Max Turner, *Linguistics and Biblical Interpretation* [Downers Grove, Ill.: InterVarsity, 1989], 42-43). 독자의 주관적 의미와 적용화를 넘어 텍스트의 객관적 타자성을 인격적으로 경험하고 객관적인 의미를 그대로 수용하여 삶에 적용하지 못한다면 우리가 살고 있는 세계와 우리가 살 수 있는 세계(자아의 변혁으로 말미암아)를 구별할 수가 없다(Paul Ricoeur, "Metaphor and the Main Problem of Hermeneutics," in *The Philosophy of Paul Ricoeur*, ed. Charles E. Reagan and David Steward [Boston: Beacon, 1978], 134-48).

71 Douglas Stuart, 『구약주석 방법론』(*Old Testament Exegesis*), 박문재 역 (서울: 크리스챤다이제스트, 2001), 158-59, 283-84.

2) 적용 오류 패턴

적용 패러다임이 필요한 또 다른 이유는 설교자들이 범할 수 있는 적용 오류 프레임 혹은 패턴들을 예방하고 방지하기 위해서이다. 다음과 같이 10가지 정도의 적용 오류 패턴이 설교에 나타날 수 있다.[72]

〈표 1. 적용 오류 패턴 10가지〉

적용 오류 유형	오류 원인
'주관적 영성과 묵상'에 기초한 적용 패턴	저자의 의도를 알 수 있는 주해 과정을 생략함.
'심리화'(psychologizing)나 '사사화'(privatization) 적용 패턴	텍스트에 대한 직관적 해석과 설교자의 QT(Quiet Time) 수준 정도의 실존적이고 심리적인 분석에 의존함.
율법주의적(legalistic) 적용, 도덕적 모범(moralizing-example) 및 행동 요령 제시형 적용 패턴	저자가 의도한 본문의 적용을 간과함, 은혜 언약(구속사)과 그리스도 중심적인 관점을 간과함.
정형화(patternizing) 오류	원리화 다리놓기를 통한 보편적인 규범 도출 실패, 성경의 특수한 사례들을 직접적인 명령으로 단순히 바꿈.
축소지향형 적용, 경시화(trivializing), 맹점(blind spot)형 적용	본문이 함의한 적용의 절대 기준을 축소하고 완화시킴.
표준화(normalizing), 단순화 적용	원 청중의 상황과 현 청중의 상황을 고려하지 않음으로 본문의 교훈을 모든 청중에게 똑같은 방식으로 적용함.
'증거 본문'(proof-texting)형 적용	저자의 의도와 문맥을 무시하고 설교자의 주관적 적용을 여러 구절들을 통해 짜깁기함.
보증 수표형 적용	성경에서 확실히 보증하지 않은 결과를 청중에게 과장되게 약속함.
번영주의, 긍정의 믿음, 적극적 사고방식에 근거한 적용	본문의 의도와 그리스도와 하나님 나라 복음에서 이탈함.
'대체형 적용'(substitutes for application) 및 리스트 제시형 적용	본문 해석으로 적용을 대체하거나, 본질적인 삶의 변화 대신 피상적인 순종으로 대체하거나, 회개가 아닌 합리화로 대체하거나, 의지적인 결단 대신 감정적인 경험으로 대체하거나, 변혁 대신 의사 전달로 대체함. 성령의 다차원적 적용을 간과함. 설교자도 알지 못하는 청중의 깊은 상황과 문제를 감찰하시고 이에 맞게 적용하시는 성령의 역사를 간과함.

---

[72] 이 오류 패턴은 필자가 Daniel Overdorf, 『설교를 적용하기』, 92-122에서 제시된 잘못된 적용 패턴과 실제 예들을 통해 많은 도움을 얻어 발전시켜 정리한 것임을 밝힌다.

(1) **설교자가 과학적인 주해 작업과 '저자가 의도한 의미와 적용에 대한 주해 과정'을 생략하고 설교자의 '주관적 영성과 묵상'에 기초한 적용 패턴에 함몰될 수 있다.**[73]

이사야가 선포한 "보라 내가 새 일을 행하리니 …"의 말씀에서 원 청중에게 적용된 "새 일"은 1차적으로 '바벨론 포로에서 귀환'(예레미야 70년 후 예언대로)을 의미하며, 같은 맥락에서 "내게 부르짖으라 크고 비밀한 일을 보이리라 …"에서 "크고 비밀한 일"은 영적으로 신비한 역사라기보다는 1차적으로 이스라엘이 바벨론 포로에서 귀환하는 하나님의 역사를 의미한다.

이처럼 객관적인 본문 주해 과정을 생략하고, 보편적인 원리를 추출하여 현대 청중에게 적용을 제시하는 과정이 무너지게 되면 저자의 의도에서 벗어나 본문의 물리적 실제들을 영적 유비로 전환하는 '영해화'(spiritualizing) 혹은 '알레고리화'(allegorizing) 적용을 낳을 수 있다.[74]

예 벧세메스로 돌아오는 여호와의 궤 이야기(삼상 6:10-16)에서 초점을 벧세메스로 가는 소에게 맞추어, 궤를 옮기는 사명을 위해 선택 받은 소가 새끼를 뗀 소임에도 불구하고 뒤를 돌아보지 않고 순종하며 결국 목적지에 도달하여 희생의 제물이 되었다는 점을 성도들이 본받아야 한다는 식의 알레고리적 적용

예 선한 사마리아인(눅 10:25-37) 비유를 알레고리적으로 해석하여 여리고로 내려가는 사람은 아담(혹은 인간), 예루살렘은 하늘나라, 여리고는 세상, 강도들은 마귀들, 사마리아인은 그리스도, 여관은 교회, 두 데나리온은 사랑의 두 계명, 여관 주인은 사도 바울로 설명한 다음 성도들에게 알레고리적 적용을 제시하는 방식 등

(2) **두 번째 유형은 첫 번째와 유사한 점이 있는 적용 오류 패턴이다. 즉 익숙한 텍스트에 대한 직관적 해석과 설교자의 QT(Quiet Time) 수준 정도의 실존적이고 심리적인 분석에 기인한 '심리화'(psychologizing)나 '사사화'(privatization) 적용으로 일관하는 패턴이 있을 수 있다.**[75]

---

73 Helm, 『강해 설교』, 39-40.
74 Greidanus, *The Modern Preacher and the Ancient Text*, 159-66. 또한 성경 해석학 역사 가운데 알레고리 해석에 대한 균형 잡힌 시각을 위해서는, 심상법, 『성경 해석학 서론』, (경기도: 목양, 2013), 30-33을 참조하라.
75 김지찬, "한국교회 설교의 문제점," 「성경과 신학」 67 (2013): 285.

> 예 이스라엘 백성이 홍해를 건너는 본문(출 14장)을 통해, 현 청중이 일상에서 만나는 장애물을 극복하기 위한 소위 '홍해의 법칙'을 제시하는 적용. 심리적인 장벽과 개인적 내면의 두려움과 절망을 이겨내는 법칙을 제시하는 심리화/사사화 적용.
>
> 예 여리고 성벽을 매일 새벽에 돈 이야기(수 6장)를 통해 청중이 기도 응답을 받기 위해서는 매일 새벽 기도에 나와 기도해야 한다는 적용을 제시하거나, 여리고 성을 일곱째 날 '일곱 번' 믿음으로 돌아서 무너졌기에 우리도 하나님께 축복받기 위해 순종해야 할 7가지 기도 제목을 가지고 기도할 때 순종의 응답으로 장애물이 무너지고야 말 것이라는 식의 적용. 혹은 신자가 세상에 들어가 처음 맞게 되는 어려움에서 승리하기 위해서는 말씀, 기도, 순종이 필요하다는 식의 적용.[76]
>
> 예 약속의 땅 정탐꾼 이야기(민 13장)를 통해, 부정적인 생각과 말(열 정탐꾼)을 버리고 두 정탐꾼(여호수아, 갈렙)을 본받아 긍정적인 생각과 태도, 긍정적인 언어로 직장의 새로운 도전에서 승리하라는 식의 적용을 제시하거나, 두 정탐꾼을 통해 긍정적인 사고와 언어의 리더십 원리를 제시하는 적용 패턴.

(3) 저자가 의도한 본문의 적용을 간과하거나 은혜 언약(구속사)과 그리스도 중심적인 관점을 간과함으로써 율법주의적(legalistic) 적용이나 도덕적 모범(moralizing-example), 도덕주의 혹은 도덕주의의 아류인 '행동 요령 제시형' 적용으로 나아갈 수 있다.[77]

브라이언 채플(Bryan Chapell)은 설교자가 아무리 좋은 의도를 가지고 도덕적인 행동을 실천하도록 적용해도 그리스도 중심적인 원리가 생략되면 율법주의적 적용에 빠지게 된다고 조언한다.[78] '성화론적 렌즈'를 통한 윤리적, 율법적인 강조(적용)는 은혜로만 의롭게 된다는 칭의적 복음에 반대되는 율법주의(legalism)로 가는 첩경이라는 편견에서 비롯된 적용의 오류도 있을 수 있다.[79] 로빈슨은 청중을 향한 구체적인 적용 자체에

---

76 Overdorf, 『설교를 적용하기』, 92-95; 수 6장의 해석과 적용 오류에 대한 상세한 분석을 위해서는 김지찬, "한국교회 설교의 문제점," 265-84를 참조하라.

77 Chapell, "Application without Moralism," in *The Art & Craft of Biblical Preaching*, ed. Haddon Robinson and Craig B. Larson (Grand Rapids: Zondervan, 2005), 289-93; Timothy Keller, "Preaching Morality in an Amoral Age," in *The Art & Craft of Biblical Preaching*, 166-70; T. David Gordon, 『우리 목사님은 왜 설교를 못할까』(Why Johnny Can't Preach), 최요한 역 (서울: 홍성사, 2009), 84-86.

78 Bryan Chapell, *Christ-centered Preaching* (Grand Rapids: Baker, 1994), 268.

79 Gerhard Forde, "The Lutheran View," in *Christian Spirituality: Five Views of Sanctification*, ed. Donald L. Alexander (Downers Grove, Ill: InterVarsity, 1988), 14-16; Lawrence W. Wood, "The Reformed View: A Wesleyan Response," in *Christian Spirituality: Five Views of Sanctification*, 84. 이 외에도, 텍스

보편적인 원리와 같은 힘을 설정하게 될 때 '율법주의적 적용'의 실수를 하게 된다고 경고한다.[80]

- 예 발람 이야기(민 22-24장)에서, 아브라함 언약적 관점(원리화)에서 하나님 나라의 구속사적 시각(하나님이 악한 세력의 공략에도 불구하고 언약 백성을 향한 언약의 축복을 어떻게 이루어 가시는가)으로 보지 않고 '발람의 ~을 본받지 말라'는 식의 도덕적 적용을 하는 경우.
- 예 엘리의 아들들 이야기(삼상 2:11-26)에서, 오늘날 부모들이 자녀 교육에 실패한 케이스와 교훈으로 직접 적용하는 경우.
- 예 학개서 혹은 스가랴(4장) 성전 건축에 대한 권면 본문에서 교회당 건축을 독려하는 적용.
- 예 배에서 내려와 물 위를 걸은 베드로 이야기(마 14:22-31)에서 리더/성도는 위험을 감수하고 모험하는 인생을 살아야 한다는 식의 적용.
- 예 사도행전 3장 "나면서 못 걷게 된 이를 사람들이 메고 오니"에서, 교회에 나오려고 하지만 교통수단이 없는 사람들에게 교통편을 제공하라는 식의 적용, 혹은 미문 앞 앉은뱅이를 고쳐준 베드로와 요한처럼 길거리의 노숙자들에게 관심을 가져야 한다는 식의 적용.[81]

(4) **설교자가 주해적 과정을 피상적으로 거치기는 했으나**(문맥에 대한 파악을 통해 본문의 의도를 간과하고 역사적 상황을 무시한 채) 원리화 다리놓기를 통한 보편적인 규범(universal norm)을 도출해 내지 못하고, 성경의 특수한 사례들을 직접적인 명령으로 바꾸어(특정한 상황에서 일어난 어떤 일을 관행으로 여기고 따라하라는 식) **현 청중을 향한 적용으로 제시하는 '정형화'(patternizing) 오류에 빠질 수 있다.**[82]

- 예 기드온이 하나님의 뜻을 알기 위해 '양털을 밖에 내 놓은' 이야기(삿 6:36-40)에서, 기드온을 본받아 양털과 같은 물질(도구)을 이용해 하나님의 뜻을 알아가야 한다는 식의 적용.

트의 의미에 기초한 적용적 원리와 명령들이 율법주의적 신앙으로 회귀하게 한다고 보는 견해는 믿음에 대한 언약적 충성(순종)의 차원에서 보아야 할 '적용을 통한 성화의 원리'를 제대로 이해하지 못한 신학적 한계에서 기인한 것이다.

80 Haddon Robinson, *Making a Difference in Preaching* (Grand Rapids: Baker, 1999), 90-91.
81 Overdorf, 『설교를 적용하기』, 96-99를 참조하라.
82 Overdorf, 『설교를 적용하기』, 99-108; 김지찬, "한국교회 설교의 문제점," 268-70.

예 레위기 11장 음식법에 대한 내용에서, 현대 웰빙 음식에 대해 적용(부정한 음식은 먹지 않고, 정결한 음식을 먹어야 건강하게 웰빙할 수 있다는 식의 적용).

예 전도자는 '전대'를 가지지 말아야 한다는 예수님의 교훈에서, 목회자, 선교사 모두 '전대,' 즉 사역비(재정) 없이 자비량으로만 사역해야 한다는 식의 적용.

예 사도들이 제비뽑기로 새로운 지도자를 선택한 이야기(행 1:26)에서, 오늘날 교회나 사회의 지도자는 민주적인 선거가 아닌 제비뽑기로만 선출해야 한다는 식의 적용.

예 바울이 에베소의 여자들이 머리를 땋는 것을 금지하는 규훈(딤전 2:9)에서, 21세기 한국의 여성들도 헤어스타일을 규제해야 한다는 식의 적용.

예 예수님이 제자들의 발을 씻어주시고 '서로 발을 씻어 주라'(요 13:14)고 하신 사건에서, 예수님의 섬김의 본을 따라 사람들의 발을 실제로 씻어주어야 한다는 식의 적용.

(5) 본문이 함의한 적용의 절대 기준을 축소하고 완화시키는 차원으로 청중에게 적용을 제시하는 '축소지향형 적용,' 혹은 '경시화(trivializing), 맹점(blind spot)형 적용'을 조심해야 한다.

적용은 구체적이어야 하지만 설교자가 청중의 삶에 구체적인 실천과 변화를 가져올 수 있는 적용 자체에 너무 얽매이게 되면 본문이 담고 있는 적용의 원리적 규범을 지나치게 상황화하거나 기준을 타협하는 결과를 초래할 수 있다. 이러한 축소지향형 적용은 구속사적, 그리스도 중심적 적용을 약화시키고, 본문의 저자가 의도했던 원 적용에 대한 경시하는 것이다. 이러한 경우, 설교자는 본문이 의도한 수준 높은 차원의 적용을 청중의 삶의 '행동 요령' 차원 정도로 제시하면서, 요령을 따라 의지적으로 결단하고(인간의 죄성과 성령의 역할 등을 간과한 채) 실행하면 인생의 변화와 성공이 올 수 있다는 암시를 준다.

그렇기 때문에 이러한 유형의 적용 패턴은 일면 율법/도덕주의적 적용의 아류적 성격을 가지고 있다고 볼 수 있으며, 어떤 측면에서는 적용 해석학적 맹점(applicational blind spot)이 형성되어 도덕주의 적용보다 더 위험하고 펠라기우스적인 가르침보다 더 해로울 수도 있다.[83]

예 '자기를 부인하고 자기 십자가를 지고 예수님을 따르라'는 복음의 절대성을 함

---

83 Gordon, 『우리 목사님은 왜 설교를 못할까』, 86-87.

의한 말씀(막 8:34-38)을 축소하고 기준을 완화(경시화)하여, 자기 십자가를 지는 차원을 노숙자에게 기부하라는 식의 적용, 예배 참석을 위해 드라마 보기를 포기하라는 식의 적용, 헌금/십일조에 대한 적용, 자기 부인을 위한 절제/절약(음식 절제, 자원 절약 등) 프로젝트에 대한 평범한 기준을 제시하는 식의 적용(새 언약 아래 신약적인 차원의 적용으로 나아가지 않고 구약 율법의 기준을 최대치로 제시하는 적용)이 이런 경시화 혹은 맹점형 적용 패턴이라고 할 수 있다.[84]

예 "네 이웃을 네 자신 같이 사랑하라"(마 22:39-40; 레 19:18)라는 명령을 모세 언약과 새 언약 차원에 대한 조망 없이 경시화 혹은 축소화하여 이웃을 위해 구제/기부(한달 일정액 구제나 기부 약정 등), SNS로 격려 메시지 보내기, 불우이웃들에게 연말연시 작은 선물 보내기 등의 차원으로만 제시하는 적용. 또는 "네 마음을 다하고 목숨을 다하고 뜻을 다하여 주 너의 하나님을 사랑하라"라는 위대한 계명(the great commandment)을 축소하여 하나님을 위해 몇 분의 성경 읽기나 기도 시간 확보, 예배 시간 늦지 않기, 정기적 헌금 실천하기 등으로 적용하는 경우.

예 로마서 12:1-2의 명령("거룩한 산 제물로 드리라," "이 세대를 본받지 말고 오직 마음을 새롭게 함으로 변화를 받아…")과 이후의 공동체적 명령들이 전체적인 로마서의 숲(1-11장의 새 언약의 복음/교리)을 통해 은혜로 구원받은 자로서의 절대 삶의 기준임에도 이 기준을 경시화하여 행동지침적인 적용(예를 들어, 주일 예배에 경건하게 예물 및 작정 헌금을 구별하여 드림, 마음을 새롭게 하기 위해 정기적인 집회 참석과 개인 큐티 습관 변화, 특별 기도회, 소그룹 모임 참석 등)을 제시하는 경우.

(6) 본문의 원 청중의 상황과 현 청중의 상황을 고려하지 않음으로 상황이 다름에도 불구하고 본문의 메시지를 모든 청중에게 똑같은 방식으로 '표준화'(normalizing) 혹은 '단순화'시키는 적용을 조심해야 한다.

예 바울은 상황에 맞게 유대인에게 복음을 전하기 위해 디모데에게는 할례를 행하기로(행 16:1-5) 했으나 율법주의자들에 대항하여 복음의 자유를 지키기 위해 디도에게는 할례를 거부했다(갈 2:1-5). 즉 바울은 구약의 할례를 신약적 관점(원리화 과정)을 생략한 채 당시 청중에게 일방적으로 할례를 행하라 혹은 행하지 말라는 식으로 상황과 상관없는 표준화된 적용을 제시하지 않았다.

---

84 Overdorf, 『설교를 적용하기』, 109-14를 참조하라.

> 예 "네 아버지와 어머니를 공경하라"(엡 6:1-2)라는 명령을 통해서, 모든 사람은 부모님과 집에 함께 살면서 지극정성으로 모셔야 하고, 그렇지 않으면 땅에서 잘 되고 장수하는 축복을 받을 수 없을 뿐만 아니라 죄를 짓는 것이라는 식으로, 상황을 무시하고 표준화시키는 적용.[85]

(7) 본문 저자의 의도와 본문의 역사적, 문법적, 신학적 문맥을 무시하고 설교자 자신이 전하고자 의도한 주관적인 적용을 뒷받침하기 위해 성경의 여러 구절들을 짜깁기 식으로 인용하는 방식, 즉 '증거 본문'(proof-texting) 적용을 주의해야 한다.

지나치게 청중의 필요에 함몰된 주제별 설교(topical sermon) 혹은 제목 설교를 통한 적용을 하려할 때 이 적용 오류 유형에 빠질 위험이 높다고 할 수 있다.

> 예 사무엘상 17장의 다윗 이야기를 리더십 원리에 대한 증거 본문(다른 원리들에 대한 증거 본문은 다른 성경에서 가져옴)으로 제시하는 식의 적용(용감한 리더는 리더십의 5가지 도구를 준비하여 세상에서 성공한다는 식).[86]

> 예 하나님의 축복의 상급 원리에 관한 주제로 설교를 하면서, '면류관'(딤후 2:5; 살전 2:19; 약 1:12)에 대한 증거 본문과 함께 영어로 "prize"를 의미하는 상(브라베이온, βραβεῖον, 고전 9:24; 빌 3:14)과 "reward"를 의미하는 삯(미스토스, μισθός, 고전 3:8, 14을 포함하여 신약성경에 22번 쓰임)의 개념으로 쓰인 본문을 구별 없이(신학적인 원리화 다리를 거치지 않고) 증거 본문으로 적용하여 청중의 열심과 충성을 독려하는 경우(성경적 상급관에 대한 혼란을 줄 수 있는 적용의 오류 패턴 중에 하나임).

(8) 저자의 의도를 따라 약속되지 않은 것을 약속하는 '보증 수표형' 적용 패턴을 조심해야 한다.

성경에서 확실히 보증하지 않은 결과를 설교자가 청중에게 섣불리 약속하는 패턴으로 나타나는 적용 오류이다.

> 예 청중이 하나님과 주의 종을 잘 섬기고 교회에 충성하면 반드시 자녀들이 출세하고 사업이 번성하며 경제 불황 가운데서도 물질적인 축복과 건강의 축복을 누리

---

85 Overdorf, 『설교를 적용하기』, 114-17를 참조하라.
86 Overdorf, 『설교를 적용하기』, 117-19를 참조하라.

게 될 것이라 적용(요삼 3:1-2).

- 예 무엇이든지 원하는 대로 구하면 주시겠다는 약속을 보증하는 적용(마 21:22). 그러나 이러한 적용은 하나님의 약속은 기도하는 사람의 믿음(마 21:21)과 순전한 동기를 가지고(약 4:3) 하나님의 뜻대로 기도해야(요일 5:14-15) 한다는 단서가 있다는 것을 무시한 적용이 될 수 있다.[87]

(9) 본문의 의도에서 이탈하고 그리스도와 하나님 나라 복음에서 이탈한 번영주의와 긍정의 믿음과 적극적 사고방식에 근거한 적용 패턴도 경계해야 한다.[88]

- 예 "내게 능력주시는 자 안에서 내가 모든 것을 할 수 있느니라"(빌 4:13)라는 말씀을 본문의 문맥(그리스도의 복음을 위해 풍부에 처하거나 궁핍에도 처할 수 있다)을 무시하고 청중이 원하는 '모든 것'을 할 수 있다는 식으로 적용.[89]

(10) '대체형 적용'(substitutes for application) 혹은 리스트 제시형 적용 패턴의 적용을 조심해야 한다.

이러한 적용 패턴의 원인은, 적용을 본문 해석과 설명으로 대체하거나, 본질적인 삶의 변화 대신 피상적인 순종으로 대체하거나, 회개가 아닌 합리화로 대체하거나, 의지적인 결단 대신 감정적인 경험으로 대체하거나, 변혁 대신 의사 전달로 대체하는 문제에서 기인한다고 할 수 있다.[90]

청중을 향한 적용 제시에 대한 양극단적 불균형을 조심해야 한다. 즉 적용 제시를 성령이 주도하는 설교자의 책임이 아니라 일방적인 성령의 책임으로만 보거나, 성령의 역할을 배제하고 설교자의 역할로만 인식하지 않아야 한다. 이런 맥락에서 발생할 수 있는 마지막 적용 오류 패턴은 리스트 제시형 적용이다. 즉 청중의 복잡한 상황과 긴장을 설교자가 깊이 인식하지 못하고 청중에게 율법적인 목록을 제시하는 차원의 적용이다.

그러나 이러한 적용 방식은 오히려 설교자의 생각과 예상을 넘어 청중의 영혼 가운데 말씀을 적용하시는 성령의 역사를 제한 혹은 방해할 수도 있다는 점을 기억해야

---

87 Overdorf, 『설교를 적용하기』, 119-22.
88 신성욱, "번영신학과 설교학적 대응," 『설교한국』 4/2 (2012): 56-100; 류응렬, "Joel Osteen의 설교 연구," 『개혁논총』 23 (2012): 43-91를 참조하라.
89 Carter, Duvall, and Hays, 『성경설교』, 134-35.
90 Akin, Curtis, and Rummage, *Engaging Exposition*, 182-83; Howard Hendricks and William Hendricks, *Living by the Book* (Chicago: Moody, 2007), 291-97.

한다. 설교자는 '리스트 제시형' 적용으로만 설교하기보다, '질문형'이나 '이야기식'이나 '메타포 적용' 방식 등의 다양한 적용 전략을 통해 모든 것을 감찰하시는 성령이 청중의 다양한 상황과 필요에 맞게 적절히 말씀을 적용하시도록 주도권을 내어드리는 겸손한 자세가 필요하다.[91]

설교자들이 기억할 것은, 위에서 제시한 적용의 오류들에서 비롯된 부작용으로 인해, 청중 가운데 구체적이고 다양한 설교의 적용을 제시에 대하여 오해하거나 반감을 갖거나 부정적인 시각으로 바라보는 일이 잡초들처럼 교회 공동체 토양 안에 자라날 수 있다는 점이다. 이러한 전형적인 적용 오류 패턴을 근본적으로 해결하기 위해서는 해석학적 적용 패러다임이 반드시 필요하다.

3) 적용 점검 질문

포브릿지 프리칭(Four Bridge Preaching) 적용 코칭 질문
☑ 강해 설교라는 이름으로 개인적인 영성과 묵상에 의존한 영해화, 알레고리화 적용의 오류를 범하는 패턴은 없는가?
☑ 전문적인 신학을 전공한 설교자로서 심리화나 사사화 적용의 수준에 머무르는 QT식 적용에 만족하고 있지는 않는가?
☑ 교회는 새 언약/은혜의 시대에 살고 있음에도, 나의 설교는 율법주의 혹은 도덕주의적 적용의 오류를 범하고 있지는 않는가?
☑ 나의 설교가 지나치게 정형화된 적용에 매여 있지는 않는가?
☑ 내가 인식하지 못하는 가운데 경시화 혹은 축소지향적인 적용에 머무르는 설교적인 맹점(blind spot)을 가지고 있지는 않는가?
☑ 나의 설교가 지나치게 단순화시킨 표준화된 적용을 함으로써 청중의 복잡다단한 상황을 무시하지는 않는가?
☑ 나의 설교 가운데 증거 본문형 적용으로 짜깁기 적용을 하거나 과도한 보증 수표형 적용을 남발하지 않는가?
☑ 하나님 나라와 십자가 복음이 결여된 번영신학적 적용, 적극적 사고방식에 기인한 적용을 맹신하지는 않는가?
☑ 진정한 복음적 회개와 성화를 통한 전인적 결단과 변화 대신 피상적 감동과 순종으로 대체하는 적용 오류를 범하고 있지는 않는가? 성령의 주권적인 역사를 따라 균형 잡힌 변혁적 적용을 추구하는 대신 율법적, 도덕적 리스트를 제시하는 적용에 머무르고 있지 않는가?

---

91   Overdorf, 『설교를 적용하기』, 56–64.

6. 해석학과 적용 사이의 역동적 관계 지평 재정립을 위한 적용 패러다임의 필요성

적용적 해석학 패러다임은 이론적 체계와 영적인 영역의 균형을 추구한다. 해석학적 주해와 신학적 원리와 적용을 통한 삶의 변혁은 성령의 철저한 주도하에서만 이루어질 수 있다. 그러므로 순진한 낙관주의 성향의 적용 패러다임과 비판적 회의주의 성향의 패러다임을 지양하면서,[92] 두 극단 사이에서 균형을 이루게 하는 중심 추로서 적용 해석학적 패러다임이 필요하다. 해석학과 적용의 상호 관계성에 따라 크게 3가지 해석학적 모델로 구별된다.

첫째, 전통적인 해석학 구도로서 적용이 텍스트 해석과 원리를 따라 마지막 부분에 위치한 모델이다.[93]

둘째, 이러한 전통적 적용관에 반대하여 주해와 적용이 함께 씨줄과 날줄처럼 묶여 있어서 서로 구분할 수 없다는 주장이다.[94] 성경 진리자체가 해석과 적용이 연결된 '적용된 진리'라고 보기 때문에 진정한 성경의 의미가 바로 그 적용점이라고 판단한다. 결국 해석과 적용의 경계선에 대한 혼동은 일차적으로 적용적 해석학의 추구를 함몰시키는 원인이 될 수 있다. 적용의 분명한 해석학적 자리매김이 없다면 그 패러다임을 향한 추구 자체의 신학적 명분을 상실하기 때문이다.

셋째, 그러므로 양극단적 견해를 지양하고, 해석과 신학과 적용의 지평이 파편화되거나 혼합되어 버린 패러다임이 아니라 해석학적 원리가 주해와 신학, 나아가 적용까지도 통제하는 유기적으로 연결된 통합적 패러다임을 견지해야 한다.

해석학과 적용의 관계 지평 구도의 재정립을 위해서는 해석학적 적용 패러다임이 구축되어야 한다. 먼저 확고한 적용 패러다임을 구축하기 위해서는 해석학과 적실성 사이의 근본적인 관계에 대한 분석이 중요한데, 이는 그 관계의 구도에 따라 모든 적용 패러다임의 과정 및 결과가 좌우되기 때문이다. 그럼에도 불구하고 아직 소수의 해

92　Moises Silva, *Has the Church Misread the Bible?* (Grand Rapids: Zondervan, 1987), 22-24, 80-92. 성경의 어떤 본문은 회의주의적 견해를 지지하는 것처럼 여겨질 수도 있고(적용의 난해함으로 인해), 반대로 십계명과 같이 낙관주의적 견해가 더욱 설득력 있게 보여질 수도 있지만(적용의 용이성으로 인해), 적용적 성경 해석학은 두 극단의 중심축에서 균형을 추구한다.

93　Gerhard Maier, *Biblical Hermeneutics*, trans. Robert Yarbrough (Wheaton, IL: Crossway, 1994), 15-20; Robert Morgan, *Biblical Interpretation* (New York: Oxford University Press, 1988), 1-2.

94　John Frame, *The Doctrine of the Knowledge of God* (Philipsburg, NJ: Presbyterian and Reformed, 1987), 67, 97. 프레임은 신학의 목적이 모든 삶의 영역의 영적 필요들을 만족시키고 영적인 건강을 증진시키기 위해 하나님의 진리를 적용하는 것이라 보았다(Ibid., 81-84).

석학자들만이 해석학적 과정과 적용의 지평 사이에 불가분의 관계성과 함께 구별된 차이점들을 균형 있게 강조해 온 것이 사실이다.

이와 관련하여 주목할 것은 로버트 토마스(Robert L. Thomas)는 최근의 해석학 경향이 내포하고 있는 해석학과 적용 관계에 대한 심각한 혼동의 오류를 지적한다.[95] 만약 두 영역 사이에 명확하고 적절한 구분이 없다면, 성경을 해석하는 주체인 독자는 해석학, 주해, 의미, 해석 간에 개념적 혼란을 야기할 수밖에 없다.[96] 궁극적으로 적용 중심의 해석학적 패러다임의 무체계(disorganization)는 이러한 혼란의 원인으로 작용한다.

그렇다면 현대 성경 해석학자들은 이러한 문제에 대한 어떤 입장을 견지하고 있는가? 여기서는 비록 이들의 간략한 핵심만 논하기에 일반화 혹은 단순화의 위험이 있음에도 불구하고, 다음과 같은 주요 학자들의 견해를 비판적으로 접근해 보고자 한다.

먼저 고든 피(Gordon Fee)와 더글라스 스튜어트(Douglas Stuart)의 해석학적 프로세스 모델은 주해적 과정에 장점을 가지고 있지만, 해석학의 주해와 적용의 단계를 명확하게 구분하지 않음으로써 주해와 적용을 '분리'하고, 적용의 중요성을 약화시킬 가능성을 함의하고 있다.[97]

클라인(Klein), 블롬버그(Bloomberg), 허버드(Hubbard)의 모델은 주해가 적용을 포함해 버림으로써 혼동 야기할 가능성을 내포하고 있다.[98] 카이저(Kaiser)와 모세 실바의 해석학 모델도 유사한 혼동을 내포하고 있다.[99]

그렇다면 이러한 해석학과 적용 관계에 있어서 발생할 수 있는 혼동의 원인들은 무엇인가?

브라이언 쉴리(Brian A. Shealy)는 의미심장하게도 해석학과 적용 사이의 해석학적 혼동의 오류를 4가지로 분류하여 설명한다.

첫째, 적용과 해석학을 혼동하기 때문이다.

---

95 Robert L. Thomas, "Current Hermeneutical Trends: Toward Explanation or Obfuscation?" *JETS* 39 (1996): 241–42.

96 Brian A. Shealy, "Redrawing the Line between Hermeneutics and Application," *MSJ* 8 (1997): 89–93.

97 Gordon D. Fee and D. Stuart, *How to Read the Bible for All Its Worth*, 2nd ed. (Grand Rapids: Zondervan, 1993), 19–25.

98 William W. Klein, C. L. Blomberg and R. L. Hubbard, Jr., *Introduction to Biblical Interpretation* (Dallas: Word, 1993), 18.

99 Moises Silva and Walter C. Kaiser, *An Introduction to Biblical Hermeneutics, The Search for Meaning* (Grand Rapids: Zondervan, 1994), 231, 272.

둘째, 적용을 주해 과정과 혼동하기 때문일 수도 있다.[100]

셋째, 적용을 텍스트의 의미와 혼동해서 발생할 수도 있다.[101]

넷째, 적용과 해석에 대한 혼동에서 기인할 수도 있다.[102]

한편 오스본의 해석학적 나선형(hermeneutical spiral) 모델은 이들보다 더욱 적합한 모델이라고 평가된다. 그 이유는 다른 해석학적 모델들과 달리 적용을 해석학적 전 과정의 목적으로 명확히 하고 있기 때문이다.[103] 오스본의 해석 단계는 신학적 분석이 강조된 해석학적 나선 모델이다. 오스본의 텍스트 해석의 열 단계는 크게 세 부분을 대별된다.

첫째, '본문이 무엇을 의미했는가'(what it meant)를 찾는(표면적 의미) 주해 과정으로서, 본문 선택, 다이어그램, 문법 분석, 언어 분석, 구조 분석, 역사적 배경을 통해 이루어진다.

둘째, '본문이 무엇을 의미하는가'(what it means)를 찾기 위한(깊은 원리, 원래 상황, 유사한 상황) 신학적 다리놓기 과정으로서, 성경신학적 분석, 역사신학적 분석, 조직신학적 분석을 통해 진행된다.

셋째, '어떻게 그것을 적용할 것인가'(본문 의미의 적용적 함의)를 찾는(구체적 상황) 현재 독자(교회, 설교자)와 관련된 과정으로서, 삶의 변화를 지향한다.[104]

오스본의 포괄적이면서 균형 잡힌 해석학적 모델처럼, 의심할 여지없이 적용은 주해 과정과 불가분의(inseparable) 관계에 있어야 할 뿐 아니라, 구분된(distinguishable) 관계 구도를 조성해야 한다.

그렇다면 해석학과 적용의 관계를 해석자가 제대로 정립하지 못하면 어떤 결과를 초래할 수 있는가?

---

100 Klein, Blomberg, and Hubbard, *Biblical Interpretation*, 174; Silva and Kaiser, *Biblical Hermeneutics*, 10.
101 Thomas, "Current Hermeneutical Trends," 247-79; Fee and Stuart, *How to Read the Bible*, 25; Silva and Kaiser, *Biblical Hermeneutics*, 41-44.
102 Klein, Blomberg, and Hubbard, *Biblical Interpretation*, 83; Thomas, "Current Hermeneutical Trends," 247-49; Silva and Kaiser, *Biblical Hermeneutics*, 10.
103 Shealy, "Redrawing the Line between Hermeneutics and Application," 90-91. 이 점에서 쉘리의 오스본의 해석학적 과정이 해석학과 적용을 불명확하게 구분하고 있다는 전반적인 비판은 적절하지 못하다. 오히려 쉘리의 견해 또한 혼동의 가능성을 남겨두고 있다. 왜냐하면 해석학은 본래적으로 적용을 포함하기 때문이다. 그는 해석학과 적용의 혼동을 해결하고자 적용이 해석학 과정에서 지나치게 분리되어야 함을 강조함으로써 두 영역을 이분화(dichotomy) 시키는 오류를 범하고 있다.
104 Osborne, *The Hermeneutical Spiral*, 10.

만약 성경 해석자가 적용 지평을 통제하기 위한 해석학적 원리를 체계화하는 데 실패한다면, 치명적인 해석과 적용의 오류들이 양산될 수 있다. 즉 적용의 중요성을 너무 확대한 나머지 저자의 의도를 간과하는 설교자 의도적(preacher-intended) 해석 혹은 인간 중심적 해석(human-centered interpretation)이나, 문화적 적용이 저자가 의도한 의미를 변형시키도록 허용하거나, 텍스트 자체보다 독자의 해석에 강조를 두는 독자 중심적 해석이라는 잘못된 결과들이 도출될 수 있는 것이다.[105]

본문(text) 영역의 해석과 상황(context) 영역의 적용이 안개 속에 쌓여 있는 상황은, 저자가 의도한 의미에 뿌리박고 있으면서도[106] 청중의 진정한 필요(real need)를 채워주는 적용이라는 꽃 대신에, 청중의 인간적인 필요가 지배하는(need-dominant) 적용이 독버섯처럼 무성하게 자라날 수 있는 환경을 제공한다.

그러나 오스본은 해석학적 나선형 구조에서 "우리의 작업 가운데 가장 중요한 부분은 적용을 텍스트의 의도된 의미에 뿌리박게 하는 것이다"[107]라고 강조한다. 저자가 의도한 의미에 정초한 적용만이 '적용적 권위'(applied authority)를 가질 수 있다. 텍스트의 '권위와 적실성'을 동시에 구비한 가장 이상적인 적용 방법론은 철저히 저자의 중심명제와 적용된 진리가 기초가 되어야 한다.[108]

그레이다누스도 적용된 진리를 재적용(reapplication)하기 위해서는 텍스트의 원 의도와 목적 그리고 보편적 원리가 필요하다고 공언한다.[109] 티모시 워렌(Timothy Warren)은 다음과 같이 강조하여 말한다.

> 성경에 계시된 하나님의 진리는 '적용된 형태'로 오며, 그것이 원래 기록된 것과 동일한 목적을 위해 동일한 유의 사람들에게 '재적용'(상황화)되어야만 한다.[110]

---

105 Shealy, "Redrawing the Line between Hermeneutics and Application," 94-99.
106 Robert H. Stein, "The Benefits of an Author Oriented Approach to Hermeneutic," *JETS* 44 (2001): 451-66.
107 Grant R. Osborne, *The Hermeneutical Spiral* (Downers Grove: Inter-Varsity Press, 1991), 8. 오스본은 해석학 과정에서 '권위'의 유기적 차별성에 대하여 '텍스트'(레벨 1)를 암시적 권위로, '해석'(레벨 2)을 추출된 권위로, '상황화'(레벨 3)를 적용된 권위로 나누었다.
108 David L. Allen, "A Tale of Two Roads: Homiletics and Biblical Authority," *JETS* 43 (2000): 515.
109 Gredanus, *The Modern Preacher and The Ancient Text*, 166.
110 Warren, "A Paradigm for Preaching," *BSac* 148(1991): 485-86.

해석자가 모든 선입견을 배제하고 원 저자의 의도와 텍스트의 의미에 집중해야만, 해석학적 과정이 적용을 포함(통제)하면서도 구분된 관계를 형성하면서 진정한 적용 패러다임으로 나아갈 수 있는 초석을 놓을 수 있다.

7. 허쉬의 이분법 논쟁을 넘어 구체적인 방법론으로 발전하기 위한 적용 해석학 필요성

해석학적 과정 속에서 적용의 확고히 구분된 위치를 다시 복원시키는데 있어서 허쉬(E. D. Hirsch)는 결정적인 역할을 하였다. 허쉬는 텍스트의 결정적 의미와 저자의 권위를 방어하면서 해석에 대한 객관주의 이론을 주장하였고,[111] 직관주의, 실증주의, 전망주의, 하이데거의 해석학, 읽기의 즐거움(쾌락의 대상으로서의 텍스트)에 대한 롤란드 바르테스(Roland Barthes)의 주관적 해석학에 대항하여 해석학적 변경(Hirschian shift)을 시도하였다.[112] 허쉬의 이러한 주장이 적용적 해석학 패러다임에 있어서 저자 결정적 의미와 적용적 함의를 명확화하고 이분화(dichotomy)함으로써 포스트모던 신비평(new criticism)의 공격에서 텍스트의 저자가 의도한 적용적 함의(적용)의 차원을 보호할 수 있었다.

개혁주의 적용 해석학은 철저히 포스트모던 신해석학, 독자 반응 비평을 경계해야 한다. 후기문화주의(postculturalism)와 결탁한 신해석학(new hermeneutic)은 해석학적 과정과 적용을 혼합한 독자 반응 비평(reader response criticism)에 집중함으로써 의미와 적용적 함의의 왜곡된 혼동을 야기했다.[113] 포스트모던적 해석학의 주관성의 폭풍을 피하기 위해서는,[114] 성경적 해석학에 의해 철저히 제어받는 가운데 주해적, 신학적, 적용적 지평이 상호 유기성을 유지하면서도 명확히 구별된 적용 패러다임이 재건축되어야 한다.[115]

---

111 E. D. Hirsch, *Validity in Interpretation* (New Haven and London: Yale University Press, 1967), 46.
112 E. D. Hirsch, *The Aims of Interpretation* (Chicago: University of Chicago Press, 1976), 17–35, 88–92. 이러한 허쉬의 주장은 대부분의 복음주의 해석자들에게 동의를 얻었는데, 특별히 그 중에 어스틴은 철학적 관점(언어 행동 이론)에서 이를 옹호함으로써 확고한 저자(텍스트) 결정적 의미와 적용적 함의의 교두보를 마련하게 했다. J. L. Austin, *How to Do Things with Words* (Cambridge: Harvard University Press, 1975), 3.
113 Shealy, "Redrawing the Line," 94–97.
114 David L. Allen, "Preaching & Postmodernism: An Evangelical Comes to the Dance," *SBJT* 5 (2001): 62–78.
115 Shealy, "Redrawing the Line," 105. 이러한 신해석학 이론들을 피하기 위해서 셸리는 버나드 램의 전통

포스트모던 해석 조류에 반대하면서 허쉬와 어스틴의 주장을 해석학적으로 계승 발전시킨 사람은 프랜시스 왓슨(Francis Watson)과 케빈 밴후저(Kevin J. Vanhoozer)이다. 왓슨의 해석학적 주장의 핵심은 성경 텍스트가 최종적 형태라는 전제 위에서, 문자적 의미(저자의 의도)와 해석을 위한 신학적 중심(center)을 잡아야 한다는 것이다.[116] 밴후저도 저자의 의도 관점에서 텍스트의 의미와 해석에 대한 주장을 발전시켜 나갔다.[117] 그는 의사 전달적 행동(communicative action)으로서 저자의 의도된 의미를 확보하기 위해서 스피치 행동 이론(speech act theory)을 활용한다.[118]

몇 가지 차이점에도 불구하고, 왓슨과 밴후저의 저자 의도적 의미의 고수,[119] 언어학을 넘어 의사 전달적 행동으로서의 언어(speech act theory, 스피치 행동이론)에 대한 강조,[120] 의미와 적용적 함의의 균형에 대한 강조는 포스트모던의 다양한 텍스트 해석 이론들에 대항하면서,[121] 동시에 저자 의도적 적용 해석학을 규명해 나갈 수 있게 하는 해석학적 기초와 출발점이다. 텍스트의 의미가 적용적 함의를 함몰시켜도 안되고, 적용적 함의(적용)가 의미의 영역을 침범하거나 와해시켜도 안 된다.

적인 문법적-역사적 해석 방법론으로의 회귀를 주창한다. 그의 해석학과 적용에 대한 분석은 적절한 문제 제기와 비판을 함의하고 있지만, 대안으로서 발전된 패러다임을 제시하지는 못하였다.

116 Francis Watson, *Text, Church and World: Biblical Hermeneutics in Biblical Perspective* (Grand Rapids: Eerdmans, 1994), 11-17, 115-22.
117 Kevin J. Vanhoozer, *Is there a Meaning in This Text?* (Grand Rapids: Zondervan, 1998), 74.
118 밴후저는 텍스트 의미심장한 의사 전달적인 행동으로 보면서, 이를 스피치 행동 이론과 4가지 영역에서 연결시키고 활용한다. 첫째, 텍스트(저자)의 의사 전달적인 행동을 "하는 것"은 어법과 관련된다. 둘째, 텍스트(저자)의 의사 전달적인 행동들은 "명제적 내용"을 가지고 있다. 셋째, 텍스트(저자)의 의사 전달적인 행동들은 힘을 가지고 있다. 넷째, 텍스트(저자)의 의사 전달적인 행동들은 계획된 결과들과 의도하지 않은 결과들을 동시에 가지고 있다(Vanhoozer, *Is there a Meaning in This Text?*, 202-14). 의사 전달적 대리인(communicative agent)으로서 '저자가 가진 의도'(authorial intent)에 대한 밴후저의 개념은 "데카르트 방법론"(Cartesian methodology)을 정면으로 반박하는 것이다(Vanhoozer, *Is there a Meaning in This Text?*, 230-32).
119 Kevin J. Vanhoozer, "A Lamp in the Labyrinth: The Hermeneutics of 'Aesthetic' Theology," *Trinity Journal* 8 (1987): 26; Nigel Watson, "Authorial Intention: Suspect Concept for Biblical Scholars?" *ABR* 35 (1987): 10.
120 Vanhoozer, *Is there a Meaning in This Text?* 43-78, 229; Watson, *Text and Truth*, 103; Anthony C. Thiselton, "Communicative Action and Promise in Interdisciplinary, Biblical, and Theological Hermeneutics," in *The Promise of Hermeneutics*, by Roger Lundin, Anthony C. Thiselton, and Clarence Walhout (Grand Rapids: Eerdmans, 1999), 133-239.
121 삶(자아)의 변혁을 지향하는 성경적 해석학을 좌초시킬 수 있는 위험성을 내포한 해석의 방법에는 다음과 같은 것들이 있다. 첫째, 볼프강 이제르(Wolfgang Iser)를 중심으로, 텍스트가 의미 생산을 위한 독자에게 의존한다고 보는(결정된 의미를 부인) 심미효과이론(theory of aesthetic effect)과 독자-반응 비평주의(해체주의)이다. 둘째, 후기 구조주의적인 사회-정치적, 심리적, 문화적 활동으로서의 텍스트 해석이다. (이에 대한 상세한 논의는 진론드, 『신학적 해석학』, 148-68을 참조하라.)

결정적 질문은 '해석과 적용이 분리된 단계인가 아니면 하나의 단계인가'라는 것으로 모아진다. 해석을 적용으로부터 '구분'함으로써 현대 해석학의 주된 문제인 '현대의 지평에서 과거의 의미를 증발시키는' 문제를 지양해야 하며, 동시에 '과거의 지평에서 현대의 의미를 소멸시키는 문제'를 지양해야 한다. '의미'와 '적용적 함의'에 대한 명확한 구분을 통해 "해석자의 생각과 성경 저자의 생각 사이에 있는 간격을 메우기 위한 해석학적 다리놓기를 해야 한다."[122]

허쉬의 이분법적 해석학 구도를 따라, 로버트 스타인(Robert Stein)은 저자 결정적 의미를 위한 핵심 개념을 '의미'(meaning), '내포'(implication), '적용적 함의'(significance), '주제 요소'(subject matter)로 더욱 세분화시켜 확대 설명하고 있다. 허쉬와 다른점은 적용의 지평이, 단순히 적용적 함의가 아닌 저자가 의도한 의미의 범주로부터 도출된 내포가 합쳐진 개념으로 나아간다는 것이다. 텍스트 의미를 저자 중심의 결정적 의미에 정초하는 것은 저자 중심의 적용을 도출하는 근본 전제이다.

결국 텍스트의 '의미'는 "저자가 의식적으로 사용한 공유할 수 있는 상징들을 통해 함의하려고 한 범주나 법칙"이며, '내포'는 "저자가 알고 있는 여부에 관계없이 저자의 의도된 범주나 법칙에 적법하게 들어가게 된 심층 의미들"이고, '적용적 함의'란 "독자가 저자의 의도된 의미에 반응하는 방법"이다. 따라서 스타인에 의하면 '적용'은 물이 수소와 산소의 혼합물인 것처럼 '내포'와 '적용적 함의'의 합성물이라고 볼 수 있다. 따라서 '의미'와 '내포'들은 저자에 의해 제어되고, 설교자는 '적용적 함의'를 제어한다.[123]

밀라드 에릭슨(Millard J. Erikson)은 '저자 의도적 적용'(signification)을 강조하기 위해 '현대의 적용적 함의'(significance)와 개념적 구별을 시도하면서, 성경 당시의 원 청중에게 저자가 의도했던 적용(author's own application)과 설교자와 현대의 청중을 향한 적용(contemporary application)을 구별해야 한다는 점을 분명히 한다.[124]

따라서 무엇보다 중요한 것은 이러한 '의미'와 '적용적 함의'의 끝없는 논쟁을 넘어 구체적인 '적용적 함의'(저자가 의도한 의미에 기초한 현대적 적용)에 대한 적용 해석학 패러다임으로 나아가야 한다는 점이다.[125]

---

122 Bernard Ramm, *Protestant Biblical Interpretation* (Grand Rapids: Baker, 1970), 2–4.
123 Robert Stein, *A Basic Guide to Interpreting the Bible* (Grand Rapids: Baker Books, 1994), 38–46; Idem, "The Benefits of an Author Oriented Approach to Hermeneutic," 451–66.
124 Millard J. Erikson, *Evangelical Interpretation* (Grand Rapids: Baker, 1993), 11–32.
125 Jay E. Adams, *Truth Applied*, 49–50; Blue A. Scott, "The Hermeneutic of E.D. Hirsh, Jr. and Its Impact on Expository Preaching: Friend or Foe?" *JETS* 44 (2001): 253–69.

제2장

기존의 다리놓기 모델에 대한 발전적 평가

1. 존 스토트의 두 다리놓기 모델을 넘어

두 지평인 저자와 해석자의 지평은 문법적, 역사적, 신학적 주해에 의해 융합된다. 그러나 메시지의 상황화는 해석자와 설교자의 삶과 상황의 영역을 포함하는 더 넓은 영역까지 미치는 융합의 과정에서 발생한다.[1] 이러한 융합 과정은 수용자의 문화를 '변혁'(transform)하는 데까지 이르러야 한다.[2] 그런 면에서, 존 스토트(John Stott)의 두 다리놓기 모델은 두 세계를 연결하기보다는 합병시키는 듯한 티셀튼(Anthony C. Thiselton)의 두 지평 융합보다 더 적용적 해석학 패러다임에 적합한 것으로 평가될 수 있다.[3]

스토트는 적용 패러다임의 양극단을 해석학적으로 극복할 수 있는 단초를 제공한다.[4] 즉 그의 다리놓기 모델은 한쪽 극단인 적용의 불필요함을 주장하는 자유주의적 견해와 또 다른 한쪽 극단인 지나친 적용을 지양하는 견해를 거부한다.[5] 스토트는

---

1 Grant R. Osborne, "Preaching the Gospels: Methodology and Contextualization," *JETS* 27 (1984): 34-35.
2 D. Hesselgrave, *Communicating Christ Cross-Culturally* (Grand Rapids: Zondervan, 1978), 87-94.
3 Warren, "A Paradigm for Preaching," 471.
4 John Stott, "The World's Challenge to the Church," *BSac* 145 (1988): 123-32. 스토트는 설교의 권위(내용)와 적실성(상황성)을 양극화하는 배타주의를 우리 시대의 가장 큰 비극 가운데 하나로 규정했다. 해석의 목표는 독자가 하나님과 이웃과 자아의 변혁을 추구하도록 말씀의 권위와 적실성, 곧 상황화된 적용점을 역력히 드러내는 데 있다. 적용적 해석학의 궁극적 목표는 '권위와 적실성'(상황성)을 견지하면서 언제나 복음의 초문화적 메시지를 현실의 문화적 용어로 전하는 것이었다.
5 Hershael W. York and Scott A. Blue, "Is Application Necessary in the Expository Sermon," *SBJT* 4 (1999): 77.

오늘날의 회중의 현실에 본문의 메시지를 적용하기 위해 성경적인 것과 현대적인 것과의 간격을 좁히는 '다리놓기' 모델을 제시한다.[6] 그런 다음 그는 '다리놓기'의 원형을 '성육신 원리'에서 찾는다. 이는 적용 전통의 원형적 모델인 예수님의 의사 전달 방식의 근본이었다. 이런 점에서 스토트는 적용 전통의 원형적 근본을 재발견한 시도라고 할 수 있다.[7]

이러한 개념과 연관하여, 그레이다누스(Sideny Greidanus)는 다음과 같이 주장한다.

> 우리의 유리한 지점에서 인식하는 역사적-문화적 간격은 하나님의 말씀이 적실한 방법으로 실제로 역사 가운데 개입해 들어오셨다는 것으로 설명된다.[8]

두 세계 사이에 해석학적 다리를 건설하는 것이 독자(청중)의 삶 가운데 저자 중심적 메시지를 적용하는 과정임은 자명하다.[9] 월터 카이저(Walter C. Kaiser)는 "현 세대의 진정한 필요를 만족시켜 주기 위한 성경의 적실성과 적합성은 쉽게 증명될 수 있다"고 확언한다.[10] 스토트의 모델은 계시된 세계와 현대 세계 사이를 다리놓기 위한 성경적 원리를 재발견하는 공헌을 하였지만, 그것을 실제적인 적용 중심적 해석학에 기초한 설교를 추구하기 위한 통전적인 모델로 활용하기에는 아직 한계를 내포하고 있다.[11] 즉 스토트의 모델은 의심 할 여지없이 장점들을 함유하고 있지만, 그의 이차원적인 180도 해석학적 서클은 보다 다차원적인 요소들을 포함하는 '360도 전 방위적' 패러다임으로 발전되어야 할 필요가 있다.[12] 그러므로 스토트를 비롯한 다리놓기로서 적용 모델들이 가지고 있는 한계를 보완할 수 있는 적용 해석학적 패러다임이 필요하다.

---

6 John Stott,『현대교회와 설교』(Between Two Worlds: The Art of Preaching in the Twentieth Century), 정성구 역 (서울: 반석문화사, 1985), 144. 즉 스토트는 '적용'보다는 '다리놓기'라는 용어를 선호했다. 나아가 그는 '보수주의자는 성경적이지만, 현대적이지 않고, 반면에 자유주의자나 급진주의자들은 현대적이지만 성경적이지 않다'고 분석하면서 양극단의 오류를 예리하게 지적한다.

7 안병만,『존 스토트 설교의 원리와 방법』(서울: 프리셉트, 2001), 270-73.

8 Sideny Greidanus, The Modern Preacher and the Ancient Text, 159.

9 Keith Willhite, "Audience Relevance in Expository Preaching," BSac 149 (1992): 356.

10 Walter C. Kaiser, Jr., "The Crisis in Expository Preaching Today," Preaching 11 (1995): 4.

11 John Stott, Between Two Worlds: The Art of Preaching in the Twentieth Century (Grand Rapids: Ecrdmans, 1982), 137-38, 178.

12 Michael J. Quicke, 360 Degree Preaching: Hearing, Speaking, and Living the Word (Grands Rapids: Baker Academic, 2003), 48.

2. 두 지평 융합을 넘어 세 지평 변혁을 향하여

해석자는 성경에 대한 해석과 적용(상황화)을 위한 요소들이 성경 자체 속에 이미 존재하고 있다는 것을 새롭게 인식하는 것이 중요하다. 해석자는 독자로서 텍스트의 지평과 해석자의 지평, 즉 두 지평의 융합(融合)[13]을 통해 의사 소통과 바르게 함과 의의라는 결과를 가져오게 해야 한다.

그러나 두 지평 융합으로는 모든 과정을 대변할 수 없다. '본문과 해석자'라는 단순한 구도로는 청중의 재상황화를 통한 재적용이 일어나기 힘들다. 즉 세 번째 지평인 '교회 공동체라는 지평'을 간과해서는 안 된다. 이름하여 '세 지평 융합'이 이루어질 때 참된 성경 읽기의 상황적 적용이 일어날 수 있는 것이다. 해석은 교회라는 상황 안에서, 이 상황을 위해 행해져야만 한다.[14] 세 지평의 융합을 통한 상황화적 해석과정의 마지막 단계는 성경의 원리들을 청중의 상황에 적용(適用)하는 것이다. 이러한 필수적 단계를 통해 두 지평을 넘어 세 지평의 융합(변혁)으로 나아가야 한다.

그러나 세 지평 모델도 두 지평 모델에서 간과해 온 교회 공동체라는 새로운 지평을 모색할 수 있는 해석학적 공헌을 했지만, 삶의 변혁을 위한 통전적인 접근에는 한계점을 안고 있다.

그러므로 이러한 현대 해석학이 안고 있는 적용에 대한 내재적인 약점을 보완할 수 있는 적용 패러다임이 필요하다. 지금까지의 논의를 통해 볼 때, 현대 해석학의 맹점(blind spot)은 한마디로 해석학과 적실성의 불명확한 관계성에서 비롯된 적용 지평의 '모호함' 내지는 '상실'이다. 그 가운데서도 적용에 대한 논의를 전개한 현대 성경 해석학자들의 여러 가지 패러다임의 공통된 한계점은 삶의 변혁 목적의 부재와 적용 중심

---

13 상황화의 해석학은 성경의 문화와 독자 혹은 청자의 문화, 즉 그것에 의한 선 이해(preunderstanding)와의 틈을 좁히는 데 있다. 그러나 거기에는 성경 본문의 지평을 왜곡시킬 위험이 상존하는데, 이를 피하려면 첫째, 분류적인 진리를 다른 문화에서도 타협해서는 안된다. 둘째, 원리적 진리를 경험과 연관시켜 조심스럽게 규정되어야 한다. 해석학에 있어서, 해석자는 본문의 지평이 의도하는 바를 잘 이해함 가운데 잘 전달해야 한다. 분류적 진리와 원리적 진리를 잘 규명한 가운데 전해야 할 것이다(Hesselgrave and Rommen, *Contextualization: Meaning, Methods, and Models* [Grand Rapids: Baker Book House, 1989], 172-74).
14 William Laken, 『문화와 성경 해석학』(*Culture and Biblical Hermeneutics*), 정득실 역 (서울: 생명의 말씀사, 2000), 417-23. 라킨은 이러한 적용에 필수적인 해석학적 지침을 3가지 단계로 제시한다. 첫째, 직접적으로 '적용'할 수 있는 명령(눅 9:23)이나 실행된 원리인 규범적인 성경을 확인하고 분석하라. 아니면 의미를 문화적으로 적절한 양식과 연결시킴으로써 간접적으로 적용할 수 있는지 알기 위해 시험하라. 제한된 문화적 근거는 적용의 범위를 제한한 것이다(고전 11:2-16). 둘째, 명령들, 약속들, 진리 진술들 혹은 기사의 예에서 나온 원리를 적용하는 '현대의 상황'을 확인하라. 셋째, 사상과 행위 형태 속에서 요구되는 변화와 이러한 변화로 말미암은 유익들을 통하여 '적절한 반응'을 발전시켜라.

적(application-focused) 해석학 '패러다임 부재'라고 정리될 수 있다. 따라서 해석학과 적실성 사이의 분명한 관계 지표 위에서 보다 통전적이고 다차원적인 적용 해석학 패러다임을 논의하고 제시할 필요가 있는 것이다.

3. 재상황화, 재적용을 위한 다리놓기 패러다임의 필연성

삶을 변혁시키는 적용 패러다임 구축을 위한 해석적 과정에서 적용의 필요성, 두 지평, 다리놓기 패러다임을 넘어 다면적인 적용 지향적 해석학 패러다임(application-focused hermeneutical paradigm)이 필요한 이유는 무엇인가?

강해 설교를 통한 지평 변혁을 위해서는 원 청중의 문화와 현 청중의 사이에 놓인 문화적, 사회적, 역사적, 신학적 간격으로 인해 텍스트로부터 적용된 진리를 다리놓음으로써 재상황화(recontextualization)하는 것이 절대적으로 필요하기 때문이다.[15] 본문의 상황과 현재의 상황에 대한 이해의 지평이 다름으로 말미암아 생기는 장애를 제거하기 위하여 다리놓기로서의 '적용의 해석학'이 필요하다. 이러한 적용의 해석학인 다리놓기의 과정에서 주해와 적용은 유기적인 한 과정(one process)일 수 밖에 없다. 이는 매우 중요한 전제이다.

이러한 두 세계 사이에 존재하는 간격의 해석학적 딜레마를 극복하기 위해서 프리먼(Freeman)은 '영원화에서 현대화로, 보편화에서 개인화로, 원리화에서 구체화'로 해석학적 초점을 전이(transferring)할 필요가 있음을 역설한다.[16] 오스본은 성경적 적용을 도출하기 위해서는 해석학적 3가지 단계들이 반드시 필요하다고 강조한다.

첫 번째, 독자(해석자)는 "반드시 텍스트 뒤에 있는 상황들을 결정해야 하며,"

두 번째, 독자(해석자)는 "텍스트와 현재 사이에 있는 공간을 다리놓게 해 주는 신학적 원리를 분명히 확정하며,"

세 번째, 독자(해석자)는 "현재 청중의 삶 가운데 평행적 상황을 위한 조사를 수반해야"만 해석학적 다리놓기를 통한 적용이 가능하다.[17]

---

15 Ramesh Richard, "Application Theory in Relation to the New Testament," *BSac* 143 (1986): 206.
16 Harold Freeman, "Making the Sermon Matter: The Use of Application in the Sermon," *SWJT* 4 (1985): 32-37.
17 Osborne, *The Hermeneutical Spiral*, 318-65.

이론적으로 상황화된 적용을 위한 해석학적 다리놓기는 반드시 "어떻게 성경이 오늘날의 독자들에게 영향을 주는가를 발견하는" 작업을 포함해야 한다.[18]

그레이다누스의 주장처럼, 성경의 독자가 구속 역사 가운데 연속성(continuity)과 문화적 불연속성(discontinuity)을 동시에 입체적으로 인식하기 위해서는 "적실성의 다리"(a relevant bridge)가 필수적이다.[19] 로이 주크(Roy Zuck)도 해석학적 과정을 "원리화 다리"(principalizing bridge)로 이해했고,[20] 제임스 페리스(James S. Farris)는 주해와 독자의 삶의 정황을 이어주는 해석학적 아치(hermeneutical arc)의 필요성을 강조한다.[21] 카이저도 문맥적–문법적–언어적–신학적인 주해 작업의 유기적인 연장선상에서 원리화 혹은 적용의 다리(principlizing or application stage)의 필요성을 강조한다.[22]

그러므로 적용 지향적 해석학은 반드시 의미와 적실성(적용적 함의) 사이에,[23] 텍스트 안에 있는 문화적, 초문화적 요소들을 결정함 사이에, 성경적 상황화의 형태와 내용 사이에,[24] 세 방향의 씨줄과 날줄의 엮어짐을 통해 적용이라는 직물(texture)을 생성할 수 있다. 성경 주해와 설교에 있어서 해석학적 문제는 원 청중에 대한 이해와 연관되어 있을 뿐만 아니라, 하나님의 말씀과 포스트모던 시대의 현 청중과의 역사적인 시간과 공간의 차이에서 발생한다.[25]

성경 해석에 있어서 적용의 핵심 작업은 4가지 영역(시간, 문화, 지역, 언어)의 해석학적 간격을 어떻게 다리놓기(bridge the gap)하느냐에 달려 있다는 것은 자명한 원리이다. 따라서 설교의 궁극적인 목적은 다리놓기를 통한 현재의 독자의 상황에 적합한 적용으로 말미암아 삶의 변혁이 일어나고 그리스도를 닮아가는 것이다.[26] 이러한 두 세계 사이에 존재하는 해석학적 간격과 이를 융합(변혁)하기 위한 해석학적 다리놓기 패

---

18 Klein, Blomberg, and Hubbard, *Introduction to Biblical Interpretation*, 403.
19 Greidanus, *The Modern Preacher and the Ancient Text*, 159.
20 Roy Zuck, "The Role of the Holy Spirit in Hermeneutics," *BSac* 141 (1984): 27–28.
21 James S. Farris, "The Hermeneutical Arc," *TJT* 4 (1988): 86–100.
22 Walter C. Kaiser, *Toward an Exegetical Theology* (Baker Book House, Grand Rapids, 1981), 149–52. 카이저는 적용을 향한 텍스트 의미의 원리화는 저자의 불변의 명제들과 진리들이 오늘날 교회의 필요에 대한 특별한 적용에 집중해야 한다고 확언한다.
23 Ramesh P. Richard, "Levels of Biblical Meaning," *BSac* 142 (1986): 129–31. 이런 의미에서 라메쉬 리차드는 성경적인 적용을 의미와 적실성 사이의 다리놓기라고 정의했다. 적용의 내포(implications)적 특성은 두 세계 사이의 연속성을 다루고, 적실성(relevance)은 두 상황 사이의 불연속성을 다룬다.
24 Osborne, "Preaching the Gospels," 27–30.
25 V. C. Pfitzner, "The Hermeneutical Problem and Preaching," *CTM* 38 (1967): 348.
26 Greidanus, *The Modern Preacher and the Ancient Text*, 157.

러다임의 필연성이 곧 적용적 해석학 모델이 필요한 이유이다. 다리놓기로서의 적용 해석학의 필요성과 해석학적 동의를 넘어 원 청중과 현재의 청중 사이에 해석학적 적용 다리를 놓을 수 있는 패러다임을 구축하는 데까지 나아가야 한다.[27]

그렇다면 이러한 해석학과 적용 사이의 명확한 구분에 기초하여, 어떻게 하면 독자는 다면적(multi-dimensional)이면서도 동시에 변혁적인(transformational) 적용적 해석학 패러다임을 축조해 낼 수 있는가?

본서의 근본적 아젠다는 다리놓기로서의 적용의 '필요성'을 제안하는 것이 아니라, 그 필요성에 대한 해석학적 동의를 넘어 실제적으로 현장의 설교자들이 '어떻게'(how) 원 청중과 현 청중 사이에 해석학적 적용 다리를 놓을 수 있는가를 논의하는 것이다.

4. 다리놓기에 대한 해석학적 반대 입장 비판과 개혁주의 입장

적용적 해석학 패러다임의 본체로서의 두 지평 간의 다리놓기에 대하여 해석학적 반대 입장을 보이는 학자(학파)들이 그러한 입장을 갖는 근본 원인은 무엇인가?

역설적이게도 '성경적 해석학'에 뿌리박고 있는 다리놓기 패러다임은 소위 '성경신학 운동'에 영향을 받은 학자들에 의해 공격을 받아왔다. 궁극적으로 다리놓기에 의한 적용에 대한 주요한 반대는 칼 바르트(Karl Barth)와 신정통주의 신학자들뿐만 아니라, 게르할더스 보스(Geehardus Vos)의 계승자들인 찰스 데니슨(Charles G. Dennison)과 핀들리(Gary F. Findley)에 의해 제기되어 왔다. 보스의 주요한 공헌들에도 불구하고, 성경신학 운동 주창자들의 적용에 대한 수직적 사다리(vertical ladder model)는 신정통주의자들의 모델과 함께 성경의 세계와 오늘날 상황 사이의 수평적인 해석학 다리의 존재성을 부정한다.[28]

---

27 Daniel Doriani, *Getting the Message* (Phillipsburg, NJ: P&R, 1996), 143.
28 Gary F. Findley, "Bridges or Ladders?" *Kerux* 17 (2002): 5-7. 보스(Vos)의 신학을 계승하는 핀들리와 데니슨은 적용의 다리보다는 수직적 다리 모델을 적용의 대안이라고 주장한다. 핀들리의 다리놓기를 통한 적용 패러다임에 대한 비판은 성경의 세계와 현대 세계 사이에 어떠한 간격도 존재하지 않는다는 신학적인 명제에서 기인한다. 특별히 두 사람은 불필요한 다리놓기(비신화화와 같은)에 의해 사로잡혔던 바르트, 불트만, 틸리히와 같은 신정통주의가 주장하는 다리놓기에 대하여 비판한다. 더욱 중요한 것은 핀들리는 복음주의 해석자들(그레이다누스, 스토트, 채플 등)의 적용적 다리놓기를 신정통주의가 고안한 다리놓기에 동일한 선상에 놓고 비판하는 신학적, 해석학적 혼동과 오류를 범하고 있다는 점이다(Charles G. Dennison, "Preaching and Application," *Kerux* 4 [1989]: 48-49). 그러나 신학적으로 신정통주의와 복음주의신학은 근본적으로 다른 해석학적 전제와 다리놓기로서의 적용 패러다임을 형성하고 있다(Allen, "A

개혁주의의 구속사적 '성경신학'(거시적 관점)도 적용(다리놓기)을 반대하는가?

만약 성경신학 운동이 다리놓기로서의 적용에 대하여 부정적인 입장을 보이고 있다면, 과연 개혁주의 구속사적인 거시적 설교의 관점에서도 다리놓기를 통한 적용을 회의적으로 인식하고 있는가?

혹자들의 비판처럼, 해석학적 접근 패러다임 중 하나인 구속사적 관점의 설교에는 적용의 자리가 과연 없는 것일까?

핸드릭 크라벤담(Hendrick Crabendam)은 성경 본문이 '단일 의미'(meaning)를 가지고 있을 뿐만 아니라 '다양한 적용적 함의'(significance)를 갖고 있다는 2가지 논제를 제시한다. 설교의 사역은 독자(청중)의 삶에 영향을 끼치기 위해 본문의 의미와 그것이 지니는 적용적 함의를 다 전달하는 것이다. 그리고 '적용적 함의'는 적용을 위한 탐색과 관련되는데, 적용적 함의의 성격과 필요충분조건까지도 언제나 올바른 해석학의 필수적 관심사이다.[29]

크라벤담은 구속사적 방법과 모범적 방법 둘 다 이러한 의미 파악과 적용적 함의를 이해하는 데 부족한 면이 있음을 지적한다. 그런 다음 언약사적 방법이 '보조적' 연구들을 활용하여 성경 본문의 적절한 '의미'를 파악하는 데 적합하며, 보편적 원칙들을 가지고 '적용적 함의'의 지평을 여는 데는 가장 효과적임을 제시한다.[30] 왜냐하면 해석이 오늘 여기의 청중(here and now)을 향한 상황화적 적용의 필연성을 반영하고 있기 때문이다.

모범적 혹은 예증적 해석가들은 구속사적 비평하기를, 설교는 본문의 과거 사실을 확인하는 '창문' 역할을 할 뿐이라고 한다. 이러한 비판을 피하기 위해서는, 구속사적 설교가 본문의 의미에만 집착함으로 그 의미가 주는 바 현대 청중을 향한 적용을 간과해서는 안 되며, 설교자가 청중이 스스로 알아서 적용하도록 낙관 및 방관하는 태도나 화석화된 교훈만 언급하는 것도 지양되어야 한다. 그리고 그리스도만을 언급해야

Tale of Two Roads," 489–515). 핀들리는 채플의 그리스도 중심적 해석과 설교가 오히려 그리스도의 중심성을 희석시킨다고 비판하면서, 그의 대안적 모델인 수직적 다리(vertical ladder)는 하나님께로 가는 다리(bridge)로서 그리스도에 집중한다(Gary Findley, "Review of Christ-Centered Preaching: Redeeming the Expository Sermon by Brian Chapell," *Kerux* 11 [1996]: 37–41). 또한 데니슨은 그레이다누스의 '간격 이론'을 불트만과 틸리히의 것과 동일시하는 치명적인 해석학적 실수를 범했다(York and Blue, "Is Application Necessary in the Expository Sermon?" 70–71).

29 Hendrick Crabendam, "해석학과 설교," in Samuel Logan ed., 『설교자 지침서』(*The Preacher and Preaching*), 서창원 외 역 (서울: 크리스챤다이제스트사), 262–63.

30 Hendrick Crabendam, "구속사적 전통에 선 성경 해석," 『그말씀』(서울: 도서출판 두란노, 1993년 11월호), 182–93.

한다는 강박 관념적 해석, 청중에 대한 적용이 없는 난해한 해석이어서는 안 된다.[31]

그러나 사실 개혁주의 해석학과 설교의 심장부라고 할 수 있는 '구속사적 설교'[32]에 대한 선입견과 잘못된 인식(적용이 없다는 인식) 자체가 잘못된 것이다. 왜냐하면 '구속사적'이라 할 경우 본문에 대한 성경신학적 해석의 관점을 반영한 것이고,[33] '설교'라 함은 성경신학적, 구속사적인 해석의 오늘 여기의 청중(here and now)을 향한 상황화적 적용을 향한 필연성을 반영하고 있기 때문이다.

그래함 골즈워드(Graeme Goldsworthy)도 적용에 있어서 성경의 구속사 혹은 예수 그리스도 중심의 넓은 문맥을 고려하는 것의 중요하다고 강조하면서 하나님 나라와 복음의 거시적 안목인 구속사와 삶의 적용이 공존할 수 있음을 확고히 한다.[34] 그레이다누스도 구속사적 설교의 적용은 삶 자체만큼 광범위하다고 강조한다.[35]

크레벤담의 말대로, 그리스도 중심적 설교에 있어서 구속사의 거대한 범위를 강조하는 것이 적용과 동일해지는 것은 아님을 기억해야 한다.[36] 따라서, 트림프(C. Trimp)가 주장한 대로, 구속사적 신학을 통한 설교의 장점을 인정, 수용, 계승하면서도 그 한계(모범적 적용에 대한 문제)를 극복하는 언약사적 설교를 지향함이 바람직하다고 본다. 그러므로 적용 부재의 구속사적 설교를 넘어 적용 현존의 '언약사적 설교'로 발전적 계승의 궤도 수정을 해야 한다.

---

31 결국 1940년대 초, 화란의 홀베르다에 의해 제기된 구속사적 설교와 모범적 설교에 대한 논쟁은 그레이다누스, 트림프, 다우마에 의해 발전되었는데, 그 논쟁의 심장부는 역사적 본문들의 '적용성 문제'에 대한 견해 차이인 것이다. 결국 이 논쟁의 대부분은 용어 이해의 차이에서 기인한 것이다. 진정한 차이는 구속사적 설교는 오늘날 청중을 위한 적용(교훈)을 도외시하는 반면, 모범적 설교는 구속사적 맥락을 인정하면서도 현대 청중을 향한 적용에 대해 더 적극적이라는 사실이다. 이러한 점에서 필자는 모범적 설교가 더욱 바람직하다고 본다(변종길, "구속사적 설교의 의미와 한계,"「그말씀」[서울: 두란노, 1998년 11월호], 14-16). 정창균, "구속사적 설교론의 근거와 제기되는 문제들," 7.

32 구속사적 설교는 개혁주의 성경신학의 산물이라 할 수 있다. 따라서 구속사적 해석과 설교가 하나의 이상적인 모델이라기보다는 성경적 해석과 설교에서 있어서 구속사적 의미를 살린 적용이 뿌리를 내리고 있어야 할 근본 원리라는 관점에서 이해되는 것이 바람직하다(정창균, "구속사적 설교론의 근거와 제기되는 문제들,"「그말씀」[서울: 두란노, 1998년 11월호], 7).

33 그레이다누스는 개혁주의적인 그리스도 중심의 해석과 적용을 위한 7가지 방법을 제시한다. 즉 구속사적-역사적 발전, 약속-성취, 모형론, 유비론, 장기적 주제들, 신약의 참조 구절들, 그리고 대조(Sydney Greidanus, *Preaching Christ from the Old Testament* [Grand Rapids: Wm. B. Eerdmans Pub., 1999], 239-72).

34 Graeme Goldsworthy, *Preaching the Whole Bible as Christian Scripture: the Application of Biblical Theology to Expository Preaching*(Grand Rapids: William B. Eerdmans Publishing Company, 2000), 119-20. 골즈워드의 의견에 전적으로 동의하지만, 그의 책은 구체적인 적용적 해석학에 대한 논의는 부족하다.

35 Greidanus, *The Modern Preacher and the Ancient Text*, 165.

36 Crabendam, "구속사적 전통에 선 해석," 182-193.

그렇다면 거시적 렌즈를 장착하기 위해 개혁주의 성경신학 전통의 구속사적인 조망을 가지면서 동시에 모범적이고 상황적인 적용이 가능한가?

그러한 질문에 발전적, 긍정적 모델을 제시한 것이 채플(Chapell)의 '타락한 상황(반드시 죄와 관련된 것이 아닌)에 초점 맞추기'(FCF: Fallen Condition Focus)를 통한 그리스도 중심의 해석학적 제안이다. 채플에 따르면 기본적인 전제인 FCF는 성경 당시 사람들에게만 해당되는 상황이 아니라, 모든 인간이 처해 있는 '공동의 상황'이라는 것이다. 또한 이런 FCF가 모든 성경 본문 속에 근본적으로 내재하고 있기 때문에 이런 의도를 밝혀내어, 설교의 진정한 주제를 정해야 한다는 것이다.[37]

그러므로 구속에 초점을 두지 않은 메시지는 인간 중심적인 비구속적 메시지가 된다. 예를 들어 '~이 되라'(be message)는 메시지는 치명적인 오류를 가져온다. 실제로 그리스도 중심의(구속사적) 해석이라고 해서 도덕적 교훈을 제시하지 않는 것이 아니라, 바울이 말한 '그리스도 안에서,' 구속의 상황에서 삶의 변화를 위한 적용점을 제시할 뿐이다.[38] 따라서 적용 전통의 회복과 발전적 계승을 지향하는 그리스도 중심의 적용 설교를 위한 절차는 다음과 같다.

① 본문에 나타난 '구속의 원칙'(the principle of redemption)을 제시한다.
② 본문의 성도들은 이런 '구속의 원칙'을 자신의 삶 속에서 어떻게 '적용'했는지 설명한다.
③ 현대의 성도들이 본문 속의 성도들과 공유하고 있는 공통적인 인간적 특성이나 상황이 무엇인지 알아보고 그런 관점에서 '구속적인 원칙'을 현대인들의 삶에 '재적용'한다.[39]

또한 최근에 데니스 존슨(Dennis E. Johnson)은 기존의 구속사적, 예수 그리스도 중심적 설교가 내재적으로 가진 적용적 약점을 비판하면서 목회 현장에서 성도들의 "덕을 세우는 구속사적 설교"(edificatory redemptive-historical preaching)를 지향해야 하며 구속

---

37 Brian Chapell, 『그리스도 중심의 설교』(Christ-centered Preaching), 김기제 역 (서울: 생명의 말씀사, 1999), 51-62.
38 Chapell, 『그리스도 중심의 설교』, 360-68.
39 Chapell, 『그리스도 중심의 설교』, 383-84. 이러한 구속적 강해와 적용은 인간행위를 과대 평가하거나 은혜를 경시하여 율법주의적 경향을 띠는 적용과 구별되게 한다. 그래서 적용을 통한 변화의 근본 동기(motive)가 그리스도께서 보이신 사랑의 응답, 사랑 많으신 하나님이 드러내시는 죄의 결과를 피하는 것, 하나님이 사랑하는 다른 사람들에 대한 사랑이 된다(Ibid., 387-98).

사적 설교의 적용은 반드시 열정적이고 개인적인 적용을 통하여 삶의 변화를 추구해야 한다고 역설한다.[40]

〈도형 1. 데니스 존슨(Dennis Johnson)의 목회적 구속사 설교 패러다임〉

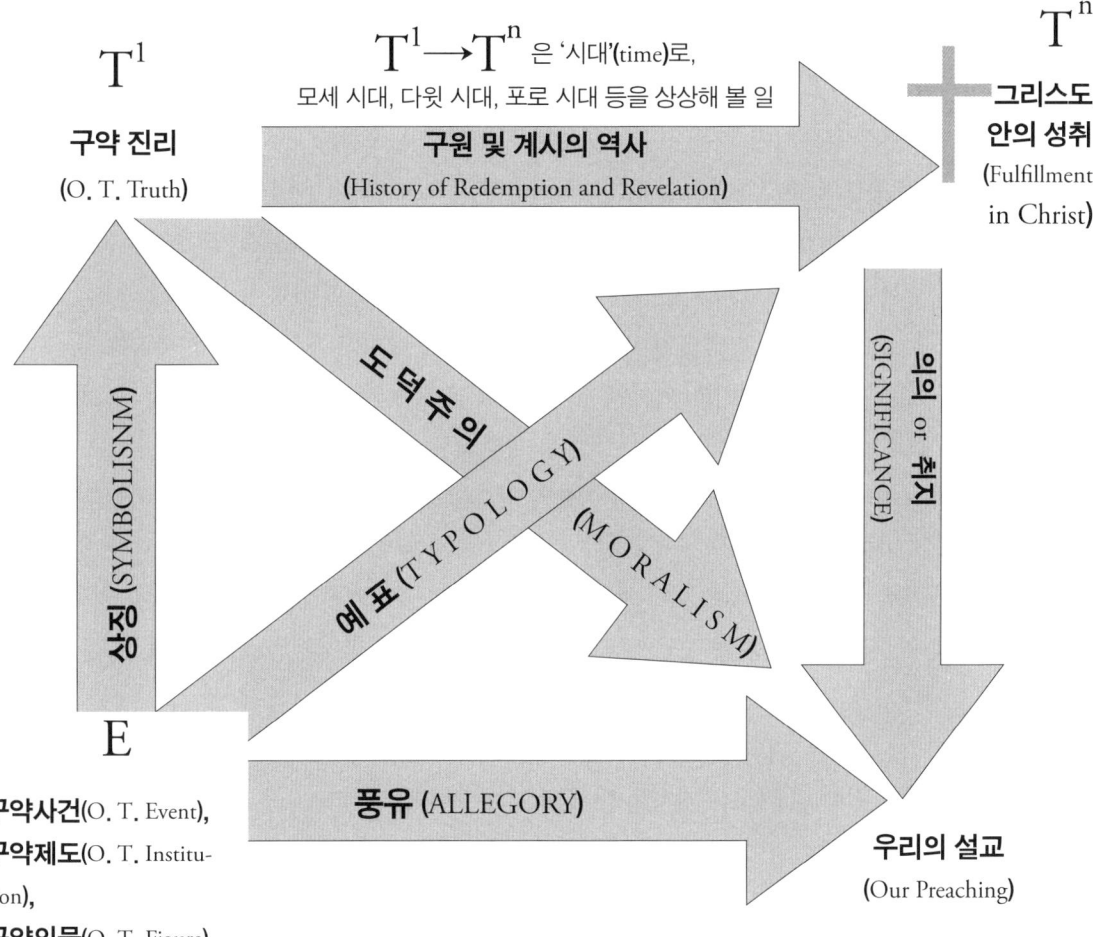

Denmis E. Johnson, *Him We Proclaim* (2007), pp. 230-231

40　Dennis E. Johnson, *Him We Proclaim* (Phillipsburg, NJ: P&R, 2007), 231-34, 404.

〈도형 1〉에서 제시하는 패러다임은 존슨이 추구하는 적용 지향적 구속사적 설교의 흐름을 아는 데 유용하다. 구약 본문의 경우 구약의 사건, 제도, 인물에 대한 해석(주해)에서 구약이 내포하고 있는 절대적 진리로 나아가고, 구속사적 관점을 따라 그리스도를 통한 성취로 나아간다. 중요한 점은 이 지점에서 해석학적 방향이 종결되지 않고, 현대적 의의 혹은 저자가 의도한 적실성을 분별하기 위한 과정으로 나아간다는 점이다. 데니스 존슨의 구속사적 설교 패러다임은 팀 켈러의 복음 중심적, 그리스도 중심적인 설교 패러다임과 유사하다고 볼 수 있다.[41]

이러한 구속사적 적용 설교 패러다임은 크래반담의 언약적-구속사적 방법과 공통점이 있다. 즉 구체적인 적용이라는 훌륭한 목표에도 불구하고, '예증적 방법'은 본문의 의미에 충분히 뿌리내리지 못하기 때문에, 본문의 취지를 잘 해석하지 못한다. 마찬가지로 칭찬 받을 만한 목표와 적절한 설명에도 불구하고 구속사적 방법은 본문이 가지는 충분한 의미와 그와 관련된 '취지'(적용)에 도달하지 못한다.

그러나 언약적-역사적 방법에 의해서 성경 본문의 '타락한 상황 속에서' 구속의 원칙, 즉 단일한 적절한 의미를 이끌어 낸 다음 그 원리들의 충분하고 적절한 취지, 곧 적용을 오늘날 청중의 동일한 상황 가운데 '재적용'할 수 있게 되는 것이다. 하워드 마샬(Howard Marshall)도 메시지를 확대 적용할 때, 사실상 해석자가 본문의 메시지를 재적용해야 하는 차원을 강조한다. 본문은 특정한 독자들에게 어떤 근본적인 진리나 원리를 적용한 것이기에(적용된 진리) 우리가 해야 할 일은 이러한 원래의 독자들에게 제시된 특수한 형식을 구별하고 근본적인 개념들을 새로운, 현대의 청중에게 '재적용'하는 것이다.

그러므로 '적용 부재'의 구속사적 '강의'(설교)를 넘어 FCF를 통한 '적용 실재'의 그리스도 중심적 적용 설교의 새 지평을 향해 도약해야 한다.

---

41 박현신, 『7가지 키워드로 열어보는 팀 켈러의 설교세계: 가스펠 프리칭』(서울: 솔로몬, 2021), 58-51, 74-115를 참조하라.

제3장

청중의 삶과 사회를 변혁시키는 적용 패러다임으로서의 네 다리놓기를 향하여

본장에서는 네 다리놓기 패러다임의 간단한 핵심 기초만 제시하고, 포브릿지 프리칭(Four Bridge Preaching) 패러다임으로 성경과 역사적 설교 모델을 분석한 다음, 제4부에서 네 다리놓기 패러다임과 각 지평(과정)을 상세히 논의하고자 한다.

1. 네 지평, 네 다리놓기 모델을 청사진으로 삼으라

티모씨 워렌(Timothy Warren)은 적용적 해석학 패러다임을 위한 다면적 다리놓기의 차원으로 하나의 모델을 제시한다. 워렌에 의하면, 현대의 청중(독자)의 삶이 변화되기 위해서는 4가지 지평 영역을 '다리놓기'하는 해석학적 과정이 필요하다.[1] 마이클 키케(Micahel Quicke)의 제안과 연결해 보면, 네 다리놓기(four bridge-building) 패러다임은 설교자와 청중이 텍스트(계시)에서 시작하여 텍스트로 돌아오는 360도 입체적 싸이클을 통해 하나님의 말씀에 철저히 순종하여 변화되는 것을 지향한다.[2] 각기 다른 지평은[3] 네 다리놓기와 3가지 목적들(텍스트의 목적, 초월적 목적, 영원한 목적)로, 유기적으로 상호

---

1 Warren, "A Paradigm for Preaching," 474-80.
2 Warren, "Mind the Gap," *Preaching* 13 (1997): 21.
3 Keith Willhite, *Preaching with Relevance without Dumbing Down* (Grand Rapids: Kregel, 2001), 65. 윌화이트는 주해적, 신학적, 설교적 명제들의 차이점들을 일목요연하게 제시하고 있다.

연결되어 있다. 동시에 텍스트와 연관된 원 청중(독자), 보편적인 청중(독자), 그리고 현대의 청중(독자)으로 구별되어 있다.[4]

실제적으로 오스본의 해석학적 나선형 패러다임은 다리놓기 양식은 아니지만 텍스트의 지평, 주해 과정의 지평, 신학적(원리)의 지평, 적실성(relevance) 지평으로 구분되어 나선형적 운동을 통해 지평을 융합, 변혁함으로 삶의 변화를 지향한다.[5]

2. 적용 지향적 주해 다리놓기(application-aimed exegetical bridge)

첫 번째 단계는 주해 과정(exegetical process)으로, 본문의 세계와 그 당시 청중의 세계 사이에 형성되어 있는 간격에 다리를 놓는다. 텍스트의 문맥적, 문법적, 구문적, 역사적, 문예적, 수사학적, 정경적,[6] 언어적 주해[7]를 통한 주해를 통해 구조, 명제, 목적에 비추어 저자가 의도한 본문의 의미를 진술한다. 주해는 본문으로부터 주해적 결과에까지 이르게 해주는 다리 역할을 하게 된다. 설교자가 적합한 결과를 도출하기 위해서는, 주해적 과정의 결과가 본문의 의도, 구조, 명제, 목적을 함의해야 한다.[8]

주해 과정부터 적용 중심적 렌즈를 착용해야 하는 이유는 여러 가지 적용적인 질문들을 통해 보다 정확한 저자 의도적 적용(author-intended application)을 발견하기 위해서이다.[9] 적용의 순전성을 결정하는 것은 과연 '저자가 의도한 의미'에서 적용이 도출되었는가 아니면 설교자가 의도하거나 기대한 생각의 씨앗으로부터 적용이 발아되었는가이다. 그러므로 가장 근본적인 적용의 원칙은 저자의 의도가 설교자의 적용을 반드시 '인도, 통제'해야 하며, 그런 다음에야 설교자는 현대적 의미의 적용을 구상할 수 있다는 것이다.[10]

---

4 Warren, "A Paradigm for Preaching," 482.
5 Osborne, *The Hermeneutical Spiral*, 344–47.
6 Kaiser, *Toward an Exegetical Theology*, 87–71; Osborne, *The Hermeneutical Spiral*, 19–40; Ramesh, *Scripture Sculpture*, 53–57; McDill, *The 12 Essential Skills*, 28–30.
7 Osborne, *The Hermeneutical Spiral*, 65–92; D. A. Carson, *Exegetical Fallacies*, 2nd ed. (Grand Rapids: Baker, 1996); Moses Silva, *Biblical Words & Their Meaning: An Introduction to Lexical Semantics* (Grand Rapids: Zondervan, 1994).
8 Warren, "A Paradigm for Preaching," 474–76.
9 Robinson, *Biblical Preaching*, 89–95.
10 York and Decker, *Preaching with Bold Assurance*, 77–78.

3. 적용 지향적 신학 지평 다리놓기(application-aimed theological bridge)

두 번째 단계는 신학 과정으로, 주해 과정을 통한 보편적 신학 원칙에 대한 진술이다. 신학적 과정의 산물은 '원래의 상황에 뿐만 아니라 현실에도 적용할 수 있는 방식으로, 본문이 가르치는 무시간적 신학 진리를 표현하는' 신학적 명제와 구조이다. 아담스도 성경과 현대 상황 모두에 공통된 요소들이 조합을 이룰 때, '추상화된 원리'(abstracted principle)는 재적용될 수 있다고 말한다.[11] 그러므로 신학은 '본문에서부터 현실의 설교에까지 닿는 해석학적 아치'(hermeneutical arch)인 셈이다.

키스 윌화이트(Keith Willhite)는 적실성(Relevance)을 신학적 결과와 적용적 결과 사이의 간격을 연결해 주는 적용적 다리로 보았다.[12] 조직신학적인 체계 위에 선 예리한 적용을 위해서는 신학적 지평의 과정을 통해 보편적인 적용의 원리를 추출할 수 있는 신학적 명제와 구조를 확립해야 한다.[13]

두 다리놓기와 네 다리놓기 패러다임의 주요한 차이점 중의 하나가 바로 신학적 지평 혹은 다리이다. 워렌은 적용 지향적인 신학적 다리(과정)의 목표가 원 청중의 세상(주해적 과정)과 현 청중의 세상(적용적 과정) 사이에 적용 가능한 보편적인 진리를 통해 다리놓기 하는 것이라고 규정한다.[14]

4종류의 해석학적 다리들 가운데, 신학적 다리는 적용의 과정에서 흔히 신학의 이론적 편향성에 대한 선입견으로 인해 생략되는 지평이다. 그러나 고대 세계로부터 현대 세계로 건너가기 위해서는 추상적인 원리의 다리를 올라가서 신학적 다리를 건너가야

---

11 Adams, *Truth Applied*, 48; Greidanus, *The Modern Preacher and The Ancient Text*, 169-171. 신학적인 원리들은 신실하신 하나님의 성품과 언약 백성의 죄성과 같은 보편적인 원리화 다리 역할을 한다.

12 Keith Willhite, "Connecting with Your Congregation," in *Preaching to a Shifting Culture* (Grand Rapids: Baker Books, 2004), 100-109. 휠화이트는 확신, 태도, 가치, 행동의 변화 안에서 적용의 적실성은 유비의 근거(warrants of analogy)로부터 나온다는 점을 강조한다.

13 Warren, "A Paradigm for Preaching," 476-78; Graeme Goldsworthy, *According to Plan: The Unfolding Revelation of God in the Bible* (Downers Grove: InterVarsity Press, 1991), 32; Idem., Goldsworthy, *Preaching the Whole Bible*, 59; Sidney Greidanus, *Preaching Christ from the Old Testament: A Contemporary Hermeneutical Method* (Grand Rapids: Wm. B. Eerdmans, 1999); Wayne Grudem, *Systematic Theology: An Introduction to Biblical Doctrine* (Grand Rapids: Zondervan, 1994), 21; Samuel T. Logan, Jr., "Preaching and Systematic Theology," in *The Preacher and Preaching*, 248; Millard J. Erickson, *Christian Theology*, 2nd ed. (Grand Rapids: Baker Book:1998), 232-34; David F. Wells, *No Place for Truth, or Whatever Happened to Evangelical Theology?* (Grand Rapids: Wm. B. Eerdmans, 1993), 97-106; James P. Mackey, "The Preacher, the Theologian, and the Trinity," *Theology Today* 54 (1997): 347-66.

14 Timothy Warren, "The Theological Process in Sermon Preparation," *BSac* 156 (1999): 337; Warren, "A Paradigm for Preaching," 468.

만 한다.[15] 적용적 해석학 패러다임 가운데 신학적 다리놓기를 하기 위해서는, 기본적인 텍스트 해석 방법, 신학적 소견, 적용적 안목을 가져야 한다.[16]

적용을 위한 변혁적 다리놓기 패러다임을 위해서는, 이러한 모든 능력을 해석학적으로 통합하는 기술이 있어야 한다. 오스본에 의하면, 해석학적 나선형에서 '신학화 과정'(theologizing process)을 위해서는, 특별히 귀납적으로 혹은 연역적으로 모두 진행해 나갈 수 있기 위하여 성경신학, 조직신학, 실천신학적 안목이 요구된다.[17] 결국 이론적인 전문성을 요하는 신학적 다리놓기 과정은 성경적 적용 해석학으로 들어가는 문을 여는 핵심 열쇠이다.

요약하자면, 주해적 과정은 텍스트에 드러난 구체적인 적용된 진리를 규명하고, 신학적 다리놓기는 설교자가 청중을 위해 저자가 상황화한 신학적 원리를 발견하여 다시 청중을 위해 재상황화(recontextualization)하여 재적용하는 적용 해석학적 과정이다.[18]

4. 적용 지향적 적실성 과정 다리놓기(application-aimed homiletical bridge)

세 번째 단계는 설교의 과정으로 신학의 결과로부터 적실성의 과정으로 옮겨간다. 여기서 각 부분을 구분하고 정확히 가치를 매겨야 하며 융합하거나 삭제해서는 안 된다. 해석학적 렌즈는 본문에서 청중에게 집중하는 쪽으로 시야를 좁혀 준다. 따라서 마지막 과정은 변화적, 계시적 적용 과정으로, 설교의 목표인 삶이 변화하는 지점이다.

이처럼 상황화적 적용 과정의 다리는 고대 본문과 청중 사이의 네 다리로서, 주해적 다리, 신학적 다리, 적용적 다리, 계시적(적용적) 다리가 놓여진다. 이러한 과정 속에서 원래의 청중과 관련한 본문의 목적(주해 과정)과, 보편적 청중의 초월적 목적(신학적 과정), 일시적 청중의 현실의 목적(설교적 과정)이 적용의 권위를 지키기 위한 다리 난간(버팀목) 역할을 한다. 그러므로 워렌은 이렇게 결론 내린다.

---

15 Willhite, *Preaching with Relevance*, 63.
16 Warren, "A Paradigm for Preaching," 485.
17 Osborne, *The Hermeneutical Spiral*, 6.
18 Warren, "The Theological Process in Sermon Preparation," 339–49.

> 성경에 계시된 하나님의 진리는 '적용된 형태'로 오며, 그것이 원래 기록된 것과 동일한 목적을 위해 동일한 유의 사람들에게 '재적용'(상황화)되어야만 한다.[19]

그러므로 네 지평을 연결하는 다리놓기 패러다임의 궁극적 지향점은 공동체의 변혁과 청중이 변화된 삶의 열매를 맺는 것이다.

5. 적용 지향적 변혁 과정 다리놓기(application-aimed transformational bridge)

네 다리놓기 적용 패러다임은 주해적 다리, 신학적 다리, 적용적 다리에서 멈추는 것을 경계한다. 그 이유는 적용이 궁극적인 목적이 아니라 적용을 통한 삶의 변혁에까지 '도달'해야만 해석학적 최종 목적이 달성하기 때문이다. 적실성의 지평에서 변혁의 지평에 이르게 하는 변혁적 다리놓기는 십자가 중심이어야 할 뿐 아니라 철저히 성령 주도적 다리를 놓아야 한다.

네 다리놓기 패러다임은 체계적인 주해 과정과 신학 과정을 추구해야 하지만, 이보다 더욱 결정적인 요소는 이 네 지평의 융합 패러다임에 있어서 '성령의 주권적 통제와 인도하심' 아래에서만 이루어질 수 있음을 모든 과정 가운데 인정하는 것이다. 해석학적 적용에 있어서 성령의 역할을 간과해서는 안 된다. 특히 주크(Zuck)는 올바른 해석과 적용에 중요한 14가지 요소들을 말하는데, 이는 구원, 영적 성숙, 부지런한 연구, 상식과 논리, 분별력을 위해 성령님께 겸손히 의존함이다.[20]

따라서 네 지평 융합은 성령의 해석학이요 패러다임이어야 한다. 이러한 '네 지평 융합'의 패러다임은 사실 새로운 발견은 아니다. 예수님과 바울의 패러다임의 재발견이며, 재창조의 차원일 따름이다. 그러나 현대적 이론이 다시 필요한 이유는 기본적 패러다임은 변하지 않을지라도, 청중과 세상의 지평이 완전히 달라졌기 때문이다.

본문이 바르게 해석되기 위해서는 주해할 때에 역사적인 상황이 반드시 '복원'되어야 하지만 그때와 지금의 상황 간의 '해석학적 역동적 만남'도 있어야 한다. 네 지평 가운데 두 지평의 융합이라고 할 수 있다.

이러한 두 상황성의 만남은 성령의 기름 부음과 조명 아래서 이루어지는 주해적 묵

---

19 Warren, "A Paradigm for Preaching," 485-86.
20 Roy Zuck, "The Role of the Holy Spirit in Hermeneutics," *BSac* 141 (1984): 120-30.

상을 통해 일어난다는 사실이다. 성령 안에서 주해적 묵상은 네 다리놓기의 가교 역할을 한다. 성령 안에 이루어지는 묵상 속에서 본문의 언어와 현재의 언어가 만나고, 본문과 현재가 대면하여 대화가 이루어진다. 성령의 조명 아래 주해적 묵상 속에서 주해는 삶의 변화를 위한 적용으로 주조된다.

궁극적으로 네 다리놓기의 가장 결정적인 요소는 성령과 설교자와 청중 간에 이루어지는 삼중적 대화(trialogue)의 상호 작용으로서 모든 해석학적 과정을 적합하고 효과적으로 흐르게 한다.[21] 만약 해석자가 주해적, 신학적, 적용적 과정 중 어느 한 지평에 서라도 성령의 조명을 의지하지 않는다면, 설교자의 모든 해석학적 노고는 부적합한 적용점과 비역동적인 삶의 변화로 이어질 수 밖에 없다.

결국 모든 삶의 변혁을 위한 적용적 네 다리놓기 패러다임은 "텍스트를 이해하도록 영감을 주시고, 해석자에게 기름부으시고, 독자에게 조명해 주시고, 세상을 책망하시는"[22] 성령의 나타남에 의해 결정된다.[23] 원저의 말처럼 진리, 인격, 독자(청중), 세상이라는 네 지평을 다리놓기 하기 위해서는 성령에 의한 다면적 적용 패러다임이 필요하다.

〈도형 2. 포브릿지 프리칭 패러다임〉

주해적 다리놓기
1) 저자의도적 의미 발견하기
2) 저자의도적 적용 발견하기
3) 적용 지향적 주해 아웃라인

10) 성령 주도적 전달과 변혁

변혁적 다리놓기

원리화 다리놓기
4) 원리화 기준 형성하기
5) 원리화 기준을 통해 트랜스퍼링 하기
6) 적용 지향적 신학적 아웃라인

적실성 다리놓기
7) 적실성 범주 연결하기
8) 청중 주해(수사학적 분석 및 적용)
9) 적용 지향적 설교 아웃라인

21　Warren, "A Paradigm for Preaching," 480.
22　Windor, "Four Horizons in Preaching," 225–27.
23　Walter C. Kaiser, Jr., *Toward an Exegetical Theology: Biblical Exegesis for Preaching and Teaching* (Grand Rapids: Zondervan, 1981), 235–47.

6. 끊어진 다리들에 의한 탈선적 적용 형태들(deviations by broken bridges)

설교자가 균형 잡힌 네 다리놓기 적용 패러다임을 제대로 준비 및 활용하지 못할 때는 어떠한 왜곡된 적용 형태들이 나타날 수 있는가?

앞서 제1장에서 제시한 10가지 적용 오류 패턴들과 유사하거나 중복된 점들이 있지만, 네 다리놓기 패러다임 관점에서 6가지 탈선적 적용 형태들을 간략히 제시하고자 한다.

첫째, 텍스트의 의미에만 몰두함으로 '주해의 지평에만 함몰'되는 경우로서 '주해형 설교'(commentary) 스타일이다. 해석자가 적용의 다리로 가기 위해 반드시 거쳐야 할 보편적인 원리와 적용적 질문을 무시하며 주해적인 정보에만 매달리는 형태인 것이다.[24] 그러나 개혁주의적인 적용 해석학의 본질은 단순히 텍스트에 대한 주해적, 조직적 강의, 관주 구절, 혹은 역사적 교훈이 아니라 청중의 삶의 변혁을 향해 나아가는 데 있다.[25]

둘째, 설교자가 '신학적인 지평에서 멈춰버릴 때'(교리적 다리가 끊어진 경우) 생기는 해석학적 현상으로서, 다리놓기로서의 적용을 너무 교리적이고 원리적인 내용에 희석시키는 결과를 낳는다.[26]

셋째, 실존적, 경건주의적인 묵상에만 의존하는 경우이다. 그 이유는 주해적 다리놓기와 신학적 다리놓기를 생략해 버리고 주관적인 인식론에 근거한 해석학적 전제들로 텍스트의 의미와 적용을 추출하기 때문에 알레고리적 적용이나 영해적(spiritualizing) 적용과 같은 폐해를 낳을 수 있다.[27]

넷째, 해석자가 주해 지평에서 신학적 다리를 '생략'하고 적용으로 바로 건너뜀으로써 지나친 도덕 혹은 윤리적인 교훈에 초점을 맞추는 형태이다.[28] 그레이다누스도 신학적(보편적) 원리의 다리놓기를 생략한 채로 성경의 인물을 본받으라고 독자 자신에게 적용하는 것은 역사적-문화적 간격을 부적합한 방법으로 다리놓는 것이라고 말한다.

---

24 Warren, "Mind the Gap," *Preaching* 13 (1997): 19-20.
25 John F. Bettler, "Application," in *The Preacher and Preaching*, ed. Samuel T. Logan (Philipsburg, N.J.: Presbyterian & Reformed, 1986), 332; Sidney Greidanus, *Sola Scriptura: Problems and Principles in Preaching Historical Texts* (Toronto: Wedge, 1970), 157; Chapell, *Christ-Centered Preaching*, 55.
26 Warren, "Mind the Gap," 20.
27 Greidanus, *The Modern Preacher and The Ancient Text*, 159-61.
28 Warren, "Mind the Gap," 21.

왜냐하면 그것은 "역사적 동일화로 몰아넣음으로써 텍스트의 시대와 지금 시대의 명백한 간격을 무시하는 것"이기 때문이다.[29] 그러므로 설교자들은 주해의 지평과 적실성의 지평을 연결하는 교리적 다리를 간과하는 도덕화, 알레고리화, 영해화의 적용 오류를 늘 경계해야 한다.[30] '꿩 잡는 게 매' 혹은 '모로 가도 서울로 가면 된다'는 식의 적용 철학은 가장 위험한 것이다.

다섯째, 주해적 지평을 생략한 채, 다리놓기 작업을 신학적 지평에서 바로 시작하여 적실성 다리의 지평으로 나아감으로써 도덕화된(moralizing) 훈계로서 적용이 고착되는 형태이다.[31] 도덕화된 다리놓기는 "보통 해야 할 것 혹은 되어야 할 것을 나열함으로써 도덕적 명령들을 제시하는 것"을 적용으로 환치해 버린다.[32] 그래서 도덕화된 적용은 단순한 요소들을 전이만 함으로써 텍스트의 요점을 놓치게 될 뿐 아니라 과거의 청중에 대한 묘사(description)를 오늘날 청중을 위한 명령(prescription)으로 변형시킨다.[33]

여섯째, 주해적, 신학적, 적용적 다리놓기를 시도했음에도 불구하고, 적용 자체에 함몰되어 삶의 변혁으로 가는 마지막 과정을 외면함에서 기인한다.[34] 그러므로 이러한 탈선적인 적용 패러다임의 형태들을 피하려면, 각 네 지평을 잇는 다리놓기 패러다임을 건실하고 균형 있게 구축해 나가야 한다.

7. 결어: 적용 지향적 설교 패러다임을 위한 적용 해석학을 향하여

제1장에서 적용 해석학에 기초한 패러다임의 필요성을 7가지 주제를 중심으로 논의하였다.

통시적 고찰의 차원에서 현대 해석학, 성경 해석학, 강해 설교학의 최근 흐름을 통해 적용 패러다임의 필요성을 입체적으로 인식할 수 있다. 그리고 공시적인 접근을 통해, 오늘날 한국교회 설교에서 어렵지 않게 찾아 볼 수 있는 적용 오류 패턴들을 근본적으

---

29 Greidanus, *The Modern Preacher and The Ancient Text*, 161-62.
30 Sidney Greidanus, *Preaching Christ from the Old Testament* (Grand Rapids: Eerdmans, 1999), 293-94; idem, *The Modern Preacher and the Ancient Text*, 165; Dennis E. Johnson, *Him We Proclaim* (Phillipsburg, NJ: P&R, 2007), 231-34; G. Waldemar Degner, "From Text to Context," *CTQ* 60 (1996): 274.
31 Warren, "Mind the Gap," 21.
32 Leander E. Keck, *The Bible in The Pulpit* (Nashville: Abingdon Press, 1978), 100-04.
33 Greidanus, *The Modern Preacher and The Ancient Text*, 165.
34 Warren, "Mind the Gap," 21-22.

로 극복하기 위해서는 성경적인 적용 패러다임이 시급히 필요한 때임을 살펴보았다.

나아가 해석학과 적용 사이의 역동적 관계 지평을 분리나 혼합이 아닌, 유기적으로 연결되면서 구분된 관계로 재정립하기 위해서는 균형 잡힌 적용 해석학이 필요할 수밖에 없다는 점을 주지하였다. 오랫동안 계속되어 온 허쉬의 이분법(의미와 적용적 함의) 논쟁을 넘어 구체적인 방법론 즉 저자 의도적 적용에 기초한 현대적 적용 패러다임으로 발전하기 위해서는 적용 해석학 모델이 필연적으로 요구된다.

이런 차원에서 본서는 두 지평, 두 다리놓기를 넘어 '네 다리놓기 설교'라는 적용 패러다임을 제시하는 것이 궁극적인 목적이다. 청중의 삶과 한국교회 공동체와 한국 사회와 문화를 변혁시키는 제2의 종교개혁은 설교의 적용에 달려있다고 해도 과언이 아니다. 이러한 하나님 나라의 변혁적 비전을 위해, '포브릿지 프리칭'(Four Bridge Preaching)이라는, 현장 설교자들이 구현할 수 있는 구체적인 적용 지향적 10단계 설교 방법론을 제시하고자 한다. 적용식 주해 다리놓기, 신학적 다리놓기, 적실성 다리놓기, 변혁적 다리놓기를 통해 '포브릿지 프리처'(Four Bridge Preacher)가 되기 위한 여정을 이제 함께 떠나보자.

이를 위해서는, 개인과 교회 더 나아가 사회와 문화를 변혁시키는 적용 패러다임을 구축하기 위한, 성경적 모델, 역사적 모델, 현대적 모델에 대한 실제적인 설교 분석과 원리를 찾는 작업이 발전적으로 요청된다.

이러한 적용 해석학의 필요성을 인식할 뿐 아니라 삶과 공동체를 변혁시키기 위한 설교 대안적 적용 패러다임을 성경적 모델들(모세, 선지자들, 베드로, 바울 등), 역사적 모델들(교부들, 크리소스톰, 칼빈, 루터, 에드워즈, 브로더스, 스펄전 등), 현대적 모델들(로이드 존스, 존 스토트, 존 맥아더, 팀 켈러 등), 한국적 모델들의 실제 설교 분석과 원리(기초) 위에서 체계적으로 정립할 때, 한국 설교자들의 가장 큰 필요가 채워지고, 한국교회 설교의 미래는 푸르고 푸른 희망으로 다가올 것이다.

제2부

청중과 사회를 변혁시키는 적용 패러다임을 위한

성경적 모델

제1장

구약의 모델[1]

삶을 변혁시키는 적용 패러다임을 위한 해석학적 기초와 함께 설교자들은 성경에 나타난 설교자와 적용 원리를 고찰하는 것이 필요하다. 성경에 있는 말씀 컨텐츠의 많은 부분이 사실은 설교의 한 형태라고 볼 수 있고, 강해 설교는 성경 안에 있는 설교로부터 기인한 것이다.[2]

제임스 스팃징거(James F. Stitzinger)는 다음과 같이 강조하여 말한다.

> 성경 이후의 모든 설교는 구약과 신약에 있는 영감된 설교에 그 배경을 두고 있기에 뿌리가 되는 성경 안에 있는 설교로 거슬러 올라가야 한다.[3]

웰즈(Wells)와 류터(Luter)도 신약의 영감된 설교(inspired preaching)가 성경적 설교의 모델이 되어야 한다고 주장한다.[4] 나아가 다니엘 오버도르프(Daniel Overdorf)는 성령의

1　Hyun Shin Park, "A Pattern of Application-aimed Expository Preaching in the Old Testament," *CR* 22 (2017): 161-81를 수정, 보완, 발전시킨 것이다.

2　Adam, *Speaking God's Word*, 37-56; C. Richard Wells and A. Boyd Luter, *Inspired Preaching* (Nashville: B&H, 2002), 29-160; John A. Broadus, *Lectures on the History of Preaching* (New York: Sheldon, 1886), 5-43; Hughes Oliphant Old, *The Reading and Preaching of the Scriptures* (Grand Rapids: Eerdmans, 1998), 1:19-249; David L. Larsen, *The Company of the Preachers* (Grand Rapids: Kregel, 1998), 1:22-62; James W. Thompson, *Preaching Like Paul* (Louisville: Westminster John Knox, 2011), 21-36; Dennis M. Cahill, *The Shape of Preaching* (Grand Rapids: Baker, 2007), 63-65; James F. Stitzinger, "History of Expository Preaching," *TMSJ* 3 (1992): 8-12.

3　Stitzinger, "History of Expository Preaching," 8.

4　Wells and Luter, *Inspired Preaching*, 3-17, 171-86.

여러 모범 설교들이 설교의 적용에 관한 중요한 원리들을 함의하고 있다고 주장한다.[5]

1. 에스라의 적용 지향적 강해 설교

성경에 나타난 위대한 부흥 설교 중에 하나인 느헤미야 8:1-8은 적용 지향적 강해 설교의 전형을 보여준다.

① 말씀을 선포하고 설명함.
② 말씀의 강해하고 권면함.
③ 말씀을 적용함.

에스라의 적용 중심적인 설교는 성경에 대한 주해(주해적 다리), 분명한 강해, 충실한 교리(보편적 원리; 교리적 다리), 청중의 삶을 변화시키기 위한 적용(적실성 다리와 변혁적 다리)으로 구성되어 있다.[6]

① '크게 낭독함'(יִקְרָאוּ, 이크루, 느 8:8): 말씀을 선포하거나 읽음.
② "그 뜻을 해석하여"(מְפֹרָשׁ וְשׂוֹם שֶׂכֶל, 머포라쉐 버숌 슈케르, 느 8:8): 하나님의 말씀의 의미를 드러내고 설명함.
③ "깨닫게 하였는데"(מְבִינִים, 머비님, 느 8:7), "다 깨닫게 하니"(יָבִינוּ, 야비누, 느 8:8), "밝히 앎이라"(הֲבִינוּ, 헤비누, 느 8:12): 말씀을 적용하는 차원.
④ "우는지라"(בֹּכִים, 보킴, 느 8:9), '근심함'(תֵּעָצֵבוּ, 테아쩨부, 느 8:10), '기뻐함'(שִׂמְחָה, 시므하, 느 8:12, 17): 말씀에 대한 반응.

"이는 (그들이 그 읽어 들려 준) 말을 밝히 앎이라"(כִּי הֵבִינוּ בַּדְּבָרִים, 키 헤비누 바드바림, 느 8:12)라는 말씀은 이스라엘 백성들의 감정적인 반응이 나타나게 된 이유를 나타낸다. 그런 다음 에스라와 레위인은 초막절에 관한 적용을 선포한다.

---

5 Daniel Overdorf, 『설교를 적용하기』(Applying the Sermon) 이재학 역 (서울: 디모데, 2013), 67-79.
6 Deuel, "An Old Testament Pattern for Expository Preaching," 125.

"산에 가서"(בֹּאוּ הָהָר, 쩨우 호하르, 느 8:15), "가져다가"(הָבִיאוּ, 하비우, 느 8:15), "만들다"(יַעֲשׂוּ, 아아수, 느 8:17), "거하다"(יֵשְׁבוּ, 예쉬부, 느 8:17).

바벨론 포로에서 돌아온 이스라엘 백성(원 청중)은 이러한 초막절 율법에 관한 적용적 명령에 즉시 순종함으로 초막을 지어 그 안에 거하였고(느 8:16-17) 초막절을 회복하였다.[7] 에스라의 다리놓기로서의 적용은 시내산에서 주어진 모세 언약(출애굽 공동체/원 청중)의 적용된 진리를 포로 후 공동체 청중의 새로운 상황에 재적용하는 패턴을 보여준다.[8]

2. 모세의 적용 지향적 설교 패러다임

피터 아담스(Peter Adams)에 의하면, 모세는 언약에 뿌리를 둔 설교를 이스라엘(청중)에게 선포하면서 하나님의 언약 관계로 돌아오도록 하기 위해 주해, 권면을 한 다음 청중의 상황에 말씀을 적용했다.[9] 알버트 몰러(Albert Mohler)는 포스트모던 청중을 향한 교리적 강해 설교의 기본적인 원리를 신명기 4장의 모세 설교에서 찾는다.[10]

모세의 설교(신 29:1-30:20)는 언약 체결을 위한 맹세 의식으로 구분될 수 있다. 이 의식에서 실제적인 행동 규약과 함께 언약 당사자의 구체적 행동 수칙이 명시되어 있다는 점이 주목되어야 한다.[11]

신명기 29-30장에 나타난 모세의 원형적 강해 설교는 세 부분으로 구성되어 있다.

---

[7] Daniel Overdorf, *Applying the Sermon* (Grand Rapids: Kregel, 2009), 42, 70-71; David A. Dorsey, *The Literacy Structure of the Old Testament* (Grand Rapids: Baker, 1999), 159-61; Douglas Green, "Ezra-Nehemiah," in *A Complete Literary Guide to the Bible*, ed. Leland Ryken and Tremper Longman III (Grand Rapids: Zondervan Publishing House, 1993), 206-13; Taylor-Troutman Andrew, "Nehemiah 8:1-12," *Interpretation* 67 (2013): 58-60; Overdorf, 『설교를 적용하기』, 85-86.

[8] Deuel, "An Old Testament Pattern for Expository Preaching," 136-37; William J. Dumbrell, "The Theological Intention of Ezra-Nehemiah," *Reformed Theological Review* 45 (1986): 65-72.

[9] Adam, *Speaking God's Word*, 39-40.

[10] R. Albert Mohler Jr, 『말씀하시는 하나님』(*He is Not Silent*), 김병하 역 (서울: 부흥과 개혁사, 2010), 82-96.

[11] George E. Mendenhall, "Covenant," in *The Interpreter's Dictionary of the Bible*, ed. George A. Buttrick (Nashville: Abingdon, 1962), 715; Meredith G. Kline, "Dynastic Covenant," *WTJ* 23 (1960): 1-15; O. Palmer Robertson, *The Christ of the Covenants* (Phillipsburg, NJ: P&R, 1981), 3-16.

① 언약 관계 갱신을 위한 초청(29:2-29).

② 언약 역사에 기초한 모세의 권면(29:2-9)은 다음과 같은 적용적 명령을 향해 나아간다.

    a) 하나님이 행하신 일들을 '기억하라'(29:2-3, 5, 6b-7).

    b) 이러한 역사가 의미하는 바를 '알라'(29:3, 5).

    c) 야웨의 언약적 요구 사항들을 지킴으로써 언약 맹세(행동 규약)를 '적용'하라 (שְׁמַרְתֶּם, 쉬마르템, 29:9).[12]

③ 새 언약에 기초한 소망에 관한 권면이다(30:1-13).

세 설교의 마지막 부분은 언약 중심적 적용(30:11-20)이라고 할 수 있다. 모세의 적용적 명령 "택하고"(בָּחַרְתָּ, 바하르타, 30:19)는 어떤 특별한 목적을 위해, 또는 누군가를 혹은 무엇을 선택하기 위해 주의 깊게 계획하고 실행하라는 의미이다. 이와 유사하게 여호수아도 이스라엘의 거룩한 선택을 강조하면서 언약에 기초한 적용적 명령을 선포하였다(בַּחֲרוּ, 바하루, "택하라," 수 24:15).[13]

다음은 모세의 언약 중심적인 적용의 예들이다.

① 사회적 적용: 공정한 판결(신 1:17), 법(신 17:18-20), 거짓 고소(신 19:15-21:20), 지불(신 24:14), 형벌(신 25:1-5), 안식, 사회 질서(신 5:15-16).

② 경제적 적용: 유산(신 15:12-18), 소유(신 5:19), 부/재산(신 26:1-11).

③ 정치적 적용: 인권(신 17:14), 거룩한 참여(신 17:19-20).

④ 가정 적용: 결혼(신 5:18), 이혼(신 24:1-4), 자녀 양육(신 6:6-9).

⑤ 개인적 적용: 동기와 마음(신 22:8; 5:14-15), 신용(신 24:16).[14]

신약 시대에 예수님은 산상수훈 설교를 통해 적용의 모범을 보여 주셨다. 특히 마태복음 5장 20절("내가 너희에게 이르노니 너희 의가 서기관과 바리새인보다 더 낫지 못하면 결코 천국

---

12 Richard D. Nelson, *Deuteronomy*, OTL (Louisville: Westminster John Knox, 2002), 339; Francis Brown, S. R. Driver, Charles A. Briggs, *The Brown-Driver-Briggs Hebrew and English Lexicon* (Peabody, MA: Hendrickson Publisher, 1994), 1036.

13 Paul L. Schrieber, "Choose Life and Not Death," *CJ* 24 (1998): 350; Brown, Driver, Briggs, *The Brown-Driver-Briggs Hebrew and English Lexicon*, 103.

14 Christopher Wright, *Old Testament Ethics for the People of God* (Downers Grove, IL: InterVarsity, 2004), 103-383; idem, *An Eye for An Eye* (Downers Grove, IL: InterVarsity, 1983), 67-212; Walter C. Kaiser, *Toward Old Testament Ethics* (Grand Rapids: Zondervan, 1983), 139-246.

에 들어가지 못하리라")을 근거로 당시 원 청중의 다양한 삶의 영역에 '적용'하고자 하셨다.

① 인간관계의 갈등 해결 원리(마 5:21-26).
② 성경적인 부부, 결혼 생활(마 5:27-32).
③ 맹세(마 5:33-37).
④ 보복(마 5:38-42).
⑤ 원수들과의 인간관계(마 5:43-48).
⑥ 구제, 기도, 금식(마 6:1-18).[15]

3. 소선지서에 나타난 적용 지향적 설교 패러다임

1) 아모스

아모스의 설교에 나타난 적용 패러다임 특징을 정리해 보면 다음과 같다.

① 언약에 기초한 사회 정의에 관한 적용.
② 하나님의 성품에 근거한 적용.
③ 다양한 적용 범주(relevance category).

아모스의 사회적인 적용은 당시 이스라엘의 고백과 하나님과의 언약적인 관계의 요소들에 기초하고 있다. 특별히 아모스는 하나님을 사회적인 적용의 근본적인 기초로 간주한다. 아모스의 사회 정의에 대한 적용은 하나님의 공의로부터 기인한 것이다. 본질적으로 아모스의 윤리적 적용은 하나님의 성품과 구속사에 뿌리내리고 있으며 언약적 관계에서 중요한 기능을 한다(암 2:10; 3:1-2).[16] 예를 들어, 아모스의 설교는 하나님의 성품과 언약에 기초한 사회 정의 적용을 보여준다.
다음은 아모스의 설교에 나타난 하나님의 성품에 기초한 적용 패러다임의 예들이다.[17]

---

15 Overdorf, 『설교를 적용하기』, 82-84.
16 Nolan P. Howinton, "Toward an Ethical Understanding of Amos," *RevExp* 63 (1966): 405-12.
17 Robert B. Chisholm, Jr., *From Exegesis to Exposition*, 284-87.

① 하나님의 주권에 기초한(2:9, 11) 경제적 적용(2:6-8).
② 하나님의 주권(통치)에 근거한(2:9, 11) 윤리적(성적) 적용(2:7), 하나님의 주권에 뿌리를 둔(3:1-2) 정치적(폭력 이슈) 적용(3:10).
③ 하나님의 주권에 기초한(4:2-3) 종교적 적용(4:4-5).
④ 하나님의 능력에 근거한(4:2-3) 여성 윤리에 관한 적용(4:1).
⑤ 하나님의 능력에 기반한(5:8-9) 종교적 적용(5:4-7), 하나님의 권능에 기초한(5:8-9) 정치적/사회 정의 적용(5:10-15).

이런 맥락에서 아모스는 언약과 하나님의 약속에 기초한 적용 패턴을 보여준다.

① "나를 찾으라 그리하면 살리라"(דִּרְשׁוּנִי וִחְיוּ, 디르슈니 비흐유, 5:4), "벧엘을 찾지 말며"(וְאַל־תִּדְרְשׁוּ בֵּית־אֵל, 브아르-티드르슈 베이트-엘, 5:5)
② "여호와를 찾으라 그리하면 살리라"(דִּרְשׁוּ אֶת־יְהוָה וִחְיוּ, 디르슈 에트-아도나이 비흐우, 5:6)
③ "선을 구하고 악을 구하지 말지어다"(דִּרְשׁוּ־טוֹב וְאַל־רָע, 디르슈-토브 브알-라아, 5:14), "악을 미워하고 선을 사랑하며"(שִׂנְאוּ־רָע וְאֶהֱבוּ טוֹב, 시느우-라아 브에헤부 토브, 5:15)
④ "정의를 세울지어다"(וְהַצִּיגוּ בַשַּׁעַר מִשְׁפָּט, 브하찌구 바샤아르 미쉬파트, 5:15), "정의를 물 같이 … 흐르게 할지어다"(וְיִגַּל כַּמַּיִם מִשְׁפָּט, 브이가르 카마임 미쉬파트, 5:24).[18]

특히 아모스 5장은 '죄에 대가로서의 죽음이 가까이 왔다'는 서론적 호소(A, 1-3절)와 결론적 호소(A′, 16-17절) 사이에 첫 번째 적용적 권면(B, 4-6절)과 두 번째 적용적 권면(B′, 14-15절)이 위치하고 중심에는 인간(이스라엘)의 죄성과 죽음(7, 10-13절)과 하나님의 주권적 심판자이심(8-9절)을 강조하고 있다.[19] 즉 하나님의 성품과 인간의 죄성이라는 2가지 원리화 초점에 근거한 적용을 선포하고 있는 것이다.

---

18 Stephen J. Bramer, "Analysis of the Structure of Amos," *BSac* 156 (1999): 160-74; Duane A. Garrett, "The Structure of Amos As A Testimony to Its Integrity," *JETS* 27 (1984): 275-76; A. van der Wal, "The Structure of Amos," *JSOT* 26 (1983): 107-13; Paul L. Noble, "The Literary Structure of Amos," *JBL* 114 (1995): 209-26; William A. VanGemeren, *Interpreting the Prophetic Word* (Grand Rapids: Baker, 1990), 131-32; Gary Smith, *The Prophets as Preachers* (Nashville: B&H Academic, 1998), 56-58; Dorsey, *The Literacy Structure of the Old Testament*, 281.
19 Dorsey, *The Literacy Structure of the Old Testament*, 281-82.

2) 호세아

호세아의 설교는 적용 지향적 강해 설교의 패턴을 보여준다.

강해(5:8-9) → 권면(5:13-15) → 적용(6:1-3).[20]

호세아의 구체적인 적용 패러다임의 특징은 언약 중심적인 윤리적 적용이다. 그의 설교는 이스라엘 백성들을 향한 하나님의 언약적인 소송 형식(4:1-3)과 연결되어 있다.[21] 문예적 구조상 가장 중심에 위치하여 강조되고 있는 회개에 대한 적용은 바로 이러한 언약적 호소의 차원이다. 호세아의 회개에의 적용(6:1-3)은 언약 중심적인 윤리적 적용과 연결된다.[22]

"우리가 여호와께로 돌아가자"(לְכוּ וְנָשׁוּבָה אֶל־יְהוָה, 르쿠 브나슈바 엘-아도나이, 6:1),

(여호와를) "알자"(וְנֵדְעָה, 브네드아, 6:3).

하나님은 진정한 회개에 대한 호소를 통해 이스라엘 백성들이 언약적 관계에 지속적으로 헌신하고 충성하기를 기대하셨다.[23] 변혁적 회개를 위한, 언약법에 기초한 적용 패턴을 이사야의 선지자적 설교 가운데서도 찾을 수 있다.

"씻으며"(רַחֲצוּ, 라하쭈, 사 1:16), "스스로 깨끗케 하라"(הִזַּכּוּ, 히자쿠, 1:16), "버리며"(הָסִירוּ, 하시루, 1:16), "그치고"(חִדְלוּ, 히드루, 1:16), "선행을 배우며"(לִמְדוּ הֵיטֵב, 리므두 헤이테브, 1:17), "정의를 구하며"(דִּרְשׁוּ מִשְׁפָּט, 디르슈 미쉬파트, 1:17), "학대 받는 자들을 도와 주며"(אַשְּׁרוּ חָמוֹץ, 아쉬루 하무쯔, 1:17), "고아를 위하여 신원하며"(שִׁפְטוּ יָתוֹם, 쉬프투 아톰, 1:17), "과부를 위하여 변호하라"(רִיבוּ אַלְמָנָה, 리부 아르마나, 1:17).

① 호세아의 적용 패러다임은 다음과 같은 교리에 기초한다.

---

20 Millard C. Lind, "Hosea 5:8–6:6," *Int* 38 (1984): 398–403.
21 J. H. Hofmeyer, "Covenant and Creation," *RevExp* 102 (2005): 143–51; H. B. Huffmon, "The Covenant Lawsuit in the Prophets," *JBL* 78 (1959): 285–95; Smith, *The Prophets as Preachers*, 78.
22 John O. Strange, "The Broken Covenant," *RevExp* 72 (1975): 437–48.
23 Thomas G. Smothers, "Preaching and Praying Repentance in Hosea," *RevExp* 90 (1993): 241–44.

a) 하나님의 정의에 기초한 적용(5:8-6:11a):

　　　이스라엘의 타락과 불의를 정죄하기 위하여 호세아는 하나님의 공의로운 성품과 심판에 근거한 사회적 적용의 구조를 보여주고 있다.

　　b) 하나님의 능력(12:9-14; 13:4-9)에 기초한 적용(14:1-8):

　　　호세아는 하나님의 신적 성품에 기초한 윤리적 적용을 선포한다.

　　c) 인죄론(11:12-12:8; 13:10-16)에 기초한 적용(14:1-8)[24]:

　　　호세아의 죄에 대한 신학(4:12-19, 이스라엘의 영적인 음행)은 이스라엘과 지도자들을 향한 하나님의 심판과 전쟁에 대한 적용의 뿌리 역할을 한다(5:1-14).[25]

② 호세아의 보편적인 원리에 기초한 적용 패러다임은 다음과 같은 적실성 범주(relevance category)를 보여준다. 즉 사회 정의(5:10-11; 6:7-9), 도덕적 타락(7:3-7, 13-14), 종교적 혼합주의(7:8-9, 13-14), 정치적 불신실함과 부패(8:1-9:7b), 영적인 음란(9:7c-10:15).[26]

③ 호세아의 적용은 하나님의 헤세드(חֶסֶד)에 기초한다. 호세아는 결혼 은유(2:2-23), 부모의 은유(11:1-11), 그리고 농사의 은유(13:5-8) 에 기초하여 새 언약의 표상으로서의 하나님의 사랑과 은혜를 강조하면서 하나님의 언약적 사랑에 기초한 적용을 제시한다. 하나님의 언약적 사랑에 기초한 적용:

"이스라엘이여 여호와께 돌아오라"(שׁוּבָה יִשְׂרָאֵל עַד יְהוָה, 슈바 이스라엘 아드 야웨, 14:1-2).[27]

3) 미가, 나훔, 하박국

미가는 현재 사회와 종교적 체제를 지지(인정)하지 않고, 자신의 청중 가운데 유행하고 있던 신념을 변혁시키고자 한다.[28] 미가의 적용 패러다임은 다음과 같은 특징을 가지고 있다고 볼 수 있다.

24　Page H. Kelley, "The Holy One in the Midst of Israel," *RevExp* 72 (1975): 464–72.
25　Phil McMillion, "An Exegesis of Hosea 4:1–5:7," *RestQ* 17 (1974): 236–48.
26　Dorsey, *The Literacy Structure of the Old Testament*, 269–70; Stephen G. Burnett, "Exegetical Notes: Hosea 9:10–17," *TJ* 6 (1985): 211–14; R. E Clements, "Understanding the Book of Hosea," *RevExp* 72 (1975): 405–23; E. O. Nwaoru, "The Role of Images in the Literary Structure of Hosea 7:9–8:14," *VT* 54 (2004): 216–22.
27　Gary W. Light, "The New Covenant in the Book of Hosea," *RevExp* 90 (1993): 219–38; F. C. Fensham, "The Marriage Metaphor in Hosea," *JNSL* 12 (1984): 71–78.
28　Smith, *The Prophets as Preachers*, 104; R. R. Wilson, *Prophecy and Society in Ancient Israel* (Philadelphia: Fortress, 1980), 83–86.

① 하나님의 주권에 기초한(1:2-4), 사회-정치 영역을 향한 적용(3:1-12):

"들으라"(שִׁמְעוּ, 시므우, 3:1), "들을지어다"(שִׁמְעוּ, 시므우, 3:9).²⁹

② 종말론과 구원론에 기초한(4:1-8) 적용:

"일어나서 칠지어다"(קוּמִי וָדוֹשִׁי, 쿠미 바두쉬, 4:13).³⁰

③ 하나님이 언약에 기초하여(6:3-5) 언약 백성들에게 요구하시는 명령(6:8):

"정의를 행하며"(עֲשׂוֹת מִשְׁפָּט, 아수트 미쉬파트), "인자를 사랑하며"(וְאַהֲבַת חֶסֶד, 브아하바트 헤세드), "겸손하게 (네 하나님과) 함께 행하는 것"(הַצְנֵעַ לֶכֶת, 하쯔네아 레케트).³¹

미가의 설교는 하나님의 방법대로 하나님께로 나아가지 않는 이스라엘에 대한 언약적인 소송(covenant lawsuit) 형식으로 주어진다(6:1-16).³²

스바냐 설교에서는 종말론(1:14-18)에 기초한 적용(2:1-3)이 제시된다.

"백성아 모일지어다"(קוֹשׁוּ, 쿠슈, 2:1), "찾으며"(בַּקְּשׁוּ, 바크슈, 2:3), "공의를 … 구하라"(בַּקְּשׁוּ צֶדֶק, 바크슈-체데크, 2:3b).

또한 하나님의 성품에 기초하여(3:9-13), 스바냐는 다음과 같은 적용을 선포한다 (3:14).

"노래할지어다"(רָנִּי, 라니), "부를지어다"(הָרִיעוּ, 하리우), "즐거워할지어다"(שִׂמְחִי, 시므히).³³

나훔의 설교가 지향하는 중심 목적은 요시야와 그를 추종하는 자들이 계속해서 종교개혁을 지속하도록 격려하는 것이다.³⁴ 가장 눈에 띄는 나훔의 적용은 다음과 같다.

---

29 J. MacLean, "Micah 3:5-12," *Int* 56 (2002): 413-16; Carol J. Dempsey, "Micah 2-3," *JSOT* 85 (1999): 117-28; Leslie Allen, "Micah's Social Concern," *VE* 8 (1973): 22-32.
30 Rogers Jensen, "Micah 4:1-5," *Int* 52 (1998): 417-20.
31 Dorsey, *The Literacy Structure of the Old Testament*, 298; Stephen B. Dawes, "Walking Humbly," *SJT* 41 (1988): 331-39; W. J. Wessels, "Meeting Yahweh's Requirements," *OTE* 15 (2002): 539-50.
32 Ralph L. Smith, *Micah-Malachi*, WBC, vol. 32 (Waco, TX: Word Books, 1985), 5. 선지자들의 언약 소송 형식의 구조와 사용에 관해서는 다음을 참조하라. G. W. Ramsey, "Speech Forms in Hebrew Law and Prophetic Oracles," *JBL* 96 (1977): 45-58; Huffmon, "The Covenant Lawsuit in the Prophets," 288-95.
33 Smith, *The Prophets as Preachers*, 173; VanGemeren, *Interpreting the Prophetic Word*, 174-77, 214-25.
34 Smith, *The Prophets as Preachers*, 161; M. A. Sweeney, "Concerning the Structure and Generic Character of the Book of Nahum," *ZAW* 104 (1992): 364-77.

하나님 성품에 기초한(1:1-8) 적용:

(절기를) "지키고"(חָגִּי, 하기, 1:15), (서원을) "갚을지어다"(שַׁלְּמִי, 샤르미, 1:15), "파수하며"(צָפֹה, 짜페흐, 2:1), (허리를) "견고히 묶고"(חַזֵּק, 하제크, 2:1), (힘을) "굳게 할지어다"(אַמֵּץ, 아메쯔, 2:1).³⁵

나훔의 이러한 실제적인 적용 명령은 하나님의 성품과 능력에 기초한 것이다.³⁶

4) 요엘, 말라기

요엘의 설교는 종말론에 기초한 설명(2:1-11), 권면(2:12-14), 윤리적 적용(2:15-17)을 선포한다.³⁷ 요엘은 미래에 다가올 원수들로 인해 두 번째 설교에서는 애통해 한다(2:1-17). 두 번째 설교의 구조는 첫 번째(1:1-20)와 유사하다. 요엘은 파멸하는 군대를 묘사하고(2:1-11) 주님의 날에 임할 멸망을 피하기 위해 회개할 것을 하나님의 백성들에게 선포한다(2:12-17).³⁸

그런 다음 요엘의 선지자적 설교는 구원론에 기초한(2:18-20) 적용(2:23, "기뻐하며 즐거워할지어다." גִּילוּ וְשִׂמְחוּ, 기루 브시므후)과 하나님의 주권에 기초한(2:1-11; 3:1-21; 4:1-21) 윤리적 적용을 선포한다(2:12-17).³⁹ 이러한 요엘의 적용은 남성 복수 명령형을 통한 윤리적 적용과 함께 회개를 촉구하는 권면으로서 펼쳐진다(2:15-16a).

(나팔을) "불어"(תִּקְעוּ, 티크우), "거룩하게 하고"(קַדְּשׁוּ, 카드슈), "모으며"(קִבְצוּ, 키브추).

말라기는 당대의 세속화를 묘사하면서 이방인과 결혼한 사람들(2:10-12)과 이스라엘 여인들과 이혼한 자들(2:13-16)을 향한 언약 중심적 적용을 선포한다.⁴⁰ 말라기의

---

35 VanGemeren, *Interpreting the Prophetic Word*, 166-67.
36 Smith, *The Prophets as Preachers*, 161-62; A. Van Selms, "The Alphabetic Hymn in Nahum," *Biblical Essays OTWSA* (1969): 35-45; J. L. Milelic, "The Concept of God in the Book of Nahum," *Int* 2 (1948): 199-208.
37 D. Fleer, "Exegesis of Joel 2:1-11," *ResQ* 26 (1983): 149-60; F. E. Deist, "Parallels and Reinterpretation in the Book of Joel," in *Text and Context* (Sheffield: JSOT, 1988), 63-79; VanGemeren, *Interpreting the Prophetic Word*, 122.
38 D. A. Garrett, "The Structure of Joel," *JETS* 28 (1985): 289-97; Smith, *The Prophets as Preachers*, 236.
39 Dorsey, *The Literacy Structure of the Old Testament*, 274; Garrett, "The Structure of Joel," 295.
40 Smith, *The Prophets as Preachers*, 332-33; C. R. Wells, "The Subtle Crisis of Secularization," *CTR* 2 (1987): 39-62.

설교는 2종류의 설교 적용 패러다임을 제시해 준다.

① 언약에 기초한 가정 혹은 이혼에 관한 적용(2:10-16):
"삼가 지켜"(וְנִשְׁמַרְתֶּם, 브니쉬마르템, 2:15), "거짓을 행하지 말지니라"(לֹא תִבְגֹּדוּ, 로 티브고두, 2:16)[41]

② 하나님의 성품에 기초한(3:6) 재정/헌금에 관한 적용(3:7-12):
"온전한 십일조를 … 들여"(הָבִיאוּ אֶת־כָּל־הַמַּעֲשֵׂר, 하비우 에트-콜-하마아세르, 3:10), "나를 시험하여"(בְחָנוּנִי, 브하누니, 3:10).[42]

결론적으로 은혜 언약에 기초한 적용, 보편적 원리(신학)에 기초한 적용, 다차원적 적실성 범주 등의 적용 패러다임은 선지자 설교 전통을 넘어 신약의 바울, 크리소스톰, 칼빈, 청교도, 그리고 에드워즈로 이어진다는 것을 알 수 있다. 에스라, 모세, 소선지서에 나타난 선지자들의 설교 모델들을 통해 성경적 설교의 적용 패러다임의 원형을 이 시대에 회복해야 한다.

---

[41] S. L. McKenzieand H. Wallace, "Covenant Themes in Malachi," *CBQ* 45 (1983): 549–63; Markus Zehnder, "A Fresh Look at Malachi 2:13–16," *VT* 53 (2003): 224–59; George Klein, "An Introduction to Malachi," *CTR* 2(1987): 31–35.

[42] D. C. Polaski, "Malachi 3:1–12," *Int* 54 (2000): 416–18; VanGemeren, *Interpreting the Prophetic Word*, 204–08.

제2장

바울의 설교에 나타난 적용 패러다임[1]

1. 바울의 설교 분석을 통한 적용 패러다임 연구의 필요성

지금까지 바울의 신학에 대해서 많은 연구가 진행되어 온 것에 반면, 바울의 설교에 대한 연구는 매우 드물게 진행되었다고 볼 수 있다. 최근 다행스럽게도 여러 설교학자들은 바울의 설교와 관련된 이해의 지평을 확대하려고 시도해왔다.[2]

---

1 본 장은 다음의 논문을 수정, 발전시킨 글이다. 박현신, "바울의 설교에 나타난 적용 패러다임에 관한 연구," 「신학지남」 315 (2013): 141-96.

2 첫째, 먼저 아담스(Adams)는 바울의 수사학적 적응이 바울 설교의 주요 원리라고 주장하면서 그의 설교를 분석한다(Jay E. Adams, *Audience Adaptations in the Sermons and Speeches of Paul* [Grand Rapids: Baker, 1956]). 둘째, 챔벌린(Chamberlin)은 바울의 사도행전과 서신서를 설교의 모델로 간주하고 분석한다(Charles A. Chamberlin, "The Preaching of the Apostle Paul, Based on a Study of Acts of the Apostles and Paul's Letters" [Ph.D diss., Temple University, 1959]). 셋째, 머피-오코너(Murphy-O'Connor)는 바울의 설교 철학을 제시한다(Jerome Murphy-O'Connor, *Paul on Preaching* [New York: Sheed and Ward, 1964]). 넷째, 패트(Patte)는 성령론적, 모형론적, 종말론적 패러다임에 기초한 15가지 논제를 진술함으로써 바울의 복음 중심적 설교가 필요하다는 것을 강조한다(Daniel Patte, *Preaching Paul* [Minneapolis, MN: Augsburg Fortress Pub., 1984]). 다섯째, 뷰딘(Beaudean)은 바울 설교에 있어서 신학적이며 중심적인 주제들 연구에 초점을 맞춘다(John William Beaudean, Jr., *Paul's Theology of Preaching* [Macon, GA: Mercer University Press, 1988]). 여섯째, 베일리(Bailey)는 바울이 복음의 상황화를 통해 사회와 도시를 향한 적실성을 가진 설교자라고 간주한다(Raymond Bailey, *Paul the Preacher* [Nashville: Broadman, 1991]). 일곱째, 톰슨(Thompson)은 바울의 서신서 설교가 포스트모던 문화(후기 기독교 시대)에 가장 적실한 설교 모델을 제공한다고 확신하면서, 현대 설교학이 잃어버린 바울의 설교 본질을 오늘날에 회복하기 위한 방안을 제시한다(James W. Thompson, *Preaching Like Paul* [Louisville: Westminster John Knox, 2011]). 여덟째, 놀즈(Knowles)는 고후 1-5장을 기초로 그리스도의 십자가와 부활은 바울의 설교 핵심 내용이었을 뿐만 아니라 그의 설교관과 실천적인 방법의 근거였다고 강조한다(Michael P. Knowles, *We Preach Not Ourselves: Paul on Proclamation* [Grand Rapids: Brazos Press, 2008]). 아홉째, 래리 오버스트릿(Larry Overstreet)

예를 들어, 제임스 톰슨(James W. Thompson)은 후기 기독교 시대(the Post-Christendom Age)를 위한 바울의 설교에 대한 재발견을 시도하면서, 바벨론에 유배된 이스라엘 공동체 상황과 유사한 현대 기독교 공동체를 회복하기 위한 적합한 모델은 다름 아닌 바울의 설교이어야 한다고 강조한다.³

21세기 한국교회와 강단은 해석학적으로는 "심리화, 사사화, 적용의 정형화"로 대별되는 문제와 현상학적으로 "양적 성장의 쇠퇴, 도덕성 상실로 인한 사회적 불신, 사회와 타 종교로부터의 반기독교적 압력, 이단에 대한 무방비 상태"라는 위기 상황에 직면하고 있는데,⁴ 바울의 설교와 적용 모델은 한국교회 강단의 회복과 부흥을 위해서 반드시 새 부대(new wineskins) 역할을 한다는 점에 주목해야 한다. 새 포도주의 회복과 아울러 이 시대에 가장 적합한 새 부대를 회복할 때, 한국교회의 설교가 잃어버린 '권위와 적실성'(authority and relevance)이라는 2가지 필연적인 요소를 다시 회복할 수 있을 것이다.

그리고 우리는 이러한 바울의 설교에 대한 단순한 필요성을 넘어, 바울의 적용 패러다임 연구를 통해 포스트모던 문화 가운데 살아가는 청중과 사회를 하나님의 말씀으로 변혁시키기 위한 적용 해석학적 원리를 발견할 수 있을 것이다. 설교학적으로 볼 때, 포스트모던 시대에 바울의 적용 패러다임이 필요한 이유는 다음과 같이 요약될 수 있다.

첫째, 후기 기독교 문화(a Post-Christian Culture)에 적합한 개혁주의 설교 적용 패러다임의 필요성.

둘째, 전통적인 다리놓기 모델, 구도자 예배의 설교, 신설교학, 이머전트(Emergent) 설교 운동 등이 지향하는 다리놓기 모델의 한계.⁵

은 수사학적 설득의 관점에서 바울의 설교를 분석하면서, 바울서신에 나타난 성경적 설득의 원리와 바울의 설교신학에 기초한 설득력 있는 설교의 구조와 적절한 적용 등을 제시한다(Larry Overstreet, *Persuasive Preaching* [Wooster, Ohio: Weaver Book Co., 2014]).

3   Thompson, *Preaching like Paul*, 1-14.
4   김지찬, "한국 교회 설교의 근본적인 문제점," 한국복음주의신학회 제61차 정기논문발표회 미간행 논문, 96-97; 이승진, "한국교회 설교의 사사화와 공동체 지향적인 설교," 한국복음주의신학회 제61차 정기논문발표회 미간행 논문, 196; 정창균, "한국교회와 설교: 한국교회 설교가 직면하고 있는 도전들," 한국복음주의신학회 제61차 정기논문발표회 미간행 논문, 25-28.
5   신설교학(the New Homiletic)의 적용 패러다임의 한계에 대해서는 Robert Stephen Reid, "Postmodernism and the Function of the New Homiletic in Post-Christendom Congregations," *Homiletics* 20 (1995): 1-13; David Allen, "Preaching & Postmodernism," *SBJT* 5 (2001): 62-78; Howell, "Hermeneutical Bridges and Homiletical Methods," 81-99를 참조하라. 구도자 교회(seeker-sensitive) 설교의 한계에 대해서는 William Bland Mason Jr., "A Critical Analysis of Purpose-Driven Hermeneutic of Rick Warren"

셋째, 주해적, 신학적, 설교적, 변혁적 다리라는 적용적 해석학의 관점에서, 다리놓기 패러다임의 원형적 모델의 필요성.

이 가운데 본 장은 세 번째 필요성과 관련된 논의에 집중할 것이다(첫 번째와 두 번째 필요성과 관련된 논의는 별도로 논의할 계획이다). 따라서 핵심 질문은 바울의 목회 서신들과 사도행전 설교에 나타난 적용 패러다임의 원리와 특징은 무엇이며, 그것이 개혁주의 설교의 적용 패러다임 구축을 위한 어떤 방향성을 제공하는가 하는 점이다.

따라서 본 장의 중심 명제는, 탁월한 브릿지빌더(bridgebuilder)인 바울의 설교 분석을 통해 발견할 수 있는 주해적, 신학적, 적용적, 변혁적인 다리로 이루어진 해석학적 다리놓기로서의 개혁주의 적용 패러다임(reformed application paradigm)을 한국교회 개혁주의 강해 설교자들이 발전적으로 회복해야 한다는 것이다.

바울의 설교에 대한 연구를 넘어 적용 패러다임에 대한 연구에 초점을 견지하면서, 바울의 전체 설교 가운데 예증적인 설교를 분석함으로써 바울의 적용 패러다임 원리들을 알아보고자 한다. 본 장의 기저에 흐르는 2가지 전제는 이것이다.

첫째, 바울의 서신서를 일종의 목회적 설교로 볼 수 있다는 점이다.[6]

예를 들어, 제임스 스팃징거(James F. Stitzinger)는 "성경 이후의 모든 설교는 구약과 신약에 있는 영감된 설교에 그 배경을 두고 있기에 뿌리가 되는 성경 안에 있는 설교로 거슬러 올라가야 한다"고 강조한다.[7] 성경 안에 있는 설교 모델은 현대 강해 설교의 뿌리일 뿐만 아니라 삶을 변혁시키는 적용 패러다임을 해석학적으로 구축하기 위한 원형(prototype)을 제공한다.

설교자들은 삶과 사회를 변혁시키는 다리놓기 적용 패러다임을 위한 해석학적 기초

(Ph.D. diss., The Southern Baptist Theological Seminary, 2005)를 참조하라. 최근 이머전트 교회 운동의 설교의 한계와 문제점에 대해서는 D. A. Carson, *Becoming Conversant with the Emerging Church* (Grand Rapids: Zondervan, 2005), 25-41; Kevin DeYoung and Ted Kluck, 『왜 우리는 이머징 교회를 반대하는가』(*Why We're Not Emergent*), 이용중 역 (서울: 부흥과개혁사, 2010)를 참조하라.

6 최근 성경에 있는 말씀의 많은 부분이 사실은 설교의 한 형태라고 볼 수 있고, 강해 설교는 성경 안에 있는 설교로부터 기인한 것이라는 학자들의 주장이 설득력을 얻고 있다. 다음과 같은 학자들의 주장을 참조하라. Adam, *Speaking God's Word*, 37-56; C. Richard Wells and A. Boyd Luter, *Inspired Preaching* (Nashville: B&H, 2002), 29-160; John A. Broadus, *Lectures on the History of Preaching* (New York: Sheldon, 1886), 5-43; Hughes Oliphant Old, *The Reading and Preaching of the Scriptures* (Grand Rapids: Eerdmans, 1998), 1:19-249; David L. Larsen, *The Company of the Preachers* (Grand Rapids: Kregel, 1998), 1:22-62; Thompson, *Preaching Like Paul*, 21-36; Dennis M. Cahill, *The Shape of Preaching* (Grand Rapids: Baker, 2007), 63-65; James F. Stitzinger, "History of Expository Preaching," *TMSJ* 3 (1992): 8-12.

7 Stitzinger, "History of Expository Preaching," 8; Wells and Luter, *Inspired Preaching*, 3-17, 171-86.

를 확립할 뿐만 아니라 설교 적용 원리의 원형을 복원하는 일이 일차적으로 필요하다. 설교자들은 역사와 현대의 유명한 설교자들을 모델로 삼기 이전에, 성경에 나타난 설교자와 적용 원리를 가장 근본적으로 고찰하고 그 원형을 복원하기 위하여, 역사적 모델과 현대적 모델을 공시적, 통시적으로 함께 연구하면서 오늘날에 상황화하는 작업이 필요하다. 이는 바울의 적용 패러다임의 원리가 이후 존 크리소스톰(John Chrysostom), 존 칼빈(John Calvin), 조나단 에드워즈(Jonathan Edwards) 등과 같은 설교자들의 적용 패러다임 전통으로 이어지고 발전되었다는 전제와도 맞닿아 있다.

둘째, 바울의 설교 적용 패러다임을 현대 설교학의 관점과 '다리놓기로서 적용적 해석학'(applicatory hermeneutics)의 이론과 관점으로 투영해서 살펴볼 것이다.

본격적인 논의의 주춧돌로서 설교의 적용에 대한 정의(definition)를 내리자면, 강해 설교의 본질적인 요소로서 본문의 적실성을 증거하는 적용은 성경의 세계(바울에게는 구약의 저자와 원 청중)와 현대 지평(지금 여기의 청중) 사이에 놓인 해석학적 간격을 다리놓기(bridge-building) 하는 것이다.[8]

그러나 아이러니하게도 성경 해석학 영역에서 이러한 삶의 변혁을 위한 적용의 본질에 부합하는 적용 해석학적 패러다임에 대한 논의는 간과되어 왔다. 최근 강해 설교의 적용에 대한 연구와 해석학적 차원의 관심이 최근 들어 증가하는 경향이 있으나 아직까지 청중과 사회를 변혁시키는 적용 해석학적 설교 패러다임을 충분히 제시하지 못하고 있다는 점을 제1부에서 지적한 바 있다.

이러한 적용 패러다임의 원형적 모델이 되어야 할 바울의 설교 적용 패러다임에 대한 연구는 더욱 요원한 실정이다. 그러므로 본 연구는 바울의 설교를 분석하여 적용 패러다임의 성경적 원리를 추출해 냄으로써 현대 강해 설교의 적용 패러다임 구축을 위한 주춧돌을 놓고자 한다.

---

8 Robinson, *Biblical Preaching*, 26; idem, "What Is Expository Preaching?" *BSac* 131 (1974): 60; Broadus, *On the Preparation and Delivery of Sermon*, 165; Adams, *Truth Applied*, 54; William W. Klein, Craig L. Blomberg, and Robert L. Hubbard, *Introduction to Biblical Interpretation* (Dallas: Word, 1993), 18; H. David Schuringa, "The Vitality of Reformed Preaching," *CTJ* 30 (1995): 188; Hershael W. York and Scott A. Blue, "Is Application Necessary in the Expository Sermon?" *SBJT* 4 (1999): 80.

2. 바울의 설교 분석을 통한 적용 패러다임 고찰

1) 고린도전서 10장에 나타난 적용 패러다임

고린도전서 10장은 바울의 교리 중심적인 윤리적 적용 강해 설교의 전형적인 패턴이 드러난다. 바울의 고린도전서 기저에는 교회론(11:17-34), 예배론(14:26-40), 성령론(2:10-16), 영적 은사론(12:1-31; 14:1-25), 종말론(15:1-58), 사역론(고후 2:14-6:10) 등 여러 가지 중추적 교리 등이 흐르면서 고린도교회 공동체에 적실한 적용을 이끌어낸다.[9]

바울은 인죄론에 기초하여(10:6), 교리 중심적인 적용을 전개한다(7-10절: "우상 숭배하는 자가 되지 말라"[μηδὲ εἰδωλολάτραι, 메데 에이돌롤라트라이], "음행하지 말자"[μηδὲ πορνεύωμεν, 메데 포르뉴오멘], "시험하지 말자"[μηδὲ ἐκπειράζωμεν, 메데 에크페이라조멘], "원망하지 말라"[μηδὲ γογγύζετε, 메데 공귀제테]).[10]

적용 해석학적 차원에서 바울은 원 저자(모세)가 원 청중(이스라엘)에게 의도했던(author-intended) 원 적용(original application)을 구속사적 발전과 함께 바울 자신의 현 청중인 고린도 교인들에게 '재적용'(reapplication)하는 패러다임을 잘 보여주면서 오늘날 청중을 향한 현대적 설교에도 적용될 수 있는 원형적 패러다임을 보여준다.[11]

바울은 하나님이 이스라엘의 죄를 심판하신다는 보편적인 신학적 원리(교리)를 제시한 다음, 그들의 죄를 계속해서 심판하시는 하나님의 성품에 대한 교리에 기초한 적용(theology-based application)을 선포한다.[12] 바울은 우상 숭배에 대한 설교를 결론지으면서, 이스라엘 역사를 통해 하나님이 신실하신 분이기에 결코 감당하지 못할 시험을 허락하지 않으신다는 보편적인 원리를 강조하며(13절), 이러한 규범적인 교리에 기초한 적용 패러다임을 보여준다.[13]

---

9   Thompson, *Preaching Like Paul*, 111-23; Joel Randall Breidenbaugh, "Integrating Doctrine and Expository Preaching" (Ph.D. diss., Southern Baptist Theological Seminary, 2003), 99.
10 David E. Garland, *1 Corinthians* (Grand Rapids: Baker Academic, 2003), 460-64; Anthony C. Thiselton, *The First Epistle to the Corinthians* (Grand Rapids: Eerdmans, 2000), 734-43; Andrew J. Bandstra, "Interpretation in 1 Corinthians 10:1-11," *CTJ* 6 (1971): 5-21; Christopher Wright, *Old Testament Ethics for the People of God* (Downers Grove, IVP), 85-86, 270.
11 Richard Pratt, 『구약의 내러티브 해석』(*He Gave Us Stories*), 이승진 외 역 (서울: CLC, 2007), 309.
12 Elliot Johnson, *Expository Hermeneutics* (Grand Rapids: Zondervan, 1990), 246-49.
13 Daniel Doriani, *Putting the Truth to Work* (Phillipsburg, NJ: P&R, 2001), 86; Greidanus, *The Modern Preacher and the Ancient Text*, 157-87.

① 하나님의 성품에 기초한 구약 이스라엘 백성과 고린도교회 청중 사이에 놓여진 해석학적 간격을 다리놓기로서의 적용(14절, "우상 숭배하는 일을 피하라," φεύγετε ἀπὸ τῆς εἰδωλολατρία, 푸게테 아포테스 에이돌로라트리아).

② 교리 중심적인 윤리적 적용(15-22절).[14]

그러므로 고린도전서 10장의 바울 설교에 비추어 볼 때, 하나님의 성품, 인간의 본성, 교회론은 윤리적 적용 지평을 열기 위한 마스터 키(master key) 역할을 한다는 것을 알 수 있다.[15]

2) 고린도전서 15장에 나타난 적용 패러다임

고린도전서 15장의 중심에 위치하고 있는 33-34절은 신학적으로는 죽은 자로부터의 부활에 대한 확실성 교리에 기초하고 있으며(29-34절), 구조적으로도 다음과 같이 종말론적 부활에 뿌리내린(A와 A´) 윤리적인 적용의 패턴을 엿보게 한다.

 A 부활(1-32절): 종말론(윤리적 적용의 보편적인 원리)
   B "죄를 짓지 말라"(μὴ ἁμαρτάνετε, 메 하마르타네테, 33-34절): 종말론에 근거한 <u>윤리적 적용</u>
 A´ 부활(35-58절): 종말론(윤리적 적용의 보편적인 원리)

즉 중심에 위치한 B(33-34절)에서 바울은 종말론에 기초한 윤리 적용을 강조한다.[16]

① "속지 말라"(μὴ πλανᾶσθε, 메 프라나스테, 33절).

② "깨어"(ἐκνήψατε, 에크네프사테, 34절)

③ "죄를 짓지 말라"(μὴ ἁμαρτάνετε, 메 하마르타네테, 34절).[17]

---

14 Jeffrey A. Gibbs, "An Exegetical Case for Close(d) Communion," *CJ* 21 (1995): 150-53; Joop F. M. Smit, "Do Not Be Idolaters," *NovT* 39 (1997): 50-53; Bruce W. Winter, "Theological and Ethical Responses to Religious Pluralism," *TynBul* 41 (1990): 222-25.

15 Ramesh P. Richard, "Application Theory in Relation to the Old Testament," *BSac* 144 (1986): 308.

16 Ralph B. Terry, *A Discourse Analysis of First Corinthians* (Dallas: University of Texas at Arlington, 1995), 43-45; Brendan Byrne, "Eschatologies of Resurrection and Destruction," *DRev* 104 (1986): 280-98. 본문의 구조 분석을 통해서 볼 때도 종말론에 기초한 윤리적 적용의 의도를 엿볼 수 있다.

17 Garland, *1 Corinthians*, 722-23; Thiselton, *The First Epistle to the Corinthians*, 1253-257.

그런 다음, 45-58절에서 바울의 종말론에 기초한 윤리적 적용은 그 정점에 이른다. 그의 중심 사상은, 신자의 종말론적 확신은 예수님의 재림의 때(parousia, 파루시아)에 신자들의 변화될(부활할) 몸의 필연적인 확실성에 기초하며, 이러한 종말론적 지식에 기초한 확신은 그들을 승리하는 삶을 위한 권면적 적용으로 이끌어간다는 것이다.[18]

〈도형 3. 바울의 고린도전서 15장 설교 분석〉

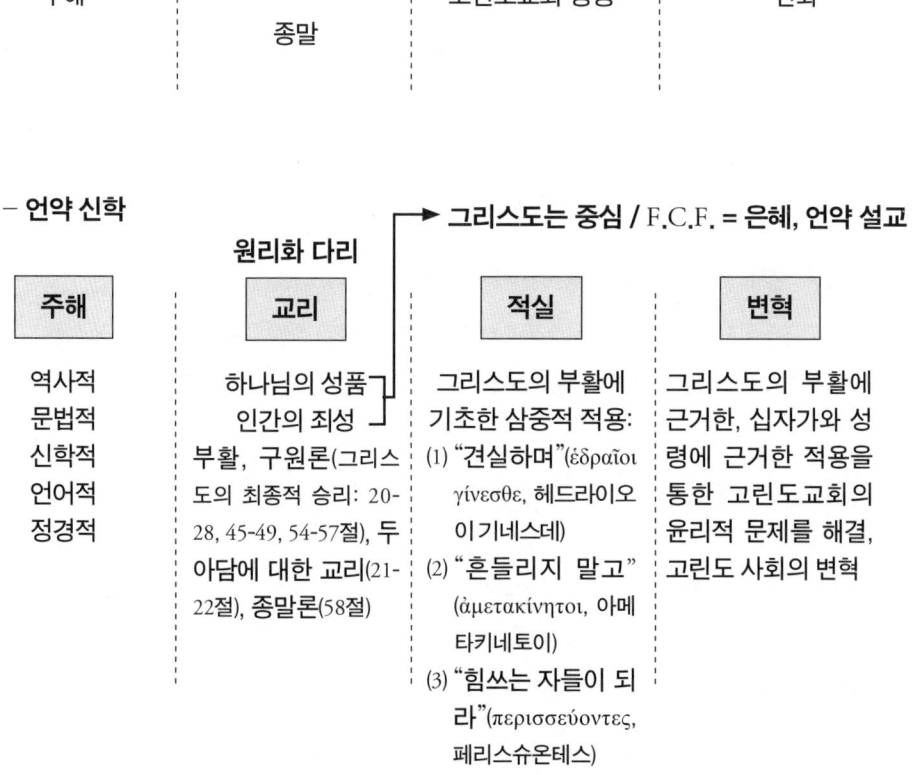

---

18 H. W. Boers, "Apocalyptic Eschatology in 1 Corinthians 15," *Int* 21 (1967): 50-65; Anthony C. Thiselton, "Realized Eschatology at Corinth," *NTS* 24 (1978): 510-26.

문맥과 구조상으로 바울의 윤리적 적용은 교리에 기초하여 전개된다. 바울은 구원론(그리스도의 최종적 승리: 20-28, 45-49, 54-57절),[19] 두 아담에 대한 교리(21-22절),[20] 종말론[21]에 기초한 삼중적인 윤리 적용(58절)을 보여준다.

① "**견실하며**"(ἑδραῖοι γίνεσθε, 헤드라이오이 기네스데)

② "**흔들리지 말고**"(ἀμετακίνητοι, 아메타키네토이)

③ "**더욱 힘쓰는 자들이 되라**"(περισσεύοντες, 페리스슈온테스)[22]

이러므로 바울의 구원론과 종말론은 고린도교회 청중을 변화시키기 위한 윤리적 적용을 여는 마스터 키 역할을 한다.

3) 에베소서 4-6장에 나타난 적용 패러다임

바울은 에베소서에서 하나님의 구원과 새 창조(new creation)에 기초하여, "부르심을 받은 일에 합당하게 행하여"(4:1)라는 적용적 명령을 내린 다음에,[23] 문맥적으로 다양한 공동체와 가정을 향한 포괄적 적용을 제시한다(4:17-6:20).

첫째, 바울은 에베소서 4-6장에서 구원에 기초한(1-3장의 하나님의 구원 역사) 윤리적 적용 명령을 보여준다(4:1).[24]

① (거짓을) "**버리고**"(ἀποθέμενοι, 아포데메노이, 4:25), (참된 것을) "**말하라**"(λαλεῖτε, 랄레이테, 4:25).

② "**분을 내어도 죄를 짓지 말며**"(ὀργίζεσθε καὶ μὴ ἁμαρτάνετε, 오르기제스데 카이 메 하마르타네테, 4:26).

---

19 Andy Johnson, "First Fruits and Death's Defeat," *WW* 16 (1996): 456-64.
20 Stephen Hultgren, "The Origin of Paul's Doctrine of the Two Adams in 1 Corinthians 15:45-49," *JSNT* 25 (2003): 343-70.
21 Clark H. Pinnock, "The Structure of Pauline Eschatology," *EvQ* 37 (1965): 9-20; Baird William, "Pauline Eschatology in Hermeneutical Perspective," *NTS* 17 (1971): 314-27.
22 Daniel B. Wallace, *Greek Grammar* (Grand Rapids: Zondervan, 1997), 650-52. 명령법 분사(imperatival participle)로서 구원론에 기초한 적용적 명령의 형태로 쓰이고 있다.
23 Peter O'Brien, *The Letter to the Ephesians* (Grand Rapids: Eerdmans, 1999), 273-74; Gordon Fee, *God's Empowering Presence* (Peabody, MA: Hendrickson, 1994), 698.
24 Mary Breeze, "Hortatory Discourse in Ephesians," *JTT* 5 (1992): 313-47.

③ "하나님의 성령을 근심하게 하지 말라"(μὴ λυπεῖτε τὸ πνεῦμα τὸ ἅγιον τοῦ θεου, 메 루페이테 토 프뉴마 토 하기온 투 데우, 4:30).[25]

④ "하나님을 본받는 자 되고"(Γίνεσθε οὖν μιμηταὶ τοῦ θεοῦ, 기네스데 운 미메타이 투 데우, 5:1).

⑤ "빛의 자녀들처럼 행하라"(περιπατεῖτε ὡς τέκνα φωτὸς, 페리파테이테 오스 테크나 포토스, 5:8).

둘째, 에베소서 5장 18절에서 바울은 다시 구원론에 정초한 적용 패러다임을 보여준다.

구원받은 에베소 성도들은 오직 성령에 의해서만 윤리적인 삶의 변화가 가능하기 때문에 바울은 다음과 같이 적용적 명령을 선포한다.[26] 이러한 성령론에 기초하여 ("오직 성령으로 충만함을 받으라"[ἀλλὰ πληροῦσθε ἐν πνεύματι, 알라 플레루스데 엔 프뉴마티], 5:18), 바울은 공동체적 적용을 제시한다("[서로] 화답하며"[λαλοῦντες, 랄룬테스], "감사하며" [εὐχαριστοῦντες, 유카리스툰테스], "복종하라"[ὑποτασσόμενοι, 휘포타스소메노이], 5:19–21).[27] 나아가 다음과 같은 성령론 중심의 가족과 사회에 대한 적용을 에베소서 5-6장에서 발견할 수 있다.[28]

(1) 아내와 남편들: "복종하기를"(ὑποτάσσεσθε, 휘포타스세스데, 5:22), "사랑하기를" (ἀγαπᾶτε, 아가파테, 5:25).

(2) 자녀들과 부모들: "순종하라"(ὑπακούετε, 휘파쿠에테, 6:1), "노엽게 하지 말고 … 양육하라"(μὴ παροργίζετε … ἐκτρέφετε, 메 파로르기제테 … 에크트레페테, 6:4).

(3) 종들과 상전들: "순종하기를"(ὑπακούετε, 휘파쿠데테, 6:5).

셋째, 그리스도의 십자가에 죽으심과 그 효력성은 에베소 교회를 향한 중심 메시지라고 할 수 있다(1:7-8; 2:13-22). 바울의 기독론은 공동체적 적용을 하기 위한 신학적

---

25 O'Brien, *Letter to the Ephesians*, 348–49; Fee, *God's Empowering Presence*, 714.
26 Cleon L. Rogers Jr., "The Dionysian Background of Ephesians 5:18," *BSac* 136 (1979): 245–57; Andreas J. Köstenberger, "What Does It Mean to be Filled with the Spirit?" *JETS* 40 (1997): 233; Fee, *God's Empowering Presence*, 720–22.
27 O'Brien, *Letter to the Ephesians*, 400–04.
28 Klyne Snodgrass, *Ephesians*, NIVAC (Grand Rapids: Zondervan, 1996), 297–324; Harold Hoehner, *Ephesians* (Grand Rapids: Baker, 2002), 720–87; Andrew T. Lincoln, *Ephesians*, WBC, vol. 42 (Nashville: Thomas Nelson, 1990), 301–405; O'Brien, *Letter to the Ephesians*, 408–50.

인 기초이다.²⁹ 기독론(5:2)과 기독론에 기초한 가정에 대한 적용은 "사랑 가운데서 행하라"(περιπατεῖτε ἐν ἀγάπῃ, 페리파테이테 엔 아가페, 5:2)이다. 그리스도의 희생적 사랑은 아내들을 사랑하기 위한 근본적인 모델과 기초이다(5:25-32). 즉 바울은 기독론(5:25)과 기독론에 기초한 적용을 제시한다: "자기 아내를 사랑하기를"(ἀγαπᾶν τὰς ἑαυτῶν γυναῖκας, 아가판 타스 에마우톤 귀나이카스, 5:28).³⁰

4) 로마서 6, 12장에 나타난 적용 패러다임

로마서 6장에서 바울은 직설법의 목적과 함의를 분명히 하기 위한, 보편적 교리에 기초한 명령법 적용의 기능을 확고히 보여준다.³¹

첫째, 다음은 바울의 기독론 중심적 적용 패러다임의 예들이다.³²

① **기독론**("그리스도를 죽은 자 가운데서 살리심"[ἠγέρθη Χριστὸς ἐκ νεκρῶν, 에게르데 크리스토스 에크 네크론], 4절: 교리적 직설법)과 이에 기초한 윤리적 적용:

"우리로 또한 새 생명 가운데서 행하게 하려 함이라"(ἡμεῖς ἐν καινότητι ζωῆς περιπατήσωμεν, 헤메이스 엔 카이노테티 조에스 페리파테소멘, 4절) - 윤리 명령법/적용.

로마서 6:1-23은 논리적으로 기독론적 명제들을 선포한 5:20-21과 연결되어 있다.³³

② **기독론**(5-10절, 그리스도의 죽음과 부활: 교리적 직설법)과 이에 기초한 윤리적 적용:

"여길지어다"(λογίζεσθε, 로기제스데, 11절), "그러므로 … 지배하지 못하게 하여" (Μὴ οὖν βασιλευέτω, 메 운 바실류에토, 12절), "내주지 말고"(μηδὲ παριστάνετε, 메데 파리스타네테, 13절), "드리라"(παραστήσατε, 파라스테사테, 13절).

이러한 적용적 명령법들은 앞선 교리적 직설법으로부터 기인한 것이다(6절).

29　Hoehner, *Ephesians*, 750; Lincoln, *Ephesians*, 374.
30　F. F. Bruce, *Epistle to the Colossians, to Philemon, and to the Ephesians*, NICNT (Grand Rapids: Eerdmans, 1984), 368.
31　J. Scott Duvall, "A Synchronic Analysis of the Indicative-Imperative Structure of Pauline Exhortation" (Ph.D. diss., Southwestern Baptist Theological Seminary, 1991), 121-35.
32　Douglas J. Moo, *Romans*, NIVAC (Grand Rapids: Zondervan, 2000), 195-200; Thomas Schreiner, *New Testament Theology* (Grand Rapids: Baker Academic, 2008), 305-38.
33　Bruce Norman Kaye, *The Thought Structure of Romans* (Austin, TX: Schola Press, 1979), 14-23.

둘째, 로마서 6장은 구원론에 기초한 적용 패러다임을 보여준다.[34]

① 구원론(6-13절, 그리스도의 죽음과 부활에 참여함: 교리적 직설법).
② 구원론에 기초한 윤리적 적용(16-19절, 경계와 권면).

바울이 6절에서 사용한 ἵνα(히나, "~하기 위하여")를 통해 '신자는 새로운 생명 안에서 걷는 삶의 변화를 추구해야 한다'는 적용의 기초이자 궁극적인 목적이 그리스도와의 연합임을 나타낸다. 바울은 οὕτως(후토스, "이러므로, 이와 같이," 11절)와 γὰρ(가르, "이는, 왜냐하면," 7, 12절)와 같은 논리적 접속사를 그리스도의 구속사역에 동참하는 신자로서 살아가기 위한 윤리적 적용의 지렛대로 활용한다.[35]

로마서 12장도 구원론에 뿌리를 둔 적용 패러다임의 모범을 제시한다.

① "본받지 말고"(μὴ συσχηματίζεσθε, 메 쉬스케마티제스데, 2절).
② "변화를 받아"(μεταμορφοῦσθε, 메타모르푸스데, 2절).
③ "악을 미워하고 선에 속하라," "서로 우애하고," "존경하기를," "서로 먼저 하며," "열심을 품고 주를 섬기라," "즐거워하며 … 참으며 … 기도에 항상 힘쓰며," "공급하며 손 대접하기를 힘쓰라," "축복하라," "함께 즐거워하고 … 함께 울라," "높은 데 마음을 두지 말고," "(악을 악으로) 갚지 말고 … (선한 일을) 도모하라," "화목하라," "친히 원수를 갚지 말고"(9-21절).[36]

이러한 바울의 윤리적 권면은 로마서의 핵심 논제를 증명하며, 이전의 교리적인 직설법과 유기적으로 연결되어 있다는 것을 보여준다.[37] 1절에 나타난 οὖν(운, "그러므로")을 통해 볼 때, 문법적으로 12장의 이러한 명령법적 적용은 이전 장에 나타난 직설법적 내용에 기초한 것이다.[38] 로마서에 대한 수사학적 분석은 "구원이 우주적인 변혁과

---

34 Schreiner, *New Testament Theology*, 339-79.
35 Duvall, "A Synchronic Analysis of the Indicative-Imperative Structure of Pauline Exhortation," 139-42; Thomas Schreiner, *Romans*, BECNT (Grand Rapids: Baker, 1998), 315-27.
36 Schreiner, *Romans*, 642-48; David A. Black, "The Pauline Love Command," *FN* 2 (1989): 1-21.
37 Robert Jewett, "Following the Argument of Romans," in *The Romans Debate* (Peabody, MA: Hendrickson, 1991), 265-77; Victor P. Furnish, *Theology and Ethics* (Nashville: Abingdon, 1968), 98-106.
38 J. D. G. Dunn, *Romans 9-16*, WBC, vol. 38 (Waco, TX: Word, 1988), 709; Furnish, *Theology and Ethics in Paul*, 101-02.

긴밀히 연결되어 있다"는 것을 증명해 준다.³⁹

따라서 문맥상 이전 장들과 연결된 로마서 1-2절에서 바울은 다양한 적용 스펙트럼을 펼친다. 로마교회 성도들의 생각 및 삶의 변혁(metamorphosis)을 그리스도의 구속 사역을 통해 회복된 합당한 예배의 차원과 연결시킴으로써 구원론에 정초한 윤리적 적용을 예증한다(12:1-2; 1:28; 2:18; 3:24-25; 5:8-9; 6:1-10).⁴⁰

5) 갈라디아서 5-6장에 나타난 적용 패러다임

바울은 3-4장에서 제시한 언약적인 복음에 기초한 윤리적 적용을 5-6장에서 선포한다.⁴¹ 기독론과 성령론에 기초한 적실한 명령은 갈라디아 교회 안에 있는 여러 상황들을 향한 다양한 적용으로 나아간다. 이 부분에서 두드러진 패턴은 성령의 인격과 사역에 기초한 교리적 직설법과 윤리적 명령법의 연결인데, 이 둘은 결코 순서가 바뀔 수도(irreversible), 서로 분리될 수도 없다(inseparable).

첫째, 갈라디아서 5-6장에서, 바울의 설교는 자유에 기초한 적용 패러다임을 다음과 같이 보여준다.⁴²

① **자유**("그리스도께서 우리를 자유롭게 하려고 자유를 주셨으니"[Τῇ ἐλευθερίᾳ ἡμᾶς Χριστὸς ἠλευθέρωσεν, 테 엘류데리아 헤마스 크리스토스 엘류데로센], 5:1a: 교리적 직설법)와 이에 정초한 적용: "**굳건하게 서서**"(στήκετε, 스테케테, 5:1b절: 윤리적 명령).

② **자유**("형제들아 너희가 자유를 위하여 부르심을 입었으나"[ὑμεῖς γὰρ ἐπ᾽ ἐλευθερίᾳ ἐκλήθητε, 휘메이스 가르 에프 엘류데리아 에클레데테], 5:13a: 교리적 직설법)와 이에 기초한 공동체적 적용: "**오직 사랑으로 서로 종 노릇 하라**"(ἀλλὰ διὰ τῆς ἀγάπης δουλεύετε ἀλλήλοις, 알라 디아 테스 아가페스 둘류에테 알렐로이스, 5:13b) - 공동체적 명령.

③ **자유에 기초한 윤리적 명령**:
"**성령으로 행하라**"(πνεύματι περιπατεῖτε, 프뉴마티 페리파테이테, 5:16a).

---

39 Jewett, "Following the Argument of Romans," 277.
40 David Peterson, "Worship and Ethics in Romans 12," *TynBul* 44 (1993): 276; M. Thompson, *Clothed with Christ* (Sheffield: JSOT, 1991), 80-83.
41 Gordon Fee, "Galatians 5:1-6:18," *RevExp* 91 (1994): 201-17; John M. G. Barclay, *Obeying the Truth* (Edinburgh: T&T Clark, 1988), 224-27.
42 Scot McKnight, *Galatians*, NIVAC (Grand Rapids: Zondervan, 1995), 242-62.

1절에서 바울의 적용적 명령(5:1, "굳건하게 서서"[στήκετε, 스테케테])은 논리적으로 그리스도가 이미 성취하신 구원에 기초하고 있다. 이러므로 그의 목회적, 윤리적 적용은 종말론적 자유(구원론)에 기초하고 있다.

둘째, 갈라디아서 5-6장은 성령론에 기초한 적용 패러다임을 예시해 준다. 구체적으로, 바울의 설교는 성령의 인격과 사역에 기초한 공동체적 적용을 전개한다.

① '헛된 영광을 구하지 말라'(μὴ γινώμεθα κενόδοξοι, 메 기노메사 케노도조이, 5:26): 공동체적 권면.

② "바로잡고"(καταρτίζετε, 카타르티제테, 6:1), (짐을 서로) "지라"(βαστάζετε, 바스타제테, 6:2): 상호 회복과 짐을 지는 삶.

③ "함께 하라"(Κοινωνείτω, 코이노네이토, 6:6): 가르치는 자를 위한 공동체적 지원.

④ "행하되"(ποιοῦντες, 포이운테스, 6:9), "일을 하되"(ἐργαζώμεθα, 에르가조메사, 6:10): 선한 일을 지속하기 위한 상호 책임.

다음의 3가지 예는 성령론에 기초한(갈 5:25a) 개인의 삶을 향한 적용 패러다임이다.

① "성령으로 행할지니"(πνεύματι καὶ στοιχῶμεν, 프뉴마티 카이 스토이코멘, 5:25b): 성령의 인도하심을 따르는 개인의 삶.

② "살피라"(δοκιμαζέτω, 두크마제토, 6:4): 자신의 행동을 점검하기 위한 개인의 책임.

③ "스스로 속이지 말라"(Μὴ πλανᾶσθε, 메 플라나스데, 6:7): 순종 혹은 불순종의 개인의 선택).[43]

따라서 언약, 구원론(자유), 성령론은 바울의 윤리적 적용과 삶의 열매를 위한 토양이라 할 수 있다.[44]

---

43 Duvall, "A Synchronic Analysis," 117-19.
44 Barclay, *Obeying the Truth*, 224; Furnish, *Theology and Ethics*, 212-24.

6) 빌립보서 2장의 적용 패러다임

빌립보서 2:1-11은 그리스도를 닮은 겸손을 통한 공동체의 일치를 권고적으로 적용한다고 볼 수 있으며, 12-18절은 하나님이 이루신 구원을 이루기 위한 권면적 적용이 나온다.[45] 6-11절에서 그리스도의 모범은 1-4절과 12-18절에서 요구하는 그리스도인의 겸손한 태도의 실례 역할을 한다.[46] 바울은 빌립보 교인들을 위협하던 내분의 위협을 반박하기 위하여, 2인칭 적용적 명령형을 사용함으로써 기독론에 기초한 공동체적 적용을 한다.[47]

그리스도의 겸손한 모범은 공동체적 적용의 열쇠이다.[48] 이 본문은 바울의 기독론에 기초한 적용 패러다임의 실례를 예증한다.[49]

① 기독론(1절, 교리적 직설법)과 이에 정초한 적용:

"나의 기쁨을 충만케 하라"(πληρώσατέ μου τὴν χαράν, 플레로사테 무 텐 카란, 2절[50]: 다이어그램[diagram] 분석을 통해 볼 때 이 문단의 주동사).

"너희 안에 이 마음을 품으라"(5절, Τοῦτο φρονεῖτε ἐν ὑμῖν, 투토 프로네이테 엔 휘민).

② 기독론(5-10절, 그리스도의 최상의 겸손)과 이에 정초한 개인적 적용:

(너희 구원을) "이루라"(κατεργάζεσθε, 카테르가제스데, 12절).

③ 기독론(2:5-10)과 기독론에 뿌리내린 공동체적 적용:

(모든 일을 원망과 시비가 없이) "하라"(ποιεῖτε, 포이데이테, 14절)

④ 기독론에서 기인한 목회적 적용:

"기뻐하고 (나와 함께) 기뻐하라"(χαίρετε καὶ συγχαίρετέ, 카이레테 카이 슁카이레테, 18절).

---

45 A. Boyd Luter and Michelle V. Lee, "Philippians as Chiasmus," *NTS* 41 (1995): 92-95.
46 Duane F. Watson, "A Rhetorical Analysis of Philippians and Its Implications," *NovT* 30 (1988): 61-79.
47 David A. Black, "Paul and Christian Unity," *JETS* 28 (1985): 299-308.
48 L. Michael White, "Morality between Two Worlds," in *Greeks, Romans, and Christians*, ed. D. L. Balch, W. A. Meeks, and E. Ferguson (Minneapolis: Augsburg Fortress, 1990) 212-14; J. Paul Sampley, *Pauline Partnership in Christ* (Philadelphia: Fortress, 1980), 51-77.
49 Robert A. Wortham, "Christology as Community Identity in the Philippians Hymn," *PRS* 23 (1996): 281-87; Emil Pretorius, "Role Models for a Model Church," *Neotestamentica* 32 (1998): 547-71; Duvall, "A Synchronic Analysis," 142-52; Steven W. Smith, "Christology of Preaching," *SWJT* 50 (2008): 141-42.
50 개역개정에서는 한글 어순상 4절에 위치하나 원문은 2절이다.

공동체의 하나 됨을 가져오는 겸손의 태도를 가지는 것에 대한 바울의 이러한 공동체적이며 목회적 적용은 그리스도(기독론)에 기초한 기쁨을 충만케 하기 위한 역할을 하였다.[51]

7) 골로새서 3:1-7에 나타난 적용 패러다임

바울은 교리적 원리에서 윤리적 적용으로 독특하게 전환하는 방식을 활용하여 그리스도와 함께 부활한 신자들의 새로운 종말론적 실재로서 그리스도를 닮아가는 성화적 차원의 삶에 대한 탁월한 동기를 부여하고 있다(골 3:1).[52] 바울의 실현된 종말론(realized eschatology)에 근거해 볼 때 부활한 존재로서의 삶은 분명한 논리적 귀결인 것이다. 골로새 교인들이 그리스도와 함께 죽었고(2:20, ἀπεθάνετε, 아페다네테), 함께 죽음에서 부활한 존재(2:12, συνηγέρθητε, 쉬네게르데테)라는 종말론적 차원의 구원론은 이후 바울의 윤리적 적용의 견고한 기초가 된다.[53] 이런 관점에서, 바울은 본 단락에서 3가지 적용적 명령을 골로새 청중에게 권면한다.

첫째, 이미 부활한 존재의 삶의 논리적 결과로서 첫 번째 적용적 명령은 "찾으라"(3:1, ζητεῖτε, 제테이테)이다. 교차 구조를 통해 종말론적 논리를 전개한 후에(2:16-3:17),[54] 바울은 이미 부활한 존재로서의 삶의 결과로서 적용적 명령을 권면한다.[55] 이 부분의 주요 목적은 직설법(이미)과 명령법(아직)의 구조 가운데 부활한 삶의 인과론적 논리를 인식하게 하는 데 있다.

둘째, 종말론적 구원에 기초한 두 번째 적용적 명령은 "생각하고"(3:2, φρονεῖτε, 프로네이테)이다. 중심 사상의 문맥을 따라, 바울은 두 번째 적용적 윤리 명령을 강조

---

51 York and Decker, *Preaching with Bold Assurance*, 46-50.
52 Murray J. Harris, *Colossians and Philemon* (Grand Rapids: Eerdmans, 1991), 136; C. F. D. Moule, "The New Life in Colossian 3:1-17," *RevExp* 70 (1973): 483; Hartman Lars, "Code and Context," in *Understanding Paul's Ethics*, ed. Brian S. Rosner (Grand Rapids: Eermans, 1995), 181.
53 L. J. Kreitzer, "Eschatology," in *The Dictionary of Pauline Letters*, ed. Hawthorne Gerald F. and Ralph P. Martin (Downers Grove, IL: InterVarsity, 1993), 265-66; Peter T. O'Brien, *Colossians and Philemon*, WBC, vol. 44 (Waco, TX: Word, 1982), 159-60.
54 Gregory T. Christopher, "A Discourse Analysis of Colossians 2:16-3:17," *GTJ* (1990): 212-15. 크리스토퍼에 따르면, 3:1-7은 바울의 교리적인 강해와 연결되어 있을 뿐만 아니라 부활한 삶의 인과론적 논리를 드러내기 위한 윤리적 적용과도 연결되어 있다.
55 O'Brien, *Colossian and Philemon*, 160-61. 이 첫 번째 적용적 명령은 앞 장의 두 직설법에 근거한다. 즉 그리스도와 함께 부활함(1a절)과 그리스도 안에서의 새로운 지위(1b절).

한다.⁵⁶ 그리스도와 함께 죽은 자는 누구든지 "하나님 우편에 좌정하신 그리스도께서 계신" 위의 것(3:1)을 추구하고 그것에 생각을 고정할 수 밖에 없다.

그렇다면, 두 번째 적용적 명령의 종말론적 동기 부여의 기초는 무엇인가?

첫째, 교리적 동기 부여는 신자가 그리스도와 함께 이미 죽었다는 것(3a절),

둘째, 그리스도와 함께 살아난 존재라는 것(3b, 4a절),

셋째, 영화롭게 될 존재(4b절)라는 것이다.

만약 1절(과거 시제)이 첫째 명령을 강조하는 실현된 종말론적(realized eschatology) 관점이라면, 4절(미래 시제)은 둘째 명령을 강조하는 성취될 종말론적 관점(eschatological consummation)을 반영한다.⁵⁷ 따라서 이 명령은 교리적 직설법과 짝을 이루며("너희가 죽었고," 2:20; 3:3),⁵⁸ 저자가 의도한 적용을 발견하는 열쇠는 2가지 차원의 종말론이 윤리적 명령의 기초 역할을 하고 있다는 데 있다.⁵⁹

이러한 관점에서 그리스도는 부활한 존재가 역동적인 종말론적 윤리의 삶을 살아가야 한다는 논리의 견고한 근거가 된다.⁶⁰ 여기서 그리스도 중심적인 설교와 적용의 모델을 발견할 수 있다. 3:1-4 본문에서 4번 나오는 그리스도는 그리스도와 함께 연합된 존재(3b, σὺν τῷ Χριστῷ; σὺν αὐτῷ, 쉰 투 크리스토; 쉰 아우토), 즉 함께 죽고(3a), 함께 부활하고(1a), 함께 살아나고(3b, 4a), 함께 영화롭게(4b)될 존재라는 사실을 강조하는 역할을 한다.⁶¹

그러므로 3:1-4은 그리스도 안에서 부활한 삶의 논리적 귀결로서 윤리적인 삶을 강조하며,⁶² 교리적인 직설법의 씨줄은 윤리적인 적용 명령의 날줄과 함께 엮여 있다(예, 1절의 συνηγέρθητε[쉬네게르데테]와 ζητεῖτε[제테이테]).⁶³ 그리스도 안에 성취된 새 언약

56　Martin, *Colossian and Philemon*, 101; Murray J. Harris, *Colossians and Philemon* (Grand Rapids: Eerdmans, 1991), 138.
57　David Garland, *Colossian and Philemon* (Grand Rapids: Zondervan, 1998), 201; Duvall, "A Synchronic Analysis," 228.
58　Ernest D. Martin, *Colossian and Philemon* (Scottdale, PA: Herald, 1993), 102.
59　Dennison, "Indicative and Imperative," 69.
60　William D. Dennison, "Indicative and Imperative," *CTJ* 14 (1979): 78; Eduard Schweizer, "Christ in the Letter to the Colossians," *RevExp* 70 (1973): 467.
61　Harris, *Colossians and Philemon*, 136-40; Martin, *Colossian and Philemon*, 101.
62　O'Brien, *Colossian and Philemon*, 184-85; Lars, "Code and Context," 182.
63　Dennison, "Indicative and Imperative," 72.

(New Covenant) 관점에서, 골로새 교인들이 이미 땅의 것으로부터의 자유를 얻었기 때문에(2:20-23) 위에 있는 자유를 계속해서(현재 명령형) 추구해야만 한다는 사실은 "새로운 삶의 역설"(the paradox of new life)[64]이며 바울서신과 신약 전체에서 발견되는 그리스도 중심적인 새로운 삶과 연결된다.[65]

셋째, 인죄론에 기초한 적용적 명령은 "죽이라"(5절, νεκρώσατε, 네크로사테)이다. 바울은 2가지 결정적인 명령법을 사용하면서, 본 단락의 세 번째 새로운 행동을 촉구하는 적용을 던진다.[66] 이전 구조와 유사하게, 바울은 교리적 직설법에서 윤리적 명령으로 논리적 전환을 의도하면서 종말론에 기초한 동기 부여적인 적용을 전해준다. 동시에 그리스도와 함께 부활한 존재로 땅에 있는 지체를 "죽이라"라는 명령은 하나님의 진노에 정초한 적용이라고 볼 수 있다(3:6).[67]

교리적인 직설법(doctrinal indicative)은 땅에 있는 육신적인 죄들의 특성들(인죄론)을 반영한다(7절, "전에"[ποτε, 포테]).[68] 하나님의 구속사적 발전의 관점에서 우리가 어떤 존재인가 하는 것은 우리가 무엇을 하느냐는 것보다 논리적으로 선행한다.[69] 부르스(F. F. Bruce)가 지적한 것처럼, 바울은 골로새 교인들의 이미 부활한 상태(직설법)를 강조하고 있는데, 그 이유는 그리스도와 연합된 관계를 통해 새로운 창조 패러다임이 이미 시작되었고 재림의 때까지 계속될 것이기 때문이다.[70]

결론적으로 이러한 바울의 3가지 적용적 명령법(ζητεῖτε[제테이테], φρονεῖτε[프로네이테], 그리고 νεκρώσατε[네크로사테])은 논리적으로 구원론, 종말론, 인죄론과 같은 교리적 원리(직설법)에 기초하고 있으며, 바울의 중추적인 적용 패러다임의 예를 잘 보여준다.

---

64 Moule, "The New Life in Colossian 3:1-17," 482.
65 Henry M. Shires, *The Eschatology of Paul* (Philadelphia: Westminster, 1966), 51; Roy A. Harrisville, "The Concept of Newness in the New Testament," *JBL* 74 (1955): 79.
66 Harris, *Colossians and Philemon*, 143; Garland, *Colossian and Philemon*, 203; Bruce, *The Epistle to the Colossians and Philemon, and to the Ephesus*, 142.
67 G. H. C. Macgregor, "The Concept of the Wrath of God," *NTS* 7 (1960/1961): 103-05.
68 Ralph P. Martin, *Colossians and Philemon* (Grand Rapids: Eerdmans, 1981), 104.
69 Moule, "The New Life in Colossian 3:1-17," 490; Michael Barram, "Colossian 3:1-17," *Int* 59 (2005): 188-90.
70 Bruce, *The Epistle to the Colossians and Philemon, and to the Ephesus*, 134.

8) 디모데후서 4:1-7에 나타난 적용 패러다임

바울은 다음 세대 설교자인 디모데를 위해 말씀 사역을 위한 원리와 교리에 기초한 적용 패러다임의 범례를 보여준다. 설교자의 책무를 위한 종말론적 권면에 초점을 맞추면서(4:1-2), 엄숙한 선언과 함께 디모데를 향한 바울의 작별인사와 당부를 시작한다(딤후 2:14; 딤전 5:20, 21; 6:12, 13).[71] 바울은 적용적 명령을 전하기 전에 먼저 그리스도의 임박한 재림과 종말론적 완성에 대해 디모데를 일깨우기 원했다.[72] 그 의도는 종말에 있을 심판을 일깨워 줌으로써, 설교자의 5가지 책임에 대한 엄숙한 권고를 전하기 위함이다.[73] 여기서 나타난 적용 패러다임의 특징을 살펴보자.

첫째, 이러한 종말론에 뿌리박은 다음, 설교 사역의 핵심과 연결하면서 4:2에서 5가지 부정과거(aorist) 형태의 적용적 명령을 선포한다.[74]

① "전파하라"(κήρυξον, 케뤼크손).[75]
② "항상 힘쓰라"(ἐπίστηθι, 에피스테디).
③ "경책하며"(ἔλεγξον, 엘렝크손).
④ "경계하며"(ἐπιτίμησον, 에피티메손).
⑤ "권면하라"(παρακάλεσον, 파라칼레손).

윌리엄 마운스(William D. Mounce)에 따르면, 이러한 적용적 명령은 당시 반대하는 세력들을 향한 저항적인 차원도 포함하고 있다.[76] 이러한 이유에서 설교자의 본연의 책임은 하나님의 말씀을 전파하는 것이며, 성령님께서는 설교자에게 궁극적인 권위와 변혁적인 능력을 부어주신다.[77]

---

71 Raymond F. Collins, *1 & 2 Timothy and Titus* (Louisville: Westminster John Knox, 2002), 266.
72 Walter L. Liefeld, *1 & 2 Timothy and Titus* (Grand Rapids: Zondervan, 1999).
73 Collins, *1 & 2 Timothy and Titus*, 268; I. Howard Marshall, *The Pastoral Epistles* (Edinburgh: T&T Clark, 1999), 798.
74 William D. Mounce, *Pastoral Epistles*, WBC, vol. 46 (Nashville: Thomas Nelson, 2000), 573; Philip H. Towner, *1-2 Timothy and Titus* (Downers Grove, IL: InterVarsity, 1994), 203-04.
75 Marshall, *The Pastoral Epistles*, 799; John MacArthur, *2 Timothy* (Chicago: Moody, 1995), 171. 이 적용적 명령은 하나님의 대사로서 말씀을 선포해야 하는 설교자의 사명을 강조한다.
76 R. Kent Hughes, *1 & 2 Timothy and Titus* (Wheaton, IL: Crossway, 2000), 246.
77 MacArthur, *2 Timothy*, 174-75.

둘째, 디모데후서 4:3-4은 1-2절의 종말론적 긴급함에 대한 이유를 밝혀 줄 뿐만 아니라(딤전 4:1-5과 딤후 3:1-9) 복음에 기초한 적용을 선포해야 할 이유를 말해 준다(딤후 3:14).[78] 그런 다음 거짓 교사들과 구별되는, 그리스도의 재림을 기다리는 설교자로서(3-4절),[79] 종말론에 기초한 4가지 개인적인 적용적 명령을 디모데에게 권면한다(4:5).

① "신중하여"(νῆφε, 네페).
② "고난을 받으며"(κακοπάθησον, 카코파데손).
③ (전도자의 일을) "하며"(ποίησον, 포이에손).
④ (네 직무를) "다하라"(πληροφόρησον, 플레로포레손).

그 다음 이어지는 6-8절은 바울의 현재(6절), 과거(7절), 미래(8절)는 소위 자신의 죽음을 모티브로 한 바울의 "유언적 명령"[80]이다. 6절은 5절의 긴급한 명령들의 기초 역할을 할 뿐만 아니라, 1-2절의 긴급한 적용적 명령을 위한 두 번째 이유를 제공한다.

한편 5-7절에서 바울은 효과적인 적용적 명령을 위한 이미지 사용의 모델을 보여 준다. 군인(딤후 2:3-4), 운동선수(딤후 2:5), 농부(딤후 2:6)와 같은 이미지와 상상력을 활용하여,[81] 설교자로서 복음을 위한 투쟁(딤전 4:10)과 그리스도의 고난에 참여하는 것을 권면하는 것이다(딤후 1:8; 3:12; 4:5).[82] 나아가 이러한 선수의 이미지와 하늘에서 받을 상급을 연결시킴을 통해 더욱 효과적으로 종말론에 기초한 적용을 전달하고 있음을 알 수 있다(딤후 4:1-5).

한 마디로 바울이 디모데에게 권면한 설교자가 갖추어야 할 사명, 자세, 동기 부여는 종말론에 기초한 적용 패러다임의 예를 분명하게 보여준다. 그러므로 바울의 디모데를 향한 엄숙한 명령으로서의 적용은 논리적으로 교리(종말론)에 기초하고 있으며, 개인적이며 목회적인 적실성 범주를 보여주며, 이미지를 활용한 적용이다.

---

78 Mounce, *Pastoral Epistles*, 574.
79 J. N. D. Kelly, *The Pastoral Epistles* (San Francisco: Harper and Row, 1986), 207; Johnson, *The First and Second Letters to Timothy*, 430. "수 데"(Σὺ δὲ, "그러나 너는," 딤후 3:10, 14)라는 표현을 통해 바울은 거짓 선생들과 대조적인 말씀 사역을 강조한다. "유앙겔리스투"(εὐαγγελιστοῦ, 4절)는 대적들의 가르침에 대적하는 바울의 설교 사역의 목적을 표시하며, "플레로포레손"(πληροφόρησον)은 신실한 설교자의 사명을 강조하며, 지도자로서 위임된 명령을 완수해야 함을 권면한다(Marshall, *The Pastoral Epistles*, 804).
80 Mounce, *Pastoral Epistles*, 577; Collins, *1 & 2 Timothy and Titus*, 272; Mounce, *Pastoral Epistles*, 581.
81 Johnson, *The First and Second Letters to Timothy*, 431.
82 Mounce, *Pastoral Epistles*, 579.

8) 사도행전 17장의 아레오바고 설교에 나타난 적용 패러다임

사도행전 17장에 나타난 바울의 설교는 "성경적-신학적 강해 설교"[83]의 예를 잘 보여준다.

그렇다면 바울의 아레오바고 설교(Areopagus sermon)에 나타난 적용 패러다임의 특징은 무엇인가?

첫째, '하나님 중심적'인 적용 패턴(God-centered application)이 잘 나타난다.

바울은 알지 못하는 신(22-23절), 창조주 하나님(24-25절), 천지의 주재/만물의 주관자(26-27절), 예배 받으실 하나님(28-29절), 공의로 심판하실 분(30-31절)과 같은 신론에 기초한 적용(theology-based application)을 선포한다(30-31절).[84] 바울은 하나님의 성품에 중심을 둠으로써 스토아 철학자들과 그리스도인 사이에 있는 간격을 다리놓기 하고 있다.[85]

둘째, 바울의 적용은 '기독론과 예수 그리스도의 부활'에 기초하고 있다(18절).[86]

바울은 당시의 청중의 마음에 파고들 수 있는 메시지 형태를 가지고[87] 원색적인 부활의 복음을 상황화하여 적용으로 나아가고 있다. 바울은 종말론적 심판과 그리스도의 부활의 중요성에 관한 메시지에 초점을 맞추고 있다.[88] 종말과 부활이라는 교리적/보편적 원리에 기초하여, 바울의 전제주의적인 변증적 설교(presuppositional apologetic preaching)는 윤리적 적용으로 나아간다.[89]

셋째, 바울의 윤리적 적용은 그의 교리적 원리들에 뿌리를 두고 있으며, '문화와 청중의 세계관을 변혁'시키는 것에 그 목적을 둔다.

---

83 Goldsworthy, *Preaching the Whole Bible*, 58.
84 John B. Polhill, *Paul & His Letters* (Nashville: B&H, 1999), 212; Marion L. Soards, *The Speeches in Acts* (Louisville: Westminster John Knox, 1994), 186-204.
85 Daryl Charles, "Engaging the (Neo) Pagan Mind: Paul's Encounter with Athenian Culture as a Model for Cultural Apologetics(Acts 17:16-34)," *TJ* 16 (1995): 57; H. P. Owen, "The Scope of Natural Revelation in Romans 1 and Acts 17," *NTS* 5 (1958/59): 142-43.
86 Dean Flemming, "Contextualizing the Gospel in Athens: Paul's Areopagus as a Paradigm for Missionary Communication," *Missiology* 30 (2002): 199-214.
87 Kenneth O. Gangel, "Paul's Areopagus Speech," *BSac* 127 (1970): 312.
88 N. Clayton Croy, "Hellenistic Philosophies and the Preaching of the Resurrection(Acts 17:18, 32)," *NovT* 39 (1997): 21-39; Edward Fudge, "Paul's Apostolic Self-Consciousness at Athens," *JETS* 14 (1971): 193-98.
89 Flemming, "Contextualizing the Gospel in Athens," 207; Charles, "Engaging the (Neo) Pagan Mind," 59-61; Larkin, *Culture and Biblical Hermeneutics*, 319-21.

아덴의 문화와 2가지 중심 교리(하나님의 성품과 기독론/부활)에 대한 이해를 바탕으로, 아덴의 청중의 세계관과 성경 사이에 놓인 간격을 놓고 문화적으로 적절한 방식으로 적용하기 위한 다리놓기를 추구한다.[90]

중요한 것은 그의 적용적 다리놓기의 목적이 그들의 세계관(worldview)을 변화시키기 위하여, 그리고 문화적으로 적합한 방법을 통해 복음을 전달하고 적용하는 것이었다는 점이다. 바울의 해석학 패러다임의 원리는 문화적 장벽들을 다리놓기 하는 전략적인 모델이다. 특별히 바울의 아레오바고 설교는 이방 문화의 세계관과 접촉하면서 당시 문화적 상황에 적실한 방식으로 메시지를 적용한 것처럼 포스트모던 독자들은 자신이 속한 문화와 세계관을 변혁시키기 위한 적용 패러다임을 추구해야 한다.[91]

바울의 교리적 아치형 다리(doctrinal overarching bridge)는 바울의 궁극적인 목적이 모든 사람이 윤리적인 삶을 살아가야 할 책임이 있다는 점임을 강조한다.[92]

넷째, 바울의 아레오바고 설교는 '윤리적 적용'(ethical application)이 중요했다는 것이다. 특히 그의 윤리적 적용은 단순히 도덕적 교훈의 차원이 아니라 철저히 신학적 원리에 뿌리를 두고(theology-rooted) 직설법-명령법(indicative-imperative) 구조를 통해 삶의 변혁을 지향하는 패러다임이다.[93] 교리에 기초한 윤리적 적용은 "신학적 논문의 부록으로 여겨질 것이 아니라 삶의 변화를 위한 기초를 제공하는 신학적 논증의 절정"이 되어야 한다.[94]

따라서 오늘날의 해석자들도 바울의 이러한 삶의 변화를 위한 윤리적 적용의 원리를 추구해야 한다. 왜냐하면 효과적인 윤리적 적용은 신학과 윤리의 요소를 적용에 적절하게 혼합함으로써 개인과 공동체를 변화시켜 나가는 역동성이 내재되어 있기 때문이다.[95]

다섯째, 바울의 적용 해석학의 원리에서 '교리적 적용'(doctrinal application)은 중요하다.

---

90 Flemming, "Contextualizing the Gospel in Athens," 207.
91 Terry Mattingly, "The Big Idea to Cultures and Subcultures: Exegeting the Culture," in *The Big Idea of Biblical Preaching* (Grand Rapids: Baker Books, 1998), 81–94; Graham Johnstone, *Preaching to a Postmodern World: a Guide to Reaching Twenty-first-Century Listeners* (Grand Rapids: BakersBooks, 2001), 61–86; Ronald D. Sisk, "Preaching in a Congregational Context," *RevExp* 100 (2003): 375–82.
92 Charles, "Engaging the (Neo) Pagan Mind," 56.
93 Thompson, *Preaching like Paul*, 83; Charles, "Engaging the Pagan Mind" 60–61; Bailey, "Acts 17:17–34," *RevExp* 87 (1990): 484.
94 Thompson, *Preaching Like Paul*, 83.
95 Robinson, *Biblical Preaching*, 29.

그의 아레오바고 설교는 타협 없는 신학적 적용이 삶을 변화시키는 열쇠가 된다는 것을 증명해 준다.[96] 신학적인 기초가 견고하게 보전되는 한에서, 바울은 교리에 기초한 적용을 시도했다는 점이 중요하다.

바울은 단순히 아레오바고 청중의 하나님에 대한 지식을 교정하기 위한 목적이 아니라 구체적인 행동의 변화를 목적으로 한 적용을 추구했다.[97] 바울의 기본 의도는 그의 '신학적 순수성'(theological integrity)을 대항하는 혼합주의 혹은 타협주의를 거부하고, 메시지를 듣는 청중(독자)의 삶의 변화를 지향하는 것이다.[98] 바울의 상황화적 적용은 종말론적 부활, 심판, 피할 수 없는 회개에로의 부르심을 강조하면서 윤리적 회개(moral-oriented repentance)를 궁극적으로 지향하고 있다(17:30-31).[99]

따라서 설교자들은 오늘날 포스트모던 문화의 위기와 기회들을 인식하면서,[100] 진지하게 바울이 추구했던 문화를 향한, 윤리 중심의, 교리 기초의 적용의 성경적 원리를 진지하게 고찰할 필요가 있다.[101] 설교자들은 먼저 바울처럼 신학적인 타협을 배제한 문화적 적실성이 있는 적용 모델을 추구해야 한다.

3. 바울의 설교 분석을 통해 본 적용 패러다임 주요 특징들

바울은 청중을 변화시키기 위해 말씀을 강해하고 적용하는 목회적 설교자이다.[102] 그의 사도행전과 서신서들에 있는 예증적인 설교는 성경의 지평과 현대의 지평 사이를 연결해 주는 해석학적 다리놓기 차원으로서의 적용 패러다임 구축을 위한 기초를 제공한다.[103] 이러한 바울의 해석학적 다리(hermeneutical bridge)로서의 적용 패러다임

---

96 Charles, "Engaging the (neo) Pagan Mind," 60-61.
97 John Proctor, "The Gospel from Athens," *Evangel* 10 (1992): 69-72.
98 Flemming, "Contextualizing the Gospel in Athens," 207.
99 R. Albert Mohler Jr., *He is Not Silent* (Chicago: Moody Publishers, 2008), 124-31; Raymond H. Bailey, "Acts 17:16-34," *RevExp* 87 (1990): 484; Leander E. Keck, *Mandate to Witness* (Valley Forge, PA: Judson Press, 1964), 121-22.
100 Roy Clements, "Expository Preaching in a Postmodern World," *ERT* 23 (1999): 174-82; Johnstone, *Preaching to a Postmodern World*, 174.
101 Michael Quicke, "Applying God's Word in a Secular Culture," *Preaching* 17 (2002): 7-15.
102 Gross, *If you Cannot Preaching like Paul*, 17; J. Christian Beker, *The Triumph of God*, trans. Laren T. Stuckenbruck (Minneapolis: Fortress, 1990), 15.
103 Chamberlin, "The Preaching of the Apostle Paul," 1-6, 7-26.

모델은 바울의 시대 원 청중(예, 고린도교회 청중)과 오늘날 설교자의 청중 사이에 놓인 해석학적인 다리를 놓기 위한 성경적인 근거요 전략이 되어야 한다.

챔벌린(Chamberlin)은 바울의 설교를 분석한 후에, 바울의 설교 특징을 다음과 같이 요약한다.

① **성경적**(구약에 의존함).
② **교리적**(기독교 교리에 기초함).
③ **복음적**(복음을 선포하는데 충실함).
④ **윤리적**(기독교 윤리를 강조함).
⑤ **목회적**(청중을 위로하고 권면함).[104]

바꾸어 말하면 바울의 적용도 성경적, 교리적, 윤리적(적실성), 목회적인 적용 패러다임을 추구하고 있다고 볼 수 있다. 예를 들어, 사도행전 17장 설교를 분석해 보면, 바울은 구약에 뿌리내린 주해적 다리놓기를 한 다음에, 그리스도의 부활이라는 신학적 다리놓기를 한 후, 마지막으로 청중의 변화를 촉구하는 적실성 다리놓기를 하는 해석학적 적용 패러다임을 보여주고 있다.[105] 그렇다면, 지금까지의 바울의 예증적 설교 분석을 토대로 그의 설교 적용 패러다임이 가진 주요한 원리와 특징들을 구체적으로 살펴보자.

1) 직설법과 명령법 구조에 기초한 윤리적 적용 패러다임

바울의 서신서 설교는 직설법과 명령법과 연관된 종말론에 기초한 적용 패러다임을 잘 보여준다.[106] 바울의 윤리적 적용 패러다임의 이해에 대하여 탁월한 연구를 한

104　Chamberlin, "The Preaching of the Apostle Paul," 92-113.
105　Adam, *Speaking God's Words*, 86; Breidenbaugh, "Integrating Doctrine and Expository Preaching," 99.
106　바울의 윤리적 적용 패러다임을 이해하기 위한 결정적인 열쇠인 직설법과 명령법의 신학적인 지평 구도에 대한 보다 포괄적인 논의를 위해서는 다음을 참조하라. Dennison, "Indicative and Imperative," 55-78; Hermann Ridderbos, *Paul* (Grand Rapids: Eerdmans, 1975); P. Lehmann, *Ethics in a Christian Context* (London: SCM, 1963); A. Lincoln, *Paradise Now and Not Yet* (Cambridge: Cambridge University Press, 1981); Geerhardus Vos, *The Pauline Eschatology* (Grand Rapids: Eerdmans, 1953); Michael Parsons, "Being Precedes Act," in *Understanding Paul's Ethics*, ed. Brian S. Rosner (Grand Rapids: Eerdmans, 1995); A. Verhey, *The Great Reversal* (Grand Rapids: Eerdmans, 1984), 104-06;

존 캐릭(John Carrick)은 바울이 사용한 4가지 문법적 범주, 즉 직설법(indicative), 명령법(imperative), 감탄법(exclamative), 의문법(interrogative)을 강조한다.[107]

바울의 중심적 확신은 그리스도께서 성취하신 구속 사역(직설법)은 그리스도인의 윤리적 삶의 기초이며, 그리스도인이 새로운 시대에 이미 들어온 하나님의 백성으로서 살아가기 위해서는 성령님의 새로운 능력이 필요하다는 것이다.[108] 윤리적 적용의 열쇠라고 할 수 있는 직설법과 명령법의 유기적인 관계를 균형 잡힌 시각으로 이해하는 것이 중요한데, 캐릭은 이 둘이 "서로 순서를 바꿀 수 없고, 분리할 수 없는"(the irreversibility and the inseparability)[109] 관계라는 점을 강조한다.

따라서 설교자는 바울의 적용 패러다임이 가진 직설법과 명령법의 구조에 대한 균형 잡힌 이해를 통해 윤리적 적용에 대한 설교학적 균형을 견지해야 한다.[110] 그리스도께서 완성하신 구속 사역에 기초한 교리적 직설법은 성령이 통제하시는 적용적 명령법과 설교학적 균형을 이루고 있다. 로마서 12-13장에서 나타난 것처럼, 바울의 4종류의 법(moods), 즉 직설법, 명령법, 감탄법, 의문법은 그의 윤리적 적용이라는 집을 건축하는 데 필수적인 기둥과 같다.

빅터 퍼니쉬(Victor P. Furnish)는 바울의 중심적 주제로서 "이 세상과 오는 세상"을 강조하면서 바울의 윤리적인 적용 패턴들은 하나님의 요구에 대한 순종의 반응을 촉구하는 것이라고 강조한다.[111] 신학적으로 직설법과 명령법의 논리적 구조는 바울의 종말에 기초한 윤리적 적용의 뿌리와 같다.[112] 바울의 직설법 사용을 기초로 할 때, 그리

Duvall, "A Synchronic Analysis"; David Eung-Yul Ryoo, "Paul's Preaching in the Epistle to the Ephesians and Its Homiletical Implications" (Ph.D. diss., Southern Baptist Theological Seminary, 2003); Thomas R. Schreiner, *Paul* (Downers Grove, IL: InterVarsity, 2001), 253-70.

107　John Carrick, *The Imperative of Preaching* (Edinburgh: The Banner of the Truth, 2002), 147-48. 캐릭에 따르면, 직설법을 통해 하나님의 행위와 구속 사역은 빛을 전달하며, 본질적으로 생각에 호소하고, 설교에 있어서 선포와 교훈적 요소의 중요성을 강조한다. 감탄법은 빛과 함께 열(heat)을 전달하기 위해 감정적인 호소를 강조하는 직설법을 강조한다. 의문법은 양심에 호소하는데, 이는 하나님의 말씀을 적용(*applicatio verbi Dei*)하는 데 필수적이다. 명령법은 "구속 사역에 대한 적용과 인간의 책임으로서의 의지에 호소하는 차원"으로서 역시 말씀을 적용하는 데 필연적이다.

108　Braxton, *Preaching Paul*, 50-56.

109　Carrick, *The Imperative of Preaching*, 148-49. 그러나 직설법과 명령법의 관계를 유기적인 것으로 보지 않고 서로 분리시켜서 이해하려는 신학자들도 있다(C. H. Dodd, *Gospel and Law* [New York: Columbia University Press, 1951], 4-5; idem, *The Apostolic Preaching and Its Development* [Grand Rapids: Baker, 1980]). 이와 반대로 두 방법을 동일(혼합)하게 보는 관점도 있다(Furnish, *Theology and Ethics in Paul*, 9, 106-07).

110　Carrick, *The Imperative of Preaching*, 151.

111　Furnish, *Theology and Ethics in Paul*, 115-34, 208-27.

112　Vos, *The Pauline Eschatology*, 36-39; Dennison, "Indicative and Imperative," 57.

스도 안에서 성도의 새로운 삶은 하나님의 사역에 기초하며,[113] 그리스도의 죽음과 부활로부터 기인한 윤리적 적용은 성령의 사역을 통해서만 성취될 수 있다.[114] 이러한 교리적 직설법에 기초한 적용적 명령의 패턴을 따라 적용 패러다임을 추구할 때, 말씀의 권위가 나타난다.

이러므로 직설법-명령법으로 도식화될 수 있는, 바울의 적용적 구조와 패턴은 교리에 기초한 윤리적 적용을 위한 첫 번째 단계의 해석학적 다리(hermeneutical bridge) 역할을 한다.

2) 7가지 신학적 프리즘을 통과한 적용 패러다임: 신학적 다리놓기 원리

바울의 설교 분석을 통해 발견할 수 있는 적용 패러다임의 두 번째 특징은 적합한 적용(legitimate application)의 보편적인 원리가 7가지 신학 혹은 교리에 뿌리내리고 있다는 점이다. 바울의 신학적 교리라는 프리즘을 통과해야만 그의 다양한 적용 범주를 파악할 수 있다. 바울의 교리라는 씨줄과 적용이라는 날줄은 불가분리적이며 유기적으로 긴밀히 연결되어 있다.

궁극적으로 이러한 구약의 저자와 청중과 바울 당시의 청중 사이에 놓인 해석학적인(역사적, 문화적, 지리적) 간격들(gaps)을 연결해 주는 역할을 하는 그의 신학적 혹은 교리적 다리(doctrinal bridge)는 종말론적 삶의 변혁을 위한 다음 단계인 적실성 다리(relevant bridge)와 연결되는 것이 그 목적이다.

그렇다면, 바울의 설교 가운데 공통적으로 나타난 적용을 열기 위한 마스터 키로서의 보편적인 교리에는 어떤 것이 있는가?

바울의 예증적 설교 분석에 따르면, 일반적으로 설교학자들이 제시하고 있는 2가지 마스터 키(하나님의 성품과 인간론)을 넘어서, 기독론, 인죄론, 구원론, 종말론, 성령론, 교회론과 같은 보다 더 다양하고 구체적인 마스터 키가 있다.

(1) 첫 번째 마스터 키: 하나님의 성품과 창조 질서

고린도전서 10장과 사도행전 17장의 예를 통해서 알 수 있는 것처럼, 설교 적용의 문을 열기 위한 첫 번째 마스터 키는 하나님의 성품(Theology proper)이다. 구체적인 윤

113　Ridderbos, *Paul*, 254.
114　Parsons, "Being Precedes Act," 217-47.

리적 적용을 위한 보편적인 원리들은 시간과 문화를 초월하는 하나님의 성품을 통해 발견된다.[115] 하나님의 창조 질서(creation order)에 근거한 적용의 보편적인 원리들이 다음과 같은 구체적인 적실성 범주에 적용되고 있음을 알 수 있다.[116]

① **결혼과 부부 관계**(엡 5:31).
② **성**(롬 1:26-28).
③ **여자**(고전 11:2-16).

바울의 관점에서 볼 때, 하나님의 창조 질서는 이혼과 부부 관계, 성과 여성에 관한 적용의 보편적인 원리들을 제공한다.

다니엘 도리아니(Daniel Doriani)는 다음과 같이 지적한다.

> **성경을 자신에게 적용시키는 예수님의 패턴은 적합한 적용이 하나님에 대한 지식에서 시작된다는 것을 말해 준다.**[117]

바울은 아덴에서의 설교에서 우주의 창조자요 인류의 창조주되시는 하나님의 본질을 윤리적 적용의 중심추로 삼았던 것이다.

(2) 두 번째 마스터 키: 인죄론

위에서 살펴본 대로, 하나님의 형상대로 창조된 인간의 본성을 모든 인류가 공유하고 있기에 성경에 나타난 적용을 위한 보편적인 원리는 오늘날 청중에게 적용될 수

---

115 Osborne, *The Hermeneutical Spiral*, 283; Larkin, *Culture and Biblical Hermeneutics*, 101-02; J. R. McQuilkin, "Problems of Normativeness in Scripture," in *Hermeneutics*, ed. E. Radmacher and R. D. Preus (Grand Rapids: Zondervan, 1984), 228-39; Walter C. Kaiser Jr., "Legitimate Hermeneutics," in *Inerrancy*, ed. Norman Geisler (Grand Rapids: Zondervan, 1979), 117-50; Gordon Fee, *Inerrancy and Common Sense*, ed. Roger R. Nicole and J. Ramsey Michaels (Grand Rapids: Baker, 1980), 174; Terry Tiessen, "Toward a Hermeneutic for Discerning Universal Moral Absolutes," *JETS* 36 (1993): 193-94.

116 G. W. Knight III, "A Response to Problems of Normativeness in Scripture," in *Hermeneutics*, 45; Tiessen, "Toward A Hermeneutic For Discerning Universal Moral Absolutes," 12-17; Grant R. Osborne, "Hermeneutics and Women in the Church," *JETS* 20 (1977): 340; J. R. McQuilkin, "Limits of Cultural Interpretation," *JETS* 23 (1980): 122; David K. Lowery, "The Head Covering and the Lord's Supper," *BSac* 143 (1986): 155-63.

117 Doriani, *Putting the Truth to Work*, 54.

있다.[118] 성경은 분명히 인간의 본성은 변하지 않으며 모든 사람은 죄 가운데 태어난다고 증거한다(시 51:5; 58:3; 욥 14:4; 15:14; 엡 2:3).[119]

채플(Chapell)이 제시한 타락의 초점(Fallen Condition Focus: FCF)은 성경과 오늘날에 놓여진 문화적, 신학적, 지리적 간격을 초월할 수 있는 교리적 적용 다리의 기능을 한다고 볼 수 있다.[120] 알리스터 맥그래스(Alister E. McGrath)에 의하면 원죄에 대한 보편적 교리는 윤리적 적용의 열쇠이며 인간의 죄성은 그리스도인의 윤리적 삶을 살아가기 위한 중추적인 통찰력과 동기 부여를 제공한다고 말한다.[121]

이러한 의미에서, 윤리적 적용을 위한 교리적 보편성(doctrinal universality)은 공유된 인간의 본성이 있기에 가능하며, 인죄론(hamartiology)은 사람들의 문화적 변화보다 더 중요한 근본적인 방식에서 공통적으로 적용될 수 있다.[122]

설교자들이 하나님의 변함없는 성품 안에서 적용의 보편적 원리를 찾아야 하는 것처럼, 성경 안에 있는 사람들의 죄악된 행위들 역시 오늘날에도 계속해서 적실성을 가진다.[123] 신학적인 연속성의 다리를 놓기 위해서는 하나님의 성품과 인간의 본성이라는 두 기둥을 세워야 한다.[124] 나아가 설교자들은 인죄론과 관련하여, 죄성의 본질과 인간의 본성 깊은 곳에 있는 자기중심주의, 교만, 자기숭배, 율법주의(자기의)으로 드러나는 우상 숭배의 경향성을 깊이 탐구해야 할 필요가 있다.[125]

(3) 세 번째 마스터 키: 기독론

바울은 문화적으로 적실성 다리(culturally relevant bridge)를 활용할 뿐 아니라, 적실

---

118 Osborne, *The Hermeneutical Spiral*, 283; Larkin, *Culture and Biblical Hermeneutics*, 101–02; McQuilkin, "Problems of Normativeness in Scripture," 222; H. M. Conn, "Normativity, Relevance and Relativism," in *Inerrancy and Hermeneutic* (Grand Rapids: Baker, 1988) 196–97.
119 Richard, "Application Theory in Relation to the Old Testament," 308.
120 Chapell, *Christ-Centered Preaching*, 41–42.
121 Alister E. McGrath, "Doctrine and Ethics," *JETS* 34 (1991): 145–56; Richard, "Application Theory in Relation to the Old Testament," 308.
122 Osborne, *The Hermeneutical Spiral*, 283; Larkin, *Culture and Biblical Hermeneutics*, 101–02; McQuilkin, "Problems of Normativeness in Scripture," 222; Conn, "Normativity, Relevance and Relativism," 196–97.
123 Thomas G. Long, "Learning to Speak of Sin," in *Preaching as a Theological Task*, ed. Thomas Long and Edward Farley (Louisville: Westminster John Knox, 1996), 94–102; Marsha G. Witten, "Preaching about Sin in Contemporary Protestantism," *TToday* 50 (1993): 244–53.
124 Chapell, *Christ-Centered Preaching*, 41–42.
125 Dennis E. Johnson, *Him We Proclaim* (Phillipsburg, NJ: P&R, 2007), 405; Schreiner, *New Testament Theology*, 523–34; Doriani, *Putting the Truth into Work*, 303.

성 다리를 위한 중심적 주제를 효과적으로 활용한다. 사도행전의 바울 설교의 관점에서 볼 때, 그의 설교는 "모세로부터 그리스도까지 이르는 전체 구속사"[126]라는 핵심적 관점에서 기독론에 기초한 적용을 추구한다. 사도행전의 중심 주제는 신론과 기독론(Christology), 하나님의 계획의 실행, 복음의 증거 등으로 볼 수 있지만,[127] 신약 설교의 본질적 요소를 연구한 마운스(Mounce)의 지적처럼, 복음의 증거자로서 바울의 설교는 복음을 설교함이 곧 그리스도를 증거함이요, 하나님 나라를 증거하는 것이라는 점을 증명해 준다(고전 1:23; 15:12; 고후 1:19; 4:5; 행 28:31; 롬 1:16).[128]

예를 들어, 사도행전 13장의 바울 설교의 중심 주제는 언약을 따라서 하나님이 이스라엘에게 보내신 구원자 예수 그리스도이며, 바울의 적용은 궁극적으로 하나님 나라의 약속과 성취라는 구속사적 주제에 뿌리내리고 있다. 이러한 신약적 설교는 예수님의 부활의 결과들과 부활하신 그리스도의 계속된 사역(13:32-41)에 기초한 윤리적 적용을 추구한다.[129] 비시디아 안디옥에서 바울이 선포한 선교적 설교(행 13:17-22)의 본질적인 요소는 권면적인 적용의 요소[130]와 함께 케리그마의 선포의 요소를 함께 담고 있다.[131]

사도행전 17장의 설교도 "그리스도의 역할을 강조하는 종말론적 심판에 대한 메시지와 그의 부활의 중요성"에 기초한 적용을 지향한다.[132] 또한 신학적이며 철학적인 논증을 활용하면서 그리스도와 부활이라는 기독론에 기초한 적용을 추구하고 있다(행 17:18).[133] 바울은 자신의 청중에게 기독론에 기초하여 그리스도를 닮아가는 삶을 적용으로 제시한다(롬 6:6; 6:11-13; 엡 5:2, 28; 빌 2:2, 12, 14, 18). 구체적으로 바울의 기독론 중심의 적용은 다음과 같이 다양하다.

---

126 Graeme Goldsworthy, *Preaching the Whole Bible* (Grand Rapids: Eerdmans, 2000), 58.
127 Soards, *The Speeches in Acts*, 186-204.
128 R. H. Mounce, *Essential Nature of New Testament Preaching* (Grand Rapids: Eerdmans, 1960), 52-53; Braxton, *Preaching Paul*, 69.
129 Mounce, *Essential Nature of New Testament Preaching*, 48.
130 David A. deSilva, "Paul's Sermon in Antioch of Pisidia," *BSac* 151 (1994): 33; C. A. Joachim Pillai, *Early Missionary Preaching* (New York: Exposition University Press, 1979), 55; John J. Kilgallen, "Acts 13: 38-39," *Biblica* 69 (1988): 482.
131 deSilva, "Paul's Sermon in Antioch of Pisidia," 23.
132 Croy, "Hellenistic Philosophies and the Preaching of the Resurrection," 21-39. 더 자세한 아레오바고 설교 분석을 위해서는 다음을 참조하라. Soards, *The Speeches in Acts*; Karl Olav Sandnes, "Paul and Socrates," *JSNT* 50 (1993): 13-26; Alister E. McGrath, "Apologetics to the Jews," *BSac* 155 (1998): 131-38; Bailey, "Acts 17:16-34," 482.
133 Flemming, "Contextualizing the Gospel in Athens," 199-214.

① **개인**(빌 2:12).

② **가정**(엡 5:2).

③ **결혼**(엡 5:25, 28).

④ **공동체**(빌 2:14).

⑤ **윤리**(롬 6:11-13).

⑥ **공동체/목회**(빌 2:2, 18).

(4) 네 번째 마스터 키: 구원론

바울의 윤리적 적용은 2가지 핵심 교리(하나님의 성품과 인간의 본성)뿐만이 아니라 구원론(soteriology)에도 뿌리를 내리고 있다(롬 6:16-19; 12:1-2; 갈 5:1, 13, 16; 고전 15장; 골 3:1-7; 엡 4:25-26; 딤후 4:1-7). 하나님의 완벽한 도덕적 본성이 보편적인 윤리의 뿌리가 되듯이, 하나님의 구속 사역은 적용에 있어서 뿌리로서 기능한다. 바울의 그리스도 중심적 구원론은 하나님의 미리아심, 선택, 예정, 부르심, 칭의, 화해, 구속, 성화, 영화와 연결되어 있으며, 신약 신학의 이미-아직(already-not yet)의 구조와 조화를 이룬다.[134]

바울의 직설법 용례의 차원에서 볼 때, 그리스도 안에서 성도의 새 삶은 하나님의 구원 역사에 기초하고 있으며,[135] 이는 그리스도의 죽음과 부활(기독론)에서 기인하고 성령의 사역(성령론)에 의해 성취된다. 또한 윤리적 적용과 밀접한 관련이 있는 성화론은 신학적 인간론, 인죄론, 구원론에 기초한 적용을 추구하게 한다.[136]

첫째, 설교자들은 구원론을 좀 더 구체적으로 인식하면서, 윤리적 적용을 위한 동기 부여의 기능을 하는 믿음으로 말미암는 칭의(justification)의 교리에 대한 시각을 항상 견지해야 한다. 왜냐하면 칭의의 교리는 단순한 구원에 관한 이론에 그치지 않고, 신자로 하여금 새로운 상태에 맞는 윤리적 삶의 의무에 순종할 수 있게 하는 동력이기 때문이다.[137] 이런 점에서 바울은 갈라디아 교인들을 향해 강력하게 경고하기를, 하나님의 은혜를 얻기 위해 유대교의 거룩한 날들을 지키거나(갈 4:9-11) 할례를 받을(갈 5:2-3) 의무가 없을 뿐만 아니라 이런 것은 이신칭의의 복음과 반대되는 다른 복음(갈

---

134 Schreiner, *New Testament Theology*, 339-40; Greidanus, *The Modern Preacher and the Ancient Text*, 313-14.
135 Ridderbos, *Paul*, 254.
136 Steven L. Porter, "On the Renewal of Interest in the Doctrine of Sanctification," *JETS* 45 (2002): 415-26.
137 McGrath, "Doctrine and Ethics," 7.

2:16-17)이라고 했다.[138]

둘째, 바울의 윤리적 적용은 그리스도와 함께 연합된 존재로서 성령과 동행하면서 누릴 수 있는 영적 자유와 밀접하게 연결되어 있다는 점이다. 이러한 칭의와 성화에 기초한 논리적 귀결로서의 적용을 보여주는 패턴은 다음과 같다.

① 로마서 13:10; 14:3-4.[139]
② 갈라디아서 5:16-17; 6:2.[140]
③ 고린도전서 8-10장.[141]

(5) 다섯 번째 열쇠: 교회론

교회론(ecclesiology)에 기초한 바울의 적용(고전 10장; 골 3:17)은 그리스도인의 윤리적 적용이 개인적인 관심을 넘어 기독 공동체 안에서 개인의 행동과 연결되어 있다는 점을 보여준다. 바울에게 있어서, 신자들의 윤리적 관심은 내부적, 개인적 관심사가 아니라 전적으로 기독교 공동체 안에서 개인의 행동과 연결되어 있다.[142] 설교자들이 이러한 바울의 신학적인 전망으로 무장되지 않는다면, 공동체를 변화시키기 위한 윤리적 적용의 보편적인 원리와 기준을 발견하기 어려울 것이다. 바울의 목회적 설교와 적용은 단순히 정리된 교리들을 반복해서 가르치는 차원이 아니다. 그의 교리에 기초한 적용의 지속적인 목적은 자신의 회중들의 삶을 변화시키는 것이다.

구속된 공동체(the redeemed community)는 바울에게 있어서 윤리적 적용의 프레임을 제공하는 신학적 모티브라고 할 수 있다.[143] 톰슨(Thompson)이 강조한 것처럼, 바울의 신학적 반성은 학문적인 동료들을 위한 사변적인 차원이라기보다는 거짓 가르침에

---

138 Doriani, *Getting the Message*, 114–45; Robert Stein, *A Basic Guide to Interpreting the Bible* (Grand Rapids: Baker, 1997), 41–42; idem, "The Benefits of an Author-Oriented Approach to Hermeneutics," *JETS* 44 (2001): 459–60.
139 Colin G. Kruse, "Paul, the Law and the Spirit," in *Paul and His Theology*, ed. Stanley E. Porter (Boston: Brill, 2006), 109–28; Douglas Moo, *The Epistle to the Romans* (Grand Rapids: Eerdmans, 1996), 399.
140 Charles H. Talbert, "Freedom and Law in Galatians," *Ex Auditu* 11 (1995): 18; C. K. Barrett, *Freedom and Obligation* (London: SPCK, 1985); John B. Polhill, *Paul and His Letters* (Nashville: B&H, 1999), 151; James M. Dunn, "Ethical Emphases in Galatians," *SWJT* 15 (1972): 55.
141 John C. Brunt, "Love, Freedom, and Moral Responsibility," *SBLSP* 20 (1981): 26; Rollin A. Ramsaran, *Liberating Words* (Valley Forge, PA: Trinity, 1996), 51–52.
142 Gordon D. Fee, "Freedom and the Life of Obedience (Galatians 5:1–6:18)," *RevExp* 91(1994): 205.
143 Richard Hays, *The Moral Vision* (San Francisco: HarperSanFrancisco, 1996), 18, 32–36. 해이(Hays)는 믿음의 공동체의 역할이 신약의 윤리적 비전에 있다는 점을 강조한다(ibid., 470).

대한 분명한 교정과 대응을 위한 것이었고, 당시 상대적인 문화적 기준에 따라 청중에게 적용을 호소하지 않고 절대적인 교리에 기초한 새로운 세계관을 제공하는 실제적인 방식이었다.[144]

종말론에 기초한, 바울의 윤리적 적용은 자신이 목회하던 청중이 복음에 합당한 구체적인 삶의 변혁을 촉구하는 것이었다. 바울의 신학적인 다리놓기는 변혁적 공동체의 윤리적 적용의 기준을 확증하기 위한 보편적 원리로서 기능한다.[145] 이러므로 바울은 공동체를 변혁시키기 위한 목적으로 교회론에 정초한 적용 패러다임을 추구했다.

(6) 여섯 번째 마스터 키: 종말론

바울의 설교 패러다임은 종말론(eschatology)에 기초한 윤리적 적용을 예시해 준다(고전 15:45-58; 골 3:17; 딤후 4:1-5). 바울의 설교에 있어서 윤리적 적용은 그의 종말신학이라는 궤도 안에서 움직인다.[146] 바울의 적용 패턴은 직설법과 명령법 사이의 종말론적 긴장 속에서 이미 부활한 존재로서의 마땅한 윤리적 삶을 촉구하는 방식으로 요약될 수 있다.[147] 이러한 바울의 종말론적 비전은 그의 목회적이며 공동체적 적용을 위한 보다 넓은 시각을 열어준다.[148]

(7) 일곱 번째 마스터 키: 성령론

바울의 설교는 성령론(pneumatology)에 기초한 윤리적 적용 패러다임의 전형적인 예들을 보여준다(엡 5:18-21; 6:1, 4-5; 갈 5:25-26; 6:1-2, 6-7). 나아가 다음과 같은 다양한 적용 패턴을 제시해 준다.

① **성령론에 기초한 개인적 적용**(갈 5:25; 6:4, 7).
② **공동체적 적용**(엡 5:19-21; 갈 5:26, 6:1-2, 6).
③ **가정에 대한 적용**(엡 5:22; 6:1, 4-5).

---

144 Thompson, *Preaching Like Paul*, 123.
145 Braxton, *Preaching Paul*, 17.
146 Clark H. Pinnock, "The Structure of Pauline Eschatology," *EvQ* 37 (1965): 9-20.
147 Vos, *The Pauline Eschatology*, 36-39; Dennison, "Indicative and Imperative," 57; Ridderbos, *Paul*, 256.
148 Thompson, *Preaching Like Paul*, 92.

바울의 종말론적 성령론에 기초해 볼 때, 성령은 그리스도의 몸을 화해시키고 하나 되게 하는 실행자(엡 2:18, 22; 4:3-4), 미래적 구원의 보증, 성도들의 삶의 변혁을 이끌어 내시는 실행자이시다.[149] 그러므로 그리스도인의 윤리적인 삶을 위한 적용 패러다임인 직설법과 명령법 모두에 있어서 성령은 결정적인 역할을 수행하신다.[150]

3) 바울의 적실성 다리: 청중 분석과 적응을 통한 변혁 추구

바울의 적실성 다리는 구속사적 직설법에 기초한 적용적 명령법과 원 청중을 향한 원 적용에 초점을 맞춘 주해적 다리와 보편적인 신학에 기초한 원리화 과정으로서의 교리적 다리에 기초하고 있다. 나아가 바울의 적실성 다리놓기(relevance bridge) 과정은 당시 문화적 장벽들의 간격을 다리놓기 하고, 청중들을 분석하고, 수사학적으로 적응하면서 다양한 적실성 범주 영역에 변혁적 적용을 시도하는 특징을 가지고 있다.

(1) 두 세계 사이를 다리놓기

바울의 적실성 다리 과정에서 첫 번째 특징은 그의 두 세계 사이를 다리놓기(Bridging the gap) 위한 그의 전략에 있다. 바울의 아레오바고 설교는 그가 어떻게 아덴의 철학자들에게 적용적 다리를 놓았는지를 잘 보여준다.[151] 즉 당시 이방 세계를 향한 바울의 아레오바고 설교는 1세기 미셔널 프리칭(missional preaching)의 전형을 보여준다.[152] 아레오바고 설교에 나타난 바울의 적실성 다리는 교양 있는 이방인 청중을 설득하고, 주도적으로 접촉점을 만들고(행 17:22-23), 변증적인 논증을 통해 건설적이고 교정적인 연결을 시도하며(17:24-29), 복음에 기초한 적용을 호소하는(17:30-31) 내용으로 구성되어 있다.[153]

조엘 마쿠스(Joel Marcus)에 따르면, 바울은 당시 헬레니즘 문화와 세계 안에 있는 문화적 장벽을 인식(종교적 질문들에 대한 관심, 고대 신들에 대한 관용, 신적 능력의 피라미드 구

---

149 Ryoo, "Paul's Preaching in the Epistles to the Ephesians," 101-61.
150 Parsons, "Being Precedes Act," 232; T. J. Deidun, *New Covenant Morality in Paul* (Rome: Biblical Institute Press, 1981), 175-83.
151 Polhill, *Paul & His Letters*, 212.
152 Bailey, "Acts 17:16-34," 481; Soards, *The Speeches in Acts*, 95-100.
153 Flemming, "Contextualizing the Gospel in Athens," 201-05.

조, 사후 세계에 대한 체계적인 사상의 부족함 등)했다고 할 수 있다.[154]

데럴 찰스(Daryl Charles)는 바울의 변증적 다리놓기 모델이 가진 2가지 중요한 요소를 강조한다.

첫째는 문화적인 상황화를 통해 성경적 진리를 타협없이 적용하는 전략이고,

둘째는 타협이 만연한 문화 가운데서 절대적인 신학 원리에 기초한 문화적 적용을 형성하는 방법이다.[155]

당시 그레코로만 수사학(Greco-Roman rhetoric)의 전형적인 패턴을 따라, 바울의 두 세계 다리놓기 전략은 아레오바고 청중의 궁금증을 유발시키고 고도의 질문을 던지는 것과 관련이 있다.[156] 예를 들어, 그는 청중의 관심을 이끌어 내기 위해 아덴 사람들이 가지고 있던 호기심을 불러일으키는 설교 서두(exordium, 엑소르디움)를 활용했다.[157] 바울의 설교 서두는 말씀의 세계와 이방 세계 사이를 다리놓는 탁월한 수사학적 전략이었다.[158] 또한 그는 설교의 분명한 목표를 제시하는 논증(proposition)을 활용하고(23b), 메시지의 주요 논증(probatio, 프로바티오)을 상세히 전개하며(24-29절), 마지막으로 청중을 설득하여 구체적인 행동, 즉 회개를 촉구하는 적용적 권면(peroration)을 선포한다(30-31절).[159]

물질주의와 이성주의에 기초한 아테네인들의 세속적 세계관을 반박하고 변혁시키기 위해 바울은 물질 세계에 속한 어리석은 우상들을 고발하고 무에서 유를 창조하시는(creatio ex nihilo, 크레아티오 엑스 니힐로) 하나님에 대한 진리와 복음의 핵심인 부활의 교리를 선포한다.[160] 바울은 당시 아테네 문화의 3가지 종류의 거짓된 가르침에 도전하는 종교적인 적용을 시도한다.[161] 따라서 아레오바고 설교를 통해 볼 때, 바울이 설교자와 청중 사이에 놓인 간격을 메우는 다리놓기로서의 적용 패러다임을 추구했다는 것을 알 수 있다.

154　Joel Marcus, "Paul at the Areopagus," *BTB* 18 (1988): 143-48.
155　Charles, "Engaging the (Neo) Pagan Mind," 47-62. 찰스에 따르면, 두 세계를 다리 놓는 바울의 전략은 "청중의 인식론적 가정들을 파악하고, 세계에 대한 공통된 이해를 나눈 다음, 절정에 이르러서는 창조주의 자기 계시와 그리스도의 부활의 교리를 드러내는 것"이다(Ibid., 55).
156　Sandnes, "Paul and Socrates," 24-25.
157　Patrick Gray, "Athenian Curiosity(Acts 17:21)," *NovT* 47 (2005): 110-16; Mark D. Given, "Not Either/Or but Both/And in Paul's Areopagus Speech," *BibInt* 3 (1995): 364-65.
158　Dean Zweck, "The *Exordium* of the Areopagus Speech, Act 17: 22, 23," *NTS* 35 (1989): 103.
159　Flemming, "Contextualizing the Gospel in Athens," 201.
160　Charles, "Engaging the (Neo) Pagan Mind," 54.
161　Proctor, "The Gospel from Athens," 69-72.

(2) 바울의 청중 분석과 수사학적 적응 전략

바울의 아레오바고 설교처럼 바울이 복음을 상황화하고 적용하는 과정을 잘 보여준 예도 없다. 바울은 "적어도 헬레니즘 수사학과 고대 이방 종교의 신앙과 행위에 대하여 익숙할 정도의 지식"을 가지고 있었다.[162] 바울의 청중 분석(Audience analysis) 전략은 회중의 마음에 파고 들어가는 형태를 통해 복음을 상황화하기 위한 관점을 증명해 준다.[163] 적실성 다리의 중요한 목적은 당시 교육받은 이방인들을 분석함을 통해 보편적인 교리에 기초한 상황화된 적용을 전달하는 것이다.[164] 변증적인 다리(the apologetic bridge)는 청중에 대한 지식이 필요하다는 것을 증거한다.[165]

구체적으로 바울은 청중 분석을 통해서, 당시 에피쿠로스는 사후 세계 거부했고, 스토아 철학자들은 인간 본성의 초월에 대한 사고 체계를 인식하고 있다는 것을 파악하고 있었다.[166] 이러한 청중 주해(exegete his audience)를 통해 바울은 교육받은 두 이방인 청중을 향해[167] 원색적인 케리그마(kerygma)와 창조, 하나님, 인간, 부활에 관한 성경적인 교리에 기초한 선교적, 복음적 설교와 적용을 추구했다.[168] 사도행전 17장 아레오바고 설교의 균형 잡힌 수사학적 분석과 적응을 통해 바울은 궁극적으로 그들 안에 있는 우상을 깨뜨리고 그들을 회개(repentance)로 이끌어 가려고 했다.

변혁적 적용을 위한 바울의 설교 모델은 청중과 메시지 모두를 철저히 분석하고, 수사학적 적응(rhetorical adaptation)을 위해 하나의 중심 아이디어, 설교의 구조, 논리, 스타일, 패턴을 구성해야 한다는 것을 예시한다.[169] 맥그래스(McGrath)는 "바울의 아레오바고 설교는 케리그마(kerygma)와 아폴로기아(apologia)을 혼합하는 신약성경의 경향성을 예증해 준다"라고 본다. 즉 바울의 수사학적 전략은 복음을 변호하고 선포하기 위해 신약적(사도적) 설교의 두 필수 요소를 적절히 혼합하여 활용하는 것이다.[170]

---

162 Alister E. McGrath, "Apologetics to the Greeks," *BSac* 155 (1998): 259; W. S. Kurz, "Hellenistic Rhetoric in the Christological Proofs of Luke–Acts," *CBQ* 42 (1980): 171–95.
163 Flemming, "Contextualizing the Gospel in Athens," 207; Gangel, "Paul's Areopagus Speech," 312.
164 Charles, "Engaging the (Neo) Pagan Mind," 49; Marshall, *Acts*, 281.
165 McGrath, "Apologetics to the Greeks," 265. 이러한 수사학적 전략은 당시 로마 수사학자였던 퀸틸리안(Quintillian)의 기본적인 원리였다(Sandnes, "Paul and Socrates," 25).
166 Croy, "Hellenistic Philosophies and the Preaching of the Resurrection," 39.
167 McGrath, "Apologetics to the Greeks," 265.
168 Charles, "Engaging the (Neo) Pagan Mind," 55, 59.
169 Sunukjian, "Patterns for Preaching," 186–96.
170 F. F. Bruce, *The Defense of the Gospel in the New Testament* (Grand Rapids: Eerdmans, 1959); McGrath, "Apologetics to the Greeks," 265.

이처럼 바울은 적실성 다리놓기를 통해 동일화 요소(identificational factor)와 변혁적 요소(transformational factor)를 균형 있게 추구하였다.[171] 그러므로 청중 분석(주해)을 기초로, 바울의 적실성 다리 과정의 목적은 그들을 설득하여 변화된 삶으로 이끌어 가는 것이라고 할 수 있다.

(3) 청중의 필요에 민감한 전략으로서의 바울의 수사학적 적응

바울의 아레오바고 설교와 다르게 사도행전 13장의 설교는 당시 회당 안에 있던 청중의 진정한 필요를 향한 적용 패러다임을 보여준다. 바울은 그들이 약속된 메시아를 존중하지만, 무지와 인식의 부족이 있음을 강조한다(13:27, 29).[172]

사도행전 20:17-38의 바울의 밀레도 설교는 실제 교회의 지도자들이었던 그리스도인 청중에게 선포되었던 거의 유일한 장문 설교 중에 하나이다. 이 설교를 통해 바울은 주제와 구조에 대한 수사학적 적응뿐만 아니라 청중의 필요를 민감하게 만족시키는 적용 전략을 잘 보여준다. 실제로 그의 설교는 주제의 수사학적 적응뿐만 아니라 청중의 필요에 민감(need-sensitive)한 전략을 보여준다. 밀레도 설교는 느슨하게 구조화된 것처럼 보일 수도 있지만, 분석해 보면 매우 잘 구조화 되었다는 것을 알 수 있다.[173]

바울의 설교의 중심 주제는 자신의 본보기와 떠남을 기초로 한 하나의 권면이다.[174] 바울의 효과적인 적용을 위한 수사학적 전략은 설교의 모든 측면을 자신의 청중에게 적응(adapt)시키며, 그들의 독특한 필요를 목회적으로 파악한 다음 말씀의 의도를 따라 채워주는 데 있었다.[175]

(4) 바울의 교리에 기초한 다차원적 적실성 범주

바울은 적용이 없는 구속사적 혹은 신학적 설교를 넘어 다양한 적실성 범주를 통한 적용을 추구했다. 바울의 적용 해석학의 기본적인 원리는 적용 패턴의 확고한 '분류'(categorization)이다.

바울의 적용적 해석학의 근간을 이루는 구절은 디모데후서 3:16로서, 그는 적용의

---

171 Flemming, "Contextualizing the Gospel in Athens," 208.
172 deSilva, "Paul's Sermon in Antioch of Pisidia," 39.
173 Hemer, "The Speeches of Acts," 79; C. Exum and C. Talbert, "The Structure of Paul's Speech to the Ephesian Elders," *CBQ* 29 (1967): 233-36; Soards, *The Speeches in Acts*, 104-08.
174 Sunukjian, "Patterns for Preaching," 133-57.
175 Sunukjian, "Patterns for Preaching," 158-69.

4가지 핵심을 "교훈, 책망, 바르게 함, 의로 교육함"으로 보았는데, 이것들은 '교훈과 책망'이라는 측면의 교리(creed)적인 혹은 신학적인 적용과 '바르게 함과 의로 교육'이라는 측면의 행동(conduct) 혹은 삶에 관한 적용으로 대별될 수 있다.[176] 이는 구체적인 삶에 대한 적용뿐만 아니라 교리(신학)안에 있는 가르침에서도 이미 적용의 영역이 시작된 것임을 암시해 준다. 중요한 것은 교리적 적용(교훈과 책망)이 반드시 '구체적'이어야만 할 필요는 없다는 것이다.[177] 그러나 대부분의 적용(바르게 함과 의로 교육함)은 철저히 구체적이어야 한다.[178]

그렇다면 바울의 설교는 적실성 다리놓기를 통해 다음과 같은 다차원적 적실성 범주(multi-dimensional relevance category)를 보여준다.

① 개인적인 영역을 향한 적용:

　언약, 구원론, 성령론에 기초한 개인적인 적용(갈 5:25; 6:4, 7),

　구원론에 뿌리를 둔, 양심과 관련된 적용(롬 13:5),

　종말론에 입각한 개인적인 적용(딤후 4:2).

② 가정/결혼/성(sexuality)의 영역을 향한 적용:

　기독론과 성령론 중심의 아내와 남편 관계(엡 5:22, 28),

　부모와 자녀 관계(엡6:1, 4),

　신론에 기초한 성 윤리(롬 1:24-27).

③ 목회적, 공동체 영역을 향한 적용:

　기독론에 기초한 목회적/공동체적 적용(빌 2:1-2, 5-10, 14, 18),

　구원론에 뿌리를 둔 적용(롬 12:2, 9-21),

　자유에 기초한 공동체적 적용(갈 5:1, 13).

④ 사회-정치적 영역의 적용:

　보편적인 교리에 기초한, 정치 영역에 적실한 적용(politically relevant application, 롬 13:1-7).

176　John Stott, *Guard the Gospel* (Downers Grove, Ill.: InterVarsity, 1973), 101-03; Gordon D. Fee, *First and Second Timothy, Titus* (Peabody, Mass.: Hendrickson), 280; Perkins, *The Art of Prophesying* (Pennsylvania: The Banner of Truth Trust, 2002), 64-65.

177　John Piper, *The Supremacy of God in Preaching* (Grand Rapids: Baker Books, 2004)을 참고하라.

178　Scot Gibson, "Philosophy versus Method: Big Idea Preaching's Adaptability," in *The Big Idea of Biblical Preaching* (Grand Rapids: Baker Books, 1998), 171; Chapell, *Christ-centered Preaching*, 120, 214-15.

⑤ 윤리적 영역의 적용:

구원론과 종말론에 기초한 윤리적 적용(고전 15:20-28, 45-58), 성령론에 근거한 윤리적 적용(엡 5:18-21; 6:1, 4-5; 갈 5:25-26; 6:1-2, 6-7), 기독론에 기초한 윤리적 적용(롬 5:20-21; 6:4).

⑥ 세계관적(문화적) 영역의 적용:

하나님 성품과 예수 그리스도의 부활에 기초한 문화적(세계관적) 적용(행 17:30-31).

4) 바울의 변혁적(transformational) 다리

(1) πείθω를 통한 구체적인 행동의 변화

바울의 수사학적 전략은 '청중 분석과 수사학적 적응에 의한 설득'을 통해 두 세계 사이에 놓인 간격에 다리놓는 것이다.

그렇다면 바울의 수사학적 분석과 적응을 통한 적실성 다리놓기의 궁극적인 목적은 무엇인가?

누가는 이러한 삶의 변화를 향한 적용이라는 바울의 설교의 목적을 묘사하기 위하여, 반복해서 키워드인 헬라어 πείθω("페이도," 권면하다, 설득하다, 신뢰하다)를 사용한다. 사도행전에 나타난 이 단어의 활용을 간단히 살펴보자.

① ἐπείσθησαν(에페이스데산[3인칭 복수 부정과거 수동태], "권함을 받고," 행 17:4): 바울이 데살로니가 회당에서 구속사적 설교를 강론하고 진리를 증명한 후 경건한 헬라인의 큰 무리와 적지 않은 귀부인도 권함을 받고 바울과 실라를 좇게 되는 장면에서 사용됨.

② πείθων(페이돈[현재 분사], "권면하되," 행 19:8): 바울이 에베소 회당에 들어가 3달 동안을 담대히 하나님 나라에 대하여 강론하며 권면한다는 의미로 사용됨.

③ πείθων(페이돈[현재 분사], "권하더라," 행 28:23-24): 바울이 로마 감옥으로 찾아온 사람들에게 아침부터 저녁까지 강론하여 하나님 나라를 증거하고 모세의 율법과 선지자의 말을 가지고 예수의 일로 권하다는 의미로 사용되었다.

누가의 의도는 바울이 설득을 통한 행동의 변화를 자신의 다리놓기를 통한 설교의 궁극적인 목적으로서 추구했다는 것을 강조하는 것이었다.

레리 오버스트릿(Larry Overstreet)의 지적처럼, 바울은 "행동하도록 만드는 설득"을 지칭하는 πείθω(페이도)와 "순종, 확신, 신뢰, 믿음"과 같은 국면을 대변하는 의미인

πείθω가 중요한 개념으로 사용되었다.[179] 아담 둘리(Adam B. Dooley)도 구약과 신약에서 πείθω의 용례를 심도 깊게 분석한 다음 강조하기를, 바울은 이 단어를 행동 지향적인 목표를 가지고, 설교를 듣는 청중이 말씀에 대한 이해와 함께 마음과 의지를 다해 순종하도록 하기 위한 의도로 사용했으며,[180] 성령의 통제하는 능력 안에서 그리스도 중심적이며 성경 중심적인 설득 전략을 추구했다고 한다.[181]

바울이 사용한 πείθω의 목적은 분명히 변혁된 삶이었으나(고후 5:11), 듀안 리트핀(Duane Litfin)은 주장하기를, 바울의 궁극적인 목적은 청중의 변화보다는 이해(comprehension)에 있었다고 한다.[182]

그러나 바울은 당시 그레코로만 수사학을 활용하는 것을 거부하지 않으면서 그 궁극적인 목적을, 청중이 단순히 이해하는 것을 넘어서 변혁되는 데 두었다. 바울은 고대 수사학을 자신의 서신서(문자)와 선포(구두) 모두에 일관되게 사용하여 기독교 공동체를 말씀으로 변혁시키고자 했다.[183] 그레코로만 수사학은 "기독교 수사학에 침입해 들어온 이방인이 아니라 처음부터 바울의 의사 전달 과정을 형성하는 데 기능했다."[184] 그러나 바울은 고전 수사학을 넘어 성령의 주권적인 역사 안에서 πείθω를 통한 청중의 삶의 근본적인 변화와 행동을 추구했다.

사도행전에 나타난 바울의 설교는 탁월한 수사학적 전략을 활용한 행동 지향적 적용을 보여준다. 도널드 스누키얀(Donald R. Sunukjian)은 사도행전 13, 17, 20장의 설교를 치밀하게 분석한 후, 다음과 같이 결론짓는다.

> **바울의 설교에 있어서 주요 목적은 설명, 인지, 가르침, 교훈이 아니라 구체적인 행동을 실행하도록 그의 청중을 설득하는 데 있었다.[185]**

예를 들어, 사도행전 13장 설교에서 바울은 유대인들을 설득하기 위해 상황화된 진

---

179 Overstreet, "The Priority of Persuasive Preaching," 54.
180 Dooley, "Utilizing Biblical Persuasion," 68–69.
181 Dooley, "Utilizing Biblical Persuasion," 70–76; Gregory Heisler, "A Case for a Spirit-Driven Methodology of Expository Preaching" (Ph.D. diss., The Southern Baptist Theological Seminary, 2003), 36–43.
182 Duane Litfin, *Public Speaking*, 2nd ed. (Grand Rapids: Baker, 1992), 135–40; idem, *St. Paul's Theology of Proclamationc* (Cambridge: Cambridge University Press, 1994), 248.
183 Resner, *Preacher and Cross*, 83.
184 Thompson, *Preaching Like Paul*, 83.
185 Sunukjian, "Patterns for Preaching," 171.

리와 적용을 선포한다. 17장의 설교에서도 바울은 단순히 하나님에 대한 아테네인들의 교리적 지식을 교정하는 데 목적을 두지 않고 그들의 구체적인 행동과 변화를 도모하는 데 두었다.[186] 사도행전 20장의 밀레도 고별 설교에서 바울은 2가지 적용적 명령을 통해 구체적인 행동을 지향하는 설교 패러다임을 보여준다.

① "προσέχετε"(프로세케테, "삼가라," 28절).
② "γρηγορεῖτε"(그레고레이테, "일깨어," 31절).

그러므로 바울의 설교 다리놓기를 통한 적용의 주요 목적은 "하나님의 사람으로 온전하게 하며 모든 선한 일을 할 능력을 갖추게 하려 함"이다(딤후 3:16-17).

(2) 삶의 변혁을 위한 십자가 중심적인 설득

설교자들은 바울이 변혁적 다리놓기를 위해 그리스도의 십자가 중심의 설득(Cross-centered persuasion)과 선포를 추구하였다는 점을 인식할 필요가 있다.[187] 고린도전서 1:21에서 "전도의 미련한 것으로"라는 번역은 "설교의 미련한 방법을 통해"로 이해할 수 있으며, 전후 문맥을 살펴 볼 때, 바울은 세상의 지혜의 관점에서는 "미련한"(μωρίας, 모리아스, 18, 21, 23절) 것이지만 반대로 하나님의 지혜의 차원에서는 설교가 "능력"이라는 점을 웅변적으로 강조하고 있다.[188]

예를 들어, 고린도교회에 있어서 십자가는 '변화를 위한 상징'(symbol)이었다는 점을 여러 학자들은 공통적으로 강조한다.[189] 피켓(Raymond Pickett)과 웰본(L. L. Wellborn)의 고린도전후서에 대한 포괄적인 연구에 따르면 바울의 적용 해석학의 중심은 예수님의 죽으심, 곧 개인을 포함한 사회 전체의 십자가를 통한 '변혁'이다.[190] 바울은 그리스도

---

186 Sunukjian, "Patterns for Preaching," 172.
187 Knowles, *We Preach Not Ourselves*, 10-31.
188 강웅산, "설교의 미련한 것(계시의 변증적 기능과 성령의 역할, 고전 1:21)" 한국복음주의신학회 제61차 정기논문발표회 미간행 논문, 148.
189 Raymond Pickett, *The Cross in Corinth* (Sheffield: Sheffield Academic, 1997), 27; L. L. Welborn, *Paul, the Fool of Christ* (New York: T & T Clark, 2005), 3; Martin Hengel, *Crucifixion in the Ancient World and the Folly of the Message of the Cross* (Philadelphia: Fortress, 1977), 6-7; Knowles, *We Preach Not Ourselves*, 112-45.
190 Raymond Pickett, *The Cross in Corinth: The Social Significance of the Death of Jesus* (Sheffield: Sheffield Academic Press, 1997), 27; L. L. Welborn, *Paul, the Fool of Christ: A Study of 1 Corinthians 1-4 in the Comic-Philosophic Tradition* (London/New York: T & T Clark International, 2005), 3;

의 십자가를 신앙인(해석자들)의 영적 정체성과 변혁적 다리(transformational bridge)의 상징으로 인식하고 있었다.[191]

브라운도 바울의 종말론적 메시지는 그리스도의 십자가의 능력으로 독자들(청중)을 변혁시키는 것에 초점을 둔 것이라고 역설한다.[192]

브라스톤(Braxton)도 "종말론적 실재(apocalyptic reality)"로서 그리스도의 십자가가 삶을 변화시키는 계시(life-altering revelations)라는 점과 자아(독자)의 연약함이 변혁을 위한 하나님의 도구가 된다는 점을 동시에 강조한다.[193] 즉 바울의 십자가 중심의 변혁적 다리놓기는 고린도 교회 안에 있던 다양한 윤리적 문제들을 해결하는 결정적인 역할을 하였다.[194]

십자가 형태의 교회가 그리스도의 십자가 형태의 인식(cruciform mindset)을 추구하는 것처럼, 십자가 형태의 로고스는 십자가 형태의 인격을 요구한다.[195] 그리스도의 십자가로 인해 자아(독자)의 십자가 중심의 의식의 변혁이 일어날 때 공동체 가운데도 십자가 중심의 변혁이 이어질 수 있다.[196] 결국 세계관(인식론적)의 렌즈(epistemological lens)로서의 십자가는 청중을 변혁시키는 다리놓기(cross-based transformational bridge)를 위한 열쇠이다.

바울도 그리스도의 십자가를 신자의 정체성과 존재의 변혁을 위한 고도의 수사학적 전략으로 활용하였다.[197] 브라운에 따르면, 고린도 지역에서 바울의 설교는 "고린도 교회 공동체의 화해를 지향하며 … 청중과 다음 세대들에게 십자가의 능력을 드러내기

Martin Hengel, *Crucifixion in the Ancient World and the Folly of the Message of the Cross* (Philadelphia: Fortress press, 1977), 6-7.

191 Pickett, *The Cross in Corinth*, 37-211; J. Z. Smith, "The Influence of Symbols upon Social Change: A Place on Which to Stand," *Worship* 44 (1970), 471-72; B. A. Babcock, *The Reversible World* (Ithaca, NY: Cornell University Press, 1978), 14, 16.

192 Brown, *The Cross and Human Transformation*, 12-13.

193 Braxton, *Preaching Paul*, 29.

194 Brown, *The Cross and Human Transformation*, 157-67; 고린도인들의 윤리적 문제들에 관한 포괄적인 분석을 위해서는 Brian S. Rosner, *Paul, Scripture and Ethics* A Study *of 1 Corinthians 5-7* (Leiden: E. J. Brill, 1994)을 보라. 그레코로만 상황에서 고린도인들의 갈등에 관한 연구를 위해서는 Robert S. Dutch, *The Educated Elite in 1 Corinthians: Education and Community Conflicts in Graeco-Roman Context* (London/New York: T&T Clark Int.: 2005)을 보라.

195 Resner, *Preacher and Cross*, 131.

196 Brown, *The Cross and Human Transformation*, 139. Also See Willis, "The Mind of Christ in 1 Corinthians 2, 16," *Biblica* 70 (1989): 119; L. L. Wellborn, "On the Discord in Corinth: 1 Corinthians 1-4 and Ancient Politics," *JBL* 106 (1987): 88.

197 Pickett, *The Cross in Corinth*, 209-10; B. Malina, *The New Testament World* (Atlanta: John Knox, 1981), 21; J. Z. Smith, "The Influence of Symbols upon Social Change," *Worship* 44 (1970): 471-72.

위한 목적"으로 선포되었다.[198] 본질적으로 바울의 변혁적 다리를 통한 적용은 "미련한 것"(the folly)으로 취급되던 십자가 복음에 견고히 기초한 것이었다.

'종말론적 모티브'(eschatological motive)에 의해 특징 지워지는 바울의 고린도 교회를 향한 복음 설교는 그리스도의 구속 사역을 통해 이미 신자들 안에 변혁이 일어났다는 종말론에 기초한다.[199] 브락스톤(Braxton)은 그리스도의 십자가를, 성도의 삶을 변혁시키는 계시에 기초한 종말론적 실재(apocalyptic reality)의 차원으로 인식하라고 강조한다.[200]

바울의 십자가 중심의 설교는 옛 세상을 심판하시고 만물을 새롭게 창조하시는 하나님(고전 1:18-31) 및 종말론적 신비(고전 2:1-5)와 연결되며, 이러한 십자가 중심적 메시지가 선포될 때 성령이 청중의 삶 가운데 변혁의 역사를 일으키신다.[201] 고린도교회 청중을 향한 바울의 목회적 설교의, 그리스도의 십자가에 기초한 설득적 적용과 성령님의 역사를 통해서만 삶의 변혁이 가능하다.[202]

결과적으로 고린도교회 안에 있던 수많은 윤리적 문제들을 해결하기 위한 바울의 목회적 설교의 열쇠는 십자가와 성령 중심적 적용이다.[203] 이러한 점은 한국교회 설교자들에게 향한 중대한 시사점을 안겨준다.

(3) 성령의 이끌림을 받는 바울의 변혁적 다리

바울의 다리놓기로서 적용 패러다임의 전 해석학적 과정은 전적으로 성령이 결정적인 역할을 하신다. 고린도전서 2:10-16에서 볼 수 있는 것처럼, 설교의 미련한 것을 통해 계시의 능력을 나타내시는 것은 내용적으로는 그리스도와 십자가 중심으로 이루어지지만, 그 방법에 있어서는(계시의 전달, 이해, 해석, 적용의 모든 과정) 계시의 소통자(communicator) 되시는 성령을 통해서 이루어진다.[204]

예를 들어, 갈라디아서 5:16과 5:25에서 바울은 περιπατεῖτε(페리파테이테, [성령을 따

---

198 Alexandra R. Brown, *The Cross in Human Transformation* (Minneapolis: Fortress, 1995), 12-13.
199 Brown, *The Cross in Human Transformation*, 14, 29-30, 65.
200 Braxton, *Preaching Paul*, 29; Resner, *Preacher and Cross*, 129.
201 Brown, *The Cross and Human Transformation*, 65-96, 97-104.
202 D. A. Carson, *The Cross and Christian Ministry* (Grand Rapids: Baker, 1993); Brown, *The Cross and Human Transformation*, 157.
203 Brown, *The Cross and Human Transformation*, 167. 고린도 지역의 윤리적 문제들에 대한 보다 자세한 논의를 위해서는 Brian S. Rosner, *Paul, Scripture and Ethics* (Leiden: E. J. Brill, 1994)을 참고하라. 그레코로만 상황 속에서 겪는 고린도인들의 갈등에 대한 분석에 관해서는 다음을 참조하라 Robert S. Dutch, *The Educated Elite in 1 Corinthians* (New York: T&T Clark, 2005).
204 Richard B. Gaffin, Jr., "Some Epistemological Reflections on 1 Cor. 2:6-16," *WTJ* 57 (1995): 103-24.

라] "행하라")와 στοιχῶμεν(스토이코멘, [성령으로] "행할지니")라는 단어를 사용하면서, 그리스도인의 삶에 역동적인 변화를 일으키시는 성령의 결정적 역할을 강조하는 적용적 명령을 강조한다. 즉 "성령을 따라 행하라"(A: 16절)라는 명령과 "(성령으로 살면) 성령으로 행할지니"(Aʹ: 25절)라는 명령 사이에 구체적인 윤리적 적용(육체의 열매와 성령의 열매)을 선포한다(17-24절). 이러한 구조를 통해 바울은 '성령 주도적인 적용 패러다임'의 예를 보여준다.

리차드 롱게네커(Richard Longenecker)는 다음과 같이 예리하게 지적한다.

> 그리스도인의 삶에 있어서 방종을 이기는 길은 유대주의자들의 주장처럼 율법에 있는 것이 아니라, 성령님께 열린 마음으로 철저히 인도함을 따라 살아가는데 있다. '그리스도 안'에 있는 존재라는 의미는 무율법주의 혹은 방종을 의미하지 않고 성령에 의해 이끌림을 받는 새로운 종류의 삶을 살아간다는 것이다.[205]

고든 피(Gordon Fee)도 바울의 윤리적 적용과 성령을 긴밀히 결부시킨다. 바울의 변혁적 명령은 그리스도인이 일상적인 삶의 전 영역에서 윤리적인 삶의 살아갈 수 있도록 하기 위한 열쇠이다(갈 5:16, "성령을 따라 행하라 그리하면 육체의 욕심을 이루지 아니하리라"). 성령은 진리 안에서의 자유함에 기초한 윤리적인 삶을 살아가는 데 있어서 반드시 필요하다. 육체의 소욕은 성령을 거스르고 성령은 육체를 거스르고 서로 대적하기 때문에 그리스도인이 원하는 것을 하지 못하게 한다(갈 5:16-17). 성령님은 신자로 하여금 육체의 욕심이 아닌 하나님의 성품으로 살아갈 수 있도록 인도하신다.[206]

존 바클레이(John M. G. Barclay)도 바울은 성령 안에서 행한다는 표현을 사용함으로써 성령의 지속적인 능력과 인도하심이 없이는 긴급한 윤리적 명령(적용)을 지킬 수 없다는 점을 강조했다고 말한다.[207]

바울은 성령 주도적인 변혁적 적용을 통해 성령이 신자가 그리스도 안에서 얻은 자유(갈 5:1)에 기초한 윤리적 삶을 살아가는 데 반드시 필요하다는 것을 강조한다. 신자는 성령이 없이는 이미 주어진 자유로 그리스도의 법을 성취하기보다는 육체의 욕망에 굴복함으로 다시 종의 멍에를 멜 수밖에 없다(갈 5:16-17; 6:2). 그리스도의 모범을

---

205 Richard Longenecker, *Galatians*, WBC, vol. 41 (Nashville: Thomas Nelson, 1990), 246.
206 Fee, "Freedom and the Life of Obedience," 204.
207 Barclay, *Obeying the Truth*, 227.

통해서 알 수 있는 것처럼, 성령의 인도하심을 받는 신자라야 '자유'(구원)에 기초한 윤리적 적용에 순종함으로 그리스도의 법을 성취할 수 있다.[208]

바울은 신자가 성령을 따라 행하지 않고서는 육체의 욕망을 따라 행할 수밖에 없다는 사실을 철저히 인식하면서 성령에 기초한 윤리적 적용을 선포하는 패턴을 잘 보여주고 있다.[209] 그러므로 바울의 변혁적 다리는 성령의 역사와 인도하심과 긴밀하게 연결되어 있다.[210]

4. 결어: 대안적 적용 모델로서의 바울의 설교 패러다임

바울의 삶을 변혁시키는 적용 패러다임은 포스트모던 시대 설교자들에게 여전히 설교의 대안적 모델이 되어야 한다. 개혁주의 강해 설교자는 바울의 적용 패러다임이 주는 함의들을 깊이 성찰해야 할 필요가 있다. 만약 설교자들이 바울의 교리에 기초한 적용 패러다임을 따른다면, 여러 가지 부적합한 적실성 패러다임에서 양산되는 적용의 오류들을 피할 수 있으며,[211] 원 청중을 향한 원 적용(original application)과 현 청중을 위한 현대적 적용(contemporary application) 사이에 놓인 간격을 다리놓기 함으로써 적용의 보편적인 원리를 찾기 위한 교리적인 기준(doctrinal criteria)을 인식할 수 있게 된다.

그렇다면 바울의 설교에 나타난 적용 패러다임 원리는 포스트모던 한국교회 설교자들을 향해 어떤 대안적 방향성을 제시해 주고 있는가?

(1) 바울 설교의 구속사적, 교리적 직설법(doctrinal indicative: 예수 그리스도께서 신자를 위해 이미 행하신 일들)과 하나님 나라 윤리적 명령법(ethical imperative) 혹은 명령법적 적용(imperative application) 패러다임은 한국교회와 사회를 변혁시키기 위한 적용 해석학의 기본 패러다임과 주해적 다리놓기의 기초가 되어야 한다

---

208 Ben Witherington III, *Conflict & Community in Corinth* (Grand Rapids: Eerdmans, 1995), 213; Fee, "Freedom and the Life of Obedience," 205.
209 Frank Thielman, "Law and Liberty in the Ethics of Paul," *Ex Auditu* 11 (1995): 71-78.
210 Longenecker, *Galatians*, 266.
211 Sidney Greidanus, *Preaching Christ from the Old Testament* (Grand Rapids: Eerdmans, 1999), 293-94; idem, *The Modern Preacher and the Ancient Text*, 165; Johnson, *Him We Proclaim*, 231-34; 김창훈, "구속사적 설교의 평가," 「복음과 실천신학」 15 (2008): 132.

바울이 보여준 성경 저자의 의도한 적용과 구속사에 기초한 윤리적 적용 지평 구도는 하나님 나라의 공동체적 윤리 회복을 위한 설교의 적용이 절실한 한국교회에 새로운 회복의 여명이 밝아오게 할 것이다.[212] 예를 들어, 한국교회에 독버섯처럼 만연한 번영신학(번영복음)과 실용주의에 기인한 인간 중심적이며 세속적인(물질적인) 설교를 지양하고 그리스도(은혜) 중심적인 구속사적 설교를 지향하게 하는 적용 해석학적 대안을 바울의 직설법-명령법 패러다임에서 찾을 수 있다.[213]

또한 바울의 이러한 패러다임은 이원론적 적용 방식, 즉 구속사를 외면한 적용 혹은 적용을 간과하는 구속사적 설교 방식을 넘어 목회적 신앙 공동체를 지향하며 윤리적 변화를 촉구하는 적용이 살아있는 구속사적 설교(application-focused redemptive preaching: 객관적인 구속사와 주관적인 구속사를 균형있게 제시하는)를 추구하기 위한 모델을 제공해 준다.[214]

나아가 본문 저자가 원 청중을 향해 의도했던 원 적용(author-intended application)을 적용적 해석(applicatory hermeneutics)을 통해 주해적 다리놓기 과정에서부터 찾아야 한다. 바울의 적용 해석학 모델을 따라 구속사적 직설법과 윤리적 명령법으로 대별되는 주해적 다리놓기를 통해, 설교자의 의도가 아닌 철저히 저자 중심적인 개혁주의 해석학의 빛 아래서, 저자 의도적 적용(author-intended application)이 현대 청중을 향한 적용의 모태가 되어야 하며 '텍스트가 지배하는 적용'(text-driven application)을 추구해야 한다.[215]

오늘날 본문을 이탈하여 거의 본문을 "사용하지 않거나(disuse), 오용하거나(misuse), 남용(abuse)하는" 적용의 양상을 보이고 있는 한국교회는[216] "하나님의 말씀의 설교는

---

212 이승진, "윤리설교를 위한 하나님 나라 관점의 성경 해석과 적용,"「설교한국」2 (2010): 41-79.
213 류응렬, "바울의 설교를 통해 본 개혁주의 설교,"「신학지남」281 (2004): 145; 신성욱, "번영신학과 설교학적 대안,"「설교한국」4 (2012): 83-93. 신성욱은 바울의 직설법 + 명령법 패턴이 인간 중심적 설교, 세속적 설교, 조건부 설교의 대안이 될 수 있다고 확언한다.
214 이러한 구속사적 설교가 가진 구체적인 목회적 적용의 약점을 비판하면서, 데니스 존슨(Dennis Johnson)은 "목회적 적용과 균형을 이룬 구속사적 설교"를 제안한다(Johnson, *Him We Proclaim*, 54, 404); 시드니 그레이다누스도 성경의 원 저자가 의도한 원 적용을 구속사적인 흐름을 따라 현대 청중에게 재적용하는 적용 지향적 하나님 중심적-그리스도 중심적 설교(Theocentric-Christocentric preaching)를 통해 인본주의적, 풍유적(allegorizing), 도덕주의적(moralizing), 영해적(spiritualizing) 설교를 극복할 수 있다고 주장하는 점에서 그 맥락을 같이 한다(이우제, "Sidney Greidanus의 설교 연구,"「복음과 실천신학」27 (2013): 346-47; Derek Thomas, "강해 설교," Don Kistler ed.,「최고의 개혁 설교자들이 말하는 설교 개혁」(*Feed My Sheep*), 조계광 역 (서울: 생명의 말씀사, 2003), 90; 이승진, "설교의 적실성과 적용,"「설교한국」4 (2012): 32-35.
215 Daniel L. Akin, David L. Allen, Ned L. Mathews eds., *Text-Driven Preaching* (Nashville: B&H Academic, 2010), 271-72; 류응렬, "성경적 설교를 위한 저자 중심적 해석학,"「개혁논총」13 (2010): 107-27; 김상훈, "개혁주의 해석학에 근거한 개혁주의 설교의 가능성 연구,"「개혁논총」6 (2006): 45-80.
216 정창균, "한국교회와 설교," 38-39. 정창균은 이러한 본문 이탈로 인해 "성도들의 성경 문맹화, 신앙적

하나님 말씀이다"(Praedicatio verbi Dei est verbum Dei, 프라에디카티오 베르비 데이 에스트 베르붐 데이)는 종교개혁가들의 모토로 돌아가야 한다.

(2) 바울의 적용 해석학 패러다임처럼 적법한 적용의 보편적인 원리의 기준을 교리적 렌즈를 통해 찾아야 한다

지금까지 해석학자들과 강해 설교학자들은 성경이 특정한 경우를 제외하고는 보편적 적실성을 가지고 있다는 점을 감안하면서, 본문 저자의 원 적용을 현대적 적용으로 트랜스퍼링(transferring) 하기 위한 기준으로 '신론과 인간론'이라는 두 초점(two foci)을 강조해 왔다.

그러나 바울의 설교 분석을 통해 증명된 것처럼, 적용의 보편적인 원리를 찾기 위해서는 2가지 기준을 넘어 7가지 교리적인 기준(the seven doctrinal criteria) 혹은 마스터 키(신론, 인간론 혹은 인죄론, 기독론, 구원론, 교회론, 성령론, 종말론)가 어떻게 적용의 트랜스퍼링을 결정하기 위한 '기준'(criteria)으로 기능하고 있는지를 먼저 간파해야 한다. 설교자들은 그리스도 중심적 혹은 구속사적인 적용을 추구해야 하지만, 보다 더 다양한 교리적 렌즈(doctrinal lens)들에 초점을 맞추어야 하며, 성경 지평과 현대 지평 사이에 놓인 역사적, 문화적, 신학적 간격을 연결하는 '원리화 다리'(principlizing bridge)가 필요하다는 것을 인식해야 한다.[217]

(3) 적용을 위한 교리에 기초한 원리를 보다 구체적으로 발견하기 위해서는 다음과 같이 주요 신학들과 관련된 하부 주제들을 세부화하는 작업이 필요하다

① 신론: 하나님의 사랑, 거룩, 진노, 창조, 기적 등.
② 인간론: 하나님의 형상, 남성상과 여성상, 인간의 자아상 혹은 인죄론: 타락, 이기성, 반역, 무법함, 불경건, 우상 숭배 등.
③ 기독론: 그리스도의 인격, 속죄, 죽음, 부활과 승천, 그리스도의 직위.
④ 구원론: 그리스도와 연합, 선택, 부르심, 회심, 칭의, 화해, 구속, 자유, 성화, 견인, 영화 등.
⑤ 교회론: 구속된 공동체, 세례, 순결과 일치, 성령의 은사들, 성찬, 예배, 제자도, 교회

분별력의 상실, 강단에 대한 불만과 불신, 일 중독자 양산"의 결과를 낳았다고 날카롭게 지적한다.
217 교리적 다리놓기 혹은 원리화 다리놓기를 통한 바울의 적용 패러다임은 이후 칼빈과 에드워즈의 설교 적용 패러다임에도 찾아볼 수 있다.

정치 등.

⑥ 성령론: 성령의 내주, 성령 세례, 인치심, 성령 충만 등.

⑦ 종말론: 그리스도의 재림, 새로운 변화의 확실성, 최종적 승리, 부활한 삶, 하나님의 최후 심판, 영원한 상급 등.

(4) 보다 구체적인 적용을 발견하기 위해서는 교리적 원리들이 목회자의 공동체적 상황(pastoral context)에 민감하게 연결될 필요가 있다

예를 들어, 수사학적 청중 분석과 적용을 통해, 회중들의 가운데 겪고 있는 자녀 문제, 부부 관계, 재정적인 문제, 세금, 직장 문제, 이혼, 불임과 유산, 중독, 성, 권징, 폭력 등과 같은 이슈들에 대한 목회적 적용을 진리의 성령 안에서 세워 나가야 한다. 그럴 때 설교가 오늘날 성도들이 설교를 들을 때 던지는 "내가 겪고 있는 문제와 무슨 관련이 있는가(so what), 그리고 지금 현재 나의 삶과 어떤 연관이 있는가(now what)"에 대한 질문에 답할 수 있다.

(5) 강해 설교자들이 추구하는 적용 패러다임은 다차원적 적실성 범주들(multi-dimensional relevance categories)과 유기적으로 연결되고 총체적으로 확장될 필요가 있다

예를 들어, 적용의 정형화를 넘어서 개인적, 공동체적, 사회적, 정치적, 경제적, 세대적, 문화적, 민족적, 종교적 적용 등과 같이 하나님 나라 전 영역에 대한 다차원적 적실성 다리놓기가 필요하다. 바울의 설교 적용 패러다임뿐만이 아니라 크리소스톰, 칼빈, 에드워즈의 설교 적용에도 나타나고 있는 다차원적 적실성 범주의 강점을 한국 교회 설교자들은 계승, 발전시켜 나갈 필요가 있다.

이는 평범한 목회자에게 비현실적으로 들릴 만큼 어려운 과제일 것이다. 그러나 하나님 나라의 통치를 모든 영역에 선포하고 변혁시키고자 하는 하나님 나라의 변혁적 비전을 가지고 기도하면서 폭 넓은 독서, 연구, 토론, 소셜 네트워크를 통한 정보 수집과 공유를 통해, 나아가 다양한 영역에서 최선을 다해 일하고 있는 많은 성도들의 이야기를 듣는 '제사장적 들음'(priestly listening)을 통해(소그룹 혹은 설교 피드백 모임 등을 통해) 다차원적 적용 스펙트럼을 넓혀 나갈 수 있다.

개혁주의 설교 적용 전통을 이어받은 설교자들은 저자 중심적 의미와 교리(신학)적인 논증을 넘어 다차원적 적실성 범주와 입체적인 청중 주해로 이루어진 적실성 다리놓기로 나아가야 한다.

저자 의도적 적용과 보편적인 원리에 뿌리박은 윤리적 적용은 설교자 자신과 성도들의 삶, 나아가 한국 사회와 문화를 변혁시켜야 하기 때문에, 한국교회 설교자들은 바울의 적실성 다리를 복원해야 한다.

설교자들은 적실성 다리놓기의 핵심 중에 하나인 바울의 수사학적 전략, 즉 두 세계 사이에 놓인 간격 메우기, 본문의 빅 아이디어(big idea)를 철저히 끌고 나가기, 청중 분석에 의해 수사학적 청중 적용에 헌신하기, 변혁 지향적 설득에 충실하기 등과 같은 바울의 적실성 다리놓기 전략을 오늘 여기의 청중과 문화에 재상황화하기 위해 치밀하게 연구해야 한다.

(6) 한국교회 강해 설교자들은 오직 예수 그리스도의 십자가와 성령의 역사 안에서 하나님 나라 전 영역의 변화의 역동성을 불러일으키기 위한 바울의 변혁적 다리의 필수적인 원리들을 회복해야 할 필요가 있다

주해적 다리, 교리적 다리, 적실성의 다리에서 멈추지 않고, 궁극적으로 청중의 삶을 변화시키기 위해 바울의 설교가 보여준 행동 지향적 설득과 '설교의 미련한 것'을 통한 하나님의 능력을 의지하면서 십자가 중심적이며 철저히 성령님에 이끌리는 변혁적 적용을 추구해야 한다.

한국교회 설교의 위기를 극복하기 위해서는 설교자가 하나님의 말씀과 성령으로 돌아가는 길 외에는 없으며, "큰 확신과 감동으로 역사"하시는 성령의 역사를 간구하며, 성령 충만을 지속적으로 받아서 삶과 사회를 변혁시키는 바울의 '성령 의존적 적용 패러다임'(Spirit-led application paradigm)을 지향해야 한다.

바울의 균형 잡힌 다리놓기 적용 패러다임을 추구하면서, 작금의 여러 가지 위기를 극복하기 위하여 한국교회 설교자들은 '브릿지빌더'(bridgebuilder)로서의 사명을 충실히 감당해야 한다.

오늘날 한국교회 설교자들은 진부한 바울의 설교와 적용 패러다임 원리보다 수많은 최신 설교 이론들과 방법론이 더욱 절실하다고 인식하거나, 포스트모던 시대에 바울의 적용 패러다임이 적실하지 않다고 인식할 수도 있겠지만, 목회적 설교자로서 가장 탁월한 적용 패러다임의 모델인 바울에게서 먼저 배워야 할 것이다. 진정한 성경적, 개혁주의 설교와 적용 원리의 유산을 오늘날 창조적으로 계승하고 발전시켜 나갈 때, 한국교회와 사회 가운데 하나님 나라의 변혁과 영광스러운 부흥의 여명이 밝아올 것이다.

제3부

청중과 사회를 변혁시키는 적용 패러다임을 위한 역사적 모델

제1장

존 크리소스톰의 설교 적용 패러다임[1]

탁월한 브릿지빌더, 크리소스톰의 설교 적용 연구의 필요성

역사상 많은 설교자들이 '황금의 입'(Golden-mouthed)으로 알려진 존 크리소스톰(John Chrysostom, AD 347-407)을 초기 기독교회의 가장 위대한 설교자로 꼽는 데 주저하지 않는다.[2] 최근 한국교회 설교자들에게 적용에 대한 관심이 증대되고 있는 가운데, 크리소스톰의 적용 패러다임은 탁월한 모델을 제공해준다. 설교의 적용은 한마디로 저자 당시의 청중 지평과 설교자의 청중 지평 사이에 있는 해석학적 간격(hermeneutical gap)을 이어주는 다리놓기(bridge-building)라고 할 수 있다.

이런 차원에서 설교의 본질을 두 세계 사이의 다리놓기로 정의하면서 존 스토트(John Stott)는 크리소스톰을 성경과 현대 사이를 다리 놓는 적용에 탁월한 설교자 모델로 추천한다.[3] 실제로 크리소스톰은 상아탑에 갇힌 신학자, 설교자가 아니었고 당시 청중의 삶과 사회적 상황과 목회적 돌봄(pastoral care) 간의 밀접한 관계 속에서 배태된 적용 지향적 설교(application-focused preaching)를 추구했다.[4] 크리소스톰에게 있어서 목회자,

---

1 본 장은 한국실천신학회에서 발간한 「신학과 실천」 34 (2013년 봄호)에 게재되었된 논문을 수정, 보완한 글임을 밝혀 둔다.
2 James Cox, "Biblical Preachers from Chrysostom to Thielicke," *RevExp* 72 (1975): 189; Edwin C. Dargan, A History of Preaching (Grand Rapids: Baker, 1954), 1:90.
3 John W. Stott, *Between the Two Worlds* (Grand Rapids: Eerdmans, 1982), 147.
4 Wendy Mayer and Pauline Allen, *John Chrysostom* (London and New York: Routledge, 2000), 41-52; J.

설교자의 유일한 무기는 말씀의 강력한 적용이었다. 그는 다음과 같이 확신했다.

> 우리에게는 단 한 가지, 강력한 말씀의 **적용**이라는 방법 밖에 없다. 이것이 우리에게 있어서 유일한 도구요, 유일한 식이요법이요, 최적의 기후가 된다. … 이 방법은 영혼의 건강에 기여하는 모든 것을 하는 것이다.[5] (필자 강조)

그는 당시의 필요와 그의 청중이 가지고 있었던 다양한 관심사와 적용을 절묘하게 연결시키는 브릿지빌더(bridgebuilder)로서 당시 사회를 변혁시키고자 했다. 크리소스톰의 위대한 강점은 성경의 진리를 현재 상황들에 적용하는 능력에 있었으며, 청중의 삶과 세상에 대한 놀라울 만큼 적절한 적용을 보여준다. 그는 당시 부와 가난의 문제, 다양한 우상들, 공적인 행동, 사회적인 쟁점들에 관한 성경적이면서도 총체적인 적용 패러다임을 보여준다.[6] 바로 이러한 크리소스톰의 설교 적용에 나타난 특성은 구약의 선지자들과 특히 바울의 설교 적용의 뿌리에서 나와 꽃피운 것이라 볼 수 있다. 나아가 크리소스톰의 설교 적용은 이후 개신교 설교의 초석을 놓은 존 칼빈(John Calvin)이라는 큰 산에서 다시 한 번 만개하였다.

과연 한국교회 설교자들의 적용 회복을 위해 주목해야 할 크리소스톰의 설교 적용 패러다임의 핵심적인 원리와 특징은 무엇인가?

이러한 질문에 대한 답을 얻기 위해서 크리소스톰의 원문 설교의 분석을 통한 적용 패러다임에 대한 연구와 이를 통한 반성과 대안이 한국교회에 다시 요청되는 시점이다. 오늘날 극심한 경제적, 사회적 '양극화' 현상[7]과 급속한 소셜 미디어 시대로의 변화로 인해 발생하는 세대적인 문제,[8] 하나님의 말씀의 적용을 통해 신앙 공동체의 영적 정체성을 형성하여 실제 삶과 사회 가운데 역동적으로 구현하고 실천하지 못함으로 발생하는 윤리적 문제,[9] 신학(설교)과 실천의 괴리 현상으로 인한 교회의 대사회 변

N. D. Kelly, *Golden Mouth: The Story of John Chrysostom: Ascetic, Preacher, Bishop*(Ithaca, NY: Cornell University Press, 1995).

5 John Chrysostom, 『성직론』(*On The Priesthood*) 채이석 역 (서울: 엠마오, 1992), 133.
6 Clyde E. Fant, Jr. and William M. Pinson, Jr., *20 Centuries of Great Preaching* (Waco, TX: Word, 1976), 1:58.
7 정인교, "한국 사회의 양극화에 대한 설교적 해법의 가능성에 관한 소고," 「신학과 실천」 11 (2006): 123–45를 참조하라.
8 김명찬, "새로운 모바일(소셜 네트워크 서비스) 디지털시대의 변화에 대한 예배의 세대별 대응 모색," 24 (2010), 337–65을 참조하라.
9 이승진, "설교를 통한 신앙 공동체의 집단기억 형성에 관한 연구," 「신학과 실천」 24 (2010): 145–75; 이승

혁적 기능의 상실[10] 등으로 위기에 처해 있는 한국교회의 설교자들은 크리소스톰에 대한 재조명이 필요하다.

한국교회는 말씀과 청중 모두에 충실하며 한국교회를 넘어 한국 사회를 향한 예언적인 적용[11]의 사자후를 토해 낼 한국교회의 크리소스톰을 기다리고 있다. 한국교회는 "말씀이 송축되는" 설교 중심의 예배를 통해 하나님과의 만남이 회복되는 개혁주의 설교와 적용을 다시 추구해야 한다.[12] 크리소스톰의 적용 패러다임에 비추어 오늘날 한국교회의 적용이 탈선된 형태가 없는지 진단해 봐야 한다.

그러므로 본 장은 한국교회 성도들의 삶과 한국 사회를 변혁시키는 적용 지향적 설교 회복을 위해서 '황금의 적용' 모델인 크리소스톰의 설교를 삶의 변화를 추구하는 적용, 교리에 기초한 윤리적 적용, 부와 가난에 대한 적용, 가정과 양육에 대한 적용, 청중 분석과 적응을 통한 적용이라는 특징적 원리에 초점을 맞추어 재조명하고자 한다.

지금까지 크리소스톰의 설교에 대한 관심과 연구는 어느 정도 있어 왔지만, 그의 원문 설교 분석을 통한 총체적인 적용 패러다임에 대한 연구는 미흡했기에 가능한 원문 설교를 참고로 할 것이다. 그러나 그의 600여 편의 설교 가운데 예증적인 본보기(illustrative example)로서 선택한 일부분의 설교 분석을 통해 발견한 적용 패러다임이라는 한계를 노정하고 있기에 더 심층적인 설교 원문 분석을 통한 발전된 패러다임을 차후 제시할 것이다.

1. 청중의 삶의 변혁을 궁극적인 목적으로 추구하는 적용

1) 그리스도를 닮은 성화적 삶의 변혁을 촉구하는 적용

크리소스톰의 설교가 추구한 궁극적인 목적이 무엇일까?

크리소스톰의 로마서 설교를 면밀히 분석해보면, 그리스도 안에서 새롭게 된 인간

진, "신앙 공동체 활성화를 위한 설교 방안에 관한 연구," 「복음과 실천신학」 21 (2010): 99-123를 참조하라.
10 위형윤, "신학과 실천의 괴리현상 극복을 위한 실천신학적 삶의 고찰," 「신학과 실천」 22 (2010): 5-43를 참조하라.
11 예언자적 설교에 대한 논의에 대해서는, 김창훈, "예언자적 설교: 그 의의와 중요성," 「성경과 신학」 52 (2009): 193-224를 참조하라.
12 최진봉, "말씀의 송축으로서의 개혁교회 예배에 대한 이해," 「신학과 실천」 28 (2011): 143-67를 참조하라.

의 성화적 차원의 변혁을 열정적이며 도전적으로 적용한다. 이러한 특징은 크리소스톰의 적용 패러다임이 설교자 바울의 변혁 지향적 적용 신학 위에 구축되어 있다는 점을 알 수 있다.[13]

크리소스톰의 강해는 본문의 역사적-문법적 해석을 통해 발견한 메시지와 그리스도인 청중들을 향한 변혁적인 적용을 통해 지속적으로 성경적 윤리들을 청중의 삶과 유기적으로 연결되도록 하는 데 충실하다.[14] 크리소스톰의 설교 가운데 가장 베스트로 꼽히는 로마서 설교는 삶을 변혁시키는 적용적 특징을 보여준다.[15]

로마서 6장 설교에서 크리소스톰은 그리스도 안에 있는 새 사람의 변혁된 삶의 실체를 강조한다.

> 우리 하나님 아버지께서 우리에게 자연적인 열망을 우리 안에 주신 것처럼, 만약 우리가 변화되어 간다면 그분은 우리를 영화롭게 하실 것입니다. 나아가 만약 우리가 변화된 삶을 계속 살아드린다면 아버지께서 아들 예수 그리스도를 더욱 영화롭게 하실 것을 바라봅시다.[16]

로마서 8장 설교에서도 크리소스톰은 인간의 변혁은 반드시 그리스도의 형상(*imago Christi*, 이마고 크리스티)을 닮아가는 것이어야 한다고 강조한다.

> 독생자 예수 그리스도의 성품을 닮아가는 것이 얼마나 놀라운 영예인가를 보십시오! 그 분을 닮아가는 변화는 은혜로만 가능합니다.[17]

크리소스톰의 성경적 강해는 "선한 삶을 살아가는 능력으로서 복음을 추구하는 윤리적인 적용의 지평을 넓혀주고 있다."[18] 스테반 네일(Stephen Neill)에 의하면, 크리소스톰의 설교의 궁극적인 목적은 자신의 청중이 그리스도를 본받아 말씀이 삶 가운데

---

13 Demetrios Trakatellis, "Being Transformed," *GOTR* 36 (1991), 227.
14 Stanley S. Harakas, "Resurrection and Ethics in Chrysostom," *Ex Auditu* 9 (1993), 83.
15 R. G. Tanner, "Chrysostom's Exegesis of Romans," *Studia Patristica* 17 (1982), 1185-1197.
16 John Chrysostom, "Homily X on Romans," in *A Selected Library of The Nicene and Post-Nicene Fathers of the Christian Church: Chrysostom*, ed. Philip Schaff, vol. 11 (Edinburgh: T.&T. Clark, n.d.; reprint, Grand Rapids: Eerdmans, 1994), 406.
17 Chrysostom, "Homily XV on Romans," 11:609.
18 Yngve Brilioth, *A Brief History of Preaching*, trans. Karl E. Mattson (Philadelphia: Fortress, 1965), 37.

이루어지는 진정한 그리스도인으로 살아가는 것이었다.[19] 그러므로 크리소스톰이 추구한 설교 적용의 궁극적인 푯대는 청중이 그리스도를 닮은 그리스도인의 삶으로 변혁되어 가는 것이다.

2) 율법의 엄격함과 복음의 은혜로움의 균형을 통한 삶의 변화를 촉구하는 적용

크리소스톰은 이러한 그리스도의 형상을 회복하는 차원의 삶의 변화를 위해 말씀의 율법과 복음을 균형 있게 강조하였다. 그의 사도행전 4장 설교에서 나타난 것처럼, 복음의 은혜보다 비교적 율법의 엄격함을 기초로 한 적용이 더 강도가 높은 편이다.[20] 또한 그의 로마서 2:17-29 설교에서 하나님의 심판과 율법에 대한 엄격함을 기초로 한 강렬한 적용을 볼 수 있다.[21]

그러나 요한복음 설교에서 투영되는 것처럼, 율법의 무서움을 통한 삶의 변화를 촉구하는 적용도 강하지만, 복음의 은혜에 기초한 변혁을 촉구하는 적용도 균형을 이루고 있다고 볼 수 있다.[22] 그의 로마서 6:5-18 설교는 은혜의 통치를 통한 역동적인 삶의 변화를 도전하는 적용의 진수를 보여준다.[23] 크리소스톰의 변혁적인 메시지는 율법과 은혜라는 두 렌즈를 통과한 적용의 불꽃에 의해 타올랐다.

2. 건실한 주해와 신학적/보편적인 원리에 뿌리박은 윤리적 적용

1) 안디옥 학파의 건실한 주해에 기초한 적용

크리소스톰의 성경관과 해석은 안디옥 학파의 성경 해석의 스승이었던 디오도로스(Diodorus)로서부터 많은 영향을 받은 것이다.[24] 크리소스톰의 탁월한 적용의 비결은 그의 탁월한 해석 능력에서 나온 것이었다. 그는 성경이 문자적인 동시에 영적인 목

---

19 Stephen Neill, *Chrysostom and His Message* (New York: Association Press, 1962), 17.
20 Chrysostom, "Homily VIII on Acts," 11:53.
21 Chrysostom, "Homily VI on Romans," 11:368-371.
22 Chrysostom, "Homily XXVII on John," 14:95.
23 Chrysostom, "Homily XI on Romans," 11:409-416.
24 J. F. D'Alton, ed., *Selections from St. John Chrysostom* (London: Burns,Oates & Washbourne, 1940), 3.

적(의미)을 가지고 있으며, 역사적인 동시에 예표적인 측면을 지닌, 하나의 의미를 지닌다고 주장하는 데오리아(theoria)의 교리에 입각한 해석법을 주장했다.[25]

이러한 성경 주해 방식은 당시 알레고리적 해석과 적용 방식을 거부하고 안디옥 학파의 역사적-문법적 주해 전통을 따라 성경의 단순한 의미를 넘어 본문(저자)의 의도에 입각한 적용 지향적 강해 설교를 가능하게 했던 원동력이었다.[26]

이러한 크리소스톰의 주해와 적용 전통은 칼빈의 설교와 적용 패러다임에도 영향을 미쳤다는 점을 주목할 필요가 있다.[27] 진정한 삶과 사회의 개혁은 성경 본문을 충실히 해석하고 저자가 의도한 적용을 재상황화해서 선포할 때 일어나는 것이다. 온건한 해석이 없이는 변혁적 적용도 없다.

2) 보편적인 신학적 원리의 렌즈를 통과한 적용

어떤 시대에도 적용되는 보편적인 신학적 원리에 기초한 윤리적 적용 패러다임은 크리소스톰 설교의 특징이다. 그는 탁월한 강해 설교자일 뿐만 아니라, 성경 당시의 저자가 의도한 적용을 현대 청중에게 직접적으로 또는 간접적으로 전이(transfer)시키는 과정 즉 원리화 다리(principalizing bridge)의 결정적 기준(criteria)이라고 할 수 있는 보편적인 원리(universal principle)에 기초한 윤리적 적용의 좋은 모델이다.[28]

(1) 하나님의 성품(Theology proper)에 기초한 적용

크리소스톰은 성경의 상황화된 메시지를 하나님의 변치 않는 영원한 성품이라는 보

---

25 버나드 램의 성경 해석학 제2장을 참고하라. Bernard Ramm, *Protestant Biblical Interpretation* (Grand Rapids: Baker, 1999).
26 Jaroslav Pelikan, ed., *The Preaching of Chrysostom: Homilies on the Sermon on the Mount*, (Philadelphia: Fortress Press, 1967), 12; Thomas R. McKibbens, "The Exegesis of John Chrysostom: Homilies on the Gospels," *Expository Times* 93 (1982): 264-270.
27 Randall C. Zachman, *John Calvin as Teacher, Pastor, and Theologian* (Grand Rapids: Baker Academic, 2006), 59; Peter Adam, "Calvin's Preaching and Homiletic," *Churchman* 124 (2004), 202-3; T. H. L. Parker, *Calvin's Preaching* (Louisville, KY: Westminster John Knox Press, 1992), 79-80.
28 해석학적 전이(transferring)와 원리화 다리에 관한 구체적인 논의는 제4부에서 다루기로 한다. Grant R. Osborne, *The Hermeneutical Spiral* (Downers Grove, IL: Inter Varsity, 1991), 318-65; Klein, Blomberg, and Hubbard, *Introduction to Biblical Interpretation*, 2nd ed., (Nashville: Thomas Nelson Publishing, 2004), 403; Sydney Greidanus, *The Modern Preacher and the Ancient Text* (Grand Rapids: Eerdmans, 1988), 159; Roy Zuck, "The Role of the Holy Spirit in Hermeneutics," *BSac* 141 (1984), 27-28; James S. Farris, "The Hermeneutical Arc," *TJT* 4 (1988), 86-100; Walter C. Kaiser, *Toward an Exegetical Theology* (Grand Rapids: Baker Book House, 1981), 149-52.

편적인 원리의 다리를 통해 자신의 청중에게 재상황화적 적용으로 선포했다. 그는 당시 로마 황제에 의한 보복적 군사 공격 앞에 절망하고 있는 안디옥 시민들을 향해 '하나님이 어떠한 분인가'에 근거한 시의적절한 적용으로 그들의 삶이 영적인 구원을 경험할 뿐만 아니라 말씀을 통해 삶이 변화되는 데까지 나아가도록 도와주고 있다.[29]

에베소서 3:8-21 설교에서 하나님의 최고의 사랑에 기초하여 공동체적 적용(원수들과 미워하는 자들을 향한 선을 베풂으로써 하나님의 사랑을 닮아가자)을 선포한다.[30] 하나님의 성품이라는 교리적 다리를 통해 자신의 청중을 향한 적용을 추구한 실제 설교의 예는 골로새서 1:1-7 설교[31]와 로마서 1:18-27 설교[32]가 있다.

(2) 기독론에 뿌리내리고 있는 적용 패러다임

보편적인 교리 중심의 적용 패러다임의 관점에서, 크리소스톰의 설교는 기독론(Christology, 예수 그리스도의 인격과 사역)에 기초한 적용을 보여준다. 예를 들어, 기독론이라는 원리화 다리를 건너 마술과 점치는 행위, 주술과 같은 이교도적 행위들을 삼가할 것을 촉구한다(엡 2:13-16).[33] 또한 그는 자신의 청중이 이교도적인 행위에서 회개하고 돌아오도록 기독론에 기초한 적용을 보여준다(엡 2:17-22).[34]

(3) 인죄론(Hamartiology)에 정초한 적용

인죄론에 정초한 적용의 첫 번째 예를 들자면, 크리소스톰은 로마서 5장에서 아담의 타락과 인류에게 미친 결과를 기반으로 윤리적 적용을 예시한다.[35] 그는 아담의 범죄를 연약함, 수치, 두려움, 고통과 죽음의 원인으로 간주한다.[36]

두 번째 예로, 고린도전서 10:6-12 설교에서 크리소스톰은 광야 이스라엘과 고린도교회가 가지고 있던 공통된 죄성을 기초로 당시 청중에게 탐욕에 대한 강력한 경고를 담은 적용을 선포한다.

---

29 Chrysostom, "Homily XXI on Concerning the Statues," 9:482.
30 Chrysostom, "Homily VII on Ephesians," 13:80-84.
31 Chrysostom, "Homily I on Colossians," 13:257-63.
32 Chrysostom, "Homily IV on Romans," 11:356-59.
33 Chrysostom, "Homily V on Ephesians," 13:71-75.
34 Chrysostom, "Homily VI on Ephesians," 13:75-80.
35 Chrysostom, "Homily X on Romans," 11:403-04.
36 Panayiotis Papageorgiou, "Chrysostom and Augustine on the Sin of Adam and Its Consequences," *SVTQ* 39 (1995): 361-78.

세 번째 예로, 크리소스톰은 여성의 죄악된 본성을 기초로 하여 가정에 대한 적용을 전개하면서 어린아이들을 향한 목회적 관심과 함께 자녀 양육에 대한 적용을 보여 준다(딤전 2:15).[37] 에베소서 6:1-4 설교에서 부모들은 자신의 자녀들이 미래에 하나님을 위해 살 것인지 아니면 세상의 유혹에 빠져 살 것인지를 선택하는 데 결정적 영향을 준다고 적용한다.[38]

네 번째 예로, 크리소스톰은 "지위에 관하여" 시리즈 설교 가운데 로마의 공격 위협으로 두려움에 사로잡혀 있던 청중을 향해 심각하게 영혼의 죄악을 돌아보라는 적용을 선포한다.

> **우리의 죄악된 본성을 깊이 돌아보십시다. 우리의 죄악들을 모두 떠올려보아야 합니다. 우리가 누구인지를 알아야 합니다. 이러한 죄에 대한 자각이 온전한 겸손을 위한 충분한 근거를 제공해 줄 것입니다.**[39]

(4) 구원론에 기초한 윤리적 적용

크리소스톰은 하나님의 성품, 기독론, 인죄론에 근거한 적용을 선포했을 뿐만 아니라 구원론(Soteriology)에 뿌리를 둔 적용을 본문에서 이끌어 낸다. 예를 들어, 크리소스톰은 구원론 가운데 종말론적 부활이라는 교리를 기초로 하여, 그의 회중들을 격려하기 위한 윤리적 적용을 전달한다.[40] 크리소스톰에게 있어서 그리스도의 부활에 기초한 신자의 종말론적 믿음은 윤리적 적용의 동기와 기초로서 작용한다.[41]

이런 의미에서 볼 때, 고린도전서 15장 설교는 좋은 예가 될 수 있다. 크리소스톰은 삶의 시험과 어려움이 있을 때, 부활이 윤리적인 적용의 근본적인 요인이라고 강조한다(고전 15:3-34).[42] 그는 새 생명 안에서 걷는 것이 신자 안에 있는 부활의 믿음에 대한 윤리적 삶의 적용으로 이어진다고 믿었다(롬 6:3-4).[43] 크리소스톰의 교리에 기초한 적용 패러다임을 따라 로마서 설교에서 부활과 윤리가 주요한 주제로 나타난다.[44]

---

37 Chrysostom, "Homily IX on 1 Timothy," 13:435-37.
38 Chrysostom, "Homily XXI from Ephesians," 13:153-57.
39 Chrysostom, "Homily II on Concerning the Statues," 9:350.
40 Chrysostom, "Homily XLIII from the Gospel of Matthew," 10:273.
41 Harakas, "Resurrection and Ethics in Chrysostom," 82.
42 Chrysostom, "Homily XLII Corinthians," 12:257-58; Harakas, "Resurrection and Ethics in Chrysostom," 85.
43 Chrysostom, "Homily X from Romans," 11:405-06.
44 Chrysostom, "Homily X from Romans," 11:410-412.

크리소스톰은 골로새서 3장 설교에서, 그리스도와 함께 일으키심을 받은 자(부활의 교리)로서 그리스도인 부모들(특히 어머니들)이 자신의 아이들이 병에 걸렸을 때 이교도적 행위들에 의지하지 말라고 적용한다(골 3:5-15).[45]

(5) 종말에 기초한 윤리적 적용

크리소스톰은 말세를 사는 성도들에게 종말(Eschatology)에 대한 관점을 기초로, 탐욕과 우상 숭배에 대한 하나님의 심판을 적용으로 선포 한다(고전 10:11-12).[46] 또한 그는 종말이라는 보편적인 교리에 기초한 사회적 적용(살후 1:9-10)의 패러다임을 보여준다. 그는 일시적인 세상에 대한 관점이 아니라 영원의 관점에서 살아갈 때 하나님은 영광을 받으신다고 함으로써, 사치스런 옷에 관심을 가진 부유한 여인들을 향한 적용을 선포한다. 하나님의 집에 들어갈 때 부유한 자들은 모든 세상의 것들을 내려놓고 하나님의 말씀 앞에 반응해야 한다고 권면하면서 세상의 일시적인 물질에 대한 관심과 태도에 도전적인 적용을 던진다.[47]

3. 부와 가난에 대한 적용을 강조함

크리소스톰의 설교 주제에 있어서 가난, 부, 구제, 재정 관리의 필요에 대한 것보다 더 강조된 주제는 없다.[48] 특별히 그는 누가복음의 부자와 나사로 비유에 대한 두 번째 설교에서 부의 본질에 대한 예리한 통찰력을 제공한다.[49] 이 비유를 통해 크리소스톰은 당시 사치 죄에 대한 회개의 적용을 통렬히 선포한다.

> 호화로운 사치보다 더 염려스러운 것은 없습니다. … 사치는 종종 망각으로 이어집니다. … 우리 자신이 체중을 빼야 할 정도로 먹지 말고, 살아갈 수 있을 정도만큼만 먹

---

45 Chrysostom, "Homily VIII on Colossians," 13:293-300.
46 Chrysostom, "Homily XXIII on 1 Corinthians," 12:137-38.
47 Chrysostom, "Homily III on 2 Thessalonians," 13:384-88.
48 Blake Leyerle, "John Chrysostom on Almsgiving and the Use of Money," *HTR* 87 (1994): 29-45; George S. Bebis, "John Chrysostom: On Materialism and Christian Virtue," *GOTR* 32/3 (1987): 227-37.
49 John Chrysostom, *St. John Chrysostom on Wealth and Poverty*, trans. Catharine P. Roth (Crestwood, NY: St. Vladimir's Seminary Press, 1984), 40-41, 46, 77, 110-12.

는 습관을 훈련합시다. 사랑하는 성도 여러분, 우리는 먹고 마시기 위해 태어난 것이 아닙니다. 우리는 먹기 위해 살아가는 것이 아니라 살아가기 위해 먹는 것뿐입니다.[50]

크리소스톰은 하나님의 청지기로서 그리스도인이 하나님의 부요 안에서 지혜롭게 재정을 사용할 것과 가난한 자들은 영원히 지속되는 진정한 부를 추구하라는 적용을 던진다.[51] 주목할 점은 크리소스톰의 부에 대한 적용이 단순히 도덕적 가르침의 차원이 아니라 다음과 같은 보편적인 신학 원리에 기초하고 있다는 것이다.

① 하나님 성품에 정초한 부(사회적 적용)에 대한 적용(골 1:1-7) 패러다임을 보여준다. 크리소스톰은 가난한 자들을 향한 부자의 자기중심적 태도를 지적하면서 사회적 적용을 한다.[52]
② 죄성 중심의 부에 대한 적용(골 3:18-4:3)을 선포하면서 가난한 자들과 병든 자들을 향한 부자 그리스도인들의 무관심을 책망하는 적용을 한다.[53]
③ 종말 중심의 부에 대한 적용(살후 1:9-10) 패러다임을 보여준다. 크리소스톰은 종말에 뿌리를 둔 부에 대한 적용으로 청중을 권면한다. 그는 자신의 청중 가운데 사치의 문제와 가장 연관되어 있는 부요한 여인들을 향해 적용을 던진다.[54] 간단히 말해 크리소스톰은 가난한 자들의 대사(ambassador)로서 부와 가난이라는 개념에 초점을 두며 교리에 기초한 사회적 적용을 보여준다.[55]

4. 교회적 공동체로서의 가정과 양육에 대한 적용을 강조함

1) 교회적 공동체로서의 가정을 향한 적용

크리소스톰 설교의 적용은 교회적 공동체(ecclesial community)로서의 가정이라는 주

---

50 John Chrysostom, *St. John Chrysostom on Wealth and Poverty*, 26-28.
51 John Chrysostom, *St. John Chrysostom on Wealth and Poverty*, 136-37.
52 Chrysostom, "Homily I on Colossians," 13:257-63.
53 Chrysostom, "Homily I on Thessalonians," 13:303-09.
54 Chrysostom, "Homily III on Thessalonians," 13:384-38.
55 Leyerle, "John Chrysostom on Almsgiving and the Use of Money," 46-47; Aldeen M. Hartney, *John Chrysostom and the Transformation of the City* (London: Gerald Duckworth, 2004), 133-170.

제에 대한 강조가 두드러지는 특징이 있다. 그러나 그리스도인 가정으로서의 교회적 공동체의 비전이 어떻게 설교의 적용 가운데 녹아져 있는지에 대해서는 지금까지 거의 다루어지지 않았다.[56]

에베소서 설교에서 크리소스톰은 선포한다.

> **만약 우리가 가정을 잘 다스린다면 … 교회도 잘 다스릴 수 있는 적합한 사람이 될 것입니다. 가정은 작은 교회입니다. 그러므로 좋은 남편과 아내가 됨으로써 다른 모든 사람들을 인도할 수 있는 합당한 사람이 될 수 있습니다.[57]**

의심할 여지없이 크리소스톰의 가정 지향적(household-oriented) 적용은 하나님 나라를 위한 교회적 공동체로서의 가정을 세워 나가기 위한 목적으로 활용되었다. 크리소스톰에 의하면, 하나님의 교회에 대한 정확한 성경적 이미지가 바로 기독교 가정이다.[58] 예를 들어, 그는 교회적인 가정의 신약적인 본보기는 브리스길라와 아굴라의 가정교회라고 본다(고전 16:19). 크리소스톰은 기독교 가정을 하나님 나라의 사명을 위한 곳으로 간주하면서 결혼과 가족에 대한 교회적인 비전은 다음의 2가지 요소로 이루어져 있다고 보았다.

① 하나님과 교회에 의해 사람을 양육하도록 사명을 받은 가족 공동체.
② 사회를 섬기기 위한 사명을 받은 가족 공동체.[59]

2) 보편적인 신학/교리에 근거하여 가정과 양육을 지향하는 적용

주목할 점은 크리소스톰의 교회적 공동체로서의 가정을 향한 적용은 신학적인 보편 원리에 기초하고 있다는 것이다. 몇 가지 예를 들어보면 다음과 같다.

56　Vigen Guroian, "Family and Christian Virtue," in *Ethics after Christendom* (Grand Rapids: William B. Eerdmans, 1994), 133-54.
57　Chrysostom, *John Chrysostom on Marriage and Family Life*, 57.
58　Guroian, "Family and Christian Virtue," 135-145. Also see, Gus George Christo, "The Church's Identity Established Through Images According to St. John Chrysostom," (Ph.D. diss., University of Durham, 1990).
59　Guroian, "Family and Christian Virtue in a Post-Christendom World," 334.

첫째, 에베소서 5:22-27의 설교에서 크리소스톰은 그리스도(기독론)에 기초하여 가정과 성공적인 결혼 관계를 향한 적용 패러다임을 보여준다.[60] 25절에서 "남편들아 아내를 사랑하라"라는 적용은 26-27절에 나오는 자기희생적인 그리스도의 사랑의 본보기에 기초한 것이다. 그런 다음 크리소스톰은 돈에 대한 사랑함을 경멸하고, 영혼을 돌보고, 주님을 경외하는 것과 같은 성공적인 그리스도인의 결혼 생활을 위한 기독론적 중심의 구체적인 적용을 권면한다.

둘째, 에베소서 5:25-27에서 크리소스톰의 가정을 향한 적용은 바울의 교회론에 기초하고 있다.[61] 그는 가정을 향한 적용을 기독론과 교회론의 두 기둥 위에 세우고 있다.

셋째, 골로새서 3:18-21 설교에서 그는 그리스도와 함께 죽고 함께 부활한 남편, 자녀, 아버지로서 마땅히 어떻게 가정에서 살아가야 하는지에 대한 적용, 즉 부활과 성화(구원론)에 정초한 가정 적용 패러다임을 예증하고 있다.[62]

넷째, 크리소스톰은 디모데전서 2:11-15 설교를 통해 인죄론에 근거한 자녀 양육의 적용 패턴을 예시해 준다. 크리소스톰은 다음과 같이 보편적인 교리에 기초한 가정에 대한 적용을 선포한다.

> 이러한 일들로 인해 여성들을 훈계합시다. 자녀 양육은 우리에게 주신 위대한 사명입니다. 자녀에게 위대한 돌봄을 제공하십시오. 그리고 악한 세력들이 자녀를 우리에게서 빼앗아가지 못하도록 모든 노력을 다하십시오. 그러나 우리는 지금 반대로 행하고 있습니다. 우리는 잘못된 우선순위를 가지고 자녀를 돌보고 있습니다. … 그러나 우리는 보다 훨씬 중요한 것이 무엇인지를 살펴보아야 합니다. … 우리는 자녀들을 위해 우리가 가진 것들을 가지고 돌보려고 하지만, 자녀는 전혀 돌봄을 받지 못하고 있습니다. 이것은 얼마나 어리석은 일입니까![63]

크리소스톰은 그리스도인 부모들이 자신의 깊은 죄성을 인식하면서, 세상의 우선순위와 가치가 아닌 하나님 나라의 우선순위를 따라 위대한 사명감을 가지고 '희생을 통

---

60 Chrysostom, "Homily XX from Ephesians," 13:143-45, 148.
61 Guroian, "Family and Christian Virtue in a Post-Christendom World," 341.
62 Chrysostom, "Homily X on Colossians," 13:303-04.
63 Chrysostom, "Homily IX on 1 Timothy," 13:437.

한 교육'을 할 것을 강조한다.[64]

5. 청중 분석과 다양한 적실성 범주

크리소스톰의 설교 분석을 통해 볼 때 그의 적용은 수사학적인 분석과 적응이 탁월했고,[65] 그는 당시 평범한 안디옥과 콘스탄티노플의 청중의 필요에 민감한, 탁월한 설교자였으며,[66] 다양하고 폭 넓은 적실성 범주(relevance category)를 추구했다는 것을 알 수 있다.

1) 청중의 필요에 민감한 적용

웬디 마이어(Wendy Mayer)가 분석한 것처럼, 크리소스톰은 당시 위기의 시대에 직면해 있던 청중의 진정한 필요를 채워주는 적용을 통해 영적인 '위기 관리자' 역할을 담당했던 설교자였다.[67]

설교학자 에드윈 다간(Edwin C. Dargan)은 "지위에 관하여"(Concerning the Statues)라는 크리소스톰의 21편의 시리즈 설교를 "설교 역사 가운데 가장 주목할 만한 설교 시리즈"로 평가한다.[68] 크리소스톰의 설교 가운데 가장 기념되고 있는 이 설교는 당시 청중과 시대의 필요에 민감한 적용의 모델을 잘 보여주고 있다. 그는 당시 세금 폭동으로 인해 로마 황제 데오도시우스의 공격 위협에 직면하고 있던 안디옥의 청중에게 하나님의 성품에 기초한 적용으로써 절망 가운데 소망을 선포한다.

---

64 Stephen D. Benin, "Sacrifice as Education in Augustine and Chrysostom," *Church History* 52 (1983): 7–20.
65 Lauri Thuren, "John Chrysostom as a Rhetorical Critic: The Hermeneutics of an Early Father," *Biblical Interpretation* 9 (2001): 180–218.
66 Wendy Mayer, "John Chrysostom: Extraordinary Preacher, Ordinary Audience," in P. Allen and M. Cunningham eds., *Preacher and Audience: Studies in Early Christian and Byzantine Homiletics* (Leiden: Brill,1998), 105–37; idem, "John Chrysostom and His Audiences: Distinguishing different congregations at Antioch and Constantinople," *Studia Patristica* 31 (1997), 70–75.
67 Wendy Mayer, "John Chrysostom as Crisis Manager: The Years in Constantinople," in D. Sim and P. Allen eds., *Ancient Jewish and Christian Texts as Crisis Management Literature: Thematic Studies from the Centre for Early Christian Studies* (London–New York: T&T Clark, 2012): 129–43.
68 Edwin C. Dargan, *A History of Preaching*, vol.1(Grand Rapids: Baker Book House, 1954), 89.

저에게 주목해 주시겠습니까! 잠시만 저에게 귀를 기울여 주십시오! 여러분의 낙담한 마음을 딛고 일어서십시오! 하나님이 말씀하신 옛적 길로 다시 돌아갑시다. 그럴 때 우리가 경험해 온 것처럼 하나님은 변함없이 기쁨을 충만케 해 주실 것입니다. 그러므로 바로 지금 하나님께 모든 염려와 낙담을 맡겨드립시오. 그리고 이것은 재앙으로부터 우리의 실제적으로 구원해 줄 것입니다.[69]

2) 다양한 적실성 범주를 추구하는 적용 패러다임

크리소스톰의 설교는 본문 중심적(text-based)이면서 동시에 청중 지향적(audience-focused)이다. 나아가 적용 패러다임이 청중 분석과 수사학적 적응과 긴밀히 연결되어 있다. 그의 목회적 관심과 관련된 이러한 적실성 범주는 바울의 적용 패러다임에 정초하고 있다.

(1) 개인을 향한 적용의 범주

개인을 향한 적용의 예로는 언어(말) 생활(엡 4:25-30)에 대한 적용을 들 수 있다. 크리소스톰은 이렇게 선포한다.

> 바울이 "성령을 근심하게 하지 말라. 그 안에서 너희가 구속의 날까지 인치심을 받았느니라"라고 말합니다. 우리를 왕족으로 인치신 분이 바로 성령이십니다. 우리를 이전의 모든 것들로부터 분리시키신 분이 바로 성령이십니다. 하나님의 분노를 일으키는 거짓말을 우리로 못하게 하시는 분이 바로 성령이십니다.
> 그런데도 당신은 성령을 근심하게 합니까?[70]

(2) 가정을 향한 적용의 범주

가정을 향한 적실성의 범주는 지금까지 살펴본 것처럼, 부부를 향한 적용(엡 5:22-33), 그리스도에 기초한 결혼 관계(엡 5:22-25), 부모인 청중을 향한 자녀 양육을 위한 적용(딤전 2:11-3:11)을 예증적으로 잘 보여준다고 하겠다.[71] 크리소스톰은 교회적인 가정

---

69 Chrysostom, "Homily II on Concerning the Statues," 9:346.
70 Chrysostom, "Homily XIV on Ephesians," 13:120-21.
71 Chrysostom, "Homily IX on 1 Timothy," 13:435-37.

의 비전을 따라 자녀 양육에 대한 말씀의 적용이 강력했다.[72] 한 예를 들면, 에베소서 6:1-4에서 크리소스톰은 자녀 양육에 대한 적용에서 "주의 교훈과 훈계로 양육하라"는 중심 사상을 계속 반복하면서 다음과 같이 부모들에게 강하게 권면한다.

> 사도 바울은 "주의 교훈과 훈계로 양육하라"고 선포합니다. 자녀를 달변가로 만들려고 연구하지 말고, 철학자가 되도록 훈련시키십시오. 웅변이 부족하면 아무런 해도 받지 않을 것입니다. 그러나 철학이 결여되면 세상의 모든 수사학에는 아무런 유익도 없을 것입니다. 화술이 아니라 성품이 필요합니다. 영리함보다는 성품이 필요합니다. 말이 아니라 삶이 필요합니다. 이것들로 사람은 그 나라를 얻을 수 있습니다. 이것들이 진실로 유익한 것을 제공합니다. 혀를 자극하지 마시고 영혼을 훈련시키십시오.[73]

(3) 사회 문화적 적용의 범주

크리소스톰의 적실성의 범주는 단순히 개인과 가정이라는 지평을 넘어, 당시 사회와 문화의 깊숙한 부분까지 말씀에 비추어 적용했던 것을 주목해야만 한다. 예를 들어 당시 사회에 만연해 있었고, 청중에게도 영향을 미치고 있었던 서커스, 극장, 말 경주(마 2:12; 행 4:1-18) 문화에 대한 분명한 적용의 빛을 비추고 있다.[74]

크리소스톰은 마태복음 2:1-2 설교를 통해 이러한 죄악된 환경을 허용하는 존재는 하나님이 아니라 사단이라고 못 박는다. 그가 선포하기를,

> 이것은 웃음을 위한 극장이 아닙니다. 이러한 의도로 온 것도 아닙니다. 적당한 즐거움을 위해 왔지만 결국 신음하게 될 것입니다. … 이러한 것들은 마귀로부터 받은 것입니다. 하나님은 그런 즐거움이 아닌 통회하고 자복하는 마음을 주시는 분입니다. … 하나님만이 주실 수 있는 깊은 회개와 탄식이라는 은혜의 선물이 우리에게 진정 필요합니다.[75]

크리소스톰은 사도행전 4장 설교를 통해서도 이러한 극장 문화에 대한 분명한 성경

72　Vigen Guroian, "The Ecclesial Family," in *The Child in Christian Thought*, ed. MarciaBunge (Grand Rapids: Eerdmans, 2001), 61-77.
73　Chrysostom, "Homily XXI on Ephesians," 13:155.
74　Chrysostom, "Homily VI on Matthew," 10:36-43; idem, "Homily X on Acts," 11:63-70.
75　Chrysostom, "Homily VI on Matthew," 10:39-40.

적인 적용을 선포한다.⁷⁶

(4) 공동체적, 사회적 성에 대한 적용의 범주.

크리소스톰은 로마서 1:26-27 설교에서 성(sexuality)에 대한 문제에 대하여 하나님의 성품(진노)을 기반으로 한 말씀의 적용으로 방향성을 제시한다.⁷⁷ 고린도전서 5:1-2 설교를 통해서 이러한 성적 문제와 교회 공동체에 대한 적용을 제공한다.⁷⁸ 이와 같이 오늘날 설교자들은 크리소스톰의 설교를 면밀히 연구하여 한국 사회와 젊은 세대 가운데 특히 중요한 성과 관련된 포스트모던적인 쟁점에 대해 성경적이고 균형 잡힌 적용을 지혜롭게 선포할 필요가 있다.⁷⁹

(5) 사회적-경제적 적용 범주

크리소스톰은 바울이 빌레몬서를 통해 제시한 원리를 따라 당시 사회적으로 종들을 어떻게 대해야 하는지에 대한 적용을 제시한다(몬 17-20절).⁸⁰ 골로새서 설교를 통해서는 인죄론에 기초한 부(wealth)에 관한 적용(골 3:18-25)을 보여준다.⁸¹ 데살로니가후서 1:9-10에서는 종말에 기초한 사회-경제적 적용의 패러다임을 잘 보여준다.

(6) 사회-정치적 적용의 범주

크리소스톰은 말씀과 교리에 기초하여서 당시 정치에 관한 적용에 탁월한 선지자적 설교자였다. 골로새서 3:1-4에서 구원 중심적인 정치적 적용 패러다임을 보여준다. 성경 본문을 권력, 사치, 가난한 자들과 관련된 사회적인 주제에 대한 적용으로 연결시키고 있다.⁸² 그의 정치에 관한 적용은 정치적인 설교자와는 확연히 구별되면서, 정치적 술수로 모함하고 공격하는 자들과 당시 황제의 위협에도 불구하고 가감 없는 말씀의 적용을 선포하는 선지자적 식견과 사명을 가진 설교자 모델을 보여준다.

---

76   Chrysostom, "Homily X on Acts," 11:63-70.
77   Chrysostom, "Homily IV on Romans," 11:356-59; Hartney, *John Chrysostom and the Transformation of the City*, 67-102.
78   Chrysostom, "Homily XV on 1 Corinthians," 12:83-84.
79   Elizabeth A. Clark, "Sexual Politics in the Writings of John Chrysostom," *ATR* 59 (1977): 3-20를 참조하라.
80   Chrysostom, "Homily I on Philemon," 13:547-549; See also Margaret M. Mitchell, "John Chrysostom on Philemon: A Second Look," *HTR* 88 (1995): 135-48.
81   Chrysostom, "Homily X on Colossians," 13:303-09.
82   Chrysostom, "Homily VIII on Colossians," 13:288-93.

(7) 종교적/철학적 적용의 범주

크리소스톰은 당시 종교적이며 철학적인 범주에 있어서 말씀과 다리놓기를 시도했다. 예를 들어, 이교도적 행위들(엡 2:17-22), 우상들(골 3:5-15), 헬라 철학자들의 신념 체계의 허무함(엡 4:17)[83] 등에 대한 변증적인 다리놓기(apologetic bridge)로서의 적용을 보여주고 있다.

이와 같이 크리소스톰은 본문과 저자가 의도한 적용과 보편적 원리를 기초로 개인적, 가정적, 공동체적, 문화적, 경제적, 정치적, 종교적/철학적 영역을 향한 다차원적 적실성 범주의 모델을 보여준다.

6. 결어: 한국의 크리소스톰을 기대하며

한국교회 설교의 적용은 지금까지 살펴본 '크리소스톰의 설교 적용의 원리와 전통을 얼마나 한국 사회의 청중에게 상황화하고 있는가'라는 질문 앞에 서야 할 필요가 있다.

과연 한국 사회의 수 없는 비판의 화살에 직면하고 있는 한국교회에서 선포되는 설교는 청중의 삶을 회개시키고 변화하도록 도전하는 적용의 검이 살아 있는가?

수많은 윤리적 문제들로 인해 한국 사회에서 신뢰를 잃고 표류하고 있는 한국교회의 설교는 과연 성경적 신학에 기초하여 보편적인 원리의 렌즈를 통과한 적용의 빛으로 청중과 한국 사회의 어두운 곳을 비추고 있는가?

한국 사회와 청중의 가장 뿌리깊은 윤리의 문제 중에 '가난과 부,' '가정과 자녀 양육,' '사회 정의,' '성의 문제' 등과 같은 주제에 대하여 한국교회 설교의 적용은 어떤 선지자적 메시지를 타협 없이 선포하고 있는가?

한국교회의 설교자들은 청중의 필요에 민감하면서 그들을 수사학적으로 분석하는 적용 커뮤니케이션의 전략을 지혜롭게 활용하고 있는가?

이러한 질문에 대한 건설적인 설교학적 반성과 대안을 마련하기 위해 크리소스톰의 설교 적용 원리에 근거하여 다음과 같은 5가지 제언을 함으로써 결론을 대신하고자 한다.

첫째, 한국교회 설교자들은 삶과 사회의 변혁적 비전이 불타오르는 성경적인 적용

---

83 Chrysostom, "Homily XII on Ephesians," 13:109-12.

을 설교의 궁극적인 목적으로 지향해야 한다. 크리소스톰처럼 뛰어난 수사와 커뮤니케이션을 갖추기 위한 노력도 중요하지만, 설교와 적용의 궁극적인 목적이 하나님의 영광을 위해 청중과 사회를 변화시키는 것에 있다는 근본적인 인식과 전제적인 확신이 회복되어야 한다. 또한 크리소스톰과 같은 변혁적인 적용을 선포하기 위해서는 율법과 은혜라는 이중 렌즈를 균형 있게 통과시킬 때 가능하다는 점을 기억해야 한다. 그럴 때 오늘날 한국교회의 지나친 율법적인 적용(legalistic application)과 도덕적인 적용(moralistic application)의 오류를 피할 수 있다.

둘째, 한국교회 설교자들은 철저한 주해(해석)와 신학적인 원리의 뿌리에서 자란 적용의 열매로(때로는 단단한 식물이라 할지라도) 청중을 영적으로 잘 먹이기 위해 몸부림쳐야 한다. 오늘날 한국교회와 사회에 필요한 개혁은 설교자가 크리소스톰과 종교개혁가들처럼 다시 성경 본문으로 돌아가 '겸손과 변혁의 해석학'을 가지고 설교자 자신이 의도한 적용이 아닌 성경 저자가 의도한 적용(author-intended application)을 재상황화(recontextualization)하여 재적용(reapplication)하며, 담대히 성령의 능력을 의지해서 선포할 때 일어나는 것이다.

학자들과 설교자들은 성경의 원 적용(original application)을 현대의 지평으로 건너오게 하기 위해서 신학적인 과정 혹은 두 세계를 연결하는 교리적인 원리화 다리(overarching bridge)에 대한 필요성을 인정하지만, 그들의 접근은 체계적인 교리 중심적인 적용 패러다임 모델을 제안하는 노력이 부족하기 때문에 이상적이거나 지나치게 단순화시키는 경향이 있다.

이러한 차원에서 바울의 적용 패러다임 전통을 이어받은 역사적인 모델 중의 하나인 크리소스톰의 주해적 다리와 함께 신학적/교리적 다리놓기를 설교의 적용 패러다임 회복의 기초로 삼아야 한다. 크리소스톰이 보여 준 것처럼, 신학적 원리의 프리즘을 통과한 적용은 목회적인 상황 안에서 도덕주의적 혹은 율법주의적인 적용을 배제하고 구체적으로 삶을 변혁시키는 윤리적 적용을 추구할 수 있게 만드는 초석이 될 것이다. 그러므로 설교자들이 견고한 주해적 과정과 교리적 다리놓기를 통한 적용 패러다임을 구축할 때 오늘날 한국교회 안에 발견되는 부적합한 적용의 양산을 피할 수 있다.

조금 더 구체적으로 진술하자면, 한국교회 설교자들은 크리소스톰의 모델을 통해 본문의 의미에만 몰두함으로 '적용 없이 주해의 지평에만 함몰'되는 '주해형 설교'(commentary)를 피해 청중의 삶의 변혁을 향해 나아가야 한다. 또한 설교자가 건실한 주해적 다리놓기를 한 후에 '신학적인 지평에서 멈춰버림으로'(교리적 다리가 끊어진 경우) 적용을 너무 교리적이고 원리적인 내용에 희석시키는 결과(늘 뻔하고 지루한 스콜라적 적용 스타일)를 낳지 않도록 주의해야 한다.

크리소스톰의 설교는 한국교회에 아직도 만연한 실존적, 개인주의적, 경건주의적인 묵상에 기초한 적용과는 차원이 다른 적용 모델을 보여준다. 안디옥 학파의 전통을 따라 문자적-문법적-역사적 주해와 신학적 지평을 다리놓기 하는 작업을 자의적으로 생략해 버리고 주관적인 인식론의 해석학적 전제들로 본문의 의미와 적용을 추출하면, 크리소스톰이 거부했던 알레고리적(allegorical) 적용이나 영해적(spiritualizing) 적용과 같은 폐해를 오늘날에도 여전히 낳을 수 있다.

또한 크리소스톰의 주해적-신학적 다리놓기에 근거한 적용 패러다임을 추구할 때, 설교자가 주해 지평에서 신학적 다리를 '생략'하고 적용으로 바로 건너뜀으로 발생하는 지나친 도덕적 적용의 굴레에서 벗어날 수 있다. '꿩 잡는 게 매' 혹은 '모로 가도 서울로 가면 된다'는 식의 적용 철학은 가장 위험한 것이다. 한 가지 덧붙인다면, 크리소스톰처럼 삶과 사회의 변혁을 적용의 궁극적인 목적으로 추구함으로 주해적, 신학적, 적용적 다리놓기를 시도하면서도, 윤리적 적용 자체에 함몰되는 우를 범하지 않아야 하며, 나아가 십자가와 성령을 통해서만 가능한 삶의 변혁으로 가는 변혁적인 다리(transformational bridge)라는 최종 과정을 항상 기억해야 한다.

셋째, 작금의 한국 사회가 심각한 중병처럼 앓고 있는 부와 가난이라는 경제적 정의(justice) 문제에 대하여 한국교회 설교자들은 크리소스톰이 보여 준 선지자적 적용(prophetic application)이라는 성경적인 대안을 제시해야만 한다. 극도의 사회적, 경제적인 양극화 현상으로 신음하고 있는 한국 사회는 가난, 부, 구제, 사치, 돈(맘몬 우상)의 문제에 대해 고난을 두려워하지 않고, 타협 없이 성경적인 적용과 메시지를 선포해 줄 현대판 크리소스톰의 등장을 고대하고 있는지 모른다. 오늘날 한국 사회와 교회 안에 들어 온 사치(명품) 문화와 물질에 대한 끝없는 탐욕, 우리 문 밖에 있는 영적 나사로들에 대한 무관심과 바리새인적인 이기주의를 향해 절대적인 신학과 종말론적 관점에서 회개와 책망이라는 적용의 보검을 들고 영적 전사로 일어서는 설교자들이 필요하다.

넷째, 한국 사회와 교회 안에서 가정 문제와 다음 세대인 자녀 양육의 문제는 가장 시급히 회복되어야 할 문제이다. 이런 점에서 크리소스톰이 웅변적으로 보여 준 대로, 하나님 나라를 세워가며 사회 가운데 역동적으로 구현해 나가야 할 교회적 공동체로서의 가정과 자녀 양육에 대한 적용 패러다임은 우리에게 시사하는 바가 크다. 무너진 가정과 점점 심각해져 가는 어린이와 청소년 양육의 문제를 풀 수 있는 근본적인 대안은 한국교회 설교자들이 하나님 나라의 언약과 신학에 정초한 성경적인 부부, 결혼, 성, 이혼, 자녀 양육에 대한 적용을 구체적으로 제시해 주는 데 있다. 설교자들은 크리소스톰을 통해 개인을 넘어, 가정과 신앙 공동체를 위한 공동체적 적용을 회복하는 좋은 대안과 청사진을 마련해야 한다.

다섯째, 한국교회 설교자들은 크리소스톰이 보여준 모델을 따라 성도들의 필요에 목회적으로 민감해야 하고, 청중과 문화를 주해하며(exegeting audience and culture), 수사학적 분석과 적응(rhetorical analysis and adaptation)을 통한 다차원적 적실성 범주를 추구해야 한다. 한국교회 설교자들은 신학과 삶의 괴리 현상으로 인한 각종 윤리적 문제, 신앙 공동체의 정체성 붕괴와 사회 변혁의 기능 상실, 소셜 미디어 사회로의 급격한 변화와 교회를 떠나는 다음 세대 문제 등 수많은 위기에 빠진 한국 사회와 교회의 탁월한 '위기 관리자'로서의 설교자가 되어야 한다.

크리소스톰은 말씀과 신학에 강점을 가지고 있었을 뿐만 아니라 목회적인 돌봄과 함께 당대 최고의 수사학을 지혜롭게 활용했다. 크리소스톰과 같이 깊은 영성의 샘을 갖고, 자신의 삶에 먼저 진리를 적용해서 흘러나온 생명의 메시지를 전해야 하며, 자신의 회중들을 향한 목회적인 민감함을 가지면서도 그들의 칭찬과 비난에는 초연한 균형 잡힌 설교자 영성과 적용의 탁월함을 추구해야 할 것이다. 한국교회 설교의 적용이 가지고 있는 '개인주의적, 경건주의적, 율법주의적' 적용 패턴을 넘어, 결혼과 가정, 세대와 문화, 경제, 정치, 종교와 철학 등의 영역에 이르기까지 성경과 다리놓기를 하는 변혁적 브릿지빌더(bridgebuilder)가 되어야 한다.

이러한 적용의 5가지 핵심적 원리는 크리소스톰을 '황금의 입'을 넘어 '황금의 적용'이라는 평가를 어울리게 한다. 이러한 적용 전통을 오늘날에 창조적으로 상황화하여 어두워진 한국교회와 사회에 밝은 개혁의 여명을 다시 밝아오게 하는 '21세기 크리소스톰'이 분연히 일어나길 소망하고 기도한다.

제2장

존 칼빈의 목회적 설교에 나타난 적용 패러다임[1]

칼빈의 신학에 대한 연구를 넘어 그의 설교와 적용을 연구해야 할 필요성

개혁된 교회는 항상 개혁되어야 한다(*Ecclesia reformata est semper reformanda*, 에클레시아 레포르마타 에스트 셈페르 레포르만다). 이 종교개혁의 깃발을 한국교회 설교자들이 다시 높이 올려야 할 때이다. 개혁주의 설교와 적용의 전통을 회복하기 위해 등정해야 할 존 칼빈(John Calvin)의 설교 세계는 마치 히말라야 산맥과 같기에, 본 장은 그 중에 하나의 산을 등정하는 정도일 것이다. 그러나 칼빈의 목회적 설교라는 높은 산의 정상에서 한국교회 설교와 적용의 대안을 어느 정도 관망할 수 있을 것이다.

지금까지 칼빈에 대한 연구는 주로 신학자 칼빈에 대한 조직신학적 혹은 교회사적 접근에 기울어져 있었다. 그러나 칼빈이 신학자요 사상가이기 이전에 목회적 설교자라는 새로운 인식의 전환이 필요하다. 주로 학자들은 주로 칼빈의 『기독교강요』와 성경 주석(commentary)들에 관심을 가지고 있었지만, 엄밀히 말하면 『기독교강요』와 주석(목회자를 위한)도 그의 목회적 설교(평신도를 위한)와 공동체를 세우기 위한 차원으로 저술된 것이라고 할 수 있다.[2] 나아가 칼빈의 설교와 주석은 그 목적과 대상인 청중의 관

---

1 본 장은 박현신, "John Calvin의 목회적 설교에 나타난 적용 패러다임에 관한 고찰," 한국복음주의실천신학회, 『복음과 실천신학』 28 (2013): 95-140을 수정, 보완, 발전시킨 것임을 밝힌다.

2 John Leith, "Calvin's Doctrine of the Proclamation of the Word," *RevExp* 86 (1989): 219; Randall C

점에서 각기 다른 차원의 것이기 때문에, 당시 설교의 상황과 청중을 입체적으로 고려하면서 칼빈의 목회적 설교와 적용에 대한 연구의 닻을 올려야 할 필요가 있다.[3]

즉 칼빈의 목회적 설교와 적용에 대한 연구는 주로 『기독교강요』와 주석에 집중되었던 기존의 칼빈 연구의 약점을 보완하면서 한국교회 설교자들에게 필요한 새로운 대안적 이정표를 세울 수 있을 것이다.[4] 청중의 삶과 사회를 변혁시키는 개혁주의 적용 해석학과 설교 모델이 절실히 필요한 현 시점에서, 칼빈의 적용 지향적인 해석학적 패러다임은 한국교회 강단에 드리운 침체와 절망의 안개 구름을 걷어내고 회복과 소망의 빛이 다시 비취게 할 수 있을 것이다. 더욱이 칼빈주의를 표방하는 한국교회 설교자들은 어떤 설교자보다도 칼빈의 해석과 설교와 적용에 나타난 원리에 비추어 자신의 설교를 냉철히 평가하고 해법 구도의 지평을 열어가야 할 때이다.[5]

오늘날 총체적 위기에 처한 한국교회와 한국 사회를 다시 개혁하기 위한 진정한 개혁주의 설교(reformed preaching)를 다시 회복하기 위해 칼빈의 설교와 적용은 반드시 재조명되고 재상황화(recontextualization)되어야 한다. 나아가 칼빈의 개혁주의 설교와 적용 패러다임은 포스트모던 조류를 따라 최근 등장한 설교학과 구도자 중심 설교가 아닌 하나님 중심의 개혁주의 설교에 기초한,[6] 포스트모던 세대와 문화를 변혁시키기 위한 개혁주의 적용 패러다임의 기본적인 청사진을 제공할 수 있을 것이다.

다행히도 최근에 칼빈의 주해 방식이나 그의 성경 해석학적 방법론에 대한 분석과 연구의 여명이 밝아오기 시작하였지만,[7] 여전히 목회적 설교 내용 자체에 대한 분석적 연구는 아직 요원한 실정이다.[8] 칼빈의 설교에 대한 연구는 그의 목회적 설교 자체를 직접적으로 분석하여 한국교회의 설교 회복을 위한 원리를 제시하는 차원으로 나아가

Zackman, *John Calvin As Teacher, Pastor and Theologian: The Shaping of His Writings and Thought* (Grand Rapids: Baker, 2006), 206.
3 류응렬, "칼빈의 설교에 나타난 해석 방법론," 한국설교학회, 「설교한국」 창간호 (2009년): 227-28.
4 안인섭, "칼빈의 에베소서 설교에 비추어 본 한국 교회의 설교 방향," 한국개혁신학회, 「한국개혁신학」 26 (2009): 137-70.
5 이에 대한 탁월한 연구와 자세한 논의를 위해서는 유상섭, "칼빈의 성경 해석에 비추어 본 합동측 목회자들의 설교," 개혁신학회, 「개혁논총」 11 (2009): 129-61.
6 김창훈, "포스트모더니즘과 설교," 한국복음주의실천신학회, 「복음과 실천신학」 13 (2007): 149-74; 류응렬, "새 설교학자들의 성경관과 개혁주의 설교," 개혁신학회, 「개혁논총」 10 (2009): 132-52.
7 칼빈의 주석과 설교에 대한 자세한 논의를 위해서는 류응렬, "칼빈의 설교에 나타난 성경 해석 방법론," 227-65를 참조하라. 특히, 최근의 칼빈의 해석 방법에 관한 연구물에 대해서는 류응렬의 논문 각주 6번을 참조하라.
8 이 점에서 류응렬의 지적은 매우 타당하다. 류응렬, "칼빈의 창세기 설교," 개혁신학회, 「개혁논총」 12 (2009): 9-10.

기보다는 그의 주해 방식 혹은 해석학적 방법, 외형적인 설교 이론에 관한 2차 자료에 근거한 논의가 대부분을 차지하고 있다. 그러나 최근 칼빈의 설교 자체를 분석하는 연구들이 간헐적으로 나오고 있다는 점은 고무적이다.

주목할 점은, 여러 학자들이 설교자로서 칼빈을 주목했지만,[9] 회중들을 교육하고 훈련하며 변화시키기 위해 활용된 칼빈의 목회적 설교를 분석하여 개혁주의 '적용' 패러다임을 연구하고, 구체적으로 논의하는 작업은 거의 없었다고 볼 수 있다.[10] 한국교회 개혁주의 설교의 본질적인 적용 회복을 위해서는 칼빈의 설교 자체에 대한 깊은 탐구가 절실하다. 나아가 칼빈의 설교 자체에 대한 연구를 넘어 그의 적용 패러다임에 대한 연구가 필요하다.

본 장에서는 칼빈의 해석학적, 설교학적 논의는 적용과 관련된 부분에만 국한하여 최소화하고 칼빈 설교에 나타난 적용적 특징에 집중하려고 한다.[11] 이런 맥락에서 본 장은 '칼빈의 목회적 설교에 나타난 적용 원리와 특징'에 대한 설교학적 의의를 가지고 있다.

그러므로 칼빈의 주해와 해석학에 대한 학문적인 초점을 넘어, 강해 설교자들은 그의 목회적 상황(pastoral context)에 대한 입체적인 이해 속에서 변혁적 적용 패러다임에 관한 연구로 논의의 초점을 이동해야 할 필요가 있다. 본격적인 논의의 주춧돌로서 설교의 적용에 대한 간략한 정의(definition)를 내리자면, 적용은 성경의 세계와 현대 지평(지금 여기의 청중) 사이에 놓인 해석학적 간격(hermeneutical gap)을 다리놓기(bridge-

---

9 Leith, "Calvin's Doctrine of the Proclamation of the Word," 29–30; Marvin Anderson, "Calvin: Biblical Preacher (1539–1564)," *SJT* 42 (1989): 167–81.

10 칼빈의 설교 자체에 대한 최근의 분석으로는 Michael Parsons, *Calvin's Preaching on the Prophet Micah* (Lweinston, NY: The Edwin Mellen Press, 2006); 류응렬, "칼빈의 창세기 설교"와 "칼빈의 설교에 나타난 해석 방법론" 그리고 안인섭, "칼빈의 에베소서 설교에 비추어 본 한국 교회의 설교 방향"과 "Calvin의 성경 해석학이 제네바에 미친 영향," 개혁신학회, 「개혁논총」 12 (2009): 73–107 등이 있다. 칼빈의 설교 자체와 적용에 대한 분석에 대한 최근의 주목할 연구로는 Michael Plant, "Calvin's Preaching on Deuteronomy," *Evangel* 12 (1994): 40–50과 Randall C. Zachman, "Expounding Scripture and Applying It to Our Use," *SJT* 56 (2001): 481–507이 있다. 그러나 이러한 논문들조차 적용에 대한 간략한 접근과 강조가 있을 뿐, 칼빈의 적용 패러다임 자체를 심도 있고 체계적으로 접근하지는 않았다. 따라서 칼빈의 해석학적 논의와 설교 자체에 대한 최근의 연구를 토대로 설교의 적용에 대한 분석이 진행되어야 한다.

11 비록 칼빈의 프랑스어 원문 설교가 아닌 번역된 설교라는 한계를 가지고 있으나, 본 장은 칼빈 설교 자체 연구를 통한 적용 패러다임 연구를 입체적으로 접근할 것이다. 따라서 지금까지 번역된 칼빈의 설교들로 연구를 한정하였으며, 에베소서 5-6장의 18편 설교, 창세기 1-3장의 15편의 설교, 시편 119편의 10편의 설교, 갈라디아서 5-6장의 13편 설교, 미가서 9편 설교, 디모데전서 10편의 설교를 중심으로 살펴보았다. 궁극적으로 칼빈의 적용 패러다임을 논의하기 위한 연구이기에, 각 설교에 대한 세밀한 분석보다는 패러다임과 관련된 분석에 집중하였으며, 논리적 전개상 칼빈 설교에 대한 학자들의 2차적인 연구와 견해도 충실히 반영하였음을 미리 밝혀둔다.

building)하는 과정이다.¹²

본 장의 핵심 질문은 '칼빈의 목회적 설교들에 대한 분석을 통해 어떤 적용 패러다임의 특징을 발견할 수 있는가?'이다. 이 질문에 답하기 위하여, 칼빈의 설교 적용의 공통된 특징들을 통해서 발견할 수 있는 다음과 같은 적용 패러다임의 핵심 원리들을 제시하고 한다.

① 적용의 기초인 칼빈의 역동적인 해석학적 원리(적용 해석학의 토대).
② 칼빈의 적용 지향적인 목회적 설교의 원리.
③ 칼빈 설교의 삼중적 적용의 목적.
④ 다리놓기 패러다임(주해적, 신학적, 적실성, 변혁적 다리놓기)으로 본 칼빈의 적용 패러다임.

본장은 이러한 칼빈의 변혁적 다리놓기 패러다임을 기초로 하여, 한국교회 설교의 변혁적 적용 패러다임 회복을 위한 제언으로 마무리하고자 한다.

1. 칼빈의 적용이 정초하고 있는 해석학적 토대: 이중 음성에 근거한 칼빈의 적용 해석학

칼빈의 설교에 나타난 적용 패러다임을 분석하고 이해하기 위한 해석학적 전제는 '하나님이 말씀하신다'는 그의 확신이다.¹³ J. T. 맥닐(J. T. McNeill)은 "가장 간결하고 근본적인 칼빈의 설교 이론의 특징은 다름 아닌 이중 음성 이론(the two-voice theory)"이라고 강조한다.¹⁴ 칼빈은 성경을 통해서 말씀하시는 하나님이 설교자를 통해서 지금도 말씀하신다는 것을 확신하였다.¹⁵ 이러한 '이중 음성'(*vox duplex*, 복스 듀플렉스)은 성경의 축자적, 문자적 영감에 기초한 칼빈 설교의 근본적인 전제라고 할 수 있다.

성례를 통해 하나님의 임재(영적임재)를 체험하는 것처럼, 칼빈은 '그리스도의 입'의 역할을 대신하는 설교자의 권위 있는 말씀 선포를 통해 영적으로 임재하시는 하나님

---

12 Hershael W. York and Scott A. Blue, "Is Application Necessary in the Expository Sermon?" *SBJT* 4 (1999): 80; Timothy Warren, "A Paradigm for Preaching," *BSac* 148 (1991): 463-86.
13 Paul T. Fuhrmann, "Calvin, The Expositor of Scripture," *Int* 6 (1952): 193.
14 J. T. McNeill, "The Significance of the Word of God for Calvin," *Church History* 28 (1959): 144.
15 John H. Gerstner, "Calvin's Two-Voice Theory of Preaching," *RTR* 13 (1959): 15.

을 믿었고, 회중 공동체를 향한 하나님의 음성을 알려주시는 하나님의 뜻(음성)을 믿었던 것이다.[16] 파커(Parker)의 지적처럼 칼빈에게 있어서 성경관은 설교관의 기초라고 할 수 있으며, 설교는 하나님이 설교자를 통해 인간에게 말씀하시는 커뮤니케이션이라고 보았다.[17] 칼빈의 설교 철학의 핵심은 설교자가 하나님의 말씀을 선포할 때 성령의 역사로 말미암아 하나님의 통치(Regnum Dei, 레그눔 데이)가 교회와 사회의 모든 영역에 임하게(변혁의 역사) 된다는 것이다.[18]

2. 칼빈의 적용에 초점을 둔 목회적 설교

역사적으로 칼빈의 성경 해석은 크리소스톰, 어거스틴, 암브로즈, 제롬 등에게 영향을 받았다.[19] 칼빈은 중세 시대 유행했던 스콜라주의적 성경 해석[20]과 중세 시대의 형식적인 설교 모델을 거부하면서, 자신의 강해 설교의 모델을 어거스틴과 크리소스톰에게서 찾았다.[21] 리차드 갬블(Richard C. Gamble)도 어거스틴이 칼빈의 주해적 모델이었기 보다는 크리소스톰이 그의 주해적 방법을 위한 재료를 제공했을 것이라고 본다.[22] 특별히 칼빈의 적용 패러다임은 크리소스톰의 그것을 모델로 둔 것이다.

칼빈은 적용이 없는 신학적 교리는 성도들의 변화를 가져올 수 없다고 확신하면서, 이렇게 설교한다.

> 만일 배운 바대로 따르는 일을 사람들에게 맡겨둔다면, 그들은 결단코 한 발자국도 움직이지 못할 것이다. 따라서 교리 그 자체로는 아무런 유익을 가져올 수 없다.[23]

---

16 Leith, "Calvin's Doctrine of the Proclamation of the Word," 31–32; Ronald S. Wallace, *Calvin's Doctrine of the Word and Sacrament* (Tyler, TX: Geneva Divinity School, 1982), 82; Richard Stuaffer, "칼빈의 설교신학(신론)," 『칼빈의 설교학』 박건택 편역 (서울: 나비, 1990), 65.
17 T. H. L. Parker, *Calvin's Preaching* (Louisville: Westminster/ John Knox Press, 1992), 23–24; Wallace, *Calvin's Doctrine of the Word*, 115.
18 안인섭, "칼빈의 성경 해석학이 제네바에 미친 영향," 「개혁논총」 12 (2009): 73–107.
19 Zachman, "Expounding Scripture and Applying It to Our Use," 48.
20 권성수, 『성경 해석학 1』(서울: 총신대학교 출판부, 1992), 135.
21 Zachman, *John Calvin as Teacher, Pastor, and Theologian*, 59; Peter Adam, "Calvin's Preaching and Homiletic: Nine Engagements Part 1," *Churchman* 124 (2010): 202–03; Parker, *Calvin's Preaching*, 79–80.
22 Richard C. Gamble, "Brevitas et Facilitas," *WTJ* 47 (1985): 8–9; John R. Walchenbach, *John Calvin as Biblical Interpreter* (Ph.D. diss., University of Pittsburgh, 1974).
23 John Calvin, *Sermons on Timothy and Titus* (Edinburgh: The Banner of Truth Trust, 1983), 945–57.

칼빈의 설교는 청중의 상황을 향한 목회적이며 실제적인 적실성(relevance)을 잃지 않고 강해와 적용을 지속적으로 엮어가는 스타일이다.²⁴ 성경의 해설과 적용으로서의 설교에 대한 칼빈의 강조는 그의 설교를 적용 지향적(application-aimed) 패턴으로 형성되도록 했다.²⁵ 칼빈은 성령이 교회를 세우기 위해 주신 사도, 선지자, 가르치는 자의 역할(은사)을 설명하면서 설교자가 하나님의 뜻을 계시한 성경을 능숙하게 다루는 기술을 가지고 예언들과 경고들과 약속들과 성경의 전체적인 교리를 '적용함'으로 교회의 현재적 유익을 도모해야 한다고 보았다.²⁶

이 점에서 있어서 주로 본문의 해석을 통한 저자의 의도를 논하는 칼빈의 주석과 저자가 의도한 의미를 넘어 청중의 정황까지 나아가 구체적인 적용까지 나아가는 설교 사이에는 분명한 차이를 있다고 할 수 있다.²⁷

예를 들어, 플랜트(Plant)는 칼빈의 신명기 설교를 분석한 다음 다음과 같이 주장한다.

> **결코 목회적 필요와 상관없는 긴 주해들을 찾아볼 수 없으며 … 본문의 설명이 끝난 다음 속히 자신의 청중을 향한 적용으로 나아갔다.²⁸**

슈라이너(Schreiner)에 따르면, 칼빈 욥기 설교는 적용 지향적 설교의 탁월한 예라고 할 수 있다.²⁹ 류응렬은 칼빈의 창세기 설교를 분석하면서, 그의 설교가 철저히 본문에 근거하여 삶을 변혁시키는 적용을 향해 나아가는 설교적 특징이 있다고 지적한다.³⁰ 잭맨(Zachman)도 칼빈의 에베소서 설교를 철저히 분석한 후 칼빈의 설교에 대해서 말하기를, "많은 분량이 직접적으로 청중의 삶의 모든 국면과 연관된 적용"이 두드러진다고 확증한다.³¹ 거스트너(Gerstner)에 의하면, 칼빈의 적용은 설교 전체에 흐르고

---

24 J. Mark Beach, "The Real Presence of Christ in the Preaching of the Gospel," *MJT* 10 (1999): 117; Gerstner, "Calvin's Two-Voice Theory of Preaching," 20; Fuhrmann, "Calvin, The Expositor of Scripture," 191.
25 Leith, "Calvin's Doctrine of the Proclamation of the Word," 34.
26 Calvin, *Calvin's Commentaries on Corinthians I*, trans. by John King, [1847-50]; http://www.sacred-texts.com/chr/calvin/cc39/cc39018.htm.
27 류응렬, "Calvin의 설교에 나타난 성경 해석 방법론," 237.
28 Plant, "Calvin's Preaching on Deuteronomy," 40-50.
29 Susan Schreiner, "Calvin as an Interpreter of Job," in *Calvin and the Bible*, ed. Donald McKim (Cambridge: CUP, 2006), 57-59; idem, "Through a Mirror Dimly," *CTJ* 21 (1986): 175-93.
30 류응렬, "칼빈의 창세기 설교," 24.
31 Zachman, "Expounding Scripture and Applying It to Our Use," 490.

있으며 강해 설교의 한 부분이며, 그의 설교는 적용이 지나칠 정도로 흘러넘치는 적용 지향적 설교라고 말한다.[32]

칼빈의 전체적인 설교의 구조를 통해도 나타나듯이, 칼빈의 설교는 성경에 대한 주해와 설명(explication)을 넘어 교리적 다리놓기와 적실성의 다리와 변혁적 다리놓기를 통해 실천과 변혁을 향해 나아가는 적용(application) 중심적 설교이다.[33]

파커가 제시한 칼빈의 설교 구조를 참고로 하여, 다리놓기 패러다임 관점으로 실제 설교 분석을 해 볼 때, 칼빈 설교의 일반적인 구조를 다음과 같이 정리해 볼 수 있다.

1. 기도
2. 이전 설교의 요약 또는 서론적 도입
3. (a) 첫 번째 절의 주해적 다리놓기(저자가 의도한 의미와 적용을 간결하고 용이하게 밝힘)
   (b) 교리적 다리와 적실성의 다리놓기를 통한 적용
   (c) 변혁적 다리놓기: 말씀에 순종함으로 삶의 실천과 변화를 권면하고 촉구함
4. (a) 다음 구절의 주해적 다리놓기
   (b) 교리적 다리와 적실성의 다리놓기를 통한 적용
   (c) 실천의 권유(변혁의 다리를 통한 적용)
5. 설교의 요약 및 기도

3. 칼빈의 삼중적 적용의 목적

회중의 삶을 변화시키기 위하여 칼빈은 교리에 기초한 윤리적 원리를 적용하는 설교를 추구하였다.

그렇다면 칼빈이 추구한 설교의 적용이 추구해야 할 핵심 목적은 무엇인가?

칼빈은 디모데후서 3:16을 강해하면서, 삶의 온전함을 향해 변화시켜 나가는 적용의 목적을 교훈과 책망과 바르게 함과 의로 교육하는 가르침으로 이해한다.[34] 한편, 에

---

32 Gerstner, "Calvin's Two-Voice Theory of Preaching," 21.
33 T. H. L. Parker, *The Oracles of God: An Introduction to the Preaching of John Calvin* (Cambridge: James Clarke&Co., 2002), 70–71; 류응렬, "칼빈의 창세기 설교," 13을 참조하라.
34 John Calvin, *1, 2 Timothy, Titus*, ed. Alister McGrath and J. I. Packer (Wheaton, IL.: Crossway, 1998), 155–56.

에베소서 설교를 통해 볼 때 칼빈의 삼중적 적용 목적(threefold purpose of application)은 청중의 '이해(use), 유익(profit), 실천(practice)'이다.[35] 시편 46:1-5 설교에서도, 칼빈은 "한 시내가 있어 나뉘어 흘러 하나님의 성 곧 지존하신 이의 성소를 기쁘게 하도다"라는 말씀이 내포한 저자 의도적 의미에 대한 '이해'를 도모한 다음, "우리의 유익을 위해 실천합시다"라고 적용(청중의 '유익'을 위한)을 전개하고 마지막으로 "이 가르침을 실천하도록"[36] 권면하며 적용한다.

이러한 삼중적인 적용의 목적을 성취하기 위해 칼빈의 설교는 주해적 다리를 거쳐 교리적 다리를 지나 권면과 책망을 포함한 목회적 적용으로 나아간다.[37] 칼빈의 에베소서를 분석해 보면 칼빈의 설교는 주해적 가르침만이 있는 것이 아니라 권면(exhortations), 책망(rebukes), 경고(warnings), 유도(incitements) 등으로 대별되는 적용의 초점을 향해 나아가는 패러다임을 가지고 있다.[38] 칼빈의 설교의 목적은 신학적인 원리들과 보편적 교리를 다양한 적실성 범주(relevance categories)에 적용함으로써 청중의 삶과 사회를 변혁시키는 데 두었다.[39]

이런 의미에서 칼빈은 적용의 삼중적 목적에 초점을 맞추면서 청중을 성경적 공동체로 세워가기(edify) 위해 말씀을 적용하고 설득(권면)하고자 애썼다.[40] 칼빈의 설교에 있어서 중요한 것은 단지 교리를 제시하거나 성경 해석을 제공하는 것이 아니라는 점이다. 설교를 통해 성도들을 권면함으로 그들이 말씀을 삶 가운데 적용할 수 있도록 이끌어 주는 것도 칼빈이 이해하는 설교의 중요한 부분인 것이다. 그렇기 때문에 칼빈이 말하는 설교의 목적은 믿는 자들을 교화하여, 그리스도의 장성한 분량이 충만한 데에 이르게 하는 것이다.[41]

칼빈 설교의 궁극적인 목적은 설교자의 의도가 아닌 저자의 의도(author's intention)를 찾기 위해 원어 성경에 근거하여 이루어지는 뿌리 깊은 해석, 신학과 교리에 대한 심오한 이해, 당시 청중과 제네바 사회를 언약적 공동체로 변혁시키기 위한 적법한 적용

---

35 John Calvin, *Sermon on the Epistle to the Ephesians* (Edinburgh: Banner of Truth Trust, 1998), 19, 82, 188-89.
36 John Calvin, "하나님은 우리의 피난처시요(시 46:1-5)," 박건택 역, 「그말씀」 (2000): 102-03.
37 Parker, *Calvin's Preaching*, 114-29.
38 Calvin, *Sermon on the Epistle to the Ephesians*, 618.
39 Zachman, "Expounding Scripture and Applying It to Our Use," 481-82.
40 Thomas J. Davis, "Preaching and Presence," ed. David Foxgrover (Grand Rapids: Calvin Studies Society, 2000), 88-90.
41 안인섭, "칼빈의 에베소서 설교에 비추어 본 한국 교회의 설교 방향," 137-70.

(legitimate application)에 있었다. 칼빈은 청중의 이해, 유익, 실천이라는 삼중적 적용의 목적을 위해 저자가 의도한 의미와 원 적용(original application)을 적실하게 제네바 청중에게 재적용(reapplication)하려고 했기에, 그는 설교자가 단순히 가르치는 것을 넘어서 성도들의 모든 삶과 사회의 전 영역에 본문이 의도한 적용(text-driven application)을 선포해야 한다고 믿었다.[42] 칼빈의 목회적 강해 설교는 이론이 아닌 행동 지향적(action-aimed) 적용 패러다임을 추구했다.[43]

4. 네 다리놓기 적용 패러다임을 통해 본 칼빈 설교의 적용 패러다임

설교자 바울의 적용 패러다임을 네 다리놓기 패러다임(주해적 다리, 교리적 다리, 적실성 다리, 변혁적 다리)으로 인식할 수 있는 것처럼, 칼빈의 적용 패러다임도 네 다리놓기(four-bridge application paradigm)로서의 적용 프레임으로 조망해 볼 수 있다.[44] 문자적-문법적 해석을 통한 저자 의도에 정초하는 크리소스톰의 적용 패러다임처럼 칼빈도 바울의 목회적 설교의 적용 패러다임을 적절하게 활용하고 있다.[45] 칼빈은 성경의 원 청중의 세계와 자신이 목회하는 현 청중의 세계, 곧 16세기 제네바에서 살아가는 회중들의 구체적이고 실제적인 상황 사이에 놓인 해석학적 간격을 연결하기 위해 적용적 다리놓기(applicational bridge)를 시도한다.[46]

---

42 Zachman, "Expounding Scripture and Apply It to Our Use," 496.
43 Gerstner, "Calvin's Two-Voice Theory of Preaching," 19.
44 칼빈의 설교를 분석해 본 결과, 순서적으로 다양한 다리놓기 패턴이 나타나는 것을 볼 수 있다. 본문에서 의미로(주해적 다리놓기), 의미에서 교리로(교리적 다리놓기), 교리에서 적실성 다리놓기로, 마지막으로 변혁적 다리로 건너가는 패턴이 일반적(보편적)이었지만, 칼빈의 설교는 반드시 순차적으로 건너가는 정형화된 패턴이라기보다는 다양한 형태로 나타나기도 하면서 어떤 경우는 하나의 다리놓기 과정이 최대화 혹은 최소화되기도 한다. 예를 들어, 교리적 다리에서 시작하여 역으로 주해적 다리로 건너간 다음 적실성과 변혁적 다리로 나아가는 패턴, 먼저 적실성 다리놓기를 통해 제네바 청중을 향한 적용에 초점을 맞춘 다음 주해적 다리 혹은 교리적 다리로 건너가는 패턴, 주해적 다리에서 적실성 다리 혹은 변혁적 다리로 건너갔다가 교리적 적용을 전개하는 패턴 등이다. 이처럼 그의 설교는 입체적이면서도 다양하며 역동적인 패턴으로 다리놓기 패러다임이 전개된다고 볼 수 있다.
45 N. George Awad, "The Influence of John Chrysostom's Hermeneutics on John Calvin's Exegetical Approach," *SJT* 63 (2010): 414-36.
46 Leith, "Calvin's Doctrine of the Proclamation of the Word," 34; Dawn DeVries, *Jesus Christ in the Preaching of Calvin and Schleiermacher* (Louisville: Westminster John Knox, 1996), 41; 오현철, "칼빈의 설교 환경," 한국개혁신학회, 「한국개혁신학」 29 (2011): 45-65.

1) 칼빈의 주해적 다리

칼빈의 첫 번째 적용 해석학적 다리놓기는 텍스트를 해석하여 성령이 의도한 혹은 저자가 의도한 의미(authorial meaning)와 적용(author-intended application)[47]을 찾기 위한 주해적 다리놓기라고 할 수 있다. 파커(Parker)는 칼빈의 설교가 주해적 다리에서 출발하여 삶의 변화를 위한 교리적 다리와 청중 지향적 적실성의 다리(relevance bridge)로 이동한다는 사실을 강조한다.[48]

(1) 철저히 텍스트 저자의 '의도'를 밝히는 설교의 적용

칼빈은 바울의 의도에 대한 충실한 주해에 뿌리를 두고(엡 4:26-28), "우리가 … 합시다"(let us)라는 전형적인 적용식 표현을 사용하여 다음과 같은 적용을 전달한다.

> 여기서 우리는 바울이 의도한 의미를 알 수 있습니다. 그러므로 이제 우리는 이 가르침을 실천합시다.[49]

칼빈은 예레미야 설교에서 선지자가 의도한 적용의 예들을 잘 보여주며,[50] 미가 선지자가 의도한 의미에 기초한 저자 의도적 적용을 선포한다.[51] 갈라디아서 설교와 디모데전서 설교를 통해서도 바울이 의도한 의미와 적용을 밝혀나가기 위한 주해적 다리놓기의 모범을 볼 수 있다.[52] 회중들의 이해와 유익을 위한 칼빈의 적용(significance)은 직접적으로 저자(바울)가 의도한 의미에 기초한 적용(signification)을 재적용하는 차원이라는 점을 엿볼 수 있다.[53] 칼빈에게 있어서 본문의 저자의 의도는 곧 성령의 의도이다. 칼

---

47 현대 학자 가운데 밀라드 에릭슨은 성경 당시 저자가 의도한 적용과 현대의 적용을 구분하기 위하여(유기적으로 연결되어 있지만) 'signification'과 'significance'로 구분하여 이해한다(Millard J. Erickson, *Evangelical Interpretation* [Grand Rapdis: Baker, 1993], 11-32).

48 Parker, *Calvin's Preaching*, 114-29.

49 Calvin, *Sermon on the Epistle to the Ephesians*, 449.

50 John Calvin, 『칼뱅의 예레미야 설교』(*Sermons on the Books of Jeremiah*), 박건택 역 (서울: CLC, 2000), 212, 242.

51 John Calvin, 『칼빈의 미가 강해』(*Sermons on the Books of Micah*), 서문강 역 (안양: 잠언 출판사, 1996), 51.

52 John Calvin, 『칼빈의 갈라디아서 강해(하)』(*Sermons on the Books of Galatians*), 김동현 역 (서울: 서로사랑, 2010), 206, 209-10; idem, 『칼빈의 디모데전서 강해(상)』(*Sermons on the Books of 1 Timothy*), 김동현 역 (서울: 엘맨출판사, 2002), 103, 107-08, 150.

53 Randall C. Zachman, "Gathering Meaning from the Context," *JR* 82 (2002): 5-25.

빈은 "성령의 의도를 고려하지 않는다면 해석자들은 결코 이 예언을 이해할 수 없다"고 할 정도로 성령의 의도와 동일한 저자의 의도를 찾는 것의 중요성을 강조했다.[54]

(2) '간결성과 용이성'을 통한 적용 해석학

칼빈은 해석학의 핵심적인 방법으로서 간결성과 용이성을 통한 저자 의도적 적용 해석학을 지향했다. 칼빈은 "성경의 진정한 의미는 자연스럽고도 단순한 의미임을 알아야 합니다"라고 말하면서 문자적 해석을 통해 알레고리적, 사변적 해석을 지양하고 성경 자체를 풀어 설명하고 적용하는 해석학을 추구했다.[55]

이러한 자연스러운 성경의 의미와 적용을 찾기 위해 칼빈이 사용한 해석학적 방법을 '간결성과 용이성'(brevitas et facilitas, 브레비타스 에트 파칠리타스)으로 보는 것에 여러 학자들의 견해가 일치한다.[56] 칼빈의 적용 지향적 성경 해석의 여러 가지 원리 가운데[57] 정수(精髓)는 저자가 의도한 자연스러운 의미와 적용의 흐름을 파악하여 청중에게 그대로 흘려보내는 간결성과 용이성에 있다.

칼빈은 참된 적용을 위한 설교자의 우선적이며 유일한 의무는 "저자의 생각을 열어 놓기 위해" 본문의 저자의 의도를 파악해서 잘 드러내는 데 있다고 보았다.[58] 예를 들어, '빛의 자녀들처럼 행하라'(엡 5:8-11) 설교에서 빛의 자녀로서 행해야 할 '착함과 의로움과 진실함'에 대한 저자 의도적 의미를 간결하게 열어 놓은 다음 적용을 향해 나아간다.[59]

갬블(Gamble)에 따르면, 칼빈은 멜랑히톤(Melanchthon)의 지나치게 간단한 주해 방법과 부처(Bucer)의 지나치게 장황한 주해 방식을 지양하고 '간결함과 용이함'을 통해 성경

---

54 안명준, "21세기를 위한 해석자: 칼빈의 해석학에 있어서 성령과 해석의 관계를 중심으로," 「복음과 신학」 2 (1999): 164-21.

55 John Calvin, *The Epistles of Paul to the Galatians, Philippians, and Colossians*, trans. T. H. L. Parker (Edinburgh: Oliver and Boyd, 1965), 85.

56 Richard. C. Gamble, "*Brevitas et facilitas*: Toward an Understanding of Calvin's Hermeneutic," *WTJ* 47 (1985): 3; T. H. L. Parker, *Calvin's New Testament Commentaries*, 2nd (Louisville: Westminster/John Knox Press, 1993), 85-89; 유상섭, "칼빈의 성경 해석에 비추어본 합동측 목회자들의 설교," 131.

57 크라우스(Kraus)가 제시한 칼빈의 8가지 해석 원리는 다음과 같다. (1) 간결성과 용이성, (2) 저자의 의도를 분별함, (3) 저자의 청중과 환경에 제한된 역사적, 지리적, 제도적 배경을 살핌, (4) 본문의 진정한 의미를 드러냄, (5) 문맥을 파악함, (6) 십계명과 같은 경우에 문자적 의미를 뛰어넘는 것, (7) 은유나 비유의 조심스런 해석, (8) 그리스도 중심의 해석. Hans-Joachim Kraus, "Calvin's Exegetical Principles," *Int* 31 (1977): 8-18.

58 John Calvin, *Commentaries on the Epistles of Paul the Apostle to the Romans*, rep. ed (Grand Rapids: Baker, 1993), 23.

59 John Calvin, 『존 칼빈 에베소서 설교 (하)』(*Sermon on the Epistle to the Ephesians*), 김동현 역 (서울 솔로몬, 1995), 237-39.

저자의 의도를 드러내는 것'에 초점을 기울이면서 동시에 저자의 의도에서 벗어나게 하는 불필요한 요소를 '제거'하기 위한 문자적 해석에 집중했던 것이다.[60] 칼빈이 저자의 의도를 자연스럽게 드러내기 위해 집중한 문자적인 의미는 문법적, 역사적 문맥, 지리적 배경, 사회적 상황, 수사학적 상황을 함께 면밀히 살펴 해석한다는 것을 말한다.[61]

칼빈은 저자의 의도에 입각한 주해와 적용에 집중하기 위해 '간결성과 용이성'의 방법론으로서 '역사적-문법적 해석'(historical-grammatical interpretation)을 사용하였다.[62] 데이비드 L. 퍼켓(David L. Puckett)도 칼빈의 구약 주해를 분석한 후에 칼빈의 텍스트 해석은 '역사적-문법적'(the historical-grammatical) 방식에 기초하고 있다고 결론 내린다.[63] 저자가 본래 의도한 본문의 의미와 적용을 식별하기 위해, 칼빈은 역사적-문법적 방법, 다중적 성취, 상호 본문성, 언어적 의미, 역사적 배경, 인문 과학, 하나님의 성품(신론) 등을 통전적으로 연구함으로써 성경이 가진 풍부한 의미를 발견하려고 했다.[64]

칼빈에게 있어서, 설교자의 주요한 임무는 순전하게 텍스트의 저자가 의도한대로 본문을 해석하고 적용하는 것이다. 칼빈은 이러한 설교자의 본질적 의무를 완수하려는 목적으로, 저자의 의도를 드러내기 위하여 언어적, 역사적, 신학적 문맥의 관점에서 주해적 다리놓기를 충실히 시도하였다.[65]

칼빈은 저자가 의도한 정확한 적용을 확증하기 위하여, 본문에 관한 역사적, 지리적, 문화적 분석을 통해 성경의 세계와 제네바 청중의 세계 사이를 다리놓기한다.[66] 예를 들어, 칼빈은 이러한 다리놓기를 통해 본문 이면에 있는 저자 바울이 당시 원 청중(original audience)에게 상황화된 적용(contextualized application)을 제네바 시민들을 향해 재상황화된 적용(recontextualized application)으로 전달하고자 하였다.[67]

60　Richard. C. Gamble, "Exposition and Method in Calvin," *WTJ* 49 (1987): 153-65; idem, "Calvin as Theologian and Exegete, Is There Anything New?" *CTJ* 23 (1988): 189.
61　Parker, *Calvin's New Testament Commentaries*, 98. Zackman, *John Calvin as Teacher*, 111-15; Kraus, "Calvin's Exegetical Principles," 8-18.
62　칼빈의 저자 의도적 적용을 위한 역사적-문법적 해석에 관해서는 라영환, "칼빈의 성경 해석학: 칼빈의 역사적 문법적 방법론에 대한 재조명," 개혁신학회, 「개혁논총」 11 (2009): 233-51; 임용섭, "칼빈의 성경 해석학적 공헌," 개혁신학회, 「개혁논총」 12 (2009): 124-27을 참조하라.
63　David L Puckett, *John Calvin's Exegesis of the Old Testament* (Louisville: Westminster John Knox, 1995), 56-72.
64　Zachman, *John Calvin as Teacher, Pastor, and Theologian*, 111-30.
65　Zachman, "Gathering Meaning from the Context," 6-26; Gamble, "Exposition and Method in Calvin," 153-65; Parker, *Calvin's New Testament Commentaries*, 85-108.
66　Kraus, "Calvin's Exegetical Principles," 13-14.
67　Zachman, "Expounding Scripture and Apply It to Our Use," 501-02.

요약하자면, 설교자의 본래 임무에 충실하고자 한 칼빈에게 있어서 주해적 다리놓기는 철저하게 성령이 의도하신, 곧 성령의 영감을 받은 본문의 저자가 의도한 순전한 의미와 적용을 발견하고 청중의 이해와 유익과 실천을 위해 자연스럽게(간결하고 용이하게) 드러냄으로써 원 적용이 재상황화되어 현대적 적용으로 전달되는 것이 목적이다.

2) 칼빈의 교리적 다리

칼빈의 설교에 있어서 성경의 교리는 단순히 신학적인 논증의 차원을 넘어 그의 청중이 경건한 삶을 살아가도록 격려하고 도전하기 위한 중심축으로 사용되었다.[68] 따라서, 칼빈은 케리그마를 통해 임재하시는 하나님을 확신하면서, 설교 가운데 삶과 연관된(구체화되는) 살아있는 교리에 근거한 적용을 증거했다. 따라서 칼빈은 설교의 선포(케리그마)를 통해 임재하시는 하나님을 확신하면서, 설교 가운데 삶과 연관된(구체화되는) 살아있는 교리를 증거했다.[69] 칼빈의 교리에 뿌리를 내린 설교는 디다케(didache)적이면서도 효과적인 적용을 위한 '원리화 다리'(principalizing bridge) 역할을 한다고 볼 수 있다.

칼빈의 설교는 단순히 성경 본문의 주해와 적용이라는 용어 혹은 형식으로는 설명하기에는 어려움이 있기 때문에 그가 어떻게 신학에 기초한 적용을 추구했는지 입체적으로 이해할 필요가 있다. 그의 적용은 문자적 해석이라는 주해적 다리를 거쳐 심오한 신학과 교리를 통과한 것이다.[70] 칼빈의 권면적 적용으로 나아가는 설교는 특별히 '하나님의 성품'(theology proper)에 뿌리박은 교리에 정초하고 있다.[71] 칼빈의 설교에 있어서 눈에 띄는 특징은 그의 교리에 뿌리내린 변혁적 적용에 있다고 볼 수 있다.[72] 교리에 뿌리내린 언약 공동체적 적용 패러다임을 기반으로, 칼빈은 전체 회중의 건덕(edification)을 세우고자 했다.[73]

이런 의미에서 칼빈은 바울이 의도한 교리를 청중의 삶의 다양한 영역에 적실성 있게 적용함으로, 교리에 정초한 적용을 그들의 삶 가운데 실천하도록 하여 그들이 영적 유익을 얻기를 간절히 원했다.[74] 다니엘 도리아니(Daniel Doriani)에 따르면, 칼빈의 삶

68　John Calvin, *The Mystery of Godliness and Other Sermons* (Morgan, PA: Soli Deo Gloria, 1999), 120.
69　Peter Ward, "Coming to Sermon," *SJT* 58 (2005): 320.
70　Leith, "Calvin's Doctrine of the Proclamation of the Word," 35-37.
71　Ian M. Tait, "Calvin's Ministry of Encouragement," *Presbyterion* 11 (1985): 63-67.
72　Ward, "Coming to Sermon," 319-32.
73　Zachman, "Gathering Meaning from the Context," 6; Parker, *Calvin's Preaching*, 114.
74　Zachman, "Expounding Scripture and Applying It to Our Use," 481.

에 관한 교리는 삶과 동떨어진 신학적 논증이라기보다는 삶의 행동과 관련된 교훈과 더욱 밀접한 관련이 있다.[75]

따라서 칼빈의 교리적 다리는 신학적인 원리라는 씨줄과 적실성의 날줄을 엮어 나가는 기능을 한다. 주해적 과정과 적용적 과정 사이를 이어주는 칼빈의 교리적 다리는 그리스도 안에 있는 신자의 통전적 구원을 고려함으로써 제네바라는 특수한 상황과 관련된 적실성과 교리를 함께 엮는 자리이다. 칼빈은 청중의 상황 안에서 말씀의 교리에 기초한 적용의 보편적 원리를 청중과 연결시키는 설교학적 기술을 보여준다.[76] 칼빈은 청중의 삶을 변화시키기 위한 윤리적 설교의 보편적인 원리(universal principle)를 발견하기 위해서 다양한 교리들을 적합하게 연결한다.[77]

그렇다면, 칼빈의 설교를 통해서 살펴 볼 때, 그는 주로 어떤 교리를 통해 적용을 위한 보편적인 원리를 발견했는가?

칼빈의 에베소서 설교를 비롯한 다른 예증적 설교 분석을 통해 적용을 위한 필수 마스터 키(master key)로서의 교리를 찾아보도록 하자.

(1) 언약에 뿌리를 둔 적용

칼빈은 '언약에 뿌리를 둔 적용'(covenant-rooted application)을 추구했다. 예를 들어, 칼빈은 미가서 설교에서 하나님과의 '언약'을 깨뜨리는 영적 간음과 같은 우상 숭배를 버릴 것을 적용한다.[78] 티모디 피어스(Timothy M. Pierce)는 칼빈의 미가서 설교를 분석한 후에, 칼빈의 언약신학에 뿌리내린 적합한 적용의 필요성을 강조한다.[79]

또한 칼빈은 예레미야 14:19-15:1 설교에서 언약의 본질과 하나님의 언약의 신실하심에 기초한 적용(선지자와 같이 기도해야만 하나님 되심과 언약을 지키심을 경험할 수 있다는 적용)을 보여준다.[80] 한마디로 말해 언약신학은 칼빈의 교리에 기초한 적용의 중심축이다.[81] 안토니 후크마(Anthony Hoekma)의 지적처럼, 언약신학은 칼빈의 신학과 설교

---

75 Doriani, "Doctrinal Preaching in Historical Perspective," *TJ* 23 (2002): 50.
76 Leith, "Calvin's Doctrine of the Proclamation of the Word," 34-41; John Piper, "The Man and His Preaching," *SBJT* 3 (1999): 4-15.
77 Adam, "Calvin's Preaching and Homiletic," 209.
78 Calvin, 『칼빈의 미가 강해』, 66-67.
79 Timothy M. Pierce, "Micah as a Case Study for Preaching," *SWJT* 46 (2003): 77-94.
80 John Calvin, "선지자의 간구(렘 14:19-15:1)," 박건택 역, 「그말씀」(1998): 271-80.
81 Everett H. Emerson, "Calvin and Covenant Theology," *CH* 25 (1956): 136-44.

에서 하나님과 인간의 관계구도를 이해하는 열쇠라고 할 수 있다.[82]

아브라함 언약, 모세 언약, 다윗 언약, 새 언약을 모두 하나의 언약이라는 관점에서 이해한 칼빈의 언약신학은 그의 설교에 면면히 흐르면서 언약 백성에게 요구되는 순종을 권면하는 적용의 근저(根柢)로서 기능한다.[83] 칼빈의 설교와 적용의 척추 역할을 하는 것이 바로 그의 은혜 언약이다.

(2) 하나님의 성품과 창조 질서에 기초한 적용

칼빈은 교리적 다리놓기를 통해 '하나님의 성품과 창조 질서에 기초한 적용'(Theology-based application)을 가장 중요한 한 축으로 놓는다. 예를 들어, 칼빈은 에베소서 1:1-3 설교에서 하나님의 성품에 뿌리를 두고 당시 제네바에 살던 청중에게 적용을 하는 것을 볼 수 있다.[84] 칼빈은 에베소서 설교를 통해 하나님의 성품에 기초하여 다음과 같이 적용한다.

> **그러므로 한 걸음 더 나아가 이 교리를 실천해 옮깁시다. 그럴 때 그것을 철저히 경험할 수 있도록 낮이나 밤이나 그것을 실행하십시오.**[85]

칼빈은 미가서 1:3-5a 설교 서두에서(지난 설교를 요약하면서) 심판자 되신 하나님에 기초하여 인내하는 삶에 대하여 도전적인 적용을 선포한다.[86] 특히 그는 창세기 설교를 통해 하나님의 성품과 창조 질서에 뿌리박은 적용 패러다임을 다음과 같이 잘 보여준다.

① 하나님에 대한 경외와 사랑에 기초한 적용을 추구한다.[87]

82　Anthony Hoekma, "The Covenant of Grace in Calvin's Teaching," *CTJ* 2 (1967): 134.
83　Calvin의 언약신학에 대한 상세한 논증을 위해서는, 박희석, "칼빈의 언약신학," 「총신대 논총」 21 (2002): 60-86를 참조하라.
84　Calvin, *Sermon on the Epistle to the Ephesians*, 8.
85　Calvin, *Sermon on the Epistle to the Ephesians*, 308. 이외에도, '하나님이 너희를 용서하심과 같이'(엡 4:31-5:2) 설교에서 하나님의 사랑의 속성에 기초하여 이웃에 대한 사랑의 용서를 실천하도록 적용한다 (Calvin, *Sermon on the Epistle to the Ephesians*, 196).
86　John Calvin, *Sermons on the Book of Micah*, ed. Benjamin Wirt Farley (Phillipsburg, NJ: P&R Pub., 2003), 18.
87　John Calvin, *Sermons on Genesis: Chapters 1:1-11:4*. Trans. Rob Roy McGregor (Edinburgh: The Banner of Truth Trust, 2009), 542.

② 창세기 1:3-5 설교를 통해 칼빈은 창조주 하나님(신론)에 기초한 적용 패러다임을 보여준다. "보시기에 좋았더라"라는 창조주의 말씀과 '낮과 밤을 나누신 것'에 대해 해석한 후, 하나님의 성품과 창조에 뿌리박은 적용을 다음과 같이 전개한다.

첫째, 창조주 하나님은 인간을 비롯한 모든 만물을 선하게 지으셨다는 점을 인식한다면, 하나님 앞에 인간이 교만하게 논쟁하는 것을 버리고 하나님이 지으신 모든 것이 온전하다는 것을 인정할 것을 촉구하는 적용을 보여준다.

둘째, 창조주 하나님이 낮과 밤을 나누셨다는 것에 근거하여 청중이 낮 시간에는 열심히 일하고 밤에는 쉬어야 한다고 권면하는 적용을 제시한다.[88]

③ 창세기 1:14-26 설교를 보면, 칼빈은 하나님이 창조하신 해와 달(낮과 밤)의 질서에 기초하여 당시 '징조'에 대한 잘못된 오용을 하던 점성술사에 대한 문화적 적용을 전개킨 것을 엿볼 수 있다.[89]

④ 창세기 1:26-28 설교에서, 칼빈은 창조자 하나님의 "생육하고 번성하라"라는 말씀(명령)에 뿌리내린 적용으로서 '자녀 주심과 부모에 대한 감사'를 강조한다.[90]

(3) 그리스도에 기초한 적용

칼빈은 '그리스도(기독론)에 기초한 적용'(Christology-based application)을 추구했다. 칼빈에게 있어서 그리스도의 인성과 임재는 설교의 중심축이다.[91]

예를 들어, 창세기 2:15-17 설교에서 칼빈은 에덴 동산의 '생명나무'를 예수님과 연결시킨 후(원리화 다리), 생명의 근원되신 그리스도께 나아갈 것과 하나님이 정해주신 선을 넘어가지 않는 삶을 촉구하는 적용을 펼친다.[92]

칼빈의 에베소서 설교에서 바울의 그리스도 중심적인 적용의 패턴을 따라, 그리스도의 성품에 기초하여 남편이 아내를 사랑하라는 적용을 명령한다.[93]

칼빈은 갈라디아서 6:2의 설교를 통해, 그리스도의 십자가를 통해 주어진 그리스도인의 자유는 그리스도의 지속적인 중보 사역(계속된 의의 전가)에 대한 확신에 기초하여 성령 안에서 그리스도의 율법을 성취해 나가는 순종을 의미한다고 강조한다. 이는 기

---

88 Calvin, *Sermons on Genesis*, 27.
89 John Calvin, "창조와 과학(창 1:14-16)," 박건택 역, 「그말씀」 (2004): 152-67.
90 John Calvin, "창조의 하나님(창 1:26-28)," 박건택 역, 「그말씀」 (2004): 128-41.
91 Davis, "Preaching and Presence," 100-02; 류응렬, "칼빈의 창세기 설교," 26-30.
92 John Calvin, "선악 알게 하는 나무(창 2:15-17)," 박건택 역, 「그말씀」 (2005): 131-33.
93 Calvin, *Sermon on the Epistle to the Ephesians*, 597.

독론에 기초한 순종의 차원으로서의 적용 패러다임의 예가 된다.[94] 적용적 해석학의 관점에서 칼빈의 기독론은 주해적 다리, 교리적 다리, 설교적 다리와 적용을 지배한다.[95]

(4) 구원에 기초한 적용

칼빈은 '구원에 기초한 적용'(Soteriology-based application) 패러다임을 활용했다. 에베소서 설교에서 칼빈은 그리스도의 사랑을 통한 하나님의 은혜를 경험하도록 청중을 권면하는 적용을 보여준다.[96] 디모데후서 1:8-9 설교에서는, 예정론에 기초한 적용(predestination-based application) 패러다임을 예시한다.[97] 칼빈의 칭의 교리는 그리스도인의 삶과 연관된 윤리적 적용과 밀접하게 연결되어 있다.[98] 갈라디아서 설교에서, 그리스도와의 연합 교리에 기초하여 칼빈은 신자들을 향해 자신들에게 유익을 주기에 인간적으로 선호하는 의견을 내려놓으라는 적용을 한다.[99] 잭맨(Zachman)은 그리스도와 함께 연합된 몸은 칼빈 설교의 유산(legacy)에서 주요한 초점이라고 강조한다.[100]

(5) 죄성에 기초한 적용

칼빈은 '죄성에 기초한 적용'(Hamartiology-based application) 패러다임을 잘 보여준다. 칼빈은 에베소서 2:1-5 설교에서, 인죄론(원죄로 인해 허물과 죄로 죽었으며 불순종하는 본질상 진노의 자녀인 인간 존재)에 기초하여 그리스도와 함께 살리심을 받은 자들이 실천해야 할 적용을 펼쳐 나간다.[101] 또한 칼빈은 인간의 전적 타락의 교리에 기초하여, 자신의 청중을 하나님께로 나아가라고 권면적 적용을 전한다.

우리가 주 예수 그리스도께로 나아갈 때 우리가 그분께 나아가 그분의 축복을 받을 수 있는 그 어떤 자격이 있다고 생각하지 말아야 합니다.[102]

---

94   Calvin, *Sermon on Galatians*, 811-16.
95   Ward, "Coming to Sermon," 321-22.
96   Calvin, *Sermon on the Epistle to the Ephesians*, 295.
97   Gerstner, "Calvin's Two-Voice Theory of Preaching," 19.
98   R. Ward Holder, "Calvin as Commentator of the Pauline Epistles," in *Calvin and the Bible*, ed. Donald K. McKim (New York: Cambridge University, 2006), 253.
99   John Calvin, *Sermon on Galatians* (Audubon, NJ: Old Paths, 1995), 302.
100 Randall C. Zachman, "A Response to Preaching and Presence," in *The Legacy of John Calvin*, ed. David Foxgrover (Grand Rapids: Calvin Studies Society, 2000), 109.
101 Calvin, *Sermons on the Epistle to the Ephesians*, 129-31, 612.
102 Calvin, *Sermons on the Epistle to the Ephesians*, 46.

인간의 타락한 죄성에 기초한 칼빈의 적용에서 독특한 점 중에 하나는 인간의 탐욕과 마귀의 계략(유혹)을 매우 치밀하게 분석하고 적용한다는 점이다. 예를 들어, 창세기 3:1-3 설교에서 아담이 타락한 이후 인간을 향한 사탄의 치밀한 전략과 집요한 유혹(의심을 불어넣음, 인간적 지혜를 자극함)에 어떻게 미리 대비하고 싸워야 하는가에 대한 적용(연약함을 인정하고 말씀과 성령을 의존함으로)을 전개한다.[103] 시편 119편 설교에서는 2가지 적용을 한다.

① 탐심(죄성)을 이용한 마귀의 유혹(119:57-64)과 전략을 대처하기 위한 적용.
② 성도들 안에 있는 무서운 탐욕(죄성)은 마귀가 죄악 된 본성을 불 지피는 땔감으로 활용한다는 점을 강조하면서 영적인 싸움을 위한 적용(119:129-36).[104]

(6) 성령에 기초한 적용

칼빈은 설교를 통해 '성령에 기초한 적용'(Pneumatology-based application) 패러다임을 예증해 준다. 칼빈의 설교는 오직 성령의 역사하심과 통치를 통해서 말씀의 적용에 대한 순종이 비로소 가능하다는 것을 강조한다.[105] 칼빈은 에베소서 3:1-6 설교에서 성령론에 기초하여 목회적인 적용(pastoral application)을 전개한다.

> 하나님이 우리에게 말씀하시고 그분의 교리를 우리 귀에 울리게 해 주시는 것처럼, 그분은 성령님을 통해 우리 안에 역사하십니다. 그러므로 그분께 우리 자신을 올려드립시다. 그럴 때 그분의 이름으로 우리에게 말씀하신 그 어떤 축복도 받을 수 있는 준비될 것입니다.[106]

한편, 칼빈은 에베소서 5:18-21 설교에서도 바울이 성령("오직 성령으로 충만함을 받으라")에 근거한 윤리적 적용을 펼쳐 나가는 것과 동일한 패턴을 보여준다.[107]

---

103 John Calvin, "세상 모든 악의 근원(창 3:1-3)," 박건택 역, 「그말씀」 (2005): 136-49.
104 John Calvin, "여호와는 나의 분깃이시라(시 119:57-64)," 박건택 역, 「그말씀」 (2002): 136-40; John Calvin, "주의 증거가 기이하므로 내 영혼이 이를 지키나이다(시 119:129-136)," 박건택 역, 「그말씀」 (2003): 150-51.
105 Calvin, 『칼빈의 디모데전서 강해(상)』, 81, 117; idem., 『칼빈의 갈라디아서 강해(하)』, 284.
106 Calvin, *Sermons on the Epistle to the Ephesians*, 237.
107 Calvin, *Sermons on the Epistle to the Ephesians*, 550-51.

3) 청중의 삶과 제네바 도시를 변혁시키기 위한 적실성 다리

칼빈은 주해적 다리와 교리적 다리와 유기적으로 연결된 적실성 다리(relevant bridge)를 추구한다. 특히 에베소서를 필두로 한 설교 분석을 중심으로 조망해 볼 때, 교리를 기초로 한, 삶의 변혁을 위한 윤리적 적용을 보여준다.[108] 또한 다양한 적실성 범주를 토대로 적용 지향적 설교를 추구한다.

이런 차원에서 스티븐 J. 로슨(Steven J. Lawson)은 말하기를, 칼빈의 적용 지향적 설교는 진리를 적용하는 데 있어서 목회적 권면, 개인적인 점검, 사랑을 담은 책망, 담대한 직면으로 특징 지워질 수 있다고 한다.[109] 도널드 K. 맥킴(Donald K. McKim)에 따르면, 칼빈은 전체적으로 교회 공동체의 건덕(edification)을 위해, 말씀의 주해에서 나온 교리에 기초한 실제적 적용 패턴을 매우 잘 보여주고 있다.[110]

(1) 칼빈의 다차원적 적실성 범주를 통한 적용

그렇다면, 칼빈의 실제 설교 분석을 바탕으로 그의 적실성 범주(relevance category)를 다음과 같이 정리해 볼 수 있다.

첫째, 칼빈은 개인의 삶과 연결된 그리고 상상력이 담긴 적용을 추구했다. 칼빈은 자주 '개인적인 삶의 점검'(personal examination)을 위한 적용으로 청중 개개인을 도전하곤 했다. 갈라디아서 설교에서 칼빈은 다음과 같이 바울의 의도한 적용을 간파하여 개인적인 점검의 적용을 도전한다.

> 바울이 의도한 교훈을 적용하는 방식은 이렇습니다. 우리 안에 몰래 도사리고 있는 죄들에 대해서 우리는 너무나 둔감하여 감지하지 못하기 때문에, 우리는 반드시 하나님께로 나아가 우리 자신을 말씀으로 점검해야 합니다.[111]

---

108 Calvin, *Sermons on the Epistle to the Ephesians*, 440.
109 Steven J. Lawson, *The Expository Genius of John Calvin* (Orlando: Reformation Trust Pub., 2007), 106-15.
110 Donald K. McKim, "Calvin's View of Scripture," in *Readings in Calvin's Theology*, ed. Donald K. McKim (Grand Rapids: Baker, 1984), 175; John Calvin, *The Pastoral Epistles*, trans. William Pringle (Grand Rapids: Eerdmans, 1948), 48.
111 John Calvin, *Sermons on Galatians*, trans. Kathy Childress (Carlisle, PA: Banner of Truth, 1997), 264-65.

청중의 이해, 유익, 실천을 위한 저자의 의도를 적용함에 있어서, 칼빈은 상상력(imagination)과 가정('만약 … 한다면')을 활용한 내면적 독백을 활용한다. 이를 통해 하나님의 교훈하신 바를 우리가 망각할 때 우리가 생각해야 하는 방식을 보여주고, 우리의 내면 가장 깊은 곳에서 하나님의 교훈을 지킬 때 어떤 변화가 일어나는지를 보여준다.[112]

둘째, 칼빈은 부부, 가정, 자녀 양육과 관련한 적실성의 범주(family-focused relevance)를 가지고 적용한다. 창세기 2:18-21 설교에서 하나님이 세우신 결혼 질서(제도)의 원리의 렌즈를 통해 남편과 아내의 관계와 남녀가 하나 됨의 의미가 무엇인지를 밝힌 다음, 구체적으로 성경적인 부부 관계에 대한 적용을 제시하고(가장 됨과 복종, 서로 도움, 상호 존중과 협력을 통한 유익) 당시 혼전 동거 문화에 대한 사회적인 적용을 제시한다.[113]

창세기 2:22-24 설교에서는 하나님이 세우신 결혼 제도의 영적 의미를 밝힌 다음, 잘못된 금욕주의(독신을 가장한 우월적 태도)와 방탕주의라는 양 극단에 대한 적용을 던진다.[114] 칼빈은 신명기 설교에서, 언약에 기초한 가정, 부모 양육에 관한 적용 패러다임의 예를 보여준다.[115] 칼빈은 예레미야 17:1-4 설교에서, 가정의 아버지는 자녀에 대한 신앙 양육의 책임을 다해야 한다고 적용한다.[116]

셋째, 칼빈은 교회와 공동체를 향한 적실성 범주(communal-rooted relevance)를 추구한다. 바울의 적용적 설교는 교회 공동체 가운데 있는 그리스도의 임재와 연관되어 있다.[117] 칼빈의 구원론에 근거한(그리스도와의 연합) 적용은 교회의 공동체적 삶과 연결되어 있다.[118] 칼빈의 적용은 단순히 개인적인 삶의 영역에 머무르지 않고, 교회는 그리스도의 몸된 공동체임을 강조하면서 언약 공동체로서 행해야 할 의무와 교회의 순수성과 질서에 관한 적용을 포함한다.[119]

예를 들어, 당시 프랑스에서 제네바로 온 피난민들 중 일부를 책망하면서, 바울은 방종한 삶의 방식을 회개하라는 윤리적인 적용의 예를 보여준다.[120] 이와 같이 칼빈은

---

112 Zachman, "Expounding Scripture and Applying It to Our Use," 506; Calvin, *Sermon on the Epistle to the Ephesians*, 267-68; Calvin, 『칼빈의 갈라디아서 강해(하)』, 209.
113 John Calvin, "남편과 아내관계(창 2:18-21)," 박건택 역, 「그말씀」 (2005): 140-51.
114 John Calvin, "하나님이 세우신 결혼제도(창 2:22-41)," 박건택 역, 「그말씀」 (2005): 132-43.
115 Plant, "Calvin's Preaching on Deuteronomy," 47.
116 John Calvin, "모든 죄를 감찰하시는 하나님(렘 17:1-4)," 박건택 역, 「그말씀」 (1999): 111-12.
117 Calvin, *Calvin's Sermon on the Mystery of Godliness*, 119.
118 Calvin, *Sermon on Galatians*, 131; idem, *Sermon on the Mystery of Godliness*, 189.
119 Davis, "Preaching and Presence," 103-4; John Calvin, 『칼빈의 디모데전서 강해(상)』, 83-84; Calvin, 『칼빈의 갈라디아서 강해(하)』, 265.
120 Lawson, *The Expository Genius of John Calvin*, 110-11.

교회론에 기초한 공동체적 적용을 통해 참된 교회의 표지(말씀, 성례, 권징)를 드러냄으로써, 하나님의 말씀으로 교회를 개혁하고 언약공동체로서의 참된 정체성과 사명을 회복하려고 하였다.[121]

이 점과 관련하여, 칼빈의 신학에 기초한 공동체적 적용을 통해 일어난 제네바의 변혁의 동인을 추적해 보면 교회 권징과 밀접한 관련이 있다고 볼 수 있다.[122] 오현철이 분석한 것처럼, 칼빈은 목회 공동체적 적용의 실행적 차원과 연관하여 '제네바 컨시스토리'를 통해 개인의 신앙 윤리적 문제(예배와 성찬 참여 여부, 기도 등), 가정 윤리(결혼, 이혼, 간음, 혼외 출산, 폭행 등), 교회 윤리(주일성수, 성찬식, 성상 숭배, 기도 및 주기도문 교육, 성경의 절기 지키는 여부 등), 사회 윤리(미신, 고리대금, 도박, 게임, 놀이, 우상, 추문, 말다툼 등) 영역에 대한 '권징'을 시행하고자 하였다.[123]

넷째, 칼빈은 종교와 연관된 적실성 범주(religion-related relevance)를 보여준다. 칼빈은 갈라디아서 1:1-2 설교에서, 당시 로마가톨릭 교황의 거짓된 가르침에 반대하면서 종교적인 적용을 선포한다.[124] 칼빈은 에베소서 설교 가운데서, 교회론에 기초한 종교적 적용을 통해 로마가톨릭교회의 교리를 반박하는 가르침을 청중에게 잘 박힌 못처럼 전달한다.[125] 칼빈의 설교에 두드러진 특징 중의 하나가 바로 당시 로마가톨릭과 교황제도에 대한 종교적인 적용이다.[126]

다섯째, 칼빈은 목회적 적용 적실성 범주(pastoral relevance)을 지향한다. 칼빈은 목회자로서 본문의 적용의 과녁을 청중에게 향하기 전에 먼저 자신에게 '적용'하고 말씀

---

121 이상홍, "칼빈의 설교와 현대 설교의 과제," 한국설교학회, 「설교한국」 1 (2009): 115-46.
122 이승진, "칼빈의 교회개혁과 설교," 한국복음주의 신학회, [제53차 정기논문발표회 미간행논문집] (2009년 5월), 153. 칼빈의 설교와 권징이 개혁의 두 원동력으로 볼 수도 있지만, 설교의 목회적 적용을 공동체가 실행하는 연속선상에서 권징을 볼 수 있다.
123 Robert M. Kingdon ed., *Register of the Company of Pastors of Geneva in the Time of Calvin* (Grand Rapids: Eerdmans, 1966), 35-49. 제네바 치리법원의 치리의 사례들에 관한 자세한 내용을 위해서는, 필립 샤프, 『제네바교회』(*Constitution and Discipline of the Church of Geneva*), 장수민 역 (칼빈아카데미, 2006), 212-14를 참조하라. 치리의 엄격함을 보여주는 동시에 당시 제네바 사회의 영적으로 어두운 상황을 엿보게 한다.
124 Calvin, *Sermon on Galatians*, 9.
125 Calvin, *Sermon on the Epistle to the Ephesians*, 656-57.
126 칼빈의 설교 가운데 다음과 같은 예를 찾아볼 수 있다. ① 교황파의 자유의지를 반박하는 적용(John Calvin, "생수의 근원이신 하나님[렘 17:11-14]," 박건택 역, 「그말씀」 [1999]: 95-97) ② 교황 예배의 무지함(John Calvin, "믿음의 닻을 하늘에[렘 16:19-21]," 「그말씀」 [1998]: 111-12) ③ 교황파가 하나님의 진리가 아닌 인간의 전통을 따르는 오류를 범함(John Calvin, "하나님의 길[렘 18:13-16]," 「그말씀」 [2000]: 139) ④ 가톨릭의 오도된 적용을 반박함(John Calvin, "우리의 확신과 다짐[시 46:8-14]," 박건택 역, 「그말씀」 [2000]: 124-25) ⑤ 교황 제도의 우상 숭배를 비판함(John Calvin, "영육이 함께 드리는 예배[시 16:4]," 박건택 역, 「그말씀」 [2000]: 152-53).

을 따라 모범된 삶을 살아가는 것에 목숨을 걸었던 설교자이다.[127] 칼빈은 예레미야 18:11-4 설교에서, 적용은 의사의 처방과 같다고 하면서 먼저 설교자 자신에게 적용되어야 한다고 강조한다.[128]

칼빈은 목회적 사역의 연장선상에서 설교의 적용을 전개한다.[129] 예를 들어, 칼빈은 미가서 2:4-5 설교에서 구체적이며 강력한 권면과 함께 목회적인 적용을 청중의 마음에 심는다.[130] 칼빈의 적용 지향적 설교는 그의 목회적 감각과 함께 살아 움직인다.[131] 칼빈이 목회한 성피에르교회는 이러한 목회적 설교와 적용을 통해 사도 시대 이후 가장 성경적인 공동체라는 평가를 받을 수 있었던 것이다.

여섯째, 칼빈은 사회적-문화적, 사회적-경제적, 사회적-정치적 적용 패러다임의 탁월한 예를 잘 보여준다. 우선 경제적인 영역과 관련된 적용(socio-economic application)의 예를 찾아볼 수 있는데, 칼빈은 사도행전 2장 설교를 통해, 초대교회 공동체의 모범을 따라 하나님이 주신 재물을 가지고 가난한 자들을 돕지 않는 탐욕적 착취와 속임을 그치고, 그들을 향한 구제를 실천하라고 적용한다.[132] 또한 칼빈은 창세기 2:7-15 설교에서, 하나님이 주신 물질을 맡은 청지기(stewardship)답게 부자의 탐욕과 가난한 자의 규모 없는 경제적 활동을 경계하라고 적용한다.[133] 예레미야 17:11-14 설교를 통해, 불의로 재물을 취하는 자들(자고새 알을 품은 자들)이 받게 될 하나님의 심판을 경고하면서 경제적 적용을 제시한다.[134]

레이트(Leith)의 분석에 따르면, 칼빈은 여인들의 옷과 화장품, 국제적인 문제, 전쟁 등과 같은 사건에 있어서도 말씀에 입각한 적용을 시도할 정도로 치밀했다.[135]

---

127 류응렬, "Calvin의 설교에 나타난 해석 방법론," 258. 칼빈의 설교는 이 점에 있어서 해돈 로빈슨의 강해 설교 정의에 잘 부합된다. 로빈슨은 강해 설교란, "한 본문을 주어진 정황 속에서 역사적, 문법적, 문학적 연구를 통해 얻어낸 성경적 개념을 전달하는 것으로서, 먼저 성령께서 설교자의 인격과 경험에 적용하게 하시고 설교자로부터 청중에게 **적용**하는 것"이라고 말한다(필자 강조). Haddon W. Robinson, *Biblical Preaching* (Grand Rapids: Baker, 2001), 21.
128 John Calvin, "샘의 근원: 그리스도(렘 18:11-14)," 박건택 역, 「그말씀」 (2000): 120-22.
129 Ian M. Iats, "Calvin's Ministry of Encouragement," *Presbyterion* 11 (1985): 54.
130 John Calvin, *Sermons on the Book of Micah*, trans. and ed. Benjamin Wirt Farley (Phillipsburg, NJ: P&R, 2003), 84-85.
131 Parker, *Calvin's Preaching*, 8-16.
132 John Calvin, *Sermons on the Acts of the Apostles, Chapters 1-7*, trans. R. R. McGregor (Edinburgh: The Banner of Truth Trust, 2008), 77.
133 John Calvin, "창조의 하나님(창 2:7-15)," 박건택 역, 「그말씀」 (2004): 153-55.
134 John Calvin, "생수의 근원되신 하나님(렘 17:11-14)," 88-90.
135 Leith, "Calvin's Doctrine of the Proclamation of the Word," 34.

칼빈은 당시 정치 영역과 관련된 탁월한 적용(socio-political application)의 모범을 보여준다. 칼빈이 목회하고 설교한 제네바의 환경은 그의 적실성 범주와 밀접한 관련을 갖는다. 유럽 중세 봉건주의 해체와 급변 속에서 신속히 중앙집권적 사회가 정비되어 가는 시점에, 제네바는 극도의 정치적 불안이 덮고 있었고, 종교 탄압으로 프랑스에서 온 난민들과 가난한 자가 급증하였으며, 방탕과 환락의 도시였다.[136]

그럼에도 불구하고, 어떻게 놀라운 개혁이 가능하였는가에 대한 답이 바로 그의 탁월한 사회적 적용을 통한 변혁 패러다임에 있다고 본다. 예를 들어, 칼빈은 시편 46:1-5 설교에서 이 세상 국가, 권세, 정치에 대한 사회적 적용의 범례를 보여준다.[137] 또한 예레미야 15:1-2 설교에서는 위정자의 중요성을 증거하면서 사법권과 관계된 위정자를 잘 살펴야 한다는 구체적인 적용을 보여준다.[138]

경제와 정치의 영역뿐만 아니라 칼빈은 당시 문화의 지평을 변혁시키는 적용 패러다임(socio-cultural application)의 진수를 보여준다. 칼빈의 교리에 기초한 적용은 제네바의 세속적인 문화 안에서 그리스도인 공동체가 어떻게 행동해야 하는지에 대한 하나님 나라의 포괄적인 비전에 기초하고 있다.[139] 칼빈은 신명기 24장의 설교에서, 모세 율법을 재상황화하여 나그네, 과부, 고아들을 돌보라는 적용을 청중에게 호소한다.[140] 실제로 칼빈은 사도행전 2:43-45에 대한 설교의 적용과 목회적 실천의 한 예로, 초대 교회(성경적) 집사직을 회복하고 제네바 도시에 가난한 자들과 병든 자들을 섬기기 위한 복지 행정사와 구제 도우미들로 섬기는 일을 시도했다.[141]

물질을 하나님의 섭리를 실현하는 도구로 간주했던 칼빈은 빈민 구제 방식과 복지에 대한 개혁의 흐름에 동참하면서 집사들로 제네바의 구빈원(hospital) 사역을 섬기도록 하고, 구호 기금에도 적극적으로 동참했다.[142] 이러한 여러 다양한 사회 영역을 향한 설교의 적용은 그가 가진 신학과 사상이 목회적 설교 사역을

---

136 칼빈이 가진 문화에 대한 관점을 위해서는, David W. Hall, *Calvin and Culture* (Phillipsburg, NJ: P&R Pub., 2010)를 참조하라. 제네바의 환경에 대한 자세한 설명을 위해서는 안인섭, "칼빈의 성경 해석학이 제네바에 미친 영향," 95-97 참조하라.
137 John Calvin, "하나님은 우리의 피난처시요(시 46:1-5)," 박건택 역, 「그말씀」(2000): 102-13.
138 John Calvin, "하나님의 인내와 인간 완악함(렘 15:1-2)," 박건택 역, 「그말씀」(1998): 262-71.
139 Leith, "Calvin's Doctrine of the Proclamation of the Word," 40-41.
140 John Calvin, *Sermon on Deuteronomy* (Edinburgh: Banner of Truth Trust, 1987), 610.
141 안인섭, "칼빈의 성경 해석학이 제네바에 미친 영향," 101-03.
142 칼빈의 사회적 적용과 관련된 사회 복지와 구제 방식에 대한 개혁 방안을 위해서는 박영실, "칼빈의 구제 이해와 실천적 구제 방안," 개혁신학회, 「개혁논총」 23 (2012): 9-41을 참조하라.

통해 구현되었다고 볼 수 있다.[143] 이처럼 칼빈은 오늘날 한국교회 개혁주의 설교에서 회복되어야 할 사회-문화적, 사회-경제적, 사회-정치적 적용의 전형을 보여준다.

(2) 청중의 상황과 연결되는 적용

청중과 메시지를 연결하는 적실성 다리는 칼빈의 적용 해석학에서 두드러진 특징이다. 이러한 교회 공동체에 대한 강조는 그의 해석학적 과정에서 지속해서 드러난다.[144] 워드 홀더(R. Ward Holder)는 다음과 같이 확언한다.

> 칼빈의 공동체 안에서 추구한 설교 이상은 청중의 적극적인 참여를 가능하게 했다. 이러한 그의 접근이 가진 장점은 성경을 해석하여 적용하는 설교자의 임무와 그것을 자세히 살펴 수용하고 적용하는 청중의 임무 사이에 존재하는 창조적 긴장을 유지하는 데 있다.[145]

칼빈은 청중의 다양한 상황과 실제적인 필요를 수사학적으로 분석하고 적응(rhetorical analysis and adaptation)하기 위해, 목회적인 적용을 추구한 것이다.[146] 칼빈이 얼마나 청중의 삶과 상황을 분석하여 가장 성경적이면서도 효과적인 적용을 하려고 했는지 더 깊이 연구해야 할 필요성이 여기에 있다.[147] 칼빈의 적용 지향적 목회 설교는 철저히 본문 중심적이면서 동시에 청중 지향적이라는 것은 청중의 자리가 빠진 전통적 한국교회 설교자들에게 시사하는 바가 크다.[148] 이런 차원에서, 칼빈은 저자의 순전한 의도를 청중에게 자연스럽게 재적용함으로써 에베소 교인들을 변화시키려고 했던 바울의 적용 패러다임의 유산을 당시 제네바 사회의 청중에게 창조적으로 계승 발전시

---

143 Nicholas Wolterstorff, "The Wounds of God," in *Calvin's Thought on Economic and Social Issues and the Relationship of Church and State*, ed. Richard C. Gamble (New York: Garland Pub., 1992), 134-41; L. F. Schulze, "Calvin on Interest and Property," in *Calvin's Thought*, 185-97; Brandt B. Boeke, "Calvin's Doctrine of Civil Government," in *Calvin's Thought*, 19-42.
144 Ward Holder, "The Church as Discerning Community in Calvin's Hermeneutic," *CTJ* 36 (2001): 271.
145 Holder, "The Church as Discerning Community in Calvin's Hermeneutic," 288.
146 Adam, "Calvin's Preaching and Homiletic," 209.
147 이런 차원에서, 칼빈의 사도행전 설교에 나타난 하나님과 청중의 관계를 연구한 Wilhemmus H. Th. Moehn, *God Calls Us to His Service: The Relation between God and His Audience in Calvin's Sermon on Acts* (Geneve: Librairie Droz S. A., 2001)를 참조하라.
148 Beach, "The Real Presence of Christ," 77.

컸다고 볼 수 있다.[149]

4) 칼빈의 변혁적 다리

칼빈의 변혁적 다리(transformational bridge)는 철저히 성령의 결정적 역할을 강조한다. 칼빈의 여러 가지 해석 방법을 활용했지만, 무엇보다 성령에 의한 해석을 추구했을 뿐 아니라 성령의 지배를 받아 성령(저자)의 의도를 따른 적용 지향적 설교를 추구했다.[150] 칼빈의 설교에 있어서 그리스도의 실제적 임재에 대한 교리는 말씀 사역과 적용의 내재적 사역자로서 통치하시는 성령의 활동에 대한 설명으로 명쾌하게 밝혀진다.[151]

예를 들어, 칼빈은 데살로니가전서 5:19-20 설교에서 청중을 향해 성령의 예언으로서 기능하는 적용을 강조한다. 설교는 성령이 설교자와 듣는 자에게 동시에 역사하실 때 구속의 효과가 있게 된다는 것이다.[152] 칼빈은 다음과 말한다.

> **바울의 본보기를 따라 성령님과 그분의 도구에 불과한 설교자의 음성을 연결시키도록 하자.**[153]

칼빈에게 있어서,

> **예언으로서 설교는 단순히 성경의 해석으로 구성되지 않고, 하나님의 특별한 영감과 계시에 의해 얻어진 메시지를 현재 청중의 삶에 적용하는 것을 포함한다.**[154]

칼빈의 설교가 가진 독특한 요소 중의 하나는 설교의 마지막 부분의 적용적 결론을

---

149 Zachman, "Expounding Scripture and Applying It to Our Use," 497.
150 안명준, "칼빈의 성경 해석학에 사용된 성령의 조명," 기독교세계관학술동역회, 「신앙과 학문」 (1998): 103-18.
151 Beach, "The Real Presence of Christ," 104-05.
152 John Calvin, *Sermons from Job*, Introduction by Harold Dedkker (Grand Rapids: Banner of Truth, 1993), xiv.
153 John Calvin, *The Epistles of Paul the Apostle to the Romans and to the Thessalonians*, trans. Ross MacKenzie (Grand Rapids: Eerdmans, 1995), 377.
154 John Calvin, *The First Epistle of Paul the Apostle to the Corinthians*, trans. Ross MacKenzie (Grand Rapids: Eerdmans, 1995), 288.

많은 경우 '목회적 기도'의 형태로 강력히 호소한다는 점이다. 시편 46:1-5의 설교에서, 칼빈은 삶의 변혁을 일으키시는 변혁적 적용을 위한 성령의 역할을 '기도'에 대한 강조를 통해 부각시킨다.[155] 청중이 저자가 의도한 교리적 적용을 실천함으로 자신을 변화시키고 더 나아가 공동체와 사회를 변혁시키는 일은 인간적인 의지와 노력으로 되지 않고, 결국 기도를 통한 성령의 결정적인 역사를 통해서만 가능하다는 점을 칼빈의 변혁적 다리가 웅변적으로 보여준다.

결론적으로 성령이 하나님의 영광을 위한 변혁적 적용 패러다임의 전 과정을 통치하고 인도하셔야만 한다는 것을 기억해야 한다. 바울의 적용 모델을 따라, 칼빈의 설교는 개혁주의 성경 해석학을 기초로 한 네 다리놓기(주해적, 교리적, 적용적, 변혁적 다리)로서의 적용 해석학적 패러다임을 입체적으로 보여준다.

5. 결어: 칼빈 설교의 적용 패러다임이 개혁주의 설교의 모델이 되어야

지금까지 살펴본 칼빈의 설교 분석을 통한 적용 패러다임 연구를 통해 다음과 같은 6가지 제언을 결론으로 대신하고자 한다.

첫째, 한국교회는 철저한 주해적 다리놓기를 통해, 칼빈의 역동적인 성경관과 적용적 해석학의 기초 위에서 성령의 의도 곧 저자가 의도한 의미와 적용을 발견하는 그의 '간결함과 용이함'의 해석과 설교 유산(legacy)을 회복해야 한다.

소위 칼빈신학과 개혁주의 설교를 추구한다고 하지만, 과연 칼빈이 추구했던 설교의 전통과 유산을 잘 계승, 발전시키고 있는지 다시 냉철히 성찰해 보아야 할 시점이다. 특히 현대 비평주의 해석학을 철저히 경계하면서, 칼빈을 따라 철저한 '저자 중심적 적용 해석학,'[156] 즉 본문의 저자가 의도한 의미와 상황화된 진리의 적용을 '간결함과 용이함'의 방식(문자적 해석)을 통해 자연스럽고도 풍성하게 드러내어 현대 청중의 상황에 재상황화된 적용의 모델을 다시 회복함으로써,[157] 본문과 저자의 의도에 상관없이 설교자

---

155   John Calvin, "하나님은 우리의 피난처시요(시 46:1-5)," 박건택 역, 「그말씀」(2000): 113.
156   류응렬, "성경적 설교를 위한 저자 중심적 해석학," 개혁신학회, 「개혁논총」 13 (2010): 107-27와 김상훈, "개혁주의 해석학에 근거한 개혁주의 설교의 가능성 연구," 개혁신학회, 「개혁논총」 6 (2006): 45-80를 참조하라.
157   Harvie M. Conn, "Contextual Theology," *WTJ* 52 (1990): 62; Jay E. Adams, *Truth Applied* (Grand Rapids: Zondervan, 1990), 47-48; Daniel R. Sanchez, "Contextualization in the Hermeneutical Pro-

의 의도에 따라 적용을 이끌어 내는 여러 가지 '적용적 오류'를 극복해야 한다.[158]

둘째, 한국교회는 칼빈의 설교와 그의 다리놓기 적용 패러다임 모델을 따라, 성경 본문 중심적(text-driven), 저자 의도적(author-intended)[159]이면서도 동시에 청중 지향적(hearer-focused)인 강해 설교를 추구해야 한다.

목회적 설교자 칼빈의 후예로서 텍스트 저자가 의도한 적용을 설교자 자신에게 먼저 적용시키고, 청중의 삶과 상황을 분석하여 가장 성경적이면서도 효과적인 적용을 하려고 했는지 깊이 연구하고 목회적 활동을 실천해야 한다. 현재 한국교회 설교의 뿌리 깊은 문제 중에 하나는 바로 성경 저자의 의도에 기초한 의미와 적용을 설교의 기둥으로 놓지 않는 점이다.[160]

칼빈의 적용 지향적, 목회적 강해 설교는 청중의 자리와 삶과 사회의 상황이 고려되지 않는 한국교회 설교를 개혁하기 위해 다시 올려야 할 깃발과 같다. 설교자 자신의 의도에서 인위적으로 끌어낸 적용 오류를 버리고, 오직 성령의 의도, 곧 저자가 의도한 의미와 적용을 청중에게 충실히 재적용함으로 개혁주의 문화의 변혁(가정, 교육, 예술, 법률, 문화, 정치, 경제, 종교 영역을 총체적으로 망라한 영역)을 꿈꾸었던 칼빈의 하나님 나라 비전[161]을 다시 가슴에 품으며, 포스트모던 한국 사회의 상황에 다시 창조적으로 재상황화하고 발전시켜야 한다.

칼빈의 설교와 적용이 보여주는 본문(text)과 상황(context)의 탁월한 균형 회복이 필요하다. 청중의 상황과 사회 변혁을 향한 적용이 결여된 스콜라적 설교, 본문을 배제한 채 상황에만 함몰된 주관주의, 신비주의, 인본주의 설교라는 양 극단적 설교를 근본적으로 쇄신하기 위해서는 칼빈이 보여준 철저한 적용 해석학적 다리놓기가 필요하다. 본문의 저자가 의도한 의미와 적용을 교리적 다리놓기를 통해 현대 상황에 적용할 때 이러한 극단적 오류를 극복하고, 성경적인 개혁주의 설교와 적용 전통을 회복할 수 있다.

셋째, 칼빈의 개혁주의 설교 적용 패러다임을 구축하는 데 있어서 교리적 다리놓기

---

cess," in *Biblical Hermeneutics*, ed. B. Corley, S. Lemke, and G. Love joy (Nashville: B&H, 1996), 293-306.
158 유상섭, "칼빈의 성경 해석에 비추어본 합동측 목회자들의 설교," 157-58.
159 Grant R. Osborne, *The Hermeneutical Spiral* (Downers Grove, IL: InterVarsity, 1991), 368-69; Erickson, *Evangelical Interpretation*, 11-32; Robert H. Stein, "The Benefits of an Author Oriented Approach to Hermeneutic," *JETS* 44 (2001): 451-66.
160 류응렬, "칼빈의 창세기 설교," 23.
161 신국원, "칼빈주의와 공공의 신학: 다원주의 사회 내의 개혁주의 사회-문화철학의 비전," 개혁신학회,「개혁논총」(2009): 417-54를 참조하라.

(원리화 다리)는 매우 중요한 설교학적 의의를 가진다.[162]

언약신학에 정초한, 하나님의 성품, 인죄론, 기독론, 구원론, 교회론, 종말론 등과 같은 칼빈주의 신학의 원리라는 씨줄과 목회적 상황과 청중의 상황이라는 적실성의 날줄을 촘촘히 엮어나가는 적용 전통을 회복해야 한다. 원 청중을 위한 저자의 적용을 현대 청중에게 다리놓기 하기 위한 신학적 기준(보편적 원리)이라는 렌즈를 통과해야만 성경적이면서도 구체적으로 삶과 사회를 변혁시키는 윤리적 적용을 선포할 정당성을 얻을 수 있다.

나아가 한국교회에 만연해 있는 영해화(spiritualizing), 알레고리화(allegorizing), 율법주의적(legalistic), 도덕주의적(moralistic) 적용이라는 오류들을 근본적으로 방지할 수 있는 해석학적 기틀을 마련해야 한다.[163]

넷째, 칼빈의 실제 설교 분석을 통해 볼 때, 칼빈주의 개혁교회 설교 전통은 결코 적실성과 적용에 있어서 약점을 가진 것이 아니라, 오히려 강점을 가지고 있다는 인식론적 전환이 필요하다.

칼빈의 설교에 나타난 것처럼, 다차원적 적실성 범주(Multi-dimensional relevance category)를 현 한국교회 설교자들은 상황화하고 창조적으로 발전시켜 나가야 할 필요가 있다. 즉 개인적 혹은 상상력이 담긴 적용, 가정과 자녀 양육 적용, 교회와 교회 공동체적 적용, 종교를 향한 적용, 목회적 적용, 사회적-문화적, 사회적-경제적, 사회적-정치적 적용이다.

특히 진보주의적 사회 참여 설교의 한 극단과 개인적인 영역의 사사화된 적용과 교회의 지평에서 게토화되는 다른 한 극단으로 귀결될 수 있는 현 한국교회 설교의 양극화 현상을 극복할 수 있는 제 삼의 대안으로서, 칼빈은 당시 제네바 사회의 문화와 경제와 정치 영역을 넘나드는 진정한 성경적, 개혁주의 설교 적용 패러다임을 보여준다. 칼빈의 예언자적 설교와 적용은 개인과 교회 공동체를 통해 제네바를 변혁시키는 거대한 물줄기가 되었던 것처럼, 한국교회 설교자들은 선지자적 설교를 통해 언약

---

162 적용에 대한 관점 가운데, 월터 카이저(Walter C. Kaiser)의 '원리화 모델'(principlizing model)과 이에 대한 '구원 역사 모델'(Daniel M. Doriani), '구원 드라마 모델'(Kevin J. Vanhoozer), '구원 운동 모델'(William J. Webb)에 대한 각각의 비교와 논평을 위해서는, Gary T. Meadors ed. *Four Views on Moving beyond the Bible to Theology* (Grand Rapids: Zondervan, 2009), 19–73을 참조하라.

163 Sidney Greidanus, *Preaching Christ from the Old Testament* (Grand Rapids: Eerdmans, 1999), 293–94; idem, *The Modern Preacher and the Ancient Text* (Grand Rapids: Eerdmans, 1999), 165; Johnson, *Him We Proclaim*, 231–34; 김창훈, "구속사적 설교의 평가," 한국복음주의실천신학회, 「복음과 실천신학」 15 (2008): 132.

적 공의가 강물처럼 한국 사회에 곳곳에 흘러가서 성경적 변혁의 열매가 맺도록 해야 한다.[164]

시대적인 특수성이 있기는 하지만, 칼빈의 적용이 가진 두드러진 특징 중에 하나인 종교 영역을 향한 적용(로마가톨릭과 교황제도)을 오늘날에 재상황화하여 한국 사회의 종교 다원주의와 온갖 거짓 종교적 가르침에 대한 개혁주의 변증학적 적용 전통을 회복해야 한다.

칼빈의 신학과 설교의 적용의 근저에 흐르는 핵심 철학은 설교의 적용을 통해 전 영역에 창조자요 구속자 되시는 '하나님의 통치'를 선포함으로써 사회(정부)와 교회 가운데 성경적인 변혁이 일어나게 하여 초대교회 제자도의 공공성과 사회 문화적 영향력을 다시 회복하는 것이다. 이러한 진정한 칼빈주의적 설교의 적용 해석학에 기초한 패러다임은 오늘날 한국교회가 사회 곳곳에 빛과 소금으로 스며들어 말씀을 실천하고 변혁시키는 데 필요한 변곡점(變曲點, turning point)이라고 볼 수 있다. 중차대한 기로에 서 있는 한국교회 설교가 전통주의에 함몰되지 않으려면, 오직 성경으로 "항상 개혁"(semper reformanda)되는 진정한 개혁주의 전통으로 무장한, 적용적 강해 설교를 추구해야 한다.

칼빈의 설교는 본문에 대한 해석과 신학적인 설명에 치중된 설교가 아니었고, 당시 청중의 수사학적 상황과 긴밀히 연결되는(engaging) 적실성 있는 적용을 추구했다. 이러한 사실은 한국교회에 시사 하는 바가 크다고 할 수 있다. 칼빈의 설교는 진정한 강해 설교의 두 날개, 즉 본문 중심적인 날개와 청중 지향적 날개를 통해 높이 비상하여 개인과 교회, 사회와 문화를 전체적으로 조망하는 모델을 보여준다.

물론 칼빈의 설교는 현대 강해 설교 이론이 말하는 요소를 모두 갖춘 것은 아니다. 예를 들어, 빅아이디어와 이를 지지하는 소대지, 예화, 적용과 같은 확실한 구분이 없는 경우가 많으며, 적용이 구체적이지 않은 경우도 있다. 그러므로 적용 지향적 개혁주의 해석학과 현대 강해 설교학을 통해 발전적인 연구가 시도되어야 할 필요가 있다.

다섯째, 성령 주도적 변혁적 다리놓기를 통해 설교와 적용의 궁극적인 목적으로서 삶과 사회 변혁을 추구해야 한다.

칼빈의 확신처럼, 연약한 설교자를 통하여 하나님의 말씀이 선포되고 적용될 때, 성

---

[164] 김창훈, "예언자적 설교: 그 의의와 중요성," 한국복음주의신학회, 「성경과 신학」 52 (2009): 193-224를 참조하라.

령이 역사하심으로 개인, 가정, 교회, 사회, 국가, 세계의 전 영역 가운데 하나님의 임재와 그리스도의 통치가 임하는 성경적인 '변혁'이 일어날 것을 믿어야 한다. 개혁주의 강해 설교는 모든 설교와 변혁의 과정이 철저히 계시 의존적이면서도 동시에 성령 의존적이기에, 한국교회 강해 설교가 더욱 성령의 역사를 회복해야 한다. 또한 최근 한국교회에 일고 있는 비성경적 은사(예언) 운동, 신사도 운동과 설교에 대한 문제를 근본적으로 비판하고 대안을 제시하는 개혁주의적 적용신학을 다시 강조해야 한다.

설교자가 성령의 의도를 따라 말씀을 해석하고 청중의 다양한 상황과 문제에 '적용'할 때, 성령이 그들 가운데 '하나님의 음성'(*vox Dei*, 복스 데이: 칼빈이 '예언'이라는 표현을 사용한)을 들려주시고, 그리스도의 중보 사역을 기초로 계속해서 '구원'해 주신다는 '성령이 이끄시는 적용 전통'을 회복해야 한다. 또한 칼빈의 적용적 설교에 독특한 특징인 결론적 적용에서의 '기도에 대한 도전'을 통해 성령의 변혁적인 역사를 다시 회복해야 한다.

여섯째, 칼빈의 적용 지향적 설교의 전통을 충실히 계승하면서 포스트모던 세대와 문화를 변혁시키기 위한 21세기 설교 모델과 전략을 발전적으로 연구해 나갈 필요가 있다.

예를 들어, 오늘날 포스트에브리팅(Post-everything) 세대와 문화를 변혁시키고 있는 티모시 켈러(Timothy Keller) 등과 같은 모델을 칼빈의 적용 패러다임 관점에서 연구하고 한국적 상황에 맞는 전략을 창조적으로 발전시켜 나가야 한다.[165] 이러한 칼빈의 설교와 적용 패러다임이 주는 대안적 교훈을 한국교회 설교자들이 다시 회복하고 실천함으로, 개혁된 한국교회가 다시 하나님의 말씀으로 개혁되며 제네바와 같이 한국 사회도 하나님의 통치가 임하여 변혁되는 영광스러운 여명이 밝아올 것을 소망해 본다.

---

165 예를 들어, 포스트모던 문화를 변혁시키는 선교적 설교, 하나님 나라 복음 중심, 강해적 내러티브 설교를 통한 적용, 청중 주해와 다양한 적실성 범주를 통한 적용 매트릭스 활용, 성경의 다양한 장르를 살린(genre-sensitive) 적용 지향적 설교, 초대교회 모델의 대안 공동체와 통전적 영성을 형성해 가는 적용 지향적 설교, 비언어적 커뮤니케이션 전략(본문의 감정, 이미지, 은유, 비유, 그림, 얼굴 표현, 제스처, 목소리 등)과 창조적 전략(실물, 영상, 드라마, 피드백, 유머, 대화 등) 등과 같은 부분을 칼빈의 설교 전통 위에서 더욱 발전시켜 나갈 필요가 있다

제3장

조나단 에드워즈의 설교 분석을 통한 적용 패러다임[1]

에드워즈의 설교 적용에 대한 연구의 필요성

조나단 에드워즈(Jonathan Edwards, 1703-1758)는 미국이 낳은 최대의 신학자로 평가될 뿐 아니라 수많은 학자들이 그의 신학에 대한 연구를 해 올 정도로 서구와 한국교회에 영향력을 미쳐왔다. 반면 지금까지 에드워즈의 목회적 설교(Pastoral sermons)는 충분히 연구되지 못했는데, 그 이유는 그가 설교자보다는 신학자로 인식되어왔기 때문이다.[2]

그러나 그는 신학자이기 이전에 '목회적 설교자'(Pastoral preacher)이다. 그에 의해 작성된 설교는 1,000여 편이 족히 넘는데도 불구하고, 아직까지 "진노하시는 하나님의 손안에 있는 죄인들"[3]이라는 한편의 비전형적인 설교에 기반한 평가에 고착되어 있는 경향이 있으며, 그의 설교에 대한 연구도 대부분 2차적 자료에 기초한 평가가 대부분이다.

---

1 본 장은 필자가 개혁논총에 발표한 논문을 수정, 보완한 것임을 밝혀둔다(박현신, "조나단 에드워즈의 설교 분석을 통한 적용 패러다임 연구," *KRJ* 25 [2013]: 283-321).
2 Clyde E. Fant, Jr. and William M. Pinson, *Twenty Centuries of Great Preaching* (Waco, TX: Word, 1971), 3:45.
3 이 설교에 대한 보다 심층적인 연구를 위해서는, 신성욱, "Jonathan Edwards의 설교에 나타난 로고스와 파토스 연구: '진노하신 하나님의 손 안에 있는 죄인들'을 중심으로," 「복음과 실천신학」 35 (2015): 138-89.

고무적인 것은 최근 한국교회에 에드워즈의 목회적 설교에 대한 연구의 여명이 조금씩 밝아오고 있다는 점이다.[4] 그렇지만 지금까지 에드워즈의 목회적인 설교 자체에 대한 연구가 아직 미흡할 뿐 아니라 그의 목회적 설교의 '적용' 패러다임에 대한 분석과 대안적 접근은 아직 거의 없었다고 볼 수 있다.[5]

존 거스트너(John H. Gerstner)는 본문 주해와 교리적 강해와 삶을 변화시키는 적용이라는 설교학적 측면에서 에드워즈를 기독교 역사상 사도 시대 이후 가장 뛰어난 설교자라고 인정한다.[6] 한편 존 스토트(John W. Stott)는 크리소스톰과 에드워즈를 다리놓기(bridge-building)에 탁월한 설교자 모델로 추천한다.[7] 따라서 에드워즈는 위대한 신학자일 뿐만 아니라 설교의 적용 패러다임 모델로서 탁월한 브릿지빌더(bridgebuilder)였다는 것이 본 장의 핵심 논제이다.

오늘날 한국교회는 적용이 없는 지나친 교리 위주의 설교와 말씀이 없이 실용적 적용 위주의 설교라는 양극단적 현상을 보이고 있으며, 본문과 저자의 의도에 정초한 적용의 부재 현상과 이로 인한 심각한 삶과 윤리의 문제에 직면하고 있다. 이런 맥락에서 에드워즈의 개혁주의 적용 패러다임은 한국교회 설교자들에게 여름날의 생수 같은 대안적 적용 모델과 청사진을 제공할 수 있을 것이며, 한국교회 설교자들이 그토록 소망하는 하나님의 영광에 대한 경험과 진정한 설교와 적용 회복을 통해 불붙게 될 부흥의 단초를 될 수 있을 것이다.

필자는 본 장에서 에드워즈가 가지고 있던 적용에 대한 설교학적 관점을 재조명하고, 청교도 설교 적용 전통이 그의 설교와 적용에 어떤 영향을 미쳤는지 고찰해 볼 것이다. 나아가 에드워즈의 설교 원문 분석을 바탕으로 그의 적용 패러다임의 구체적인 특징들을 다리놓기 관점에서 조망하려고 한다. 특히 성경 지평에서 현대 지평으로 넘어오는 적용의 과정을 4가지 다리놓기(주해의 다리, 신학의 다리, 적실성의 다리, 변혁의 다리) 패러다임의 관점으로 에드워즈의 적용을 분석할 것이다. 마지막으로는 에드워즈의 적

---

4   류응렬, "열정에 사로잡힌 설교자 조나단 에드워즈 연구," 「개혁논총」 17 (2005): 155-84; 이승진, "조나단 에드워즈의 설교 연구: 하나님의 영광을 추구하는 설교," 「복음과 실천신학」 10 (2005): 19-46; 이영란, "J. Edwards의 윤리설교의 시각에서 바라본 한국교회 윤리설교의 방향," 「설교한국」 2 (2010): 80-105; 박완철, "조나단 에드워드의 설교와 그의 '마음의 감각' 신학," 「신학정론」 24 (2006): 211-45.
5   Jim Ehrhard, "A Critical Analysis of the Tradition of Jonathan Edwards as a Manuscript Preacher," *WTJ* 60 (1998): 71.
6   John H. Gerstner, *The Rational Biblical Theology of Jonathan Edwards* (Orlando: Berea Publications, 1991), 480.
7   John W. Stott, *Between the Two Worlds* (Grand Rapids: Eerdmans, 1982), 147.

용 패러다임이 한국교회 설교자들에게 주는 교훈을 제언해 볼 것이다.

1. 에드워즈의 설교와 적용에 대한 재조명

1) 에드워즈 설교에 대한 오해를 넘어

설교학자 로버트 레이드(Robert S. Reid)는 전통적인 강해 설교를 청중에 민감한 적용과는 동떨어진 교훈 중심적 스타일(precept-driven style)로서 규정하면서, 이러한 스타일의 설교를 스콜라주의적이고 적용이 없는 메마른 설교로 분류한다.[8] 이와 유사하게 마이클 파바레즈(Michael Fabarez)는 에드워즈의 설교를 본문과 청중의 실제적인 삶의 적실성(relevance)을 함께 엮어나가는 데 실패하는 설교 유형이라고 날카롭게 비평한다.[9]

그뿐만 아니라 적지 않은 설교자들과 학자들은 에드워즈의 설교 스타일은 교리의 설명에 지나친 관심을 가지고 있으며, 학문적인 설명이 지배하면서 청중의 삶을 향한 적절한 적용 커뮤니케이션은 배제된 설교라는 오해와 편견을 갖고 있는 것은 아닌가?

그러나 이러한 비평에 필자는 의문을 제기하면서 2차 자료보다는 1차 자료인 에드워즈의 목회적 설교를 분석하여 그의 설교가 본문(저자)이 의도한 의미와 보편적 교리를 기초로 청중과 사회의 변혁을 추구한 적용적 특징을 보여준다는 것을 논증하고자 한다.

역설적이게도 에드워즈는 이상주의자였으나 그의 설교들은 지나치리만큼 실제적이었다.[10] 에드워즈에 따르면, "하나님은 설교를 통해 사람 안에 자신의 말씀을 여시고, 적용하심으로 새겨 넣으신다. 하나님은 특별히 그 말씀이 구체적으로 살아 역동적으로 청중에게 적용되는 것을 바라신다."[11] 이러한 점을 염두에 두고 한국교회 설교자들은 에드워즈의 설교의 적용이 어떤 뿌리에서 기인했으며, 어떤 방식으로 전개되었는지를 실제 설교 분석을 통해 면밀히 고찰할 필요가 있다.

---

8   Robert S. Reid, *The Four Voices of Preaching* (Grand Rapids: Brazos, 2006), 44-59.
9   Michael Fabarez, *Preaching that Changes Lives* (Nashville: Thomas Nelson, 2002), 57-58.
10 W. Glyn Evans, "Jonathan Edwards," *BSac* 124 (1967): 51-65.
11 Jonathan Edwards, *The Works of Jonathan Edwards*, ed. Edward Hickman (Edinburgh: Banner of Truth Trust, 1974), 1:242.

2) 청교도 설교의 영향: 청교도 적용 전통과 에드워즈

그렇다면 에드워즈 설교 원문 분석 이전에 그의 적용신학에 근원적인 영향을 준 요소는 무엇인지 살펴볼 필요가 있다. 윌리엄 플린트(William T. Flynt)는 18세기 뉴잉글랜드 지역 설교는 영국 청교도 설교의 영향을 받은 것이라고 지적한다.[12] 마틴 로이드 존스(D. Martyn Lloyd-Jones)는 에드워즈의 설교 사역 가운데 청교도의 영향력을 발견할 수 있다고 주장한다.[13]

그러면 구체적으로 청교도 적용 유산은 어떤 핵심적인 특징을 가지고 있는가? 토마스 리아(Thomas Lea)는 다음과 같이 강조한다.

> 청교도들은 적용의 영역에서 탁월성을 보여주는데, 그들의 설교는 자신들과 청중을 위해 성경을 실제적으로 적용하는 것을 추구한다.[14]

실제로 청교도 설교는 수사학적이고 설득적인 기술을 가지고 있으며, 그들의 최종적인 설교 목적은 청중이 바른 영적, 윤리적 행동을 실천하는 데 있다. 이점에 대해 패커(J. I. Packer)는 다음과 같이 확언한다.

> 청교도 설교의 가장 매력적인 특징은 교리를 삶에 실제적으로 적용하는 스타일에 대한 강조점에 있다. 설교의 세 번째 부분에서 성경에서 발전되고 설명된 교리에 대한 실제적인 적용(uses)을 전개해 나가는 방식이다. 실천적 적용을 지향하는 청교도 설교자들은 성경적인 진리가 매일의 청중의 삶과 다리놓기(build bridges)가 되지 않는 한, 그 교리는 생명이 없는 것(lifeless)으로 간주했다.[15]

---

12 William T. Flynt, "Jonathan Edwards and His Preaching" (Ph.D. diss., The Southern Baptist Theological Seminary, 1999), 112; W. Fraser Mitchell, *English Pulpit Oratory* (London: Society for Promoting Christian Knowledge, 1932).
13 D. Martyn Lloyd-Jones, *The Puritans* (Edinburgh: Banner of Truth, 1987), 351.
14 Thomas Lea, "The Hermeneutics of the Puritans," *JETS* 39 (1996): 273.
15 Leland Ryken, *Worldly Saints the Puritan As They Really Were* (Grand Rapids: Zondervan, 1986), 101.

종교개혁가들과 청교도들의 설교 전통을 따라 에드워즈는 성도들의 삶 전체에 메시지를 어떻게 적용할 것인지를 고민하였다.[16] 현대 해석학적 측면에서 볼 때, 청교도는 적용을 본문의 세계와 청중의 실제 삶 사이에 놓인 해석학적 간격을 다리놓기 하는 개념으로 추구했고, 이는 에드워즈의 다리놓기로서 적용에 영향을 주었다. 이러한 다리놓기로서의 적용 전통은 추상적인 설교를 지양하고 구체적인 삶의 변화를 지향하는 에드워즈의 적용신학으로 자리잡았다.

3) 윌리엄 퍼킨스의 적용 전통과 에드워즈

뿌리를 거슬러 올라가자면, 에드워즈는 청교도 설교의 기초를 놓은 캠브리지 신학자 윌리엄 퍼킨스(William Perkins, 1558-1602)로부터 적용에 대한 깊은 영향을 받았다. 랄프 턴불(Ralph G. Turnbull)은 "청교도 시대의 설교자들과 에드워즈는 퍼킨스의 고전 『설교의 기술』(The Art of Prophesying)로부터 많은 영향을 받았다"라고 확증한다.[17]

그렇다면 구체적으로 퍼킨스가 가지고 있었던 설교의 적용에 대한 본질적인 요소는 무엇인가?

첫째, 설교를 듣는 회중의 '영적 상태'에 따라 구별함으로써 7가지 범주를 나누어 "적용의 방식들"을 결정했다고 볼 수 있다.[18] 퍼킨스는 목회적인 민감함을 가지고 각각의 범주를 회중들의 영적 상태에 따라 분류하였다.[19]

둘째, 퍼킨스는 '교리'(doctrine)에 기초한 구체적 적용을 추구했다. 그는 적용을 "성경으로부터 적절하게 도출된 교리들을 청중의 구체적인 환경에 적합한 방식으로 다루는 기술"로 정의했다.[20]

셋째, 퍼킨스의 '적용 법칙'(grammar of application)은 디모데후서 3:16-17을 축으로 한다. 퍼킨스의 적용 도식은 크게 두 종류의 적용으로 구성된다. 첫 번째는 정신적 영역을 향한 적용(mental application)으로서 생각과 관련된 '교훈과 책망'(doctrine and reproof) 차원이며, 두 번째는 실제적인 적용(practical application)으로서 삶의 방식과 관

---

16 Joel Beeke, *Living for God's Glory: An Introduction to Calvinism* (Orlando: Reformation Trust Pub., 2008), 261.
17 Ralph G. Turnbull, "Jonathan Edwards the Bible Interpreter," *Int* 6 (1952): 430.
18 William Perkins, *The Art of Prophesying* (Carlisle, PA: Banner of Truth, 2002), 56-62.
19 Ryken, *Worldly Saints the Puritan*, 102.
20 Perkins, *The Art of Prophesying*, 54.

련하여 '바르게 함과 의로 교육'(instruction and correction)하기 위한 차원이다.[21] 그의 실제적인 적용은 설교자들이 바르게 함과 의로 교육함과 연결된 지평으로서 삶과 행동을 중요하게 여겨야 한다는 것을 말해 준다.

넷째, 퍼킨스는 적용에 초점을 맞추어 '청중에 민감한' 목회적 설교 패러다임을 추구하였다. 이러한 퍼킨스의 목회적 적용은 이후 에드워즈에게도 심오한 영향을 미쳤다. 퍼킨스는 다음과 같이 말한다.

> 이러한 종류의 적용은 성경의 모든 문장을 존중하면서 적절하게 사용될 수 있다. 또한 우리는 모든 상황마다 모든 교리를 설명하려고 해서는 안 되며, 현재의 경험들과 교회의 상태에 적용 가능할 때에만 교리를 적용해야 한다.[22]

사실상 퍼킨스는 적용 중심적이며 청중지향적인 목회적 설교 패러다임을 추구했다고 볼 수 있다. 이런 점은 에드워즈의 설교 사역에 중요한 영향력으로 곳곳에 스며들었다.[23]

다섯째, 에드워즈는 청교도 설교 적용의 핵심 중 하나인 '개인의 양심에 호소'하는 적용에 영향을 받았다. 윌리엄 에임즈(William Ames)는 다음과 같이 강한 어조로 단언한다.

> 진리의 발견과 설명에만 매달리고, 기독교의 축복 안에서 진리의 적용과 실천을 간과하는 설교자는 죄를 범하는 것이다. 그러한 설교자는 양심을 거의 깨우지 못하거나 전혀 양심에 호소하지 못한다.[24]

실제로 청교도들은 양심을 적용의 중요한 열쇠라고 여겼다. 릴랜드 라이큰(Leland Ryken)은 청교도 적용에 있어서 양심의 중요성을 지적하면서, "적용의 목적은 청중의 양심을 깨우는 것이 필요한 곳이면 어디든지 그리스도인 개개인의 삶의 변화를 위해 양심에 도전과 자극을 주는 것"[25]이라고 말한다.

---

21 Perkins, *The Art of Prophesying*, 64-65.
22 Perkins, *The Art of Prophesying*, 65-68.
23 William Perkins, *The Works of William Perkins*, ed. Ian Breward (Appleford, England: Courtenay, 1970), 283-96.
24 William Ames, *The Marrow of Theology* (Boston: Pilgrim, 1968), 192; idem, *Conscience with the Power and Cases Thereof* (Norwood, NJ: Walter J. Johnson, 1975).
25 Ryken, *Worldly Saints the Puritan*, 101.

역사적으로 청교도들이 국교회 예배와 설교 형식을 거부했던 이유 중의 하나는 청중 개인과 지역 공동체의 삶과 필요에 연결되는 적용에 그들이 실패했기 때문이었다.[26] 적용은 항상 청중의 양심이라는 과녁을 조준해야 하며, 반드시 하나님과 관계 맺고 있는 각 사람의 변하지 않는 삶의 실제들에 항상 초점을 맞추어야 한다.[27] 이처럼 청중 각 개인과 양심을 향한 적용에 초점을 맞추는 특성을 가진 퍼킨스와 청교도의 적용 전통이 에드워즈에 미친 영향력을 감안하면서 에드워즈의 적용적 특징을 분석해야 할 필요가 있다.

4) 외조부와 아버지의 영향

조나단 에드워즈의 배경을 살펴볼 때, 그 당시 청교도 설교의 전형적 유형을 따르며 영향력 있는 설교자로서 사역한 그의 아버지 티모시 에드워즈(Timothy Edwards)의 목회 아래 받은 직접적인 영향과 말씀의 능력과 부흥에 대한 체험들을 간과해서는 안 된다. 이러한 영향력은 에드워즈로 하여금 철저한 삶의 변혁을 목적으로 하는 적용을 강조하는 설교를 추구하게 만든 하나의 동인이었다고 볼 수 있다. 리차드 베일리(Richard Bailey)도 에드워즈에게 미친 아버지의 영향을 강조한다.[28]

또한 에드워즈는 외할아버지 솔로몬 스토다드(Solomon Stoddard)의 설교를 통해 이성적인 청교도 설교를 넘어 풍부한 수사학과 감성에 호소하는 스타일이 형성됨으로써 균형 잡힌 설교를 추구하게 되었다.

에드워즈는 아버지와 외조부의 직접적 영향과 함께 존 에드워즈(John Edwards)의 『설교자』(*The Preacher*, London, 1705)와 코튼 마더(Cotton Mother)의 『목회교범』(*Manuductio ad Ministerium*, Boston, 1726)이라는 상수원으로부터 흘러내려온 설교 적용관에 물줄기를 대고 있다. 두 책은 개혁주의 설교자가 갖추어야 할 기초와 수사학적 측면에서 영향을 주었을 뿐만 아니라 설교의 목적으로서 적용을 추구하고, 청중의 가슴에 열정의 불을 붙이며, 지성과 함께 감성에 호소함으로 삶에 변화를 불러일으키는 적용적 측면에서 큰 영향력을 주었다.

26　Ryken, *Worldly Saints the Puritan*, 102.
27　Richard A. Bodey, *Inside the Sermon* (Grand Rapids: Baker, 1990), 188–89.
28　Richard A. Bailey, "Driven by Passion: Jonathan Edwards and the Art of Preaching." In *The Legacy of Jonathan Edwards: American Religion and the Evangelical Tradition*, ed., D.G. Hart, Sean Michael Lucas, and Stephen J. Nichols, 64–78 (Grand Rapids: Baker Academic, 2003).

이러한 청교도와 외조부, 아버지의 영향 아래 에드워즈에게는, 열정적으로 하나님의 영광을 추구하며 말씀 선포를 통해 거룩한 변화를 목적하는 설교관이 거대한 물줄기처럼 형성되었다.[29]

2. 에드워즈의 적용 해석학의 주요 특징들

1) 청교도들의 설교 형식을 넘어서

데이비드 라슨(David L. Larsen)은 에드워즈의 설교를 "전형적인 청교도 스타일 설교로서 간단하고 직접적인 특징을 가진" 설교로 인식한다.[30] 페리 밀러(Perry Miller)는 "에드워즈는 성경의 각 절을 선택한 다음 명쾌하게 주해하고, 분명한 교리를 뽑아낸 다음 그것을 논증하고, 청중에게 적용하는 전형적인 청교도 설교 형태"라고 본다.[31]

흥미롭게도 턴불은 에드워즈의 설교에 있어서 적용이 얼마나 강조되었는지를 할애된 분량을 통해 보여준다.[32] 플린트는 에드워즈가 매일 13시간 연구와 주도면밀한 분석을 통해 탁월하고 정교한 적용을 이끌어 낼 수 있었다고 본다.[33] 존 파이퍼(John Piper)는 "하나님의 말씀에 반응하고 구원하도록 하기 위해" 에드워즈가 말씀을 선포하고 적용했다고 말한다.[34]

---

29 류응렬, "열정에 사로잡힌 설교자 조나단에드워즈 연구," 155-84. 에드워즈가 받은 영적, 설교적 영향과 유산에 대한 역사적 고찰에 대해서는 Michael A. G. Haykin, "Jonathan Edwards and His Legacy," *Reformation & Revival* 4 (1995): 65-82를 참조하라.
30 David L. Larsen, *The Company of the Preachers* (Grand Rapids: Kregel, 1998), 1:376.
31 Perry Miller, *Jonathan Edwards* (New York: William Sloane Associates, 1949), 48; R. Bruce Bickel, *Light and Heat* (Morgan, PA: Soli Deo Gloria, 1999), 24-26; Reid, *The Four Voices of Preaching*, 47-48; Ronald F. Reid, "Disputes over Preaching Method," *JCR* 18 (1995): 6.
32 Ralph G. Turnbull, *Jonathan Edwards the Preacher* (Grand Rapids: Baker, 1958), 168. 턴불(Turnbull)은 에드워즈 설교에 있어서 적용이 얼마나 강조되는지를 다음과 같이 분석한다: (1) "하나님의 주권" 설교 중 주해 12페이지, 적용 3페이지; (2) "하나님의 진노의 손 아래 있는 죄인들" 설교는 주해 4페이지, 적용 5페이지; (3) "그리스도의 탁월하심" 설교는 해석 13페이지, 적용 9페이지; (4) "선생들을 향한 경고" 설교에는 해석 5페이지, 적용 5페이지; (5) "진정한 성도들" 설교에는 해석 13페이지, 적용 3페이지; (6) "복음 사역자의 진징한 탁월함" 설교 중에는 해석 9페이지, 적용 4페이지; (7) "마지막 설교"에서는 주해 9페이지, 적용 10페이지.
33 Flynt, "Jonathan Edwards and His Preaching," 122.
34 John Piper, *The Supremacy of God in Preaching* (Grand Rapids: Baker, 2004), 96.

이러한 청교도의 적용 스타일의 맥을 이어받은 에드워즈는 성도들이 "칭의(justification)만이 아니라 성화(sanctification)"를 경험할 수 있도록 가장 효과적이고 최상의 방식을 활용하여 말씀을 해석하고 적용하려고 했다.[35] 그러므로 에드워즈의 설교 적용은 신학적으로 칭의와 성화라는 이중 렌즈를 통해 청중의 삶을 변화시키려는 목적을 지니고 있었다고 볼 수 있다. 에드워즈는 청교도의 설교 적용 유산을 따르면서도, 그들의 간결명료한 스타일을 넘어서(beyond plain style) 더 발전적인 적용 패러다임을 추구하였다.

2) 적용을 위한 성령 주도적인 해석학적 역동성

사무엘 로건(Samuel Logan)은 확증하기를, 청교도 운동 초기의 설교는 "본문의 설명과 본문에서 나오는 교리와 이에 기초한 적용들로 구성된 분명하고 논리적이며 논증적인 스타일이었다"라고 한다.[36] 존 코튼(John Cotton)과 잉크리지 마더(Increase Mather)의 설교가 바로 이러한 논리적이고 이성적인 설교 스타일의 예라고 할 수 있는데, 에드워즈는 이러한 스타일을 넘어 "설교적인 혁명"(homiletical revolution)에 공헌하였다.[37]

칼빈의 『기독교강요』(*Institutio Christianae Religionis*)와 윌리엄 에임즈(William Ames)의 『거룩한 신학의 정수』(*Marrow of Sacred Theology*)와 같은 역동적인 개혁주의 해석학을 의존하면서, 에드워즈는 지나치게 이성적이며 지성화된 믿음을 추구하는 것에 반대하는 입장을 보였다. 이런 차원에서 에드워즈는 진정한 기독교 지식의 분석적인 요소와 경험적인 요소를 동시에 추구하는 '성령 주도적 해석학적 역동성'을 추구하였다.

이러한 에드워즈의 혁신적인 설교관 안에서 배태된 적용신학은 말씀을 인간의 삶에 적용하심으로 사물을 새롭게 인식하는 시각을 열어주시는 성령의 결정적인 역할을 강조한다.[38] 에드워즈의 부흥관은 이성에 기초한 청교도 스타일의 설교와 적용 패러다임을 넘어 성령의 역사를 통한 경험 지향적(experience-focused), 효과 지향적(effect-oriented), 실천 지향적(immediacy-centered) 적용 패러다임을 형성하게 하는 주요 동인이었다.[39]

---

35 David Owen Filson, "Fit Preaching," *Presbyterion* 31 (2005): 90, 99.
36 Samuel T. Logan, "The Hermeneutics of Jonathan Edwards," *WTJ* 43 (1980): 85.
37 Alan Heimert, *Religion and the American Mind* (Cambridge: Harvard University, 1966), 225.
38 Logan, "The Hermeneutics of Jonathan Edwards," 91-96.
39 Edward M. Collins, Jr., "The Rhetoric of Sensation Challenges the Rhetoric of the Intellect," in *Preaching in American History*, ed. DeWitte T. Holland (Nashville: Abingdon, 1969), 115.

3) 4가지 차원의 적용 공식

디모데후서 3:16-17에 기초한 적용 공식을 구축했던 퍼킨스의 영향으로 에드워즈는 말씀(주해)에서 추출된 보편적인 원리(교리)를 교훈, 책망, 바르게 함, 의로 교육함이라는 4가지 차원과 연결된 행동 지향적 적용으로 철저한 다리놓기를 시도한다. 실제 에드워즈의 설교는 성경 본문에서 나오는 교리에서 나온 교훈(instruction), 권면(exhortation), 변화(improvement), 책망(reproof)으로 이루어진 적용 패턴을 통해 청중의 반응과 변화를 촉구하는 방식을 사용하고 있다.

에드워즈의 고린도전서 13장 설교 시리즈는 그의 전형적인 적용 패턴의 특징을 잘 보여주는 예이다.[40] 에드워즈는 전형적인 설교 패턴을 따라 주해와 교리 부분을 설교한 다음, 3중적인 적용 범주를 보여준다.

① **자기 점검을 위한 적용.**
② **교훈을 위한 적용.**
③ **권면을 위한 적용.**[41]

에드워즈는 첫 번째 적용 패턴을 통해 자신의 청중을 사랑의 심령에 관한 '자기 점검' 질문으로 이끌어 간다. 두 번째 적용 패턴은 '책망'이다. 사랑이 진정한 믿음 생활을 위해 필수불가결한 것이라는 점을 언급할 때, 책망이라는 적용의 패턴을 활용한다. 세 번째 '권면'의 차원으로서의 적용은 청중이 신실한 순종을 통해 증명되는 사랑을 추구해야 한다고 동기 부여를 하는 부분에서 드러난다.[42] 휴즈 올리펀트 올드(Hughes Oliphant Old)는 다음과 같이 강조한다.

> 에드워즈는 이 설교에 나타난 적용을 통해 그에게 너무나 매력적인 주제였던 회심과 변화를 강조한다.[43]

---

40 Jonathan Edwards, *Charity and Its Fruits* (Edinburgh: Banner of Truth, 1969).
41 Edwards, *Charity and Its Fruits*, 1-37; Old, *The Reading and Preaching of the Scriptures*, 259.
42 Edwards, *Charity and Its Fruits*, 221-50.
43 Old, *The Reading and Preaching of the Scriptures*, 267.

3. 에드워즈의 다리놓기 적용 패러다임 특징

1) 주해적 다리: 성경 본문, 저자의 의도를 적용 건축의 머릿돌로 사용

라슨(Larsen)에 따르면, 에드워즈의 설교는 성경과 어거스틴(Augustin)과 칼빈에 의해 크게 영향을 받았다.[44] 어거스틴과 칼빈이 그러했던 것처럼, 에드워즈는 철저히 하나님의 말씀과 저자가 의도한 의미에 뿌리를 내리고 있는 변혁적 적용을 추구함으로써 말씀과 행동이 결코 분리될 수 없음을 보여준다.[45] 성경 전체에 담긴 하나님의 뜻과 본문의 의도에 견고히 뿌리내린 다양한 적용 범주들이 에드워즈의 설교들 안에 살아 움직이고 있다.[46]

한 예를 들자면, "가난한 자들을 향한 자선의 의무"라는 제목의 설교에서, 에드워즈는 "여러분 자신은 여러분의 것이 아닙니다"(고전 6:19-20)라는 진리를 선포한 후 적용을 향해 나아간다. 그리고 "여러분의 돈과 재산은 여러분 자신의 것이 아닙니다"라고 말하여 적용점을 더 심층적으로 제시하면서 더 구체적인 적용을 통해 결단과 행동을 촉구하고 있다.

이와 함께 주목할 점은 성경의 재료를 가지고 적용의 집을 건축해 나갈 때 연속적으로 다양한 성경의 핵심 구절들을 적용의 주춧돌로 삼고 있다는 것이다.[47] 제이 아담스(Jay E. Adams)의 분석에 따르면, 에드워즈는 때로는 성경 인용을 374회나 했으며, 각 설교마다 성경 인용을 평균 25회를 하면서 적용과 연결시켰다.[48]

이런 맥락에서 에드워즈는 목사 안수식에서 행한 여러 설교들을 통해, 젊은 설교자들

44　Larsen, *The Company of the Preachers*, 376; Harold Simonson, *Jonathan Edwards* (Grand Rapids: Eerdmans, 1974).

45　Jonathan Edwards, "Christian Knowledge or the Importance and Advantage of a Thorough Knowledge of Divine Truth," in vol. 2 of *Works*, ed. Edward Hickman (Edinburgh: Banner of Truth, 1974), 159-63.

46　Edwards, "The Unreasonableness of Indetermination in Religion," in vol. 19 of *Works*, ed. M. X. Lesser (New Haven: Yale University Press, 1997), 117-19; idem, "The State of Public Affairs," in vol. 17 of *Works*, ed. Mark Valeri (New Haven: Yale University Press, 1997), 365-67. 위에서 제시한 설교들의 예를 통해, 에드워즈가 얼마나 말씀, 곧 성경 저자가 의도한 적용을 하기 위해 전체 성경 말씀에서 성경 구절들을 인용하고 있는가를 알 수 있다.

47　Edwards, "The Duty of Charity to the Poor," *Works* 17:379-88를 참조하라. 청중의 돈과 재산이 자신들의 것이 아니라는 적용을 펼쳐 나갈 때 벧전 4:9-10을 포함한 16개의 구절을 연속해서 적용의 주춧돌로 사용한 것을 확인할 수 있다.

48　Jay E. Adams, *Sermon Analysis* (Denver: Accent, 1986), 107.

에게 말씀에 기초한 적용을 강조했다.[49] 에드워즈는 설교에서 다음과 같이 선포했다.

> 사역자들은 자신의 지혜나 이성이 제안하는 것들을 설교해서는 안 됩니다. 이미 말씀을 통해 그들에게 허락하신 하나님의 위대한 지혜와 지식을 따라 설교해야 합니다.[50]

그러므로 에드워즈는 성령 안에서 저자 의도적 의미와 적용을 현대적 적용의 모태로 설정한 진정한 성경적 설교자이다.

2) 교리적 다리: 교리의 씨줄과 적용의 날줄을 엮음

계몽주의 전통에 영향을 받아 이성적인 논증에 초점을 맞춘 설교자들과 달리 에드워즈는 성경과 개혁주의 전통과 교리에 의존한 적용을 추구했다. 그의 설교를 분석해 볼 때, 교리와 적용은 씨줄과 날줄로 엮여 있다는 것을 알 수 있다. 에드워즈의 교리적 혹은 성경 중심적인 적용은 보통 설교의 중간 근처에서 시작되어 삶의 변화를 위한 적용의 초점을 향해 역동적으로 나아가는 매우 교훈적인 적용 모델이다. 이는 그가 청중이 성경을 잘 이해할 뿐 아니라 청중에게 그것을 잘 이해시키고 적용하는 데에도 탁월했다는 점을 방증한다.[51]

에드워즈의 설교들을 분석해 본 결과, 주해와 교리를 적용과 동떨어진 구도가 아닌 밀접한 다리놓기를 통해 상호 유기적으로 연결한다.[52] 첫 번째 예를 들자면, 그의 교리적 다리는 '종말에 기초한'(eschatology-based) 적용의 진수를 보여준다. "미래 심판의 날"이라는 설교를 통해 다음과 같이 선포했다.

> 만약 정해진 심판의 날이 있다면, 모든 사람들은 매우 엄격하게 자신의 삶을 살펴보아야 합니다. 하나님은 마지막 날에 모든 사람의 마음을 드러내시고 심판하실 것입니다.[53]

---

49 Kenneth J. Minkema and Richard A. Bailey, "Reason, Revelation and Preaching," *SBJT* 3 (1999): 27.
50 Jonathan Edwards, "Ministers to Preach Not Their Own Wisdom but the Word of God," in *The Salvation of Souls*, eds. Richard A. Bailey and George A. Wills (Wheaton: Crossway, 2002), 116.
51 Rivera, "Jonathan Edwards Hermeneutic," 278; Jay E. Adams, *Sermon Analysis* (Denver: Accent, 1986).
52 Conrad Cherry, "Symbols of Spiritual Truth," *Int* 39 (1985): 264.
53 Edwards, "The Day of Judgment," *Works*, 14:539-41; 이와 같은 종말론 교리에 뿌리를 둔 적용 패턴의 예를 보기 위해서는 다음의 원문 설교도 참조하라. Edwards, "Warning of Future Punishment Don't Seem Real to the Wicked," *Works*, 14:207-12; idem, "The Torment of Hell Are Exceeding Great,"

이처럼 에드워즈는 종말의 심판이라는 교리에 기초하여 구체적인 종말론적 삶을 살아가기 위한 적용을 제시한다.

교리에 정초한 적용 패러다임의 두 번째 예로는 '하나님의 변함없는 성품'에 기초한 적용(theology proper-based application)을 들 수 있다. 에드워즈의 설교에는 하나님의 영광과 그분의 성품에 대한 놀라운 진리를 선포할 뿐 아니라, 신론 교리에서 끝나지 않고 생명력 있게 청중의 삶과 연결되는 적용으로 승화된다. 예를 들어, 에드워즈는 "이 교리로부터 우리는 하나님의 자비와 정의에 대해 논증할 수 있습니다"라고 한 후에 하나님의 인격에 뿌리를 둔 삶의 변화를 위한 적용을 펼쳐 나간다.[54]

미국 역사상 가장 유명한 설교 중에 하나인 "하나님의 진노의 손 안에 있는 죄인들"(Sinners in the Hands of an Angry God)[55]에 나타난 적용적 특징을 분석해 볼 필요가 있다.[56] 이 설교에 나타난 에드워즈의 적용은 그리스도 안에 있지 않는 사람들의 상황에 대한 시각적인 묘사와 함께 하나님의 성품에 기초한 적용이라는 특징을 예시해 준다.[57]

교리에 기초한 적용의 세 번째 예로는 에드워즈의 '인죄론'에 근거한 적용(hamartiology-rooted application)을 들 수 있다. 에드워즈는 간략한 주해 이후에 교리적 변증을 펼쳐 나가면서 특히 하나님의 성품과 인죄론에 기초한 적용을 보여준다.[58]

> 육체의 욕망에서 나오는 죄악된 모든 방종된 행동들은 타락한 본성의 탐욕에서 비롯되는 것입니다. 그러한 행동들은 당신의 생각을 통해서 나올 뿐만 아니라 홀로 있을 때 헛된 상상들과 죄악 된 마음에서 흘러나오는 것입니다. … 악한 동료들을 멀리하십시오.[59]

따라서, 에드워즈는 종말론, 하나님의 성품, 인죄론과 같은(물론 이외에도 기독론, 구원론, 교회론 등의 신학적인 교리의 렌즈도 나타난다) 보편적인 교리의 다리를 통해 적실성의 다리를 향해 나아간다.

    Works, 14:319-28; idem, "False Light and True," *Works*, 14:316.
54 Edwards, "Warning of Future Punishment," *Works*, 14:223-25.
55 Glenn R. Kreider, "Sinners in the Hands of a Gracious God," *BSac* 163 (2006): 259.
56 Stephen J. Nichols, *Jonathan Edwards* (Phillipsburg, NJ: P&R Publishing, 2001), 195.
57 Kreider, "Sinners in the Hands of a Gracious God," 268.
58 Kreider, "Sinners in the Hands of a Gracious God," 266.
59 Edwards, "Youth and the Pleasures of Piety," *Works*, 19:126-29.

3) 적실성 다리: 청중에 민감한 목회적 적용

에드워즈는 주해적 다리와 신학적 다리를 건너 적실성 혹은 설교적 다리(relevant/homiletical bridge) 놓기를 통해 목회적 상황에서 실제적인 적용을 도전하고 촉구했다. 현대 구속사적 혹은 그리스도 중심적 설교가 청중을 세우는(edificatory) '목회적 적용 부재'라는 아킬레스건을 가지고 있지만,[60] 에드워즈의 설교는 구속사적이면서도 동시에 목회적 적용이 살아있을 수 있는 이상적인 모델을 보여준다.

(1) 목회적인 적용

그렇다면 에드워즈의 목회적인 적용의 두드러진 특징은 다음의 5가지로 대별될 수 있다.

첫째, 교회 공동체 안에 있는 '실제적인 문제'에 관한 적용(practical application)의 패턴이다.

에드워즈는 적실성 다리놓기를 통해 교회 안에 일어난 실제적 이슈들에 대한 '공동체적 적용'(communal application)을 추구한다. 예를 들어, 교회 회중을 향한 적용으로서 징계와 출교 문제에 관한 설교 방향을 보여준다.[61] 에드워즈의 "교회 공동체의 징계"에 관한 설교에서 실제적인 적용과 함께 교회 구성원들과 출교된 자들 사이에 적절한 관계를 확증함으로써 출교의 목적을 분명히 밝힌다.[62] 그의 실제적인 적용의 또 다른 예는 기도와 연결시키는 설교이다. 에드워즈는 위선자들의 불성실한 기도에 대한 경고하면서 다른 각도에서 실제적인 적용을 권고한다.[63]

둘째, '직접적' 적용(directional application)이다.[64]

에드워즈의 적용은 다음과 같이 직접적으로 청중을 향해 호소하는 특징이 있다.

> 만약 여러분 안에 있는 빛이 어두움이라면 여러분 안에 어두움이 얼마나 엄청난 것인지 생각 보십시오. … 여러분의 빛은 어두움뿐 일 것입니다. … 위선자들은 괴물들입니다.[65]

---

60 Dennis E. Johnson, *Him We Proclaim* (Phillipsburg, NJ: P&R, 2007), 54, 404.
61 Edwards, "The Nature and End of Excommunication," *Works*, 2:118-21.
62 Flynt, "Jonathan Edwards and His Preaching," 137.
63 Flynt, "Jonathan Edwards and His Preaching," 71-73.
64 Edwards, "Living Peaceably One With Another," *Works*, 14:126-29.
65 Edwards, "False Light and True," *Works*, 19:142.

셋째, '동기 부여적' 적용(motivational application) 스타일이다.[66]

에드워즈의 적용은 청중에게 탁월한 동기 부여를 제공함으로써 삶의 변화를 이끌어 내는 데 뛰어난 특징을 보여준다.

> 우리는 모두 이성적인 피조들입니다. … 모든 동일한 피로 만들어졌습니다. … 모두 서로를 위해 창조되었습니다. … 평안함은 고상하고 관대한 마음의 품성입니다. … 얼마나 이 마음이 우리의 삶을 행복하게 하는지 모릅니다. … 이러한 평온한 심령은 구원을 얻기 위해 반드시 필요합니다.[67]

넷째, 구체적인 문제에 관한 '교정적' 적용(corrective application)이다.

에드워즈는 다음과 같이 영적 분별력을 가지고 구체적인 문제를 교정하는 목적으로 적용을 하는 경우도 있다.

> 여러분들이 주의 깊게 깨어있도록 하기 위해 몇 가지 동기 부여를 드리고자 합니다. 이와 관련하여 특별히 거짓된 발견들과 진실된 것들과 매우 유사함이 종종 있을 수 있다는 점을 유념하시길 바랍니다.[68]

다섯째, 에드워즈는 구체적(particular) 지침을 통해 목회적인 적용을 실제적으로 청중의 현실적인 삶과 연결시켰다.

> 이제 구체적으로 다음과 같이 3가지 실제적인 충고를 드리면서 말씀을 마무리하려고 합니다. …
> 1. 어떠한 미루는 습관을 버리고 현재의 시간을 활용하십시오. …
> 2. 가장 중요한 시간 활용하는 부분을 향상시킬 수 있도록 특별히 주의하십시오. …
> 3. 여러분의 세상적인 일로부터 떠나 안식의 시간을 잘 향상시키십시오.[69]

66　Edwards, "Living Peaceably One With Another," *Works*, 14:129-30; idem, "False Light and True," *Works*, 19:132; idem, "The Duty of Charity to the Poor," *Works*, 17:379-89.
67　Edwards, "Living Peaceably One With Another," *Works*, 14:129-30.
68　Edwards, "False Light and True," *Works*, 19:132.
69　Edwards, "The Preciousness of Time," *Works*, 19:259-60.

(2) 개인을 향한 양심 지향적 적용

에드워즈는 청교도와 퍼킨스의 적용 유산을 이어받아 선한 양심을 향한 적용을 내면적 변화를 위한 열쇠로 활용했다. 예를 들어, 젊은 세대들을 향해 다음과 같이 적용한다.

> 여러분 선한 양심을 간절히 구하세요. 그러면 하나님이 그것을 주실 겁니다.[70]

이처럼 에드워즈는 기성 세대만이 아니라 젊은 세대를 향한 적용에 관심을 두고 있었으며, 특별히 다음 세대의 변혁을 위해서는 말씀으로 '양심'을 적중시키는 적용을 추구해야 한다는 교훈을 보여준다.

(3) 세대적 적용

에드워즈는 당시 젊은이들을 향한 세대적(generational) 적용을 보여준다.

> 이 교리에 의하면, 젊은이들이 가진 종교에 대한 엄청난 반대들은 힘을 더 이상 쓸 수가 없습니다. … 여러분들은 청년의 시절에 종교에 관하여 관심을 가져야만 하는 가장 위대한 사명을 가지고 있습니다. … 만약 여러분이 그것을 거절한다면, 여러분의 젊은 시절은 여전히 죄와 허무 가운데 지나갈 것입니다.[71]

(4) 사회와 정치를 향한 적용

에드워즈는 개인과 교회 공동체의 지경을 넘어 마을과 사회를 향한 적용의 지평을 보여준다.

> 구체적으로 우리 교회 공동체와 우리 마을이 해야 할 일을 감당합시다. … 서로 간에 평화롭게 살아가십시오. 어떤 사회이든지 간에 서로 싸우는 것보다 더 두려운 것은 없습니다. … 평화는 종교가 흥왕하는 곳에서 임하는 법입니다. … 평화와 하나 됨 가운데 함께 어울려 살아가는 사회를 보는 것만큼 행복한 일이 있을까요.[72]

---

70 Edwards, "Youth and the Pleasures of Piety," *Works*, 19:89, 117; 양심을 향한 적용에 대한 다른 원문 설교의 예를 위해서는 다음을 참조하라. Edwards, "The Folly of Looking Back in Fleeing out of Sodom," *Works*, 14:334-35; idem, "The Justice of God in the Damnation of Sinners," *Works*, 14:348-49.

71 Edwards, "Youth and the Pleasures of Piety," *Works*, 19:89-90.

72 Edwards, "Living Peaceably One With Another," *Works* 14:132-33.

에드워즈는 청중이 일하고 있는 지역 사회와 직장의 영역까지 적용의 지평에 포함시키고 있다.

> 보십시오. 그러한 사람이 마땅한 존경 받지 못한다고 할지라도 놀랄 필요가 없습니다. … 사회는 너무나 눈에 띄게 종교를 존중하지 않습니다. … 특별히 저는 지금 이 교리를 이 지역 사회의 상황에 적용하려고 합니다. … 기독교적인 진리가 당신의 회사를 운영하는 일을 다스리게 하십시오. 여러분이 살고 있는 사회가 기독교의 말씀으로 더욱 발전할 수 있도록 하십시오.[73]

에드워즈는 당시 공공의 사건과 사회 문제에 대해 적실성이 있는 적용을 선포하였다.

> 그러므로 하나님이 공적인 지위들을 빼앗겨 버린 사람들에게 경고하실 때, 이는 회개와 개혁을 향한 그분의 강력한 부르심인 것을 배우십시오.[74]

이런 맥락에서 에드워즈에게 영향을 준 청교도들이 애호한 설교 적용 패턴 중의 하나는 말씀에 근거한 직업 윤리에 관한 폭 넓은 적용으로서, 즉 청교도의 은혜 언약의 교리에 기초한 경건한 삶의 열매가 직업 가운데 열매로 나타나는 차원이라고 할 수 있다.[75] 에드워즈는 교리적 다리놓기를 통해 당시 윤리적인 문제들에 관한 적용의 빛을 비추려고 했다.[76]

플린트는 사회를 향한 에드워즈의 적용을 가리켜 "그의 설교들 가운데 많은 부분이 그가 사회 공동체 가운데 보게 된 삶에 의해 영감을 받은 것들"이라고 규명한다.[77] 케네스 민케마(Kenneth J. Minkema)가 지적한 것처럼, "임박한 심판이라는 설교는 사회의 선거, 금식, 추수감사절과 같은 특정한 때에 선포된 설교의 한 예이다."[78]

---

73 Edwards, "A City on a Hill," *Works* 19:547-48.
74 Edwards, "The State of Public Affairs," *Works* 17:365-68.
75 Larsen, *The Company of the Preachers*, 259.
76 이영란, "J. Edwards의 윤리설교의 시각에서 바라본 한국교회 윤리설교의 방향," 「설교한국」 2 (2010): 80-105를 참조하라.
77 Flynt, "Jonathan Edwards and His Preaching," 138.
78 Edwards, "Editor's Introduction," *Works* 14:35.

게다가 이러한 기간에 에드워즈의 설교는 그의 주위에 일어나는 특정한 행사들과 관련한 것이다. 정치적인 이슈들에 관한 적용도 에드워즈의 설교 안에 드러나는 특정한 적용 방식 중에 하나이다.[79] 그러므로 에드워즈의 적용은 사회 공동체를 변혁시키기 위해 적실성(community-oriented relevance)을 가진 사회적-정치적 적용의 좋은 모델을 보여준다.[80]

(5) 청중에 민감한 적용

에드워즈의 균형 잡힌 설교는 '본문 중심적'(text-driven)이면서도 '회중 지향적'(audience-focused)이다.[81] 심지어 "하나님의 진노의 손 아래 있는 죄인들"과 같은 설교 가운데에도 에드워즈가 얼마나 청중에 민감한 적용을 추구했는지 일견할 수 있다. 에드워즈는 청중을 향한 분별력을 가지고 회중을 2가지 유형으로 나눈 다음에, "의인 혹은 경건한 회중들뿐만 아니라 불의한 자들 혹은 악한 자들"을 향한 균형 잡힌 적용 유형을 보여준다.[82] 에드워즈의 이 복음전도적 설교는 거듭나지 못한 청중을 향한 적용을 보여준다.

> 이 설교의 적용은 여러분 가운데 있을 수 있는 거듭나지 못한 영혼들을 일깨우기 위한 것입니다. 오늘 들을 말씀은 그리스도 밖에 있는 각 사람을 위한 것입니다.[83]

이처럼 자신의 청중이 가진 진정한 필요에 초점을 맞추면서도,[84] 그들을 하나님의 도전에 반응하도록 이끌어간다.[85] 그런 다음 하나님의 자비하심으로 예비된 축복이 여전히 유효하다는 진리를 메아리치게 함으로써 하나님의 진노를 피하는 결단과 변화를 촉구한다.[86]

---

79 Edwards, "Editor's Introduction," *Works* 14:36-38. 또한 Collins, "The Rhetoric of Sensation Challenges the Rhetoric of the Intellect," 99-103를 참조하라.
80 Edwards, "The State of Public Affairs," *Works* 17:365-68.
81 John D. Hannah, "The Homiletical Skill of Jonathan Edwards," *BSac* 159 (2002): 96.
82 Kreider, "Sinners in the Hands of a Gracious God," 267.
83 Edwards, *The Sermons of Jonathan Edwards*, 95.
84 Nichols, *Jonathan Edwards*, 199-204.
85 Ted Rivera, "Jonathan Edwards Hermeneutic,'" *JETS* 49 (2006): 277-78.
86 Edwards, *The Sermons of Jonathan Edwards*, 102-03; Kreider, "Sinners in the Hands of a Gracious God," 273.

청중에 민감한 에드워즈의 적용 형태는 그가 한 지역 교회의 목회자라는 관점과 그 목회적 상황(Pastoral context)의 관점에서 고려되어야 한다.[87] 에드워즈에게 있어서 설교는 성경의 메시지와 자신의 청중이라는 두 과녁을 동시에 명중시키는 것이어야 했다. 존 한나(John D. Hannah)가 강조한 것처럼, 자신의 청중을 유지하기 위해 하나님에 관한 지식을 타협하지 않았지만, 그는 어떻게 하면 그 청중이 하나님의 말씀의 커뮤니케이션에 반응할 것인지에 관해 인식하려고 애썼다.[88] 에드워즈의 설교는 "구속자의 사역을 청중에게 적용 가능하도록(applicable) 하게 하는 수단(vehicle)이다."[89]

에드워즈의 적용은 청중의 삶을 변혁시키기 위해 그리스도 중심적 주해(Christ-centered exposition)와 청중 지향적 적용(audience-focused application)의 탁월한 균형을 가지고 있었다.[90] 그의 효과적인 설교 커뮤니케이션은 청교도들보다 더욱 발전된, 청중에 민감한 적용에 기인한 것이라 할 수 있다.[91] 에드워즈는 다음과 같이 자신의 회중들 가운데 연약한 자들을 향한 민감한 적용으로 권면한다.

> 회심하지 않은 사람 가운데 가장 지식을 가진 자보다 성도 가운데 가장 미천하고 약한 자들이 더욱 탁월한 지혜를 가지게 하셨습니다. … 거듭나지 아니한 그들의 무지를 확신시키기 위해서이며 … 그들의 자연적인 상태의 비참함을 깨닫게 하시기 위함입니다.[92]

에드워즈는 청중 가운데 복음을 듣고 그리스도인으로 살아가기로 결단하는 것을 미루고 거절하는 자들을 향한 목회적 민감함을 가지고 다음과 같이 적용한다.

> 복음과 기독교 진리에 대해 들으면서도 계속해서 결신하지 않은 사람들은 하나님께 더욱 혐오스러운 자입니다. …
> 만약 계속해서 그리스도인이 되기로 결단하는 것을 거절한다면 어떻게 하나님이 더 기회를 주실 수 있겠습니까?[93]

---

87 Walter V. L. Eversley, "The Pastor as Revivalist," in *Edwards in Our Time*, ed. Sang Hyun Lee and Allen C. Guelzo (Grand Rapids: Eerdmans, 1999), 113–18.
88 Hannah, "The Homiletical Skill of Jonathan Edwards," 96–98.
89 Hannah, "The Homiletical Skill of Jonathan Edwards," 106.
90 Edwards, *Charity and Its Fruits*, 38–72; Old, *The Reading and Preaching of the Scriptures*, 274.
91 John D. Hannah, "Jonathan Edwards and the Art of Effective Communication," *RefRev* 11 (2002): 124.
92 Edwards, "Impending Judgment Averted only by Reformation," *Works*, 14:253–55.
93 Edwards, "The Unreasonableness of Indetermination in Religion," *Works* 19:105.

또한 젊은 세대들에게 경건의 즐거움에 대하여 권면하는 적용을 한다.

> 이러한 교리에 대한 가르침에서 멈추지 않고, 이러한 교리에 기초하여 젊은이들에게 적용을 던지고 싶습니다. … 젊은 시절의 헛된 것들과 모든 악한 것들을 버리십시오.[94]

4) 변혁적 다리

에드워즈의 적용의 궁극적인 목적은 청중의 삶이 변화됨으로 말미암아 하나님의 영광을 추구하는 것이다.[95] 에드워즈는 다음과 같이 강조한다.

> 각 사람이 자신의 죄들을 개혁하는 것은 그들에게 도전하는 적용을 통해서 가능하다.

에드워즈의 설교는 진리를 생각에 논리적으로 설득시킨 다음, 마음의 종교적 정서에 호소함으로써 하나님의 영광을 위해 변화되는 삶을 살아가고자 하는 거룩한 열망을 불러일으키고, 의지적 결단을 통해 실천적 행동으로 나아가게 한다.[96]

현대 설교학적 관점에서 볼 때 에드워즈의 설교에 나타난 적용점들은 구체적인 지침이 부족하다고 비평할 수도 있다. 그러나 그에게 적용의 실용적 구체성보다 더 중요한 것은 적용의 '통전적 목적성'이었다. 그는 인간의 냉철한 지성, 열정적인 감성, 신실한 의지에 대해 지속적으로 도전하여 하나님의 영광을 위해 변혁되는 삶을 살아가게 하는 데 적용의 궁극적인 목적을 두었다.

그러므로 에드워즈는 주해적 다리, 교리적 다리, 적실성의 다리놓기를 넘어 변혁적 다리놓기를 추구했다고 볼 수 있다. 그의 변혁적 다리놓기 과정의 두드러진 특징은 '상상력'(imagination)을 활용한 행동 지향적 적용(action-aimed application)에 있다. 에드워즈에게 있어서 상상력은 '정신적 경향성'이며 '마음의 감각'(sense of heart)으로서 인식론과 존재론에 중요한 역할을 한다.[97] 그는 더욱 효과적으로 회중의 종교적 정서(religious

---

94 Edwards, "The Youth and the Pleasures of Piety," *Works* 19:88.
95 Edwards, "Impending Judgment Averted only by Reformation," *Works*, 14:225-26.
96 Hannah, "The Homiletical Skill of Jonathan Edwards," 101; 이승진, "조나단 에드워즈의 설교 연구: 하나님의 영광을 추구하는 설교," 19-46.
97 이상현, 『조나단 에드워즈의 철학적 신앙』(서울: 한국장로교출판사, 1999), 31-45.

affection)에 호소하는 설교에 불을 붙이기 위해 상상력을 탁월하게 연결시켰다.[98] 리차드 베일리(Richard A. Bailey)는 에드워즈가 빛(생각)과 열(마음)을 통합시키는 설교를 추구했다는 점에 주목한다.[99]

에드워즈는 인간의 생각이 가진 상상하는 기능을 간파했고, 청중의 상상력에 호소하는 적용을 통해 지속적인 변화를 도모하였던 것이다.[100] 에드워즈는 상상력이 논리적인 지식보다는 감성적인 지식에 기초하고 있다는 인식을 기초로 하여, 중생된 상상력(regenerated imagination)을 마음의 능력에 뿌리내리고 있는 실체라고 간주했다.[101] 에드워즈는 전통적인 청교도 적용 유형과 다르게 청중의 결단은 "생각 혹은 이성의 영역에서만 일어나는 것이 아니라 감정(affection)의 영역 안에서도 일어난다"라고 믿었다.[102] 이러한 확신 아래 에드워즈는 다음과 같이 도전한다.

> 여러분이 품은 음탕함으로 인해 얼마나 죄책감에 시달렸습니까! … 그것은 여러분의 부정한 상상력에서 기인한 것입니다. … 여러분은 그러한 죄악된 상상력으로 인해 위대한 하나님을 능멸하였습니다. … 작고, 비참하고, 비열한 피조물, 벌레 같은 존재가 말입니다.[103]

그의 변혁적 다리의 특징은 상상력이 담긴 적용으로 끝나는 것이 아니라 '긴급한 결단과 행동을 통해 순종하도록 촉구'하는 적용을 추구한다.

첫 번째 예로, 에드워즈는 "돌과 같이 어리석은 자들"이라는 설교에서 은유(metaphor)를 통해 속히 결단할 것을 통렬히 선포한다.

> 만약 하나님의 말씀이 이슬과 비처럼 임하지 않는다면, 결국에는 그 말씀이 당신의 뿌리를 태워버리는 불처럼 임하게 될 것입니다.[104]

---

98 Turnbull, *Jonathan Edwards the Preacher*, 16.
99 Richard A. Bailey, "Driven by Passion," in *The Legacy of Jonathan Edwards*, ed. D. G. Hart, Sean Michael and Stephen J. Nichols (Grand Rapids: Baker, 2003), 70.
100 Flynt, "Jonathan Edwards and His Preaching," 126–31.
101 Harold P. Simonson, "Jonathan Edwards and the Imagination," *ANQ* 16 (1975): 110–17.
102 Hannah, "The Homiletical Skill of Jonathan Edwards," 100.
103 Edwards, "The Justice of God in the Damnation of Sinners," *Works* 19:350, 354.
104 Edwards, "Stupid as Stones," *Works* 17:137.

두 번째 예로, 하나님을 모욕하는 젊은 세대들을 향해 "속히" 임할 심판을 강조함으로써 긴급한 결단을 촉구한다.[105]

> 하나님의 자비를 향해 무서운 모욕을 준 당신 모습을 그려 보십시오. … 하나님을 적대시한 당신의 욕망들을 그려보십시오. … 그런데도 만약 당신이 계속해서 고의적인 죄를 범한다면, 얼마나 속히(how soon) 이러한 경우가 당신에게 일어날지를 알 수 없습니다. 얼마나 속히 … 얼마나 속히.

그러므로 에드워즈의 변혁적 다리는 상상력을 활용한 긴급한 결단과 변화를 촉구하는 적용을 추구한다.

4. 결어: 에드워즈의 적용을 통해 본 한국교회 설교의 적용 회복을 위한 제언

결론적으로 예증적인 설교 분석을 통해 볼 때, 에드워즈는 주해적, 교리적, 적실성, 변혁적 다리놓기를 위한 탁월한 모델을 보여준다. 에드워즈의 적용 패러다임은 청교도와 퍼킨스의 적용 전통을 따라 적용 공식과 교리에 기초한 적실성 패러다임, 역동적인 성령 중심적 적용 패러다임, 청중에 민감한 목회적, 세대적, 사회-정치적, 양심과 상상력에 초점을 둔 변혁 지향적 적용의 탁월한 모델을 보여준다. 그러므로 에드워즈의 모범적 적용 모델은 오늘날 강해 설교자들이 청중의 삶을 변혁시키는 적용 패러다임을 새롭게 구축하기 위한 '역사적 정당성'과 '미래적 전망성'을 제공해 준다.

그렇다면 오늘날 포스트모던 시대에 직면한 한국교회는 에드워즈의 적용 모델을 통해 어떤 구체적인 교훈과 발전적 대안을 세울 수 있는가?

첫째, 21세기 한국교회 설교자들의 적용 회복을 위해 에드워즈의 설교 적용 전통과 유산에 대한 오해와 편견을 넘어, 오히려 그것을 목회적, 수사학적으로 재상황화해야 한다.

먼저 에드워즈의 적용 패러다임을 통전적으로 이해하기 위해 에드워즈를 신학자로서 연구하는 것을 넘어 그를 목회적 설교자로서 연구하며 그의 원문 설교의 광맥을 계

---

105 Edwards, "The Youth and the Pleasures of Piety," *Works* 19:117.

속 캐내야 할 사명이 있다는 것을 인식해야 한다. 에드워즈의 적용 모델을 따라, 치열한 포스트모던 문화 속에서 살아가는 청중의 삶과 동떨어진 메마른 스콜라주의적 설교 및 신학과 교리에 함몰되는 설교를 지양하고, 진리와 교리와 삶을 성령 안에서 엮어가는 적용을 지향해야 한다. 에드워즈의 설교와 적용 패러다임은 포스트모던 조류를 따라 등장한 새 설교학과 구도자 중심 설교가 아닌 하나님 중심의 개혁주의 설교[106]와 적용의 대안적 청사진을 제공할 수 있다.

또한 청교도 적용을 넘어 에드워즈가 경험한 진정한 부흥 설교를 사모하면서 성령 주도적인 해석학적 역동성을 추구함으로써 말씀으로 끊임없이 청중과 사회를 변혁시키기 위한 '개혁주의 적용 해석학'(reformed applicatory hermeneutics)을 확고히 재정립해야 할 필요가 있다. 본 장에서 제시한 에드워즈의 네 다리놓기 적용 패러다임을 통해 설교자들은 적용의 필요성을 넘어 '겸손과 변혁'의 해석학적 기초 위에서 설교학적 적용 프레임을 구축해 나가야 한다.

둘째, 주해적 다리놓기를 통해, 설교자의 의도에서 나온 적용을 늘 경계하면서 철저히 '본문이 지배하는 적용'(text-driven application)을 추구해야 한다.[107]

저자의 의도에 정초한 적용된 진리를 목회하는 현 청중의 삶에 재적용(reapplication)하는 상황화 원리에 추호의 타협이 없어야 한다. 21세기에 에드워즈와 같은 설교자가 되기 위해서는 우선 성경적 설교에 철저히 헌신해야 하며, 신비평주의(new criticism)나 독자 중심 해석학(reader-response criticism)을 철저히 경계하고 저자 중심의 해석학에 적용의 닻을 고정시켜야 한다.[108]

오늘날 한국교회 설교의 가장 큰 문제는 본문 말씀과 저자 의도적 의미 및 적용에 대한 충실한 연구의 부족이다. 그러므로 개혁주의 영감론과 해석학을 기초로 다양한 방식과 다차원적 적용이 살아 움직이는 개혁주의 설교(reformed preaching)를 추구해야 한다.[109] 오직 본문의 통제를 받으며 성령님께 온전히 의존하고 기도하면서, 저자가 당시 고대 청중에게 전한 본래 의미와 적용(original application)을 찾기 위해 역사적-문법

---

106 김창훈, "포스트모더니즘과 설교," 「복음과 실천신학」 13 (2007): 149-74; 류응렬, "새 설교학자들의 성경관과 개혁주의 설교," 「개혁논총」 10 (2009): 132-52.

107 Daniel L. Akin, David L. Allen, Ned L. Mathews eds., *Text-Driven Preaching* (Nashville: B&H Academic, 2010), 271-72.

108 상세한 논의를 위해서는 류응렬, "성경적 설교를 위한 저자 중심적 해석학," 「개혁논총」 13 (2010): 107-27를 참조하라.

109 개혁주의 적용 해석학의 기초로서 개혁주의 영감론과 개혁주의 해석학에 대한 논의를 위해서는 김상훈, "개혁주의 해석학에 근거한 개혁주의 설교의 가능성 연구," 「개혁논총」 6 (2006): 45-80를 참조하라.

적-언어적-신학적-정경적 분석과 치열한 본문 주해(exegesis)가 현대적 적용의 '모태'(matrix)가 되어야 한다. 이와 동시에, 본문의 의미와 설명에만 집착하여 주해의 지평에서 적용이 좌초되고 변혁의 항구까지 나아가지 못하게 되는 우를 피해야 한다.

셋째, 에드워즈는 성경 지평과 현대 지평 사이에 놓인 역사적, 문화적, 신학적 간격을 연결하는 '원리화 다리'(principlizing bridge)로서 교리적 다리놓기가 결정적인 적용의 열쇠가 된다는 것을 보여준다.

어떻게 본문의 적용된 진리를 직접적 혹은 간접적 적용함으로써 현대 청중의 삶의 정황으로 넘어오는 다리(overarching bridge)를 건설할 것인지, 즉 전이(transferring)를 위한 교리적 기준(criteria)이 무엇인지를 에드워즈를 비롯한 성경적, 역사적 모델 연구를 통해 확고히 세워가야 한다. 본문과 저자가 의도한 의미와 적용에 기초한 보편적 신학원리(하나님의 성품, 인죄론, 기독론, 구원론, 교회론, 종말론 등)의 스펙트럼을 통과해야만 오늘날 총체적인 적용 지평 구도의 성경적 해법을 열어갈 수 있다.

교리의 씨줄과 적용의 날줄을 성령으로 엮어 나갈 때 한국교회 설교자들 안에 은밀하게 퍼져있는 인간 중심적(anthropocentric), 율법주의적(legalistic), 도덕주의적(moralistic), 영해적(spiritualizing) 적용의 오류를 제거할 수 있다. 개혁주의 설교자는 철저한 주해(해석)와 신학적인 원리의 뿌리에서 자란 적용의 열매로 청중을 영적으로 먹여야 건강한 개인적, 공동체적, 사회적 변화가 나타날 수 있음을 명심해야 한다.

넷째, 성경의 메시지와 오늘날 청중과 한국 사회를 연결하는 변혁적 브릿지빌더가 되기 위해서는 에드워즈의 적용이 제공하는 적실성 다리놓기를 통해 다차원적인(multi-dimensional) 적용 영역의 지평을 열어가야 한다.

설교자들은 에드워즈처럼 주해적 다리와 신학적 다리를 건너고 적실성 다리(relevant bridge)놓기를 통해 목회적으로 상황화시킨 적용의 프레임들을 만들어 나가야 한다. 목회적 설교자 바울의 적용 모델처럼, 에드워즈는 최고의 적용이 '목회적 적용'(pastoral application)에서 나온다는 사실을 증명해 주었다. 따라서 자신의 교회를 향한 최고의 적용을 추구해야 할 목회자들은 실제적, 직접적, 동기 부여적, 교정적, 구체적인 적용의 대가(大家)가 되어야 한다.

목회적 적용 부재라는 아킬레스건을 가진 구속사적 혹은 그리스도 중심적 설교의 약점을 극복하기 위해 2가지 필수 요소가 동시에 녹아 들어있는 에드워즈의 구속사적 목회 적용(redemptive pastoral application) 모델을 추구해야 한다. 목회적 적용이 살아있으면서 동시에 그리스도 중심적이고 구속사적인 적용적 설교가 가능하다.

퍼킨스가 보여준 영적 상태에 따른 청중 분석의 예와 같이, 청중의 필요에 목회적 민감함을 가지고, 수사학적 분석과 적응(rhetorical analysis and adaptation)을 통해 본문 주해 만이 아닌 청중 주해(audience exegesis)를 추구해야 한다. 퍼킨스와 에드워즈의 4가지 적용 공식(딤후 3:16)을 한국교회 적용신학의 성경적 근거로 다시 세우며, 적용의 구체성(concretness)보다 변혁을 위한 적용의 통전성(wholeness)을 더 중요하게 보아야 한다.

나아가 청교도와 에드워즈 전통은 개인과 경건 지향적 적용 패턴이라는 편견을 버리고, 다차원적 적실성 범주(relevance category)를 21세기 한국교회와 사회에 계승, 발전시켜야 할 것이다. 개혁주의 청교도 영성과 함께 각 개인의 '선한 양심을 향한 적용'을 선포할 때, 한국 사회 속에서 잃어버린 윤리와 신뢰를 회복하는 촉매제가 될 것이다. 이러한 개인주의적 적용과 함께, 구속사적인 시각에서 하나님 나라의 백성 공동체를 교회와 사회 가운데 세워나가기 위한 '공동체적 적용'을 펼쳐 나가야 한다.[110]

다음 세대를 급속히 잃어가고 있는 현 시점에서, 에드워즈의 후예들이 포스트모던 다음 세대를 향한 개혁주의 적용 패러다임을 개발하고 교회 교육에 접목해야 한다. 에드워즈를 본받아 한국 사회의 성경적 변혁을 향한 목회적, 개혁신학적, 종말론적인 본질에 기초한 예언자적 적용이 한국교회에 절실히 필요하다. 무너져가는 가정, 교회, 지역 사회, 직장, 다음 세대와 문화, 경제, 정치, 종교, 민족과 세계 등의 영역을 향한 말씀의 적용을 통해 하나님 나라 주권을 삶으로 고백하는 변혁적 브릿지빌더(bridge-builder)가 일어나야 한다.

다섯째, 에드워즈의 적용 모델처럼 적실성 다리에서 멈추지 않고, 성령의 역사를 통한 변혁적인 다리가 적용 패러다임의 최종적인 과정이자 목적지임을 항상 명심해야 한다.

에드워즈가 보여준 대로, 말씀과 개혁주의 신학에 기초한 거룩한 상상력을 활용하여 삶을 변화시키는 적용을 회복해야 할 필요가 있다. 궁극적으로 하나님의 영광에 대한 열망과 종말론적 하나님 나라에 대한 긴급함을 심장에 품고 청중과 다음 세대의 지성, 감성, 의지에 모두 호소하는 전인적인 설득과 변혁을 추구해야 한다.

무엇보다 "하나님의 사람으로 온전하게 하며 모든 선한 일을 행할 능력을 갖추게" (딤후 3:17) 하는 말씀의 "교훈과 책망과 바르게 함과 의로 교육"함에 유익한 적용을 설교자 자신에게 먼저 적용해야 한다. 오직 십자가와 성령이라는 예리한 적용의 양날 검으로 자신이 먼저 깨어지며 하나님의 영광을 경험한 설교자의 '자아 변혁'이 부흥의 기

---

110 이승진, "신앙 공동체 활성화를 위한 설교방안에 관한 연구,"「복음과실천신학」21 (2010): 99-123.

폭제가 되어 '교회 변혁'과 '사회 변혁'의 불이 번져가야 한다. 그럴 때 한국교회는 다시 한 번 종말론적 하나님의 나라의 주권과 영광을 한국 사회 모든 영역에 선포하며 에드워즈가 경험했던 진정한 부흥(revival)을 다시 경험하게 될 것이다.

제4장

존 브로더스 설교의 적용 패러다임[1]

브로더스 설교 적용 연구의 필요성

한국교회의 위기의 뿌리 가운데 하나는 설교의 위기이며, 이는 본문을 상실한 설교(설교의 본문 이탈 현상)와 본문의 뿌리에서 나오지 않는 적용의 양상과 결과로 인한 위기라고 볼 수 있다. 본문이 이끄는 설교를 추구한다 할지라도 본문이 이끄는 적용이 약할 때 청중과 사회의 변혁을 기대하기는 어렵다. 이러한 설교와 적용이 본문의 지배를 받지 않음으로 인해 몰려온 먹구름의 위기 가운데, 현대 본문 중심의 강해 설교에 중대한 영향을 미친 존 브로더스의 설교와 적용에 대한 재조명과 발전적 평가는 먹구름 가운데 한 줄기 빛을 제시할 수 있을 것이다.

존 브로더스(John A. Broadus 1827-1895)는 미국의 강해 설교 전통이 형성되는 데 있어서 의심할 여지없이 심오한 영향력을 끼친 설교자요 목회자이다.[2] 복음주의 신학교들

---

[1] 본 장은 박현신, "John Broadus의 텍스트가 이끄는 설교 연구," 한국설교학회, 「설교한국」 9 (2013): 93-128을 수정, 보완, 발전시킨 것임을 밝힌다.

[2] Thomas R. McKibbens, Jr., "John A. Broadus," *BHH* 40 (2005): 18-24; Charles B. Bugg, "A Look at Baptist Preaching," *BHH* 40 (2005): 8-17; James Cox, *Preaching* (San Francisco: Harper & Row, 1985), x; Al Fasol, *With a Bible in Their Hands: Baptist Preaching in the South 1679-1979* (Nashville: Broadman & Holman Publishers, 1994), 80; 브로더스의 생애와 시대적 배경, 영향력을 끼친 인물, 목회 사역, 신학교 교수 사역 등에 관해서는 Marty B. Light, "The Evangelistic Contribution of John A. Broadus," (Ph.D diss., Southwestern Baptist Theological Seminary, 1999), 10-78; Ho Kwon, "John A. Broadus' Homiletical Method and Its Influence,"「개혁논총」23 (2012): 212-23을 참조하라.

의 설교학(homiletics)의 가르침에 있어서도 결정적인 영향을 준 설교학자이기도 하다.[3] 엄격한 의미에서 브로더스의 설교는 중심 사상 위주의 강해 설교(passage-based expository preaching)라기보다는 성경적 혹은 본문적 설교(biblical or textual preaching)로 볼 수 있지만,[4] 광의적 의미의 강해 설교 철학의 관점에서는 강해 설교로 간주될 수 있다.[5]

본 장의 결정적인 질문은 현대 미국 강해 설교에 중차대한 영향을 끼친 브로더스의 본문이 이끄는 설교(text-driven preaching)의 핵심 원리는 무엇이며, 본문이 이끄는 적용(text-driven application)의 주요 특징은 무엇인가 하는 것이다.

지금까지 브로더스의 연구가 2차 자료에 의존한 경향이 있었지만, 본 장에서는 그의 강해 설교학의 고전적인 교재인『설교의 준비와 전달』(On the Preparation and Delivery of Sermons)과 『설교집』(Selected Works of John A. Broadus, vol.4와 Sermon Addresses)의 설교 약 10편과 같은 1차 자료를 중심으로 브로더스의 본문이 이끄는 설교와 적용의 특징을 분석할 것이다.[6] 특히 필자의 네 다리놓기로서의 적용 패러다임에 입각하여 브로더스의 실제 설교 10편에 나타난 적용적 특징을 주해적 다리, 교리적 다리, 적실성 다리, 변혁적 다리로 나누어 분석해 보고자 한다.

그런 다음, 이러한 브로더스의 본문이 이끄는 설교와 적용을 요크(York), 애이킨(Akin), 알렌(Allen) 등의 현대 미국 강해 설교학자들을 통해 평가하고 발전적인 제언을

---

3 James W. Cox, "The Pulpit and Southern," *RevExp* 82 (1985): 77-88. 파솔(Fasol)과 콕스(Cox)도 인정한 것처럼, 현재 많은 강해 설교학자들, 특히 남침례(Southern Baptist) 계열의 강해 설교학자들은 브로더스의 어깨 위에 서 있다고 해도 과언이 아니다. 브로더스는 남침례 계열의 신학교의 설교학의 기초를 낳았다. David A. Smith, "Introductory Preaching Courses in Selected Southern Baptist Seminaries in the Light of John A. Broadus' Homiletical Theory," (Ph.D diss., Southwestern Baptist Theological Seminary, 1995), 158-70.

4 Hughes Oliphant Old, *The Reading and Preaching of the Scriptures* vol. 5 (Grand Rapids: William B. Eerdmans Pub., Co, 2004), 729.

5 V. L. Stanfield, "Elements of Strength in the Preaching," *RevExp* 48 (1951): 387-90. 강해 설교는 성경의 한 책을 시리즈로 연속적으로 설교하거나 한 절씩 설교하는 설교가 아닌, 어떤 형식을 추구하더라도 본문의 저자가 의도한 의미를 문법적-역사적-신학적 해석(주해)를 통해 바르게 파악하여 설교자 자신과 청중의 변혁을 위해 적법하게 적용하는 것을 말한다. 즉, 해돈 로빈슨(Haddon Robinson)이 지적한 것처럼, 강해 설교는 "방법의 문제가 아닌 철학을 가리킨다(Haddon W. Robinson, *Making a Difference in Preaching*, ed. Scott M. Gibson [Grand Rapids: Baker Books, 1999], 64; 이러한 강해 설교의 철학 관점에서 볼 때 브로더스의 설교는 강해 설교의 범주에 속할 수 있으며, 좋은 예는 "Some Laws of Spiritual Work"라고 할 수 있다(John A. Broadus, "Some Laws of Spiritual Work," in vol. 4 of *Selected Works of John A. Broadus* [Cape Coral, FL: Founders, 2001], 26-44).

6 David McCants, "The Lost Yale Lectures on Preaching, by John A. Broadus," *SSJ* 36 (1970-71): 49-60. 브로더스의 설교학은 서론(설교의 본질과 설교자), 1장에서 설교의 기초(본문, 주제, 제목), 2장에서 설교의 분류(구조별, 주제별), 3장은 형식적 요소(구성, 서론과 결론), 4장은 기능적 요소(논증, 적용, 예화), 5장은 설교의 스타일(스타일, 작성, 상상력), 6장은 설교의 준비, 7장은 설교의 전달, 8장은 예배와 설교로 구성되어 있다. 자세한 연구를 위해서는 John A. Broadus, *On the Preparation and Delivery of Sermon* 4th ed., ed. Vernon Stanfield (San Francisco: Harper & Row, 1979)를 참조하라.

제시해 볼 것이다.

핵심 논지는 브로더스와 그의 후예들이 세운 강해 설교 전통이 보여준 본문이 이끄는 설교와 적용을 다시 회복하고 발전시켜 나가야 한다는 것이다. 본 장에서는 이러한 논지에 집중하면서, 브로더스의 설교학 주제 전반에 관한 논의와 그의 설교들의 포괄적인 분석은 하지 않고, 본문이 이끄는 설교와 적용의 특징과 관련된 논의와 설교 분석에만 집중할 것이며, 브로더스에 대한 발전적인 평가도 전체 설교학자들이 아닌 최근 본문중심적 설교(Text-driven Preaching)를 주장하는 학자들을 중심으로 제시하고자 한다.

1. 브로더스의 본문이 이끄는 설교 철학

브로더스는 설교에 대하여 다음과 같이 간결하게 정의한다.

> 설교는 인간의 필요(need)를 만족시키기 위해 선택된 인격에 의해 하나님의 말씀(message)을 선포(proclamation)하는 것이다.

브로더스는 이러한 설교를 통해 기독교가 일어서기도 하고 쓰러지기도 한다고 단언한다.[7] 브로더스의 설교 철학은 다름 아닌 본문에 대한 철저한 연구를 통해 저자가 의도한 하나님의 메시지를 청중에게 선포함으로써 그들의 진정한 필요를 채워주는 것이다. 브로더스는 설교의 목적을 "본질적으로 인격적인 만남(personal encounter)으로 정의하면서, 진리를 통해 설교자가 청중의 의지에 호소하여 행동하게 하는 것"이라고 본다.[8] 다시 말해, 본문이 이끄는 설교를 통해 하나님과의 인격적인 만남을 추구하면서 효과적인 변화와 행동을 이끌어 내는 것이 설교인 것이다.[9]

브로더스는 이러한 설교의 궁극적인 목적을 성취하기 위해 가장 핵심적인 요소가 적용이라고 보았다. 그래서 브로더스는 "예화가 모든 설교의 종이라면 적용은 모든 해석(설교)의 주인"이라고 강조하면서, 성경적 적용은 필연적인 행동에 대한 실제적인 지

---

7 Broadus, *On the Preparation and Delivery of Sermon*, 3, 5.
8 Broadus, *On the Preparation and Delivery of Sermon*, 165.
9 Raymond H. Bailey, "John A. Broadus," *Preaching* (1993): 60.

침들"이라고 정의했다.[10] 그는 모든 해석의 주인 혹은 목적으로서의 적용의 다리를 건축하기 위해서 필요한 3가지 기둥을 본문이 지배하는 적용, 실천 지향적 적용, 행동하도록 이끄는 설득으로 인식했다.[11] 이러한 설교 철학과 적용의 필수 3요소를 염두에 두면서, 실제 브로더스의 설교 분석을 통해 나타난 본문이 이끄는 설교의 특징이 무엇인지 구체적으로 논의해 볼 것이다.

1) 본문이 이끄는 적용

브로더스가 추구하는 모든 해석의 목적이요, 청중의 삶을 변화시키기 위한 적용을 위한 가장 첫 번째 전제는 철저히 본문 혹은 저자가 의도한 의미와 적용이 이끄는 적용이어야 한다는 것이다. 그래서 브로더스는 적용을 다음과 같이 분명하게 정의한다.

> (적용은) 좁은 의미에서 설교의 한 부분 혹은 여러 부분 안에서 본문의 중심 주제(the subject)가 각 청중에게 적용(applies)되는지, 어떤 실제적인 지침을 그들에게 제공하는지, 어떤 실제적인 순종을 요구하는 지를 보여주는 것이다.[12]

본문이 이끄는 설교와 적용을 위해 브로더스는 성경의 영감과 권위에 대한 확고한 입장을 고수한다.[13] 나아가 철저히 본문에서 나온 중심 주제가 현 청중에게 적용되도록 함으로써 실제적인 변화(순종)로 나타날 수 있게 하는 것이 적용의 기본 전제였다. 설교는 본문에 나타난 하나님의 메시지를 선포하는 것이기에, 설교의 적용은 철저히 본문을 근원으로 삼고, 본문에 의해 주어진 메시지를 청중에게 드러냄으로써(revealed), 하나님이 말씀하시도록 해야 한다고 강조한다. 그래서 설교학의 진정한 본질은 강해설교의 전형적인 구조(3대지와 하나의 시)가 아닌 본문 자체이어야 한다.

이처럼 설교자가 철저히 본문이 지배하는 설교와 적용을 추구할 때, 권위를 얻게 되고 설교의 다양함과 민감한 주제들을 지혜롭게 다룰 수 있게 되고, 나아가 청중에게

---

10 Broadus, *On the Preparation and Delivery of Sermon*, 167.
11 Broadus, *On the Preparation and Delivery of Sermon*, 165-78.
12 Broadus, *On the Preparation and Delivery of Sermon*, 167.
13 Edwin C. Dargan, "John Albert Broadus-Scholar and Preacher," *The Crozier Quality* (April, 1925): 171-72.

적실한 적용을 할 수 있게 된다.

브로더스는 본문이 이끄는 적용을 위해서는 하나님의 메시지가 저자에 의해 직물처럼 짜여진(texere) 본문의 문법과 수사학, 언어, 문맥, 역사, 구속사 등에 대한 연구가 매우 중요하다고 강조한다.[14] 브로더스는 철저히 본문이 이끄는 적용을 추구하는 동시에 청중의 삶의 변화를 지향하면서 설교의 구조도 적용 지향적으로 구성해야 한다고 보았다. 그는 다음과 같이 강조한다.

> 종종 간략하고 비형식적인 적용이 최상인 경우도 있다. 또한 종종 적용을 설교의 마지막 부분까지 보류하지 않는 것이 더 나은 경우도 있다. 즉 설교의 각 대지들을 제시할 때마다 적용들을 제시하는 것이 청중의 변화를 이끌어 내는 데 더 효과적일 수 있다.[15]

브로더스는 본문에서 나온 적용을 통해 청중에게 교훈적 지침을 제공하고 순종의 행동에까지 이르기 위해서는 종종 논증의 형태(the form of inferences)도 필요하다고 보았다. 그러나 이러한 설교의 논증이 철저히 본문의 의도와 주제(중심 사상)를 따라야 하며 추상적인 논리가 아닌 실제적인 적용과 실천적인 교훈을 지향하는 것이어야 한다고 강조한다.[16]

2) 보편적인 원리의 뿌리에서 피어난 실천적인 적용의 꽃

브로더스의 본문에서 나온 보편적인 원리(교리)는 칼빈주의 토양에서 자라났다고 할 수 있다.[17] 정통주의 교리에 기초한 적용 패러다임은 "그러므로 하나님과 화평을 누리자"(Let Us Have Peace with God) 설교에 잘 나타난다.[18] 본문의 의미로서 '칭의'(justification) 교리에 대하여 해설한 다음, 설교의 중심 사상을 네 번이나 반복하면서 실제적인 삶의 실천을 위한 적용의 단계로 넘어간다. 브로더스는 교리에 기초한 적용과 적용 지향적 적실성(audience-focused relevance)과의 탁월한 균형을 보여준다. 예를 들어, 브로더스는 인죄론과

---

14 Broadus, *On the Preparation and Delivery of Sermon*, 18-27.
15 Broadus, *On the Preparation and Delivery of Sermon*, 167.
16 Broadus, *On the Preparation and Delivery of Sermon*, 168.
17 브로더스의 칼빈주의적 인죄론, 성령론, 구원론에 대한 논의를 위해서는 Light, "The Evangelistic Contribution of John A. Broadus," 100-29를 참조하라.
18 John A. Broadus, *Sermons and Addresses* (Baltimore: R. H. Woodward and Company, 1890), 85-96.

하나님의 성품이라는 두 교리적 초점(two foci)을 기초로 한 적용 패턴을 보여준다.

> 우리의 무가치심에도 불구하고 하나님과의 평화를 누립시다. … 우리가 여전히 죄 많고 거룩하지 않음에도 불구하고 … 우리가 죄와 계속 싸우고 있음에도 불구하고 … 하나님이 우리를 수많은 근심과 시험으로 인한 고통을 허용하심에도 불구하고 … 하나님과의 평화를 누립시다.[19]

브로더스는 유일한 중보자 되신 그리스도를 강조한 다음 적용을 권면하는, 그리스도 중심적 적용을 지향한다.

> 우리의 유일한 중보자되신 오직 그리스도 예수는 우리가 필요로 하는 혹은 우리가 반드시 갈망해야 하는 중보자로서 모든 것을 가지신 분입니다.[20]

브로더스는 설교자가 청중을 변혁시키기 위해서는 바울의 설교 모델을 따라 그리스도에 근거한 적용을 추구할 것을 강조한다.

> 모든 것을 주님되신 그리스도와 관련되도록 연결시켜라. 그렇지 않으면 그 설교는 전혀 복음이 아닌 설교가 되어버린다.[21]

그에게 있어서 청중에 민감함을 활용한 청중 지향적 적용이라는 씨줄과 율법주의에 기초한 적용을 지양하는, 은혜의 복음에 기초한 윤리적 적용이라는 날줄은 서로 엮어져 있다.[22]

> 복음은 새로운 윤리적 능력과 함께 임합니다. … 그러나 복음으로 돌아간다면 구원의 소망을 볼 수 있으며, 거룩한 삶을 살아갈 수 있게 됩니다. 그리고는 '예수 그리스도 우

---

19 Broadus, *Sermons and Addresses*, 94-96.
20 Broadus, "The Mother of Jesus," *Works* 4:138.
21 John A. Broadus, *The Apostle Paul as a Preacher* (Richmond: C. H. Wynne, 1857), 12-13.
22 Broadus, "How the Gospel Makes Men Holy," *Selected Works of John A. Broadus*, 4:103, 106, 109; idem, "The Mother of Jesus," *Selected Works of John A. Broadus*, 4:138.

리 주님으로 말미암아 하나님께 감사를 드립니다'라고 고백할 수 있습니다.²³

3) 다양한 영역의 적용을 지향하는 본문 중심적 설교

브로더스의 본문이 이끄는 적용 지향적 설교는 본문이 이끄는 해석과 보편적인 원리화를 위한 과정을 거친 다음, 다양한 영역과 연결되는 적실성 과정으로 나아간다. 다양한 적실성을 위한 기초로서 세워야 할 적용의 원리와 방식들에 관하여, 브로더스는 "설교 가운데 성경이 교훈하는 의무들을 실행하기 위한 최상의 도구와 방법으로서 권면들(제안들)로 이루어진 적용을 전하는 것도 하나의 방법"이라고 주장한다. 브로더스의 여러 설교를 통해 발견할 수 있는 것처럼, 실천적인 적용(practicable application)은 그리스도인으로서 순종해야 할 성경적 의무들을 결단하고 실행하도록 이끌어 가는 데 가장 효과적인 적용이다.²⁴

이런 차원에서 브로더스는 청교도 설교의 논리 중심적인 분석과 결론 부분에서 논증(inferences)을 지나치게 많이 사용하는 것에 대해 비판적인 입장을 보였다. 나아가 브로더스는 목회적 상황(pastoral context) 가운데 실제적이며 구체적인 적용의 필요성을 강조하면서, 조나단 에드워즈(Jonathan Edwards)의 적용 스타일의 약점을 비판하기도 하였다.²⁵

사실 적실성 다리 과정에서 브로더스가 추구한 다양한 적실성 범주(relevance category)는 크리소스톰의 다차원적인 적용 패러다임에 영향을 받은 것이라고 볼 수 있다. 브로더스는 크리소스톰 설교에 대해서 비판적인 입장이 없는 것은 아니었지만, 위대한 설교자였던 크리소스톰 설교의 유용한 장점들과 특징들을 추구했던 것으로 볼 수 있다.²⁶

그렇다면, 브로더스의 설교는 어떤 다양한 적실성 범주와 연결된 적용을 추구하고 있는가?

---

23 Broadus, "How the Gospel Makes Men Holy," *Works* 4:103, 106, 109.
24 Bailey, "John A. Broadus: Man of Letters and Preacher Extraordinaire," 169. 실천적인 적용이 살아있는 설교의 예를 위해서는 다음을 참조하라. Broadus, "Worship," *Selected Works of John A. Broadus*, 4:19; idem, "Some Laws of spiritual Work," *Selected Works of John A. Broadus*, 4:28, 34; idem, "The Habit of Thankfulness," *Selected Works of John A. Broadus*, 4:48,55; idem, "How the Gospel Makes Men Holy," *Selected Works of John A. Broadus*, 4:106, 108; idem, "The Mother of Jesus," *Selected Works of John A. Broadus*, 4:133.
25 브로더스의 에드워즈 설교 적용에 대한 이러한 비판이 한편으로는 정당성이 있지만, 에드워즈의 실제 설교에 나타난 적용 패러다임을 연구해 본 결과, 브로더스의 비평은 지나친 면이 있다고 본다.
26 Reagles, "One Century after the 1889 Yale Lectures," 35.

(1) 개인적인 삶의 변화를 위한 본문이 이끄는 적용

브로더스의 본문이 이끄는 적용의 첫 번째 특징은 개인의 삶의 변화를 촉구하는 적용이다. 브로더스는 양심을 목표로 한 적용과 함께 내면적인 동기(motive), 감정적인 호소, 상상력이 담긴 적용을 통해 설득이라는 목적이 성취될 수 있다고 보았다.[27] 그는 청중에 대한 수사학적 민감함을 가지고 목회하던 청중을 향하여 진리를 적용했다. 브로더스의 적용의 정의를 통해서 살펴본 것처럼, 본문이 이끄는 적용은 삶의 특정한 영역들에 적실성을 가지는데, 특히 개인을 향한 구체적인 의미와 적용을 남기는 적용 지향적 설교를 추구한다.[28]

그러므로 브로더스는 청교도 설교의 추상적인 적용을 넘어 적용을 향한 구체적인 접근을 강조했을 뿐만 아니라, 청중의 개인적인 삶의 구체적인 영역과 연결된 실천적인 적용을 추구했던 것이다. 교리적인 혹은 논리적인 논증의 형태를 추구하기보다 본문과 보편적인 원리(교리)에 충실하면서도 청중의 실제적인 삶의 교훈을 담은 적용을 통해서 삶의 구체적인 변화가 가능하다고 보았던 것이다.

(2) 가정의 영역에 연결되는 본문이 이끄는 적용

브로더스는 개인의 범주와 연결된 구체적인 적용을 시도할 뿐 아니라, 가정이라는 중요한 영역에 있어서 말씀의 교훈과 지침을 적용한다. 예를 들어, 브로더스는 가정의 어머니 혹은 부모들에 대한 강력한 적용을 추구하면서, 부모들이 인식해야 할 성경적인 교훈(지침)을 일깨워 주거나, 남용하고 있는 부분을 책망하거나, 성경을 배우는 일과 같은 그리스도인의 필수적인 의무에 관한 헌신에 대한 적용을 도전한다.

> 그리스도인 어머니들이 인식하지 못하는 것은 … 저의 친구인 그리스도인 부모님들이여! 우리는 모든 것을 남용하고 있습니다. … 부모님들 여러분, 성경을 배우는 데 헌신하십시오.[29]

---

27 John A. Broadus, *On the Preparation and Delivery of Sermon* (San Francisco: Harper&Row,1979), 171-78; Stanfield, "Elements of Strength in the Preaching," 394.
28 Broadus, *On the Preparation and Delivery of Sermon*, 168.
29 Broadus, "How the Gospel Makes Men Holy," *Selected Works of John A. Broadus*, 4:122; idem, "The Mother of Jesus," *Selected Works of John A. Broadus*, 4:133-34.

가정의 부모들을 향한 적용보다 더욱 구체적인 젊은 남편과 아내 혹은 부부를 향한 가정적인 적용도 발견할 수 있다.

> 젊은 부부들 여러분 … 저는 때때로 어떤 부분에 관해 대답해야 할 자유를 느끼곤 합니다. … 젊은 남편들은 저에게 말합니다. … 저는 젊은 부부들에게 제안했습니다.[30]

주목할 점은 브로더스가 자녀 양육에 대한 부모의 책임을 강조하면서, 당시 주일학교 신앙 교육이 가정에서 부모들이 헌신해야 할 자녀 신앙 교육의 의무를 대체하도록 해서는 안 된다는 강한 적용을 한다:

> 우리는 주일학교의 유익들을 남용하고 있습니다. … 우리 부모들은 자녀들을 가정에서 하나님의 말씀으로 훈련시키는 부모로서의 사명을 주일학교에 떠넘겨 버리고 마는 위험스러운 경향을 보이고 있습니다.[31]

(3) 목회적 상황과 공동체와 연결된 적용

브로더스는 설교학에 있어서 학문적인 영향력을 준 학자로 알려져 있지만, 그는 설교학자이기 이전에 목회자요 설교자이다. 브로더스는 효과적인 설교를 통해 자신의 회중들에게 인격적으로 강력한 호소력을 가지고 있던 진정한 설교자로 자리매김되어야 할 목회자였다.[32] 브로더스의 설교 사역의 특징을 정리하면 다음과 같다.

첫째, 브로더스의 청중에 민감한 목회적 적용의 특징은 성도들을 향한 '목회적 방문'(pastoral visitation)을 매우 중요한 적용의 도구로서 인식하고 실천했다는 데 있다.

브로더스는 수사학적 적응의 차원으로서 실행된 목회 심방을 기초로 청중의 구체적인 삶과 연결된 목회적 적용(pastoral application)을 추구했다.[33] 로버트슨(A. T. Robertson)에 따르면, 브로더스는 "회중들을 인격적으로 알고 있었고, 그들을 사랑했고, 결코 그

---

30 Broadus, "The Habit of Thankfulness," *Selected Works of John A. Broadus*, 4:48, 50.
31 Broadus, "The Mother of Jesus," *Selected Works of John A. Broadus*, 4:133.
32 William E. Brown, "Pastoral Evangelism" (Ph.D diss., Southeastern Baptist Theological Seminary, 1999), 140.
33 Mark M. Overstreet, "The 1889 Lyman Beecher Lectures on Preaching and the Recovery of the Late Homiletic of John Albert Broadus (1827–1895)" (Ph.D. diss., Southern Baptist Theological Seminary, 2005), 19.

들을 개인적으로 알아갈 수 있는 기회를 결코 놓치지 않았고, 그들의 삶에 적절한 언어로 적용했다."[34] 이러한 친밀한 관계를 통해 목회적 상황에 적실한 적용을 추구하였고, 심지어 목회자를 향한 청중의 의무에 관해서도 다음과 같이 실제적인 적용을 한 것을 볼 수 있다.

> 우리가 섬기는 목회자를 도울 수 있는 몇 가지 방법을 제가 언급해도 되겠습니까?[35]

둘째, 이를 통해 브로더스의 위대한 설교 사역은 각 사람을 향한 목회적 커뮤니케이션과 청중이 보내는 신뢰의 반응의 결과였다는 것을 알 수 있다.[36]
브로더스의 목회적이며 공동체적인 적용의 특징은 청중에 민감한 적용(audience-sensitive application)을 추구했다는 것이다. 그는 구체적인 청중 분석과 수사학적 적용을 통한 적용을 통해 실천적인 변화를 도모했다. 브로더스는 한 사람을 향한 관심과 영혼 사랑이 담긴 목회적 적용을 다음과 같이 보여 준다.

> 저는 젊은 한 형제를 만났습니다. … 저의 젊은 친구들과 만남은 ….[37]
> 연로한 어르신들과 젊은 분들, 남자와 여자 성도님들 … 특별히 젊은 여성분들 ….

브로더스는 이처럼 구체적으로 명명하면서 다양한 세대들에게 연결되는(engaging) 세대적인 적용(generational application)을 시도한다. 특히 젊은 부부와 젊은 청중을 자연스럽게 연결시키면서 말씀의 구체적인 적용을 전하려고 한다.

> 저는 때때로 젊은 부부들이 이렇게 말하는 것을 듣곤 합니다. … 저는 많은 젊은이들이 이 저녁에 참석한 것을 봅니다.[38]

---

34 A. T. Robertson, *Life and Letters of John Albert Broadus* (Philadelphia: American Baptist Publication Society, 1901), 134.

35 Broadus, "Worship," Broadus, 4:25; idem, "Some Laws of Spiritual Work," *Selected Works of John A. Broadus*, 4:31, 35, 37, 39, 41.

36 A. E. Dickinson, "As Pastor at Charlottesville, Va.," *Seminary Magazine* (1895), 347 cited in Brown, "Pastoral Evangelism," 144.

37 Broadus, "How the Gospel Makes Men Holy," *Selected Works of John A. Broadus*, 4:109:.

38 Broadus, "Some Laws of spiritual Work," *Selected Works of John A. Broadus*, 4:29, 32, 36; idem, "The Habit of Thankfulness, *Selected Works of John A. Broadus*, 4:48, 56.

셋째, 브로더스의 설교, "거룩한 성경"("The Holy Scripture," 딤후 3:15)에서 교리적인 원리들을 청중 가운데 구체적인 대상(노년층과 중년층 등)에게 적용하는 경향을 볼 수 있다.

> 그러나 어린 시절부터 거룩한 성경을 배워 왔던 많은 사람들이 있습니다. … 그들 가운데 일부는 백발의 노인이 되셨고 … 일부는 구원에 이르는 신령한 지식에 도달하지 못했습니다.[39]

넷째, 브로더스의 설교는 제사장적인 설교자로서 청중의 필요에 민감하면서도, 선지자적인 설교자로서 그들의 필요에 좌우되지 않도록 본문에서 나오는 가감 없는 적용의 검을 세우기도 한다.

> 아! 구원에 이르는 지혜가 아직 아닙니다. 아직 구원을 얻게 하는 지혜에 이르지 못했습니다.[40]

브로더스는 청중의 삶을 분석하면서, 그들의 구체적인 죄들에 대해 선지자적 적용을 타협 없이 전하고자 했다. 예를 들어, 덕을 세우지 못하는 헤어스타일이나 담배를 피는 일 등과 같이 공동체와 관련된 특정한 죄(당시 상황에 비추어 볼 때)를 향한 구체적인 영역의 선지자적 적용을 발견할 수 있다.[41]

다섯째, 브로더스의 청중에 민감한 적용은 긴급함(urgency)의 요소를 통해 즉각적인 결단을 촉구하는 특성을 가지고 있다.

> 그렇다면, 하나님께 나아오십시오! 당신이 죄인 임을 거부하지 마십시오. 죄를 고백하고 용서를 간구하십시오. … 죄를 회개하는 자는 하나님의 긍휼을 입을 것입니다.[42]
> 예수님께 있는 모습 그대로 나아오십시오. 준비될 때까지 기다리지 마십시오. … 그분

---

39 John Broadus, "The Holy Scripture," In Sermons and Addresses (Baltimore: R. H. Woodward and Company, 1890), 165.
40 Broadus, "The Holy Scripture," 164-66.
41 John Broadus, "On Fressness in Preaching," Sepcial Collections, Boyce Centennial Libarary, The Southern Baptist Theological Seminary, Louisville, KY, 15 cited in Mark M. Overstreet, "The 1889 Lyman Beecher Lectures on Preaching and The Recovery of the Late Homiletic of John Albert Broadus (1827-1895)," (Ph.D diss., The Southern Baptist Theological Seminary, Louisville, 2005), 19.
42 Broadus, "Sin and Forgiveness," in *Favorite Sermons*, 134-35.

께 나아갈 때 안식을 얻게 될 것입니다.⁴³

그러므로 이처럼 브로더스는 청중의 상황에 민감한 목회적인 적용을 지향했다.

(4) 사회의 영역을 향해서도 선포되는 본문 중심적 적용

브로더스의 사회적인 영역과 정치 영역을 향한 적용은 본문이 의도한 의미와 적용에 기초한 적용(Text-driven social application)으로 특징지어질 수 있다. 중요한 점은 브로더스가 추구했던 사회적인 혹은 정치적인 적용들은 설교자의 의도나 상황이 지배하는 인본주의적 설교가 아닌 철저히 본문의 지배(저자 의도적 의미와 적용)를 받는 성경적인 설교의 적용이었다는 것이다.

브로더스에게 있어서 정치적 범주를 향한 적용은 매우 필연적인 것이었는데, 그 이유는 정치 영역 가운데 말씀(하나님의 통치)대로 변혁되도록 하는 것이 모든 그리스도인들의 책임이라고 믿었기 때문이다. 브로더스는 다음과 같이 말한다.

> 정치 영역과 관련된 주제는 설교하기에 너무 좋은 주제도 아니고, 그렇다고 너무 나쁜 주제도 아니다. 정치는 설교 강단으로부터 말씀의 적용과 토론의 주제가 되는 데 면제받을 아무런 권리도 갖고 있지 않다는 것은 분명하다.⁴⁴

브로더스는 그리스도 중심적인 호소(Christ-centered appeal)를 추구하면서, 그리스도인의 정치적 의무들에 관한 성경적인 교리에 기초한 구체적인 적용의 필요성을 강조한다.⁴⁵

브로더스는 본문에서 나오는 의미를 사회적인 영역과 정치적인 범주에 생생하게 적용하는 설교를 보여준다.⁴⁶ 그 예는 다음과 같다.

첫째, 브로더스는 사회 가운데 기독교 진리(복음)를 전달하는 기술의 필요성에 관한 적용을 청중에게 도전한다.

---

43 Broadus, "Come Unto Me," in *Favorite Sermons*, 63–65.
44 Broadus, "On Freshness in Preaching," 23.
45 Overstreet, "The 1889 Lyman Beecher Lectures on Preaching," 47.
46 Broadus, "Worship," *Selected Works of John A. Broadus*, 4:3, 10; idem, "Some Laws of spiritual Work," *Selected Works of John A. Broadus*, 4:30, 32; idem, "The Habit of Thankfulness," *Selected Works of John A. Broadus*, 4:108.

저는 사회적인 생활 가운데 우리 시대에 개발되어야 할 가장 필요성이 큰 기술이 다름 아닌 종교를 일반적인 대화를 통해 소개하는 커뮤니케이션 기술입니다.[47]

둘째, 브로더스는 사회의 윤리적 문제에 관한 선지자적 적용을 선포한다.

그러나 우리는 윤리적인 붕괴가 곧 도래할 것이라는 말을 합니다. … 사실 그렇습니다. 우리 사회는 한 가지 일로 인해 고통 받게 될 것입니다.[48]

셋째, 사회의 불신과 타락에 대한 대안으로서 영성과 윤리적 기준에 대한 적용을 제시한다.

우리나라 전체가 이번 세기의 초반에 불신의 사회가 되어 버렸습니다. 오늘날보다 열 배는 더 악한 사회로 타락했던 것입니다. … 말씀을 통해 당신의 가정에서 보다 진정한 영성을 추구해야 합니다. 당신의 사업체와 사회적인 관계들 가운데 더욱 진실한 윤리적 기준을 실천해야 합니다.[49]

넷째, 세상을 향한 기독교의 사회적인 책임에 관한 적용을 강조한다.

기독교가 이러한 주제에 관해 세상을 향해 사회적인 책임을 가지고 말씀의 실천을 보여주는 것은 매우 위대한 생각입니다.[50]

그러므로 브로더스의 적실성 다리는 본문이 지배하는, 사회와 정치 영역을 향한 적용을 추구하였다고 볼 수 있다.

---

47 Broadus, "Worship," *Selected Works of John A. Broadus*, 4:3.
48 Broadus, "Worship," *Selected Works of John A. Broadus*, 4:10.
49 Broadus, "Some Laws of spiritual Work," *Selected Works of John A. Broadus*, 4:30, 32.
50 Broadus, "The Habit of Thankfulness," *Selected Works of John A. Broadus*, 4:108.

4) 청중의 설득을 목적으로 하는 설교

(1) 설득으로 나아가는 본문 중심적 설교

아리스토텔레스의 수사학적 전통(Aristotelian rhetorical tradition)에 영향을 받은 브로더스는 청중을 효과적으로 '설득'(persuasion)하는 것이 적용의 중심적인 요소라고 인식했다.[51] 브로더스는 설득적인 적용(persuasive application)이라는 설교의 목적을 성취하기 위해 3가지를 기술한다.

첫째, 순수한 동기와 함께 성공적인 적용을 위해 청중과 '감정적인 공감대'를 형성한다.

둘째, 청중에게 일반적인 영역과 구체적인 영역 모두를 감안한 '기본적인 동기들'에 호소한다.

셋째, 설교의 마지막 결론 부분에서 청중에게 '직접적인 호소'(direct appeal)의 방법을 활용하는 것을 핵심 요소로 삼고서 설교를 배열(arrangement)하고 구성(style)하였다.[52]

이러한 수사학적인 접근을 시도하는 브로더스에게 있어서 청중의 삶을 변화시키기 위한 설득이야말로 설교의 적용이 추구하는 궁극적인 목적이다. 브로더스는 다음과 같이 강조하였다.

> 진리의 사람으로 확신시키는 것만으로, 그들이 어떻게 진리를 자신들의 삶 가운데 적용할 것인가에 대해 확신케 하는 것(convince)만으로는 부족하다. 그들이 어떻게 삶 가운데 행동하고 실천할 수 있는지에 대해 적용(applies)하는 것만으로도 부족하다. 우리는 그들이 행동할 수 있도록 반드시 설득(persuade)해야만 한다.[53]

---

51 Bailey, "John A. Broadus," 60; Smith, "Introductory Preaching Courses in Selected Southern Baptist Seminaries in the Light of John A. Broadus' Homiletical Theory," 15-38; Old, *The Reading and Preaching of the Scriptures*, 736. 브로더스는 먼저 바울의 설교와 수사학에 결정적인 영향을 받았다고 할 수 있다(Broadus, *The Apostle Paul as a Preacher*). 수사학적으로는 아리스토텔레스 외에도 고대 수사학자인 키케로와 퀸틸리아누스, 현대 수사학자 가운데서는 리차드 와틀리(Richard Whately), 조지 캠벨(George Campbell) 등의 영향을 받았다. 설교학적으로는 알렉산더 비네(Alexander Vinet), 제임스 W. 알렉산더(James W. Alexander), 윌리엄 G. 세드(William G. Shedd) 등이 브로더스의 설교학적 기초에 영향을 주었다고 볼 수 있다(John A. Broadus, *A Treatise on the Preparation and Delivery of Sermons*, new ed. ed. Edwin C. Dargan [New York: Hodder & Stoughton, 1898], xii-xiii).

52 Stanfield, "Elements of Strength," 394-97. 브로더스가 수사학적 관점에서 어떤 설교의 배열과 스타일을 추구했는지에 관한 자세한 논의를 위해서는, Smith, "Introductory Preaching Courses in Selected Southern Baptist Seminaries in the Light of John A. Broadus' Homiletical Theory," 69-87을 참조하라.

53 Broadus, *On the Preparation and Delivery of Sermons*, 170.

(2) 청중의 상상력과 감성을 활용한 설득

브로더스는 설교 가운데 상상력과 감정을 활용하여 청중을 설득시키고 의지적인 행동으로 삶이 구체적으로 변화하도록 말씀을 적용한다. 설교자가 청중의 감정과 공감대를 형성하면서 인격적(개인적) 호소와 간접적인 방법들, 상상력, 비교 등을 통해 적용을 강조한다.[54] 브로더스는 다음과 같이 확언한다.

> 바울처럼 설교자는 청중을 적응시키고, 회유하고, 청중에게 호소해야 한다.[55]

브로더스는 삶을 변혁시키기 위하여 비유와 상상력을 활용하면서 논리적인 좌뇌적 접근만이 아닌 우뇌적 접근도 균형을 이루려고 했다는 것을 알 수 있다.[56] 브로더스는 실제 설교 가운데 설교자가 상상력을 활용한 언어를 사용함으로써 설득적으로 적용하는 것이 필요하다고 강조한다.

> 우리는 상상력을 활용하는 언어(the language of imagination)를 반드시 사용해야만 합니다. …
> 왜 설교자들이 모든 설교의 과정을 건축하듯이, 상상력을 활용하여 색칠을 하고 장식을 하며 특별한 옷을 입히는 것과 같은 엄숙하고 중요한 노력을 하지 않는가?[57]

또한, 브로더스는 청중의 거룩한 상상력을 활용한 호소와 적용을 보여준다.

> 우리 가운데 많은 이들이 증언할 수 있습니다. … 오 만약 우리가 빛나는 영광의 언덕을 올라간다고 상상해 보십시오![58]

(3) 청중의 의지적 결단을 이끌어 내는 설득

브로더스는 청중을 결단으로 이끌어 가기 위해, 이성과 상상력의 균형, 즉 스토리텔

---

54 Broadus, *On the Preparation and Delivery of Sermons*, 174-78.
55 John A. Broadus, *The Apostle Paul as a Preacher* (Richmond: C. H. Wynne, 1857), 12-13.
56 Broadus, "Intense Concern for the Salvation of Others," *Works*, 4:120, 122.
57 Broadus, "Worship," *Selected Works of John A. Broadus*, 4:14.
58 Broadus, "Some Laws of spiritual Work," *Selected Works of John A. Broadus*, 4:34-35, 43; Broadus, "The Habit of Thankfulness," *Selected Works of John A. Broadus*, 4:51.

링과 그림을 그리는 것과 같은 묘사를 하기 위한 상상력의 요소(우뇌적 요소)와 논리적인 요소(좌뇌적 요소)의 균형을 추구하고자 했다.[59] 로버트슨(A. T. Robertson)은 다음과 같이 평가한다.

> 그는 청중의 의지에 호소하는 설교를 추구했다. 그는 청중의 감정을 얄팍하게 건드리거나 청중이 선호하는 방식을 따라 일시적인 효과가 있는 설교를 넘어 그들의 삶에 강력한 영향을 미치는 설교를 했다.[60]

스턴필드(V. E. Stanfield)도 브로더스의 강점으로 청중을 영적인 결단으로 이끌어 가기 위해 의식적으로 분명히 목적하는 것을 지적한다.[61] 삶을 변화시키는 적용 지향적 설교의 목적은 본문의 의미와 적용이 청중의 마음에 심기고 의지에 작용하여 행동으로 나아가도록 확신하게 하고 설득하는 것이다.

"생명의 빛"(The Light of Life, 요 1:4-5)이라는 설교에서 브로더스는 결단 지향적 설득을 잘 보여준다. 브로더스는 심오한 신학적인 논증을 통해 원리화 과정을 한 다음, 청중에게 보편적인 신학적 교리에 기초한 결단(행동)지향적 적용을 권면한다.

> 그러나 우리는 영적인 존재가 모두 원하는, 삶의 끝에 주어질 영생에 관해 충분히 알고 있습니다. 만약 우리가 생명의 빛을 받았다면, 그 빛 안에서 행동(act)하십시오.[62]

이뿐 아니라, 브로더스의 설교를 분석해 볼 때, 청중의 결단을 촉구하는 적용적 표현을 발견할 수 있다. 주목할 점은, 브로더스는 "우리는 반드시"(We Must)라는 강한 어구를 반복해서 사용해서 필연적으로 결단해야 함을 강조한다는 것이다.

> 우리는 반드시(We must) … 우리는 반드시 버리는 것을 배워야만 합니다. … 우리는 반드시 지켜야만 합니다. … 우리는 반드시 실천해야만 합니다. … 우리가 반드시 행동할

---

59 Bailey, "John A. Broadus," 60; Broadus, *On the Preparation and Delivery of Sermon*, 220-34.
60 A. T. Robertson, "Broadus the Preacher," *MQR* 69 (1920): 257.
61 Stanfield, "Elements of Strength," 394.
62 Broadus, "Favorite Sermons," 127.

때, 하나님이 이 시간부터 당신을 도와주실 것입니다.[63]

(4) 동기 부여적인 적용을 통한 설득

브로더스에 따르면, 청중을 설득하기 위해서는 그리스도인의 윤리적 이상들(moral ideals)과 조화를 이루는 삶의 가치에 대한 동기들(motives)을 자극함으로써 의지적으로 행동하게 하는 설득의 기술이 필요하다.[64] 브로더스는 청중을 효과적으로 설득하고 행동하도록 하기 위해 설교자는 의무와 특권을 가지고 있다고 강조한다. 그러면서 그들 가운데 가장 중요하고 기본적인 4가지 동기들(basic motives)을 인식해야 한다고 주장한다.

① **행복을 향한 갈망**(the desire for happiness)**과 불행을 향한 두려움**(염려).
② **인정**(recognition) **혹은 지위**(prestige)**를 향한 갈망.**
③ **안정**(security)**을 향한 갈망.**
④ **사랑을 향한 갈망.**

이 가운데 특별히 사랑에 대한 갈망이 가장 강력한 동기라고 확언한다.[65]

따라서, 브로더스는 그의 목회와 설교적 경험을 통해 청중이 이러한 4가지 기본적인 갈망을 본문의 적용을 통해 연결시켜 줄 때 가장 강력한 동기 부여가 생기고, 의지적인 결단과 변화가 일어날 수 있다고 확신했던 것이다. 브로더스의 본문이 이끄는 설교는 동기 부여적인 적용(motivational application)의 모범을 잘 보여준다.

첫째, 브로더스는 하나님의 약속 가운데 주어질 결과(축복)를 통해 동기 부여적 적용(motivational application)을 제시한다.

> 우리 자신을 위하여, 우리 가족을 위하여, 우리 친구들을 위하여 … 행동하십시오. … 말하십시오. … 우리는 반드시 한계 안에서 다양성을 유지해야만 합니다. 그러나 그 한계

---

63 Broadus, "Favorite Sermons," 124–27; 청중의 의지에 호소하는 결단을 이끌어 내는 설교의 적용 패러다임의 다른 예로는 Broadus, "Worship," *Selected Works of John A. Broadus*, 4:14–25. 이러한 결단을 촉구하는 적용은 다른 설교를 통해서도 발견하게 된다. Broadus, "Some Laws of Spiritual Work," *Selected Works of John A. Broadus*, 4:39 ("우리는 설교자들이 설교할 때 목회자와 반드시 공감[sympathy]해야 합니다."); Broadus, "How the Gospel Makes Men Holy," *Selected Works of John A. Broadus*, 4:122 ("오 친구들 여러분! 여러분은 반드시 …").

64 Broadus, *On the Preparation and Delivery of Sermon*, 171.

65 Broadus, *On the Preparation and Delivery of Sermon*, 171–73.

안에서 우리는 반드시 다양성을 개발해야만 합니다. … 나의 형제들이여, 만약 우리가 진정한 예배를 배운다면, 아름답고 축복된 결과가 있을 것입니다. … 우리 자신의 영혼에게 더욱 선한 것을 공급하십시오.[66]

둘째, 사랑의 열매로 주실 즐거움과 선한 일에 주실 종말론적 상급이라는 보편적인 원리(교리)에 기초한 동기 부여적 적용을 보여준다.

영적으로 사랑하는 것을 배우는 유일한 방법은 우리가 사랑함으로부터 즐거움을 얻을 때까지 계속해서 사랑하는 것입니다. …
오! 당신의 회중 가운데 위대한 영적 추수의 계절을 보기 원하십니까? …
하나님은 당신이 행한 모든 선한 일에 상급을 주실 것이며, 우리가 노력한 모든 것과 우리가 소망했던 모든 것에 대한 상급도 주실 것입니다.[67]

셋째, 미래(장래)에 주어질 영원한 구원의 행복(종말론이라는 교리에 기초한)을 통한 동기 부여적 적용을 보여준다.

우리의 현재의 고난은 장래에 임할 더욱 빛나는 구원의 날에는 행복한 기억으로 남을 것입니다.[68]

넷째, 언약적 관계 안에서 하나님을 섬기는 기쁨을 통한(언약이라는 교리에 기초한) 동기 부여적 적용을 권면한다.

사도가 말하는 하나님을 섬기는 다른 방법은 충성된 사람으로 그분을 섬기는 것입니다. … 그러나 사랑하는 아들은 인자한 아버지를 충성스러운 사랑으로 섬기는 것처럼 그분을 우러나오는 마음으로 섬기게 됩니다.[69]

---

66 Broadus, "Worship," *Selected Works of John A. Broadus*, 4:19–21.
67 Broadus, "Some Laws of Spiritual Work," *Selected Works of John A. Broadus*, 4:28, 32, 34.
68 Broadus, "The Habit of Thankfulness," *Selected Works of John A. Broadus*, 4:50–51.
69 Broadus, "How the Gospel Makes Men Holy," *Selected Works of John A. Broadus*, 4:108.

다섯째, 하나님이 반드시 이루어 주시는 거룩한 약속을 통한 동기 부여적 적용을 호소한다.

> 왜 인간의 마음은 거룩한 약속을 신뢰하지 않습니까?
> 왜 우리의 마음은 현재와 미래 그리고 영원토록 거룩한 약속을 신뢰하고, 거룩한 소망 가운데 기뻐하지 않습니까?[70]

2. 브로더스의 본문이 이끄는 설교에 대한 발전적 평가 (현대 강해 설교학자들의 관점에서)

브로더스의 본문이 이끄는 적용 지향적 설교의 강점은 청중의 삶을 변화시키는 것에 목적을 두고, 실천적이고 구체적인 적용을 추구하는, 교리의 뿌리에서 나온 적용, 목회적 상황에 기초한 청중에 민감한 적용, 사회적인 영역과 정치적인 범주에 까지 이르는 적용, 상상력을 활용한 감정에 호소하는 적용 패러다임에 있다고 할 수 있다.[71]

그렇다면 논의의 추를 옮겨서 브로더스의 본문이 이끄는 설교와 적용 전통을 이어받아서 강해 설교를 발전시킨 설교학자들(Cox, Loscalzo, Akin, Mohler, York, Allen, Vogel, Smith, Shaddix, Vines, McDill) 중심으로 평가를 시도해보려고 한다.[72]

70　Broadus, "The Mother of Jesus," *Selected Works of John A. Broadus*, 4:131.
71　브로더스의 이러한 장점은 에드워즈의 설교에 나타난 적용 패러다임의 강점과 유사한 면이 있다고 볼 수 있다. 그러나 브로더스와 에드워즈의 적용의 차이점은 우선 브로더스가 수사학적 요소를 더 많이 강조하는 데 있다. 브로더스는 수사학적 설득과 동기 부여를 통해 청중의 의지에 호소하여 행동의 변화를 촉구하는 것이 가장 큰 특징 중에 하나라고 볼 수 있다. 보다 실천적이고 실제적인 적용을 추구하고자 했다(청교도 설교의 적용보다 더욱 구체적이며 실제적인 적용을 추구함). 비록 브로더스가 에드워즈의 적용적 차원이 실천적인 면과 목회적인 면이 부족하다고 비판을 하지만, 에드워즈의 설교에 내재된 청중의 양심에 민감한 개인적인 적용, 상상력에 기초한 적용, 사회적인 영역과 정치적인 범주를 향한 구체적이면서 폭 넓은 적용의 측면을 간과하는 경향도 보인다. 무엇보다 브로더스는 에드워즈의 청중의 삶을 변화시키기 위한 설교와 적용의 해석학적 기초인 '성령 의존적인 역동적 적용'의 요소가 약점과 한계로 지적될 수 있다.
72　Jim Shaddix, "A History of Text-Driven Preaching," in *Text-Driven Preaching* (Nashville: B&H Academic, 2010), 53. Shaddix는 최근 SBC(Southern Baptist Convention)에서 일어나고 있는 본문이 이끄는 설교의 회복을 매우 긍정적인 방향으로 인식하고 있다.

1) 저자 중심적 적용 해석학을 통한 본문이 이끄는 적용 패러다임을 향하여

브로더스의 설교의 장점은 본문에 뿌리박은 적용을 추구했다는 점이다. 이러한 본문이 이끄는 설교는 선지자들, 예수님, 사도들, 초대교회, 종교개혁 시대 설교자 모델을 통해 브로더스를 거쳐서 포스트모던 현재까지 면면히 이어오면서 전통이다.[73] 이러한 전통 위에서 브로더스는 "예화가 모든 설교의 종이라면 적용은 모든 해석(설교)의 주인"이라는 확고한 강해 설교의 철학을 제시하면서, 본문에서 나오는 저자 의도적 적용을 해석의 지향점으로 추구하는 모델을 보여주었다. 이처럼 브로더스는 모든 설교의 주인이라고 할 수 있는 적용이야말로 청중의 삶을 변혁시키는 데 목적을 둔 강해 설교의 부속적인 요소가 아니라 본질적인 필수 요소라는 인식의 전환을 요청한다.[74]

그렇다면 현대 설교자들은 브로더스의 본문이 이끄는 설교와 적용의 전통을 어떻게 비평하고 더욱 발전시켜 나가야 하는가?

첫째, 브로더스의 책과 설교에서는 수사학적 측면에 대한 강조에 비해 본문 해석과 저자가 의도한 의미와 적용 분석에 대한 부분이 상대적으로 덜 강조가 된다고 볼 수 있다.

따라서, 본문이 지배하는 설교와 적용을 위해 보다 상세하고 체계적인 주해적 분석과 해석학적 다리놓기 과정이 강조되어야 한다. 저자 의도적 적용(author-intended application)은 다름 아닌 철저히 '본문의 지배를 받는 적용'(text-driven application)이라고 할 수 있다.

본문이 이끄는 설교의 적용을 더욱 발전적으로 추구하기 위해서는 본문의 역사적-문법적-문예적-구조적-신학적 분석에 기초해야 한다. 왜냐하면 저자가 의도한 의미와 적용이 현대적 적용의 기본이어야 하기 때문이다.[75]

73　Shaddix, "A History of Text-driven Preaching," 37-48. 새딕스(Shaddix)는 본문이 이끄는 설교와 적용 패러다임이 포스트모던 청중을 변혁시키는 데도 매우 효과적이라는 것을 강조하면서, 이를 보여주고 있는 모델로서 James MacDonald, Mark Driscoll, David Platt 등을 소개하고 있다.

74　Broadus, *On the Preparation and Delivery of Sermon*, 165; Jay E. Adams, *Truth Applied* (Grand Rapids: Zondervan, 1990), 54; Robinson, *Biblical Preaching*, 26; H. David Schuringa, "The Vitality of Reformed Preaching," *CTJ* 30 (1995): 188; 류응렬, "적용을 향해 나아가는 개혁주의 강해 설교," 「신학지남」 72 (2005): 212-32. 류응렬은 바람직한 적용을 위한 3가지 요소를 제시하기를, 본문의 중심 사상이 적용의 주요 요소가 되는 것, 그리스도의 은혜에 근거한 삶으로의 적용, 청중의 삶에 뿌리 내리는 적용이라고 한다.

75　Jerry Vines and Jim Shaddix, *Power in the Pulpit* (Chicago: Moody Press, 1999), 91-125; York and Decker, *Bold Assurance*, 52-75; David A. Black, "Exegesis for the Text-Driven Sermon," in *Text-Driven Preaching*, 136-59. 블랙(Black)은 본문이 이끄는 설교를 위해서는 3가지 질문, 즉 문맥의 질문(역

둘째, 본문이 이끄는 적용을 브로더스는 강조하고 있지만, 구체적으로 어떻게 본문에서 나오는 원 적용(original application 혹은 signification)을 발견하고 현대적으로 재적용(contemporary reapplication 혹은 significance)해야 하는지에 대해서는 그의 책에서 거의 논의하지 않았고, 실제 설교에서도 저자 의도적 의미와 적용을 구별하고 있지는 않다. 또한 본문이 의도하는 혹은 저자가 의도하는 의미와 적용적 함의를 자신의 청중에게 재상황화하고 재적용(reapplication)하는 부분에 대해 많이 강조하고 설명되지 않는 경향이 있다.

따라서 저자 중심적 적용 해석학(applicatory hermeneutics)에 기초 위에서 본문이 이끄는 저자 의도적 원적용에서 현대적 재적용까지의 해석학적 과정에 대한 발전적 논의와 체계화가 필요하다.[76]

즉, 브로더스가 보여준 본문이 이끄는 설교와 적용을 발전시키기 위해서는 해석학적 다리놓기 패러다임이 필요하다. 요크(York)도 두 세계(문화) 사이에 다리놓기를 통한 본문 중심적 적용 패러다임의 필요성을 역설한다.[77] 애이킨(Akin)도 본문이 이끄는 적용을 위해서는 본문과 저자가 의도한 의미와 적용점들을 발견하고 보편적인 원리를 통과시킨 후 목회적인 상황에 기초한, 청중에게 민감한 재적용 과정이 필요하다고 강조한다.

2) 적용의 트랜스퍼링을 위한 원리화 다리의 체계화

브로더스는 본문에 기초한 적용을 이끌어 낸 후에 현대적 적용으로 넘어오기 전에 이루어지는, 교리에 기초한 원리화의 과정에 대한 장점도 보여준다. 예를 들어, 그는 하나님의 성품, 인죄론, 구원론, 기독론 등의 신학(교리)에 기초한 원리화 다리를 구축한 다음, 당시 자신의 청중에게 다양한 적용을 제시하는 패턴을 추구했다.

이러한 브로더스의 본문이 이끄는 적용 지향적 설교 방법론을 발전시키기 위해서는 원 청중에게 저자가 의도한 원 적용이 포스트모던 현대 청중에게 적법하게 트랜스퍼링

사적, 문예적 질문), 의미의 질문(본문, 단어, 구조, 수사적, 전통 분석), 중요성의 질문(신학적, 설교적 분석)이 필요하다고 강조한다.

76 Robert H. Stein, "The Benefits of an Author-Oriented Approach to Hermeneutic," *JETS* 44 (2001): 451-66; Hershael W. York and Bert Decker, *Preaching with Bold Assurance* (Nashville: B&H Pub., 2003), 78-79.

77 York and Decker, *Preaching with Bold Assurance*, 78-79; Hershael W. York and Scott A. Blue, "Is Application Necessary in the Expository Sermon?" *SBJT* 4 (1999): 80.

(transferring) 하기 위한 성경적 원리와 단계를 세우고 해석학적 기준(criteria)을 체계화하는 것이 필요하다.[78] 트랜스퍼링을 위해 저자 의도적 적용을 7가지 보편적인 원리(신론, 인죄론, 기독론, 구원론, 교회론, 성령론, 종말론)의 프리즘으로 통과시키는 과정이 필요하다.

브로더스의 본문이 이끄는 적용 패러다임은 현대 강해 설교의 적용 해석학적 관점에서 발전된 적용 패러다임들의 장점을 살리면서 나아가 현대 강해 설교자들이 발전시킨 적용 패러다임의 장점을 수용하여 더욱 체계화할 필요가 있다.[79]

나아가 교리적 다리놓기를 통한 원리화 과정(적용을 위한 보편적인 원리 추출)에 대한 해석학적 아치 혹은 성경과 현대를 연결하는 다리(overarching bridge)에 대한 구체적인 모델을 성경의 선지자와 바울, 크리소스톰, 칼빈, 에드워즈 등의 연구를 통해 세우는 것이 필요하다. 포스트모던 청중의 세계관을 변혁시키기 위해서는 확고한 개혁주의 교리(전제)에 기초한 변증적 다리(apologetic bridge)를 구축하는 것이 요청된다.[80]

3) 하나님 나라의 총체적인 영역의 변혁을 추구하는 본문 중심적 설교와 적용

브로더스는 "성경적 적용은 필연적인 행동에 대한 실제적인 지침들"이라는 자신의 정의에 걸맞게 본문에 뿌리박은 저자 중심적 적용을 추구하면서 동시에 실제적이면서도 다양한 적실성 범주와 연결된 적용을 추구하는 장점을 보여준다. 개인적인 적용, 가정적인 적용, 목회적 적용, 공동체적 적용, 사회적, 정치적 영역을 향한 적용 등을 실제 설교를 통해 추구한 것을 알 수 있다.

브로더스는 다양한 적용의 패턴을 보여주었지만, 성경적, 역사적, 현대적 모델을 통한 적실성 범주의 다양화와 함께 포스트모던 청중의 상황에 맞게 더욱 발전된 다차원적 적실성 범주 모델로 나아가야 한다.

즉 브로더스의 설교를 넘어 개인과 양심적 적용, 가정(결혼, 이혼, 성, 부부, 양육), 목회적/공동체적, 사회적(정치, 경제), 문화적, 윤리적, 종교적/철학적 영역 등 하나님 나라

---

[78] Daniel Doriani, *Getting the Message* (Phillipsburg, NJ: Presbyterian and Reformed, 1996), 141-44; R. McQuilkin, *Understanding and Applying the Bible* (Chicago: Moody Press,1992), 258-65; Daniel J. Estes, "Audience Analysis and Validity in Application." *BSac* 150 (1993): 228-29; Klein, Blomberg, and Hubbard, *Introduction to Biblical Interpretation*, 484-504.

[79] Robinson, "The Heresy of Application," *Leadership Journal* 18 (1997): 20-27; Shaddix, *The Passion-Driven Preaching*,109-11.

[80] Craig Loscalzo, *Apologetic Preaching: Proclaiming Christ to a Postmodern World* (Downers Grove, IL: IVP, 2000); idem, "Apologizing for God," *Review and Expositor* 93 (1996): 405-18.

총체적인 영역을 향한 적용을 더욱 발전적으로 추구해야 한다. 이러한 7가지 적실성 범주 '적용적 균형화'(applicational balance)에 비추어 본 브로더스 적용의 약점을 입체적으로 보완할 필요가 있다.

예를 들어, 브로더스의 단순한 윤리적 적용(ethical application) 전통은 현대 강해 설교자들이 발전시킨 성경적이면서 현대적인 적용(포스트모던 시대의 청중의 상황에 민감한 다차원적인 윤리 영역의 적용) 패러다임으로 발전시켜 나갈 필요가 있다.[81]

브로더스는 본문이 이끄는 설교(text-driven)와 적용을 추구하면서도 동시에 청중에 민감한(audience-sensitive) 적용 패러다임을 사용함으로써 강해 설교의 탁월한 균형을 보여주었다. 그러나 브로더스는 강해 설교가 청중의 필요를 만족시켜 주어야 한다고 강조했지만, 어떻게 구체적으로 청중을 주해하고 수사학적으로 적응할 것인지에 대한 방법론까지는 나아가지는 못한 경향이 있다.

따라서, 현대 강해 설교학에서 발전시킨 청중 주해(audience exegesis)의 방법론과 커뮤니케이션적인 통찰력을 수용하여 더욱 효과적인 적용을 추구할 필요가 있다.[82]

4) 본문과 성령이 이끄는 동기 부여, 설득과 변혁을 향하여

브로더스는 본문이 이끄는 해석과 교리를 넘어 청중을 변화시키기 위한 목적을 성취하기 위하여, 설득을 통한 적용, 상상력을 활용한 적용, 의지적 결단을 이끌어 내는 적용, 동기 부여적인 적용의 좋은 강점을 보여준다. 그러나 브로더스의 수사학적 적용의 지나친 강조보다는 성령 의존적 적용으로 나아가야 할 필요가 있다. 왜냐하면 그가 강조한 '하나님과의 인격적인 만남'(personal encounter)을 통한 변화는 수사학적 설득으로는 한계가 있기 때문이다. 브로더스가 적실성 다리에서 강조한 청중을 향한 설득의 요소는 이미 바울의 설교에도 나타나는 요소이다.[83]

그러나 바울은 당시 수사학을 활용하면서도 이해와 설득을 넘어 '십자가 중심적인

81　Haddon W. Robinson, *Biblical Preaching* (Grand Rapids: Baker, 2003), 29; Daniel Doriani, *Putting the Truth to Work* (Phillipsburg: P&R, 2001).

82　Wayne McDill, *The Moment of Truth* (Nashville: Broadman & Holman, 1999), 39-55; Daniel J. Estes, "Audience Analysis and Validity in Application," *BSac* 150 (1993): 228-29; Timothy Warren, "A Paradigm for Preaching," *BSac* 148 (1991): 479; Keith Willhite, "Audience Relevance in Expository Preaching," *BSac* 149 (1992): 355-69.

83　Paige Patterson, "Ancient Rhetoic: A Model for Text-Driven Preachers," in Text-Driven Preaching, 15-16.

설득'(Cross-centered persuasion)과 성령의 강권적인 역사를 통한 근본적인 삶과 행동의 변혁(Spirit-led transformation)을 강조하였다는 점에서 브로더스와 차이가 있다. 따라서 바울의 성령 지향적 변혁적 모델을 다시 회복해야 한다. 또한 적용을 위한 에드워즈의 성령 주도적인 해석학적 역동성을 재조명할 필요가 있다. 최근 브로더스의 전통 아래 있는 여러 학자들이 발전적으로 제시한 성령이 이끄는 변혁적 적용(Spirit-led transformational application)에 대한 회복이 강해 설교 가운데 절실히 요청된다.[84]

5) 브로더스 설교와 적용에서 발전해 나가야 할 점

브로더스에게서 본문이 이끄는 설교와 적용 전통의 관점 외에 어떤 장점을 현대 설교학적으로 발전시켜야 하는지에 대한 상세한 논의는 본 장의 한계를 벗어나는 부분이다. 그러나 브로더스의 설교 전통 가운데 발전시켜 나가야 할 영역에 대해 언급해 보겠다.

첫째, 브로더스가 간략하게 설교자에 대해(소명, 경험, 배움, 은사 개발, 건강 관리, 성령에 의존함) 논하였지만, 성경의 모델을 기초로 한(바울의 설교 철학), 보다 포괄적인 설교자에 대한 강조가 필요하다.[85]

둘째, 브로더스의 전통적인(정형화된) 강해 설교 형태를 성경의 장르가 살아있는 (genre-sensitive preaching) 다양한 강해 설교의 형태(form)로 다양화하고 발전시켜 나가야 할 필요가 있다.[86]

셋째, 본문이 이끄는 강해 설교 준비 단계(text-driven step/preparation)를 더욱 체계화할 필요가 있다. 현대 설교학에서 여러 가지 준비 단계가 있지만, 철저히 본문이 이끄는 강해 설교 단계는 많지 않다. 나아가 본문이 이끄는 적용 지향적 강해 설교 준비 단

---

84 Greg Heisler, *Spirit-Led Preaching* (Nashville: B&H Academic, 2007); Bill Bennett, "The Secret of Preaching with Power," 55-74; Vines and Shaddix, *Power in the Pulpit*, 66; S. Olford, *Anointed Expository Preaching* (Nashville: B&H, 2003), 217-19; Shaddix, *The Passion Driven Sermon*, 81-82.

85 Raymond Bailey, *Paul the Preacher* (Nashville: B&H, 1991), 13-48; Vines and Shaddix, *Power in the Pulpit*, 71-87; McDill, *The Moment of Truth*, 23-37; Steven W. Smith, *Dying to Preach* (Grand Rapids: Kregel, 2009); Heisler, *Spirit-Led Preaching*, 67-87. 새딕스(Shaddix)는 열정에 이끌리는 설교자 (passion-driven)는 목자상(shepherdology)을 회복하여 목자다운 적용(shepherd's relevance)을 통해 청중을 변혁시켜야 한다고 강조한다(Shaddix, *The Passion Driven Sermon*, 9-27, 101-23).

86 상세한 논의를 위해서는, Allen, "Preparing a Text-Driven Sermon," in *Text-Driven Preaching*, 102-16; idem, "Fundamentals of Genre," in *The Art and Craft Biblical Preaching*, ed. Haddon W. Robinson and Craig B. Larson (Grand Rapids: Zondervan, 2005), 264-67; Robert A. Vogel, "Biblical Genres and The Text-Driven Sermon," in *Text-Driven Preaching*, 163-91.

계를 더욱 목회적으로 활용 가능하도록 실제적으로 체계화하는 것이 필요하다.[87]

넷째, 브로더스의 본문이 이끄는 설교 전통에 커뮤니케이션 활용과 효과적인 전달에 대한 발전적 논의가 필요하다.[88]

3. 결어: 브로더스의 설교 적용 연구를 통한 제언

본문이 이끄는 설교와 적용의 상실로 인해 몰려온 먹구름 가운데 있는 한국교회 설교에는 브로더스를 통한 본문이 이끄는 적용 지향적 설교의 회복과 발전이 한 줄기 빛이 될 수 있을 것이다. 오늘날 설교자들은 브로더스의 본문이 이끄는 적용 지향적 강해 설교의 장점을 다시 회복할 필요가 있다.

본문이 이끄는 적용을 통해 청중이 하나님과의 인격적으로 만나 변화되는 것을 목적으로 추구하는 것, 보편적인 교리에 기초하면서도 실천적이고 구체적인 적용을 지향하는 것, 목회적 상황 가운데 개인과 가정을 넘어 청중에 민감한 목회적/공동체적 적용을 회복하는 것, 사회의 영역까지 포괄한 다양한 적실성 범주와 연결된 적용을 회복하는 것, 동기 부여를 통한 설득과 지성과 감성과 의지적 결단을 균형 있게 이끌어내는 변혁 지향적 적용을 추구하는 것이 필요하다.

한 걸음 더 나아가, 이러한 브로더스의 본문이 이끄는 적용 지향적 강해 설교의 전통을 더욱 발전시킨 현대 강해 설교학자들의 이론을 기초로 한국교회 상황에 맞는 적용 지향적 설교 패러다임을 구축해 나갈 필요가 있다.

저자 중심적 적용 해석학을 기초로 본문이 이끄는 적용 패러다임과 방법론을 구체적으로 세우고, 적법한 적용의 트랜스퍼링(transferring)을 위한 해석학적 기준(criteria)과 원리화 다리(principlizing bridge)를 구축하며, 다차원적 적실성 범주와 연결된 하나님 나라의 총체적 적용의 지평을 넓혀 나가며, 십자가와 성령이 이끄는 적용을 통한 동기 부여, 설득과 변혁을 추구해 나가야 한다. 본문이 지배하는 적용 지향적 설교(Text-Driven applicational preaching)라는 소망의 빛을 통해 먹구름이 걷히고, 환한 진리의 빛이 어두워진 온 땅을 다시 비추는 날이 올 것을 소망해 본다.

87　Allen은 12 단계의 본문이 이끄는 설교 방법론을 제시한다(Allen, "Preparing a Text-Driven Sermon," in *Text-driven Preaching*, 118-34). 그러나 본문이 이끄는 적용 지향적인 방법론이라고 보기는 어렵다.

88　York, "Communication Theory and Text-driven Preaching," in *Text-driven Preaching*, 221-42; Dooly, "Delivering a Text-driven Sermon," in *Text-driven Preaching*, 243-67.

제4부

포브릿지 프리칭 패러다임

삶을 변혁시키는 설교를 회복하는 데 적용이 가진 의미와 중요성에도 불구하고, 아직까지 적용 패러다임에 대한 이론적인 연구는 미개척지로 남아있다. 고무적인 것은 최근에 성경적이면서 효과적인 적용에 대한 연구의 묘목이 학계와 교계에 심어지고 있다는 사실이다.

그러나 이론적인 적용 해석학적, 설교학적 논의를 넘어, 구체적으로 다리놓기로서의 적용 패러다임을 해석학적, 목회적으로 구축하기 위해, 주해적 다리와 신학적 다리를 건너간 후에, 다차원적 적실성 범주(multi-dimensional relevance category)와 변혁적 다리를 놓는 것을 어떻게 설교자들이 실제 목회 현장에서 활용할 수 있을지에 대한 실제적인 패러다임과 방법론과 단계화가 필요한 시점이다. 그러므로 앞서 논의한 해석학적, 성경적, 역사적 논의와 분석을 입체적으로 통합한, 포브릿지 프리칭 패러다임에 대한 설교학적 핵심 함의와 방법론을 여기서(제4부)에서 제시하고자 한다.

해석학적인 다리놓기로서 주해적, 신학적, 적실성 패러다임의 부재는 설교의 적용이 가진 본래적 목적과 기능이 약화 혹은 상실되는 요인을 제공하게 되었고, 앞서 살펴본 다양한 적용 오류 패턴이 나타나고 있다고 진단할 수 있다. 이러한 적용 오류의 블랙홀에서 청중과 사회를 변화시키는 적용 희망홀로 나아가기 위해서는 본서에서 지금까지 살펴본 성경적, 역사적, 해석학적 모델에 근거한 체계적이면서 실제적인 적용 지향적 적용 패러다임으로 비상해야 한다.

개혁주의 해석학에 기초한 적용 해석학 위에서, 성경의 설교자 모델과 역사적인 설교자 모델들의 설교에게서 나타난 균형 잡힌 주해적 다리놓기 과정, 원리화 과정, 적실성 과정, 변혁적 과정을 현 한국 사회와 교회 상황 가운데 재상황화(recontextualization)해야 한다.

한국교회 설교자들이 청중의 삶과 사회를 변혁시키기 위해서는 먼저 성경적인 개혁주의 적용 해석학(applicatory hermeneutics)을 다시 정립할 필요성을 인식해야 할 뿐 아니라,[1] 모세, 아모스, 바울, 크리소스톰, 칼빈, 에드워즈와 같은 설교자들이 보여준 균형 잡힌 적용의 지평과 현대 한국교회 지평을 융합하고 변혁해야 한다. 또한 궁극적으로 성육신적(상황화적) 신학에 근거한 선교적 설교를 지향해야 한다. 이것을 위해 한국

---

[1] 앞 장에서 살펴본 것처럼, 현대 해석학의 조류, 성경 해석학과 강해 설교의 흐름을 고찰해 볼 때 적용적 해석학과 이에 기초한 적실성 범주 패러다임이 필요하다. 또한 적용의 오류와 해석학과 적실성 사이의 역동적 지평 구도 재설정, E. D. 허쉬(E. D. Hirsh)의 이분법(의미와 적용적 함의)을 넘어 구체적인 적용 방법론 좌표 재정립, 나아가 삶과 사회를 변혁시키기 위한 다리놓기로서 적용과 적실성 범주 패러다임을 회복하기 위해서 적용 해석학이 다시 자리매김되어야 한다.

교회 청중과 사회와 문화에 적합한 창조적인 주해적 다리놓기 과정, 원리화 과정, 적실성 과정, 변혁적 과정을 위한 적용 해석학적 패러다임을 만들어 나가야 한다.[2]

주해적 다리놓기와 원리화 다리놓기를 넘어 다차원적 적실성 범주를 구축하기 위해서는 먼저 설교자가 종말론적 하나님 나라 복음의 본질과 사역에 있어서 갱신(renewal)되어야 한다. 나아가 개인과 공동체를 넘어 사회와 문화 모든 영역에 말씀(복음)이 선포되고 상황화되어 예수 그리스도의 주권적 통치가 일어날 때, 성경적인 변혁이 일어날 수 있다. 이러한 내용의 확고한 하나님 나라 복음 중심적인 적용신학이 회복되어야 한다.[3]

제1부에서 간략히 살펴본 포브릿지 프리칭 패러다임을 여기서(제4부)에서는 각 단계별로 심도깊게 살펴보고자 한다. 즉 해석학적, 성경적, 역사적 모델과 주요 적용 해석학 이론에 대한 분석을 통합하여 본문의 원 청중을 향한 저자 의도적 의미와 적용에 초점을 맞춘 주해적 다리놓기, 보편적 청중을 향한 신학적 다리놓기, 현대 청중을 향한 적실성 다리놓기, 변혁적 다리놓기의 주요 단계를 고찰할 것이다.[4]

이런 차원에서 제4부에서는 앞서 고찰한 성경과 역사의 설교자 모델에 대한 연구에 정초하여 한국 설교자들이 활용할 수 있는 하나의 예증적인 포브릿지 프리칭 적용 패러다임의 주요 단계들을 제시할 것이다.

즉 설교자는 성경의 원 청중을 변혁시키기 위해 저자가 의도한 원 적용(author-intended original application)을 주해적 과정에서 확보해야 한다. 그런 다음 신학(교리) 원리의 렌즈를 통과시킨 보편적 원리에 뿌리내린 적용을 현대 청중에게 트랜스퍼링(transferring) 시켜야 한다. 한국교회 설교자들이 개혁주의 적용 해석학과 성경적, 역사적 모델 설교자들의 적실성 범주 패턴을 기초로 하나님 나라 전 영역을 변혁시키기 위한 적용 패러다임을 추구해야 한다는 것이 본 장의 핵심 명제이다.

이를 위해 여기서는 균형 잡힌 변혁적인 적실성 범주(transformational relevance category)

---

2 Grant Osborne, "Preaching the Gospels: Methodology and Contextualization," *JETS* 27 (1984): 27–42; Timothy Warren, "Preaching in a Missionary Age," *Preaching* 20 (2004): 12–17, 44–48; 박현신, 『미셔널프리칭』(서울: 예영커뮤니케이션, 2012), 336–37; 이승진, "설교의 적실성과 적용," 「설교한국」 4 (2012): 29–31.

3 Timothy Keller, *Center Church* (Grand Rapids: Zondervan, 2012), 54–132. 켈러(Keller)는 개인과 교회, 세상의 모든 영역을 통치하는 하나님의 나라의 복음을 상황화하여 다차원적 적실성 범주의 회복을 위해서는 의도적인 상황화(intentional contextualization), 균형 잡힌(balanced) 상황화, 성경적인(biblical) 상황화, 역동적인(dynamic) 상황화가 통전적으로 필요하다고 본다(Keller, *Center Church*, 89–132).

4 Timothy Warren, "A Paradigm for Preaching," *BSac* 148 (1991): 474–82; idem, "Mind the Gap," *Preaching* 13 (1997): 21; Keith Willhite, *Preaching with Relevance without Dumbing Down* (Grand Rapids: Kregel, 2001), 65; Michael Quicke, *360 Degree Preaching: Hearing, Speaking, and Living the Word* (Grand Rapids: Baker , 2003).

의 회복을 위한 2가지 적용 해석학적 전제로서 ① 저자(본문) 의도적 적용의 함의, ② 적용의 트랜스퍼링을 가능하게 하는 보편적인 원리를 발견하기 위한 신학(교리)의 기준(criteria)의 필연성을 간략히 논증한 후, 설교자 모델들을 통해 발견한 개인, 가정, 공동체, 사회, 정치, 문화, 경제, 윤리, 종교적 영역에 걸친 다양한 적실성 범주에 관한 논의, 청중 주해를 위한 방법론, 성령 주도적 변혁적 다리놓기를 제시해 보고자 한다.

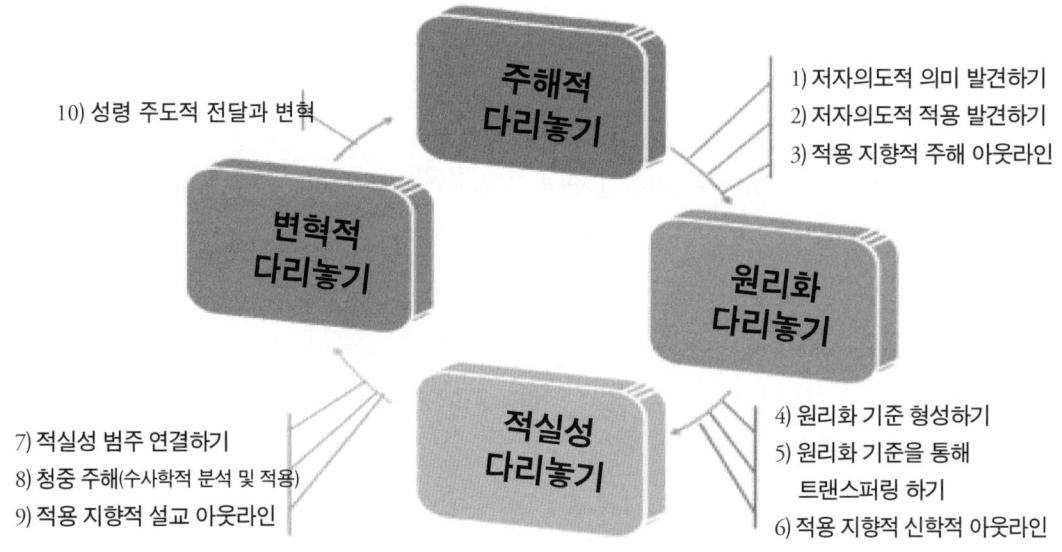

〈도형 2. 포브릿지 프리칭 패러다임〉

제1장

주해적 다리놓기 과정

1. 적용적 주해를 통해 저자 의도적 의미 파악

여러 해석학자들과 설교학자들의 이론을 종합해서 필자는 적용에 대해 다음과 같이 정의 내린다.

> 모든 해석의 주인(목적)으로서 적용은 청중과 사회를 변혁시키기 위한 주해적, 신학(교리)적, 적실성, 변혁적 다리놓기(bridge-building)를 하는 해석학적이며 설교학적인 과정이다.

주해 과정이 추구하는 목표는 본문이 설교자와 현대 청중에게 어떤 의미와 적용을 담고 있는지가 아니라 원 저자가 원 청중(original audience)에게 의도한 의미가 무엇인지를 일차적으로 발견하는 것이다. 현대적 적용(오늘날 청중을 향한 하나님의 말씀)은 그 당시 원 청중을 향한 하나님의 말씀이었다는 것이 포브릿지 프리칭 적용의 전제라고 할 수 있기에, 원 청중을 향한 '적용된 진리'(applied truth) 메시지에 초점을 맞추는 것이 본문이 이끄는 적용의 관건이라고 할 수 있다.[1]

주해적 다리놓기(Exegetical Bridge) 과정에서 저자 지향적(author-oriented) 적용을 발견하기 위해서는 저자가 성경 시대 원 청중의 삶 가운데 변화시키고자 의도했던 적용

---

1 Gordon Fee and Douglas Stuart, *How to Read the Bible for All Its Worth* (Grand Rapdis: Zondervan, 1982), 3; Greidanus, *The Modern Preacher and the Ancient Text*, 5.

(signification)을 발견하는 데 심혈을 기울여야 한다. 그런 다음 원 적용에 뿌리박고 있는 현대 청중을 향한 적용(significance)의 열매를 추출할 수 있어야 한다.[2]

개혁주의 해석학의 망원경으로 본문의 거시적 구조를 조망하고, 현미경으로 미시적 구조에 대한 심층적인 분석을 관찰해야 "본문이 의미했던 바"(저자 의도적 적용)와 "본문이 의미하고 있는 바"(현대적 적용)를 분별할 수 있다.[3]

설교자는 원 저자가 원 청중을 변화시키고자 의도했던 바를 찾기 위한 적용적 해석학(applicatory hermeneutics)과 이를 근거로 한, 현 청중을 향한 적용적 설교학(applicatory homiletics)이라는 이중 정밀 렌즈를 통해 매우 정밀한 작업을 수행해야 한다.

포브릿지 프리칭 적용의 기조는 저자의 의도가 반드시 현대 지평의 적용을 컨트롤해야 한다는 것이다. 그리고 저자의 원 적용이라는 적용 DNA를 명확히 발견한다는 전제가 성립될 때 현 청중을 위한 적용의 '권위와 적실성'이 보존될 수 있다.[4]

이러한 적용 지향적 강해 설교의 전제인 저자 의도적/본문 중심적 적용이라는 깊은 샘은 '역사적–문법적–문학적–언어적–신학적' 분석이라는 펌프를 통해 길러 올릴 수 있다.[5]

그러나 본문 저자가 의도한 적용과 상관없이 '설교자가 의도한 적용'(preacher-intended application, 예를 들면, 교회 성장과 헌금 등을 독려하기 위한 의도가 앞서게 되어 본문의 의도를 외면하는 경우)이 준비 과정을 주도하게 되면, 설교의 적용은 여러 가지 바이러스에 감염될 확률이 높으며, 설교자로서의 신뢰가 타격을 받게 되고 청중의 오해와 반발의 후폭풍을 맞을 수 있다.

주목할 점은, 존 크리소스톰(John Chrysostom), 칼빈(John Calvin), 조나단 에드워즈(Jonathan Edwards), 존 브로더스(John Broadus)도 저자가 의도한 적용을 현 청중에게 그대로 드러내는 적용 지향적 설교를 추구했다는 사실이다. 앞서 살펴본 것처럼, 특히 칼빈은 성령의 의도가 곧 저자의 의도라는 인식 가운데, '간결함과 용이함'(*brevitas et facilitas*, 브레비타스 에트 파칠리타스)을 통해 저자의 자연스러운 의미와 성경 당시 청중을 향한 적용을 파악한 후에 자신의 청중을 향한 실천적 적용으로 드러내는 동시에 저자

2　Millard J. Erickson, *Evangelical Interpretation* (Grand Rapids: Baker, 1993), 11–32; Duval and Hays, *Grasping God's Word*, 204–12.
3　Grant R. Osborne, *The Hermeneutical Spiral* (Downers Grove: IVP, 1991), 354–57.
4　Hershael W. York and Bert Decker, *Preaching with Bold Assurance* (Nashville: Broadman & Holman Publishers, 2003), 77–78.
5　Akin, "Applying a Text-Driven Sermon," in *Text-driven Preaching*, 272.

의 의도를 발견하는 데 방해하는 요소를 철저히 제거하기 위한 설교자의 임무를 강조하였다.[6]

설교자로서 에드워즈도 설교자가 성령의 조명을 받아, 성령의 영감을 받은 저자가 의도한 원형적인 적용을 청중에게 성령 의존적인 역동적 적용 해석학을 통해 다리놓기 하고자 하였다. 이런 맥락에서 칼빈이 저자가 의도한 의미와 적용을 자연스럽고 풍성하게 드러내는 설교자의 임무에 방해되는 요소를 제거하기 위해 분투한 것처럼, 다양한 종류의 의미론적 오류들을 피하기 위한 주의 깊은 노력이 요구된다.[7]

블랙(Black)은 설교의 주해 과정 자체를 적용적 차원으로 이해할 것을 요청하면서, 다음과 같이 역설한다.

> 주해란 우리가 본문을 먼저 우리 자신에게 적용하고, 그런 다음 우리가 가르치는 사람들에게 적용될 때까지는 마무리된 것이 아니다. 주해는 본문의 주요 사상을 결정하는 것과 그 사상이 신자 공동체에 적실한 실제적 삶의 문제들을 분별하는 것을 포함하며, 그런 후 주해의 결과들을 영구적이며 적실한 형태로, 본문의 주장들을 적용 가능한 개요로 만들어 내야 한다.[8]

1) '유레카': 저자 의도적 적용의 보물을 찾기 위한 로드맵

그렇다면 저자 의도적 적용이라는 보물을 성경 본문의 바다에서 '유레카'(Eureka, I have found it!) 하기 위한 적용 해석학적 로드맵을 한번 그려 보도록 하자. 저자가 의도한 적용을 현대 청중에게 옮겨오기 위해서는 적용적 주해(applicatory exegesis) 단계 과정을 철저히 거쳐야 한다. 예를 들어 성경 당시 원 청중에게 저자가 어떤 의도를 가지고 원 적용을 전달하고자 하였는지를 찾아야 한다.

그렇다면 다음과 같은 원 청중을 향한 저자의 원 적용을 발견하기 위해서 적용 해석

---

[6] Randall C. Zachman, "Gathering Meaning from the Context," *JR* 82 (2002): 5–25; 류응렬, "칼빈의 설교에 나타난 해석 방법론," 「설교한국」 1 (2009): 226–65와 "칼빈의 창세기 설교," 「개혁논총」 12 (2009): 9–36를 참조하라.

[7] 자세한 해석학적 논의를 위해서는 Osborne, *The Hermeneutical Spiral*, 65–92; D. A. Carson, *Exegetical Fallacies*, 2nd ed. (Grand Rapids: Baker, 1996); Moses Silva, *Biblical Words & Their Meaning* (Grand Rapids: Zondervan, 1994)를 참조하라.

[8] Black, "Exegesis for the Text-Driven Sermon," in *Text-driven Preaching*, 152.

학적 질문들을 설교 주해 과정에서 입체적으로 던질 필요가 있다.

① 원 청중은 누구이며 어떤 필요를 가지고 있었는가?
왜 저자는 이들에게 본문의 적용을 전하고자 했는가?
② 구체적으로 원 청중이 직면하고 있던 공동체적, 역사적, 문화적, 사회적, 지리적, 정치적, 경제적, 종교적, 신학적, 국가적 상황이 어떠했는가?
③ 저자가 의도한 적용에 대해 원 청중이 어떤 반응을 하였으며 어떤 변화가 있었는가? 또는 원 청중이 믿음으로 순종했다면 어떤 변화와 결과들이 일어났을까?[9]

그랜트 오스본(Grant Osborne)은 "우리가 해석학적 작업을 할 때 가장 중요한 부분은 **적용**을 본문이 의도하는 의미에 뿌리를 두게 하는 것"[10](필자 강조)이라고 말한다. 밀라드 에릭슨(Millard J. Erickson)의 날카로운 지적처럼, 저자 지향적(author-oriented) 적용 해석학은 저자가 당대 청중을 향해 전달하고 했던 저자 의도적 적용(signification)과 현 설교자의 적용(significance)을 구분하면서, 본문의 저자가 당시 원 청중(original audience)에게 전하고자 의도한 적용(signification)이 반드시 현대 청중(contemporary audience)에게 재적용(significance)되도록 이끌어 간다.[11]

로버트 스타인(Robert H. Stein)이 강조한 것처럼, 설교자들은 저자 의도적 의미와 적용의 순도를 충성스럽게 지켜야만 하는 필연적 의무를 가지고 있다.[12] 그러므로 의미 결정자는 '본문'(문학적 본문이 의미론적 자율성을 갖고 있으며 저자의 의미와 무관하다는 입장)이나 '독자'(본문을 읽는 사람이 의미를 결정하며 의미를 창조해 낸다는 입장)가 아니라 '저자'(본문의 의미는 저자가 의식적으로 본문을 통해 의도했던 것이라는 입장)이다. 스타인은 다음과 같이 정의를 내린다.

---

9 Kent Edwards, 『깊은 설교』(Deep Preaching), 조성현 역 (서울: CLC, 2012), 348-49.
10 Grant Osborne, *The Hermeneutical Spiral* (Downers Grove, IL: InterVarsity, 1991), 8.
11 Millard J. Erickson, *Evangelical Interpretation* (Grand Rapids: Baker, 1993), 11-32; William W. Klein, Craig L. Blomberg, and Robert L. Hubbard, *Introduction Biblical Interpretation* (Nashvill:Thomas Nelson, 2004),483-503; J. S. Duval and J. D. Hays, *Grasping God's Word* (Grand Rapids: Zondervan, 2001), 204-12.
12 Stein, "The Benefits of an Author-Oriented Approach to Hermeneutic," 451-66.

① 저자 의도적 의미(meaning): 한 본문의 의미는 저자가 사용한 단어(공유성이 있는 상징)를 통해 전하려고 의도한 의미의 유형.
② 함의(implication): 저자가 인식하지 못했지만 저자가 의도했던 의미의 유형 안에 적법하게 포함되는 본문의 의미.
③ 의의(signification): 의의는 한 본문의 의미에 대한 독자의 반응.[13]

예를 들어, 에베소서 5:18("술 취하지 말라")은 저자 바울이 의도한 의식적인 의미(물과 포도주의 혼합물로서의 술을 마시지 말라)와 바울의 의식적인 생각 이상의 함의를 담고 있다. 그 말씀은 저자의 의미와 상충되지 않고, 저자가 의도한 원칙에 포함된 다른 맥주, 소주, 위스키와 같은 다양한 술 종류도 포함한 명령, 즉 적법한 의미의 원리 혹은 패턴을 제공한 것이다. 나아가 의미와 함의는 감각을 마비시키고 정신과 육체가 제대로 판단하고 기능하지 못하게 하는 것과 관련된 다양한 '의의들'(signification)로 발전된다.[14]

보다 설교적인 관점에서, 로빈슨은 "간음하지 말라"(출 20:14)에 대한 현대 청중을 향한 적용은 여러 가지 함의들로 연결될 수 있다고 본다. 즉 설교자가 이 본문을 통해 필수적인 함의(배우자가 아닌 다른 사람과 성적인 관계 맺을 수 없다), 개연성있는 함의(배우자가 아닌 이성과 친밀한 관계 키워나가는 것을 조심해야 한다), 가능성있는 함의(배우자가 아닌 이성과 식사를 하는 것을 피해야 한다), 개연성이 없는 함의(배우자가 아닌 이성과 대화도 해서는 안 된다), 불가능한 적용(이중 데이트를 해서는 안된다)으로 연결시킬 수 있다.[15]

이런 점에서 주해적 다리에서 설교자들은 자신의 의도를 주입하기 이전에(자의적 적용의 위험성을 피하기 위해) 본문 당시의 청중의 다양한 적실성 범주를 변혁시키기 위해 저자가 어떤 의도를 가지고 적용시키고자 했는지에 관해 먼저 겸손히 질문을 던져야 한다('겸손의 해석학'). 철저한 주해적 다리놓기 과정을 통해 발견한 이 질문에 대한 해답들을 기초로 설교자들은 먼저 자신과 청중의 삶과 공동체를 어떻게 변화시킬 수 있을지를 집요하게 그리고 담대히 물어야 한다.[16] 이런 점에서 저자 의도적 적용은 철저히 '본문의 지배를 받는 적용'(text-driven application)이라고 할 수 있다.

---

13 Robert Stein, 『성경 해석학』(*A Basic Guide to Interpreting the Bible*), 배성진 역 (서울: CLC, 2011), 26–32.
14 Stein, 『성경 해석학』, 36–44. 옛 청중을 향한 저자 의도적 적용으로 에릭슨(Erickson)의 구분을 따라, 원 청중을 향한 저자의 의미를 'signification'으로 현대 청중을 향한 저자의 의미를 'significance'로 사용할 것이다.
15 Robinson, "Heresy of Application," 21.
16 Jay E. Adams, *Truth Applied* (Grand Rapids: Zondervan, 1990), 39.

다니엘 애이킨(Daniel Akin)은 다리놓기로서 적용을 다음과 같이 정의한다.

> 저자의 본래 의도와 조화(일치)를 이루는 가운데 설교자가 본문의 성경적 진리를 찾아낸 다음, 그것을 청중의 삶에 적용하고, 왜 이것이 그들의 삶에 적실한 것인지를 선포하며, 열정적으로 그들의 삶 가운데 필요한 변화들을 일어나도록 격려하는 과정이다.[17]

나아가 애이킨은 본문이 이끄는 적용을 발전시키기 위한 원리들을 다음과 같이 제시한다.[18]

1) 본문의 주해로부터 나오는 저자 의도적 적용을 찾은 다음, 하나님-그리스도 중심적인 적용을 추구해야 한다.
2) 본문에서 나온 적용이 설교의 아웃라인 및 움직임과 함께 살아 움직이도록 한다.
3) 청중의 구체적인 행동을 적용의 목적으로 추구한다.
4) 적절한 예화와 적용을 유기적으로 연결하고, 성경 안에 실제적인 예들을 제공하라.
5) 보편적인 원리의 형태로 적용을 진술하라.
6) 삶의 영역들에서, 관계들 속에서 적용을 제시하라(결혼, 성, 가정, 교육, 사회 생활, 직장, 교회, 국가, 세계관과 가치 등).
7) 본문에서 나온 의미는 하나이지만 적용은 여러 가지라는 것을 기억하라.
8) 본문의 주해 과정에서부터 적용을 의식적으로 고려하라.
9) 본문에 근거한 적용을 다른 것으로 적당히 대체하는 것을 경계하라.
10) 적용의 이단성에 빠지지 않도록 조심하라.

설교자는 이러한 저자가 의도한 적용이라는 깊은 광맥을 캐내기 위해서 적용적 주해(applicatory exegesis)의 굴삭기를 동원해야 한다. 본문 주해는 적용적이어야 하며 동시에 적용은 주해적이어야 한다. 주해적 다리놓기 과정에서 설교자들은 개혁주의 해석학의 망원경으로 거시적 구조를 조망하고, 현미경으로 미시적 구조에 대한 심층적인 분석을 실행함으로써 귀납적인 측면의 저자 의도적 의미 및 적용과 연역적인 측면의

17　Daniel L. Akin, David L. Allen, Ned Mathews eds, *Text-driven Preaching* (Grand Rapids: B&H Academic, 2010), 271-72.
18　Akin, Curtis, and Rummage, *Engaging Exposition*, 176-83.

현대적 적용을 동시에 찾아야 한다.[19]

저자가 의도한 적용을 분별하기 위해서는 적용의 본질을 '의미와 적용적 함의'사이를 연결하는 다리(bridge)로 볼 필요가 있다. 왜냐하면 '적용적 해석'(applicatory interpretation)과 '해석된 적용'(interpreted application)은 본문(text)과 현재 상황의 연속성을 다루기 때문이다.[20]

이런 면에서 라메쉬 리차드(Ramesh Richard)는 본문에 기초한(text-based), 적용 패러다임 생성을 위한 해석학적 방법론을 제안한다. 이는 적용적 다리의 2가지 초점 사이에 존재하는 해석적 누적 과정을 체계화하는 적용 이론(applicatory theory)이다.[21] 리차드의 적용 패러다임은 순종과 삶의 관계성 영역에 있어서, 적용의 "구체성과 규정성"(specificity and prescriptivity)과 함께, 구체적 명령들을 일반화하는 것을 고려할 수 있는 해석학적 틀을 형성하도록 해 준다.[22]

그러나 비록 리차드의 두 다리놓기로서의 적용 패러다임은 '적용적 해석'이라는 새로운 개념을 도입했고, 건전한 해석학적 기초와 신약적, 구약적 관련성(정당성)을 제시함으로써 중요한 기여를 하였지만, 삶의 전 영역에서 변혁을 도출해내기 위한 포괄적 적용 패러다임을 마련하기 위해서는 좀 더 다면적인 다리놓기가 요구된다.

로빈슨도 설교의 목적인 저자 의도적 적용은 반드시 정확한 주해에 주초해야 한다는 점과 설교학자들이 정확한 적용에 대해서 마땅한 관심을 가지지 못했다고 지적한 후, 적용 지향적 주해를 성경 저자의 신학적인 목적으로 규정하면서, 설교자들은 적용의 정확성을 발견하고 검토해 보기 위한 적용적 질문들을 던져야 한다고 제언한다.[23]

성경 본문의 문법적-구조적, 구문적, 역사적-문맥적, 문예적, 신학적 분석들을 기초로 설교자들은 다음의 2가지 원리와 함께 실제적인 적용에 대한 특성을 분별해야 한다.

---

19 Osborne, *The Hermeneutical Spiral*, 354-57. 김상훈, "개혁주의 해석학에 근거한 개혁주의 설교의 가능성 연구,"「개혁논총」6 (2006): 45-80.
20 Ramesh Richard, "Application Theory in Relation to the New Testament," *BSac* 143 (1986): 311; Richard, "Levels of Biblical Meaning," *BSac* 143 (1986): 123-133; Osborne, *The Hermeneutical Spiral*, 328-36.
21 Richard, "Application Theory in Relation to the Old Testament," *BSac* 144 (1986): 311.
22 Richard, "Application Theory in Relation to the New Testament," 207-14; J. Robertson McQuilkin, "Limits of Cultural Interpretation," *JETS* 23 (1980): 122.
23 Haddon W. Robinson, *Biblical Preaching*, 2nd ed. (Grand Rapids: Baker, 2003), 89-95.

①저자의 의도가 반드시 적용을 이끌어 가야 한다.
②저자 자신의 적용을 인식한 다음의 과정은 현대적 의미와 적용을 분별하는 것이다.[24]

이러한 주해적 다리에서 이루어져야 할 분석들은 결국 저자가 의도한 적용을 현 포스트모던 청중의 세계로 트랜스퍼링 하기 위한 항해 키 역할을 한다. 주해 지평에서 원 청중과 현 청중을 입체적으로 고려하는 것은 저자 의도적 적용과 유기적으로 연결된 현대적 적용을 함께 발견하는 것과 맞닿아 있다.
요크는 다음과 같이 역설한다.

> 우리가 저자가 의도한 적용을 확고히 이해한 다음, 현대적 의미를 이해하는 차원으로 나아가야 한다. 우리는 저자가 당시 원 청중에게 의도했던 적용으로부터 우리가 설교할 청중으로 움직여야 한다. 두 청중은 대체로 비슷하지만, 때때로 두 문화 사이에 다리놓기를 해야만 한다.[25]

성경 저자가 의도한 의미와 적용을 발견하기 위해서는 본문 자체의 독특한 문법적 내용, 문화적 상황, 정경적 분석, 저자가 기록한 본문들과의 조화, 하나님 중심적 혹은 그리스도 중심적 목적(모든 시대의 청중에게 보편적인 원리)을 반드시 고려해야 한다.[26]
설교자는 본문 주해 과정에서 최대한 본문 자체를 집중적으로 읽고 연구하되, 해당 분문에 대한 권위있는 성경학자들의 주석들을 지혜롭고 균형있게 활용할 필요가 있다. 적용 해석학 관점에서 정리한 저자 의도적 주해의 요소를 간략히 정리해 보면 다음과 같다.[27]

---

24 Hershael W. York and Bert Decker, *Preaching with Bold Assurance* (Nashville: Broadman & Holman Publishers, 2003), 77–78.
25 York and Decker, *Bold Assurance*, 78–79.
26 Akin, Curtin, and Rummage, *Engaging Exposition*, 38–55.
27 Black, "Exegesis for the Text-Driven Sermon," 142–53 in *Text-driven Preaching*; Akin, Curtis and Rummage, *Engaging Exposition*, 37–55, 91–121; Douglas Stuart, *Old Testament Exegesis: A Handbook for Students and Pastors* (Louisville: Westminster John Knox Press; 4th ed., 2009), Gordon Fee, *New Testament Exegesis: A Handbook for Students and Pastors* (Louisville: Westminster John Knox Press; 3rd ed., 2002); Osborne, *the Hermeneutical Spiral*, 19–148; W. Kaiser, *Toward an Exegetical Theology*; Carson, *Exegetical Fallacies*; A. Berkeley Mickelsen, 『성경 해석학』(*Interpreting the Bible*) 김인환 역 (서울: 크리스천 다이제스트, 1995), 135–235; Virkler, *Hermeneutics*, 2nd, 79–142; Tate, *Biblical Interpretation* 등을 참조하여 정리한 것임을 밝힌다. 성경 각 권의 주요 주석들에 대한 평가와 추천을 위해서는 롱맨(Tremper Longman)의 구약주석 연구(Old Testament Survey)와 카슨(D. A. Carson)의 신약주석 연구(New Testament Survey)를 참조하라.

⟨표 2. 적용 해석학 관점에서 본 저자 의도적 주해의 요소들⟩

1) 원 적용을 찾기 위한 본문 배경 연구	A. 역사적-문화적 주해 (historical-cultural analysis)	Who? (문화적 상황) ⇨ 저자, 인물들, 원 청중, 저자와 원 청중의 관계, 원 청중의 삶의 배경 등을 지도, 성경사전, 배경사전, 주석 등을 통해 역사적 상황 파악. When? (역사적 상황) ⇨ 시간, 본문 연대(다른 본문과 연결, 예를 들면, 스가랴/학개와 에스라), 정치적 정황, 사회 경제적 상황, 종교적 상황, 저술의 역사적 배경/전경. Where? (지리학적 상황) ⇨ 지리적 배경, 도시들, 지역들, 국가에 대한 정보들.
	B. 문예적 분석 (literary analysis)	⇨ 기본적 생각 단위인 구절에 대한 이해, 책의 윤곽을 그림, 문학적 성격과 기능을 연구(서론과 결론, 균형, 문체, 유형, 목적, 문학적 독특성), 문학적 구조. ⇨ 본문의 위치(단락, 책 전체, 책의 성격)를 대단락, 책, 대분류(오경, 역사서, 예언서, 성문서 등), 구약, 신약 전체에서 조명. ⇨ 세부적 내용 분석-저자 의도에 대한 통찰. ⇨ 저자 분석.
	C. 본문의 장르 분석 (Genre analysis)[28]	⇨ 일반적 문학 장르, 본문의 독특한 문학 장르 연구, 본문 기저에 흐르는 문학적 범주 찾기, 본문이 기록된 당시 삶의 정황과 연결하기, 문형들을 연구하기. ⇨ 내러티브, 비유, 잠언, 시, 묵시, 서신서 등에 대한 장르에 민감한 원 적용 찾기.[29]

---

28 본문 중심의 적용을 위한 성경의 장르에 대한 이해를 위해서는 Robert Vogel, "Biblical Genres and The Text-driven Sermon," in *Text-driven Preaching*, 163-91을 참조하라. 내러티브, 서신서, 시, 지혜문학, 묵시문학 등의 성경의 각 장르적 특성에 맞게 저자 의도적 의미를 찾는 과정에 대해서는, Akin, Curtin, and Rummage, *Engaging Expositon*, 55-90; York and Decker, 『확신있는 설교』, 80-116.

29 Jeffrey D. Arthurs, 『목사님 설교가 다양해졌어요』(*Preaching With Variety*), 박현신 역 (서울: 베다니, 2010)와 Steven Smith, 『본문이 이끄는 장르별 설교』(*Recatpuring the Voice of God*), 김대혁, 임도균 역 (서울: 아가페북스, 2016) 참조하라.

2) 저자가 의도한 의미를 파악하기 위한 연구	A. **원문 분석** (Textual Analysis)	⇨ 원문 대조 비평. 구약의 본문 비평에 대한 핵심적인 이해,[30] 원문 초역과 본문 상응점 체크한 후 초역 완성하기. ⇨ 본문 개요.
	B. **사전적 분석** (Lexical Analysis)	⇨ 히브리어, 헬라어 단어 연구(Word Study). ⇨ 의미가 분명치 않은 단어. ⇨ 가장 중요한 용어들, 핵심 단어와 어법, 특별한 어의적 특성 확인(구약 히브리 단어연구를 위해서는 HALOT, NIDOTT 사전, 번역된 게제니우스 히브리어 아람어 사전을 참조하라. 신약 헬라어 단어연구를 위해서는 BDAG, Louw-Nida, Greek-English Lexicon of the NT, NIDNTT, 번역된 바우어 헬라어 사전 등을 참조하라).
	C. **구문적 분석** (Syntactical Analysis)	⇨ 문장의 패턴(전개들, 반복들, 어구들, 중심 주축이 되는 단어들, 병행법들, 교차대구법, 수미쌍관법, 반복적 점층적 패턴들)을 연구하고(반복과 전개가 열쇠) 분석한 문형의 구조를 체계화, 작은 패턴들의 의도 평가, 큰 단위로부터 시작해서 내림차순으로 구조에 관해 논의. ⇨ 중요한 문법적 문제들과 철자법, 어형 등의 문법적 자료 연구. ⇨ 뜻이 분명치 않은 단어들과 개념들, 가장 중요한 개념들과 단어들/표현들 조사, 단어들 사이의 문법적, 의미론적 관계성 연구: 단어의 시제, 태, 문법, 인칭, 수, 격, 특별한 의미론적 특성 찾기(아이러니, 처음 단어 반복, 단어 유희, 환유법, 정형구, 차용어들, 의도적 고어체, 어원론적 이상한 것들). ⇨ 그 외에도 본문의 당시 원 문맥을 따라 주요 단어, 나열, 대조, 비교, 대명사, 구문, 수사적 표현, 접속사, 조건절을 주해(구약의 구문(문법)을 위해서는 Williams' Hebrew Syntax, Gesenius, Jouon-Muraoka, Waltke의 Syntax 책을 참조하라. 신약의 구문(문법)을 위해서는 Wallace의 Exegetical syntax of NT(월레스의 헬라어 중급 문법) 등을 참조하라).
	D. **구조 분석** (Structural Analysis)	⇨ 절과 절들과 문장과 문장 사이의 관계 파악함으로써 본문에서 저자가 의도한 중심 사상이 더 명확해지도록 단어들을 재배열함.
	E. **수사학적 분석** (Rhetorical Analysis)	⇨ 접속사 생략 혹은 연속 접속사 사용, 어법의 특성(직유법, 은유법 등), 평행 및 교차 구조, 의미와 형태 사이의 관계.

---

[30] 실제적인 본문 비평의 예들을 위해서는, Robert B. Chisholm, Jr., *From Text to Exposition*, 19-28를 참조하라.

3) 신학적 연구	더 큰 그림인 성경신학적 분석,[31] 정경적 분석[32]/조화 (harmonization)[33]	Why? ⇨ 신학적 상황에 대한 연구: 본문, 본문이 속한 책 전체, 신구약 정경적 분석, 성경의 다른 부분에서 사용된 경우와의 관계성 연구. ⇨ 저자가 어떻게 메시지를 구조화시키고, 먼저 기록된 성경 본문들과 상호연관성을 가지며, 성경의 다른 곳 (다른 성경 저자들)에서 어떻게 사용(인용)되고 있는지에 대한 정경적 조화는 어떠한가? 성경 전체 구속사에서 어디에 위치하고 있는가? 각 권의 책들이 성경의 메타 내러티브에 어떤 공헌을 하는가? ⇨ 본문의 신학적 위치 파악, 본문에서 제기되거나 해결될 수 있는 특별한 문제점 규명, 신학적인 공헌 파악. 어떤 언약 아래 소속인가? 어떤 교리들과 관련 있는가? ⇨ 2차 문헌 연구: 본문에 대해 다른 학자들의 견해를 참조한 후, 비교하고 조정하기.
4) 저자가 의도한 적용 중심 주해 아웃라인	주해적 개요 분석	⇨ 위 모든 분석을 종합, 적용 대상 확인 및 원 청중의 삶의 문제들 목록으로 작성, 직접적 적용과 간접적 적용(원리화 과정 필요)인지 구별, 적용의 범주들 확정. ⇨ 저자 의도적 적용 질문 및 정리. ⇨ 원 청중을 향한 원 적용 중심적 개요(아웃라인). ⇨ 저자가 의도한 적용(의의, signification)을 반영한 적용적 개요(원 청중을 향한 저자 의도적 의미와 적용을 과거 시제를 통해 명확히 기술[적용 지향적 주해 아이디어]).[34]
	빌립보서 2:5-11[35]	빌립보서 2:1-8 저자 의도적 빅아이디어 예 ⇨ 주제(subject) : 어떻게 복음의 기쁨이 충만한 공동체가 될 수 있는가? ⇨ 보조 사상(compliment): 그리스도 예수의 마음을 품어 한 마음으로 연합됨으로 ⇨ 빅아이디어: 그리스도 예수의 마음을 품어 한 마음으로 연합됨으로 교회 공동체의 기쁨을 충만케하라

---

31 James M. Hamilton Jr., "Biblical Theology and Preaching," in *Text-driven Preaching*, 194-218.
32 김정우는 개혁주의 '정경적 해석'을 다음과 같이 규명한다. (1) 개혁주의 정경관인 성경의 영감성과 무오성과 권위에 근거한다. (2) 단순히 성경의 역사적 배경이나 개념의 역사적 발전을 축척하는 작업이 아니라 신구약의 유기적 통일성과 조화에 근거하여 하나님의 계시가 어떻게 완성되어 가는지를 살피는 신학적 작업이다. (3) 성경이 형성되어 가던 과정 속에 있었던 자료들이나 양식이나 전승의 과정을 추적하는 것이 아니라 성경의 최종 형태가 담고 있는 신학을 찾아내는 작업이다. (4) 정경이 형성되고 확대되어 가던 과정 속에 있었던 원래의 의미와 고유한 의미를 훼손하지 않으며 성경의 유기적 통일성을 살리기 위하여 "구약성경의 발판을 딛고 신약성경으로 넘어가야 한다." (5) 구약성경의 최종적 의미는 신약성경에서 제시되기 때문에 구약성경 속

2. 저자가 의도했던 원 청중을 향한 원 적용 찾기 및 직접/간접적 적용 구별하기

설교자는 포브릿지 프리칭 1단계에서 저자 의도적 의미를 발견하기 위한 적용적 주해에 집중한 다음, 2단계에서 저자 의도적 적용을 찾기 위한 적용적 주해에 집중해야 한다. 물론 1단계 작업에서 적용 지향적 의미를 찾을 때 적용 지향적 적용도 유기적으로 연결해서 찾아가는 측면도 있다.

이런 차원에서 저자가 의도한 원 적용을 발견하고 분별하기 위해서 설교자는 이 단계에서 무엇을 해야 하는가?

첫째, 성경 본문에서 저자 의도적 원 적용(original application)을 분별하기 위한 기본 전제로서 적용 해석학 원리를 단단히 고수해야 한다.

> 첫째 원리는 성경을 적용할 때, 설교자가 "성경의 명령들뿐만 아니라 모든 성경의 본문에서도 적용을 찾을 수 있다는 것을 기대하는 것"이다.
> 둘째 원리는 때로 본문의 적용이 기본적으로 오늘날과 동일한 원리로 직접 연결될 수 있다는 것이다.
> 셋째 원리는 직접적인 적용이 아닌 간접적인 적용인 경우, 원리화 과정을 거친 저자가 의도한 적용을 현 청중의 다양한 삶의 영역과 상황들에 재적용함으로써 성경 저자들의 지평과 현대인들 지평 사이의 간격을 다리놓기 해야 한다는 점이다.[36]

둘째, 설교자는 직접적 적용과 간접적 적용 패턴을 구별해야 한다. 위에서 제시한

에서도 기독론적, 종말론적 해석을 정경적으로 시도하여야 한다. (6) 신약성경의 관점에서 보면, 구약의 모든 율법과 예언과 시와 지혜를 그리스도께서 기독론적이며 종말론적으로 완성하신다(눅 24:44). 김정우, "개혁주의 정경적 성경 해석학에 대한 제안," 「신학지남」 300 (2009): 80-209.

33 Akin, Curtin, and Rummage, *Engaging Exposition*, 46-48.
34 히브리서 저자가 원 청중에게 의도한 원 적용은 다음과 같다. "핍박과 어려움에도 불구하고 그리스도를 향한 헌신을 계속 유지하도록 촉구하기 위해 장거리 경주 이미지를 사용한다. 그들은 그리스도를 떠나 유대주의로 다시 돌아가서는 안 되고 인내로써 경주해야 했다. 또한 경주 과정에서 그들은 고난을 이겨낸 성도의 격려가 필요하였으며, 박해 속에서도 인내의 극치를 보여 준 예수님을 바라보아야 했다." Terry G. Carter, J. Scott Duvall, and J. Daniel Hays, 『성경 설교』(*Preaching God's Word*), 김창훈 역 (서울: 한국성서유니온, 2009), 70.
35 Akin, Curtis and Rummage, *Engaging Exposition*, 101-20에서는 '예수님의 겸손을 본받는 것'을 중심 아이디어로 삼았지만, 요크(York)는 원문 구조 분석을 근거로 주동사를 '내 기쁨을 충만케 하라'라고 보고 빅 아이디어를 다른 초점으로 진행시키고 있다. York, 『확신있는 설교』, 72-77.
36 Daniel Doriani, *Getting the Message* (Phillipsburg, NJ: Presbyterian and Reformed, 1996), 141-44.

3가지 기본 원리를 감안하면서, 적용적 해석학의 성경적 근거와 상황화적 토대를 기초로 어떻게 하면 저자가 의도한 의미와 적용을 청중의 다양한 적실성 범주 속으로 트랜스퍼링 시킬 수 있는지를 주해 과정에서부터 면밀히 살펴볼 필요가 있다.

간단하게 분류하자면, 성경적 적용은 '직접적 적용'(direct application)의 패턴으로 트랜스퍼링 될 수도 있고(살전 4:3), '원리중심적 적용'(principle-based application) 혹은 간접적 적용의 패턴으로 현대 청중에게 트랜스퍼링 될 수 있다(롬 14:1-23).[37]

셋째, 설교자는 3가지 기본적인 원리와 2가지 종류의 적용 패턴을 넘어 성경의 원 적용의 복합적인 경우들을 구분할 수 있어야 한다.

다음 장(원리화 과정)에서 더 상세히 적용 해석학적 논의를 전개하겠지만, 2단계에서 최소한 아래에 제시하는 5가지 정도의 패턴을 주해적 다리놓기 과정에서 질문하고 분별하는 적용 해석학적 작업이 진행되어야 한다.

〈표 3. 직접적 적용과 간접적 적용을 분별하기(원 적용의 5가지 패턴)〉

☑ 직접 적용의 경우(보편적 원리가 함유되어 있는 케이스)	☑ "네 이웃 사랑하기를 네 자신과 같이 사랑하라"(레 19:18). ☑ "모든 겸손과 온유로 하고 오래 참음으로 사랑 가운데서 서로 용납하고"(엡 4:2).
☑ 간접(원리화 과정이 필요한) 적용	☑ "너는 염소 새끼를 그 어미의 젖으로 삶지 말찌니라" (출 23:19; 34:26; 신 14:21). ☑ "서로 입맞춤으로 문안하라"(롬 16:16).[38]
☑ 혼합적인 경우[39]	☑ 출애굽기 20:17에서 "이웃의 아내나 집의 물건을 탐내지 말라"라는 명령은 직접적 적용이지만, "이웃의 남종들, 여종들, 소나 당나귀를 탐내지 말라"라는 명령(간접적 적용)은 원리화 과정을 거쳐 이웃의 차, 컴퓨터, 명품을 탐내지 말라는 현대적 적용으로 바꾸어야 한다.

---

37 York and Decker, *Bold Assurance*, 78-79.
38 Doriani, *Getting the Message*, 144-46. 본문에 대한 원리화 과정 4단계에 대한 상세한 논의를 위해서는 Klein, Blomberg, and Hubbard, *Introduction to Biblical Interpretation*, 484-504를 참조하라.
39 Klein, Blomberg, and Hubbard, *Introduction to Biblical Interpretation*, 484.

☑ 원리화가 명확하지 않은 경우: 원리화를 통한 간접적인 적용을 해야하는 경우에도 본문에서 명확하게 원리를 제시하지 않는 경우(롬 16:16)와 본문의 문맥 가운데 적용의 원리를 제시하는 유형을 구별해야 한다. 원리화가 명확한 경우에도 전체 문맥에 비추어 적용의 보편적인 원리를 찾아야 한다.	☑ 우상 음식에 대한 경우에 고린도전서 6장에서 10장에서 제시되고 있는 기독교(복음)의 자유에 관한 보편적인 원리들, 즉 ① "모든 것이 가하나 다 유익한 것이 아님"(고전 6:12; 10:23), ② "너희의 자유가 믿음이 약한 자들에게 걸려 넘어지게 하는 것이 되지 않도록 조심하라"(고전 8:9), ③ "너희가 먹든지 마시든지 무엇을 하든지 다 하나님의 영광을 위하여 하라"(고전 10:31)에 근거하여 성, 결혼, 음식 등에 대한 적용의 기준을 결정한다. ☑ 구약의 레위기에서 나타난 많은 규례들은 "너희는 거룩하라 이는 나 여호와 너희 하나님이 거룩함이니라"(레 11:44-45; 19:2; 20:7)라는 명시된 보편적인 원리에 비추어 현대의 적실한 적용점을 분별해야 한다.⁴⁰
☑ 원리화 과정을 통과하기 어려운 경우	☑ 마태복음 5:44의 경우는 현대 적용으로 직접적으로 트랜스퍼링이 가능하다.⁴¹ 그러나 ☑ 본문의 규범이 당시 문화적으로 크게 제약받고 있는 경우(예, 바울 시대의 노예 제도)는 보편적인 원리화 과정을 통과한다 할지라도 현대적 적용으로 트랜스퍼링 되기가 어렵다.⁴²

넷째, 설교자는 이러한 다양한 원 적용 패턴 분석을 통해 주해하고 있는 특정 본문의 직접적 적용과 간접적 적용을 구별해야 한다. 설교자가 이러한 구별을 위해 필요한 트랜스퍼링 기준을 얻기 위해서는 '저자의 신학적인 목적'(author's theological purpose)에 근거하여 적용을 판단해야 한다. 또한 본문의 전후 문맥을 면밀히 살펴야 하며, 본문의 원 상황(청중)과 현 상황과의 보편적인 원리를 찾아 적용으로 발전시켜야 한다.⁴³ 이를 위해서는 적용의 기준(criteria)을 세분화하여 본문의 진리를 설교자가 직접 적용

---

40 Doriani, *Getting the Message*, 144-45.
41 Klein, Blomberg, and Hubbard, *Introduction to Biblical Interpretation*, 494-95.
42 Gary T. Meadors ed., 『성경 어떻게 적용할 것인가』, 428-31.
43 Robinson, *Biblical Preaching*, 86-96. 원 적용 패턴을 구별하기 위해 로빈슨이 제시하는 질문들은 다음과 같다. (1) 본문의 사건에 대한 저자의 신학적 목적이나 해석적 진술이 있는가?(룻 4:11-21), (2) 본문에 신학적인 판단이 나타나 있는가?(삿 17:6; 21:25), (3) 본문의 내러티브 가운데 본보기 혹은 경고가 있는가? 그렇다면 보편적인 규범인가 아니면 예외적인 경우인가? 이를 적용하기 위해서는 어떤 제한이 내포되어 있는가?(수 2:1-7; 히 11:31; 약 2:25) (4) 원 청중에게 본문은 어떤 의도를 가지고 교훈하고 있으며 이후 세대들에게 저자가 어떤 교훈을 주려고 하는가? (5) 성령은 왜 이 본문을 청중에게 조명하시려고 하는가?

가능한 '일반적 원리'(generic principle)로서 적용하는 경우(레 19:18; 막 12:31; 행 16:31)와 명백한 해석 위에서 보편적인 원리를 추출한 다음 간접적으로 적용하는 경우(행 2:42-47)로 구별할 필요가 있다.[44]

그러나 원 적용에서 현대적 적용으로의 해석학적 트랜스퍼링에 대한 상세한 설명은 이후 '원리화 다리놓기' 과정에서 제시할 것이다.

다섯째, 설교자는 '왜 저자가 의도한 의미와 원 적용이 원 청중에게 필수적이었는가?'(원 청중의 삶에서 문제가 구체적으로 무엇이었는지를 결정하기 위한 질문)를 질문해야 한다.

원 청중을 향한 저자의 원 적용을 발견하기 위한 '적용 해석학적 질문들'은 어떤 것이 좋은가?

켄트 에드워즈(Kent Edwards)는 다음의 질문들을 통해 저자 의도적 원 적용을 발견하는 작업을 제안한다.[45]

> ☑ 저자가 의도한 의미와 원 적용이 원 청중에게 왜 필수적이었는가?
>   (원 청중의 삶에서 문제가 구체적으로 무엇이었는지를 결정하기 위한 질문)
> ☑ 성경의 저자는 누구에게 이 메시지를 전달했는가?
> ☑ 저자는 무슨 문제를 다루었는가? 왜 청중은 그것을 들을 필요가 있었는가?
>   얼마나 긴급한 상황이었는가? 왜?
> ☑ 원 수신자들의 선행 역사가 이 가르침이 그 때에 그 사람들에게 필요했던 이유를 설명하는 데 도움이 되는가?
> ☑ 이 가르침의 필요를 품거나 가속화하기 위한 문화적인 요소들이 있었는가?
>   왜 원 수신자의 마음은 이 방향으로 흘러가기가 그렇게 쉬웠는가?
>   왜 하나님은 그들에게 이 아이디어가 구체적으로 필요하다고 생각했는가?
> ☑ 이 성경 진리에 대한 원 수신자의 감정적 반응은 어떠했다고 생각하는가?
>   처음 들었을 때 그들의 본능적인 반응은 어떠했는가?
>   왜 그렇게 생각하는가?
> ☑ 이 메시지의 원 수신자는 그것으로 무엇을 했는가?
>   그들은 이 말씀을 주의했는가? 아니면 모른 체 했는가? 우리는 아는가?

---

44 J. Robert McQuilkin, *Understanding and Applying the Bible* (Chicago: Moody Press, 1992), 258-65.
45 Kent Edwards, 『깊은 설교』(*Deep Preaching*), 조성현 역 (서울: CLC, 2012), 348-49.

> ☑ 이 진실은 원 수신자의 삶을 어떻게 변화시켰는가? 또는 어떻게 변화시킬 수 있었겠는가? 이 본문의 진리에 온전히 반응했다면 그들의 삶이 어땠했을까? 혹은 이 진리를 모른 체하거나 무시했다면 그들의 삶이 어땠했을까?
> ☑ 이 원칙이 성경에 언급된 유일한 때인가? 성경적 역사 내내 이 문제와 투쟁한 다른 사람들이 있는가? 누가? 언제? 왜? 어떤 결과가 있었는가?
> ☑ 무슨 비유가 이 본문의 의미를 가장 잘 포착하는가?

여섯째, 이처럼 설교자는 본문의 원 적용에 적법한 현대적 적용을 결정하기 위한 원리들을 고려해야 할 뿐만 아니라,[46] 저자 의도적인 원 적용의 다양한 기능들과[47] 적실성 범주들을 주해 과정에서부터 입체적으로 연결시켜야 한다. 그러므로 저자 의도적 적용(author's own application) 즉 성경 당시의 원 청중에게 도전한 적용(signification)과 현대의 청중을 향한 적용(contemporary application) 즉 저자 의도적 적용의 현대적 차원(significance)[48]이 주해적 다리놓기를 통해 전이될 때 비로소 다양한 적실성 범주라는 건축을 완공하기 위한 주춧돌과 기둥을 놓을 수 있다.

3. 원 적용에 기초한 저자 의도적 빅아이디어와 주해 아웃라인

설교자는 주해적 다리놓기 과정에서 저자가 의도한 의미와 원 적용을 발견하고, 직접적 적용과 간접적인 적용을 구별하는 작업을 거친 후에 성경적 강해 설교의 심장이라고 할 수 있는 빅아이디어(big idea) 혹은 중심 명제(proposition)를 찾아내는 과정을 거쳐야 한다. 적용 지향적 주해적 다리놓기 과정은 저자 의도적 목적, 의미, 구조, 빅아이디어, 원 청중을 향한 원 적용, 적용적 기능 등의 결과를 낳게 된다.[49] 이러한 주해적 과정은 주해적 다리놓기와 아웃라인의 건축물을 쌓기 위한 재료 역할을 하게 된다.[50] '강해'(라틴어 expositio[엑스포시티오]에서 나온 exposition)는 이미 존재하고 있는 것을 끌어

---

46 Osborne, *The Hermeneutical Spiral*, 344–47.
47 Liefeld, *New Testament Exposition* (Grand Rapids: Zondervan, 1984), 98–104.
48 Erikson, *Evangelical Interpretation*, 11–32.
49 Donald R. Sunukijian, "Paradigm for Preaching: A Rhetorical Analysis of the Sermons of Paul in Acts 13, 17, and 20," (Ph.D. diss., Dallas Theological Seminary, 1972), 476.
50 Richard, *Scripture Sculpture*, 54–65.

내서 닫혀 있던 의미를 드러내주고 열어주는 것이 본질이기에,[51] 적용 지향적 강해 설교는 본문으로부터 의미뿐 아니라 적용이 나와서 저자 의도적 빅아이디어가 생성되는 것이 본질적으로 중요하다.

청중을 변화시키는 설교의 목적을 성취하기 위해서 저자가 의도한 의미와 적용에 근거한 주 요소(주제, subject)와 보충 요소(보조 사상, complement)로 이루어진 빅 아이디어(Big idea)가 중요하다는 것을 아무리 강조해도 지나치지 않다. 설교의 빅 아이디어 혹은 메인 아이디어(main idea)는 본문에 근거한 보편적인 중심 명제로서, 그 명제에 근거한 통일성(unity)을 가지고, 연결된 보조 아이디어와 함께 이후 전개될 설교화 과정에서 중요한 역할을 한다.[52]

저자 의도에 초점을 맞춘 적용적 주해 과정에서 질문과 답의 형태를 활용하여 본문 주 요소(subject)와 그 주제를 뒷받침하거나 완성시키는 보충 요소(complement)가 무엇인지를 발견한 다음, 주제와 보충 요소를 명확한 한 문장으로 만들면 그것이 빅아이디어가 될 수 있다. 저자가 의도한 주해를 바탕으로 빅아이디어를 찾기 위해서는 다음과 같은 3가지 질문이 유용하다.

① 이것은 무슨 의미인가?
② 이것이 사실인가(Is it true)?
③ 이것은 어떤 차이(변화)를 가져올 것인가?
　　나와 무슨 상관이 있는가?

이러한 청중의 질문에 답하기 위해 설교자는 본문을 설명하고(explain), 증명하고(prove), 적용(apply)하면서 하나의 짧은 문장인 빅 아이디어를 복잡한 논리적 구조를 갖춘 완성된 형태의 설교로 발전시켜 나갈 수 있다.[53]

51　William H. Willimon and Richard Lischer eds. *Concise Encyclopedia of Preaching* (Louisville, KY: Westminster John Knox Press), 130-31.
52　Robinson, *Biblical Preaching*, 35-46, 158-163; *Christ-centered Preaching*, 143-61.
53　Robinson, *Biblical Preaching*, 75-96.

1) 주해적 빅아이디어/중심 명제의 예

(1) 해돈 로빈슨[54]

본문: 하박국 1:2-11
주 요소: 어떻게 하나님은 유다 백성 안에 만연한 죄악과 부정을 심판할 것인가?
보충 요소: 하나님은 악한 바벨론을 징계도구로 사용하여 자기 백성을 심판하실 것이다.
빅아이디어: 하나님은 악한 바벨론을 징계도구로 사용하여 자기 백성들의 죄악과 부정함을 심판하실 것이다.

이러한 로빈슨의 형태를 살려 필자가 만들어본 빅아이디어는 다음과 같다.

본문: 고린도전서 15:33-34
주 요소: 어떻게 부활의 승리에 합당한 삶을 살아갈 수 있는가?
보충 요소: 부활의 승리 위에 견고함으로써, 흔들리지 않음으로써, 열정적으로 사역함으로써
빅아이디어: 부활의 승리 위에 견고하고 흔들리지 않고 열정적으로 사역함으로써 부활의 능력으로 살아가세요.

(2) 데이비드 알렌

데이비드 알렌은 철저한 주해 단계를 적용하여 요한일서 2:15-16의 빅아이디어를 다음과 같이 예증적으로 제시한다.[55]

주제(subject): 왜 세상을 사랑하지 말아야 하는가?
답변(complement): 하나님과 세상을 동시에 사랑하는 것이 불가능하고(15b-16), 세상은 영원하지 않으나 하나님의 뜻은 영원하기 때문이다(17절).
빅아이디어: 하나님과 세상을 동시에 사랑하는 것이 불가능하고, 세상은 잠시지만 하나님의 뜻은 영원하기 때문에, 성도는 세상을 사랑하지 말아야 합니다.

54　Robinson, *Biblical Preaching*, 44-45.
55　Allen, *Text-driven Preaching*, 120-33.

(3) 도널드 스누키안[56]

스누키안은 주해적 다리놓기 과정을 통한 성경적 아웃라인, 신학적 다리놓기 과정을 통한 보편적 아웃라인, 설교적 다리놓기 과정을 통한 설교적 아웃라인으로 발전시키는 과정을 잘 보여준다. 이를 통해 성경 당시 원 청중에게 일어났던(happened) 사건이 오늘날 청중에게 일어나는(happening) 사건이 될 수 있도록 연결되어야 한다고 강조한다.[57]

마가복음 4:35-41 주해적 아웃라인(passage outline)

빅아이디어: 순종한 후 어려움을 만났을 때, 하나님의 목적을 방해하려는 사단의 노력을 거부하고 하나님의 능력을 신뢰하라.

① 제자들은 절망케하는 위험한 폭풍 속에서 자신들을 발견하고 예수님께 순종하였다 (4:35-38).

② 예수님은 폭풍우를 잠잠케 하시고 제자들을 권면하여 하나님의 능력을 신뢰하게 하셨다(4:39-41).

신학적/보편적 아웃라인(truth outline)

① 때로는 우리가 하나님께 순종할 때 우리를 절망에 가득차게 하는 어려운 상황을 맞이할 수 있다.

② 이러한 일이 일어날 때, 우리는 사단의 공격에 대적하고 하나님의 능력을 신뢰해야 한다.

설교적 아웃라인(sermon outline)

① 제자들은 절망케하는 위험한 폭풍 속에서 자신들을 발견하고 예수님께 순종하였다.

② 이러한 일이 발생한 이유는 악한 세력이 하나님의 목적들을 방해하기 위한 것일 수 있다.

③ 순종한 이후 어려움이 닥칠 때, 하나님의 능력을 시험하게 만드는 사단의 공격을 대적하라.

---

56 Sunukijian, *Invitation to Biblical Preaching*, 37-41, 151-52.
57 Sunukijian, *Invitation to Biblical Preaching*, 27-29.

설교자가 주해적 다리놓기에서 잊지 말아야 할 한 가지 사실은 이러한 주해적 다리놓기 과정에서도 성령이 본문이 의도한 의미와 적용을 조명해 주시도록 철저히 의지하는 것이다. 본문의 단어 연구, 문법적 연구, 문예적 연구, 역사적 연구를 하는 과정뿐 아니라 설교의 '형태'(form)를 결정해 나가는 것도 성령의 조명과 인도하심에 의존해야 한다.[58] 성령의 주도적 역할에 대한 논의는 추후 상세히 살펴볼 것이다.

58 Heisler, *Spirit-Led Preaching*, 88-97.

제2장

원리화 과정을 통한 트랜스퍼링 방법론[1]

적용 패러다임을 위한 원리화(트랜스퍼링) 과정의 필요성

제1부부터 제3부까지 논의와 앞의 제1장의 주해적 다리놓기 과정 논의를 통해 '원리화' 과정의 필요성과 중요성이 여러 측면에서 제기되었다. 아이러니하게도 포스트모던 청중의 삶과 사회와 문화를 변혁시키는 적용 지향적 개혁주의 강해 설교를 회복하기 위해 해석학적 트랜스퍼링 패러다임의 중요성이 인정되고 있으면서도 오랫동안 미개간지로 남아 있다가 최근 들어서야 적용 해석학에 대한 연구의 씨앗이 심어지고 있다.[2]

그러나 성경적인 적용을 위해 필수적인 해석학적 원리화 과정이 내포한 의미와 중요성에도 불구하고, 몇몇 학자들이 신학적 다리(과정)의 중요성에 대한 재숙고와 함께 원리화 과정에 대한 논의의 물꼬를 열긴 했지만 여전히 구체적인 논의와 방법론을 제시하는 것은 부족하다고 볼 수 있다.[3]

---

1 본 장은 박현신, "원리화를 통한 트랜스퍼링 방법론에 관한 연구," 한국복음주의신학회, 「성경과 신학」 71 (2014): 225 67을 수정, 보완한 글임을 밝힌다.
2 최근 한국에도 적용 해석학에 대한 몇 권의 주요 서적이 소개되었다(Daniel Doriani, 『적용, 성경과 삶의 통합을 말하다』(*Putting the Truth to Work*), 정옥배 역 (서울: 성서유니온, 2009); Gary T. Meadors ed., 『성경 어떻게 적용할 것인가』(*Four Views on Moving beyond the Bible to Theology*), 윤석인 역 (서울: 부흥과 개혁사, 2009).
3 Keith Willhite, *Preaching with Relevance* (Grand Rapids: Kregel, 2001), 63; Jay E. Adams, *Truth Applied*: Application in Preaching (Grand Rapids: Zondervan, 1990), 39; Sydney Greidanus, *The Modern*

따라서 한국교회 설교자들은 청중의 삶과 사회를 변혁시키기 위해서는 먼저 성경적인 개혁주의 적용 해석학(applicatory hermeneutics)에 대한 필요성을 인식할 뿐 아니라, 구체적인 해석학적 원리화 과정에 대한 논의와 방법론을 모색할 필요가 있다. 여러 학자들이 원리화 과정의 필요성을 인식했지만, 이를 통해 원 청중을 향한 저자 의도적 적용이 현대 청중을 위한 현대적 적용으로 전이 혹은 '넘어가기'(transferring, 본서에서는 트랜스퍼링으로 표기함) 위한 구체적인 방법론과 기준(criteria)에 대한 논의가 필요하다.

카이저는 지적하기를, "가장 중요한 한 가지 해석 작업은 특정 본문이 원래의 환경과 문맥에서 의미했던 바를 밝히는 것에서부터 그 본문을 자신의 시대와 문화에 **적용**하는 것으로 옮겨가는 일(트랜스퍼링)"(필자 강조)임에도 불구하고 대부분의 목회자와 설교자는 이러한 해석학적 작업을 하기 위한 훈련을 거의 받지 못한 경우가 많다고 본다.[4]

본 장의 핵심 논지는 청중과 사회를 변혁시키는 성경적 설교의 트랜스퍼링을 위한 원리화 과정의 필요성을 인식하고, 트랜스퍼링의 기준을 분별하여 구체적인 원리화 다리놓기와 트랜스퍼링 방법론을 확립해야 한다는 것이다. 따라서 핵심 질문은 다음과 같다.

① 저자가 의도한 적용을 현대 지평으로 트랜스퍼링 하기 위해 원리화 과정이 왜 필요한가?
② 원리화 과정을 통한 트랜스퍼링(transferring) 과정에서 적용의 보편적인 원리를 발견(분별)하기 위한 '기준'(criteria)은 무엇인가?
또한 다양한 트랜스퍼링 모델들의 기여와 한계는 무엇이며, 성경과 역사적 모델에 기초한 트랜스퍼링의 기준은 무엇인가?
③ 원리화 과정을 통한 트랜스퍼링의 구체적인 5단계 방법론 요체는 무엇인가?

한마디로 이 장에서 원리화 과정을 통한 트랜스퍼링 패러다임과 5단계 방법론에 대한 이론적인 논의에 집중한 다음, 포브릿지 프리칭 단계를 체계화하기 위한 기초석을

Preacher and The Ancient Text (Grand Rapids: Zondervan, 1988), 169-71; Grant R. Osborne, *The Hermeneutical Spiral* (Downers Grove, IL: InterVarsity, 1991), 6; Timothy Warren, "A Paradigm for Preaching," *BSac* 148 (1991): 483; Warren, "The Theological Process in Sermon Preparation," *BSac* 156 (1999): 337-38; 특히 2009년에 출판된 카이저(Kaiser), 도리아니(Doriani), 밴후저(Vanhoozer), 웹(Webb)이 공저한 *Four Views on Moving beyond the Bible to Theology*는 적용에 있어서 원리화 다리에 대한 본격적인 논의를 시의적절하게 제시한 중요한 책이다.

4 Kaiser, "원리화 모델," in 『성경 어떻게 적용할 것인가』, 25.

놓고자 한다. 이러한 해석학적인 트랜스퍼링 방법론을 바탕으로, 한국교회의 실제 설교들의 원리화 과정과 적용 해석학적 차원의 분석과 실천적인 대안 제시는 차후 연구를 통해 전개할 계획임을 미리 밝혀둔다.

1. 원리화 다리놓기의 정의와 본질

본문이 이끄는 저자 의도적 적용에 초점을 맞춘 강해 설교를 추구하는 데 있어서 원리화 다리(principlizing bridge)가 필요한 이유와 원리화 과정을 위한 방법론의 요체는 무엇인지에 대한 실제적인 연구가 필요한 시점이다.

적절한 원리화 다리는 다양한 적실성 범주와 적합한 적용의 기초이면서, 적용적 주해 다리놓기를 통해 얻어진 저자 의도적 적용이 현대 지평으로 넘어가지 못함으로 생겨나는 적용의 오류들을 막는 중요한 기능을 한다.

적용 지향적 해석학(설교신학)을 새롭게 정립하고, 구체적인 적용을 찾기 이전에, 저자가 의도한 적용을 원리화 다리를 통해 현대 청중으로 건너갈 수 있게 해야 한다. 즉 성경의 지평에서 적용된 진리를 현대의 지평에 재적용하기 위해서는 주해 과정에서 발견한 원 적용의 DNA를 그대로 보존하면서도 현대적 적용으로 전이(轉移)시키기 위한 '원리화 과정'을 통해 보편적 원리(universal principle)를 분별하는 것이 필요하다.[5]

이러한 원리화 과정을 통해서 앞서 언급한 알레고리적 적용, 영해적 적용, 도덕주의적, 율법주의적 적용과 같은 대표적인 적용의 실수를 피할 수 있는 안전장치가 마련될 수 있다.[6] 그러나 원리화 과정이 목회적인 상황에 적합한 적용이 약화 혹은 함몰되게 하는 이론적(해석학적) 과정이라는 오해는 없어야 한다. 오히려 도덕주의적 혹은 율법주의적인 적용을 배제하고 청중 개인적 적용과 목회 공동체적인 적용이 살아 움직이는 설교에 동력을 불어넣는 역동적인 과정이다.[7] 원리화 과정은 저자가 의도한 원형적

---

[5] J. E. Adams, *Truth Applied: Application in Preaching* (Grand Rapids: Zondervan, 1990), 48; Walter C. Kaiser, *Toward an Exegetical Theology* (Baker Book House, Grand Rapids, 1981), 149–52; Timothy Warren, "The Theological Process in Sermon Preparation," *BSac* 156 (1999): 346. 원리화 과정의 구체적인 방법론을 위해서는 Klein, Blomberg, and Hubbard, *Introduction to Biblical Interpretation*, 483–85를 참조하라.

[6] Greidanus, *The Modern Preacher and the Ancient Text*, 159–66.

[7] Dennis E. Johnson, *Him We Proclaim* (Phillipsburg, NJ: P&R, 2007), 404.

적용을 보전할 수 있게 된다. 그리고 보편적인 원리(교리)의 프리즘을 통과할 때 다양한 적실성 범주와 연결된 적용이 총천연색으로 드러날 수 있게 된다.

성경 본문의 저자가 의도한 원 적용을 현 청중의 삶에 다양한 적실성 범주와 연결하여 트랜스퍼링(transferring) 하고 재적용(reapplication)하기 위해서는 주해적 다리놓기를 넘어, 교리적 다리놓기에서 추상화된 원리(abstracted principle)를 분별하는 '원리화 과정'(principlizing process)이 필요하다. 성경의 세계와 청중의 세계 사이에 존재하는 다양한 해석학적 간격에 다리놓는 원리화 과정은 성경신학적, 적용 해석학적, 조직신학적, 실천신학적인 다차원적인 공정이 필요하다. 왜냐하면 현대 청중을 위한 다양한 적실성 범주와 연결된 적용을 결정하기 위하여 비보편적인 문화적인 형태로부터 보편적 원리를 추출해내야 하기 때문이다.[8]

오스본은 이처럼 적용을 위한 교리적 요소의 필요성에 관하여 강조하면서, 설교자는 본문과 현재 사이에 있는 간격에 다리놓는 역할을 하는 신학적인 원리를 분별해야 한다고 말한다.[9] 보편적인 신학적 교훈들의 기둥으로 건축된 원리화 다리는 다양한 적실성 범주와 적합한 적용의 기초인 셈이다. 교리적 과정의 궁극적인 목적은 보편적으로 적용 가능한(applicable) 진리의 진술(명제)과 적실성 다리놓기 과정과 주해적 다리놓기 과정을 통해 고대 본문의 세계와의 간격에 다리놓기 하는 것이다.[10]

설교자들이 교리에 기초한 적용의 상실에서 기인하는 결과들을 피하기 위해서는 현 청중의 실제 삶의 상황과 연결된 적용의 뿌리를 저자의 의도에서 시작된 보편적인 원리(기준)에 입각하여 찾아야 한다는 것을 기억해야 한다.[11]

설교학자들이 적용을 발견하기 위한 신학적인 과정 혹은 두 지평의 간격을 연결하는 다리(overarching bridge) 혹은 '해석학적 아치'(hermeneutical Arc)에 대한 필요성을 인정하지만, 그들의 접근에는 체계적인 교리 중심적인 적용 패러다임 모델을 제안하는 노력이 부족하기 때문에 이상적이거나 지나치게 단순화시키는 경향이 있다.[12] 이러한 차

---

8 McQuilkin, "Limits of Cultural Interpretation," 114-15; Timothy Warren, "The Theological Process in Sermon Preparation," *BSac* 156 (1999): 346.
9 Osborne, *The Hermeneutical Spiral*, 318-65.
10 Warren, "The Theological Process in Sermon Preparation," 337; Warren, "A Paradigm for Preaching," *BSac* 148 (1991): 468.
11 Chapell, *Christ-Centered Preaching*, 227; Jerry Vines and Jim Shaddix, *Power in the Pulpit* (Chicago: Moody, 1999), 137-40.
12 Walter C. Kaiser, *Toward an Exegetical Theology* (Grand Rapids: Baker, 1998), 131; Warren, "A Paradigm for Preaching," 483; Richard, *Scripture Sculpture*, 120; Sunukijian, *Invitation to Biblical Preaching*, 55; James S. Farris, "The Hermeneutical Arc," *TJT* 4 (1988): 86-100; Doriani, *Getting the Message*, 143-44.

원에서 성경의 선지자들과 바울 그리고 역사적인 모델로 제시한 크리소스톰, 칼빈, 에드워즈, 브로더스의 신학적 과정의 다리를 강해 설교의 적용 패러다임 회복의 기초로 삼아야 한다. 개혁주의 신학에 정초한 교리적 원리들이 다차원적 적실성 범주와 성경적인 적용의 문을 열 수 있는 마스터 키 역할을 하기 때문에 설교자들은 반드시 교리적 다리놓기를 해야 한다.[13]

다시 말해, 적용적 다리놓기에서 원리화 과정은 합리적이고 적합한 기술을 가지고 두 세계 사이에 놓인 간격에 다리놓기 하기 위해서는 성경신학, 조직신학, 실천신학 영역에 상당한 소양이 요구된다.[14] 교리적 다리는 이론적인 전문성을 요구하는데, 7가지 교리에 기초한 보편적인 원리들은 성경적 설교의 다양한 적실성 범주와 연결된 적용의 관문을 여는 마스터 키들(master keys)이다.

앞서 정의한 것처럼, 강해 설교의 적용은 모든 해석의 주인(목적)으로서 청중과 사회를 변혁시키기 위해 성령의 주도(통제)하에 주해적, 신학(교리)적, 적용적, 변혁적 다리놓기(bridge-building)하는 적용 해석학적 과정이라고 할 수 있다. 성경적, 역사적, 현대적 모델에 기초한 네 다리놓기 적용 패러다임은 적용의 보편적인 원리를 구별하기 위한 건실한 해석학적 다리(hermeneutical bridge) 역할을 한다.[15]

이 패러다임은 3가지 목적, 즉 본문의(textual) 목적, 초월적(transcendent) 목적, 현대적(timely) 목적과 3가지 구별된 청중, 즉 원(original) 청중, 보편적(universal) 청중, 현대적(contemporary) 청중과 연결되어 있다(도형 4. 참조).

차후 논의하겠지만, 원리화 다리는 철저하게 저자가 의도한 혹은 본문 중심(text-driven)의 적용을 결정한 다음(주해적 다리), 저자가 의도한 원 적용들(original application)을 현대적 적용(적실성 다리)으로 넘어가도록 하기 위한 '구체성의 정도'(the level of specificity) 혹은 '추상 작용의 정도'(the level of abstraction)를 구별하는 해석학적 설교 과정과 밀접하게 연결되어 있다. 만약 저자가 의도한 원 적용이 현 청중의 지평으로 직접적으로 트랜스퍼링 될 수 없는 경우, 초문화적 규범(cross-cultural normativeness) 혹은 교리(신학)라는 트랜스퍼링 기준을 통해 추출된 보편적인 원리를 발견하기 위해서 원리화 다리가 필수적이다.

---

13 Osborne, *The Hermeneutical Spiral*, 344–47.
14 Osborne, *The Hermeneutical Spiral*, 6, 263–317.
15 Warren, "A Paradigm for Preaching," 482.

<도형 4. 3가지 목적, 3가지 청중>

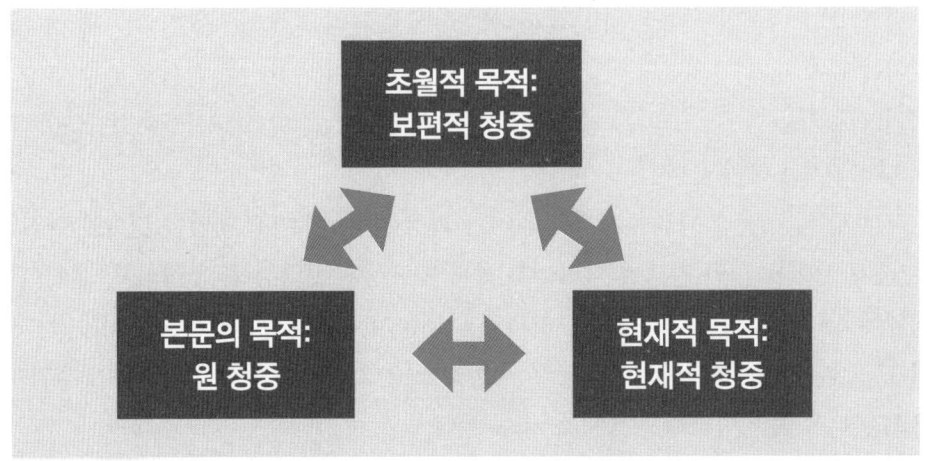

밀라드 에릭슨(Millard J. Erickson)에 따르면, 설교자들은 본문의 의미와 적용을 보편적 일반화를 통해 현대적 적용으로 나아갈 수 있게 하는 '원리의 기준'(the criteria for generalizability)을 최대치로 만족시킬 수 있는 '구체성의 정도'(the maximum degree of specificity)를 최적화해야 한다.[16] 아담스(J. E. Adams)는 성경의 원 청중 상황과 현대 청중 상황의 두 지평에 모두 적합한 요소들이 존재할 때, 적용된 진리에서 발전된 추상화된 원리(the abstracted principle)는 오늘날 재적용(reapplication)될 수 있다고 강조한다.[17] 이러한 원리화 다리를 통해 보편적 적용의 원리가 확보될 때 비로소 현대 청중의 다양한 적실성에 연결된 적용의 지평이 열릴 수 있다.[18]

이러한 해석학적 다리놓기 적용 패러다임 가운데 두 번째 단계에 해당되는 원리화 과정은 주해적 다리(저자 의도적 적용)을 전제한 것일 뿐만 아니라 적실성과 변혁적 다리놓기의 전제로 기능한다고 볼 수 있다.

그렇다면, '원리화'의 정의는 무엇인가?

해석학적 관점에서 원리화 과정을 정립한 카이저(Kaiser)는 원리화에 대한 이론적인 제시를 넘어, 이를 위한 적용 패러다임으로 "추상 작용의 사다리"(abstraction ladder)를 제시한다. 그는 원리화 과정의 모델로서의 추상 작용의 사다리를 "원리에서 낮은 차원

---

16 Millard J. Erickson, *Evangelical Interpretation* (Grand Rapids: Baker, 1993), 65.
17 Adams, *Truth Applied*, 48; Greidanus, *The Modern Preacher and the Ancient Text*, 169-71.
18 William W. Klein, Craig Blomberg, and Robert L. Hubbard Jr., *Introduction to Biblical Interpretation*, 2nd ed. (Nashville: Thomas Nelson, 2004), 483.

의 특수성으로부터 높은 지점의 일반성으로 올라가고 현대 문화에의 구체적인 적용으로 다시 내려오는, 연속적으로 이어지는 범주화"로 정의한다.[19]

〈도형 5. 추상 작용(원리화) 사다리 모델〉

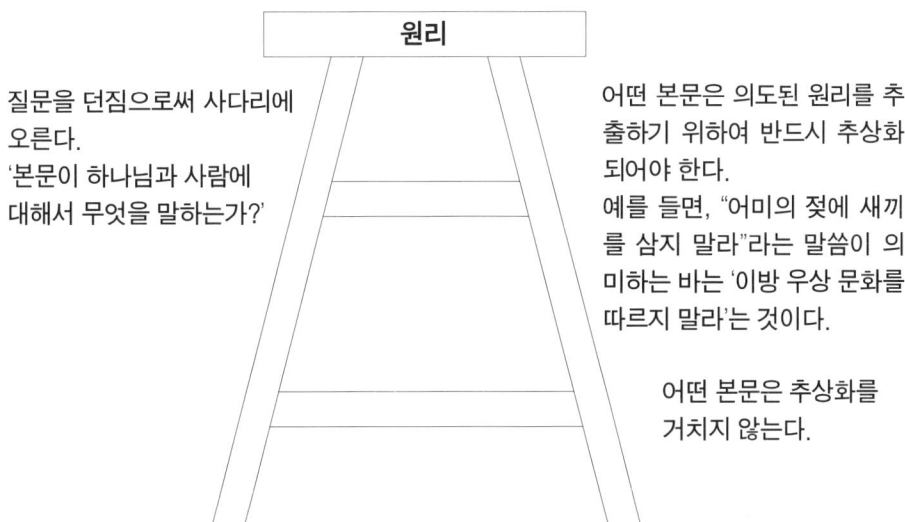

위 그림은, "어미의 젖에 새끼를 삼지 말라"(출 23:19)라는 구약의 원 청중을 향한 율법의 말씀이 보편적인 원리로 올라가면서 '이방 우상 문화를 따르지 말라'라는 의미가 발견(분별)된 후에 현대적 지평으로 내려오면서 현대 청중을 향한 적용인 '현대 문화의 우상을 따르는 행동을 삼가라'로 발전하는 원리화 모델을 보여준다.

이와 연관된 차원에서 카이저의 모델은 추상 작용의 사다리를 통한 원리화 과정의 예를 바울이 사용한 신명기 25장 4절을 통해 보여준다. 고대의 문화에 한정된 이 말씀은 원리화 과정을 통과하지 않으면 적용이 불가능하기에, 바울은 원리화 과정을 통해 고린도교회 청중을 향해 목회자에게 사례를 해야 할 신앙적 의무가 있다는 목회적, 공동체적 적용을 제시한다(고전 9:9-12).

---

[19] 원리화를 위한 추상 작용의 사다리에 대한 선구적인 논의를 위해서는 Kaiser, *Toward Rediscovering the Old Testament* (Grand Rapids: Zondervan, 1987), 164-66을 참조하라.

고대의 특정한 상황(곡식을 떠는 소)에서부터 추상 작용의 사다리 왼쪽 편을 타고 올라가 정점에 이르러 신학적(보편적) 원리화 과정("네 이웃을 사랑하라")을 통과한다. 그리고 오른쪽 아래쪽 방향으로 사다리를 내려오면서 현대 청중의 구체적인 상황에 적용할 수 있게 된다.[20] 원리화 과정의 성경적 모델을 보여주는 바울의 설교 원리화의 방법(과정)을 다음과 같이 제시해 볼 수 있다.[21]

〈도형 6. 추상화 다리 패러다임〉

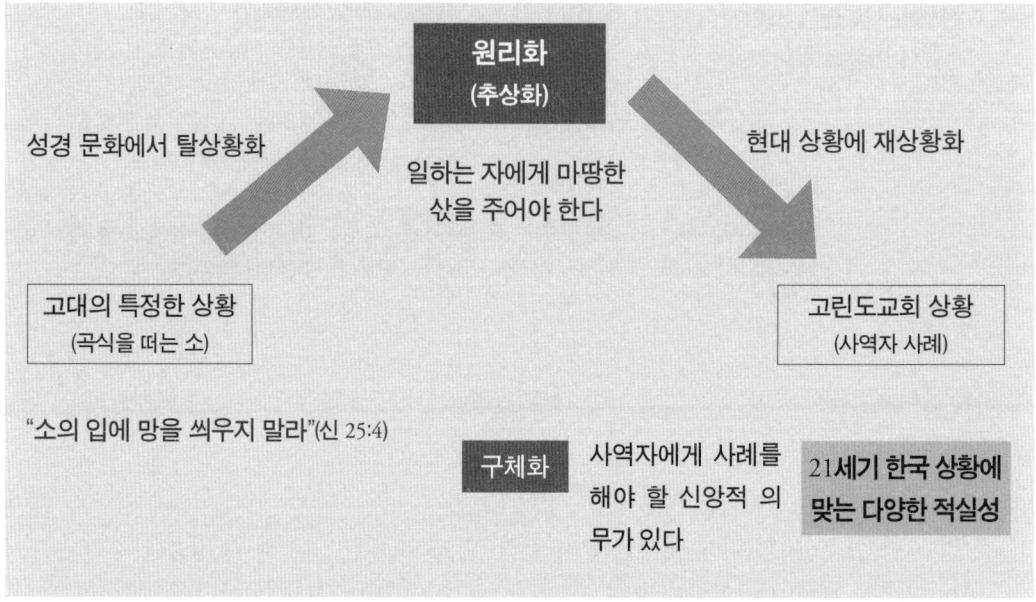

이러한 입체적인 원리화 과정을 통해 설교자는 본문 저자가 의도했던 의미를 초시간적인 진리(명제)로 트랜스퍼링 한 다음 현 청중의 상황에 재적용해야 한다.[22]

---

20 Walter Kaiser, "Applying the Principles of the Civil Law: Deuteronomy 25:4; 1 Corinthians 9:8-10," in the Use of the Old Testament in the New (Chicago: Moody Press, 1985 reprint, Eugene, OR: Wipf and Stock, 2001), 203-20. 이러한 '추상 작용의 사다리'를 통한 원리화 패러다임을 적용하는 예로서, 안락사, 여성과 교회(권위), 노예, 동성애, 낙태 혹은 배아줄기세포 연구에 대한 카이저의 상세한 논의에 대해서는 Kaiser, "원리화 모델," 37-61을 참조하라.

21 Walter Kaiser, "Applying the Principles of the Civil Law: Deuteronomy 25:4; 1 Corinthians 9:8-10," in The Use of the Old Testament in the New (Chicago: Moody Press, 1985 reprint, Eugene, OR: Wipf and Stock, 2001), 203-20. 한 가지 주의할 점은, 적용을 위한 원리화 과정의 필요성에 대해서는 여러 해석학자들이 동의하지만 접근 방식과 견해의 차이에 따라 여러 모델이 상보적으로 존재한다. 이 부분에 대해서는 Gary T. Meadors ed., Four Views on Moving beyond the Bible to Theology가 가장 탁월한 안내서라고 할 수 있다.

22 Walter C. Kaiser, Toward an Exegetical Theology (Baker Book House, Grand Rapids, 1981), 149-52. 그

사실상, 카이저뿐만 아니라 여러 학자들은 철저한 본문 주해 작업에 뿌리를 둔 원리화 혹은 적용의 다리(principlizing or application stage)가 필요하다는 것을 강조하고,[23] 여러 설교학자들도 원리화 다리의 필요성을 인식하고 있다. 특히 성경의 메시지에 담긴 적용의 보편적인 원리를 분별하기 위해 도리아니는 모든 성경의 본문에서도 적용을 찾을 수 있다는 것을 기대하고, 적용은 본문의 지평과 현대 청중 사이의 해석학적 간격을 다리놓기 하며 원리화하는 과정을 통해 기본적으로 오늘날과 동일한 원리로 직접 연결될 수 있다고 역설한다.[24] 예를 들어, 도리아니는 구약의 율법 조항들 중에서 특수한 기준에 대한 원리화 과정의 모델을 보여준다.[25]

중요한 점은, 이 과정에서 강해 설교자는 어떻게 본문에 함의된 저자 의도적 적용의 '구체성의 단계'(the level of specificity) 혹은 '옮겨가기의 정도'(the degree of transferring)

러나 본문 혹은 저자가 의도한 의미에 기초한 적용의 원리(화)에 대해서는 복음주의권 학자들의 견해가 대부분 일치하고 있지만, 원리화를 확립하는 해석학적 방법에 대해서는 다양한 접근을 보이고 있다(Elliott E. Johnson, *Expository Hermeneutics*[Grand Rapids: Zondervan, 1990], 229-30). 카이저의 원리화 모델에 대한 도리아니(Doriani), 밴후저(Vanhoozer), 웹(Webb)의 견해(비교)와 논평을 위해서는, Gary T. Meadors ed., 『성경 어떻게 적용할 것인가』, 70-103을 참조하라. 데이비드 K. 클락(David K. Clark)은 원리화에 대한 매우 비판적인 입장을 피력한다(David K. Clark, *To Know and Love God: Method for Theology* [Wheaton, IL: Crossway, 2003], 91-98).

[23] 버나드 램(Bernard Ramm)은 영해(spiritualizing)에 대한 온전한 대안으로서 원리화(principlizing)의 필요성을 주장했고, 램 이후에 여러 학자들도 본문(해석)과 적용(청중) 사이를 연결하는 원리화 과정이 필요하다고 보았다. 로이 주크(Roy Zuck)은 이를 "원리화 다리"(principlizing bridge)로 강조한다(Roy Zuck, "Application in Biblical Hermeneutics and Exposition," in *Walvoord: A Tribute*, ed. Donald K. Campbell [Chicago: Moody Press, 1982], 26). 맥퀼킨(McQuilkin)도 성경 본문에서 근거한 적법한 원리화 과정을 통해 현대적 적용을 발견할 수 있다고 본다(J. Robertson McQuilkin, "Normativeness in Scripture," in *Hermeneutics, Inerrancy and the Bible* [Grand Rapids: Zondervan, 1984], 221). 버클러(Virkler)는 이러한 원리화 과정을 초문화적 규범을 분별하기 위해 필요한 해석학적 과정으로 진술한다(Henry A. Virkler, "A Proposal for the Transcultural Problem," in *Rightly Divided*, ed. Roy Zuck [Grand Rapids: Kregel Publishers, 1996], 242-44). 클라인(Klein), 블롬버그(Blomberg), 허바드(Hubbard)는 원리화 과정의 구체적인 방법론을 제시한다(KBH, *Introduction to Biblical Interpretation*, 483-85).

[24] Daniel Doriani, *Getting the Message* (Phillipsburg, NJ: Presbyterian and Reformed, 1996), 141-44.

[25] Doriani, *Getting the Message*, 146-47. 본문(출 21:28-29)은 상해에 관한 하나님의 명령을 이스라엘 백성들에게 제시하는 문맥이다. 이스라엘 백성들은 농장에서 일을 할 때 소를 활용하면 더욱 편리하였지만 소가 다른 사람들에게 상해를 입힐 가능성이 있었다. 이러한 경우에 본문은 우발적으로 상해가 발생했을 경우에는 소는 죽이되 그 소의 주인을 상해하거나 죽이지 못하게 하는 반면, 소의 공격적 성향을 알고 경고를 받았음에도 불구하고 주인이 소를 단속하지 못함으로 발생하는 상해가 생긴 경우는 소와 그 주인을 함께 죽이도록 규정한다. 여기서 원리화 다리를 놓는 보편적인 기준은 고대 소와 같은 모든 종류의 위험한 기구들을 운영하는 주인은 그 기구가 다른 사람을 상해하지 않도록 주의해야 하고, 그 위험성에 경고를 받은 후에도 부주의함으로 다른 사람이 상해받게 해서는 안 된다(법적 심판을 받아야 함)는 방향으로 의미를 잡아나갈 수 있다. 구체성의 정도를 분별하면서 현대 상황에 적용하자면, 현대 청중은 대부분 소를 키우며 활용하는 일을 하지 않기에 농업뿐만이 아니라 생활과 사업에 쓰이는 기계나 용품, 차량이나 현대인에게 유용한 기계 등을 사용할 때 다른 사람이 피해를 입지 않도록 주의해야 한다는 적용으로 연결시킬 수 있다.

를 적용 해석학 눈금자로 측정하는가이다. 설교자가 건너야 할 성경 지평과 현대 지평 사이에 놓인 '해석학적 강'(hermeneutical river)의 너비를 측정한 결과에 따라 '직접적 적용'(direct application)의 다리놓기로 건널 것인지, 원리 중심의 '간접적인 적용'(principle-based application) 다리놓기를 통해 건너갈 것인지를 구별할 수 있는 적용 해석학 차원의 측정기가 필요한 것이다.[26]

'문화적 유사성'이라는 기준으로 비추어 볼 때 본문의 상황과 현대 청중이 유사한 구체성을 해석학적으로 많이 공유할수록(구체성의 정도가 높아지기에) 직접적인 트랜스퍼링의 가능성이 높아진다.[27] 만약 저자 의도적 적용이 초문화적인 보편적 원리의 차원이라면 원리화 다리를 통해 해석학적 강을 건너 현대 청중 가운데 재상황화를 해야 한다.[28]

앞서 5가지 정도의 패턴으로 분석한 것처럼, 이러한 적용 해석학적 강을 건너는 원리화 과정에서 직접적이냐 간접적이냐라는 기본적인 구별뿐만 아니라 여러 가지 유형을 구분해야 한다. 즉 직접적 적용과 간접적 적용이 어느정도 혼합되어 있는 경우(출 20:17)와 본문의 문맥 속에서 세부적인 적용에 대한 원리가 제시되어 있는 경우(고전 6:12; 10:23, 31)와 원리를 명확히 제시하지 않는 경우(롬 16:16)로 구별할 수 있는 해석학적 눈이 필요하다.

그렇다면 본 장에서 상세히 살펴보려는 것은, 저자가 의도한 원 적용이 내포하고 있는 구체성의 정도(the level of specificity)를 평가하기 위한 원리화 과정의 기준과 이에 근거한 방법[29]이다. 이를 통해 본문이 이끄는 적용의 해석학적 정당성을 확보해 보는 것이 필요하다.

히브리서의 원 청중을 향한 저자의 원 적용을 발견한 다음 원리화 다리놓기를 통해 현대 청중의 상황으로 건너가기 전에 건너야 할 '해석학적 강'(hermeneutical river)의 너비를 측정하는 단계가 필요하다. 카터(Carter), 듀발(Duval), 헤이즈(Hays)는 히브리서 12:1-2의 예를 통해 이렇게 이 단계를 요약한다.[30]

---

26 Daniel J. Estes, "Audience Analysis and Validity in Application," *BSac* 150 (1993): 228-29; Klein, Blomberg, and Hubbard, *Introduction to Biblical Interpretation*, 485; Carter, Duval, and Hays, 『성경설교』, 63-64, 70.

27 Gordon Fee and Douglas Stuart, *How to Read the Bible for All Its Worth* (Grand Rapids: Zondervan, 1993), 75.

28 Carter, Duval, and Hays, 『성경설교』, 65-68.

29 Klein, Blomberg, and Hubbard, *Introduction to Biblical Interpretation*, 498-99; Grant R. Osborne, *The Hermeneutical Spiral* (Downers Grove, IL: InterVarsity, 1991), 263-317.

30 Carter, Duval, and Hays, 『성경설교』, 70.

〈표 4. 원 청중과 현 청중의 비교(히 12:1-2)〉

원 청중과 현 청중의 차이점	☑ 현대 청중은 히브리서 당시 초대교회 청중이 경험했던 불 시험과 물리적인 박해를 겪을 필요가 없고, 그 핍박과 어려움을 피하기 위한 유대주의의 유혹도 없다.
원 청중과 현 청중의 공통점	☑ 이미와 아직 사이의 종말론적 관점에서 볼 때, 그리스도의 죽음과 부활 이후에 여전히 적대적인 세상 가운데 살고 있는 현 청중도 온전한 그리스도인으로 살기 위해 견디고 발버둥 치면서 장거리 경주를 하고 있다. ☑ 현 청중에게도 신실하게 믿음의 길을 달려간 많은 믿음의 선배들이 있으며 현 시대의 다른 종류의 고난을 피하기 위해 더욱 '그럴 듯하게 보이는' 종교적 신념(예, 다원주의)에 유혹당할 것이다
히브리서 12:1-2 안에 담긴 신학적 원리 즉 적용의 기초가 되는 보편적인 원리	☑ 그리스도인의 삶은 믿음의 인내가 요구되는 장거리 경주와 같다 ☑ 먼저 앞서 간 성도들은 귀중한 인내의 예를 제공한다. 현 청중에게 닥친 인내의 경주를 위해서는 원 청중의 인내를 주목해야 한다 ☑ 현대 청중이 믿음의 경주를 완수하기 위해서는 삶에 방해되는 요소들을 거부해야 한다. ☑ 특히 믿음의 경주를 달려나갈 때 믿음의 주요 온전케 하시는 예수님을 바라보아야 한다

2. 원리화 과정 패러다임의 필요성을 넘어

그렇다면 설교자가 해석학적 적용 다리놓기를 시도할 때 이러한 본질을 내포한 원리화 과정 패러다임이 반드시 필요한 이유는 무엇인가?

첫째, 성경의 원 청중과 현대의 청중 사이에 존재하는 역사적이며 문화적인 간격(gap)을 다리놓기 하는 해석학적 패러다임을 구축하기 위해서는 저자가 의도한 의미와 적용으로부터 교리적 기준에 입각한 보편적 원리(현대적 적용이 가능한)를 추출하는 원리화하는 기술(principlizing skills)이 필요하기 때문이다.[31]

31　McQuilkin, "Limits of Cultural Interpretation," 114-15; Warren, "The Theological Process in Sermon Preparation," 346; Warren, "A Paradigm for Preaching," 468; Osborne, *The Hermeneutical Spiral*, 318-65; Johnson, *Expository Hermeneutics*, 234-35.

강해 설교자들은 저자 의도적 적용의 목적을 견지하면서 두 청중의 문화 간격을 넘어가게 해 주는 상황화를 통한 원리화 다리놓기가 필요하다.[32]

둘째, 원리화 과정의 부재로 인해 파생할 수 있는 여러 가지 불균형적 설교의 패턴을 피하기 위해서이다.

예를 들어, 원리화 다리가 끊어짐으로 말미암아 알레고리화(allegorizing), 영해화(spiritualizing), 혹은 도덕적 모범(moralizing-example) 혹은 율법주의(legalism)와 같은 적용 해석학적 후폭풍을 초래할 수 있다.[33] 설교자들이 이러한 전형적인 적용 오류를 교정하기 위해서는, 철저히 저자의 의도에 뿌리를 둔 해석학적 적용 패러다임과 원리화 다리놓기를 통한 트랜스퍼링 과정이 필요하다는 것을 기억해야 한다.[34]

셋째, 원리화 다리놓기의 필요한 이유는 다양한 신학적, 교리적 요소(기준)를 포함하면서도 다차원적 적용으로 나아가는 그리스도 중심적(구속사적 원리화 초점) 설교를 추구하기 위해서이다.

설교자들은 그리스도 중심적 원리화 다리 혹은 구속사적인 렌즈를 통과한 적용을 추구해야 하지만, 그것보다 다중초점 교리의 렌즈가 필요하다는 것과, 성경 지평과 현대 지평 사이에 놓인 역사적, 문화적, 신학적 간격을 연결하는 '원리화 다리'(principlizing bridge)가 필요하다는 것을 인식해야 한다.[35]

그렇다면 이러한 체계적인 원리화 다리를 구축함으로써 어떠한 '결과'를 기대할 수 있는가?

적용이 간과된 구속사적 설교나 적용 지상주의적 인본적 설교의 양 극단을 극복하면서 신학적(구속사를 포함한) 원리와 목회적 적용이 살아있는 균형 잡힌 적실성 범주를 회복할 수 있다. 그레이다누스는 삶 자체만큼이나 폭 넓은 그리스도 중심적 적용의 가

---

32 Haddon W. Robinson, *Biblical Preaching*, 2nd ed. (Grand Rapids: Baker, 2003), 89-90; Hershael W. York and Bert Decker, *Preaching with Bold Assurance* (Nashville: Broadman & Holman Publishers, 2003), 78-79; Grant R. Osborne, "Preaching the Gospels: Methodology and Contextualization," *JETS* 27 (1984): 27-30.

33 Greidanus, *The Modern Preacher and the Ancient Text*, 159-66; G. Waldemar Degner, "From Text to Context: Hermenuetical Principles for Applying the Word of God," *Concordia Theological Quarterly* 60 (1996): 274. 알레고리적 해석과 적용에 대한 대안으로서 원리화를 통한 적용에 관한 상세한 논의와 예를 위해서는 Henry A. Virkler, "A Proposal for the Transcultural Problem," in *Rightly Divided* Roy Zuck ed. (Grand Rapids: Kregel Publishers, 1996), 231-38을 참조하라.

34 Chapell, *Christ-Centered Preaching*, 227; Jerry Vines and Jim Shaddix, *Power in the Pulpit* (Chicago: Moody, 1999),137-40; Sunukijian, *Invitation to Biblical Preaching*, 27- 29.

35 구속사 및 다양한 교리에 기초한 다리놓기 혹은 원리화 다리놓기를 통한 바울의 적용 패러다임은 이후 칼빈과 에드워즈의 설교 적용 패러다임에도 찾아 볼 수 있다.

능성들을 활짝 열어 두라고 강조한다. 그레이다누스는 다음과 같이 공언한다.

구속사적 전진은 그리스도 중심적인 초점뿐만이 아니라 현대적 적용의 초점을 제공할 수 있다.[36]

그럼에도 불구하고 그레이다누스가 제시한 적용의 예를 냉철히 평가해 보자면, 그의 적용 방식은 구체적 적용이나 목회적인 적용에 대한 부분에 있어서 약점을 보이면서, 그리스도 중심적 적용에 포커스를 맞추는 경향이 있다. 예를 들어, 그레이다누스의 창세기 22장 설교의 구속사적 적용은 요한복음(1:29; 3:16)과 연결하면서 "주님께서는 자신의 백성을 살리기 위하여 희생양으로 자신의 독생자를 주신다"라고 끝맺으면서 목회적인 적용은 거의 제시하지 않고 있다.[37]

그래함 골즈워디(Graham Goldsworthy)는 해석학적 열쇠와 율법주의에 대한 최상의 대안인 예수 그리스도의 인격과 사역으로서 복음의 초점을 유지하면서,[38] 교리적 강해 설교를 위해서는 복음 중심적 명령(적용)이 필요하다고 강조한다. 그는 구속사의 보다 "넓은 문맥이 적용을 위해서는 반드시 필요하다"고 본다.[39] 그럼에도 불구하고, 골즈워디의 구속사적 설교 패러다임은 목회적인 차원에서 이상적인 면과 추상적인 약점을 내포하고 있다.

데니스 존슨(Dennis Johnson)은 이러한 이론적인 차원의 구속사적 설교가 가진 구체적인 목회적 적용의 부재를 비판하면서, "목회적 적용과 균형을 이룬 구속사적 설교"를 제안한다.[40] 구속사적 설교는 설교자의 "행동 변화에 대한 촉구가 적용에 있어서 성령의 역할을 침해하고 인간 중심적인 도덕주의에 빠지지 않을까 하는 두려움으로 인해" 구체적인 적용에 대한 모종의 경계를 하는 경향이 있다.[41] 그러나 이론적인 그리스도 중심적 혹은 구속사적 설교와 달리, 교리적 다리놓기를 통한 강해 설교의 적용은

---

36 Greidanus, *Preaching Christ from the Old Testament*, 239, 291.
37 Greidanus, *Preaching Christ from the Old Testament*, 318; idem, *Preaching Christ from Genesis* (Grand Rapids: Eerdmans, 2007), 478-501.
38 Graham Goldsworthy, *Preaching the Whole Bible as Christian Scripture* (Grand Rapids: Eerdmans, 2000), 32-33, 84-86, 244; Chapell, *Christ-Centered Preaching*, 270-72.
39 Goldsworthy, *Preaching the Whole Bible*, 120, 237.
40 Dennis E. Johnson, *Him We Proclaim* (Phillipsburg, NJ: P&R Pub., 2007), 54, 404.
41 Doriani, *Putting the Truth to Work: The Theory and Practice of Biblical Application* (Phillipsburg, NJ: P&R., 2001), 295-96.

목회적인 상황 안에서 도덕주의적 혹은 율법주의적 적용을 배제하고 다양한 적실성 범주와 연결된 윤리적 적용을 추구한다.[42]

그러므로 설교자들이 견고한 교리적 다리놓기를 통해 적용 패러다임을 구축할 때, 부적합한 적용의 양산을 피할 수 있을 뿐만 아니라 저자가 의도한 원형적 적용을 보전할 수 있게 된다. 그리고 보편적인 원리(교리)의 프리즘을 통과할 때 다양한 적실성 범주와 연결된 적용이 총천연색으로 드러날 수 있게 된다.

넷째, 기존 모델들의 한계를 넘기 위해 원리화 과정의 필요하다.

설교학자들은 적용의 보편적인 원리를 분별하기 위한 원리화 다리 혹은 성경의 지평과 현대의 지평을 연결하는 다리(overarching bridge)에 대한 필요성을 강조한다.[43] 개혁주의 성경신학에 정초한 주해적 다리에서 발전된 원리화 과정은 현대적 적용의 문을 열 수 있는 마스터 키 역할을 하기 때문에 설교자들은 반드시 상황화된(적용된) 진리의 차원으로서 저자가 의도한 의미와 적용(signification)을 보편화(universalizing) 혹은 탈상황화(decontextualizing)하고, 이것에서 현대 청중을 위한 적용(significance)을 추출하는 특수화(particularizing) 혹은 재상황화(recontextualizing)하는 교리적 다리놓기를 해야 한다.[44]

만일 이러한 보편화 및 특수화 과정을 장착한 원리화 다리가 부실하게 되면, 저자가 의도한 의미와 적용에서 기인한 보편적 원리의 현대적 적용보다 오히려 설교자의 의도가 담긴 적용으로 나아갈 문을 열어 놓게 된다.[45] 그러나 아치형 모델 혹은 보편화/특수화 모델은 원리화 과정에 대한 추상적인 방향성을 제공하지만, 어떻게 보편화/특수화해서 아치형 다리를 건너가야 할 것인지에 대한 구체적인 방법론을 제시하는 데는 한계를 보이고 있다. 따라서 원리화 과정과 추상 작용의 사다리를 타기 위한 해석학적 패러다임과 기준을 세워야 한다.

---

42 Chapell, "Application without Moralism," 289–93; Timothy Keller, "Preaching Morality in an Amoral Age," in *The Art & Craft of Biblical Preaching*, 166–70.

43 Kaiser, *Toward an Exegetical Theology*, 131; Warren, "A Paradigm for Preaching," 483; Richard, *Scripture Sculpture*, 120; Sunukijian, *Invitation to Biblical Preaching*, 55; James S. Farris, "The Hermeneutical Arc," *TJT* 4 (1988): 86–100; Doriani, *Getting the Message*, 143–44.

44 Osborne, *The Hermeneutical Spiral*, 344–47; Erickson, *Evangelical Interpretation*, 11–32; Klein, Blomberg, and Hubbard, *Introduction Biblical Interpretation*, 483–503; J. S. Duval and J. D. Hays, *Grasping God's Word* (Grand Rapids: Zondervan, 2001), 204–12; Robert H. Stein, "The Benefits of an Author-Oriented Approach to Hermeneutic," *JETS* 44 (2001): 451–66.

45 Millard J. Erickson, *Old Wine New Wineskin* (Grand Rapids: Baker, 1997), 134–40.

3. 원리화 과정을 위한 트랜스퍼링의 기준

앞에서는 적용 해석학적 다리놓기 패러다임 구축을 위해서 원리화 과정의 본질에 대한 인식과 이 과정에 대한 설교학적 필요성에 대해 논의하였다. 그렇다면 이제는 이러한 원리화 과정을 구체적으로 실행하기 위한 방법론에 논의의 초점을 이동할 필요가 있다. 설교자들은 교리 중심의 적용 패러다임이 필요할 뿐만 아니라, 기존의 해석학적 논쟁을 넘어 보편적 원리를 발견하기 위해서 교리 중심적 기준을 투영하고 분별할 수 있게 해 주는 해석학적 렌즈가 필요하다.[46]

이를 위해서는 현대의 다양한 모델들을 평가하고, 트랜스퍼링에 대한 상반된 견해(논쟁)을 넘어, 성경과 역사적 모델 분석을 통해, 균형 잡힌 원리화 과정을 통한 트랜스퍼링 기준을 확립하는 방향으로 항해키를 돌려야 한다.

1) 2가지 기준을 중심으로 구축된 원리화(트랜스퍼링) 모델들을 넘어

첫째, 라메시(Ramesh)는 2가지 초점(성경과 현대) 사이를 연결하는 '적용적 다리'(applicational bridge) 모델을 제시한다.

그는 본문 지평에서의 '적용적 해석'(applicatory interpretation)과 현대 지평에서의 '해석된 적용'(interpreted application)으로 유기적인 연속성을 강조한다.[47] 리차드(Richard)에 따르면, 적용의 "구체성과 규정성"(specificity and prescriptivity)과 함께 '추상 작용의 정도'를 가늠하기 위한 2가지 기준(criteria)은 저자가 의도한 원 적용과 연관된 청중-준거(audience-reference)와 현대 교회의 적실성과 관련된 청중-특성(audience-trait)이다.[48]

---

46 York and Decker, *Preaching with Bold Assurance*, 79; McQuilkin, *Understanding and Applying the Bible*, 258–65; Doriani, *Getting the Message*, 144–48.

47 Ramesh Richard, "Application Theory in Relation to the Old Testament," *BSac* 144 (1986): 311; Richard, "Levels of Biblical Meaning," *BSac* 143 (1986): 129–31.

48 Richard, "Application Theory in Relation to the New Testament," 207–14; J. Robertson McQuilkin, "Limits of Cultural Interpretation," *JETS* 23 (1980): 122. 리차드(Richard)는 성경의 구체적인 명령들을 보편적인 원리로 트랜스퍼링시키기 위한 기준을 다음과 같이 제시한다. (1) 성경 안에 있는 어떠한 윤리들에 대한 원리화 기준(the level of abstraction)을 결정하라. (2) 적용에 있어서 역사적으로 그리고 문화적으로 독특한 상황을 고려하라. (3) 현대 적용과 연결된 보편적인 윤리적 원리와 비보편적인 원리를 구별하라. (4) 윤리적 적용의 원리를 결정하기 위한 보편적 기준을 분별하기 위해서는 여기서 구체적으로 적용된 말씀이 성경의 다른 부분에도 명확하게 진술된 원리인가를 질문하라. 성경의 다른 곳에서 동일한 혹은 유사한 상황이 어떻게 다루어지고 있는가? (5) 성경 안에서 나타나고 있는 하나님의 목적과 영원한 뜻을 지향하라. (6) 윤리적 원리에 기초한 적용과 원리에 기초하지 않은 적용으로 인해 발생할 수 있는

그러나 비록 리차드의 두 다리놓기로서의 적용 패러다임은 '적용적 해석'이라는 새로운 개념을 도입했고, 건전한 해석학적 기초와 신약적, 구약적 관련성(정당성)을 제시함으로써 중요한 기여를 하였지만, 원리화 다리놓기와 트랜스퍼링 기준과 방법론에 대한 구체적인 논의에 있어서 한계를 보이고 있다.

둘째, 카이저와 로빈슨을 필두로 한 학자들은 '추상 작용의 사다리'를 통해 어떻게 원리화 과정을 통과할 것인가를 잘 보여준다. 적용의 보편적인 원리를 결정하는 트랜스퍼링 과정을 위한 2가지 초점(foci)은 하나님의 성품과 인간의 죄성이다.

로빈슨은 강해 설교 관점에서, 구체적 조건에서 보다 일반적인 조건으로 올라가는 추상 작용 사다리(Abstraction Ladder) 모델을 제시하면서, 하나님의 성품과 인간의 죄성으로 대별되는 2가지 교리적 요소들에 설교자들이 주의를 기울일 것을 당부한다.[49]

이 모델은 적용의 보편적 원리를 분별하기 위한 2가지 교리의 중요성과 선구적인 트랜스퍼링 원리화 모델을 제시하는 공헌했지만, 보다 광범위하고 입체적인 성경적 모델과 역사적 모델에 대한 연구를 기초로 더욱 다양한 원리화 기준을 제시하는 데는 한계를 보인다. 즉 이 모델은 다초점 교리 렌즈를 통해 조망할 수 있는 구체적인 트랜스퍼링 방법론을 보여주는 데는 한계를 가지고 있다.

2) 원리화 과정의 트랜스퍼링 기준에 대한 필요성을 넘어서(두 상반된 견해를 넘어서)

에릭슨이 지적한 대로, 적용의 원리들을 식별하기 위한 기준(criteria)의 '필요성'에 대해서는 널리 인정되고 있지만 '어떻게' 그 원리를 인식하고 분별할 수 있을 것인가에 대한 해석학적, 설교학적 방법론을 제안하는 연구에 대해서는 상대적으로 관심이 적었다.[50] 예를 들어 카이저나 로빈슨과 같은 경우에도, 청중을 향한 적용 이전에 반드시 세워야 할 보편적 원리를 찾는 구체적인 방법에 대해서는 충분한 논의를 제공하지 못하고 있다.[51]

해석학적 문제를 인식하라. (7) 적용의 보편적인 원리를 결정하기 위한 단서로서 기능하는 언어적 장치를 찾아보라. (8) 만약 필요하다면, 보편적인 원리에 뿌리박고 있는 적용에 순종하는, 변혁된 삶에 헌신하라 (Richard, "Application Theory in Relation to the New Testament," 212–14).

49 Robinson, "The Heresy of Application," 25; Fabarez, *Preaching that Changes Lives*, 43–47; Chapell, *Christ-Centered Preaching*, 199–203; Sunukijian, *Invitation to Biblical Preaching*, 51.
50 Erickson, *Evangelical Interpretation*, 65.
51 Kaiser, *Toward an Exegetical Theology*, 151–63; Robinson, *Biblical Preaching*, 92–93.

바로 이 이슈에 관해 많은 해석학자들과 설교학자들이 침묵하고 있는 상황 가운데, KBH(Klein, Blomberg, and Hubbard)는 성경 안에 있는 많은 본문들이 보편적인 원리들 혹은 문화적으로 제한된 적용들로 분명히 밝혀지지 않고 있기 때문에 적용의 보편적 규범(원리)에 대한 2가지 상반된 견해들이 있다고 분석한다.[52]

그렇다면 두 상반된 주장(해석학적 논쟁)의 기본적인 전제와 근저에 있는 논거는 무엇인가?

첫째, 맥퀼킨의 경우는 보편적인 적용의 원리를 찾기 위한 해석학적 기본 전제가 분명하다.

> **성경의 의미와 형태는 성경 자체에서 특별한 제한성(limitation)을 지적하고 있지 않는 이상, 영원한 계시와 보편적 원리(normativeness)를 지향하고 있다.**[53]

맥퀼킨의 전제에 대하여 혼동하지 않아야 할 점은, 이러한 보편적인 적용의 윤리적 원리를 분별하기 위한 기준과 성경적 규범에 관한 맥퀼킨의 해석학적 입장은 구체적인 문화적 가르침 근저에 있는 '원리'만이 규범적이라는 것이 아니라는 점이다. 그의 전제는 '문화적인 형태'(cultural form)도 성경 자체가 그것을 적용으로 트랜스퍼링 시키는 데에 있어서 제한성을 내포하고 있다고 명시하지 않는 한 규범적인 차원이므로, 보편적인 원리화 과정을 거쳐 현대 청중(독자)에게 트랜스퍼링 될 수 있다는 것이다.[54]

둘째, 동일한 맥락에서 이러한 맥퀼킨의 기본 전제를 윌리엄 라킨(William J. Larkin)도 지지한다.

> **성경의 윤리적 규범들은 보편적인 적용성(universal applicability)을 가지고 있기 때문에 성경 자체가 달리 제한하지 않는 한, 성경의 형태와 의미는 보편적 원리를 담고 있다.**[55]

---

52 Klein, Blomberg, and Hubbard, *Introduction to Biblical Interpretation*, 486.
53 J. Robertson McQuilkin, "Problems of Normativeness in Scripture," in *Hermeneutics, Inerrancy and the Bible*, ed. E. Radmacher and R. D. Preus (Grand Rapids: Zondervan, 1984), 222.
54 McQuilkin, "Problems of Normativeness in Scripture," 258. 맥퀼킨(McQuilkin)의 주장에 로이 주크(Roy Zuck)도 동의하면서, 동시에 성경의 내러티브 본문에 나타난 모든 것을 오늘날 청중에게 일반화(원리화) 하지 않도록 주의해야 한다고 본다(Zuck, *Basic Bible Interpretation*, 284–85).
55 William J. Larkin Jr., *Culture and Biblical Hermeneutics* (Grand Rapids: Baker, 1988), 314.

그렇기 때문에 라킨은 한 걸음 더 나아가 '비보편적 원리'(non-normativeness)를 발견하는 것이 오히려 더 바람직하다고 제안한다.[56] 그러므로 라킨은 본문의 내용이 보편적인 적용이 될 수 없는 비보편적인 원리임을 가늠하게 해 주는 기준을 제안한다.

① 제한된 수신자(recipient).
② 성취를 위한 제한된 문화적 조건들.
③ 제한된 문화적 조건들(cultural rationale).
④ 제한된 더 큰 문맥들.

예를 들어, 요한복음 13:1-20에서, '예수님이 제자들을 발을 씻기는 행위를 오늘날 청중도 적용하고 실천해야 하는가?'라는 질문을 던질 때, 해답의 빛이 비추어 온다.

오스본(Osborne)은 "발을 씻기는 행위 자체는 상징적이기 때문에, 현대 문화적 의미에 비추어 해석해 볼 때 오늘날 신자들에게 반드시 요구되어야 할(원리화를 통해 적용되어야 할) 행동"이라고 지적한다.[57]

엘리엇 존슨(Elliott E. Johnson)은 적용의 해석학의 과업을 성경적 메시지와 현대 청중 간의 관계를 고찰하는 것으로 규정한 다음, 이를 규명하기 위해서는 신중한 연구가 필요하다고 본다. 그는 주장하기를, 성경 본문의 문예적 체계를 통해서, 저자가 의도한 의미는 성경과 적용의 관계 차원에서 분명한 한계가 있다는 것을 확증한다고 한다. 그리고 신학적 주제는 하나님이 오늘날에도 무엇을 계속 말씀하시고 행하시는지를 분별하게 해준다. 본문 연구를 통해 성경이 신학적 용어(원리)를 청중에게 전한다는 것은 성경의 메시지를 구체화하거나 혹은 제한할 수 있다는 것을 인식해야 한다.

그리고 존슨은 역사적 분석을 통해 역사적, 문화적 요소들이 본문과 현대 청중 간에 관계성(보편적인 혹은 비보편적인)과 연결되어 있다는 점을 인식해야 한다고 본다.

---

56 Larkin, *Culture and Biblical Hermeneutics*, 354-56.
57 Grant R. Osborne, "Hermeneutics and Women in the Church," *JETS* 20 (1977): 340. 피(Fee)가 주장한 것처럼, 초대교회 여성들이 머리에 수건을 쓰는 행동이나 우상들에게 드려진 음식을 먹는(혹은 먹지 않는) 행동 등은 비보편적인 원리로 간주할 수 있기 때문에 반드시 신학적인 원리의 렌즈를 통과시킨 다음 오늘날 청중에게 적용해야 한다. 그러나 "이웃의 것을 훔치지 말라"와 같은 일반적인 명령은 모든 문화에 적용될 수 있는 보편적인 원리이기 때문에 모든 문화의 청중에게 직접적으로 적용이 가능하다. 궁극적으로 문화적 요소가 아닌 성경과 신학적인 원리를 통해 결정해야만 메시지(적용)의 권위를 확보할 수 있다. Gordon D. Fee, "Hermeneutics and Common Sense," in *Inerrancy and Common Sense*, ed. Roger R. Nicole and J. R. Michaels (Grand Rapids: Baker, 1980), 74; Charles H. Craft, "Interpreting in Cultural Context," *JETS* 21 (1978): 363; McQuilkin, "Limits of Cultural Interpretation," 118.

존슨은 성경의 메시지가 기본적으로 보편적인 원리를 담고 있는지 아니면 비보편적인 원리를 지향하는지를 분별하기 위해서 적용 해석학 과정에서 다음과 같은 근본적인 질문을 고려해야 한다고 제시한다.

① 이것은 본문의 의미에 대한 적용인가? 혹은 본문의 의미에서 나오지 않은 적용인가?
② 성경 저자가 어떻게 성경의 다른 부분들을 적용하는가?
③ 이 본문이 현대 청중에게도 적용하고 있는가?(보편적인가, 비보편적인가?)
④ 이 메시지는 현대 청중에게 적용될 때 변경되는가?[58]

셋째, 이와 반대로 알란 존슨(Alan Johnson)의 보편적 적용 원리를 트랜스퍼링 하기 위한 근본적인 전제는 이렇게 요약된다. 즉 특별한 경우 외에 성경의 메시지는 비보편적 원리를 지향하고 있다.[59]

이것은 맥퀼킨, 라킨, 주크 등의 기본 전제와는 상반되는 전제라고 할 수 있기에 보편적인 원리는 성경에서 특별한 경우에만 한정된다(occasional).[60] 존슨은 주장하기를, 성경 메시지가 일반적으로 현대 청중에게 적용될 수 있는 보편적인 원리를 담기보다는 비보편적인 원리가 그 기저를 이루고 있다고 한다.

넷째, 중도적 입장을 지향하는 KBH는 양극화된 두 견해를 평가하면서, 두 견해는 각각 문제를 내포하고 있다고 분석한다.

다시 말해 맥퀼킨의 입장은 성경의 특정한(문화적으로 제한적인) 명령들(예, 신 23:2; 살전 5:26; 딤전 5:23)을 트랜스퍼링 할 때 난제에 부딪힐 수 있는 반면 존슨의 견해는 성경에서 제시하는 보편적 원리들을 확립하여 적용하기가 어려워진다(보편적 원리조차도 더 이상 현대 청중에게 적용되지 않을 수 있고, 현대적 주제들에 대한 비성경적인 결정을 합리화할 수 있는 문을 열어 놓을 수 있다.)[61]

다섯째, 조지 나이트(George W. Knight)는 큰 그림 안에서 맥퀼킨과 라킨의 입장을 따르면서도 더욱 개혁주의적인 균형 잡힌 견해를 제시한다. 그는 두 견해를 심층적으로

---

58 Elliott E. Johnson, *Expository Hermeneutics*, 224-25.
59 Alan F. Johnson, "A Response to Problems of Normativeness in Scripture," in *Hermeneutics*, ed. E. Radmacher and R. D. Preus(Grand Rapids: Zondervan, 1984), 257-80.
60 이러한 입장에 대한 맥퀼킨의 평가를 위해서는 McQuilkin, "Problems of Normativeness in Scripture," 222-27을 보라.
61 Klein, Blomberg, and Hubbard, *Introduction to Biblical Interpretation*, 486-87.

비교, 분석한 다음 맥퀼킨의 입장이 본질적으로 옳으며, 존슨의 부적합한 입장은 거부되어야 한다고 결론 내린다.[62]

그렇다면 나이트의 주장의 근거는 무엇인가?

디모데후서 3:16에 나오는 키워드 Πᾶσα(파사, "모든")는 모든 성경이 적용 가능한(applicable), 전이가 가능한(transferrable) 적용된 진리(applied truth)임을 나타낸다. 바울은 로마서 15:4에서("무엇이든지 전에 기록된 바는 우리의 교훈을 위하여 기록된 것이니 우리로 하여금 인내로 또는 성경의 위로로 소망을 가지게 함이니라") "무엇이든지 전에 기록된 바"(예, 구약성경)는 그 당시의 청중을 위해 적용된 진리일 뿐만 아니라 신약성경 시대의 성도들을 위한(재적용되기 위한) 교훈이라는 점을 강조한다.[63] 이와 유사하게 고린도전서 10:11에서 바울은 다음과 같이 말한다.

> **그들에게 일어난 이런 일은 본보기(example)가 되고 또한 말세를 만난 우리를 깨우치기 위하여(for our instruction) 기록되었느니라**(고전 10:11).

나이트는 보편적인 원리를 찾기 위한 기준에 대한 바울의 시각을 기초로 주장하기를, 성경 안에 있는 모든 내용들은("무엇이든지") 반드시 보편적인 규범을 내포하는 것으로 간주해야 하며 존슨이 주장처럼 이를 비보편적인 규범으로 규정해서는 안 된다고 한다.[64] 맥퀼킨과 라킨의 주장처럼, 신명기 23:2, 데살로니가전서 5:26, 디모데전서 5:23과 같은 말씀과 같은 경우에도 '보편적인 원리'를 지향하고 있기 때문에 현대적 적용으로 트랜스퍼링이 가능하다는 견해이다.[65] 그러나 존슨은 '도적질 혹은 살인하지 말라'와 같은 명령과 같은 경우도 보편적이며 근본적인 윤리적 원리들이 현대 청중에게 트랜스퍼링 하기 어렵다고 본다.[66]

그러므로 필자는 성경의 모든 구절들이 모든 시대와 장소를 위한 적용의 보편적인 가치(normative value)와 원리(universal principle)를 담고 있다는 맥퀼킨과 라킨의 입장을

62　George W. Knight, "A Response to Problems of Normativeness in Scripture," in *Hermeneutics*, 243-53.
63　George W. Knight, "From Hermeneutics to Practice," *Presbyterion* 12 (1986): 95.
64　Knight, "From Hermeneutics to Practice," 96.
65　Klein, Blomberg, and Hubbard, *Introduction to Biblical Interpretation*, 486-87; Johnson, "A Response to Problems of Normativeness in Scripture," 277-78.
66　Klein, Blomberg, and Hubbard, *Introduction to Biblical Interpretation*, 486; McQuilkin, "Problems of Normativeness in Scripture," 225-27.

광의적으로 동의한다. 그러나 맥퀼킨과 라킨의 관점도 강해 설교 적용의 보편적인 원리를 분별하기 위한 체계적이고 균형 잡힌 기준을 제시하는 모델로서는 한계를 가지고 있다. 또한 KBH가 보다 균형 잡힌 견해를 주장했지만, 보편적인 원리의 기준을 분별하기 위한 보다 구체적인 해석학적 방법론을 제시하는 데는 역시 한계를 보이고 있다.

기본적으로 필자는 맥퀼킨, 라킨, 맥나잇의 입장에 동의하면서도, KBH의 입장처럼 극단적인 견해를 지양하고자 한다. 설교자들은 이들의 견해를 넘어 보다 체계적이고 균형 잡힌 관점과 방법론을 추구해야 한다. 요컨대, 설교자들은 성경적 기초와 개혁주의 해석학적 관점 위에서, 2가지 상반된 견해를 넘어 보다 균형 잡힌 관점을 추구해야 한다.[67]

4. 7가지 교리에 기초한 원리화 다리를 통해 트랜스퍼링

1) 적용 트랜스퍼링을 분별하기 위한 다양한 원리들(기준들) 보여주는 모델

이와 같이 저자가 의도한 다양한 적용들 이면에 흐르고 있는 보편적인 원리는 현대적 적용으로 트랜스퍼링 되기 위한 교리적 기준(criteria)과 밀접하게 연결되어 있다. 나아가 설교자들은 간접적인 적용과 직접적인 적용을 분별하기 위한 해석학적 렌즈(hermeneutical lens)의 필요성을 인식해야 한다. 그렇다면 구체적인 적용을 발견하기 위한 '교리적인 규범 원리'(doctrinal normativeness)를 구별하는 해석학적 기준이 무엇인가를 깊이 고찰해야 한다.[68]

첫째, 오스본은 본문의 적용을 현대적 적용으로 트랜스퍼링 하기 위한 기준으로서 신학적인 원리를 6가지로 제시한다.

① 하나님의 성품.
② 인간의 하나님과의 관계.
③ 인간의 죄성.

---

67 Klein, Blomberg, and Hubbard, *Introduction to Biblical Interpretation*, 487; Osborne, *The Hermeneutical Spiral*, 326; Doriani, *Putting the Truth into Work*, 240-49.
68 Carter, Duval, and Hays, 『성경설교』, 67.

④ 구약과 신약의 관계.
⑤ 성경의 다양한 부분에 대한 개별적인 강조를 포함하고 정리함.
⑥ 성경의 다양한 내용을 하나로 묶을 수 있는 구속사적 관점.[69]

둘째, 라킨에 따르면, 가장 중추적인 역할을 하는 교리적인 원리는 하나님의 성품(거룩), 창조 질서, 인죄론, 구원론이라고 볼 수 있다.[70]

셋째, 카터, 듀발, 헤이즈는 새 언약, 하나님의 인격, 구원론을 트랜스퍼링 기준으로 제시한다.[71]

넷째, 도리아니는 적용을 결정하기 위한 보편적 원리의 명확한 기준으로서 하나님의 성품, 인죄론, 구원론에 기초한 적법한 적용을 강조한다.[72]

다섯째, 에릭슨은 저자가 의도한 적용(signification)을 보편적인 적용(significance)으로 일반화하기 위한 원리의 7가지 기준을 제시한다.

① 구원의 본질과 영원한 요소.
② 문화를 뛰어넘는 보편성과 지속성 혹은 보편적인 상황.
③ 인식될 수 있는 영속적인 요소.
④ 교회의 본질.
⑤ 인간의 본성과 필연적인 경험.
⑥ 세례.
⑦ 구속사적 진리.

에릭슨은 이러한 개념을 활용하여 하나님의 초월성과 인간의 본성이라는 2가지 보편적인 교리를 통해 필수적인 적용의 원리를 결정하는 것이 필요하다고 본다.[73]

69　Osborne, *The Hermeneutical Spiral*, 30.
70　Larkin, Culture and Biblical Hermeneutics, 108-09.
71　Carter, Duval, and Hays은 레 5:2, 6을 예로 들면서, 신학적인 보편 원리는 하나님의 거룩(성품)과 구원론이며, 반드시 신약의 빛에 비추어 본 다음 현대적 적용으로 건너와야 한다고 역설한다. 특히 예수 그리스도께서 완성하신 새 언약이라는 핵심 기준(criteria)에 비추어 트랜스퍼링을 해야 하기에, 레위기 5장의 동물 희생을 통한 속죄는 하나님의 어린 양 되신 예수 그리스도의 희생을 통한 새 언약의 완성이라는 보편적인 원리화의 다리를 건너서 현대 청중에게 거룩한 삶과 예배에 대한 적용을 제시해야 한다(Carter, Duval, and Hays, 『성경설교』, 65-66).
72　Doriani, *Putting the Truth to Work*, 249-50.
73　Erickson, *Evangelical Interpretation*, 140; Erickson, *Christian Theology* (Grand Rapids: Baker, 1986), 120-24.

여섯째, 테리 티센(Terry Tissen)은 보편적인 교리에 기초한 기준을 다음과 같이 강조한다.

① 하나님의 본성에 기초한 교리적인 뿌리.
② 창조 질서.
③ 하나님의 뜻에 대한 구속사적인 계시.
④ 하나님의 구속 역사의 전진.[74]

일곱째, 마크 스트라우스(Mark Strauss)는 본문의 적용이 트랜스퍼링 되기 위한 원리화 과정의 기준을 다음과 같이 제안한다.[75]

① 목적(의도)의 기준.
② 문화적 유사성.
③ 정경적 일관성.
④ 반문화적 증거.
⑤ 문화적 한계.
⑥ 창조 원리.

여덟째, 윌리엄 웹(William J. Webb)은 가장 세분화된 원리화 과정의 트랜스퍼링을 위한 18가지 기준을 제시한다.[76]

---

74 Terry Tiessen, "Toward A Hermeneutic For Discerning Criteria of Universal Moral Absolutes," *JETS* 36 (1993): 189-207.
75 Gary T. Meadors ed., 『성경 어떻게 적용할 것인가』, 427-32.
76 웹(Webb)의 공헌은 원리화 과정을 위한 기준으로서 구속사적 발전에 대한 개념을 강조하였고, 기존 원리화 과정 모델에서 간과되어 왔던 트랜스퍼링 '기준'에 대하여 단순한 교리적 기준 제시를 넘어 3단계로 세분화된 18가지 기준들을 제시하였다는 데 있다고 볼 수 있다. 그러나 그는 원리화 과정의 기준에 대한 여러 통찰력을 제공하기는 하지만, 성경 주해와 해석학적 차원에서 위험성을 내포하고 있다. 구속사에 대한 부적절한 이해와 풍성한 성경 본문에 대한 주해의 결여, 16가지 기준들이 애매모호하고 자신이 제기한 문제들에 대한 설득력 있는 해답이 되기 어렵다는 점, 때로는 성경 해석에 기초하기보다 추상적인 기준 혹은 성경 이외의 기준을 활용하는 위험을 내재하고 있다(Thomas R. Schreiner, "William J. Webb's Slaves, Women & Homosexuals," *SBJT* 6/1 [2002]: 54-64).

첫 번째 영역 : 설득적인(Persuasive) 기준
① 예비적 발전/운동(Preliminary Movement).
② 기초적 사상(Seed Ideas).
③ 돌파(Breakouts).
④ 목적/의도 진술(Purpose/Intent Statements).
⑤ 타락 혹은 심판 안에 있는 기초(Basis in Fall and/or Curse).

두 번째 영역 : 적절히 설득적인(Moderately Persuasive) 기준
⑥ 원 창조, 패턴(Original Creation, I: Patterns).
⑦ 원 창조, 상속자(Original Creation, II: Primogeniture).
⑧ 새 창조(New Creation).
⑨ 경쟁적인 선택 사항들(Competing Options).
⑩ 원 문화를 향한 반대(Opposition to Original Culture).
⑪ 매우 연관된 주제들(Closely Related Issues).
⑫ 형벌 규정(Penal Code).
⑬ 구체적인 vs 일반적인(Specific Versus General).

세 번째 영역 : 결정적이지 않은 기준들(Inconclusive)
⑭ 신학적인 유비에 의한 근거(Basis in Theological Analogy).
⑮ 문맥적 비교들(Contextual Comparisons).
⑯ 구약에 호소함(Appeal to Old Testament).

네 번째 영역 : 성경 외의 설득적인 2가지 기준(two extra-scriptural)
⑰ 두 문화 사이에 화용론(Pragmatics Between Two Cultures).
⑱ 과학적인 증거(Scientific Evidence).

그러므로 오스본, 라킨, 카터, 듀발, 헤이즈, 도리아니, 에릭슨, 티센, 스트라우스, 웹 등의 학자들의 공헌은 바로 이러한 구체적인 방법론 즉 교리적 다리놓기를 위해 반드시 필요한 보편적인 원리를 찾기 위해 기준을 제시하고 있다는 점이다. 이들의 주장을 종합해 보면, 설교자들은 다음과 같은 적용을 위한 기준을 구별해야 한다.

① 구속사/언약.
② 불변하시는 하나님의 성품.
③ 창조 질서.
④ 인간의 본성/죄성.
⑤ 구원의 교리.
⑥ 교회(언약 공동체)의 본성.

2) 성경과 역사적 모델을 통해 적용 트랜스퍼링을 하기 위한 7가지 기준 분별

상기한 것처럼 여러 학자들이 적용의 보편적인 원리를 구별하기 위한 방법론과 기준들을 제안하고 있지만, 해석학적 논의를 통한 제안을 넘어 궁극적으로 성경의 설교(자) 모델과 역사적 강해 설교 모델의 실제 설교 연구를 통하여 발견되는 기준들을 살펴봄으로써 더욱 확고한 기준들을 재형성할 필요가 있다.

> 첫째, 모세의 설교는 특별히 '언약'(교리)의 기준을 통해 트랜스퍼링을 통과한 보편적 원리에서 다양한 적실성 다리로 나아가는 패러다임을 통해 이스라엘의 언약적 회개(변화)를 촉구하는 적용을 보여준다.[77]
> 둘째, 구약 선지자들의 설교에서는 하나님의 성품(신론) 중심의 윤리적 적용 패러다임이 가장 두드러지게 나타난다고 볼 수 있다.
> 셋째, 바울의 설교는 적용의 보편적 원리를 찾기 위해서는 7가지 교리적인 기준 혹은 마스터 키(신론, 인간론 혹은 인죄론, 기독론, 구원론, 교회론, 성령론, 종말론)가 필요하다는 것을 증명해 준다.
> 넷째, 크리소스톰은 저자가 원 청중을 향해 의도한 적용을 현대 청중에게 직접적 혹은 간접적으로 옮겨가는 과정, 즉 원리화 다리(principalizing bridge)의 결정적 기준(criteria)을 하나님의 성품, 기독론, 구원론, 인간론, 종말론에 두었다.
> 다섯째, 칼빈도 철저히 저자의 의도에서 발전된 심오한 신학적 교리의 프리즘(언약, 하나

---

[77] Peter Adam, *Speaking God's Word* (Vancouver, BC: Regent College Pub., 1996), 39-40; Christopher Wright, *Old Testament Ethics for the People of God* (Downers Grove, IL: InterVarsity, 2004), 103-383; Wright, *An Eye for An Eye* (Downers Grove, IL: InterVarsity, 1983), 67-212; Walter C. Kaiser, *Toward Old Testament Ethics* (Grand Rapids: Zondervan, 1983), 139-246.

님의 성품과 창조 질서, 인간의 죄성, 기독론, 구원론, 교회론, 성령론)을 통과한 다양한 적용(개인, 가정, 공동체, 사회, 정치, 경제, 문화, 종교 등)을 추구했다.

여섯째, 에드워즈는 청교도들의 교리적 설교 스타일(본문 주해, 교리적 논증, 교리에 기초한 적용)을 넘어, 종말론, 하나님의 성품, 인죄론, 기독론, 구원론, 교회론 등의 신학적인 교리의 다리를 통해 적실성의 다리를 향해 나아간다.

일곱째, 브로더스는 인죄론과 하나님의 성품이라는 두 초점(two foci)과 함께 성령론, 구원론 등의 교리에 기초한 원리화 다리 적용 패턴을 보여준다.

이러한 성경적, 역사적 모델들을 통해 원리화 과정을 위한 트랜스퍼링 기준은 하나님 나라(구속사)와 언약, 하나님의 변함없는 성품, 인간론 혹은 인죄론, 예수님의 인격과 사역, 구원론, 교회론, 성령론, 종말론으로 정리될 수 있다. 그러므로 적용의 보편적인 원리들을 열기 위한 마스터 키들을 발견하기 위해서는 설교자들이 성경적, 역사적 모델에 기초한 7가지 교리적 렌즈들과 구속사적 망원 렌즈로 조망해야 한다.

5. 원리화 과정을 통한 트랜스퍼링 5단계 방법론을 향하여

1) 원리화 다리놓기를 위한 3단계 및 4단계 트랜스퍼링 방법론을 넘어

먼저 트랜스퍼링 단계에 대한 여러 학자들의 견해를 살펴보고, 3단계와 4단계 방법론을 넘어 통합적인 5단계 방법론을 제시하고자 한다.

첫째, 잭 쿠하섹(Jack Kuhatschek)은 기본적인 3단계로 이루어진 원리화 과정을 통한 트랜스퍼링 방법론을 제시한다.

① 원 상황(original situation)에 대한 이해.
② 성경적 적용을 반영하는 넓은 원리를 분별.
③ 일반적 원리를 현대 청중의 상황에 적용.[78]

78　Jack Kuhatschek, *Taking the Guesswork out of Applying the Bible* (Downers Grove, IL: InterVarsity Press, 1990), 33.

이러한 본문의 원리화 과정을 위한 트랜스퍼링 3단계에 대해서는 학자들은 일반적으로 동의한다.[79] 상황화의 관점에서, 오스본도 트랜스퍼링을 위한 해석학적 3단계를 제시하면서 현재의 상황에 재상황화된 적용의 기준을 분별하기 위한 3가지 해석학적 렌즈를 강조한다.

① 설교자는 상황화를 위한 단계들을 개요화해야 하며 그런 다음 그것들을 실행하여 설교의 적용을 찾아야 한다(주해적 다리).
② 신학적/보편적 원리를 규명해야 한다(교리적 다리).
③ 청중의 다양한 상황 안에서 원리화된 적용을 적실한 방식으로 재상황시키라(적실성 다리).[80]

둘째, 이러한 '3단계 방법론'을 넘어, KBH는 해석학 책들 가운데 드물게 적법한 적용의 트랜스퍼링을 위한 구체적인 '4단계 방법론'을 비교적 상세히 제시한다.

첫 번째 단계는, 본문이 제시하는 저자 의도적 의미와 적용을 발견하는 것이다.
두 번째 단계는, 원 적용이 원 역사적 상황 가운데 적용될 때 함의하고 있었던 "구체성의 정도"(the level of specificity)를 평가한 다음, 구체적인 원 적용이 현대 상황에 문화적으로 적합한 형태로 적용이 가능할 경우, 원리화 다리를 거치지 않고 직접 적용의 과정으로 넘어온다.
세 번째 단계는, 만약 원 적용이 직접적으로 현대에 전이가 가능하지 않다면, 저자가 의도한 구체적인 당시의 적용을 '신학/교리'의 프리즘을 통과시킨 다음 본문이 반영하고 있는 구체적인 요소(원 적용)의 '보편적인 원리' 혹은 '초문화적 원리'(cross-cultural principles)를 발견해야 한다.
네 번째 단계는, 이러한 보편적인 원리를 유사한 현대의 상황, 청중의 구체적인 삶 가운데 적용하는 과정이다.[81]

이러한 원리화 과정을 통과하기 위한 4단계 트랜스퍼링 방법론은 로빈슨과 에스테

---

79   Gary T. Meadors ed., 『성경 어떻게 적용할 것인가』, 426.
80   Osborne, *The Hermeneutical Spiral*, 344–47.
81   Klein, Blomberg, and Hubbard, *Introduction to Biblical Interpretation*, 483.

스의 적용의 트랜스퍼링을 위한 '두 초점 모델'보다 KBH와 도리아니의 모델은 한 단계 진일보한 것이라고 볼 수 있다. 예를 들어, 바울의 명령 중에 "서로 입맞춤으로 문안하라"(롬 16:16; 고전 16:20; 고후 13:12)와 같은 종류의 신약의 명령들을 현대적으로 적용 트랜스퍼링 할 때, 도리아니는 다음과 같은 성경적인 해석학적 원리에 기초한 4단계를 통해 적용을 발견해 나갈 수 있다는 것을 보여준다.[82]

도리아니가 제시하는 트랜스퍼링 4단계를 정리하면 다음과 같다.

> 1단계: '거룩한 입맞춤'에 대하여 저자 바울이 의도한 의미는 '거룩한' 이라는 단어와 성경의 다른 곳에서 가르침을 종합할 때, 당시 문화에서 신뢰와 애정을 표현하는 일상적인 인사로서 교회 공동체 안에서 서로 동성 간에 볼을 서로 접촉하는(그리스도 안에서 한 형제애를 표시하는) 의미로서의 '거룩한 입맞춤'이다.
>
> 2단계: 바울은 여기서 이 행위 이면에 숨은 보편적인 원리를 진술하진 않았지만 초대교회 공동체에게 모든 신자가 영적인 한 가족임을 일깨워주는 행동을 의미했다고 볼 수 있다(롬 12:10; 엡 4:32).
>
> 3단계: 바울이 의도한 '거룩한 입맞춤'의 의미를 찾은 후, 그리스도 안에 한 가족된 애정의 표시로서 권면했던 '볼 맞춤'을 오늘날 현대 각 나라의 문화에 적합한 문화적 인사 형태로 적용할 수 있다(예를 들어, 따뜻한 미소, 동성 간에 포옹이나 악수, 혹은 SNS 메시지나 이메일 등).
>
> 4단계: 원리화를 거친 현대적 적용을 다른 성경들과 비교해 볼 때, 거룩한 입맞춤은 오늘날 악수로 적용될 수 있으며, 그 전제는 서로 그리스도안에서 사랑하는 마음으로 표현되어야 한다는 것이다(롬 12:10; 엡 4:32).

따라서 이 명령은 원리화 과정을 통해 현대 문화에 적합한 적용으로 변형할 수 있다("서로 따뜻한 악수로 문안하라").[83] 성경의 원칙(명령) 이면에 흐르고 있는 목적 혹은 의도는 그 원칙 자체보다 더 우선되기 때문에, 사랑의 입맞춤으로 문안하라는 명령 이면에 흐

---

82 Doriani, *Getting the Message*, 144-46. 트랜스퍼링 4단계에 대한 상세한 논의를 위해서는 KBH, *Introduction to Biblical Interpretation*, 484-504, 구약의 율법 조항들 중의 특수한 기준(출 21:28-29)에 대한 4단계 원리화 과정의 예를 살펴보기 위해서는 Doriani, *Getting the Message*, 147을 참조하고, 적용을 위한 보편적인 원리를 찾기 위한 논의를 위해서는, Kuhatschek, *Taking the Guesswork out of Applying the Bible*, 57-61을 참조하라.

83 Virkler, "A Proposal for the Transcultural Problem," 242.

르는 성도의 가족애를 보여주어야 한다는 저자의 목적(의도)이 원칙을 대신하게 된다.[84]

2) 원리화 다리놓기를 위한 트랜스퍼링 5단계 패러다임

(1) 트랜스퍼링 1단계: 저자가 의도한 의미와 원 적용을 발견하라

적용적 해석학의 성경적 근거와 상황화적 토대를 기초로 해서 저자가 의도한 의미를 청중의 세계 속으로 트랜스퍼링(transferring) 시키는 원리가 무엇인지를 살펴볼 필요가 있다.

앞서 주해적 다리놓기에서 살펴본 것처럼 원리화 과정을 통한 트랜스퍼링의 첫 번째 단계는 적용적 주해(applicatory exegesis)를 통해 저자가 의도한 적용을 발견하는 것이다.

해석학적 다리놓기를 통한 현대적 적용의 필수 전제는 성경의 저자가 당시 청중에게 적용하려고 했던 원형적 적실성을 상수원으로 삼는 것이다.[85] 원리화 과정을 통한 트랜스퍼링의 전제는 적용 DNA의 원형을 그대로 보전하고, 설교자의 의도를 설교에 주입하는 자의적 적용을 피하는 것이다. 이를 위해서는 설교자가 저자 의도적 적용(author's own application) 혹은 적용된 진리(truth applied)의 다양한 기능을 파악하고, 원청중(original audience)에게 의도했던 원 적용(signification)을 반드시 현대 청중(contemporary audience)에게 재적용(significance)되도록 해야 한다.[86]

설교자들은 앞 장에서 살펴본 것처럼, 저자가 의도한 적용이라는 광맥을 찾기 위해서 역사적(지리적, 문화적, 종교적), 문법적, 구조적, 문예적, 신학적 문맥을 살펴봐야 하는데, 이는 문맥이 저자가 의도했던 의미를 찾는 열쇠이기 때문이다.[87] 원리화 다리놓

---

84 Charles Cosgrove, *Appealing to Scripture in Moral Debate: Five Hermeneutical Rules* (Grand Rapids: Eerdmans, 2000), 12.
85 Donald R. Sunukijian, *Invitation to Biblical Preaching* (Grand Rapids: Kregel, 2007), 9; 류응렬, "성경적 설교를 위한 저자 중심적 해석학," 개혁신학회, 「개혁논총」 13 (2010): 107-27.
86 Adams, *Truth Applied*, 39; Erickson, *Evangelical Interpretation*, 11-32; Klein, Blomberg, and Hubbard, *Introduction Biblical Interpretation*, 483-503; J. S. Duval and J. D. Hays, *Grasping God's Word* (Grand Rapids: Zondervan, 2001), 204-12; Osborne, *The Hermeneutical Spiral*, 368-69; Stein, "The Benefits of an Author-Oriented Approach to Hermeneutic," 451-66; Liefeld, *New Testament Exposition* (Grand Rapids: Zondervan, 1984), 98-104.
87 Walter C. Kaiser, *Toward an Exegetical Theology* (Grand Rapids: Baker, 1981), 70-71; York and Decker, *Bold Assurance*, 52-75; Osborne, *The Hermeneutical Spiral*, 19-40; Ramesh P. Richard, *Scripture Sculpture* (Grand Rapids: Baker, 1995), 53-57; Wayne McDill, *The Twelve Essential Skills for Great Preaching* (Nashville: Broadman & Holman, 1994), 28-30.

기를 통한 트랜스퍼링을 위해서 개혁주의 적용 해석학이 갖고 있는 기본 전제는, 반드시 저자가 의도한 의미와 적용이 현대적 적용을 이끌어가야 한다는 것이다. 이러한 주해적 다리에서 이루어져야 할 분석들은 결국 저자가 의도한 적용과 그 적용을 현 청중으로 트랜스퍼링하는 기준을 분별할 수 있는 해석학적 렌즈로서 기능하게 된다.

(2) 트랜스퍼링 2단계: 직접적인 적용과 간접적인 적용을 '구체성의 정도'(the level of specificity) 혹은 '트랜스퍼링의 정도'(the degree of transferring)를 통해 구별하고, 직접적인 적용인 경우 보편적인 원리를 현대적 적용으로 승화시키라

앞서 설명한 것처럼, 1단계를 통해 저자 의도적 원 적용을 발견한 다음, 그것이 직접적 적용(direct application)인지, 원리 중심의 간접적인 적용(principle-based application)인지를 먼저 구분해야 한다.

첫째, 원리화 다리를 건너야만 하는 간접적 적용인지를 구분하기 위해서는 저자가 의도한 원 의미와 적용(original application)이 가진 구체성의 정도를 평가해야 한다.

만약 원 적용의 구체성이 현대 청중에게 직접 트랜스퍼링이 가능하다면(transferable) 문화적으로 적합한 방식들로 바로 적용할 수 있는 해석학적 정당성이 확보된다. 그러나 원 적용과 연결된 보편적인 원리와 적용의 구체성 정도를 구별하기 위해서는 해석학적 아치(hermeneutical arch) 혹은 원리화 다리놓기라는 해석학적 과정과 질문이 필요하다.[88]

에스테스(Estes)도 트랜스퍼링의 정도(degree of transfer)를 정하기 위해서는(레벨 1에서 10까지를 정하여 현대에 얼마만큼 재적용할 수 있는지를 정하는 방법) 고대 본문의 청중과 현대의 청중 간의 공통점과 차이점을 파악해야 한다고 말한다.[89] 예를 들어, 신약에서 여인들의 머리에 수건을 쓰는 행동과 같은 경우는 레벨 1로 분류되어 신학적인 원리화 과정을 반드시 거쳐야만 현대적 적용을 할 수 있고, '네 이웃을 네 몸과 같이 사랑하라'와 같은 차원의 명령은 레벨 10으로 분류되어 현대 청중에게 거의 직접적인 적용이 가능하다.

---

88   Klein, Blomberg, and Hubbard, *Introduction to Biblical Interpretation*, 485.
89   Daniel J. Estes, "Audience Analysis and Validity in Application," *BSac* 150 (1993): 228-29. 그러나 에스테스는 트랜스퍼링의 정도 및 레벨의 정도를 구별하기 위한 기준과 각 레벨의 예를 제시하는 데 한계를 보여준다.

〈도형 7. 트랜스퍼링 정도(레벨) 분류〉

레벨 1	레벨 2	레벨 3	레벨 4	레벨 5	레벨 6	레벨 7	레벨 8	레벨 9	레벨 10

은유를 통해 설명하자면, 성경 시대의 원 청중과 현대 청중 사이에 있는 해석학적 강의 너비를 측정해야만 원리화의 다리를 건너갈 수 있기 때문이다. 레위기 5:2-6의 경우는 건너야 할 강이 아주 넓고 깊으며, 에베소서 4:2의 경우는 건너야 할 강은 작은 시내와 같다고 할 수 있다. 이러한 트랜스퍼링의 정도 혹은 강의 너비를 해석학적 도구를 통해 측정한 후에 신학적인 원리화의 다리를 구축할 수 있다.[90]

예를 들어, 출애굽기 20:17에서 "이웃의 아내나 집의 물건을 탐내지 말라"라는 명령은 오늘날 직접 트랜스퍼링이 가능한 케이스이지만, 이 구절에서 "이웃의 남종들, 여종들, 소나 당나귀를 탐내지 말라"라는 명령은 원리화 다리를 건너서 현대 문화적 상황에 적법한 적용으로 건너와야 한다. 예를 들어, '이웃의 차, 컴퓨터, 명품을 탐내지 말라'와 같은 현대적 적용으로 바꾸어야 한다.[91]

트랜스퍼링의 레벨은 원 적용 차원에서 직접적 적용과 간접적 적용이 혼합적(출 20:17의 경우처럼 성경의 원 적용이 직접과 간접 모두 혼합되어 있는 형태)인 경우와 현대 적용 차원에서 혼합적(행 17:17의 경우처럼 현대적 적용의 과정에서 직접적 적용과 원리화를 통한 간접적 적용이 모두 혼합되어 있는 형태)인 경우로 구분될 수 있다(앞서 제시한 5가지 분류 패턴을 참조할 것).

둘째, 설교자가 이를 구별하기 위해서는 주어진 본문의 이면에 있는 원리가 보편적인 혹은 '초문화적'(transcultural) 인지 아니면 제한적 혹은 '문화 종속적'(culture-bound)인지를 세심하게 분별할 수 있는 해석학적 상황화라는 정밀 현미경이 필요하다.

만약 본문에서 도출된 저자 의도적 적용이 초문화적인 보편적 원리의 차원이라면 직접적인 적용이 아닌 간접적인 적용의 차원으로 현대 청중과 문화 안에서 적법한 적용으로 트랜스퍼링 해야 한다.[92] 따라서 적용의 보편적인 원리를 발견하기 위한 기준(criteria)을 세분화하여 직접 적용 가능한 일반적 원리(generic principle)로서의 적용

---

90 Carter, Duval, and Hays, 『성경설교』, 63-64, 70.
91 Klein, Blomberg, and Hubbard, *Introduction to Biblical Interpretation*, 484.
92 Virkler, "A Proposal for the Transcultural Problem," 242; Carter, Duval, and Hays, 『성경설교』, 65-68.

(레 19:18; 막 12:31; 행 16:31)과 원리화 다리를 통한 간접적 적용(행 2:42-47)으로 분별해야 한다.[93]

셋째, 직접적 적용과 간접적 적용을 구별하기 위해서는, '문화적 유사성'이라는 기준으로 비추어 볼 때 본문의 상황과 현대 청중이 유사한 구체성을 해석학적으로 많이 공유할수록(구체성의 정도가 높아지기에) 직접적인 트랜스퍼링의 가능성이 높아진다(예, '술 취하지 말라'는 바울의 적용적 명령).[94]

정경적 일관성이라는 기준으로 조망할 때, 성경 전체에서 보편적인 원리가 동일하게 제시되는 경우는 직접적인 트랜스퍼링의 방향으로 나아가게 된다(예, 동성애). 본문의 명령이 저자와 청중의 문화적 선입관을 넘어서는 반문화적 증거('원수를 사랑하라'는 예수님의 명령의 경우 당대의 지혜와 배치됨, 마 5:44)는 현대 적용으로 직접적 트랜스퍼링이 가능하지만,[95] 본문의 규범이 당시 문화적으로 크게 제약받고 있는 경우(예, 바울 시대의 노예 제도)는 보편적인 원리화 과정을 통과한다 할지라도 현대적 적용으로 트랜스퍼링되기가 어렵다.[96]

넷째, 원리화를 통한 간접적 적용인 경우에도, 본문에서 명확하게 원리를 제시하지 않는 경우(롬 16:16)와 본문의 문맥 가운데 적용의 원리를 제시하는 경우로 구분하여 접근할 필요가 있다.

예를 들어, 우상 음식에 대한 경우에, 고린도전서 6장과 10장에서 제시되고 있는 기독교(복음)의 자유에 관한 보편적 원리들(고전 6:12; 10:23, 31)에 입각하여 적용점을 찾아야 한다. 즉 저자가 이미 명시한 원리들은 여러 가지 주제들(자유, 성, 결혼, 음식 등)에 대한 적용의 기준을 결정한다. 또한 구약의 레위기에서 나타난 많은 규례들은 "너희는 거룩하라 이는 나 여호와 너희 하나님이 거룩함이니라"(레 11:44-45; 19:2; 20:7)라는 명시된 중심 원리에 비추어 적용점을 분별해야 한다.[97]

---

93 J. Robert McQuilkin, *Understanding and Applying the Bible* (Chicago: Moody Press, 1992), 258-65.
94 Gordon Fee and Douglas Stuart, *How to Read the Bible for All Its Worth* (Grand Rapids: Zondervan, 1993), 75.
95 Cosgrove, *Appealing to Scripture*, 90-115; Klein, Blomberg, and Hubbard, *Introduction to Biblical Interpretation*, 494-95.
96 Gary T. Meadors ed., 『성경 어떻게 적용할 것인가』, 428-31.
97 Doriani, *Getting the Message*, 144-45.

(3) 트랜스퍼링 3단계: 원리화 과정/교리(기준) 렌즈를 통과시키기

저자가 의도한 원 적용이 내포하고 있는 구체성의 정도(the level of specificity)를 평가하는 단계를 거친 다음, 원 적용이 직접적으로 현대의 지평으로 트랜스퍼링이 가능하지 않다면, 저자가 의도한 구체적인 당시의 적용을 '신학/교리'의 프리즘을 통과시킨 다음, '보편적 원리' 혹은 '초문화적 원리'(crosss-cultural principles)를 통해 원리화 다리를 건너가야 한다.[98]

첫째, 원리화 과정에서 분명한 교리적 7가지 기준이라는 적용의 마스터 키가 통전적으로 제시되는 것이 필요하다.

여러 학자들이 적용의 보편적인 원리를 구별하기 위한 방법론과 기준들을 제안하고 있지만, 해석학적 논의를 통한 제안을 넘어, 궁극적으로 성경의 설교(자) 모델과 역사적 강해 설교의 모델에 대한 연구를 통하여 발견되는 기준들을 살펴봄으로써 그 기준들을 재형성해야 한다.

① 하나님 나라(그리스도 중심의 구속사)와 언약.
② 하나님의 변함없는 성품과 창조 질서.
③ 인간론 혹은 인죄론.
④ 구원론.
⑤ 교회론.
⑥ 성령론.
⑦ 종말론.

물론 하나님 나라의 구속사와 언약, 하나님의 성품과 인간론이 다른 교리들을 포괄하는 차원도 있지만, 더욱 분명한 트랜스퍼링을 위해 7가지 교리적 기준이 필요하다.[99] 7가지 교리의 기둥으로 이루어진 원리화 다리를 건넌 보편적 원리들은 적용의 관문을 여는 마스터 키들(master keys)이다. 나아가 각 신학적 기준을 '세분화'해서 트랜스퍼링 기준을 더욱 구체적인 교리적 렌즈에 통과시킬 필요가 있다. 예를 들어,

---

98 Klein, Blomberg, and Hubbard, *Introduction to Biblical Interpretation*, 498-99; 이 점에서 오스본(Osborne)은 원리화 과정을 통해 두 지평 사이의 간격에 다리놓기 하기 위해서는 성경신학, 조직신학, 실천신학 영역에 관한 안목이 요구된다고 강조한다(Osborne, *The Hermeneutical Spiral*, 6, 263-317).

99 Osborne, *The Hermeneutical Spiral*, 6, 263-317.

하나님의 성품을 비공유적 속성(전능함, 불변성, 자존성, 영원성 등)과 공유적 속성(지식, 지혜, 신실, 선함, 자비, 긍휼, 의, 진노 등)으로 세분화하거나 구원론을 선택/예정, 부르심, 중생, 회심, 칭의, 양자됨, 성화, 견인, 영화 등으로 나누어서 기준화하는 것이다.

둘째, 구체성의 정도를 평가함으로써 원리화 다리놓기를 통과해야 하는 간접적 적용의 경우, 7가지 교리적 렌즈와 함께 10가지 적용 해석학적 질문(question)을 통해 트랜스퍼링을 시도할 필요가 있다.

원 적용을 현대적 적용으로 트랜스퍼링 하기 위해 해석학적으로 구체성의 정도를 파악해야 하므로, 10가지 질문을 통해 기준을 분별하는 것이 필요하다.[100]

① 본문은 신학적 혹은 윤리적 원리를 제시하고 있는가? 혹은 그러한 원리에 대한 구체적인 방식(성경의 다른 부분에서 보다 구체적인 형태를 보여주는)을 제시하는가?[101]

예를 들어, 레위기 19:18(cf. 막 12:29-31)에서 제시된 '이웃 사랑'의 명령은 직접 적용이 가능한 보편적인 원리이면서도 동시에 성경의 다른 부분에서 당시 원 청중에게 저자가 의도한 구체적인 적용 형태를 보여준다(레 19:9-10에서 가난한 자들이 가져갈 수 있도록 밭에 떨어진 곡식을 남겨두라는 적용적 명령). 이삭 줍기 명령은 현대 청중에게 정확히 동일한 형태로 직접적으로 적용할 수 없지만, 원리화를 통해 오늘날 가난한 자들을 위한 적실성을 가질 수 있다.

② 본문과 같은 책의 넓은 문맥에서 어떠한 방식의 적용을 제한하는 내용이 있는가? 혹은 보다 보편적인 적용을 장려하는가?[102]

한 예로, 요한복음 21:18-19에서 베드로가 믿음 때문에 죽임을 당할 것이라는 예수님의 말씀은 모든 그리스도인들에게 일반화하여 적용하기 어렵다. 바로 다음 문맥에서 제자 요한을 향해서는 다른 종류의 운명을 말씀하신다(20-23절).

---

100 10가지 질문은 KBH, *Introduction to Biblical Interpretation*, 487-98에서 대부분 착안하고 수정한 것임을 밝혀둔다. 또한 다음의 학자들의 트랜스퍼링을 위한 질문들도 통합적으로 보완한 것이다. A. Johnson, "A Response to Problems of Normativeness in Scripture," 279-80, Richard, "Application Theory in Relation to the New Testament," 212-14; Doriani, *Putting the Truth to Work*, 249-50; Carter, Duval, and Hays, 『성경설교』 64-65; I. H. Marshall, "New Occasions Teach New Duties?" *Expository Times* 105 (1994): 131-32.

101 Klein, Blomberg, and Hubbard, *Introduction to Biblical Interpretation*, 487-88.

102 Klein, Blomberg, and Hubbard, *Introduction to Biblical Interpretation*, 488.

하나님이 한 개인을 위해 행하신 역사가 오늘날에도 반드시 동일하게 일어날 것이라고 기대하기는 어렵다. 예를 들어, 엘리야 선지자를 공궤했던 사렙다 과부에게 하나님이 공급해주신 역사(왕상 17:8-16), 나병 환자가 치유받기 위해 강가에 7번 내려간 일(왕하 5:1-14), 땅에 지팡이를 던질 때 뱀으로 바뀌는 역사(출 4:2-3)를 오늘날 청중에게 그대로 일반화시키지 않아야 한다(직접적인 적용이 아님).

설교자는 이러한 경우 반드시 성경의 다른 부분에서 어떻게 교훈하고 있는지를 고찰해야 한다. 하나님이 엘리야와 엘리사(왕상 17:17-23; 왕하 4:17-37), 베드로(행 9:36-43)를 통해 죽은 자를 일으키시는 내용의 본문은 (규범적인 보편적 원리가 아니기 때문에) 반드시 하나님이 오늘날 청중을 통해서도 죽은 자를 일으키기를 원하신다는 적용으로 나아가면 안 된다.[103]

③ 본문과 같은 책에서는 나타나지 않지만, 이후에 말씀들이 특정한 그 본문의 적용을 제한하고 있는가를 질문할 필요가 있다.

일례로 마태복음 10:9-10에서 예수님이 전도 여행을 떠나는 제자들에게 미리 돈을 준비해서 가지 말라고 하셨지만, 이후에 예수님은 이러한 명령들을 다시 상기시키는 질문을 하신 다음("내가 너희를 전대와 배낭과 신발도 없이 보내었을 때에 부족한 것이 있더냐"), 다시 명령하신다("이제는 전대있는 자는 가질 것이요 …"). 바울도 장막 치는 일을 하면서 동시에 재정적인 지원을 받았다. 따라서 마 10:9-10의 명령은 성경의 다른 말씀에 비추어 볼 때, 하나님의 보편적인 뜻이 아니므로 현대 청중에게 문자 그대로 적용되지 않고 원리화 과정을 통해 적용되어야 한다.[104]

또한 바울은 구원을 위해 할례가 필수적이라고 가르치는 자들과 직면하여 강력하게 거부하지만, 유대인들에게 복음을 전하기 위한 원리를 따라(고전 9:19-23) 유대인과 헬라인 부모 사이에 태어난 디모데에게 할례를 시행했다(행 16:1-5). 한편, 갈라디아서 2장에서는 할례 시행을 거부하기도 했다. 이것이 할례 시행을 넘어 원리화 다리놓기를 통해 현대 청중에게 적용해야 할 해석학적 이유이다.

고린도전서 8, 10장은 신자들이 다른 신자들의 신앙과 상황을 배려해야 할 필요에 대한 보편적인 원리를 제시하며, 고린도전서 9장은 신자들이 자신의 행동이 불신자들

---

103 Zuck, *Basic Bible Interpretation*, 285.
104 Zuck, *Basic Bible Interpretation*, 285.

이 신앙을 가지는 데 도움이 될 것인지, 아니면 방해가 될 것인지를 지혜롭게 고려하고 결정(decision making)해야 한다는 보편적인 원리를 말해준다.[105]

④ 성경의 다른 곳에서 본문의 명령과 상치되는 가르침을 통해, 본문의 적용을 특수한 예외적인 경우로 분류한 다음 제한하고 있는가?[106]

예를 들어, 창세기 22장에서 아브라함에게 이삭을 바치라는 하나님의 명령은 레위기 18:21 등에서 상치된다. 호세아 1:2의 "음란한 아내를 취하여 자녀를 낳으라"라는 명령도 같은 맥락이다.

⑤ 성경 안에 문화적인 조건들이 있는가? 혹은 저자에 의해 주어진 본문의 명령을 그대로 적용하는 것은 부적합한 것으로 가정되어 있는가?[107]

고린도전서 11:2-16의 경우, 여성이 머리에 천을 쓰는 것 혹은 여성이 긴 머리를 하는 것, 남성이 짧은 머리를 하는 것은 결코 보편적인 원리가 아니기에 직접적으로 현대 청중에게 적용하는 것은 부적합하다.

⑥ 성경 본문에서 표현된, 특정한 문화적 형태(cultural form)가 있는가? 만약 그렇다면 그러한 형태가 오늘날에도 동일한 중요성(적실성)을 가지고 있는가?[108]

예를 들자면, 구약의 희생양은 그리스도 안에서 이미 성취되었기에 더 이상 그대로 적용해서는 안 된다. 구약에서 가난한 자들은 덜 비싼 제물들을 드릴 수 있었던 것처럼(레 12:8), 오늘날 그리스도인들도 모두가 동일한 수준의 헌금을 기대(요구)해서는 안 된다는 적용을 할 수 있다.

⑦ 하나님의 성품, 창조의 질서, 혹은 인간을 위한 구속사에 뿌리박고 있는 합당한 적용인가?[109]

일부일처제의 경우(마 19:5; 엡 5:31)는 창세기 2:24에 나타난 창조의 질서를 확증하고 있다. 베드로전서 1:13-15에서는 하나님의 성품(거룩)이라는 보편적인 신학에 기

---

105 Klein, Blomberg, and Hubbard, *Introduction to Biblical Interpretation*, 502.
106 Klein, Blomberg, and Hubbard, *Introduction to Biblical Interpretation*, 489.
107 Klein, Blomberg, and Hubbard, *Introduction to Biblical Interpretation*, 490.
108 Klein, Blomberg, and Hubbard, *Introduction to Biblical Interpretation*, 491-93.
109 Klein, Blomberg, and Hubbard, *Introduction to Biblical Interpretation*, 493-94.

초하여 당시 청중을 향한 삶의 적용을 제시한다.

⑧ 오늘날에 다양한 문화적 기준을 가진 사회의 문화적 규범 혹은 원리들(cultural norms)을 향한 적용인가?[110]

예를 들어, 바울의 기독론에 기초한 명령, 즉 "아내 사랑하기를 그리스도께서 교회를 사랑하시고 그 교회를 위하여 자신을 주심 같이 하라"(엡 5:25-26)라는 명령은 오늘날 동성애가 보편화된 문화적 형태들을 향한 반문화적(countercultural) 적용이 된다. 또 하나의 예를 들면, "눈에는 눈으로, 이에는 이로"라는 말씀은 당시에 근본적으로 '개인적인 복수'를 제한시키는 명령이었다. 그것은 예수님이 개인적인 보복을 금지하셨다(마 5:38-42)는 것과 연결된다. 예수님은 당시의 복수 문화와 상치되는 적용을 하였으며 보다 구체적인 다양한 적용점을 제시하셨다(마 5:39-42)

⑨ 본문의 적용을 제한시키는 명시적 혹은 암시적 내용을 본문이 포함하고 있는가?[111]

한 예로, 마태복음 7:7의 명령과 약속은 예수님과 야고보의 가르침의 전체 문맥을 통해 볼 때, 하나님의 뜻에 부합한 기도이어야 적용되는 것이기에 마태복음 7:7의 적용은 제한성을 가지고 있다는 것을 알 수 있다(마 6:10; 약 4:15).

⑩ 하나님 나라 언약적 관점과 구속사적 발전에 비추어 적용해야만 하는가?[112]

---

110 Klein, Blomberg, and Hubbard, *Introduction to Biblical Interpretation*, 494-95.
111 Klein, Blomberg, and Hubbard, *Introduction to Biblical Interpretation*, 495-97.
112 KBH는 트랜스퍼링을 위한 구속사적 관점을 제시하면서, 특히 성경 안에 있는 문화적 형태의 적용을 보편적인 원리로 전환시키는 윌리엄 웹(William Webb)의 논의와 18가지 잠재적인 '설득적 기준'(persuasive criteria)에 주목하고 있다(William Webb, *Slaves, Women, and Homosexuality: Exploring the Hermeneutics of Cultural Analysis* [Downers Grove: InterVarsity, 2001]를 참조하라). 그러나 웹의 관점은 앞서 언급한 것처럼 여러 가지 위험성을 내포하고 있다. 예를 들어, 웹의 성경 당시의 종(slave)에 대한 관점(적용, 고전 7:21)이 구속사적 발전에 의해 이후 노예 제도 폐지의 씨앗이 되었다는 주장은 일리가 있지만, 여성에 관한 적용을 현대 문화적 관점과 성경 외 근거를 기초로 접근하여 페미니즘적 적용에 대한 위험성을 열어 놓을 수 있다. 다양한 문화에 다양한 적용을 필요로 하는 성경의 명령(적용)에 관해 성경 자체가 원 적용을 보존하기 위한 합리적 근거를 가지고 있기 때문이다. 카이저(Kaiser)는 자의적 해석과 계시 진전에 대한 혼동, 최종 윤리적 종착점의 절대화의 위험성을 지적하고(Kaiser, "원리화 모델 관점에서의 논평," in 『성경 어떻게 적용할 것인가』, 359-66), 도리아니(Doriani)는 성경보다 다른 원천을 더 권위있는 기준으로 볼 수 있는 위험성과 구속사 초점보다는 윤리적 초점이 지나치다는 점을 비평하며(Doriani, "구원역사 모델 관점에서의 논평," in 『성경 어떻게 적용할 것인가』, 367-76), 밴후저(Vanhoozer)는 웹이 제시한 원리화 기준은 장점이 있지만 구원 정신에 대한 개념이 모호하며 해석학적 문제를 내포하고 있다고 비평한다(Vanhoozer, "구원 드라마 모델 관점에서의 논평," in 『성경 어떻게 적용할 것인가』, 377-89).

(4) 4단계: 원리화 다리를 건너 7가지 원리화 렌즈와 다차원적 적실성 범주와 통합하고, 다양한 적용(장르) 형태와 드라마적 특성을 균형 있게 살려내라

원리화 다리를 건넌 다음, 설교자는 보편화된 적용의 원리를 고려하면서 성경의 다른 본문들과 충돌은 없는지를 점검한 후에, 보편적인 원리를 현대의 상황 가운데 적실하게 적용하는 단계로 나아가야 한다.[113]

이 단계에서 7가지 원리화 렌즈와 다차원적 적실성 범주를 입체적으로 통합시키는 작업이 필요하다. 기존의 학자들이 제시한 가장 기본적인 두 초점(하나님의 성품과 인간의 죄성) 렌즈를 통해 적용 다리놓기 원리를 잘 견지하면서 나가야 한다. 그리고 성경적, 역사적, 현대적 모델이 보여주는 다초점 렌즈(하나님 나라[구속사]와 언약, 하나님의 성품과 창조 질서, 인죄론, 기독론, 구원론, 교회론, 성령론, 종말론)와 같은 기준(criteria)을 통해 트랜스퍼링 할 수 있어야 청중의 다양한 적실성 범주 영역에 재적용 할 수 있다.

그런 다음 원리화 다리놓기에서 적용의 보편적 원리를 여는 7가지 교리적 열쇠와 7가지 영역의 다차원적 적실성 범주를 통해 다양하고(49가지 영역) 변혁적인 적용 패러다임을 매트릭스로 구축하여 목회적 설교 준비 과정에서 활용할 수 있다(다음 장의 〈표 18. 원리화 7기준과 적실성 7범주의 통합적 적용 패턴〉을 참조할 것).

나아가 전통적인 원리화 과정(카이저 모델)의 약점(한계)을 보완, 발전하는 차원의 작업을 4단계에서 병행하는 시도가 필요하다.

첫째, 적용을 하나의 형태(명제적)로 원리화하기보다(본문에서 나온 원리보다 본문 자체가 더 중요하며, 하나님의 계시가 다양한 형태로 전달되기에) 명제를 포함한 성경 자체의 다양한 문학(장르) 형식(명령, 질문, 비유, 기도, 약속, 저주, 수수께끼, 맹세 등)을 존중한 적용 형태를 추구할 필요가 있다.[114] 나아가 설교자는 성경 자체의 다양한 장르에 민감한 적용(genre-sensitive application)을 추구해야 한다. 도리아니는 성경의 명령 안에서만이 아니라 성경의 다양한 형태들을 통해 제시되는 적용을 추구해야 한다고 강조한다.

① 율법, 명령과 규칙 차원 적용: 특정한 명령들에 순종을 요구하는 적용(출 21:29; 롬 16:16).
② 매우 포괄적인 적용인 이상(ideal, 원칙들): 특정한 행위들이 아닌 매우 넓은 의미("먼저 그 나라와 그 의를 구하라")를 담은 적용(마 5:44, 48; 6:33).

---

113   Doriani, *Getting the Message*, 144-48; Osborne, *The Hermeneutical Spiral*, 344-47.
114   Doriani, "구원 역사 모델 관점에서의 논평," in 『성경 어떻게 적용할 것인가』, 74-76. 도리아니의 구속사 모델 관점에 대해서는 107-76를 참조하라.

③ 주로 내러티브 장르 본문의 긍정적 혹은 부정적 인물의 성품과 행동에 근거한 적용: 긍정적 본보기들(빌 2:3-8)이나 부정적 본보기를 통한 적용(출 32장).

④ 성경적 상징과 비유를 통한 적용: 예를 들면, 그리스도의 구속의 상징으로서의 십자가 혹은 잠언에서 "길가에 누워있는 사자"(잠 19:24)를 통해 게으지 말아야 할 것을 밝힘.

⑤ 교리: 믿음의 교리를 실행하는 삶에 대한 적용.

⑥ 언약(약속, 축복과 저주, 맹세 등)차원의 적용: 하나님이 장차 행하실 약속을 믿으며 어떻게 살아가야 하는지에 대한 지침으로서 적용.

⑦ 어떻게 예배하고 기도해야 하는가에 대한 적용(노래와 기도들): 어떻게 예배하고 기도해야 하는가에 대한 적용.

⑧ 성경의 다양한 수사학적 질문을 그대로 살린 질문형 적용.[115]

도리아니는 윤리적 적용을 위한 7가지 성경적 영역들(법칙, 이상, 교리, 구속사적 행동, 모범적 행동, 이미지, 노래 혹은 기도)과 4가지 측면의 윤리적 범주들(의무, 성품, 목표, 분별)을 기초로 28가지 윤리적 적용을 위한 적실성 범주를 제안한다.[116] 따라서 원리화 모델은 성경의 권위와 적실성을 추구하는 개혁주의 구속사 모델(도리아니)과 구원 드라마 모델(밴후저)의 장점을 조화시키는 균형을 추구할 필요가 있다. 밴후저에 따르면, 도리아니의 강점은 트랜스퍼링을 전문 기술과 영적인 헌신의 문제로 바르게 인식할 뿐만 아니라, 다양한 본문의 유형(장르)을 활용하고자 하며, 현재 교회(청중)의 역할을 강조하는 데 있다고 본다(구속사적 전통의 약점을 목회적인 차원에서 보완함).[117]

둘째, 성경의 권위와 적실성을 보존하는 원리화 모델과 구속사적 관점을 추구하되, 밴후저가 강조한 본문의 '드라마적 특성'(theodramatizing)을 없애지 않아야 한다.

성경 교리의 궁극적인 목적은 정보 전달이 아닌 신적 드라마에 참여케 하여 행동과 습관을 변화시키는 것이기에, 해석자(설교자)와 청중이 관객화되지 않고 신적 드라마에 참여하고, 평가하며, 행동(진전)하도록 균형 있게 추구할 필요가 있다.[118]

---

115 Doriani, *Getting the Message*, 141-42.
116 Doriani, *Putting the Truth to Work*, 81-121; Richard B. Hays, *The Moral Vision of the New Testament* (New York: Harper Collins, 1996).
117 Vanhoozer, "구원 드라마 모델 관점에서의 논평," 185-90. 도리아니의 4가지 적용 패러다임 혹은 질문은 구원 드라마에서 추구하는 트랜스퍼링과 밴후저의 구속 드라마 방법과 유사(서로 자신의 견해와 유사하다고 평가한다)하다.
118 Vanhoozer, "구원 드라마 모델 관점에서의 논평," 86-88. 밴후저의 구원 드라마 모델에 대한 상세한 논의를 위해서는 221-87을 참조하라. 그러나, 카이저의 비평처럼 밴후저의 모델은 현대적 주제들을 적용

구속사적 원리화 과정 가운데 본문 자체에 대한 철저한 주해와 원 적용이 더 우선적인 초점이 되어야 하며, 지나치게 명제화함으로 교리적 전달에 함몰되지 않도록, 문화적 상황화와 다차원적인 적실성을 입체적으로 고려해야 한다. 본문이 가진 성경적 권위(저자 의도적 의미와 적용)와 현대 목회적 적실성을 균형 있게 유지하면서, 하나님의 구속사적 드라마에 청중으로 하여금 참여하고 행동하게 하는 '드라마적 역동성'(theodramatizing)을 약화시키지 않도록 조심해야 한다.[119]

셋째, 명제적인 진리(원리)가 해석자의 문화 위에(초월할 수) 있다는 가정보다는 해석자가 문화를 반영한다는 점을 인식하면서 원리화 과정을 추구하는 것이 필요하다.[120]

넷째, 원리화 모델의 윤리적 적용 편향성을 넘어 다차원적 적실성 범주로 적용의 지평을 넓혀 나갈 필요가 있다.

원리화 모델(카이저)은 다양한 교리에 기초한 원리보다는 윤리적 차원에 초점을 맞추는 경향이 있다.[121] 도리아니도 이 점을 지적하면서(원리화 모델을 비평하면서), 보다 세분화된 구속사적 모델 관점의 다양한 적용 패러다임(의무, 인격, 목표, 비전)을 제시하지만 (도리아니 자신도 교리적 기준을 제시하기보다 윤리적 원리에 초점을 맞추는 경향이 있다), 현대적 적용을 위한 원천으로서 추상성과 모호성을 내포하고 있다(실제로는 도리아니의 모델도 광의적인 의미에서 원리화 모델로 범주화 할 수 있다).[122]

그러므로 이러한 원리화 모델의 윤리적 적용 편향성과 구속사적 모델의 추상적 적용 패턴을 넘어, 모세와 선지자들, 바울을 비롯한 성경 모델들이 보여주는 적실성 범주와 크리소스톰, 칼빈, 에드워즈, 켈러 등의 모델이 보여주는 적용적 균형을 갖춘 적실성 범주를 토대로 개인, 가정, 공동체, 사회, 정치, 문화, 경제, 윤리, 종교적 영역을 변혁시키는 적용과 연결된 다차원적 적실성 범주를 회복해야 한다(적실성 범주에 대해서는 다음 장에서 상세히 다루기로 한다).

하기가 매우 어렵고, 성경 권위를 위협할 소지가 있으며, 본문 저자의 원 의도를 외면할 위험을 안고 있다는 점을 경계할 필요가 있다(Kaiser, "원리화 모델 관점에서의 논평," 288-95). 도리아니의 지적처럼, 구속 드라마 모델에 대한 철저한 성경적 주해가 빈약하다는 점과 용어적 제한성과 (언어 이론 등에 대한 집중에 반해) 교회와 목회 현장성과의 연결성이 약점이 될 수 있다(Doriani, "구원 역사 모델 관점에서의 논평," 296-303).

119 Gary T. Meadors ed., 『성경 어떻게 적용할 것인가』, 221-303.
120 Doriani, "구원 역사 모델 관점에서의 논평," 76-78; Mark L. Strauss, "성경에서 신학으로 넘어가는 작업에 대한 소견," in 『성경 어떻게 적용할 것인가』, 399-400.
121 Doriani, "구원 역사 모델 관점에서의 논평," 77.
122 Kaiser, "원리화 모델 관점에서의 논평," 178-79; Vanhoozer, "구원 드라마 모델 관점에서의 논평," 190-93.

(5) 5단계(기존의 4단계에서 발전된 모델): 수사학적 적응 차원의 청중 주해와 성령에 의존한 변혁을 추구하라(다음 장에서 상세한 논의)

첫째, 5단계에서 수사학적 적응(rhetorical adaptation) 차원의 청중의 삶과 문화 주해를 통해 '추상 작용의 정도'를 재적용하는 과정이 필요하다.

저자가 의도한 적용으로부터 원리화 다리를 놓는 과정에서 입체적으로 측정해 온 추상 작용의 정도는 본문과 교리적 기준에 기초해야 하지만, 원 청중(및 문화)과 현 청중(및 문화)의 연속성과 비연속성을 동시에 고려해야 하기에 현대 청중을 주해하는 작업이 필요하다. 나아가 다차원적 적실성 범주를 구축하기 위해서는 여러 강해 설교학자들이 제안하고 있는 적용 지향적 청중 주해(exegeting audience)의 신학적, 심리학적, 문화적, 사회/인구 통계학적 분석을 활용한 실제적인 방법론을 추구할 필요가 있다.

둘째, 원리화 다리놓기를 통한 트랜스퍼링은 철저히 성령에 의존한 변혁의 차원을 추구해야 한다. 트랜스퍼링 5단계 전체 과정을 통제하시는 성령이 변혁의 다리놓기 과정도 철저히 조명, 인도, 통제하신다.

바울은 성령께 이끌림 받는 변혁적 다리(Sprit-led transformational bridge)를 추구하면서 그리스도의 십자가 중심의 설득과 선포를 통해 행동의 변화를 위한 성령 안에서 설득의 과정을 보여주며, 성령에 기초한 윤리적 적용을 선포하는 패턴을 예증적으로 제시해 준다.

칼빈은 바울의 모델을 따라, 철저히 저자 의도적 의미와 적용을 추구했다. 그리고 그는 트랜스퍼링 하기 위한 교리적 기준을 통해서 세워진 원리화 다리를 추구하면서, 저자의 의도를 따른 변혁적인 적실성에 기초한 적용 지향적 설교를 추구했다.

에드워즈는 하나님의 영광을 추구하며 청중의 삶과 문화를 변혁시키는 것을 트랜스퍼링과 원리화 과정의 궁극적인 목적으로 삼고, 성령의 역사를 통한 '긴급한 결단과 행동하도록 촉구'하는 적용을 추구한다. 따라서 원리화 다리놓기를 위한 트랜스퍼링의 마지막 단계는 청중 분석 및 수사학적 적응과 성령의 변혁적 역사를 추구하는 것이다.

6. 결어: 설교자여, 원리화 다리놓기를 위한 트랜스퍼링 패러다임을 구축하라!

설교자들 가운데, 적용 해석학 차원의 '원리화 과정'이 부재한 경우가 있다. 본 장은 청중과 사회를 변혁시키는 성경적 설교 적용의 트랜스퍼링(transferring)을 위한 원리화 과정의 필요성을 인식하고, 나아가 트랜스퍼링의 기준을 분별하여 구체적인 원리화 다리놓기와 방법론을 확립해야 한다는 논지를 전개하였다. 이를 바탕으로 설교자들에게 3가지 결론적 함의와 발전적 제언을 정리하고자 한다.

첫째, 설교자들은 청중을 변혁시키는 적용의 트랜스퍼링을 위한 원리화 과정의 적용 해석학 차원의 필요성을 냉철하게 인식하는 것이 필요하다.

본문의 지평과 현대 지평 사이에 존재하는 해석학적인 간격을 연결(overarching)하는 트랜스퍼링 패러다임을 구축하기 위해서는 저자가 의도한 적용의 뿌리로부터 보편적 원리의 줄기를 추출하는 원리화 다리놓기가 필수적이다. 또한 설교자가 원리화 다리놓기를 구축해야 여러 가지 불균형적 적용 오류와 패턴을 방지 할 수 있으며, 다양한 교리적 요소(기준)와 다차원적 적실성을 함의하는 목회적인 구속사 설교를 추구할 수 있다.

그러나 기존에 제시된 추상적인 모델들(보편화/특수화 혹은 상황화/재상황화 모델)의 한계를 극복하기 위해서도 원리화 다리놓기를 통한 적용 트랜스퍼링 방법론이 필요함을 인식해야 한다.

둘째, 설교자들은 트랜스퍼링을 통한 원리화 과정에서 적용의 보편적인 원리를 발견(분별)하기 위한 '기준'(criteria)을 확립할 필요가 있다.

트랜스퍼링에 대한 기존의 양극화된 해석학적 논쟁을 넘어 다양한 모델들을 비평적으로 분석하고, 성경과 역사적 모델에 기초한 대안적인 트랜스퍼링의 기준을 사용해야 한다. 설교자들은 2가지 기준(two criteria)을 중심으로 구축된 원리화(트랜스퍼링) 모델들의 통찰들을 활용하면서도 개혁주의 해석학 차원의 보다 체계적이고 균형 잡힌 방법론을 추구해야한다.

이를 위해서 설교자들은 간접적 적용과 직접적 적용을 분별하기 위한 해석학적 렌즈(hermeneutical lens)의 필요성을 인식하는 동시에 구체적인 적용을 발견하기 위한 교리적 규범 원리(doctrinal normativeness)를 간파할 기준을 체계화해야 한다. 성경의 설교(자) 모델와 역사적 강해 설교 모델의 실제 설교 연구에서 발굴된 기준들을 중심으로 현대 학자들이 제시하는 트랜스퍼링의 기준들을 통합하여 조망할 필요가 있다.

즉 적용의 보편적인 원리의 지평을 전망할 수 있는 성경적, 역사적 모델에 기초한 7가지 교리적 렌즈들(언약 혹은 구속사/그리스도, 하나님의 성품, 인간론, 구원론, 교회론, 성령론, 종말론)이 필요하다.

셋째, 설교자들은 적용의 트랜스퍼링을 위한 원리화 과정이 적용 해석학적 필요하다는 것과 트랜스퍼링을 통한 원리화 과정에서 적용의 보편적인 원리를 분별하기 위한 기준(criteria)을 확립해야 할 필요가 있다는 것을 인지만 해서는 안 된다. 설교자들은 기존의 원리화 과정을 통한 트랜스퍼링의 방법론을 통합하고 발전시켜 더욱 구체적으로 활용할 필요가 있다.

먼저 트랜스퍼링 1단계에서 저자가 의도한 의미와 원 적용을 발견하고, 2단계에서 구체성의 정도(the level of specificity)에 따라 직접적 적용과 간접적 적용을 통해 구별한다. 직접적 적용인 경우에는 일차적으로 현대 지평의 적용으로 발전시켜야 한다. 3단계에서 간접적 적용인 경우에는 보편적인 원리를 발견하기 위해 7가지 교리(기준) 렌즈를 통해 트랜스퍼링 한다. 4단계에서 원리화 다리를 건너 현 청중의 적실성과 연결한 후, 다양한 적용(장르) 형태와 드라마적 특성을 살리며, 5단계에서 청중 주해와 철저한 성령 의존적 변혁을 추구해야 한다.

이를 통해 어느새 잡초가 무성해져 버린 한국교회 설교 생태계에 말씀과 성령의 생기로 숲의 생명력이 다시 회복되고, 본문의 저자가 의도한 적용의 씨앗이 좋은 토양에 심겨지며, 원리화 과정을 통해 건강하게 성장할 것이다. 그리하여 다채롭고 풍성한 적용의 열매와 총천연색 변화의 꽃이 만발하여 온 땅에 그리스도의 향기로 가득해지게 될 것이다.

〈도형 8. 포브릿지 트랜스퍼링 모델〉

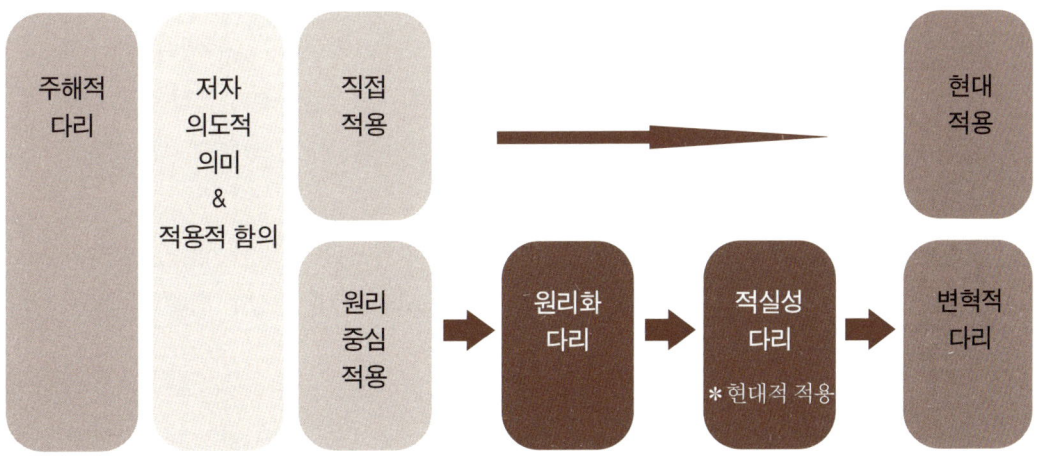

제3장

적실성 다리놓기[1]

설교자가 주해적 다리놓기와 신학적 원리화의 다리놓기를 건실히 놓았다고 할지라도, 적실성 다리놓기(Relevant Bridge)가 견고히 확립되지 않으면 적용의 편향성, 즉 지나치게 한 영역에만 초점을 맞춘 적실성 범주로 고착화되는 경향을 나타낼 수 있다.

예를 들어, 한국교회 설교의 적용이 개인의 삶과 관련된 영역에 함몰된 적용의 경향이 있지 않는가?

이 밖에도, 한국교회가 성경과 역사의 설교자 모델을 통해 살펴볼 수 있는 깊으면서도 다양한 적용 영역의 지평을 제대로 펼치지 못하고 개인적 적용, 공동체적 적용, 도덕주의적 적용, 율법주의적 적용, 사회적인 적용, 정치적인 적용, 철학적 적용, 종교적인 적용과 같은 적실성 범주 가운데 한 쪽으로 기울어진 불균형적 적용 패턴을 양산하고 있지는 않는가?

따라서 본 장에서는 적실성 다리놓기 과정을 구축하기 위한 다양한 적실성 범주 모델들을 간략히 살펴보고, 성경과 역사적 모델에 기초한 7가지 적실성 범주의 패턴을 구체적으로 적용해 보도록 할 것이다.

---

1 본 장의 일부는 박현신, "변혁적 설교의 적용을 위한 다차원적 적실성 범주," 한국설교학회, 「설교한국」 8 (2013): 127-68의 내용을 대폭 수정, 보완한 것임을 밝힌다.

1. 다양한 적실성 범주 모델들

현대 설교자들은 주해적 다리와 교리적 다리를 건너서(트랜스퍼링) 다차원적인 적실성 범주를 분석해야 하는데, 이는 변혁적 적용 패러다임이 반드시 규범적, 상황적, 실존적이면서 구체적이어야 하기 때문이다.[2] 이를 위해서 성경적, 역사적, 현대적 모델이 보여주는 패러다임을 분석하고 대안을 모색해야 한다.

첫째, 앞의 제2장에서 살펴본 것처럼, 모세와 선지자들의 언약 중심적인 적실성 범주 모델을 성경적 원리로 활용할 필요가 있다.

〈표 5. 포브릿지 트랜스퍼링 모델〉

개인적 영역	동기와 마음(신 22:8; 5:14-15), 신용(신 24:16)
가정	결혼(신 5:18), 이혼(신 24:1-4), 자녀 양육(신 6:6-9), 가정의 언약적 순결(말 2:10-16)
사회/윤리	공정한 판결(신 1:17), 법(신 17:18-20), 거짓 고소(신 19:15-21:20), 지불(신 24:14), 형벌(신 25:1-5), 안식, 사회질서(신 5:15-16), 사회 정의(호 5:10-11; 6:7-9), 공의와 인자(미 6:8), 도덕적 타락(호 7:3-7, 13-14), 성적 윤리(암 2:7), 폭력과 겁탈(암 3:10), 부당한 세금(암 5:11), 뇌물(암 5:12), 법정 윤리(암 5:12)
경제	유산(신 15:12-18), 소유(신 5:19), 부/재산(신 26:1-11), 가난한 자들을 향한 경제적 압제, 학대, 횡포(암 2:6-8, 4:1), 재정과 헌금(말 3:7-10)
정치	인권(신 17:14), 거룩한 참여(신 17:19-20); 정치적 불신실함과 부패(호 8:1-9:7b)
종교	종교적 혼합주의(호 7:8-9, 13-14), 영적인 음란(호 9:7c-10:15), 우상 숭배(암 4:4-5; 5:5-6), 종교개혁(나 1:15; 2:1)

---

2 Scott Gibson, "Philosophy versus Method," in *The Big Idea of Biblical Preaching* (Grand Rapids: Baker, 1998), 171; Chapell, *Christ-centered Preaching*, 120, 214–15.

둘째, 활용할 수 있는 성경적 적실성 범주 모델은 바울의 모델이다. 성경의 목적(딤후 3:16-17; 롬 15:4, 교훈을 통해 소망을 가지게 함)을 설교의 목적(가르침, 경책, 경계, 권면, 딤후 4:1-2)으로 연결시키는 바울의 균형 잡힌 적용의 패턴을 따라, 설교자는 '바른 교훈과 책망'(딛 1:9, 13; 2:15)을 통해 '정신의 영역을 향한 적용'(mental application)을 추구하고, '바르게 함과 의로 교육함'(딛 2:11-14)을 통해 실제적 적용을 추구해야 한다.[3] 이 바울의 모델은 이후 청교도 설교의 아버지라 불리우는 퍼킨스의 '4가지 적용 법칙'(grammar of application)에 기초한 적실성 범주 모델로 연결된다.

셋째, 조엘 비키(Joel Beeke)의 모델은 웨스트민스터 신앙고백서에 기초한 6가지 유형의 적용으로 발전시킨 적실성 범주 모델이라고 할 수 있다.

① 교훈적 혹은 교리적 적용(doctrinal instruction).
② 논박(Confutation): 오류에 대한 책망.
③ 권면(Exhortation): 순종을 격려함.
④ 책망(Dehortation): 죄를 책망함.
⑤ 위로(Comfort): 인내를 격려함.
⑥ 판단(Trial): 고난에 대한 합당한 반응.[4]

넷째, 조셉 파이파(Joseph A. Pipa)의 적실성 범주 모델은 퍼킨스의 청중 유형 7가지와 웨스트민스터 예배 모범 "말씀의 설교에 대하여" 항목 중에서 적용의 유형인 7가지 적용 유형을 입체적으로 연결한 적용 매트릭스를 제시한다.[5]

---

3 William Perkins, *The Art of Prophesying* (Carlisle, PA: Banner of Truth, 2002), 64-65; Joseph A. Pipa, 『성경과 개혁주의 신학이 말하는 설교』(한국개혁주의설교연구원, 2015), 67-70.
4 Joel Beeke, *Living for God's Glory: An Introduction to Calvinism* (Orlando: Reformation Trust Publishing, 2008), 261
5 Pipa, 『성경과 개혁주의 신학이 말하는 설교』, 76-86.

<표 6. 파이파의 적실성 범주 모델>

청중 유형 \ 적용 유형		정보	논박	권면	책망	위로	시험	송영
불신자들	무지하고 가르치기 어려운 자들							
	무지하나 가르치기에 적합한 자들							
	교만한 자들							
	겸손한 자들							
신자들	믿는 자들							
	믿음에서 떨어져 낙심한 자들							
	슬픔/근심 가운데 있는 자들							
	혼합 청중							

다섯째, 짐 새딕스(Jim Shaddix)는 적용의 영역을 구체적(specific), 축적된(stored), 잠적(subliminal) 적용으로 분류하면서, 다양한 범주의 구체적인 적용을 위한 '깔대기 모델'(funnel model)을 다음과 같이 제안한다.

① **신학적 적용**(하나님과 그분의 백성들과의 관계성).
② **보편적**(universal) **적용**(영구히 변치 않는 진리).
③ **세대적**(generational) **적용**(세상에 사는 모든 사람들 향한).
④ **문화적**(cultural)**적용**(사회적 그리고 종교적 적용을 포함).
⑤ **공동체적**(communal) **적용**(가족, 지역 공동체, 직장).
⑥ **개인적인**(individual) **적용**.[6]

---

6 Shaddix, *The Passion Driven Sermon*, 106–11.

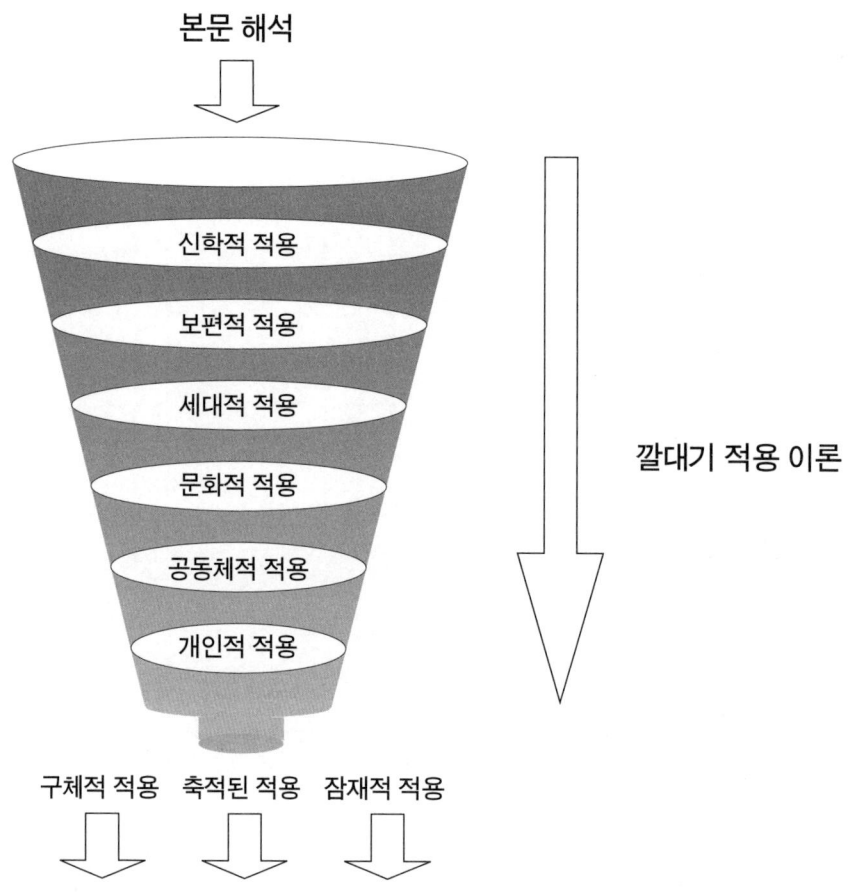

〈도형 9. 깔대기 적용 모델〉

여섯째, 현대 모델로서 티모시 켈러(Timothy Keller)는 '적용적 균형'을 유지하면서, 도시 문화 상황 속에서 청중을 변화시키기는 적실성 범주의 모델을 소개한다.

① 실망과 침체(개인의 영역).
② 사랑과 관계(공동체 영역).
③ 성(sextuality).
④ 가정.
⑤ 자기 통제.
⑥ 인종과 문화.
⑦ 복음증거.

⑧ 인간의 권위.

⑨ 죄책감과 자아상.

⑩ 기쁨과 유머.

⑪ 사회 계층을 향한 태도.[7]

2. 성경적, 역사적, 현대적 모델에 기초한 7가지 적실성 범주

모세와 선지자들, 바울을 비롯한 성경 모델들이 보여주는 적실성 범주와 크리소스톰, 칼빈, 에드워즈, 브로더스 등의 역사적 모델이 보여주는 적실성 범주와 적용적 균형을 갖춘 적실성 범주의 현대적 모델 설교자들을 토대로 다음의 7가지 영역의 적용을 추구할 수 있다.

설교자가 어떤 본문을 정하고 강해(講解)한다 할지라도, 만약 적용이 다차원적(multi-dimensional) 성격을 간과하고 매너리즘의 틀에 갇히게 되면 본문은 달라도 적용은 언제나 청중이 예상할 수 있는 천편일률적인 패턴으로 나오게 된다. 설교자들이 강해 설교를 매주 연속 본문으로 한다고 해도 청중은 설교 시작한지 얼마 되지 않아 설교자의 비장의 무기(?)로 어떤 적용이 나올 것인지 예측하게 되어 적용의 다양성과 반전성, 흥미도와 몰입도 등이 떨어지게 되고 새롭고 신선한 깨달음과 구체적인 변화를 기대하기가 어렵게 된다.

본문 주해와 포스트모던 청중 및 문화 주해를 통해 '하나님 나라 혁명을 가져올 십자가 복음의 피'를 성도들과 세상에 흘려보내야 한다. 이를 위해서는 적용을 단일 초점이 아닌 다초점 렌즈에 투영시켜, 총천연색 적실성의 빛이 다양한 청중에게 비춰지게 하는 것이 효과적이다. 이런 차원에서 다음에 제시하는 7가지 적실성 범주 패턴의 지평을 함께 활짝 열어보자.[8]

---

7 Keller, *Center Church*, 48–51, 82.
8 아래에 제시될 7가지 적실성 범주의 성경적, 역사적 모델의 각주들 가운데 제2부와 제3부에서 이미 제시되었던 각주들이 중복되더라도 편의상 삽입한 것임을 밝힌다.

1) 개인 혹은 양심(personal or conscience)의 변혁을 위한 적용

해돈 로빈슨(Haddon Robinson)은 "진리가 누군가의 개인적 상황에 적용될 때보다 더 강력하게 경험된 적은 없다"고 강조한다.[9] 변혁적 적용은 말씀에 대한 통찰력뿐만 아니라 청중의 "질문들, 상처들, 두려움들, 갈등들"에 대해서도 깊은 관심을 가진다.[10] 청중의 속사람 안에 있는(고후 4:2) 선한 양심(a good conscience, 딤전 1:5)을 향해 도전하기 위해서는 설교자들이 양심 지향적 개인적 적용을 추구해야 한다.[11]

예를 들어, 조나단 에드워즈는 시편 139:23-24을 근거로 한 설교를 통해 영적 자기 점검의 필요성과 원리(죄를 깨닫지 못하는 원인과 죄의 자각을 돕는 방안)를 제시한다. 또한 에드워즈는 구체적인 자기 점검 실천을 위한 개인적 적용의 세부적인 영역의 예를 제공해 주고 있다.

① 구원과 죄에 영역에 대한 점검.
② 말씀연구와 묵상의 영역.
③ 주일성수와 성찬, 예배.
④ 은밀한 죄에 대한 점검.
⑤ 이웃에 대한 태도 점검.
⑥ 자선과 교제에 대한 점검.
⑦ 가족에 대한 태도 점검.[12]

다니엘 애이킨(Daniel Akin)은 저자가 의도한 본문의 적용에 대하여, '개인의 영역'과 관련해서 다음과 같은 질문을 던질 것을 제안한다.[13]

9　Haddon Robinson, "Preaching to Everyone in Particular," *Leadership* 15 (1994): 100.
10　Haddon Robinson, "Blending Bible Content and Life Application," in *Making a Difference in Biblical Preaching*, ed. Haddon Robinson and Scott Gibson (Grand Rapids: Baker, 2002), 94.
11　Zack Eswine, *Preaching to a Post-Everything World* (Grand Rapids: Baker, 2008), 125.
12　자세한 개인적 적용표를 위해서는 Jonathan Edwards, 『조나단 에드워즈의 점검』(*Self-examination and resolutions*), 조계광 역 (서울: 생명의 말씀사, 2015), 12-126를 참조할 것. 설교를 위한 리스트는 아니지만, 설교자로서 개인적 적용을 위한 다양한 적용표로 창조적으로 활용한다면, 유익할 것이라고 본다.
13　Akin, "Applying a Text-Driven Sermon," in *Text-driven Preaching*, 284.

① 내가 따라야 할 예들이 있는가?
② 피해야할/고백해야 할 죄가 있는가?
③ 주장해야 할 약속이 있는가?
④ 반복해야 할 기도가 있는가?
⑤ 따라야 할 명령이 있는가?
⑥ 충족시켜야 할 조건이 있는가?
⑦ 기억해야 할 구절이 있는가?
⑧ 피해야 할 실수가 있는가?
⑨ 직면해야 할 도전이 있는가?
⑩ 적용해야 할 원리가 있는가?
⑪ 변해야 할 습관이 있는가?
⑫ 고쳐야 할 태도가 있는가?
⑬ 믿어야 할 진리가 있는가?

데이비드 헬름은 청중의 '마음의 변화'를 설교의 목적으로 추구하기 위해 마음의 참된 회개에 초점을 맞추는 개인적 적용을 강조한다. 즉 그는 설교자가 본문의 '마음'(저자가 의도한 적용)과 청중의 마음을 복음 중심적으로 연결하는 적용을 하도록 제안한다.[14] 에드워즈가 제시한 것처럼, 설교자는 저자가 원 청중(수신자)에게 의도한 원 적용과의 입체적이고 유기적인 관련성 속에서 다음과 같은 개인적 적용의 질문을 던지는 것이 유익하다.[15]

---

14 Helm, 『강해 설교』, 127-36.
15 Edwards, 『깊은 설교』, (서울, CLC, 2012), 351.

> 1) 나의 약점이 그들(원 청중)의 약점인가?
> 2) 나의 유혹이 그들의 것인가? 그들처럼 나도 굴복했는가?
> 3) 그 결과로 나의 삶이 뒤틀렸는가?
> 4) 어떻게? 어떤 결과가 있었는가?
> 5) 언제 이 죄에 더 빠지기 쉬웠나?
> 6) 이 문제를 야기하는 어떤 버릇/습관이 내 삶에 존재하는가?
> 7) 나에 대한 무엇이 이 구체적인 적의 공격에 취약하게 하는가?(즉 이 죄로 나타나는 근본적인 문제가 무엇인가?)
> 8) 나의 삶과 사역이 이 죄로 인해 어떻게 고통받았나?
> 9) 다른 사람들은 이것으로 인해 어떻게 영향받았나?
> 10) 이 유혹을 견딤으로 인해 나의 삶과 사역이 어떻게 강화될 수 있었을까?
> 11) 이 본문의 아이디어가 당신의 삶을 영적으로 어떻게 전진시킬 수 있나?
> 12) 당신이 다른 선택을 했다면 당신과 당신의 사람들이 바로 지금 경험했을 또 다른 현실을 그려보라.

적용은 마음의 변화를 목표로 지향해야 한다. 구체적으로 하나님의 역사를 전적으로 의존하는 기도와 함께 '마음의 회개'에 대한 적용을 추구해야 한다. 이를 위해서는 현 청중의 마음에 대한 주해만이 아니라 본문의 저자가 의도한 원 청중의 마음과 변화가 무엇인지를 파악해야 한다.

그러나 강해 설교의 적용이 개인적 영역에 적절하게 연결되어야 하지만, 다른 적실성 범주를 간과하고 개인적인 적용에만 함몰될 때 '사사화된 적용'이라는 부작용이 생길 수 있다.[16] 따라서 설교자들은 하나님 나라 공동체적 영역에 대한 적용이 간과되지 않고 적절한 균형을 이루어야 한다.

개인적인 적용의 적실성 영역은 청중의 삶과 연결된 가장 핵심된 4가지 영역의 관계적 지평으로 정리해 볼 수 있다.[17]

---

16 이승진, "한국교회 설교의 사사화와 공동체 지향적인 설교," 한국복음주의신학회, 「성경과 신학」 67 (2013): 31-73. 이승진 교수는 한국교회 설교와 적용의 문제 중 하나를 지적하기를, 적용을 너무 개인적인 차원에 한정시키면서 공동체적이고 거시적인 차원을 무시한다고 하였는데, 이러한 지적은 타당하다. 이러한 사사화 문제를 해결할 수 있는 대안 중에 하나로 필자가 제시하는 것은, 다차원적 적실성 범주 패러다임을 구축하여, 설교의 적용 과정에서 성령의 주도하에 목회 현장에 활용하는 것이다.
17 Akin, "Applying a Text-Driven Sermon," in *Text-driven Preaching*, 285-86; Roy Zuck, 『바울의 티칭스

〈표 7. 관계 지평의 개인적 적실성 요소들〉

핵심 관계	성경적 적용 요소들	설교적 적실성 요소들
하나님과의 관계	흠없음(빌 2:14-15), 깨끗한 양심(딤전1:5, 19), 고결함(롬 13:13), 헌신(롬12:1), 신실함(고전 4:2), 하나님을 닮음(딤전 2:2), 거룩함(고후 7:1), 소망(롬 15:13), 통찰력(엡 1:17), 사랑(엡 3:17-19), 순종(롬 16:19), 능력(엡 1:19; 3:16, 20), 찬양(롬 15:7), 충만한 기도(롬 12:12), 순결(롬13:14), 섬김(롬 12:11), 성실(딤전 3:8), 노래(골 3:16), 감사(살전 5:18), 신뢰(빌 1:6; 4:13), 열심(롬 12:11)	이해해야 할 진리, 따라야 할 명령, 표현해야 할 기도, 주의해야 할 도전, 주장해야 할 약속, 누려야 할 교제
이웃과의 관계	용납(롬 15:7), 축복(롬 13:14), 관심(빌2:3), 교화(고전 14:4-5, 17), 격려(살전 4:18), 인내(엡 4:2), 용서(엡 4:32), 관용(딤전 6:18), 온유(갈 5:23), 선함(딛 3:1, 14), 은혜(골 4:5-6), 조화와 일치(롬 12:16, 18), 도움(롬 12:13), 존경(딤전 6:1-2), 환대(롬 12:13), 겸손(빌 2:3), 공평(딤전 5:21), 온전함(고후 4:2-3), 친절(갈 5:22), 사랑(롬 12:9-10), 자비(롬 12:8), 절제(딛 2:2), 판단하지 않음(롬 14:1, 13), 순종(엡 6:1, 5), 질책(딤전 5:20), 나눔(엡 4:28), 성실(고후 2:17), 복종(롬 13:5), 동정(롬 12:15), 신뢰성(딤전 3:11), 진실성(고후 4:2)	나누어야 할 증거, 베풀어야 할 격려와 봉사, 구해야 할 용서, 길러야 할 교제, 주어야 할 교훈, 짊어져야 할 짐, 표현해야 할 친절, 베풀어야 할 호의, 변해야 하거나 지켜야 할 태도, 버려야 할 죄, 다스려야 할 분노, 나를 미워하는 이웃에 대한 태도, 이웃의 실패(불행) 혹은 번영(부와 명예)에 대한 태도, 경제적 부채(빚) 관계, 정당한 거래와 손해 배상, 험담(비방)과 억압 유무, 어려움을 당한 이웃에 대한 구제, 진실한 대화, 판단과 정죄

『타일』, 157-60.

자신과의 관계	만족(빌 4:6, 11-12), 용기(고전 16:13), 근면(골 3:23), 분별력(빌 1:10), 절제(딤전 3:2, 11), 인내(살전 5:14), 평강(빌 4:6-7), 인내(고후 4:1, 16), 잠잠함(살전 4:11), 자제(갈 5:23), 깨어있음(고전 15:58)	검토해야 할 생각과 말, 취해야 할 행동, 따라야 할 모범, 피해야 할 실수, 변해야 하거나 지켜야 할 태도, 변해야 할 우선순위, 추구해야 할 목표, 붙들어야 할 가치나 기준, 버려야 할 죄, 구원의 확신, 내면에 숨은 은밀한 죄악에 성찰, 양심의 빛을 거스르는 죄와 습관적인 죄, 게으름 점검, 죄에 대한 변명과 합리화, 예배와 삶(봉사와 사역)의 균형, 말씀 묵상과 삶의 실천, 타인과 지도자의 조언을 구함, 주일성수와 성찬에 대한 점검
사단과의 관계	선으로 악을 이길 것(롬 12:21), 미혹을 받지 말 것(고전 6:9), 악에는 어린아이가 되라(고전 14:20), 마귀로 틈을 타지 못하게 하라(엡 4:27), 마귀의 궤계를 능히 대적하기 위해 하나님의 전신갑주를 입어야 함(엡 6:13), 마귀를 대적해야 함(벧전 5:8), 대적자들과 대항, 철저히 검사(롬 16:17), 삼가고 주의함(빌 3:2), 피함(딤후 2:17), 온유함으로 징계(딤후 2:25), 책망(딛 1:9), 경책(딤후 4:2), 훈계(딛 3:9-10)	거부해야 할 사람, 인지해야 할 책략, 거절해야 할 유혹, 피하거나 고백해야 할 죄, 취해야 할 영적 무기 1) 어떠한 방법으로 사탄이 반격할 가능성이 높은가?(거짓말, 낙심, 분열, 이전 상황 이용) 2) 어떠한 상황이 이 진리의 적용에 순종하는 것을 어렵게 하는가? 3) 어떤 연령대 혹은 세대가 이 적용을 실천하는 것을 가장 어려워하겠는가?[18]

따라서 설교자는 청중의 양심과 자기 점검뿐만 아니라 성경적 적용 요소들과 적실성 요소들을 성령의 조명 아래 지혜롭게 활용해야 한다.

특히 해돈 로빈슨의 강해 설교 정의에 나타나지만 설교자들이 자주 간과하는 사실이 있는데, 그것은 바로 설교자가 설교 준비를 하는 동안, 이러한 개인적 적용 질문들을 청중에게 적용하기 전에 먼저 성령 안에서 자기 자신에게 적용하는 과정이다. 이런 차원에서 성경과 역사의 모델들이 보여준 개인적 영역의 적용 패턴들을 활용할 수 있도록 정리한 표를 제시해 본다(〈표 8. 개인 영역의 적용 패턴〉을 보라).

---

18 Edwards, 『깊은 설교』, 299-300.

〈표 8. 개인 영역의 적용 패턴〉

바울	언약, 구원론(자유), 성령론에 기초하여 갈라디아 교인들에게 개인적 적용(갈 5:25; 6:4, 7)을 한다. 구원론의 스펙트럼을 통과시킨, 양심에 호소하는 적용을 보여주며(롬 13:5), 디모데에게 종말론에 뿌리를 둔 개인적인 적용(딤후 4:2)의 예를 보여준다.[19]
칼빈	종종 청중을 향해 자신을 스스로 점검해야 한다고 도전한다. 갈라디아서 설교에서 바울의 의도한 적용을 간파하여 개인적인 점검에 관한 적용을 도전한다.[20]
청교도	성경을 통해 양심이 제대로 판단하고 기능할 수 있도록 훈련하고 양심을 향한 적용을 강조했다.[21] 양심을 삶을 변화시키는 적용의 열쇠로서 간주했기 때문에 개인적 양심에 초점을 맞추었다.[22] 청교도의 적용에 대한 이해는 종종 청중의 양심을 향한 논리적 설득과 연결되었다. 또한 개인이 하나님 앞에 받은 '소명' 또는 부르심에 관한 설교의 적용을 강조하였고, 이를 노동 윤리, 직업관, 성공관, 일에 대한 중용적 태도와 연결시켰다.[23] 리차드 박스터(Richard Boxter)의 양심을 향한 적용: ① 하나님의 말씀에 근거한 의무와 책임을 청중의 양심에 호소하는 적용, ② 양심이 개인 심령의 재판관임을 상기시키면서 청중의 경험과 판단을 점검하는 적용, ③ 말씀에 근거하여 직접 개인의 내면적 죄를 책망하고 양심에 호소.[24] 윌리엄 퍼킨스(William Perkins)는 요한일서를 중심으로 양심과 관련된 적용을 제시함.[25]
에드워즈	양심 지향적 적용(conscience-aimed application)은 에드워즈의 설교적 특징이다. 청교도, 특히 퍼킨스의 적용 유산을 이어받아 선한 양심을 향한 적용을 내면적 변화를 위한 열쇠로 활용했다. 젊은 세대들의 삶의 변혁을 위해 양심 지향적 적용이 중요한 열쇠라고 생각했다.[26] 에드워즈의 개인적인, 양심을 향한 적용의 구체적인 방법 중 하나는 '자기 점검'이다.
브로더스	양심을 목표로 한 적용과 개인적인 적용은 결단으로 이끄는 적용을 위한 내적인 동기, 감정적인 호소, 상상력이 담긴 설득에 의해 성취될 수 있다고 보았다.[27] 청중에 대한 수사학적 민감함을 가지고 목회하던 청중을 향하여 진리를 적용했다.

---

19 William D. Mounce, *Pastoral Epistles*, WBC, vol. 46 (Nashville: Thomas Nelson, 2000), 573; Philip H. Towner, *1-2 Timothy and Titus* (Downers Grove, IL: InterVarsity, 1994), 203-04.

20 John Calvin, *John Calvin's Sermons on Galatians*, trans. Kathy Childress (Carlisle, PA: Banner of Truth, 1997), 264-65.

21 Joel R. Beeke and Mark Jones, *A Puritan Theology* (Grand Rapids: Reformation Heritage Books, 2012) 909; Pipa, 『성경과 개혁주의 신학이 말하는 설교』, 115.

스펄전	스펄전(Spurgeon)은 성령의 외적 능력과 내적 능력, 성령의 효과적인 역사를 통해서 개인적 적용을 제시함: 복음을 적용시켜 굳은 마음이 녹음, 양심의 변화, 의지를 움직임, 상상력의 통제, 의심을 제거하고 성령을 신뢰하게 하심.[28]
켈러	청중의 내면 세계와 경건 생활의 필요를 연결시키기 위하여 경건주의적, 행동주의적이 아닌 삶의 체계로서의, 거룩한 삶으로서의 개인적 경건을 향한 적용을 추구한다.[29] 포스트모던 세대 각 개인의 외적인 죄의 수면 밑에 감추어진 우상들(idols)을 향해 적용한다.[30] 청중의 영적 우상들을 정확하게 간파하기 위해서 '감정적 문제들'(통제되지 않는 갈망들), 각 개인의 마음의 동기(motive)를 향해 적용한다. 포스트모던 문화의 개인주의적(individualistic) 혹은 소비자 중심주의적(consumeristic) 태도에 대한, 개인적 삶의 범주와 연결된 적용을 한다. 율법주의적(legalistic) 혹은 상대주의적(relativistic) 적용을 지양하면서 율법에 기초한 교리적 적용을 추구한다.[31]
조셉 파이파	윌리엄 퍼킨스, 윌리엄 에임즈, 리차드 박스터 등의 설교 적용 전통을 따라, 하나님의 재판관(referee)인 개인의 양심을 향해 적용해야 한다. 설교자는 양심의 핵심 기능(말씀에 근거하여 참된 것을 지시함, 말과 행동과 감정을 증언함, 정죄 혹은 변명함)을 잘 분별하고 성령의 조명에 의해서 양심이 올바른 판단을 내리도록 말씀을 통해 훈련해야 한다. 이러한 훈련을 통해 말씀의 원리를 양심에 적용하고 올바르게 기능하도록 해야 한다.[32]

---

22 William Ames, *The Marrow of Theology* (Boston: Pilgrim, 1968), 192; Leland Ryken, *Worldly Saints the Puritan As They Really Were* (Grand Rapids: Zondervan, 1986), 101; Richard A. Bodey, *Inside the Sermon* (Grand Rapids: Baker, 1990), 189.
23 Ryken, 『청교도—이 세상의 성자들』, 70-94.
24 Capill, *Preaching with Spiritual Vigour*, 139-42.
25 Perkins, "The Whole Treatise of case of Conscience," in *Puritan Theology*, 594-99.
26 Edwards, "Youth and the Pleasures of Piety," *Works*, 19:89, 117; 양심을 향한 적용에 대한 다른 원문 설교 예를 위해서는 다음을 참조하라. Edwards, "The Folly of Looking Back in Fleeing out of Sodom," *Works*, 14:334-35; idem, "The Justice of God in the Damnation of Sinners," *Works*, 14:348-49.
27 John A. Broadus, *On the Preparation and Delivery of Sermon* (San Francisco: Harper & Row, 1979), 171-78; V. L. Stanfield, "Elements of Strength in the Preaching," *RevExp* 48 (1951): 394.
28 Spurgeon, 『스펄전의 전도설교: 구원의 핵심』, 118-21.
29 Keller, "A Model for Preaching: Part One," 36-41.
30 Timothy Keller, *The Reason for God* (New York: The Penguin Group, 2008), 163.
31 박현신, 『미셔널 프리칭』, 218-21를 참조하라.
32 Pipa, 『성경과 개혁주의 신학이 말하는 설교』, 107-13.

2) 가정, 결혼, 자녀 양육 범주의 변혁을 위한 적용

두 번째 적실성 범주는 가정, 결혼, 자녀 양육과 성에 관한 적용 영역의 적용 패턴이다. 성경적 모델과 역사적 모델들의 가정 영역의 적용 패턴을 정리해 보면 다음과 같다.

〈표 9. 가정 영역 적용 패턴〉

말라기	언약 중심적인 가정, 여성, 이혼에 대한 적용(말 2:10-16).[33]
바울	가정(엡 5:2), 성(sexuality, 롬 1:24-27), 결혼 관계(엡 5:25, 28, 31-32) 적용. 성령론의 렌즈를 통과한 가정을 향한 적용(엡 5:22; 6:1, 4).[34] 기독론에 기초한 가족 관계에 적실한 적용(엡 5:2, 25-32).[35]
크리소스톰	결혼 관계와 자녀 양육 등과 같이 가정에 초점을 둔 적용.[36] 교회적 공동체로서 가정이라는 적실성 범주를 향한 적용이 매우 주목할 만한 특징이다.[37]
칼빈	신명기 설교를 통해 하나님 나라의 은혜 언약에 정초한 가정의 범주와 연결된 적용과 자녀 양육의 영역에 대한 적용의 진수를 보여줌.[38]
청교도들	성경적 결혼관과 성 윤리에 대한 말씀의 적용을 중요시했다. 또한 성경적인 가정상에 기초하여 남편과 아버지의 역할, 아내와 어머니의 역할, 언약적 자녀 양육의 책임, 자녀 징계, 가정을 작은 교회로서 세움 등에 대한 언약적 적용을 강조.[39]
스펄전	성령의 효과적인 역사를 통해서 가정 적용: 자녀 문제, 아내와 남편의 변화, 상처와 아픔의 치유.[40]

---

33 S. L. McKenzie and H. Wallace, "Covenant Themes in Malachi," *CBQ* 45 (1983): 549–63; Markus Zehnder, "A Fresh Look at Malachi 2:13–16," *VT* 53 (2003): 224–59; George Klein, "An Introduction to Malachi," *CTR* 2 (1987): 31–35.

34 Klyne Snodgrass, *Ephesians*, NIVAC (Grand Rapids: Zondervan, 1996), 297–324; Harold Hoehner, *Ephesians* (Grand Rapids: Baker, 2002), 720–87; Andrew T. Lincoln, *Ephesians*, WBC, vol. 42 (Nashville: Thomas Nelson, 1990), 301–405; Peter T. O'Brien, *Letter to the Ephesians* (Grand Rapids: Baker, 1999), 408–50.

35 Hoehner, *Ephesians*, 750; Lincoln, *Ephesians*, 374; F. F. Bruce, *Epistle to the Colossians, to Philemon, and to the Ephesians*, NICNT (Grand Rapids: Eerdmans, 1984), 368.

파이퍼	파이퍼(Piper)는 설교의 신학적인 면을 강조하면서도 가족, 재정, 성, 음식, 여가 등 가정 생활과 관련된 적용을 연결함.[41]
켈러	부모, 결혼, 가족, 성, 남성상과 여성상 등에 대한 적용.[42]

이와 같이 성경과 역사적 강해 설교 모델들은 결혼 관계와 자녀 양육에 관한 성경적 적용을 보여준다. 오늘날 가족 해체와 가정의 위기의 시대에 설교자는 개인의 영역과 가장 밀접한 영향이 있는 가정 생활과 연결된 적용을 더욱 성경적이면서도 실제적으로 발전시켜 나갈 필요가 있다.

적용의 심장이 뛰는 설교는 언약에 기초한 가족에 대한 태도, 결혼 서약, 부부, 아버지(가장)와 어머니의 역할, 배우자와 관계, 자녀 양육, 부모 공경, 할아버지와 할머니의 역할, 손자와 손녀의 양육, 이혼과 성, 재혼, 가정 폭력 등의 주제에 대한 성경적인 적용을 더욱 회복해야 한다. 그러므로 강해 설교자들은 이러한 새 언약에 기초한 가족과 부부, 자녀 양육과 부모 공경, 이혼과 성, 가정 폭력 등의 주제에 대한 성경적인 적용을 이 시대 목회 현장에 맞게 펼쳐나갈 필요가 있다.[43]

3) 공동체적 혹은 목회적 범주의 변혁을 위한 적용

세 번째 적실성 범주는 목회적(pastoral) 적용 혹은 공동체적(communal) 적용이다. 가족 공동체 만이 아니라 교회 공동체 영역의 목회적 적용도 실천적으로 추구해야 할 필요가 있다.

예를 들어 바울은 그리스도의 모범에 기초한 교회 공동체 영역의 실천적인 적용

---

36 Chrysostom, "Homily IX on 1 Timothy," 13:435-37; Chrysostom, "Homily XXI from Ephesians," 13:153-57.
37 Vigen Gurorian, "Family and Christian Virtue," in *Ethics after Christendom* (Grand Rapids: William B. Eerdmans, 1994), 133-54.
38 Michael Plant, "Calvin's preaching on Deuteronomy," *Evangel* 12:2 (1994): 47.
39 Ryken, 『청교도—이 세상의 성자들』, 99-127, 164-91.
40 Spurgeon, 『스펄전의 전도설교: 구원의 핵심』, 118-121.
41 Piper, "고난받는 이들을 위한 설교," in *Feed My Sheep*, 252.
42 Timothy Keller, 『결혼을 말하다』(*The Meaning of Marriage*), 최종훈 역 (서울: 두란노, 2014).
43 Stephen C. Barton, "New Occasion Teach New Duties?," *ExpT* 106 (1994): 69-74.

(빌 2:1-2, 5-10, 14, 18)의 전형을 제시한다. 바울은 하나님 나라 윤리에 근거한 덕과 악의 범주를 통한 구체적인 적용 리스트를 제공한다.[44] 예를 들면 다음과 같다.

〈표 10. 바울의 덕과 악에 대한 적용 패턴〉

신자가 피해야 할 죄악 범주들 적용 (갈 5:19-21; 롬 13:13; 고전 6:9-10; 엡 5:3-4; 골 3:5, 8-9)	음행, 더러운 것, 호색, 우상 숭배, 술수, 원수 맺음, 분쟁, 시기, 분냄, 당 짓는 것, 야망, 분리함, 이단, 술 취함, 투기, 방탕함.
신자가 추구해야 할 덕의 범주들 적용 (빌 4:8; 골 3:12)	사랑, 희락, 화평, 오래 참음, 자비, 양선, 충성, 온유, 절제.
피해야 할 거짓된 교사들의 악의 범주들 적용(딤전 1:9-10; 6:4-5)	불법한 자, 복종치 않는 자, 경건치 않은, 죄인, 거룩하지 않은, 망령된, 아비와 어미를 치는, 음행하는, 남색하는, 사람을 탈취하는, 거짓말하는, 바른 교훈을 거스리는.
교회 지도자가 갖추어야 할 덕목들 (딤전 3:2-7; 딛 1:6-9)	책망할 것이 없는, 한 아내의 남편, 절제하는, 근신하는, 아담한, 나그네를 대접하는, 가르치기를 잘하는, 술을 즐기지 않는, 구타하지 않는, 관용하며, 다투지 않는, 돈을 사랑하지 않는, 자신의 가정을 잘 다스리는, 자신에게 순종하는 자녀를 둔, 새로 입교한 자가 아닌, 외인에게서 선한 증거를 얻은.

바울 이후 역사적 모델들이 보여준 공동체 영역의 적용 패턴을 정리해 보면 다음과 같다.

44　Colin G. Kruse, "Virtues and Vices," in Dictionary of Paul and His Letters, ed. Gerald F. Hawthone, Ralph P. Martin, and Daniel G. Reid (Downers Grove, IL: InterVarsity, 1963), 962.

〈표 11. 공동체적, 목회적 적용 패턴〉

바울	1) 바울은 공동체적 적용의 열쇠인 기독론(그리스도의 겸손한 모범)에 기초한[45] 목회적 범주에 적실성 있는 적용(빌 2:1-2, 5-10, 14, 18)의 범례를 보여준다.[46] 2) 로마서 12:2, 9-21에서는 구원론에 뿌리를 둔 적용 패러다임의 모범을, 갈라디아서 5:1, 13에서, 바울의 설교는 자유에 기초한 공동체 범주에 적실한 적용을 제시한다.[47] 3) 바울의 보편적인 교리에 뿌리박은 설교는 목회적 적용과 서로 씨줄과 날줄로 엮어져 있다. 바울의 설교는 목회적 적용을 위해서는 친밀한 관계를 바탕으로 청중 적응(rhetorical adaptation)이 필요하다는 것을 여실히 보여준다. 4) 관계에 기초한 설득은 청중의 변화된 삶을 위해 바울의 설교에 있어서 전개된 특징적인 수사학적 전략이다. 고전적인 수사학과는 대조적으로 바울의 수사학적 전략은 설교자와 청중 사이에 긴밀한 관계에 기초하고 있는 것이다.[48] 목회적 적용에서 주목할 점은 바울이 철저히 공동체 가운데 십자가 중심의 변혁을 추구했다는 점이다.[49] 바울의 적용적 다리가 추구하는 궁극적인 목적은 단순한 정보(information)가 아니라 개인과 공동체의 변혁(transformation)에 있다.[50]
크리소스톰	에베소서 3:8-21 설교에서 하나님의 최고의 사랑에 기초하여 공동체적 적용: 원수들과 미워하는 자들을 향한 선을 베풂으로 하나님의 사랑을 닮아가자.[51]
칼빈	칼빈의 목회적 적용은 공동체적 상황이라는 모판에서 자라난 새순과 같은 적용을 전개함.[52] 그리스도와의 연합 교리에 기초한 공동체적 적용 패턴을 보여줌.[53] 그리스도 안에서 한 몸된 교회의 일원으로서 언약 공동체의 의무를 적용.[54]
청교도	청교도들은 교회 공동체적 적용을 통해 영적 실체로서 교회 공동체 안에 평신도의 역할, 예배 형식의 간소화, 회중의 참여, 창조적이고 신선한 예배, 주일 성수, 성도 간의 교제 등과 관련된 성경적 교회 정치를 구현하고자 하였다.[55]
에드워즈	교회 공동체의 실제적인 문제와 관련된 실천적 적용(practical application), 직접적 적용(directional application), 동기 부여적 적용(motivational application), 교정적 적용(corrective application), 구체적 적용(particular application)의 패턴을 통해 교회 안에 일어난 실제적 주제들에 대한 '공동체적 적용'(communal application)을 추구.
브로더스	브로더스는 수사학적 적응의 차원으로서 실행된 목회 심방을 기초로 자신의 공동체를 향해 구체적인 목회적 적용을 권면하는 모델을 보여준다.[56]
스펄전	성령의 효과적인 역사를 통해서 공동체적 적용을 보여줌: 메마른, 죽은 교회가 다시 살아나고 부흥하기 위한 설교 회복, 주일 학교, 전도와 선교 사역에 대한 적용.
켈러	켈러는 선교적 공동체 사역과 연결된 적용을 보여줌(결혼과 부모, 소명과 직업, 단기 선교, 전인적 상담, 중독 지원 그룹, 디아코니아 사역, 교회 개척 네트워크, 고용 센터, 교제 그룹들 등).[57]

역사적으로 강해 설교자들은 본문에서 기인한 보편적인 교리에 근거하여 교회 공동체 가운데 필요한 다양한 목회적 권면의 적용을 제시한 것을 알 수 있다. 따라서 포브릿지 프리칭 패러다임은 적실성 범주에서, 목회적 상황의 교회 공동체 적용 전통을 발전적으로 계승하고자 한다.

4) 사회적, 정치적, 경제적, 국가적 영역을 변혁시키기 위한 적용

성경의 소선지자들과 바울의 메시지는 개인과 가정을 넘어 당시 사회의 다양한 영역에 언약에 근거한 변혁적 적용을 선포하였다. 한국교회 설교자들은 하나님 나라의 통치와 영역 주권 사상이 한국 사회 가운데 실현될 수 있는 말씀의 적용을 제시하는 설교 전통이 이후 어거스틴, 크리소스톰, 칼빈, 에드워즈, 스펄전, 켈러 등으로 이어져

---

45 L. Michael White, "Morality between Two Worlds," in *Greeks, Romans, and Christians*, ed. D. L. Balch, W. A. Meeks, and E. Ferguson (Minneapolis: Augsburg Fortress, 1990), 212-14; J. Paul Sampley, *Pauline Partnership in Christ* (Philadelphia: Fortress, 1980), 51-77.

46 Robert A. Wortham, "Christology as Community Identity in the Philippians Hymn," *PRS* 23 (1996): 281-87; Emil Pretorius, "Role Models for a Model Church," *Neotestamentica* 32 (1998): 547-71; Duvall, "A Synchronic Analysis of the Indicative-imperative Structure of Pauline Exhortation," (Ph.D Dissertation, Southwestern Baptist Theological Seminary, 1991), 142-52; Steven W. Smith, "Christology of Preaching," *SWJT* 50 (2008): 141-42.

47 Schreiner, *Romans*, 642-48; David A. Black, "The Pauline Love Command," *FN* 2 (1989): 1-21; Scot McKnight, *Galatians*, NIVAC (Grand Rapids: Zondervan, 1995), 242-62.

48 Thompson, *Preaching Like Paul*, 75, 109.

49 James W. Thompson, *Pastoral Ministry according to Paul* (Grand Rapids: Baker, 2006), 31-60; Brad R. Braxton, *Preaching Paul* (Nashville: Abingdon, 2004), 29.

50 바울의 설교의 적용은 공동체적 의식(corporate consciousness)과 연결되어 있다. 이를 위해서는 Thompson, *Preaching Like Paul*, 95; Walter Brueggemann, "The Social Nature of the Biblical Text for Preaching," in *Preaching as a Social Act*, ed. Arthur Van Seters (Nashville: Abingdon, 1988), 152를 참조하라.

51 John Chrysostom, "Homily VII on Ephesians," in *A Selected Library of The Nicene and Post-Nicene Fathers of the Christian Church: St. Chrysostom*, ed. Philip Schaff, vol. 13 (Edinburgh: T. & T. Clark, n.d.; reprint, Grand Rapids: Eerdmans, 1994), 80-84.

52 Ian M. Iats, "Calvin's Ministry of Encouragement," *Presbyterion* 11 (1985): 54.

53 Calvin, *Sermon on Galatians*, 131; idem, *Sermon on the Mystery of Godliness*, 189.

54 Thomas J. Davis, "Preaching and Presence: Constructing Calvin's Homiletical Legacy," *Calvin Society Papers* (1999): 103-04.

55 Ryken, 『청교도—이 세상의 성자들』, 238-73.

56 Mark M. Overstreet, "The 1889 Lyman Beecher Lectures on Preaching and the Recovery of the Late Homiletic of John Albert Broadus (1827-1895)" (Ph.D. diss., Southern Baptist Theological Seminary, 2005), 19.

57 Timothy Keller, *Ministries of Mercy: The Call of the Jericho Road* (Phillipsburg, NJ: P&R Pub., 1997).

왔다는 사실을 다시 주목해야 할 필요가 있다. 이러한 사회 변혁적 설교의 적용 전통을 다시 회복하여 불의, 가난, 빈부격차, 부채, 뇌물(리베이트), 실업, 주거, 저출산, 고령화(은퇴), 비정규직(노사문제), 전쟁, 폭력, 테러, 장애인, 인권, 성매매, 세금, 복지, 구제, 교육, 공직, 선거 등에 대한 전방위적 적용의 지평을 넓혀 나가야 한다.

〈표 12. 정치와 국가 영역에 대한 적용〉

소선지자들	아모스는 언약과 하나님의 주권과 능력을 기초로 정치와 폭력의 영역과 관련된 적용(암 3:10; 5:10-15)을 제시한다.[58] 호세아는 언약 소송 형식(4:1-3)과 연결된 교리에 기초한 사회적 불의에 대한 적용과(호 5:10-11; 6:7-9) 정치 영역의 적실성 범주에 연결된 적용(호 8:1-9:7b)을 호소한다.[59] 미가는 하나님의 성품을 기초로(미 1:2-4) 사회-정치 영역에 적실한 적용(미 3:1-12) 패러다임의 범례를 제시해 준다.[60]
바울	바울도 보편적인 교리에 기초한, 정치 영역에 적실한 적용(politically relevant application)의 모범을 제시한다(롬 13:1-7).[61]
크리소스톰	바울이 빌레몬서를 통해 제시한 원리를 따라 당시 사회적으로 종들을 어떻게 대해야 하는지에 대한 적용을 보여준다(몬 17-20).[62] 구원론에 기초하여 가난한 자들의 유익을 위한(골 3:1-4) 권세, 사치, 부요를 고려하면서 정치 영역에 적실한 적용을 선포한다.[63]
칼빈	칼빈은 정치적 불안이라는 먹구름에 덮여 있었던 제네바의 상황에 적응하면서 사회를 향한 저자 의도에 정초한 정치 영역을 향한 적법한 적용을 제시한다.[64]
존 낙스	존 낙스는 당시 스코틀랜드의 "종교 갱신, 언약 갱신, 국가적 수준에 입각한 종교개혁, 가톨릭을 없애고 개신교주의의 법적 조항들을 세우는 것, 그리고 우상숭배를 조성하는 당국자들에 대한 저항 사상" 등에 대해 정치와 국가 영역에 대한 적용을 선포하였다.[65]
청교도	청교도들은 사회적 영역 가운데 '돈'에 대한 성경적 적용을 중요하게 여겼다. 즉 재물(하나님이 주신 선한 선물)의 청지기로서 성경적 태도, 가난에 대한 태도, 부와 재물이 가진 위험성, 물질 사용의 기준(중용과 절제), 사회적 재화로서 돈의 합당한 사용 등에 대한 성경의 원리를 청교도들은 회중들에게 철저히 적용함.[66] 다른 한편으로 청교도들은 반지성주의에 대한 공격에 맞서 설교와 가르침을 통해 성경적 교육 이상(하나님이 모든 진리의 원천이심) 아래 인문 교육과 전인적이며 통합적인 교육을 실현하고자 하였다.[67]

에드워즈	에드워즈의 설교는 사회-정치 범주에 적실한 적용의 필요성을 증거해 준다. 정치적인 이슈들에 관한 적용도 에드워즈의 설교 안에 드러나는 특정한 적용 방식 중에 하나이다. 그러므로 에드워즈의 적용은 사회 공동체를 변혁시키기 위한 적실성(community-oriented relevance)을 가진 사회적-정치적인 적용의 좋은 모델을 보여준다.[68]
브로더스	사회와 정치 영역을 향한 책임이 모든 설교자와 청중에게 있다는 것을 확신하면서, 브로더스는 사회-정치를 변혁시키기 위한 적실한 적용을 도전한다.[69]
스펄전	스펄전은 개인주의적인 적용을 넘어 사회적 관심이 담긴 적용을 보여준다.[70] 1) 설교의 적용을 통해 종교적 영역과 세속적인 영역을 구별하지 않으면서 당시 런던 사회의 약자들을 향한 긍휼(동정심)을 가지는 것이 그리스도 제자들의 필수 덕목이요 표지라고 강조했다.[71] 2) 예를 들어, 스펄전은 당시 설립자요 후원자이지만, 먼저 설교자로 실천하면서 가난과 임금 문제, 구빈원 형태의 고아원을 통한 아동 보호와 영적 복리, 국가 교육 제도(예: 임의기부제), 빈민학교 연합에 대한 말씀의 적용을 보여준다.[72] 3) 스펄전의 설교는 사회적 관심사를 넘어 당시 영국의 호전적인 '전쟁' 정책에 대한 국가 영역의 적용도 보여준다.[73] 4) 스펄전은 성경에 근거한 당시 정치와 관련된 이슈에 대한 적용과 연결하고 있다. 이로 인해 스펄전 당시 거의 모든 공공 분야로부터 자문 요청을 받을 정도였고, 정치적 참여를 위해 성경적 기준에 타협하지 않았다. 한 예로 아일랜드 국교회 폐지를 통해 정부와 교회 간의 연계를 근절시키고자 하였고, 영국이 강대국 논리로 정당화시키면서 침략과 불법을 통해 식민지에 더욱 제국주의적인 계획을 감행하는데 용감하게 반대하였다. 스펄전은 그리스도의 복음의 충분한 효력을 신뢰하고, 청중의 성숙한 윤리성을 믿고, 이 땅에서 교회의 연합을 추구하며, 강요가 아닌 성경적인 영향력을 미침으로 변혁시켜 나가야 한다는 원리에 기초한 설교의 적용을 추구하였다고 볼 수 있다.[74]
켈러	켈러는 교회와 설교자가 전쟁, 폭력, 테러, 인권, 복지 등과 같은 사회의 부정에 대한 책임이 있다는 것을 지적하면서, 사회적 적용에 대한 모범적인 패러다임을 보여준다.[75] 켈러는 사회 정의에 대한 관심이 많은 포스트모던 세대를 간파한 후, 성경적인 정의를 기초하며, 정치 범주에 적실한 적용 모델을 보여준다.[76]

---

58 Nolan P. Howinton, "Toward an Ethical Understanding of Amos," *RevExp* 63 (1966): 405–12.
59 J. H. Hofmeyer, "Covenant and Creation," *RevExp* 102 (2005): 143–51; H. B. Huffmon, "The Covenant Lawsuit in the Prophets," *JBL* 78 (1959): 285–95; Smith, *The Prophets as Preachers*, 78.

성경적 그리고 역사적 모델들은 사회적-경제적 적용의 모델과 원리들을 다음과 같이 현대 설교자들에게 보여준다.

⟨표 13. 경제적 영역의 적용 패턴⟩

소선지자들	아모스와 말라기는 경제적인 부정과 소외 계층에 대한 착취를 지적하면서 경제적인 적용의 예를 보여준다. 아모스의 사회적-경제적 적용은(2:6-8) 하나님의 주권(2:9, 11)에 기초하고 있다. 아모스는 경제적 부정에 관한 적용의 원형적 모델로 볼 수 있다.[77] 말라기의 설교도 하나님의 성품에 기초한(3:6) 경제적 적용(3:7-12)의 전형을 보여준다.[78] 소선지서의 경제적인 적용은 "부패한 자본(소비)주의에 대한 경고를 선포하고, 가난한 자들의 고통을 덜어주며, 부정이 만연한 경제적인 구조와 싸우는 책임을 지닌" 현대의 설교자들을 위한 소중한 모범이 된다.[79]

60　Smith, *The Prophets as Preachers*, 104; R. R. Wilson, *Prophecy and Society in Ancient Israel* (Philadelphia: Fortress, 1980), 83-86; J. MacLean, "Micah 3:5-12," *Int* 56 (2002): 413-16; Carol J. Dempsey, "Micah 2-3," *JSOT* 85 (1999): 117-28; Leslie Allen, "Micah's Social Concern," *VE* 8 (1973): 22-32.

61　Ronald W. Johnson, "The Christian and the State: Romans 13:1-7," *RevExp* 97 (2000): 91-95; Stanley E. Porter, "Romans 13:1-7 as Pauline Political Rhetoric," *FN* 3 (1990): 115-37.

62　Chrysostom, "Homily I on Philemon," 13:547-49.

63　Chrysostom, "Homily X on Colossians," 13:303-09.

64　안인섭, "칼빈의 성경 해석학이 제네바에 미친 영향," 95-97 참조하라.

65　Richard Kyle, *The Ministry of John Knox, Pastor, and Prophet* (The Edwin Mellen Press, 2002), 89. 한국개혁주의 설교연구원 설립 22주년 기념세미나, 『장로교회의 창시자: 존 녹스의 청교도 목회』(서울: 한국개혁주의설교연구원, 2014), 206-07에서 재인용.

66　Ryken, 『청교도—이 세상의 성자들』, 132-53.

67　Ryken, 『청교도—이 세상의 성자들』, 314-41.

68　Edwards, *The State of Public Affairs*, Works 17:365-68.

69　Overstreet, "The 1889 Lyman Beecher Lectures on Preaching," 23, 47.

70　David N. Duke, "Charles Haddon Spurgeon: Social Concern Exceeding an Individualistic, Self-help Ideology," *Baptist History and Heritage* 22 (1987): 47-56.

71　Spurgeon, "Christian Sympathy: A Sermon for the Lancashire Distress," *Metropolitan Tabernacle Pulpit*, 1862, 628-32. "The Good Samaritan," *Metropolitan Tabernacle Pulpit*, 1877, 351-52. Tim Curnow, Erroll Hulse, David Kingdon, and Geoff Thomas, 『목회자의 능력: 스펄전의 파워목회 연구』(*A Marvelous Ministry*) 김태곤 역, (서울: 생명의말씀사, 2003), 190-93에서 재인용.

72　Curnow, Hulse, Kingdon, and Thomas, 『목회자의 능력: 스펄전의 파워목회 연구』, 197-205.

73　David Nelson Duke, "Asking the Right Questions about War: A Lesson from C. H. Spurgeon," *Evangelical Quarterly* 611 (1989): 71-80.

74　Patricia S. Kruppa, *C. H. Spurgeon: A Preacher's Progress* (Garland, 1982), 110; Curnow, Hulse, Kingdon, and Thomas, 『목회자의 능력: 스펄전의 파워목회 연구』, 258-69.

75　Keller, *The Reason for God*, 52-69; idem, *Generous Justice* (New York: Dutton Adult, 2010); Eswine, *Preaching to a Post-Everything World*, 193-204.

76　박현신, 『미셔널 프리칭』 227-29.

크리소스톰	크리소스톰은 가난한 자들의 고통을 돌아보면서 보편적인 교리(원리)에 기초한 사회적-경제적 적용을 강조한다. 특히 종말(영원의 세계와 청지기 직분이라는 관점)이라는 보편적인 교리에 기초하여, 경제와 관련된 적실성 범주, 즉 가난, 부, 구제, 재정 관리의 영역에 관련된 적용을 제시함.[80]
칼빈	초대교회 공동체의 모범을 따라 탐욕적 경제 활동에서 돌이켜 하나님이 주신 재물을 받은 청지기로서 가난한 자를 위한 구제를 실천하라고 적용한다.[81]
에드워즈	가난한 자들을 향한 자선의 의무(고전 6:19-20)에 대한 설교에서, 설교를 통해서 돈과 재산에 대한 성경적인 경제관(재물관)에 기초한 실천적 적용을 보여준다.
스펄전	선지자적 설교자로서 사회라는 적실성 범주에 적절한 적용을 추구했다. 그는 도덕적 타락, 알코올 중독, 노름, 부유한 자들의 사치, 노예 문제 등의 적실성 범주에 관련된 적용을 선포했을 뿐만 아니라, 교회가 가난한 이들에게 구제 활동을 위하여 런던에 21개의 구호소를 설치하였고, 고아원을 운영하였으며 교육받지 못한 사람들을 위하여 야간학교를 운영하는 실천적 사역의 모델을 보여준다.[82]

그러므로 설교자는 한국 사회의 다양한 적실성 범주와 연결된 적용을 위해서, 종말론적이면서도, 목회 상황과 사회적 범주 가운데 하나님 아버지의 뜻과 하나님 나라의 회복과 변혁을 균형 있게 선포하는 선지자적인 설교를 회복해야 한다.[83]

설교자들은 '누가 우리의 청중이며 이 설교를 통해 어떤 주제에 대하여 성경적 정의

---

77 Marvin A. McMickle, "The Prophet Amos as a Model for Preaching on Issues of Social Justice," *The African American Pulpit* (2001): 99–108.
78 D. C. Polaski, "Malachi 3:1–12," *Int* 54 (2000): 416–18; VanGemeren, *Interpreting the Prophetic Word*, 204–08.
79 Robert R. Ellis, "Amos Economics," *RevExp* 107 (2010): 463.
80 Blake Leyerle, "John Chrysostom on Almsgiving and the Use of Money," *HTR* 87 (1994), 29–45; George S. Bebis, "John Chrysostom: On Materialism and Christian Virtue," *GOTR* 32/3 (1987), 227–37.
81 John Calvin, *Sermons on the Acts of the Apostles, Chapters 1–7*, trans. R. R. McGregor (Edinburgh: The Banner of Truth Trust, 2008), 77.
82 Yugve Vrilioth, *A Brief History of Preaching* (Philadephia: Fortress, 1965), 168–70.
83 김창훈, "예언자적 설교: 그 의의와 중요성," 「성경과 신학」 52 (2009): 193–224; 김금용, "사회적 이슈에 대한 방법론적 고찰," 「설교한국」 2 (2010): 9–40. 김창훈 교수는 '사회적 설교로서 예언자적 설교'에 대한 잘못된 2가지 오해(청중과 사회를 정죄하는 설교 혹은 해방[민중]신학의 진보적인 설교)를 교정하면서 진정한 예언자적 설교는 종말론적, 신학적, 목회적, 사회적인 설교이며 균형 잡힌 시대적인 대안이라고 강조한다.

가 적용되어야 하는가,' '우리 시대에 불의들(injustices)은 무엇인가,' '오늘날 정의가 실현되는 방식은 무엇이며, 정의가 실현되지 못하는 과정은 무엇인가,' '정의에 대하여 성경은 어떤 관점을 보여주고 있으며, 사회 변혁을 위한 성경적인 적용은 무엇인가'와 같은 질문을 던져야 한다.

이런 차원에서 선지자로서의 설교자는 가난, 노숙자, 장애인, 인종 차별, 폭력, 최저 임금, 부채, 복지제도, 전쟁, 중독, 도박, 세금 등에 대한 사회적 영역에 다차원적 적실한 적용을 추구해야 할 필요가 있다.[84]

역사적 모델에는 잘 드러나지 않을 수도 있지만, 특히 오늘날 한국 사회의 직장을 다니고 있는 그리스도인들을 위한 성경적 적용이 절실히 필요한 시점이다. 예를 들어, 칼빈은 성경적 소명관에 근거한 직업과 노동에 관련된 설교 적용을 제시하였고, 에드워즈는 직장을 경영하는 자들이 성경적 원리에 근거해서 회사 운영을 하는 적용을 제시하였다. 청교도들은 성경적 노동 윤리, 직업소명관, 게으름과 근면함에 대해 청중에게 적용하였다.[85] 최근 켈러는 칼빈주의 직업관에 기초한 직장과 일에 대한 설교 적용의 모델을 보여준다.[86]

역사적 모델들의 전통을 넘어, 현대 자본주의 사회 속에서 직장 생활과 관련된 다양한 이슈들(경영 원리, 스펙, 세금, 비자금, 임금, 경쟁, 승진, 보상, 휴식, 연금, 갑을 관계, 성차별, 개인과 부서별 갈등 관계, 비정규직, 접대 문화, 육아 휴직, 고용, 면접, 인턴십, 법인 카드, SNS 네트워크, 내부 고발, 김영란 법) 등에 대한 성경적 원리를 적용하는 것이 필요하다.

설교자들은 다음과 같은 적실성 차원의 질문을 통해 원 청중과 현 청중을 다리놓기 하면서 사회적 영역의 적용을 분별할 필요가 있다.[87]

---

84 Gushee and Long, *A Bolder Pulpit*, 49–53; André Resner, *Just Preaching: Prophetic Voices for Economic Justice* (St. Louis: Chalice Press, 2003) 93–168; Walter J. Burghardt, S.J., *Preaching the Just Word* (New Haven, Conn.: Yale University Press, 1996), 54–59; Stanley P. Saunders and Charles L. Campbell, *The Word on Street* (Grand Rapids: William B. Eerdmans, 2000), 85–89; Kathey Black, *A Healing Homiletic: Preaching and Disability* (Nashville: Abingdon Press, 1996), 183–86; Charles C. Ryrie, "Perspectives on Social Ethics," *BSac* 134 (1977): 33–44; Edward Rogers, "Important Moral Issues: Gambling," *ExpT* 75 (1964): 123–27. 물론 이러한 사회-정치적 적용을 주장한 학자들의 신학적 견해들을 모두 동의하는 것은 아니며 신학적 입장이 전혀 다른 경우도 있다.
85 Ryken, 『청교도—이 세상의 성자들』 67–95.
86 Timothy Keller, 『일과 영성』(*Every Good Endeavor*), 최종훈 역 (서울: 두란노, 2013).
87 Edwards, *Deep Preaching*, 291–92.

① 경제적인 측면에서 가난한가, 부요한가?
② 사회적으로 안락한 가정인가, 아니면 과부/고아/나그네 그룹에 속하는가?
③ 윤리적인 측면에서 쾌락과 음란에 빠진 삶을 사는가?
④ 정치적인 측면에서 하나님의 말씀을 따르는 지도자가 통치하는가, 아니면 불신자인 지도자가 통치하는가?
⑤ 종교적인 측면에서 그들이 누리고 있는 영적 유산은 무엇이며, 영적인 상태는 어떠한가?

5) 문화적/세계관 범주의 변혁을 위한 적용

진정한 강해 설교자는 사회 영역의 적용을 위한 해석학적, 역사적, 사회적 지평을 확장해야 할 뿐 아니라, 한국의 포스트모던 문화와 유기적으로 연결되어 있는 영역을 분별하고 변혁적 적용을 심어야 한다. 개혁주의 강해 설교자는 본문에 대한 주해(exegeting text)뿐만 아니라 적실성 과정에서 문화 주해(exegeting culture)와 세계관 영역에 대한 분석도 고려해야 한다.[88] 이런 차원에서 바울의 설교에 나타난 문화적 적용을 다시 재조명하고 오늘날 재상황화(recontextualization)할 필요가 있다.[89]

성경적, 역사적 설교 모델들이 어떻게 성경의 원 청중의 문화와 현 청중의 문화를 입체적으로 분석하여 다리놓기로서 문화적 적용의 지평을 열어가고 있는지 살펴봐야 한다. 미셔널 프리쳐(missional preacher)로서 청중의 세계관은 무엇이며, 청중이 살아가는 오늘날 문화의 의사 결정의 패턴은 어떠한지, 이 문화에서 그리스도인이 되기 위해 어떤 희생이 필요한지, 이 문화에서 기독교를 어떻게 생각하는지, 이 문화는 수치심에 근거하는지 또는 죄책감에 근거하는지 등에 대해 질문할 필요가 있다.[90]

이를 근거로 오늘날 한국 사회의 문화 가운데 방송, 미디어, 다문화, 스마트폰, 소셜 네트워크(SNS), 블로그, 인터넷, 도박, 음주, 교통, 사치, 중독, 성 문화, 스포츠, 레저, 캠퍼스, 학원, 상거래, 영화, 음악, 공연 등에 대한 '문화 변혁'(cultural transformation)을

---

[88] Terry Mattingly, "The Big Idea to Cultures and Subcultures," in *The Big Idea of Biblical Preaching*, ed. Scot Gibson (Grand Rapids: Baker, 1998), 81–94; Graham Johnstone, *Preaching to a Postmodern World* (Grand Rapids: Baker, 2001), 61–86.

[89] Alister E. McGrath, "Apologetics to the Greeks," *BSac* 155 (1998): 259–65.

[90] Ed Stezer, *Planting Missional Church* (Nashville, TN: B&H, 2006), 34. Merrida, 『설교다운 설교』, 381에서 재인용.

향한 설교 적용을 추구해야 한다.[91]

〈표 14. 문화적/세계관 적용 패턴〉

바울	설교자들은 신학적인 타협이 없으면서도 문화적으로 적절한 적용을 한 바울의 모델을 본받아야 한다. 아레오바고 설교(행 17장)의 예를 통해 나타난 것처럼, 바울은 성경 본문의 의도를 따라 교리적인 원리를 문화적으로 적실한 방식으로 적용(culturally relevant application) 함으로써 그들의 세계관을 근본적으로 변혁시키기 위해 두 세계(문화) 사이에 놓인 간격을 다리놓기 하는 전략을 구사하고 있다. 문화를 변혁시키는 강해 설교 적용을 위해서는 청중의 문화를 주해하고(exegeting culture) 포스트모던 청중에게 접근하기 위한 구체적인 적용 단계가 필요하다.[92]
크리소스톰	그리소스톰의 문화석 적용은 당시 서커스와 극장 문화(마 2:12; 행 4:1-18), 말 경주와 도박(요 9:17-34) 문화에 적실한 적용의 예를 보여준다.
칼빈	칼빈의 보편적인 적용의 원리로서 교리에 기초한 적용은 제네바의 세속적인 문화 안에서 그리스도인 공동체가 어떻게 행동해야 하는 지에 대한 하나님 나라의 포괄적인 비전에 기초하고 있다.[93]
켈러	켈러는 성경의 메시지와 포스트모던 문화에 적실한 적용을 지향하는 "문화적 변혁(자)"(cultural-transformationist) 모델을 보여준다. 오늘날 현대교회가 직면하고 있는 문화적 위기와 반응에 대한 냉철한 성찰을 통해 켈러는 어떻게 선교적 교회(missional church)가 선교적인 삶을 통해 도시에 대한 하나님 나라 비전을 가지고 문화적으로 적실한 적용을 향해 나아가야 하는가에 대한 이론적, 실천적 방향을 잘 제시해 준다.[94]
드리스콜	철저한 강해 설교와 구속사적 복음 위에서, 마크 드리스콜(Mark Driscoll)도 포스트모던 청중이 고민하고 있는 문화적 이슈들에 대한 구체적인 적용을 시도한다. 한 예를 들어, '문화적 선택'(cultural decision-making)에 대한 성경적 원리들을 제시함으로써 청중이 삶의 현장에서 '적용적 질문'을 통해 다양하고 복잡한 윤리적 이슈들에 대한 성경적인 해답을 지역 선교사로서 찾아갈 수 있도록 도와준다.[95]

91　Tim Keller, *Center Church* (Grand Rapids: Zondervan, 2012), 181-242.

> **에스와인**
>
> 잭 에스와인(Zack Eswine)은 보다 효과적인 문화적 적용을 위해서 "하나님, 사람, 창조, 우리의 양심에 대해 무엇이라 말하며 혹은 암시하고 있는가"라는 질문을 던지면서 영화, 뉴스, 예술, 문학의 영역을 통한 문화적 분별의 패러다임이 필요하다고 말한다.[96] 포스트모던 문화는 위대한 기회들과 반대들을 동시에 직면하게 하기에, 선지자로서 설교자들은 배교적인 문화를 고려하면서 성경적인 전략을 따라 문화라는 범주에 적실성있는 적용을 전파해야 한다.[97]

6) 윤리적 영역의 변혁을 위한 적용

성경의 선지자들과 바울의 설교는 윤리 영역에도 하나님 나라 언약에 근거한 윤리 영역의 적용(covenant-rooted ethical application)을 제시하였다. 하나님의 언약과 성품에 근거한 윤리적 적용은 도덕주의적 혹은 율법주의적 적용과 구별되어야 한다. 선지자들의 설교는 하나님의 성품 중심의 윤리적 적용 패러다임으로 특징지을 수 있다(암 2:6-11; 3:1-2, 10; 4:2-5; 5:4-15; 호 5:8-6:11a; 14:1-8; 미 3:1-12; 나 1:15; 2:1; 욜 2:12-17; 말 3:7-12).[98] 이를 통해 윤리적 적용의 뿌리는 사람의 본성이나 동기가 아닌 하나님의 변함없는 성품(보편적 원리)에서 찾을 수 있다는 것을 알 수 있다.[99]

---

92 J. Daryl Charles, "Engaging the (Neo) Pagan Mind," *TJ* 16 (1995): 60; Dean Flemming, "Contextualizing the Gospel in Athens," *Missiology* 30 (2002): 207; Alister E. McGrath, "Apologetics to the Greeks," *BSac* 155 (1998): 259-65.

93 John. H. Leith, "Calvin's Doctrine of the Proclamation of the Word and its Significance for Today in the light of Recent Research," *Review & Expositor* 86 (1989): 40-41.

94 Keller, *Center Church*, 181-242.

95 박현신, 『미셔널 프리칭』, 189-92를 참조하라. 드리스콜(Driscoll)은 이러한 성경적 문화 영역의 적용을 개혁주의적인 선교적 적용(the radical reformission)으로 명명한다.

96 Zack Eswine, *Preaching to a Post-Everything World* (Grand Rapids: Baker, 2008), 269.

97 Roy Clements, "Expository Preaching in a Postmodern World," *ERT* 23 (1999): 174-82; Johnstone, *Preaching to a Postmodern World*, 174; Michael Quicke, "Applying God's Word in a Secular Culture," *Preaching* 17 (2002): 7-15; Roy Clements, "The Preacher as Prophet," in *When God's Voice Is Heard*, ed. Christopher Green and David Jackman(Nottingham, England: Inter-Varsity, 1995), 106.

98 언약에 기초한 구약의 윤리적 차원의 적용을 위해서는 Christopher Wright, *Old Testament Ethics for the People of God* (Downers Grove, IL: InterVarsity, 2004), 103-383; idem, *An Eye for An Eye* (Downers Grove, IL: InterVarsity, 1983), 67-212을 참조하라. 또한 Walter C. Kaiser, *Toward Old Testament Ethics* (Grand Rapids: Zondervan, 1983), 139-246를 참조하라.

99 Nolan P. Howington, "Toward an Ethical Understanding of Amos," *RevExp* 63 (1966): 41.

<표 15. 윤리적 영역 적용 패턴>

바울	하나님의 창조 질서에 기초하여 바울은 성(롬 1:26-28)과 여성(고전 11:2-16)과 같이 구체적인 영역에서의 윤리적인 적용을 선언한다.[100] 바울은 고린도교회 청중을 향해 구원론[101]과 종말론[102]에 기초한 윤리적 적용(고전 15:20-28, 45-58)과 성령론에 근거한 윤리적-공동체적 적용(엡 5:18-21; 6:1, 4-5; 갈 5:25-26; 6:1-2, 6-7)[103]의 전형을 보여준다. 로마서 5:20-21과 연결된 로마서 6:4은 기독론에 기초한 윤리적 적용을 제시하며,[104] 6:6-19은 구원론에 기초한 윤리적 적용 패러다임을 보여준다.[105] 바울의 설교에 비추어 본다면, 설교자들은 설득적인 윤리적 적용을 고려해야 한다. 바울의 설교에 두드러진 특징은 하나님의 본성에 기초한 윤리적 적용이라고 할 수 있다.[106] 바울의 직설법(indicative)과 명령법(imperative)과 연결되어 있는 보편적인 교리에 기초한 윤리적 적용은 그의 적실성 범주에 필연적인 요소이다.
크리소스톰	크리소스톰은 구원론 가운데 종말론적 부활이라는 교리를 기초로 하여, 자신의 회중들을 격려하기 위한 윤리적 적용을 전달한다.[107] 크리소스톰에게 있어서 그리스도의 부활에 기초한 신자의 종말론적 믿음은 윤리적 적용의 동기와 기초로서 작용한다.[108]
에드워즈	에드워즈의 설교는 사회 공동체를 변혁시키기 위한 목적을 지향하면서 윤리적 적용을 추구한다.[109]
도리아니	최근에 도리아니(Doriani)는 리차드 헤이즈(Richard B. Hays)의 패러다임을 기초로, 윤리적 적용을 위한 7가지 성경적 영역들(법칙, 이상, 교리, 구속사적 행동, 모범적 행동, 이미지, 노래 혹은 기도)과 4가지 측면의 윤리적 범주들(의무, 성품, 목표, 분별)을 기초로 28가지 윤리적 적용을 위한 적실성 범주를 제안한다.[110]
켈러	켈러는 포스트모던 시대를 비윤리적 시대로 인식하고, 윤리적인 분석(ethical analysis)을 통해 청중의 삶의 다양한 윤리적 이슈와 관련된 다양한 적실성 범주와 적용의 필요성을 강조한다.[111] 윤리적 영역이라는 범주에 적절한 적용을 통해 변혁시키기 위해서는 도덕주의(moralism)적인 적용이 아닌 하나님 나라 복음에 기초한 구체적인 저자 의도적 적용과 보편적인 신학 원리의 렌즈를 통과한 윤리적 삶의 실천이라는 열매를 맺게 하는 적용이 살아 있어야 한다.[112]
드리스콜	드리스콜은 포스트모던 청중이 가진 영적인 우상(외적인 우상, 내적인 우상, 기능적인 천국, 기능적인 구원자)에 대한 적용과 함께 은밀한 죄에 대한 윤리적 적용을 절대적인 복음과 그리스도 중심적인 렌즈를 통해 드러낸다.[113]

100　McQuilkin, "Limits of Cultural Interpretation," 122; David K. Lowery, "The Head Covering and the

이러한 윤리 영역의 설교 적용의 전통을 현대 설교자들이 발전적으로 계승하기 위해서는 다양한 윤리 영역의 적용을 위한 확고한 성경적 초점을 체계화할 필요가 있다.[114] 도리아니의 4가지 윤리적 적용의 영역들은 다음과 같은 본질적인 질문들과 연결되어 있다.

① 나는 무엇을 해야만 하는가?(duty)
② 나는 어떤 존재가 되어야 하는가?(character)
③ 우리의 삶을 헌신해야만 하는 이유(목표)가 무엇인가?(goals)
④ 어떻게 진리와 과오를 구별할 것인가?(discernment)[115]

Lord's Supper," *BSac* 143 (1986): 155–63; Grant R. Osborne, "Hermeneutics and Women in the Church," *JETS* 20 (1977): 340.

101 Andy Johnson, "First Fruits and Death's Defeat," *WW* 16 (1996): 456–64; Stephen Hultgren, "The Origin of Paul's Doctrine of the Two Adams in 1 Corinthians 15:45–49," *JSNT* 25 (2003): 343–70.

102 Clark H. Pinnock, "The Structure of Pauline Eschatology," *EvQ* 37 (1965): 9–20; Baird William, "Pauline Eschatology in Hermeneutical Perspective," *NTS* 17 (1971): 314–27.

103 Duvall, "A Synchronic Analysis," 117–19; Andreas J. Köstenberger, "What Does It Mean to be Filled with the Spirit?" *JETS* 40 (1997): 233; Gordon Fee, *God's Empowering Presence* (Peabody, MA: Hendrickson, 1994), 720–22; O'Brien, *Letter to the Ephesians*, 400–04

104 Bruce Norman Kaye, *The Thought Structure of Romans* (Austin, TX: Schola Press, 1979), 14–23.

105 Thomas Schreiner, *New Testament Theology* (Grand Rapids: Baker, 2008), 339–79.

106 Thompson, *Preaching like Paul*, 83; Charles, "Engaging the Pagan Mind," 60–61.

107 Chrysostom, "Homily XLIII from the Gospel of Matthew," 10:273.

108 Harakas, "Resurrection and Ethics in Chrysostom," 82.

109 Edwards, *The State of Public Affairs*, Works 17:365–68; Larsen, *The Company of the Preachers*, 259.

110 Doriani, *Putting the Truth to Work*, 81–121; Richard B. Hays, *The Moral Vision of the New Testament* (New York: Harper Collins, 1996).

111 Timothy Keller, "Preaching Morality in an Amoral Age," *Leadership* (1996): 110–15.

112 Chapell, "Application without Morality," 289–93.

113 박현신, 『미셔널 프리칭』, 194–97.

114 Richard B. Hays, "Scripture-Shaped Community: The Problem of Method in New Testament Ethics," *Interpretation* 44 (1990): 47–51; James M. Gustafson, "The Place of Scriputre in Christian Ethics," *Interpretation* 24 (1970): 430–55; Richard Longenecker, *New Testament Social Ethics for Today* (Grand Rapids: Eerdmans, 1984), 1–15.

115 성경의 윤리적 적용의 원리를 위한 상세한 논의를 위해서는 다음을 참조하라. Bruce Birch and Larry Rasmussen, *Bible and Ethics in the Christian Life*, rev. ed. (Minneapolis: Augsburg, 1988), 35–65; Thomas W. Ogletree, *The Use of the Bible in Christian Ethics* (Philadelphia: Fortress, 1983), 15–45; John Murray, *Principles of Conduct* (Grand Rapids: Eerdmans, 1957), 23–25, 154; Victor Furnish, *The Moral Teaching of Paul*, 2nd ed. (Nashville: Abingdon, 1985); Idem., "Belong to Christ: A Paradigm for Ethics in First Corinthians," *Interpretation* 44 (1990): 146; Christopher Wright, *Walking in the Ways of the Lord* (Downers Grove, Ill: InterVarsity, 1995), 120–22.

설교자들은 이를 창조적으로 목회 현장에 활용해 볼 필요가 있다.

〈표 16. 도리아니의 하나님 나라 윤리 적용 패턴〉

	법칙	이상	교리	구속사적 행동	모범적 행동	이미지	노래 혹은 기도
의무	의무와 관련된 법칙 적용	의무와 관련된 이상 적용	의무와 관련된 교리 적용	의무와 관련된 구속사적 행동 적용	의무와 관련된 모범적 행동 적용	의무와 관련된 이미지 적용	의무와 관련된 노래 혹은 기도 적용
성품	성품과 관련된 법칙 적용	성품과 관련된 이상 적용	성품과 관련된 교리 적용	성품과 관련된 구속사적 행동 적용	성품과 관련된 모범적 행동 적용	성품과 관련된 이미지 적용	성품과 관련된 노래 혹은 기도 적용
목표	목표와 관련된 법칙 적용	목표와 관련된 이상 적용	목표와 관련된 교리 적용	목표와 관련된 구속사적 행동 적용	목표와 관련된 모범적 행동 적용	목표와 관련된 이미지 적용	목표와 관련된 노래 혹은 기도 적용
분별	분별과 관련된 법칙 적용	분별과 관련된 이상 적용	분별과 관련된 교리 적용	분별과 관련된 구속사적 행동 적용	분별과 관련된 모범적 행동 적용	분별과 관련된 이미지 적용	분별과 관련된 노래 혹은 기도 적용

강해 설교자들은 상대적인 윤리를 제시하는 것이 아니다. 언약적 보편 원리에 근거한 적용을 통해 개인과 공동체, 사회와 국가의 다양한 윤리적 이슈에 대한 절대적인 하나님의 말씀의 지침과 기준을 제시하는 적용을 추구해야 한다.

설교자로서 이러한 치밀한 윤리적 원리들을 삶에 적용할 때마다 주의할 것은 하나님의 은혜 언약 하에 십자가와 성령을 철저히 의지하는 가운데 윤리 지향적 적용을 추구함으로써 도덕주의적 적용으로 율법주의화되어서는 안 된다는 것이다.[116]

---

116 Doriani, *Putting the Truth to Work*, 126-55; Bryan Chapel, "Application Without Moralism," in *The Art & Craft of Biblical Preaching*, Haddon Robionson and Craig B. Larson ed. (Grand Rapids:

그러므로 반드시 성경에서 도출된 신학적인 보편 원리에 뿌리내리고 있어야만 설교 사역 가운데 윤리적인 이슈에 대한 다양한 적실성 범주의 열매가 맺힐 수 있으며,[117] 설교자들은 청중의 신앙적 의무, 신앙 인격, 신앙적 목표, 신앙적 분별력과 연결된 다양한 윤리적 문제들을 향한 저자 의도적, 신학적, 변혁적 적실성 범주와 적용을 추구해야 한다.

7) 종교적/철학적 영역을 변혁시키기 위한 적용

성경과 역사적 설교 적용 모델들은 개인, 공동체, 사회를 넘어 종교 영역의 지평까지 연결되는 적실성 패턴을 보여준다.

〈표 17. 종교적, 철학적 적용 패턴〉

선지자들	아모스와 호세아는 종교라는 범주에 적실한 적용 패러다임의 진수를 보여준다 (암 4:4-5; 5:4-7; 5:10-15; 호 7:8-9, 13-14; 9:7c-10:15).
바울	바울의 아레오바고 설교는 신학적 교리에 있어서 타협 없는 종교적 적용을 증거해 준다.[118] 그의 교리적인 순전함에 기초한 적용은 청중의 삶을 변혁시키는 것을 목적으로 삼았기 때문에 혼합주의 혹은 교리적 타협을 거부했다.[119]
크리소스톰	크리소스톰의 적실성 범주는 균형 잡힌 종교적 적용을 포함하고 있다. 예를 들어, 에베소서 4:17 설교에서 청중의 신앙 체계들(세계관)과 연결된 적용을 시도하며,[120] 고린도전서 2:1-2에서 헬라 철학자들의 약점들을 지적하고, 기독론이라는 원리화 다리를 건너 마술과 점치는 행위, 주술과 같은 이교도적 행위들을 삼가할 것을 촉구한다(엡 2:13-16). 또한 그의 청중이 이교도적인 행위에서 회개하고 돌아오도록 기독론에 기초한 적용을 보여준다(엡 2:17-22).[121]
칼빈	칼빈은 당시 로마가톨릭(교황)의 거짓된 가르침에 반대하여 종교적 적용을 선언한다. 칼빈은 에베소서 설교에서, 교회론에 기초한 종교적 적용을 통해 로마가톨릭교회의 교리를 반박하는 가르침을 청중에게 잘 박힌 못처럼 전달한다.[122]

Zondervan, 2005), 289-93.
117 David P. Gushee and Robert H. Long, *A Bolder Pulpit: Reclaiming the Moral Dimension of Preaching* (Valley Forge, Pa.: Judson Press, 1998), 43-46.

존 낙스	당시 가톨릭 세력에 대한 승리를 위해 개신교 귀족들과 사람을 의지하는 것에 회개를 촉구하면서 하나님께로 돌이키면 진정한 승리를 얻게 될 것을 선포한다.[123]
켈러	켈러의 설교는 선지자들과 예수님의 모델을 따르면서 혼합주의 가운데 종교적 적용을 어떻게 할 것인가에 대한 좋은 예를 보여준다.[124] 켈러에 따르면, 영적 우상에 대한 적용은 지성적, 심리적, 사회적, 문화적, 정신적 범주 등을 모두 포함한 개념이다.[125]

저자가 의도한, 본문이 이끄는 적용은 종교의 영역까지도 변혁시키는 적용이어야 한다. 역시 모세와 선지자들, 바울과 성경적 설교 모델들은 당대 종교, 세계관, 우상, 혼합주의, 이교 행위 등의 영역에 탁월한 말씀의 적용을 제시하였던 것을 알 수 있다. 메리다는 모든 설교마다 특정 종교나 이단의 가르침에 대해 변증적인 적용을 해야 하는 것은 아니지만, 현대 사회 안에 퍼져있는 다음과 같은 종교, 이단, 신화에 대해 성경에 근거한 적용을 제시해야 한다고 강조한다.

> 새로운 무신론(the New Atheism), 열린 무신론(open theism), 포괄주의(inclusivism), 종교 다원주의(religious plualsim), 성경 회의주의(biblical skepticism), 도덕적 상대주의(moral relativism), 관용주의(tolerance), 윤리 문제들, 세계 종교들, 인기 서적들(『다빈치코드』, 『시크릿』류의 서적들).[126]

오늘날 한국교회 강해 설교자들도 WCC, 우상들, 이단들, 사이비 종교, 이슬람, 가

---

118 Charles, "Engaging the (Neo) Pagan Mind," 60-61.
119 Flemming, "Contextualizing the Gospel in Athens," 207.
120 Chrysostom, "Homily XII on Ephesians," in *A Select Library of The Nicene and Post-Nicene Fathers of the Christian Church: St. Chrysostom*, 13:109-12. 엡 4:17의 설교에서 크리소스톰은 그의 청중 가운데 만연하고 있던 미신적 그리고 철학적 신념에 대항한 종교적 적용을 보여준다.
121 Chrysostom, "Homily V on Ephesians," 13:71-80.
122 Calvin, *Sermon on the Epistle to the Ephesians*, 656-57.
123 Kyle, *The Ministry of John Knox, Pastor, Preacher, and Prophet*, 91. 한국개혁주의 설교연구원 설립 22주년 기념세미나,『장로교회의 창시자: 존 녹스의 청교도 목회』, 209에서 재인용.
124 Keller, *The Reason for God*, 3-21, 59-64; idem, "Preaching amid Pluralism," 177-79.
125 Keller,『거짓 신들의 세상』, 26-27.
126 Merida,『설교다운 설교』, 372-73.

톨릭, 불교, 샤머니즘, 힌두교, 뉴에이지 등에 대한 종교적 적용을 회복해야 한다.[127]

그렇다면 지금까지 제시한 7가지 적실성 범주를 신학적인 원리화의 7가지 기준과 유기적으로 연결시킨 적용 패러다임을 설교자들이 설교 준비 과정에서 창조적으로 활용하는 것이 유익할 것이다.

〈표 18. 원리화 7기준과 적실성 7범주의 통합적 적용 패턴〉

원리화 기준 \ 적실성	개인적 혹은 양심적	가정, 결혼, 자녀 양육	공동체적 혹은 목회적	사회-정치	문화적	윤리적	종교적/ 철학적
언약/ 구속사	언약에 기초한 개인적 적용	언약에 기초한 가정, 부부, 양육 적용	언약에 기초한 공동체 적용	언약에 기초한 사회 정치 적용	언약에 기초한 문화 적용	언약에 기초한 윤리 적용	언약에 기초한 종교 적용
하나님의 성품	하나님의 성품에 기초한 개인적 적용	하나님의 성품에 기초한 가정 적용	하나님의 성품에 기초한 공동체 적용	하나님의 성품에 기초한 사회 정치 적용	하나님의 성품에 기초한 문화 적용	하나님의 성품에 기초한 윤리 적용	하나님의 성품에 기초한 종교 적용
인간의 본성	인간 본성에 기초한 개인적 적용	인간 본성에 기초한 가정 적용	인간 본성에 기초한 공동체 적용	인간 본성에 기초한 사회 정치 적용	인간 본성에 기초한 문화 적용	인간 본성에 기초한 윤리 적용	인간 본성에 기초한 종교 적용
예수님의 인격과 사역	기독론에 기초한 개인적 적용	기독론에 기초한 가정 적용	기독론에 기초한 공동체 적용	기독론에 기초한 사회 정치 적용	기독론에 기초한 문화 적용	기독론에 기초한 윤리 적용	기독론에 기초한 종교 적용
구원	구원론에 기초한 개인적 적용	구원론에 기초한 가정 적용	구원론에 기초한 공동체 적용	구원론에 기초한 사회 정치 적용	구원론에 기초한 문화 적용	구원론에 기초한 윤리 적용	구원론에 기초한 종교 적용

127　R. Albert Mohler Jr. *He is not Silent: Preaching in a Postmodern World* (Chicago: Moody Pub., 2008), 124-31.

교회	교회론에 기초한 개인적 적용	교회론에 기초한 가정 적용	교회론에 기초한 공동체 적용	교회론에 기초한 사회 정치 적용	교회론에 기초한 문화 적용	교회론에 기초한 윤리 적용	교회론에 기초한 종교 적용
성령	성령의 인격과 사역에 기초한 개인적 적용	성령의 인격과 사역에 기초한 가정 적용	성령의 인격과 사역에 기초한 공동체 적용	성령의 인격과 사역에 기초한 사회 정치 적용	성령의 인격과 사역에 기초한 문화 적용	성령의 인격과 사역에 기초한 윤리 적용	성령의 인격과 사역에 기초한 종교 적용

3. 7가지 적용 영역과 연결된 적용적 예화

적실성 다리놓기 과정은 저자가 의도한 적용의 현대적 연결과 적실성 범주에 초점을 맞추면서도 본문이 이끄는 적용을 예화(illustration)와 유기적으로 잘 연결하는 작업을 포함한다. 본문과 저자가 의도한 적용과 상관없는 예화식 설교는 분명 경계해야 하지만, 적실성 과정에서 예화를 활용해야 할 정당한 이유들이 있다. 채플은 청중과 연결되지 못하고 있는 현대 설교의 위기, 이미지 지향적인 현대 문화의 특성에서 예화의 필요성, 설교 역사와 현대의 탁월한 설교자들의 예화 활용, 구약의 내러티브와 시편, 선지서의 예와 예수님의 비유 중심 설교에 근거해 적용 지향적 예화의 필요성을 강조한다.[128]

설교 예화의 목적은 진리를 가르치고, 분명하게 설명하며, 청중과 연결시키고, 기억할 수 있도록 도우며, 주의를 집중시키며, 동기를 부여하고 설득, 확신 시키며, 정신적 긴장을 풀어주고, '간접적 적용'을 보게 하며, 본문의 보편적인 원리를 개인화/특정화하며, 진리를 믿도록 도와주고, 관심을 불러일으키며, 성경적 교리와 개인적 의무를 이해할 수 있도록 해 준다는 데 있다.[129]

이러한 예화의 목적을 효과적으로 성취하기 위해서는 어떤 예화를 활용할 수 있는가? 먼저 포브릿지 프리칭 적실성 과정에서는 다른 어떤 종류의 예화보다도 본문이 이끄는 예화(text-driven illustration)를 선호한다. 본문이 이끄는 적용과 예화는 씨줄과 날

---

[128] Chapell, *Christ-centered Preaching*, 175-90; 상세한 논의를 위해서는 Chapell, *Using Illustrations to Preach with Power*를 참조하라.

[129] Akin, Curtis, and Rummage, *Engaging Exposition*, 162-64.

줄로 유기적으로 엮어져야 한다. 애이킨은 다음과 같이 제언한다.

> 본문 중심의 적용은 반드시 실천적 예화, 실례들, 제안들을 포함하고 있어서 청중이 배운 성경적 진리대로 자신의 삶을 선택하거나 모델로 추구해야 한다.

애이킨은 '성경의 예들'(특히 구약)이 가장 효과적인 예화라고 말한다. 성경 예화 외에도, 다른 사람들의 경험, 개인적 경험, 자서전, 최근 사건들이나 역사적 사건, 좋은 문학 작품, 과학과 자연 세계, 명언과 속담, 유머가 예화의 자원이 될 수 있다.[130]

요크(York)는 예화의 5가지 법칙을 S.H.A.R.P로 제시한다.

첫째, 이야기(Story)를 활용하는 예화.
둘째, 유머(Humor)를 담은 예화.
셋째, 유비(Analogies)를 활용한 예화.
넷째, 인용문(Reference)을 통해 입증하는 예화.
다섯째, 그림 이미지(Pictures)를 연결시키는 예화.[131]

이러한 예화의 법칙을 잘 활용하면서 적실성 과정에서 저자가 의도한 적용을 현대 청중에게 가장 탁월하게 살려내는 예화를 위해서는 본문과 관련된 예화만을 사용하고, 문화와 관련된 예화도 사용할 수 있다.

청중의 마음에 생생하고(vivid) 드라마틱한 이야기를 통한 시각화와 함께 상상력의 문을 열어주고, 생동감 있고 구체적인 세부 묘사와 생생한 이미지를 통해 청중의 오감에 생기를 불어 넣어야 한다. 나아가 발단, 전개, 위기와 긴장, 절정과 해결의 플롯을 잘 활용한 스토리텔링 기법을 활용한다.

핵심 키워드를 반복적으로 활용하며, 창조적인 시작으로 흥미와 필요를 연결시키고 '본문이 의도한 적용'을 남기기 위한 의미있는 결론부 예화를 구상하고, 지혜롭게 설교자 개인의 예화를 연결시키며(지나친 개인적인 예화를 조심하면서), 신선하고 새로운 예화만이 아니라 설교자의 모든 일상 속에서 삶의 정황과 연결된 예화를 찾아내어 감성적

---

130   Akin, Curtis, and Rummage, *Engaging Exposition*, 164-66.
131   York and Decker, 『확신있는 설교』, 204-208.

연결을 사용하는 것이 필요하다.

이러한 예화의 목적은 결국 청중의 실제 삶의 문제들과 해결책들을 '적용'하여 삶이 변화되어 가고, 특정 회중들에게 적합한 '적용'을 할 수 있도록 영적 민감성을 키워주고, 설교자를 향한 신뢰가 자랄 수 있게 해 주기 위한 것이라 할 수 있다. 적실성 다리 놓기에서 이러한 예화들을 적절하게 활용하여 예화의 목적이 이상적으로 이루어질 때 청중은 설교자의 메시지를 보다 분명하게 이해할 수 있게 될 뿐 아니라 의지적인 결단과 변화된 삶을 경험하도록 도와줄 수 있다.[132]

포브릿지 프리칭 적실성 다리놓기 과정에서 본문이 이끄는 적용과 예화를 더욱 효과적이도록 하기 위해 진리의 성령 안에서 상상력을 활용하는 것이 필요하다. 알렉스 몬토야(Alex Montoya)는 성경의 이야기, 시, 교훈, 잠언, 묵시 등의 장르 안에 상상력을 활용하는 예들이 풍부하다고 강조한다(예를 들어, 시 23편과 사 1:2-3). 말씀과 성령 안에서 적용과 예화에 연결된 상상력이 담긴 설교(imaginative preaching)를 위해서는 듣고, 보고, 만지고, 냄새 맡고, 맛볼 수 있는 생생한 언어들, 비유(은유, 제유, 과장, 의인화, 감탄, 수사적 질문, 극적 표현 등), 예화들, 이야기들을 탁월하게 활용할 필요가 있다.[133]

워렌 워어스비(Waren Wiersbe)는 은유를 통한 상상력이 성경의 원 청중과 현대 청중 간에 놓인 간격을 다리놓기 해 주며 청중 개인의 과거와 현재도 연결시켜 준다고 보았다.[134] 월터 브루그만(Walter Brueggemann)도 성도의 사고와 신앙을 다른 방식으로 재형성하고 변화시키기 위해서는 이미지를 활용한 성경적 상상력이 필요하다고 강조한다.[135]

'역사적 상상력'은 성경 당시의 역사적 문맥, 지리적·문화적 배경 등에 대한 철저하고 객관적인 주해를 바탕으로 성령 안에서 원 저자가 의도한 의미와 원 적용을 찾는데 활용될 수 있고, '적용적 상상력'은 철저한 주해적 상상력에 기초하여 개혁주의 신학의 렌즈를 통과한 의미와 적용을 현대 청중을 변화시키기 위해 활용할 수 있다.[136]

스펄전도 설교의 입체화를 위해 사용한 효과적인 도구 중 하나를 상상력으로 본다. 그는 설교자가 경험하지 못한 과거의 상황을 경험한 증인처럼 묘사하는 '회상적 상상력,' 본문의 상황을 현재의 상황으로 현 청중 앞에서 묘사하고 재연하는 '현재적 상상력,' 종

132　York and Decker, 『확신있는 설교』, 208-221; Chapell, *Christ-centered Preaching*, 190-200; Akin, Curtis, and Rummage, *Engaging Exposition*, 167-68; Vines and Shaddix, *Power in the Pulpit*, 190-95.
133　Alex Montoya, *Preaching with Passion*, 133-45.
134　Wiersbe, 『상상이 담긴 설교』, 111-14.
135　Walter Brueggemann, 『텍스트가 설교하게 하라』(서울: 성서유니온, 2012), 69.
136　김창훈, "설교에 있어서 '이매지네이션'의 활용," 「신학지남」 303 (2010): 93.

말론적 미래에 일어날 일을 본문에 근거한 상상력을 통해 묘사하는 '미래적 상상력'을 활용하여 청중을 변화시키고자 하였다. 이에 대하여 손동식은 다음과 같이 말한다.

> 이와 같이 스펄전은 과거와 미래의 사건을 오늘 청중의 눈앞에서 지금 벌어지는 사건으로 재현함으로 청중이 다면적이며 입체적인 방식으로 그 사건에 참예하고 경험하도록 돕는다. 스펄전의 상상력은 성경의 극적인 사건을 재현함으로 청중에게 보다 적극적으로 성경의 세계로 참여할 수 있는 계기를 제공한다는 점에서 일반적인 예화와 구분된다.[137]

그러나 적실성 과정에서 예화를 활용할 때 본문의 특성, 청중의 특성, 예화의 특성을 모두 고려하면서 목회자로서의 신중하게 접근해야 한다.

예를 들어, 메시지와 상관이 없거나 떨어지는 예화를 제시하거나, 너무 많은 예화 혹은 분량이 긴 예화를 쓰는 것을 조심해야 한다. 설교자 개인의 예화를 남용(abuse)하거나 혹은 영웅화하려 한다거나, 적절치 못한 표현이나 미리 허락을 구하지 않고 상담/대화의 내용을 예화에 공개한다거나, 특정한 교회에 대한 예화를 지나치게 많이 한다거나, 시간을 메우기 위해 예화를 한다거나, 청중의 감정을 움직이기 위해 예화를 활용한다거나, 설교자 자신이 아닌 다른 사람들을 조롱한다거나 하는 것, 확실하지 않은 사실이나 정보를 사용하는 것은 조심해야 한다.[138]

적실성 범주 회복을 위한 제언

총체적 위기에 빠진 작금의 한국교회와 사회를 변혁시키는 다차원적인 설교의 적실성 범주와 적용을 회복하기 위해서는 구체적으로 실제 목회 현장에서 활용할 수 있는 다리놓기로서의 적용 패러다임을 해석학적, 성경적, 역사적, 현대적 모델에 대한 연구(분석과 대안)를 통해 시급히 구축해야 한다.

한국교회 설교자들은 성경의 원 청중을 변혁시키기 위해 저자가 의도한 원 적용(author-intended original application)을 주해적 다리놓기를 통해 발견한 다음, 신학(교리)

---

[137] 손동식, "거인들의 설교 이야기: 스펄전 편(1)," 「목회와 신학」 (2010년 6월호): 136-43.
[138] Akin, Curtis, and Rummage, *Engaging Exposition*, 167-69; Chapell, *Christ-centered Preaching*, 200-04.

적 다리놓기와 원리화 과정을 통해 추출된 적용을 현 청중의 다양한 삶의 범주에 트랜스퍼링(transferring) 시키는 적실성 다리놓기를 추구해야 한다.

이를 위해서는 모세와 선지자들, 바울을 비롯한 성경 모델들이 보여주는 적실성 범주와 크리소스톰, 칼빈, 에드워즈 등의 역사적 모델이 보여주는 적실성 범주, 켈러 등이 보여주는 적용적 균형을 갖춘 다차원적 적실성 범주를 토대로 한국적 재상황화를 통해 7가지 영역의 통전적인 적용을 추구할 필요가 있다.

하나님 나라의 변혁적 설교를 위한 적실성 범주(transformational relevance category)의 회복을 위해서 필요한 것은 다음과 같다.

> **첫째**, 저자 의도적 적용 즉 성경의 원 청중을 향한 적용(signification)과 현대의 청중을 향한 적용(significance)이 주해적 다리놓기를 통해 트랜스퍼링 되어야 한다.
>
> **둘째**, 적용의 트랜스퍼링을 가능하게 하는 보편적인 원리를 발견하기 위해 필요한 신학(교리)의 렌즈가 필요하다. 기존의 학자들이 제시한 가장 기본적인 두 초점(하나님의 성품과 인간의 죄성) 렌즈를 통한 적용 다리놓기 원리를 잘 견지하면서, 나아가 성경적, 역사적, 현대적 모델이 보여주는 다초점 렌즈(하나님 나라[구속사]와 언약, 하나님의 성품과 창조 질서, 인죄론, 기독론, 구원론, 교회론, 성령론, 종말론)와 같은 기준(criteria)을 통해 트랜스퍼링 할 수 있어야 청중의 다양한 적실성 범주 영역에 재적용 할 수 있다.
>
> **셋째**, 성경과 역사, 현대 설교자 모델들을 통해 발견할 수 있는, 개인, 가정, 공동체, 사회, 정치, 문화, 경제, 윤리, 종교적 영역을 변혁시키는 적용에 연결된 다차원적 적실성 범주를 회복해야 한다.
>
> **넷째**, 다차원적 적실성 범주를 구축하는 데 긴요한 적용 지향적 청중 주해를 위한 수사학적 방법론을 목회적으로 활용할 필요가 있다.

이러한 원리에 충실할 때, 다양한 적실성 범주와 연결된 현대 청중의 삶의 전 영역을 변혁시키는 설교의 적용은 저자의 본래 의도한 적용이라는 상수원에서 흘러나와 원리화 과정에서 거대한 강을 이루어 개인과 가정, 교회와 공동체, 사회와 국가 곳곳에 흘러 들어가 생명의 역사와 변화의 열매를 맺게 될 것이다.

4. 적실성 다리놓기를 위한 청중 주해[139]

1) 청중 주해 연구의 주요 흐름과 방향

많은 설교자들은 성경 본문에 대한 주해(exegesis)의 필요성을 기본적으로 인식하고 있지만, 목회하고 있는 자신의 청중도 주해(exegeting audience)[140]해야 한다는 필요성에 대해서는 외면해 왔다고 볼 수 있다.[141] 그러나 강해 설교는 본질적으로 본문 중심적(text-driven)이면서 동시에 청중 지향적(audience-focused)임을 기억해야 한다.[142] 이런 차원에서 최근 미국의 설교학자들과 목회자들 가운데서도 청중 주해에 대한 필요성을 강조하는 흐름을 주목할 필요가 있다.[143] 또한 최근 한국의 여러 학자들도 본문과 청

---

139 박현신, "강해 설교를 위한 청중 주해 방법론," 한국복음주의실천신학회, 『복음과 실천신학』 35 (2015): 101-37를 수정, 보완한 글임을 밝힌다.

140 여기서 필자는 일반적으로 사용되어 온 '청중 분석'(audience analysis)이라는 개념 대신 '청중 주해'라는 용어를 사용하는 이유는 최근 이 두 용어를 구분하여 사용하고 있는 여러 성경 해석학자들과 강해 설교학자들의 관점에 근거한 것임을 밝혀둔다. 일반적으로 사용되어 온 청중 분석이라는 개념 대신 청중 주해라는 개념을 쓰는 주요 이유는 다음과 같다. 첫째, 청중의 '필요'에 목적을 두기보다 청중의 필요에 민감하되 그들의 '변혁'을 궁극적인 목적으로 지향하기 때문이다. 둘째, 성경 해석(주해)과 구분된 적실성 과정 및 수사학적 적용 과정에서만 청중을 분석하는 것이 아니라 본문 중심적(text-driven) 설교의 전 과정에서 3가지 구별된 청중, 즉 원(original) 청중, 보편적(universal) 청중, 현대적(contemporary) 청중을 유기적으로 고려하기 때문이다. 셋째, 현대 청중을 향한 적용(significance)만이 아니라 저자 의도적 의미(author-intended meaning)와 함께 성경의 원 청중(biblical audience)을 향한 원 적용(signification)을 입체적으로 분석하기 때문이다. 다음의 견해들을 참조하라. Millard J. Erickson, *Evangelical Interpretation* (Grand Rapids: Baker, 1993), 11-32; William W. Klein, Craig L. Blomberg, and Robert L. Hubbard, *Introduction Biblical Interpretation* (Nashville: Thomas Nelson, 2004), 483-503; J. S. Duval and J. D. Hays, *Grasping God's Word* (Grand Rapids: Zondervan, 2001), 204-12; Daniel J. Estes, "Audience Analysis and Validity in Application," *BSac* 150 (1993): 219-29; Robert H. Stein, "The Benefits of an Author-Oriented Approach to Hermeneutic," *JETS* 44 (2001): 451-66; Hershael W. York and Bert Decker, *Preaching with Bold Assurance* (Nashville: B&H, 2003), 78-79. Keith Willhite, "Bullet versus Buckshot: What makes the Big Idea Work?," in *The Big Idea of Biblical Preaching* (Grand Rapids: Baker, 1998), 18; Daniel M. Doriani, *Putting the Truth to Work* (Phillipsburg, NJ: P&R Publishing, 2001), 37; Timothy Warren, "A Paradigm for Preaching," *BSac* 148 (1991): 463-86; Calvin Miller, *Preaching* (Grand Rapids: Baker, 2012), 41-60; Jeffrey Arthurs, "The Fundamentals of Sermon Application," in *Interpretation and Application*, Craig B. Larson ed., (Peabody, MA: Hendrickson, 2012), 67.

141 Keith Willhite, "Connecting with Your Congregation," in Scott M. Gibson, ed., *Preaching to a Shifting Culture: 12 Perspectives on Communicating that Connects* (Grand Rapids: Baker, 2004), 109; Terry G. Carter, J. Scott Duvall, J. Daniel Hays, 『성경 설교』(*Preaching God's Word*), 김창훈 역 (서울: 성서유니온, 2009), 91; Sinclair Ferguson, "마음을 변화시키는 설교," in 『설교개혁』(*Feed My Sheep*), 조계광 역 (서울: 생명의 말씀사, 2003), 209.

142 Daniel L. Akin, David L. Allen, Ned Mathews eds, *Text-driven Preaching* (Grand Rapids: B&H Academic, 2010), 271-72.

143 예를 들어, 해돈 로빈슨(Haddon Robinson)과 크레이그 라슨(Craig B. Larson)이 편집한 책에서 설교

중의 이분법을 넘어 효과적인 강해 설교를 위한 청중 분석에 관한 연구가 점점 활기를 띠고 있다는 점은 고무적이다.[144]

설교자 바울이 고린도전서 9:19-23에서 청중에 대한 주해를 통해 그들의 필요를 따라 상황화적인 설교를 지향해야 한다고 성경적인 지침을 주고 있지 않는가?[145]

어떻게 하면 강해 설교자들이 청중 분석에 대한 필요성을 넘어 실제적인 청중 주해의 원리와 방법론에 대한 발전적인 연구의 지평을 열어갈 수 있는가?

본 장의 주요 향방을 좌우할 열쇠가 될 핵심질문은 다음과 같다.

첫째, 청중 주해(exegeting audience)는 왜 필요한가?

둘째, 청중 주해에 대하여 성경 설교에 기초한 근거는 무엇이고, 역사적 설교 모델들을 통해 발견할 수 있는 근거는 무엇인가?

셋째, 현대 주요 강해 설교학자들이 제시하는 청중 주해의 일반적(공통적) 원리와 방법론은 무엇인가?

넷째, 성경적 근거, 역사적 모델의 강점을 융합하여 현대 강해 설교학자들의 청중 주해 지평을 더욱 확장시켜야 할 부분은 무엇인가?

그렇다면 이러한 핵심 질문들에 대한 실천적인 해법 구도를 찾아가면서 항해의 닻 역할을 해 줄 중심 논지는 다음과 같다.

를 위한 청중 주해와 관련한 29개의 다양한 주제에 관해 설교학자들과 목회자들이 쓴 글을 소개하고 있다(Haddon Robinson and Craig B. Larson eds, *The Art & Craft of Biblical Preaching* [Grand Rapids: Zondervan, 2005], 115-216).

144 류응렬, "청중을 변화시키는 설교에 대한 고찰," 한국복음주의실천학회, 「복음과 실천신학」 17 (2008): 111-32; 김창훈, "사회적 이슈에 대한 설교, 어떻게 할 것인가?" 한국복음주의실천학회, 「복음과 실천신학」 31 (2014): 45-73; 김대진, "제2차 구술문화 시대의 설교를 위한 청취해석학의 필요성," 한국복음주의실천학회, 「복음과 실천신학」 30 (2014): 9-34; 김재선, "적실성 있는 설교 적용을 통한 청중의 변화 방안," 한국복음주의실천학회, 「복음과 실천신학」 33 (2014): 19-26; 이광희, "설교에 있어서 본문과 상황의 이분법 문제 해결을 위한 연구," 한국복음주의실천학회, 「복음과 실천신학」 33 (2014): 140-58; 이승진, "미디어 생태계의 변화에 따른 설교 생태계의 변화," 한국복음주의실천학회, 「복음과 실천신학」 27 (2013): 301-34; 권호, "현대 매스 미디어의 도전과 설교학적 대응," 한국복음주의실천학회, 「복음과 실천신학」 27 (2013): 275-300; 황빈, "설교와 청중: Bill Hybels 목사의 주중설교와 주말설교 비교연구," 31 (2014): 163-99.

145 Carter, Duvall, Hays, 『성경 설교』, 91-93; 서동수, "고린도전서 9:19~23: 복음, 해석학, 선교, 문화에 대한 사도바울의 이해," 「선교와 신학」 30 (2012): 199-234.

삶과 사회를 변혁시키는 강해 설교를 위해서는 청중 주해가 필수적이다. 그 필요성을 넘어 성경적, 역사적, 현대적 모델들의 지평을 융합하여, 포스트모던 청중을 변혁시키기 위한, 효과적이며 균형 잡힌 청중 주해 방법론을 발전적으로 추구해야 한다.

그러나 여기서는 논리적 흐름과 지면의 한계상, 성경적, 역사적 설교 모델들이 보여주는 청중 주해 원리에 초점을 맞추고, 본문에 대한 주해적 접근과 설교학적 측면은 논의하지 않을 것이다. 또한 현대 설교학자들 가운데서도 주로 강해 설교학자에 속하는 주요 학자들의 청중 주해에 관한 견해를 중점적으로 살펴볼 것이다.

청중 주해의 주요 영역에 관련된 주제에 대해서도(세계관, 문화, 우상, 영적 상태, 수사학적 적응, 원 청중, 성령의 역할 등) 청중 주해의 방법론과 관련된 핵심 부분만 다루려고 한다. 공적인 청중 주해에 초점을 맞추고, 그 다음 단계인 수사학적 청중 적응은 다루지 않을 것이며 청중 주해를 통해 기대할 수 있는 더 효과적인 예화, 적용, 전달 등은 논의하지 않을 것이다. 한 가지 밝힐 것은, 필자는 이 연구를 기초로 하여 실제 한국교회 청중 주해의 통계 분석 연구를 차후 연구과제로 연결하여 진행할 계획이다.

2) 청중 주해의 필요성

설교자들은 청중 분석의 필요성이 일반 커뮤니케이션 영역에서 활발히 제기되어 왔다는 것을 인식해야 한다. 일반적으로 스피치 커뮤니케이션(speech communication) 혹은 공적 연설(public speech)에서 말하는 청중 분석(audience analysis)의 목적은 커뮤니케이션의 목적에 적실한 청중의 인구 통계학적, 심리학적 특성의 면모를 발견하여 연설의 모든 단계에서 청중의 '필요들'(needs)에 맞추기 위한 것이다.[146] 청중은 구체적인 목적을 가지고 있으며, 미리 정한 시간과 장소에서 만나며, 양극단과 상호 작용에 관한 일정한 형태를 가지고 있다는 것이 일반적인 특징이다.[147]

두에인 리프틴(Duane Liftin)은 효과적인 커뮤니케이션을 위해서는 특정한 청중에 대한 외부적이고 내부적인 요소들을 적절하게 분석해야 한다고 강조한다. 예를 들어, 연

---

146 Alan H. Monroe, et. al., *Principles and Types of Speech Communication*, 10th ed. (New York: Harper-Collins, 1996), 98; Steven A. Beebe and Susan J. Beebe, *Public Speaking: an Audience-Centered Approach*, 7th ed. (Boston: Allyn and Bacon, 2009), 91.

147 William D. Brooks and Robert W. Heath, *Speech Communication*, 7th ed., (Dubuque, Iowa: Wm. C. Brown, 1993), 239.

설 배경(공식 또는 비공식), 청중 규모 그리고 장소(분위기, 실제 쾌적 지수와 청중의 기본적인 필요들)와 같은 외부적인 요인들을 분석할 뿐 아니라 나이, 사회적 위치, 문화적이고 윤리적인 배경, 교육 수준, 지적 수준, 그리고 청중의 개념 체계와 같은 내부적인 변수들에 관한 청중 분석이 필요하다고 본다.[148]

그렇다면 청중 필요 중심의 일반 커뮤니케이션과 공적 연설의 차원에서 뿐만이 아니라 성경 본문 중심의 강해 설교를 위해서도 청중 주해가 필요한 것인가?

다니엘 이스티스(Daniel J. Estes)는 성경(고대)의 원 청중에 대한 주해와 함께 현대 청중에 대한 주해가 동시에 이루어져야만 저자가 의도한 의미와 적용이 함의하고 있는 '트랜스퍼링 정도'(degree of transfer)를 파악하여 설교자가 오늘날 청중에게 적합한 메시지를 전할 수 있다고 강조한다.[149] 캘빈 밀러(Calvin Miller)에 따르면, 새로운 수비주의, 교단적 침체, 하부 문화로서의 기독교 등의 새로운 패러다임 전환에 직면하여 세상과의 소통, 사회에 대한 주해, 문화적 다양성에 대한 분석을 통해 청중 주해가 필요하다고 주장한다.[150]

한마디로 설교자는 청중과의 역동적이며 유기적인 관계 속에서 설교하며 설교 사역에는 청중 주해가 반드시 필요하기에 청중은 설교의 필수적 요소이다.[151] 따라서 청중 주해를 생략하게 되면 그들의 구체적인 상황과 동떨어진 지나친 성경 편향적인 설교의 늪에 빠져 들어갈 수 있다.[152]

3) 청중 주해의 성경적, 역사적 근거

성경적인 설교를 위한 청중 주해는 성경적 설교와 역사적 설교 모델을 통해 발견할 수 있는 접근이므로 새로운 이론은 아니라고 할 수 있다.[153] 청중 주해는 먼저 성경의

148　Duane Liftin, *Public Speaking: a Handbook for Christians*, 2nd ed. (Grand Rapids: Baker Books, 1992), 59-71.
149　Daniel J. Estes, "Audience Analysis and Validity in Application," *BSac* 150 (1993): 228-29를 참조하라.
150　Calvin Miller, *Marketplace Preaching* (Grand Rapids: Baker, 1995), 24-30.
151　류응렬, "청중을 변화시키는 설교에 대한 고찰," 한국복음주의실천학회, 「복음과 실천신학」 17 (2008): 111-32를 참조하라; 이승진, "청중에 대한 설교학적 이해," 한국복음주의 실천신학회, 「복음과 실천신학」 6 (2003): 61.
152　Wayne V. McDill, *The Moment of Truth: a Guide to Effective Sermon Delivery* (Nashville: Broadman & Holman Publishers, 1999), 39.
153　본서의 제2부과 제3부에서 고찰한 성경적 모델과 역사적 모델에서 발견될 수 있는 청중 주해의 원리를 다시 요약, 체계화하는 작업을 진행하는 가운데 일부 각주 내용은 중복되는 부분이 있지만, 독자를 위해

설교자들 가운데서 나타나는 특징이라고 볼 수 있다. 먼저 설교자 모세의 신명기 1:6-4:40, 5:1-28:68, 29:1-30:20의 세 편의 설교는 어떻게 모세가 광야 이스라엘 청중을 주해하고 동일시(identification)를 추구하고 있는지를 잘 보여준다.[154] 모세는 당시 이스라엘 청중의 문화에 대한 분석을 통해 공정한 판결, 법, 거짓 고소, 지불, 형벌, 유산, 소유, 부/재산, 인권, 결혼, 이혼, 자녀 양육, 신용 등에 대한 언약적 설교를 선포했다.[155] 아모스는 자신의 회중을 분석한 후, 불의를 행하는 자들과 이방 나라들에 대한 심판의 메시지를 통해 당시 청중과 동일시를 추구한다.[156]

예수님도 당시 청중의 영적 상태를 정확히 주해하신 다음, 많은 군중들이 모인 장소에서 비유로 말씀을 전하셨다(막 4:1-20). 즉 길가 밭, 돌밭, 가시떨기 밭, 좋은 밭과 같이 청중은 하나님의 말씀에 다르게 반응하기에, 설교자는 모든 종류의 청중과 장소에 씨를 뿌려야 하며, 긴 안목과 지속성과 겸손함을 가지고 설교해야 한다.[157] 예수님이 비유로 말씀하신 이유도, 목표로 하신 청중(target audience)을 분석하시고 그들의 필요를 하나님 나라 방식으로 채워주신 차원으로 볼 수 있다(마 13:10). 특히 예수님은 청중을 분석하는 데서 한 걸음 나아가 청중을 "세분화"(segmentation)하신 다음 옥토로 분류된 청중에 집중하시는 청중 적응의 차원도 보여주신다.[158]

제이 아담스(J. E. Adams)의 분석에 의하면, 성경에 나타난 8개 설교를 통해 볼 때 바울은 청중 분석을 통한 수사학적 적응이 탁월한 설교자 모델이다.[159] 바울은 안디옥 설교에서 유대인 청중, 루스드라 청중, 아덴의 청중, 밀레도의 에베소 교회 청중, 예루살렘의 적의에 찬 청중, 가이사랴 공회의 청중(벨릭스, 베스도, 아그립바) 등의 다양한 청중을 분석하고 창조적으로 적응하면서 메시지를 전한다.[160]

바울은 자신의 청중, 즉 고린도 청중의 문제를 해결하기 위한 설교 사역의 '고통'을

편의상 다시 각주 자료를 제시하였음을 밝혀 둔다.
154 Loscalzo, *Preaching Sermons that Connect*, 35-38.
155 Walter C. Kaiser, *Toward Old Testament Ethics* (Grand Rapids: Zondervan, 1983), 139-246; Christopher Wright, *Old Testament Ethics for the People of God* (Downers Grove, IL: InterVarsity, 2004), 103-383.
156 Loscalzo, *Preaching Sermons that Connect*, 38-42.
157 Steven Smith, 『나는 죽고 성도를 살리는 설교자』(*Dying to Preach*), 김대혁 역 (서울: 베다니, 2011), 177-85.
158 James F. Engel, *Contemporary Christian Communications: Its Theory and Practice* (Nashville, Tennessee: Thomas Nelson publishers, 1979), 54.
159 J. E. Adams, 『설교 연구』(*Studies in Preaching*, Vol. 1-3), 박광철 역 (서울: 생명의말씀사, 1986), 90-144.
160 Adams, 『설교 연구』, 108-44.

짊어지면서 기꺼이 죽고자 했으며(dying to preach), 청중의 상황을 면밀히 주해한 후, 그리스도의 십자가 중심적 메시지를 전하고자 했던 것이다(고전 2:1-5).[161] 스티븐 스미스(Steven Smith)는 설교 사역에서 예수님과 그 십자가에 복종한다는 것은 성육신의 모델을 따라 '본문에 복종'할 뿐 아니라 '청중에 복종하는 것'이라고 강조한다.[162]

사도행전 설교를 통해 볼 때, 바울은 청중 주해를 통해 청중의 실제 필요를 분석하고 적응하려고 시도했다는 것을 알 수 있다. 특히 바울의 13장의 설교는 당시 회당 안에 있던 청중의 진정한 필요를 분석하고 동일시에 기초한 설교의 좋은 예이다. 바울은 청중 주해를 통해 그들은 "이스라엘 사람들과 및 하나님을 경외하는"(행 13:16, 26) 이방인들이었다는 것을 간파한다. 이를 기초로 19절에서 바울은 자신이 분석한 유대인들과 자신을 동일시하면서("우리 조상들"), 구약성경을 통해 과거 이스라엘의 믿음을 통해 일어난 하나님의 위대한 구속 역사를 인식시키고, 약속된 메시아에 대한 존중과 함께 일부 유대인들 안에 있는 무지와 인식의 부족을 지적한 다음(행 13:27, 29), 핵심 메시지를 전달한다(행 13:23-25).[163]

바울은 당시 그리스도인 청중에게 설교한 사도행전 20장의 밀레도 설교에서도 목회적인 청중 분석을 기초로 에베소교회 장로들과 동일시(identification)를 통한 수사학적 적응을 시도하면서 그들의 필요를 말씀의 의도를 따라 채워주는, 잘 구조화된 설교 모델을 보여준다.[164]

존 크리소스톰(John Chrysostom)은 당시 안디옥과 콘스탄티노플의 평범한 청중에 대한 심층적인 분석과 수사학적인 적응을 통한 변혁적 설교를 추구하였다.[165] 예를 들어 크리소스톰은 본문과 저자가 의도한 적용과 보편적 원리를 기초로 청중과 관련된 개인적 생활, 부와 가난, 구제와 재정의 영역, 가정과 자녀 양육의 영역, 문화적 영역 등

---

161 Smith, 『나는 죽고 성도를 살리는 설교자』, 57-66.
162 Smith, 『나는 죽고 성도를 살리는 설교자』, 169-223.
163 Loscalzo, *Preaching Sermons that Connect*, 48-49; David A. deSilva, "Paul's Sermon in Antioch of Pisidia," *BSac* 151 (1994): 39; Adams, 『설교 연구』, 120-23; 조성헌, "설교에 있어서 청중 분석," 10 (2011): 243.
164 Loscalzo, *Preaching Sermons that Connect*, 49-51; Colin. J. Hemer, "The Speeches of Acts: The Ephesian Elders at Miletus," *Tyndale Bulletin* 40 (1989): 79; Marion L. Soards, *The Speeches in Acts* (Louisville: Westminster John Knox, 1994), 104-08.
165 Wendy Mayer, "John Chrysostom: Extraordinary Preacher, Ordinary Audience," in P. Allen and M. Cunningham eds., *Preacher and Audience: Studies in Early Christian and Byzantine Homiletics*, (Leiden: Brill, 1998), 105-37; idem, "John Chrysostom and His Audiences: Distinguishing Different Congregations at Antioch and Constantinople," *Studia Patristica* 31(1997): 70-75.

에 대한 청중 주해를 추구하였다.[166]

목회적 설교자 존 칼빈은 본문 중심적이면서 청중 주해적 설교를 지향한다. 칼빈은 저자가 의도한 원 청중에 대한 주해와 함께, 현 청중인 교회 공동체를 향한 목회적 권면, 개인적인 점검, 사랑을 담은 책망, 담대한 직면 등 청중의 상황과 연결되는 개혁주의 설교의 특징을 보여준다.[167] 칼빈의 탁월한 청중 주해는 그의 설교 가운데 청중의 이해, 유익, 실천을 목적으로 개인의 삶, 가정, 자녀 양육, 교회와 공동체, 사회적-문화적, 사회적-경제적, 사회적-정치적 영역, 종교와 관련된 영역의 다양한 적실성 범주(relevance category)에 연관된 설교를 지향할 수 있게 했다.[168]

조나단 에드워즈(Jonathan Edwards)의 설교도 본문이 이끄는 설교(text-driven)이면서 청중 주해가 탁월한 설교이다. 에드워즈의 설교는 개인과 양심에 대한 분석, 교회 공동체 안에 있는 '실제적인 문제'에 대한 분석, 세대에 대한 분석, 지역 사회와 공공 사회 및 정치 영역을 향한 분석 등에 있어서 청중 주해에 탁월한 설교를 추구했다.[169]

강해 설교의 전통을 놓은 존 브로더스(John A. Broadus)도 청중 개개인을 향한 주해, 가정의 부모들을 향한 주해, 다양한 세대들 주해, 사회와 정치 영역에 대한 주해 등을 보여준다.[170] 그러므로 진정한 강해 설교의 청중 주해는 성경의 원형 설교 모델과 역사

166　Blake Leyerle, "John Chrysostom on Almsgiving and the Use of Money," *HTR* 87 (1994), 29-45; George S. Bebis, "John Chrysostom: On Materialism and Christian Virtue," *GOTR* 32/3 (1987), 227-37; Vigen Gurorian, "Family and Christian Virtue," in *Ethics after Christendom* (Grand Rapids: William B. Eerdmans, 1994), 133-54; Edwin C. Dargan, *A History of Preaching*, vol. 1(Grand Rapids: Baker Book House, 1954), 89.

167　R. Ward Holder, "The Church as Discerning Community in Calvin's Hermeneutic," *CTJ* 36 (2001): 271, 288; John H. Leith, "Calvin's Doctrine of the Proclamation of the Word," *RevExp* 86 (1989): 40-41; Steven J. Lawson, *The Expository Genius of John Calvin* (Orlando: Reformation Trust Pub., 2007), 106-15; Mark J. Beach, "The Real Presence of Christ in the Preaching of the Gospel," *MJT* 10 (1999): 77.

168　Randal Zachman, "Expounding Scripture and Applying It to Our Use," *SJT* 56 (2001): 506; John Calvin, *Sermons on Galatians*, trans. Kathy Childress (Carlisle, PA: Banner of Truth, 1997), 264-65; Michael Plant, "Calvin's Preaching on Deuteronomy," *Evangel* 12:2 (1994): 47; Lawson, *The Expository Genius of John Calvin*, 110-11; Ian M. Iats, "Calvin's Ministry of Encouragement," *Presbyterion* 11 (1985): 54.

169　John D. Hannah, "The Homiletical Skill of Jonathan Edwards," *BSac* 159 (2002): 96-98; Ted Rivera, "Jonathan Edwards Hermeneutic," *JETS* 49 (2006): 277-78; Flynt, "Jonathan Edwards and His Preaching," 138; Jonathan Edwards, "Youth and the Pleasures of Piety," The *Works of Jonathan Edwards*, vol 19. M. X. Lesser ed., (New Haven: Yale University Press, 2001), 89, 117; Edwards, "Youth and the Pleasures of Piety," *Works*, 19:89-90; Edwards, *A City on a Hill*, Works 19:547-48; Edwards, *The State of Public Affairs*, Works 17:365-68; Edwards, *Editor's Introduction*, Works 14:36-38.

170　John A. Broadus, *On the Preparation and Delivery of Sermon* (San Francisco: Harper & Row, 1979), 171-78; Broadus, "How the Gospel Makes Men Holy," *Selected Works of John A. Broadus*, vol. 4 (Cape

적 설교 모델에 뿌리를 두고 있다고 볼 수 있다.

4) 현대 설교학자들의 청중 주해 방법론 함의

청중 주해가 성경과 역사적 모델에 뿌리를 둔 것임을 인식하면서, 설교자들은 현대 강해 설교학자들이 제안하고 있는 청중 주해의 방법론에 대해 통합적으로 인식하고 활용할 필요가 있다. 기본적으로 아담스는 청중 분석의 3가지 방법을 제시하는데, 첫째는 비공식적 접촉에 의한 분석, 둘째는 상담에 의한 접촉, 셋째는 공식적 접촉이다.[171] 키스 휠화이트(Keith Willhite)는 신학적, 심리학적, 인구학적, 목적 지향적 분석을 통한 통합적 청중 주해를 제안한다.[172]

(1) 개인적, 심리학적 분석을 통한 청중 주해

청중 주해의 가장 기본적인 분석은 청중의 개인적 영역과 심리 영역에 대한 분석이다. 캘빈 밀러는 오랜 목회와 설교 사역을 통해 효과적인 강해 설교를 위해서는 청중의 마음을 주해하는 것이 반드시 필요하다고 강조한다. 청중의 마음의 심리를 주해하기 위한 4가지 질문은 다음과 같다.

① 누가 거기에 있는가?(청중의 영적 상태에 대한 정확한 진단)
② 그들은 무엇을 믿고 있는가?
③ 그들이 하나님에 관해 알고 있는 것은 무엇인가?
④ 어떻게 하면 효과적으로 그들이 누구인가에 대해 알 수 있도록 해 줄 것인가?[173]

Coral: Founders Press, 2001), 122; idem, "The Mother of Jesus," *Selected Works of John A. Broadus*, 4:133–34; Broadus, "Some Laws of spiritual Work," *Selected Works of John A. Broadus*, 4:29, 32, 36; Broadus,"The Habit of Thankfulness, *Selected Works of John A. Broadus*, 4:48, 56; Broadus, "Worship," *Selected Works of John A. Broadus*, 4:3, 10; idem, "Some Laws of spiritual Work," *Selected Works of John A. Broadus*, 4:30, 32; idem, "The Habit of Thankfulness," *Selected Works of John A. Broadus*, 4:108.

171 J. E. Adams, 『설교의 시급한 과제』(*Preaching with Purpose ; the Urgent Task of Homiletics*), 이길상 역 (서울: 아가페출판사, 1993), 52–53. 본 장에서는 설교 전 공식적인 분석을 주로 다루기로 한다.
172 Willhite, *Preaching with Relevance*, 29–30.
173 Calvin Miller, *Preaching* (Grand Rapids: Baker, 2006), 43–47. 밀러(Miller)는 청중 주해를 통해 청중이 듣기 원하는 메시지를 전하는 것이 중요하다고 강조한다. 따라서 설교자는 청중 주해를 통해 자기 존재가 중요하다는 인식(a sense of significance), 고통을 어떻게 다룰 것인지에 대한 가르침, 어떤 방향으로 가야 하는지에 대한 충고, 은혜의 경험과 신비로운 경험, 화해 관계를 지속하는 법, 하나님이 의도하신

이러한 현대 청중의 심리를 주해할 때, 그들의 관심사는 안전, 성공, 경영적 마인드, 운명과 선택이라는 점을 기억할 필요가 있다.[174] 웨인 맥딜(Wayne McDill)은 청중 주해를 통해 그들의 필요를 파악하는 청중 주해(need element analysis)와 함께, 심리학적 프로파일링(psychological profiling)을 하기 위한 3가지 요소(태도, 신념, 가치)를 제시한다.

① 청중 주해의 차원으로서, 청중의 '태도'에 대한 질문은 "설교자와 설교에 대한 태도, 설교를 통해 어떤 기대를 하는가"이다.
② 청중의 '신앙'에 관한 질문은 "설교를 통해 점점 삶 가운데 강화되는 견고한 신앙을 가지고 있는가, 아니면 경험을 통해 충분히 증명되지 못한 채 요동하는 신앙을 가지고 있는가"이다.
③ 청중의 '가치'에 관한 질문은 1) 청교도적인 윤리성, 2) 개인의 가치, 3) 성취와 성공, 4) 문화와 발전, 5) 윤리적 평등성, 6) 노력과 낙관주의, 7) 효력성, 실천성, 합리성에 관한 것이다.[175]

라메시 리차드(Ramesh Richard)는 청중의 개인적 영역과 심리적인 영역에 대한 청중 주해의 패러다임을 제시한다.

① 태도, ② 하나님을 아는 지식, ③ 행동, ④ 관계, ⑤ 동기, ⑥ 가치와 우선순위, ⑦ 성품.[176]

좀 더 구체적인 개인 심리분석을 위한 방법론을 제시한 휠화이트에 따르면, 청중의 심리적 분석을 위해서는 다음과 같은 질문이 유용하다.[177]

에덴의 삶, 정착시키는 신학, 최후의 소망에 대한 간절한 기대 등에 관한 적실한 설교를 전해야 할 필요가 있다(ibid., 52-60).
174 Calvin Miller, *Marketplace Preaching*, 60-61.
175 Wayne McDill, *The 12 Essential Skills for Great Preaching* (Nashville: B&H, 2004), 100-19; idem, *The Moment of Truth*, 39-55.
176 Richard, *Scripture Sculpture*, 121.
177 Willhite, *Preaching with Relevance*, 26-27. 강해 설교학자 리차드(Richard)가 제시한 분석 지평은 청중의 개인적 영역에 관한 상세한 분석에 초점을 맞추는 강점이 돋보이지만, 청중이 속한 공동체, 사회와 문화 영역과 관련된 영역에 대한 분석에 대한 접근이 없는 점은 한계라고 볼 수 있다.

> 1) 청중은 어떻게 생각을 하는가?(과정 차원의 정보)
>   청중은 느끼는 필요 혹은 어려움, 문제를 정의함, 정보를 수집하고 분석함, 대안적 해결책, 해결을 위한 기준을 분별함, 해결책을 적응함에 대하여 인식하는 사고 과정을 따라오는가? 아니면 다른 사고 과정을 따라가는가?(권위적, 전통적, 즉흥적, 이성적, 감정적 과정 등)
> 2) 청중은 어떻게 느끼는가?(감각 경험
> 3) 청중은 어떻게 행동하는가?(여러 다른 선택 사항들 가운데 선택)
> 4) 청중의 패러다임을 파악하라(청중의 태도, 청중의 신념, 청중의 가치).

한편 조셉 지터(Joseph R. Jeter, Jr.)와 로널드 알랜(Ronald J. Allen)은 강해 설교학자는 아니지만, 신앙의 단계(faith development theory), 성격 유형(Myers-Briggs type), 신경 언어 유형(neuro linguistic programming) 등 다양한 청중의 심리 혹은 정신에 대한 분석의 필요성을 강조한다.[178] 미국 듀크대학교 의학교수이자 목사인 리차드 콕스(Richard Cox)는 최근 발달된 뇌기능과 신경 과학에 대한 지식을 설교와 접목하여, 첨단 테크놀로지 시대 설교자들은 청중의 뇌에 대한 분석을 통해 현대 청중의 변화된 의식을 파악하여 목적이 분명한, 효과적인 설교를 해야 한다고 역설한다.[179]

(2) 사회 통계학적 분석을 통한 청중 주해

청중의 개인적, 심리적 분석의 영역을 넘어 여러 강해 설교 학자들은 청중 주해를 위한 기본적인 사회 통계학적 분석을 활용한 청중 분석 방법론을 제시한다.[180] 그러나 분석 요인 가운데 설교학자들이 강조하는 요인들은 조금씩 다르다고 할 수 있다.

예를 들어, 릭 에젤(Rick Ezell)은 청중의 통계학적 분석 요인 가운데 종교적/영적 배경 분석을 강조한다.[181] 티모시 워렌(Timothy Warren)은 철학적 선호도 등을 분별하기 위한 사회학적 도구들의 필요를 강조한다.[182] 터너(Turner)는 미디어 사회에 살아가는

---

178 Joseph R. Jeter, Jr., and Ronald J. Allen, *One Gospel, Many Ears: Preaching for Different Listeners in the Congregation* (Danvers: Chalicepress, 2002), 51-77.

179 Richard Cox, 『뇌는 설교를 어떻게 받아들이는가?』(*Rewiring Your Preaching: How the Brain Processes Sermons*), 김창훈 역 (서울: CLC, 2014)를 참조하라.

180 Warren, "A Paradigm for Preaching," 479; Daniel L. Akin, Bill Curtis and Stephen Rummage, *Engaging Exposition* (Nashville: B&H, 2011), 322.

181 Rick Ezell, 『설교, 변하는 청중을 사로잡으라』(*Hitting a Moving Target*), 민병남 역 (서울: 생명의 말씀사, 1999), 83-84.

182 Warren, "A Paradigm for Preaching," 479.

청중의 사회 통계학적 프로파일을 작성하는 것이 필요하다고 강조한다.[183]

로스칼조(Loscalzo)는 다른 학자들에 비해, 설교자의 청중과의 동일화(identification)를 위한 분석, 다양한 영역의 분석에 대해 강조한다. 로스칼조에 따르면, 청중 주해는 청중의 상황을 입체적으로 이해하는 것에서 시작되기 때문에 '확대된 현장 구성 요인'에 대한 파악이 필요하다고 본다. 그가 제시한 확대된 현장의 구성 요인은 전 세계 동향(뉴스)과 새로운 정치적 상황, 변화하고 있는 경제적 현상, 문화적 주해, 종교적 주해, 회중에 대한 분석 등이다.[184]

웨인 맥딜(Wayne McDill)은 인구 통계학적 측면의 청중 주해를 강조하면서 6가지 청중 분석을 위한 유용한 도구를 제안한다. 즉 나이, 성, 인종, 종교, 교육, 사회 경제학적 상태이다.[185]

강해 설교학자로서 휠화이트(Willhite)는 일반적인 영역의 청중 분석은 다양한 국가 통계자료, 사회적인 혹은 문화적인 연구 자료를 참조할 필요가 있으며, 지역에 대한 분석(지역과 도시 공적 인터넷 홈페이지 참조), 청중 개개인에 대한 분석(설문 조사, 다양한 방문, 개인적인 만남, 과거 기록, 설교 전후 토론, 기도 제목 등)도 필요하다고 주장한다.[186] 구체적으로 그는 특별히 '인구 통계학적' 청중 분석을 강조하면서 구체적인 방법론을 제시한다.[187]

---

183 Turner, *Preaching to Programmed People*, 86–87. 터너가 제시한 주요한 분석 요인은 이름과 주소, 결혼과 이혼/재혼 유무, 직업 관련 정보, 성취도/명성, 자녀들 정보 및 영적인 상태, 교육적 수준, 이전 교회 배경, 건강 정보, 취미 및 특기, 정치적 성향, 개인적인 목표들(직업과 가정 등), 영적인 은사 등이다.

184 Craig A. Loscalzo, *Preaching Sermons That Connect: Effective Communication through Identification* (Downers Grove, Illinois: Intervarsity Press, 1992), 83–103.

185 Wayne McDill, *The Moment of Truth*, 46–47.

186 Willhite, *Preaching with Relevance*, 24–26.

187 Willhite, *Preaching with Relevance*, 27–28.

1) 청중의 연령분포: 0-4세 ___%, 5-12세 ___%, 13-19세 ___%, 20-24세 ___%,
   25-30세 ___%, 31-40세 ___%, 41-55세 ___%, 56-65세 ___%
   66-80세 ___%, 80세 이상 ___%
2) 남녀 분포: 여자___% 남자 ___%)
3) 연간 수입: _____ 만원
4) 주거지역(교회와 거리): 1Km 이내 ___%, 5 Km-10Km ___%, 10-20Km ___%,
   20-40Km ___%, 40Km 이상 ___%
5) 인종 분포: 미국인 ___%, 혼혈인 ___%, 아시아인 ___%, 북미주 유럽인 ___%
6) 직업 분포: 사무직 ___%, 노동직 ___%, 실업자 ___%
7) 결혼 비율: 결혼 ___%, 이혼 ___%, 미혼 ___%, 재혼 ___%, 과부 ___%
8) 교육 수준: 고졸 이하 ___%, 대졸 ___%, 대학원졸 ___%, 대학원 이상 ___%
9) 기독교인이 된 지 몇 년: 1년 이하 ___%, 3년 이하 ___%, 5년 이하 ___%,
   10년 이하 ___%, 20년 이하 ___%, 아직 기독교인 아님 ___%
10) 교회 멤버 기간: 교회에서 성장 ___%, 2년 이하 ___%, 5년 이하 ___%
11) 교회 이전 배경: 비기독교인 ___%, 가톨릭 ___%, 기독교 ___%, 복음주의 ___%,
   다른 종교 ___%, 이단 ___%

현대 강해 설교의 아버지라 불리우는 해돈 로빈슨(Haddon Robinson)은 입체적 격자를 통해서 목회적 청중 주해의 모델을 제안한다. 예를 들어, 한 축은 남자, 여자, 기혼자, 미혼자, 이혼자, 독신으로 나누고 다른 한 축은 다른 연령 그룹, 직업 그룹, 신앙 수준, 건강 수준으로 나누어 청중을 주해하는 방식이다.[188] 도널드 스누키안(Donald R. Sunukjian)은 청중 분석 4단계 과정을 통해 청중 가운데 있는 다양한 그룹과 삶의 환경들을 시각화한 다음, 가능한 한 구체적인 하부 카테고리(subcategories)를 만든 다음, 마음의 그림(mental picture)들이 구체적이고 세밀하게 그려지는 설교를 통해 삶의 실천과 변화를 청중에게 강조한다.[189]

---

188 Haddon Robinson, "Preaching to Everyone in Particular," in *Art & Craft of Biblical Preaching* (Grand Rapids: Zondervan, 2005), 115-18; idem, "Blending Bible Content and Life Application," in *The Art & Craft of Biblical Preaching*, 294-99.

189 Donald R. Sunukjian, *Invitation to Biblical Preaching: Proclaiming Truth with Clarity and Relevance* (Grand Rapids: Kregel, 2007), 112-17.

포브릿지 프리칭은 청중 주해의 창조적 지평을 열어가는 것을 포함한다. 성경과 역사의 강해 설교 모델들이 보여준 특성을 더욱 발전시키면서, 설교자가 본문이 이끄는 다양한 적용 범주와 함께 청중 주해를 입체적으로 연결하는 '구체적인 적용 격자'(Grid) 혹은 '적용 매트릭스'(application matrix)를 설교 준비 과정에 실제적으로 활용하는 것이 필요하다. 나아가 다차원적 적실성 범주를 구축하기 위해서는 여러 강해 설교학자들이 제안하고 있는 적용 지향적 청중 주해(exegeting audience)의 실제적인 방법론을 활용할 필요가 있다. 예를 들어, 설교자들이 기본적인 사회 통계학적 청중 분석(조사)를 실시한 후에, 스누키안과 로빈슨이 제시한 청중 분석 격자를 자신의 목회 현장에 맞게 창의적으로 활용할 필요가 있다.[190]

〈표 19. 청중 주해 매트릭스〉

	남자	여자	기혼자	미혼자	이혼자	재혼자	독신자
다양한 연령 그룹: 10대, 20대, 30대, 40-50대, 60대, 70대 이상							
다양한 세대: 베이비부머 이전, 베이비부머, X 세대, Y 세대, Z 세대							
다양한 직업 그룹: 취준생, 인턴, 정규직, 비정규직, 실직자, 자영업자, 재택근무, 공무원, 노동자, 경영자 등							

---

190 Haddon Robinson, "Preaching to Everyone in Particular," in *Art & Craft of Biblical Preaching*, 115–18; idem, "Blending Bible Content and Life Application," in *Art & Craft of Biblical Preaching*, 294–99; Donald R. Sunukjian, *Invitation to Biblical Preaching: Proclaiming Truth with Clarity and Relevance* (Grand Rapids: Kregel, 2007), 112–17.

다양한 신앙 수준/ 영적 상태: 불신자, 초신자(새가족), 철새 교인, 헌신자, 사역자, 모태신앙인, 회의주의자, 무신론자, 종교 없음, 안티기독교인 등								
다양한 건강 상태: 건강한 자, 병에서 회복 중인 자, 병든 자, 임종을 앞둔 자, 암 투병 중인 자, 정신 질환자								
다양한 영적 우상/ 문화/세계관: 돈(맘몬), 성(性), 성공/권력, 미모, 안전, 스펙								

오버도르프가 아래의 표와 같이 제시하는 원 청중과 현 청중의 입체적인 분석 질문도 활용하면 유익할 것이다.[191]

〈표 20. 오버도르프(Overdorf)의 청중 분석표〉

원 저자가 원 청중을 향한 메시지	하나님이 이 본문을 통해 원 저자가 원 청중에게 가르치시고자 한 적용된 진리는 무엇인가?
원 적용의 방향	하나님은 본문을 통해 원 청중에게 어떤 영향을 주고자 하셨는가?
원 청중과 현 청중의 비교	원 청중과 비교할 때 현 청중은 어떤가?(공통점과 차이점 구별)
청중의 공통 필요	이 본문은 청중의 어떤 필요에 대해 말하는가?
현 청중을 향한 설교의 목적	현 청중이 본문의 메시지를 듣고 나면 어떤 생각, 감정, 의지(행동)의 변화가 일어날 것인가?

---

191 Overdorf, 『설교를 적용하기』, 128-77.

변혁적 적용	본문이 의도한 적용을 특정 청중이 삶의 상황 가운데 순종했을 때 어떤 모습이 나타날까?
저자 의도적 적용을 위한 안전장치	"하나님을 높이는가, 본문의 의도와 목적과 일치하는가, 청중이 본문에 반응하도록 동기를 부여하는가, 본문이 제공하는 범위 내에서 기대와 약속을 제공하는가"와 같은 안전장치 질문이 필요하다.

이처럼 현대 주요 강해 설교학자들은 청중 주해를 위한 다양한 사회 통계학적 분석의 필요성을 강조하면서 구체적인 분석 방법론까지 제시하고 있다. 따라서 현대 주요 강해 설교학자들은 청중 주해를 위한 다양한 사회 통계학적 분석의 필요성을 강조하면서 구체적인 분석 방법론까지 제시한 점은 긍정적인 공헌이라고 평가할 수 있다.

5) 청중 주해를 위한 발전적 영역

현대 설교학자들이 제시한 개인적, 사회 통계학적 분석을 통한 청중 주해의 공헌(장점)을 인지하면서, 성경적 모델과 다른 설교학자들이 제시하는 다른 측면의 청중 주해의 영역(세계관, 문화, 영적 우상, 영적 상태 등)에 대해서도 고려함으로 청중 주해의 발전적 지평 융합이 필요하다. 기존 설교학자들이 개인과 심리학적 분석, 사회 통계학적 분석 범주 안에 세계관, 문화, 영적 우상과 상태 등에 대한 청중 주해를 포함한 경우도 있지만, 대체적으로 이러한 영역에 대한 청중 주해에 대한 강조점과 구체적인 방법론이 약한 것이 사실이다. 이로 인해 많은 설교자들이 여전히 개인적, 사회적, 문화적 분석에서 안주하는 경향이 있다. 그러나 더 구체적이며 심층적인 분석으로 나아가야 한다.[192]

(1) 청중의 세계관 주해

청중 주해의 지평을 확대하기 위한 첫 번째 영역은 청중의 '세계관 주해'(worldview exegesis)이다. 바울은 아레오바고 청중의 세계관 및 종교 철학적 배경에 대한 분석을 통해 그들 가운데 있는 스토아 철학, 에피쿠로스 학파, 헬레니즘 수사학과 고대 이방

---

192 Wilhite, *Preaching with Relevance*, 25; Liftin, *Public Speaking*, 49–59.

종교의 신앙 등에 대해 지식을 가지고 설교를 전개하려고 했다.[193] 바울은 단순한 인구 통계학적, 사회학적 분석을 넘어 청중의 사고와 행동의 기저에 있는 종교와 철학적 세계관에 대한 분석을 통해 창조, 하나님, 인간, 부활의 주제(메시지)를 효과적으로 적용하여 전달한다.[194]

바울은 청중의 세계관 분석을 바탕으로, 아테네 청중의 세계관과 영적 상태를 주해한 다음, 당대 스토아 철학자들의 범신론과는 다른 창조주(행 17:24-25), 천지의 주재(행 17:26-27), 예배 받으실 하나님(행 17:28-29), 공의로 심판하실 분(행 17:30-31)에 관한 메시지를 효과적으로 전파한다.[195] 또한 청중의 종교적 분석을 통해(부활과 사후 세계를 믿지 않는 청중에게 조차) 예수 그리스도의 부활과 종말(심판)의 복음에 기초한, 전제주의적 변증적 설교를 보여주고 있다(행 17:18).[196] 바울의 설교 주제와 구성은 청중의 세계관 분석과 밀접한 연관성이 있다는 점을 암시해 준다.

여러 학자들이 제시한 것처럼, 청중을 주해하기 위한 인구 통계학적, 사회학적, 심리학적 분석도 필요하지만 청중의 근본적인 세계관을 개혁주의 세계관의 틀(frame)을 가지고 심층적으로 분석해야 한다. 포스트모던 문화의 바다 가운데서 살아가는 청중이 교회에 말씀을 들으러 왔다고 해서 반드시 성경적 세계관이 그들의 사고 안에 형성됐다고 보기 어렵다. 포스트모던 시대에 목회하는 설교자는 포스트모던 사회를 살아가는 청중에게 설교해야 하기 때문에 그들의 세계관을 주해하는 것은 필수적이다.[197]

청중의 문화와 하위 문화들에 반영된 행동들은 문화의 저변에 있는 세계관에 뿌리 내리고 있다. 성경적인 설교를 통해 근본적인 문화를 변혁시키기 위해서는 청중의 세계관에 대한 심도 깊은 분석이 필수적이다. 설교는 청중의 문화 아래 있는 세계관, 또

---

193 Alister E. McGrath, "Apologetics to the Greeks," *BSac* 155 (1998): 259; N. Clayton Croy, "Hellenistic Philosophies and the Preaching of the Resurrection (Acts 17:18, 32)," *NovT* 39 (1997): 39; 이동수, "다종교 시대의 복음화 전략: 사도행전 17장 아레오바고 논쟁을 중심으로,"「대학과 복음」10 (2004): 16-17.

194 Daryl Charles, "Engaging the (Neo) Pagan Mind: Paul's Encounter with Athenian Culture as a Model for Cultural Apologetics (Acts 17:16-34)," *TJ* 55, 59.

195 John B. Polhill, *Paul & His Letters* (Nashville: B&H, 1999), 212; Soards, *The Speeches in Acts*, 186-204; 이동수, "다종교 시대의 복음화 전략," 20-21; Charles, "Engaging the (Neo) Pagan Mind," 57. 바울은 "범사에 종교심이 많도다"라는 말로 시작하면서 또한 23절, "알지 못하는 신"에 대한 언급을 통해, 하나님의 본성에 대해 무지함을 인정하고 있는 아테네인 청중에게 살아계신 참된 하나님과 알지 못하는 신을 동일시하지는 않으면서 동시에 그 하나님에 대해 알려 주겠다는 지혜로운 접근을 시도한 것이다(F. F. Bruce,「사도행전 (하)」, 김재영, 장동민 역[서울: 아가페, 1986], 131).

196 Dean Flemming, "Contextualizing the Gospel in Athens: Paul's Areopagus as a Paradigm for Missionary Communication," *Missiology* 30 (2002): 199-214; Kenneth O. Gangel, "Paul's Areopagus Speech," *BSac* 127 (1970): 312; Croy, "Hellenistic Philosophies and the Preaching of the Resurrection," 21-39.

197 Johnston, *Preaching to a Postmodern World*, 14-21.

한 그 세계관의 뿌리가 되는 신앙과 가치를 형성하는 작업이기에, 청중의 신앙, 세계관, 문화를 분석하는 것은 유기적으로 연결되어 있다고 볼 수 있다.[198] 청중의 문화에 연결된 시장 설교(marketplace preaching)는 새로운 회심자들의 세계관을 변혁시킬 수 있는 성경적 세계관을 설교해야 한다.[199]

이런 차원에서 그레이엄 존스턴(Graham Johnston)은 청중의 포스트모던 세계관을 주해하기 위한 유용한 질문을 다음과 같이 제시한다.

① 모더니즘과 그 특징을 거부하고 있는가?
② 객관적인 진리를 거부하는가?
③ 권위에 대해 회의적인가?
④ 자신과 정체성을 찾고 있는, 잃어버린 사람과 같은가?
⑤ 희미한 도덕성을 갖고, 불분명한 기준과 선택을 하는가?
⑥ 초월성을 계속 찾고 있는가?
⑦ 미디어 세계 속에서 살고 있는가?
⑧ 지식(인식)에 대해 냉소적인가?
⑨ 공동체를 갈구하는가?
⑩ 물질적 세상 속에서 살고 있는가?[200]

설교자들이 청중의 세계관 및 전제에 대한 분석을 위해서는 창조, 타락, 구속, 종말을 중심으로 한 하나님 나라 복음의 세계관적 질문으로 청중 주해를 접근할 필요가 있다. 예를 들어, 켈러는 포스트에브리팅(Post-everything) 세대에 관한 청중 주해를 통해 메타내러티브(meta-narrative)를 거부하는 회의주의(skepticism), 상대주의, 혼합주의 세계관을 분석한 후, 그들의 세계관 변혁을 위해 복음신학화(Gospel theologizing)에 기초한 설교를 강조한다. 예를 들어, 청중에게 다음과 같은 질문을 통해 청중의 세계관을 주해하고 변혁시키는 설교를 추구할 필요가 있다.[201]

198　Shaw and Charles E. Van Engen, *Communicating God's Word in a Complex World*, 138-44.
199　Miller, *Marketplace Preaching*, 34.
200　Johnston, *Preaching to a Postmodern World*, 26-59.
201　Keller, *Center Church*, 32-44; idem, *The Reason for God*, 3-21, 59-64; idem, "Preaching amid Pluralism," in *The Art & Craft of Biblical Preaching* (Grand Rapids: Zondervan, 2005), 177-79.

① 우리는 어디에서 왔는가?
② 왜 만물이 잘못된 방향으로 가게 되었는가?
③ 우리가 구원 받기 위해서는 무엇이 필요한가?
④ 어떻게 구원을 얻을 수 있는가?

(2) 청중의 문화 주해

기존 설교학자들이 사회 통계학적 분석 범주 안에 문화적인 분석을 포함한 경우도 있지만, 대체적으로 문화 영역에 대한 청중 주해에 대한 강조점이 약한 것이 사실이다. 그러나 포스트모던 문화의 영향을 받고 있는 오늘날 청중의 문화에 대한 주해(exegeting culture)는 보다 더 심층적으로 연구되고, 전략적인 방법론이 실행되어야 할 필요가 있다.

바울의 설교를 통해 청중 분석을 위한 문화 주해의 성경적 모델을 발견할 수 있다. 바울은 당시 문화를 주해(cultural exegesis)함으로써 청중을 포괄적으로 분석했다. 바울의 안디옥 회당의 설교는 청중의 다양한 성분을 인식하고 청중과 동일시를 활용하면서 '하나님을 경외하는 이방인들'에 대한 청중 분석과 적응한 설교의 모델을 보여준다.[202]

바울은 "이방인에게는 이방인이" 되는 상황화 원리에 입각하여 아테네 문화를 주해하고, 아테네인들의 종교적 관심사를 활용하고 철학 작품(헬라인들의 시)을 인용하면서(행 17:28-29) 청중과의 접촉점을 만든다.[203] 이러한 문화적 주해를 통해 바울은 당시 청중의 헬레니즘 문화 안에 있는 문화적 장벽 혹은 인식론적 전제를 파악하였을 뿐만 아니라, 그들의 문화와 타협을 거부하고(타협이 만연한 문화에 함몰되지 않고) 창조주 하나님의 계시와 그리스도의 부활과 종말론적 심판이라는 절대적 메시지를 전한 것이다.[204]

바울의 아레오바고 설교 모델을 통해 배울 수 있는 것처럼, 변혁적 강해 설교를 위해서는 원 청중의 문화에 적실한 저자 의도적 메시지를 찾은 다음, 포스트모던 문화와 하부 문화에 대한 주해를 통해 현 청중의 상황에 적실한 설교를 선포해야 한다.[205] 바

---

202 Adams, 『설교 연구』, 92-100.
203 McGrath, "Apologetics to the Greeks," *BSac* 155 (1998): 259-65; 조은식, "사도 바울의 타문화권 선교 방법론," 『선교와 신학』 14 (2004): 161-62; 김학철, "아레오바고에 선 사도바울," *Canon&Culture* 3 (2009): 137-38; Adams, 『설교 연구』, 108-18.
204 Joel Marcus, "Paul at the Areopagus," *BTB* 18 (1988): 143-48; Charles, "Engaging the (Neo) Pagan Mind," 47-62.
205 Terry Mattingly, "The Big Idea to Cultures and Subcultures: Exegeting the Culture," in *The Big Idea of Biblical Preaching* (Grand Rapids: Baker Books, 1998), 81-94; Graham Johnstone, *Preaching to a*

울의 아레아바고 설교처럼 포스트모던 청중의 문화의 영적 혼돈을 분석한 후, 하나님 중심적, 복음 중심적, 종말론적 변증 설교를 추구해야 한다.[206]

따라서 강해 설교자들은 다문화(multi-cultural) 시대에 문화적 혼합주의와 타협 없이 포스트모던 청중의 문화에 대한 주해를 시도해야 한다.[207] 로스칼조도 문화적 주해를 통해 첨단 기술 문명 사회, 다원주의, 소비주의, 가족의 특성 등을 파악해야 한다고 강조한다.[208] 청중 주해의 차원에서 문화에 적실한 설교를 위해서는 문화의 유형들(부족 문화, 농업 문화, 산업 문화, 후기 산업 문화)을 분석하고, 동시에 문화적인 하위 시스템들(경제, 정체성, 사회적 구조, 정치적 구조, 종교 등)을 함께 조망해야 한다.[209]

켈러는 문화에 대한 4가지 모델(변혁 모델, 연관 모델, 반문화적 모델, 두 왕국 모델)을 분석한 다음, 각 모델의 단점을 극복하고 장점을 살리면서 성경적-신학적 세계관(창조-타락-구속)에 근거한 문화 변혁 모델(cultural transformation)을 위한 포스트모던 청중 주해의 중요성을 강조한다. 이를 통해 청중의 전제들을 간파하고 그들의 문화와 연결되는 복음 중심적 강해 설교를 통해 그들의 세계관을 변혁시키고자 한다.[210]

에스와인은 청중의 세계관(하나님, 사람, 창조, 문화, 개인 등)을 주해하기 위한 문화의 실제적인 상황(context of reality)을 분석하기 위한 4가지 채널을 영화, 예술, 뉴스, 문학이라고 제시한다.[211] 뉴스 매체를 통해 청중과 관련된 세계의 동향과 새로운 정치적 상황, 변화하고 있는 경제적 현상 등을 설교자가 모니터링해야 할 필요가 있다.[212]

터너는 세대에 따라 차이가 나지만, 미디어 문화를 잘 분석하여 청중을 변화시키는 설교(media-relevant preaching)를 위해서는 미디어의 영향에 의한 청중의 상태를 분석해

Postmodern World: a Guide to Reaching Twenty-first-Century Listeners (Grand Rapids: BakersBooks, 2001), 61-86.

206 R. Albert Mohler Jr., *He is Not Silent: Preaching in a Postmodern World* (Chicago: Moody Pub., 2008), 124-31.
207 Miller, *Marketplace Preaching*, 44; Keller, "Preaching amid Pluralism," in *The Art & Craft of Biblical Preaching*, 177-79; Rick Richardson, "Cross-cultural Preaching," in *The Art & Craft of Biblical Preaching*, 171-73; Robert McQuilkin, "Connecting with Postmoderns," in *The Art & Craft of Biblical Preaching*, 174-76; Carter, Duvall, Hays, 『성경 설교』, 99-102.
208 Loscalzo, *Preaching Sermons That Connect*, 87-92.
209 R. Daniel Shaw and Charles E. Van Engen, *Communicating God's Word in a Complex World* (Maryland: Rowman & Littlefield Pub., 2003), 131-38.
210 Keller, *Center Church*, 177-78, 194-232.
211 Eswine, *Preaching to a Post-Everything World*, 269-70.
212 Loscalzo, *Preaching Sermons That Connect*, 83-87.

야 한다고 본다.[213] 설교자가 문화를 주해하기 위해서는 매스 미디어 문화와 미디어 생태계 변화에 대한 이해가 필요하다.[214]

지터와 알렌에 의하면, 다양한 세대, 다문화 상황, 세계 종교들, 성, 인생 단계들, 지역과 사회 경제적 상태 등에 관한 입체적인 청중 주해의 필요성과 방법론을 제시한다. 또한 사회 문화적으로 약자들인 나그네, 늙은이, 어린아이들, 가난한 자들, 육체적 혹은 정신적 장애를 가진 자들에 대한 청중 분석의 방향을 제안한다.[215] 특히 청중 가운데 보통 많은 비중을 차지하고, 설교를 열심히 청취하는 경향을 가진 여성 청중에 대한 분석과 여러 부분들에 있어서 나타날 수 있는 남자 청중과의 차이점들에 대한 청중 분석이 필요하다.[216]

예를 들어, 앨리스 매튜스(Alice Matthews)는 설교자가 남자와 여자 성도 간의 윤리적 선택(moral decision-making)의 차이, 심리적인 차이(psychological differences), 인식론적인 차이(epistemological) 등을 면밀히 분석하고 남성 위주의 설교에서 여성 청중이 함께 공감하여 참여하는 설교로 전환하는 것이 필요하다고 강조한다.[217]

(3) 청중의 영적 우상 주해

설교자가 청중 주해의 외적인 요인(사회 통계학적, 문화적)뿐만 아니라 내적인 요인인 세계관과 이와 관련된 영적 우상들(spiritual idols)을 분석하는 것은 매우 중요하다. 에스와인은 교회 안과 교회 밖의 우상으로 나누어 청중 안에 있는 우상을 분석하도록 중요

---

213 Timothy A. Turner, *Preaching to Programmed People: Effective Communication in a Media-Saturated Society* (Grand Rapids: Kregel, 1995), 13-25. 터너(Turner)는 감정 의존적 청중, 흥미 위주의 청중, 소비 중심적 청중, 판타지에 빠진 청중, 시각에 매료된 청중, 수동적 비반응 청중, 주의산만 청중으로 분석한다(ibid., 37-49). 더 나아가, 터너는 구체적으로 설문(질문지)을 통해 청중을 분석하고, 청중의 필요들을 반영하여 효과적인 설교 방식을 제시한다(ibid., 138-41).
214 권 호, "현대 매스 미디어의 도전과 설교학적 대응," 『복음과 실천신학』 27 (2013): 275-300; 이승진, "미디어 생태계의 변화에 따른 설교 생태계의 변화," 『복음과 실천신학』 27 (2013): 301-28.
215 Joseph R. Jeter, Jr., and Ronald J. Allen, *One Gospel, Many Ears: Preaching for Different Listeners in the Congregation* (St. Louis: Chalice Press, 2002), 21-48, 79-148.
216 Alice Matthews, *Preaching that Speaks to Woman* (Grand Rapids: Baker, 2003), 19-28; Jeffrey Arthurs, "He Said, She Heard," in *The Art & Craft of Biblical Preaching*, 184-87; Bill Giovannetti, "Connecting with Men," in *The Art & Craft of Biblical Preaching*, 184-87 ; Carter, Duvall, Hays, 『성경 설교』, 102-03.
217 Alice Matthews, "How to Translate Male Sermons to Women," in *The Art & Craft of Biblical Preaching* (Grand Rapids: Zondervan, 2005), 181-84; Matthews, *Preaching that Speaks to Woman*, 33-432; 매슈스(Matthews)는 현대 여성들이 모던적 방식의 인식에서 포스트모던 방식의 인식으로 전환되어 가치와 진리의 부재, 상대주의, 다원주의 등에 영향을 받고 있다는 점을 주목한다(ibid., 80-91).

한 통찰을 준다. 교회 공동체 안에 전통(교리와 은사), 지식에 대한 교만, 지위, 물질적 안정(터진 웅덩이), 두려움, 탐욕, 물질 추구 등과 같은 우상이 들어와 있지 않은지 청중을 분석해야 한다. 또한 교회 밖에 세상에 존재하는 힘의 우상(폭력, 뇌물, 정치적 조정), 혼합적인 예배의 우상, 교회와 세상 사이의 상황에 존재하는 지배적인 우상들이라고 할 수 있는 편견의 우상, 위신의 우상(초자연주의와 자연주의), 민족(인종)주의 우상을 분석해야 한다.[218]

마크 드리스콜(Mark Driscoll)은 청중 주해 질문을 통해 청중의 영적 우상을 분별하고자 한다.

① 누가 혹은 무엇이 당신의 외적인 우상들인가?
② 누가 혹은 무엇이 당신의 내적인 우상들인가?
③ 누가 혹은 무엇이 당신과 하나님 사이에 중보자(mediator)인가?
④ 어디에서 당신은 안전과 위로를 느끼려고 하는가?(어디가 당신의 '기능적인 천국'인가?)
⑤ 누가 혹은 무엇이 당신의 기능적인 구원자인가? 당신은 누구를 통해 혹은 무엇을 통해 두려움에서 구원받으려고 하는가?[219]

켈러도 회의주의와 상대주의적 세계관을 가진 포스트에브리팅 세대에 대한 복음 중심적 청중 주해를 통해 겉으로 드러난 죄악들의 아래 있는 영적인 우상(하나님보다 더 중요하고 더 많이 마음을 차지하고 있는 것)을 분석해야 한다고 강조한다.[220] 켈러는 청중의 감추어진 우상(인정, 평안, 통제, 의존, 일, 성취, 물질, 종교, 개인, 비종교, 인종/문화적, 가족, 관계, 고통, 사상, 이미지 등)을 분별할 수 있도록 심층적이며 유용한 질문들을 제시한다.

(4) 청중의 영적 상태 주해

알리스티어 백(Alistair Begg)은 바울이 사도행전 24장에서 펠릭스와 아내 드루실라의 영적 상태를 주해한 후에 그들에게 적절한(user-friendly) 메시지(의, 절제, 심판)를 전했다

---

218 Eswine, *Preaching to a Post-Everything World*, 218-30.
219 Mark Driscoll and Gerry Breshears, *Doctrine: What Christians Should Believe* (Wheaton, IL: Crossway, 2010), 337-69.
220 Timothy Keller, *Counterfeit Gods* (New York: Dutton, 2009), 22-163를 참조하라.

고 강조한다.[221] 바울은 고린도교회 성도들의 영적인 성숙도와 지식 수준(성경과 신학적 개념에 대한 인식 수준)을 분석했다(고전 3:1-3).[222] 윌리엄 퍼킨스(William Perkins)는 목회적인 차원으로 청중의 영적인 분석을 통해 7가지 영적 수준으로 청중을 나누었다.[223]

① 불신자들과 무지하고 다가서기 어려운 자들.
② 가르칠 만한 자들이지만 무지한 자들.
③ 지식은 있으나 결코 겸손하지 않는 자들.
④ 이미 겸손해진 자들.
⑤ 이미 믿고 있는 자들.
⑥ 타락한 자들.
⑦ 신자와 불신자와 함께 있는 공동체.

바울과 퍼킨스의 모델을 따라, 청중이 추구하는 다양한 영성을 분석해야(수용적/수동적 인식자, 주관적 인식자, 과정적/분석적 인식자, 통합적 인식자) 효과적인 설교가 가능하다.[224] 물론 청중의 영적인 상태에 대한 객관적인 분석은 어려운 작업임에 분명하다. 그러나 적절한 청중 분석의 방법론을 통해 어느 정도 객관적인 분석이 가능하다. 이런 점에서 휠화이트가 제시하는 신학적인 관점이 작용된 청중의 영적인 상태(spiritual condition)분석 패러다임은 유용하다.[225]

221　Alistair Begg, "Preaching to Change the Heart," in *The Art & Craft of Biblical Preaching*, 159-62.
222　Carter, Duvall, Hays, 『성경 설교』, 94-99.
223　William Perkins, *The Art of Prophesying* (Carlisle, PA: Banner of Truth, 2002), 56-62.
224　Mattews, *Preaching that Speaks to Woman*, 96-112.
225　Wilhite, *Preaching with Relevance*, 26.

> 1) 비중생자인 경우(unregenerate):
> 청중 가운데 ____%의 사람들이 하나님 나라로부터 떠나 있다(약간의 관심자).
> 청중 가운데 ____%의 사람들이 하나님 나라를 찾고 있다(구도자).
> 청중 가운데 ____%의 사람들이 하나님 나라와 가까이 있다(영적으로 열려있는 구도자).
>
> 2) 중생자인 경우(regenerate):
> 청중 가운데 ____%의 사람들이 미성숙 혹은 육신적인 그리스도인으로 보인다.
> 청중 가운데 ____%의 사람들이 미성숙하지만 신앙은 성장하고 있는 것으로 보인다.
> 청중 가운데 ____%의 사람들이 성숙하지만 성장은 정체된 것으로 보인다.
> 청중 가운데 ____%의 사람들이 지속적으로 영적 성장을 하는 것으로 보인다.
>
> 3) 청중의 영적인 갈망 정도 분석:
> 청중 가운데 ____%의 사람들이 초월성(존재적 측면)을 갈망한다.
> 청중 가운데 ____%의 사람들이 역사(행위적 측면)를 갈망한다.
> 청중 가운데 ____%의 사람들이 공동체(소속적 측면)를 갈망한다.

설교자가 사회 통계학적 분석을 넘어 청중의 마음과 영적인 상태를 분석하기 위해서는 이런 질문을 통해 청중 주해를 시도할 필요가 있다.[226]

> 나의 가장 큰 두려움과 근심은 무엇인가?
> 내가 만약 실패한다면 나의 삶을 계속 살아가도록 하는 요인은 무엇인가?
> 일이 잘못되거나 어려울 때, 나 자신은 주로 무엇에 의존하는가?
> 나는 무엇을 가장 쉽게 생각하며, 내가 자유로울 때 생각이 어디로 가는가?
> 나의 응답되지 않는 어떤 기도가 심각하게 나를 하나님으로부터 떠나도록 하는가?
> 무엇이 내 존재를 가장 가치 있게 느끼도록 하는가?
> 내가 진정으로 삶으로부터 기대하는 것은 무엇인가?
> 무엇이 나의 삶을 가장 행복하게 하는가?

---

[226] Keller, "Preaching in a Post-Modern City," 102-04.

(5) 삶의 변혁을 위한 청중 주해와 청중의 필요에 대한 수사학적 적응

설교자 바울이 당시 청중을 주해한 궁극적인 목적은 아레오바고 청중에게 단순히 종교적 지식을 제공하거나 교정하는 것이 아닌 세계관 변혁을 통해 행동이 변화되는 것이라고 볼 수 있다.[227] 그렇기 때문에 종말론적 부활과 심판에 관한 변증으로 끝나지 않고 청중 주해를 통해 세계관과 삶의 변화를 가져오는 궁극적인 회개에 대한 촉구로 설교를 마무리한 것으로 볼 수 있다(행 17:30-31).[228]

이러한 청중 주해를 통한 삶의 변혁을 지향하면서 '수사학적 적응'(rhetorical adaptation)을 창조적으로 활용한 바울의 설교 모델을 설교자들은 다시 재조명해야 한다.[229] 고린도전서 9:19-23을 근거로 켈러는 청중 분석과 수사학적 적응을 통한 설교의 상황화를 추구한다. 다양한 배경을 가진 청중을 주해하고 적응하는 바울의 설교(행 13:13-43; 14:6-16; 17:16-34; 20:16-38; 21:27-22:22, 24-26)는 포스트모던 시대에도 적합한 모델이다.[230]

로스칼조에 따르면, 바울은 빌립보 청중을 주해한 후 동일시를 활용한 설교를 보여준다(빌 3:5-6).[231] 바울의 모델에서 알 수 있는 것처럼, 청중 주해를 통해 청중과의 동일화를 추구하면서 나아가 궁극적으로 청중의 세계관, 가치, 태도, 행동, 공동체, 문화를 변혁시키는 목적을 추구해야 한다.[232] 칼빈처럼 청중 주해를 통해 그들의 상황과 필요를 분석하고 적응함으로 성도들의 삶의 전 영역이 변혁되는 설교를 추구해야 할 필요가 있다.[233]

이러한 청중 주해와 적응은 청중의 필요에 적실한 다차원적 적용을 가능하게 해준다. 즉 개인, 가정/결혼/성/부부/자녀, 공동체, 사회와 문화, 윤리, 종교, 세계관 영

227　John Proctor, "The Gospel from Athens," *Evangel* 10 (1992): 69-72; Flemming, "Contextualizing the Gospel in Athens," 207.

228　Mohler, *He is Not Silent*, 124-31; Raymond H. Bailey, "Acts 17:16-34," *RevExp* 87 (1990): 484.

229　J. E. Adams, 『바울의 설교에 나타난 청중에의 적응』(*Audience Adaptations in the Sermons and Speeches of Paul*), 정양숙 역 (서울: CLC, 1986), 17-18. 아담스(Adams)가 제시하는 청중 주해를 위한 청중 적응의 요소로 제목(주제), 구조(접근 양식), 자료, 내용, 배열, 일반적인 형태, 동일시(identification), 언어, 서론, 결론, 설득력, 개인적인 적용, 논법, 개인적인 경험, 인용, 유추, 예화, 대화적인 메시지, 권위를 제시한다.

230　Keller, *Center Church*, 110-12.

231　Loscalzo, *Preaching Sermons That Connect*, 47. 로스칼조는 청중 주해에 기초한 수사학적 적응을 위해서는 진행 과정(on going process)에서의 동일시 활용, 상호 과정(mutual process)을 통한 동일시 활용, 성장 과정(growing process)을 통한 동일시 활용이 필요하다고 주장한다.

232　Flemming, "Contextualizing the Gospel in Athens," 208.

233　Adam, "Calvin's Preaching and Homiletic," 209; Randall Zachman, "Expounding Scripture and Applying It to Our Use," *SJT* 56 (2003): 497.

역에 본문이 이끄는 적용의 다리놓기를 할 수 있다. 강해 설교자들의 청중 주해는 청중 분석의 차원을 넘어 청중의 변화를 위한 다차원적인 적실성과의 연결과 청중의 필요에 민감한 수사학적 적응(Need-Oriented audience rhetocial adaptation)으로 나아가야 한다.

바울의 아레오바고 설교는 헬레니즘 시대의 문화적 장벽들을 분별하면서 교양있는 이방인 청중을 설득하기 위한 수사학적 적응(rhetorical adaptation)을 보여준다.[234] 바울의 밀레도 설교(행 20:17-38)는 청중을 변혁시키기 위한 수사학적 적응과 청중의 필요에 민감한 적용 패러다임의 모형을 보여준다.[235] 청중의 필요라는 요소는 설교 전체 과정에서 매우 필수적인 요소이기 때문에 청중의 필요에 민감한 청중 주해를 통해서 설교자들은 그들의 진정한 필요들을 만족시킬 수 있다.[236]

성경적인 강해 설교는 청중의 필요와 관련된 요소에 대한 초점과 그리스도 중심적이며 구속사적인 관점 간에 균형을 유지해야 한다.[237] 청중의 진정한 필요를 만족시킴으로, 청중이 가진 하나님에 관한 지식이 더욱 자라가도록 동기를 부여함으로, 그들의 영적 성장과 관계들을 도전함으로써 그들을 세우기 위한 필요 민감형 적용과 그리스도 중심적 초점이 유기적인 균형을 이루어갈 수 있다.

그러나 청중의 필요에 민감함을 통한 청중 적용을 인식하면서 설교자들은 엔터테인멘트적인 설교와 율법주의적 설교를 피하기 위해서 '필요 지배적' 적용(need-dominant application)을 지양해야 한다. 짐 새딕스(Jim Shaddix)도 청중의 느끼는 필요, 그들의 필요에 지배를 당하는 설교, 서구적 개인주의 등과 같은 우상들을 설교자들은 경계해야 한다고 말한다.[238] 청중의 필요에 민감한 적용들로 인해 어떠한 문제들이 발생할 수 있음에도 불구하고 필요 지배적인 적용을 피하면서 진정한 적용 지향적 강해 설교는 회중들이 가진 삶의 필요에 적절한 적용을 추구해야 한다.[239]

---

234 Flemming, "Contextualizing the Gospel in Athens," 201; Joel Marcus, "Paul at the Areopagus," *BTB* 18 (1988): 143-48.
235 Colin J. Hemer, "The Speeches of Acts," *TynBul* 40 (1989): 77.
236 McDill, *The Twelve Essential Skills for Great Preaching*, 111.
237 Greidanus, *Preaching Christ from the Old Testament*, 239.
238 Shaddix, *The Passion-Driven Sermon*, 101.
239 Doriani, *Putting the Truth to Work*, 300-04.

6) 원 청중에 대한 주해

본 장에서 소개한 현대 설교학자들은 개인적 영역과 사회 통계학적 영역을 넘어 포스트모던 문화와 세계관, 영적 상태와 우상 등에 관한 청중 주해가 필요하다는 올바른 방향 제시를 해 주었다. 그러나 여러 설교학자들의 청중 분석에 대한 접근 가운데, 성경 저자의 원 청중에 대한 일차적인 청중 주해에 대한 강조가 결여된 경향이 있다고 볼 수 있다.

그러나 칼빈은 본문 저자의 의도한(성령이 의도한) 의미가 1차적으로 적용된 원 청중에 대한 주해를 한 다음, 목회하던 자신의 현 청중에 대한 분석을 균형 있게 추구하였다.[240] 따라서 균형 잡힌 성경 해석학을 기초로 오늘날 적실성 있는 설교를 위해 현대 청중에게만 초점을 맞추지 않고(혹은 현 청중 분석 이전에) 성경 저자가 의도한 1차적 적용의 대상이었던 원 청중(original audience)에 대한 입체적인 주해가 선행되어야 할 필요가 있다. 저자가 의도한 의미와 적용이 현대 청중에게 적실하게 연결되기 위해서는 현 청중 분석도 필요하지만, 그 전에 원 청중 분석이 반드시 전제되어야 하면서 두 청중 사이에 존재하는 공통점과 차이점도 분석하는 해석학적 작업이 필요하다.[241]

7) 청중이 변화되지 않는 요소 분석 및 적용 안전장치 질문

설교자가 추구해야 할 청중의 변화는 성령의 역사로 말미암아 '성경 본문이 이끄는 변화'(Spirit-led Text-driven Transformation)이어야 한다. 성령의 주도적 역사 안에서 설교자 자신과 청중에게 성경 본문의 언어(적용된 진리로서)는 실천으로 이어지는 행동과 변화시키는 효과적인 역할을 한다는 것이다. 따라서 설교자 혹은 어떤 사람의 삶이 '언어'(말)보다 더 효과적인 설교를 낳는다는 이분법적인 평가를 조심해야 한다. 물론 진

---

[240] Randall C. Zachman, "Gathering Meaning from the Context," *JR* 82 (2002): 5-25; idem, *John Calvin as Teacher, Pastor, and Theologian* (Grand Rapids: Baker Academic, 2006), 118-19.

[241] Hershael W. York and Bert Decker, *Preaching with Bold Assurance* (Nashville: B&H, 2003), 78-79; Daniel Doriani, *Getting the Message* (Phillipsburg, NJ: Presbyterian and Reformed, 1996), 141-44; Millard J. Erickson, *Evangelical Interpretation* (Grand Rapids: Baker, 1993), 11-32; William W. Klein, Craig L. Blomberg, and Robert L. Hubbard, *Introduction Biblical Interpretation* (Nashvill: Thomas Nelson, 2004), 483-503; J. S. Duval and J. D. Hays, *Grasping God's Word* (Grand Rapids: Zondervan, 2001), 204-12; Daniel Overdorf, 『설교를 적용하기』(*Applying the Sermon*), 이재학 역 (서울: 디모데, 2013), 133-44.

정성있는 삶의 에토스적인 요소가 필요하긴 하지만, 우선적으로 설교자는 성령의 역사를 통해 저자 의도적 의미와 그리스도 중심적인 메시지를 적용함으로 청중의 변화된 삶을 추구해야 하며, 자신의 삶(text-driven life)과 실천에 근거한 설교를 통해 청중을 변화시키고자 하는 시도는 위험한 것임을 인식해야 한다.[242]

오버도르프는 설교의 내용과 적용이 "하나님을 높이는가, 본문의 의도와 목적과 일치하는가, 청중이 본문에 반응하도록 동기를 부여하는가, 본문이 제공하는 범위 내에서 기대와 약속을 제공하는가"와 같은 '안전장치' 질문이 필요하다고 강조한다.[243]

구체적으로 다음과 같은 안전장치 질문의 예를 제시한다.

① 청중으로 하여금 본문의 교훈에 응답하고 구체적으로 실행이 가능하도록 설교의 적용은 적합한 동기를 부여하고 생각하고 준비하여 변화를 창출하도록 하는가?
② 이 적용은 본문이 제공하는 범위 안에서 청중이 낙심하지 않도록 합당한 기대나 보장할 수 있는 약속을 제공하는가?

본문이 이끄는 변혁의 과정을 위한 안전장치로서 켄트 에드워즈(Kent Edwards)가 제안한 질문들도 변혁적 다리놓기에 도움이 될 수 있다. 특히 설교자들은 청중이 말씀의 적용을 실천하고 변화되지 못하도록 효력 없게 만드는 요소들을 어떻게 최소화할 것인지에 대한 진지한 고민이 있어야 한다.[244]

---

242 Akin, Allen, and Mattews, *Text-driven Preaching*, 92–96.
243 Overdorf, 『설교를 적용하기』, 144–77.
244 에드워즈, 『깊은 설교』, 354–56. 에드워즈의 질문을 그대로 가져온 것이다.

1) 회중들이 이 본문의 가르침과 조화되어 살기 원할 것 같다고 생각하는가?
   왜 그런가 또는 왜 안 그런가? 그들의 반대 이유는 무엇인가?
2) 우리가 이 본문처럼 살 때, 방해하는 것이 무엇인가?
   조직적인 집단적 장애물은 무엇인가?
3) 회중 가운데 누가 이 본문에 순종하며 살았는가?
   혹은 불순종하며 살았는가?
4) 이 진리가 설교자와 회중들이 살고 섬기는 지역 사회와 사람들을 어떻게 변화시킬 수 있는가?
   이 본문의 진리를 수용함으로 나타나는 파급 효과는 무엇인가?
5) 어떠한 방법으로 사탄이 반격할 가능성이 높은가?
6) 어떠한 상황이 이 진리를 지속적으로 순종하는 것을 어렵게 하는가?
7) 어떤 연령대(어린이, 청소년, 대학생, 신혼부부, 중년, 은퇴, 노인)가 이 진리의 적용을 가장 어려워하겠는가? 왜 그런가?
   이 진리에 대해 심하게 몸부림치지 않을 사람들이 그러할 사람들을 어떻게 도울 수 있겠는가?

적실성 과정의 청중 주해를 위한 제언

강해 설교자들은 본문과 원 청중에 대한 주해뿐만 아니라 포스트모던 현 청중을 개혁신학의 빛에 비추어 입체적으로 주해할 필요가 있다. 청중의 삶의 전 영역을 변혁시키는 강해 설교를 추구하기 위해서는 청중 주해가 반드시 필요할 뿐 아니라 그 필요성을 넘어 성경적, 역사적, 현대적 모델들의 강점을 융합하여 포스트모던 청중에게 적합한 청중 주해 원리와 방법론을 발전적으로 추구해야 한다.

따라서 본 장은 청중의 삶을 변화시키는 설교를 위해 필수적인 청중 분석의 필요성에 대한 논의를 넘어 현대 강해 설교학자들은 '청중 주해'라는 개념을 통해 청중 분석의 원리와 방법론을 제시하였다. 즉 강해 설교자들이 포스트모던 현대 청중을 변혁시키기 위한 청중 주해의 방향을 가늠하는 몇 가지 설교학적 나침반을 제시하였다.

첫째, 청중 주해를 위한 설교학적 나침반은 청중 주해의 근본적인 필요성을 제시한다.

둘째, 청중 주해를 위한 성경적 근거와 역사적 모델을 고찰하였다. 청중 주해가 성경과 역사적 모델에 뿌리를 둔 것임을 인식하면서, 설교자들은 현대 강해 설교학자들이 제안하고 있는 청중 주해(exegeting audience)의 방법론에 대해 통합적으로 인식하고 활용할 필요가 있다.

셋째, 현대 주요 강해 설교학자들이 제안하고 있는 청중 주해의 일반적(공통적) 원리인 개인적 주해와 사회 통계학적 분석에 대해 포괄적으로 살펴보았다. 기존 설교학자들이 개인과 심리학적 분석, 사회 통계학적 분석 범주 안에 세계관, 문화, 영적 우상과 상태 등과 관련한 청중 주해에 대해서 구체적인 논의와 방향성 제시가 발전적으로 보완되어야 한다. 청중 주해를 위한 성경적, 역사적, 현대적 모델의 강점을 살리는 동시에 최근 포스트모던 청중과 문화 연구를 통해 설교학자들이 제시한 청중 주해 대안들을 발전적으로 연결해야 할 필요가 있다.

넷째, 성경적 근거, 역사적 모델 및 현대 강해 설교의 발전적 모델들에 근거하여 일반적인 청중 분석에서 간과되고 있는 청중 주해의 주요 요소들에 대해 논의하였다. 현대 설교학자들이 제시한 개인적, 사회 통계학적 청중 분석의 공헌(장점)을 충분히 인지하면서, 성경적 모델과 다른 설교학자들이 제시하는 다른 측면의 청중 분석의 영역(세계관, 문화, 영적 우상, 영적 상태, 수사학적 적용, 원 청중 등)에 대해서도 입체적으로 고려함으로 청중 분석의 발전적 지평 융합이 필요하다. 또한 현대 청중에 대한 주해와 해석학적으로 연결되어 있는 성경의 원 청중에 대한 주해가 우선적으로 진행되어야 함을 인식해야 한다.

그러나 본 장에서 제시한 현대적인 청중 주해에 관한 논의가 주로 미국의 설교학자들이 서양의 문화와 미국 교회와 청중을 감안하여 제시한 이론과 방법론이기 때문에, 오늘날 한국적인 상황과 한국교회의 설교 현장을 고려한 청중 주해 원리가 더 심층적으로 연구되고, 전략적인 방법론이 실행되어야 할 필요가 있다. 이런 차원에서 필자는 본 장에서 청중 분석을 위한 요인 분석을 주로 논의하였고, 차후 이를 기초로 한국교회 청중 주해를 위한 문항 통계 분석과 실천적인 연구를 진행할 계획이다.

5. 적용을 지향하는 설교적 아웃라인과 서론 및 결론

주해적 다리놓기, 원리적 다리놓기, 적실성 다리놓기를 충실히 거친 다음, 적실성 과정의 마무리 부분은 적용 지향적 빅아이디어와 설교 구조(아웃라인, 적용 지향적 대지, 서론과 결론, 전환 등)를 만드는 것이라고 할 수 있다. 설교 아웃라인과 구조를 만드는 과정에 있어서 포브릿지 프리칭 과정과 해돈 로빈슨과 라메쉬 리차드 등의 설교 과정은 유사하다고 할 수 있다. 적실성 다리놓기의 설교적 핵심 아이디어와 아웃라인, 구조, 서론과 결론 구성은 로빈슨의 6-9단계, 리차드의 5-6단계와 유사한 과정이라고 할 수 있다.

〈도형 10. 적용 지향적 설교 준비 프로세스〉

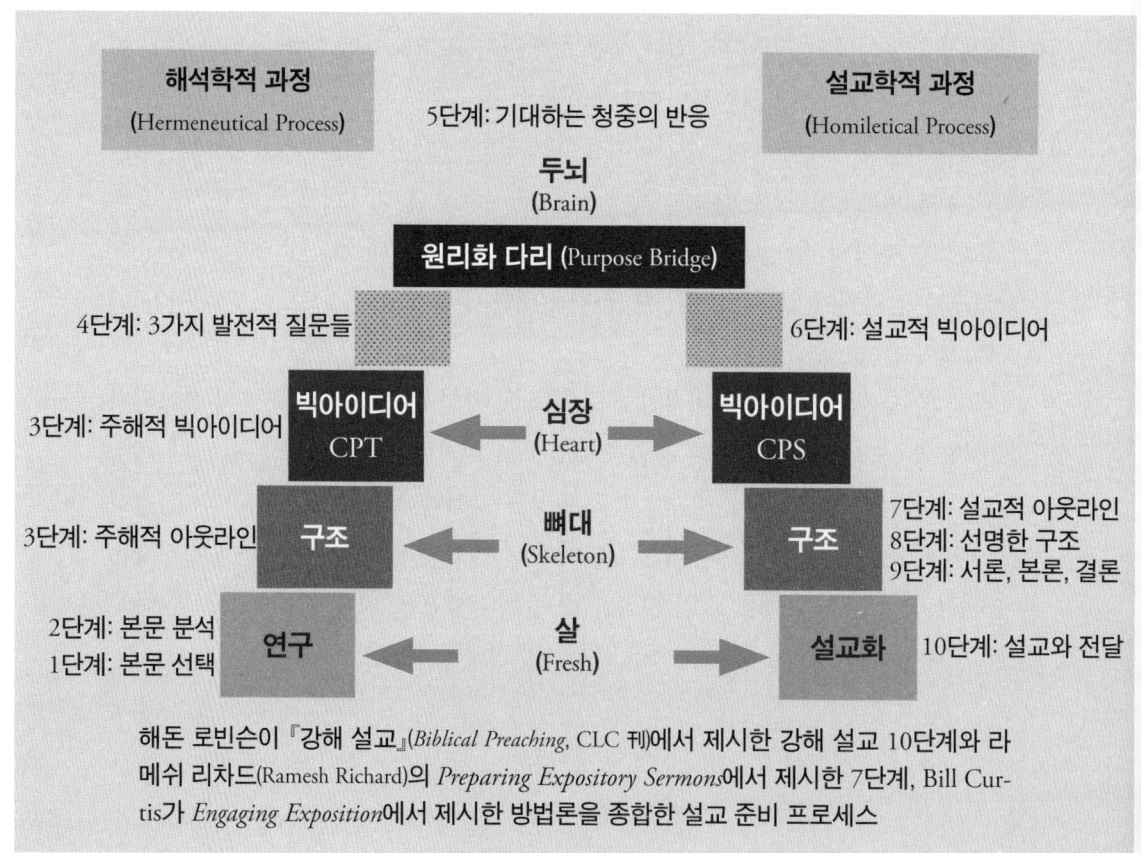

1) 설교적 아웃라인 원칙

원리화 다리놓기 과정을 거친 다음, 설교자는 주해적 빅아이디어 혹은 본문의 중심 주제를 중요하며(significant), 개인적이며(personal), 적실하고(relevant) 현대적이고(contemporary), 기억할 만한(memorable), 전체 메시지를 포괄할 수 있는(comprehensive), 명확하고 간결한 하나의 설교적 중심아이디어 혹은 적용적 빅아이디어로 전환해야 하며, 이를 뒷받침하는 보조 아이디어들(subpoints)을 체계적으로 결정해야 한다. 또한 청중 가운데 설교를 통해 구체적으로 측정이 가능한, 삶의 변화를 진술한 결과와 기대를 정리한 '설교의 목적'을 명확히 정리해야 한다.[245]

설교 아웃라인 일반적인 원칙은 통일성(unity), 간결성(brevity), 반복(reiteration) 혹은 재진술(restatement), 조화(harmony), 균형(Symmetry)과 병렬 구조, 점진성(progression), 구분(distinction), 정점(culmination) 혹은 절정(climactic), 증명(proof) 혹은 확신에 찬 주장(assertive), 적용 지향성이라 요약할 수 있다.[246] 채플은 설교 아웃라인 형태의 원칙을 F.O.R.M.으로 정리하였다.

> 본문에 충실한 아웃라인(Faithful to the Text).
> 본문으로부터 나온 명확한 아웃라인(Obvious from the Text).
> 타락한 상태 초점(Related to a Fallen Conditiion Focus).
> 절정을 향해 움직이는 아웃라인(Moving toward a climax).[247]

설교의 형태(Sermon form)는 조직적인 계획에 따라 성경의 형태를 재형성(reshaping)하는 것으로, 청중의 반응을 이끌어 내기 위한 열쇠이며, 청중의 세계관에 영향을 미친다.[248]

---

245 Cahill, *The Shape of Preaching*, 98-102; Vines and Shaddix, *Power in the Pulpit*, 128-36; Carter, Duvall, Hays, 『성경설교』, 109-11. 설교의 중심 주제를 작성할 때 다음과 같은 질문을 던지는 것은 유익하다. 1) 본문의 의도를 잘 반영하는 중심주제인가? 2) 저자가 의도한 의미와 적용에서 나온 것인가? 3) 본문의 전체 문맥과 부합되는가? 4) 현 청중에게 적실성이 있는가? 5) 성경의 원 청중에게 적용된 진리를 현대적으로 적합하게 표현했는가? 6) 청중의 이해와 필요에 적절하게 연결되는가? (『성경설교』, 114).
246 Chapell, *Christ-centered Preaching*, 165-77; Vines and Shaddix, *Power in the Pulpit*, 162-64; Cahill, *The Shape of Preaching*, 107-108.
247 Chapell, *Christ-centered Preaching*, 161-62.
248 Cahill, *The Shape of Preaching*, 104-06.

이러한 원칙과 포브릿지 프리칭 패러다임을 가능한 살려서, 설교자들은 주제별 설교(Topical sermon) 아웃라인, 본문 설교(Textual sermon), 전통적 강해 설교 아웃라인을 지양하고, 적용 지향적 아웃라인을 구성하는 것이 필요하다. [249]

❖ 주제 설교(시 82:3-4) 예
  1. 교회 안에서 가난한 자들을 돌봄의 일.
  2. 이 나라 안에서 가난한 자들을 돌봄의 일.
  3. 오늘날 가난한 자들을 위한 돌봄의 필요성.

❖ 본문 설교(요일 2:16) 예
  1. 우리는 육신의 정욕과 싸워야 한다(16a절).
    - 육신의 정욕은 물질주의.
    - 육신의 정욕은 다윗의 믿음을 무너지게 함.
  2. 우리는 안목의 정욕과 싸워야 한다(16b절).
    - 안목의 정욕은 감각주의.
    - 안목의 정욕은 다윗의 순결함에 치명상을 입힘.
  3. 우리는 이생의 자랑과 싸워야 한다(16c절).
    - 이생의 자랑은 교만함.
    - 이생의 자랑은 다윗의 겸손을 무너지게 함.

❖ 전통적(교훈적) 강해 설교(롬 8:31-39) 예
  1. 하나님의 사랑은 죄보다 크다.
    - 과거의 죄보다 크심(31-33절).
    - 현재의 죄보다 크심(34절).
  2. 하나님의 사랑은 환경보다 크다.
    - 환경들은 하나님의 사랑에 도전함(35-36절).
    - 환경들은 하나님의 사랑을 무력화시키고자 함(32, 37절).
  3. 하나님의 사랑은 사단보다 크다.

---

[249] Chapell, *Christ-centered Preaching*, 130-31.

- 하나님의 사랑은 영적인 세력들보다 크다(38절).
- 하나님의 사랑은 사단의 힘보다 강하다(39절).

❖ 제리 바인즈 설교 아웃라인(골 2:8-23): 비형식적 메인 포인트 구성 예[250]

1. 지성주의(8-10절).
2. 의식주의(11-17절).
3. 신비주의(18-19절).
4. 율법주의(20-23절).

❖ 카이저의 설교 아웃라인(느 6:1-19)[251]

1. 하나님이 주신 방향 감각(1-4절).
2. 하나님이 주신 결정 의지(5-9절).
3. 하나님이 주신 분별의 마음(10-14절).
4. 하나님이 주신 인정의 증거(15-19절).

❖ 해돈 로빈슨의 설교 아웃라인(엡 1:4-14)[252]

빅아이디어: 하나님이 그리스도 안에서 우리를 선택하고, 은혜 안에서 풍성히 축복하시고, 성령으로 인쳐주셨기 때문에 하나님을 찬양해야 한다.

1. 하나님은 그리스도 안에서 우리를 선택하셨기 때문에, 우리는 하나님을 찬양해야만 한다(1:4-6).
2. 하나님은 은혜 안에 풍성함을 따라 우리를 축복하시기 때문에, 우리는 하나님을 찬양해야만 한다(1:5-12).
3. 하나님은 우리의 기업을 온전히 받을 때까지 성령으로 인쳐주셨기 때문에, 우리는 하나님을 찬양해야만 한다(1:13-14).

---

250 Vines and Shaddix, *Power in the Pulpit*, 154.
251 Kaiser, *Toward an Exegetical Theology*, 208.
252 Robinson, *Biblical Preaching*, 129.

❖ 허셀 요크의 설교 아웃라인(고전 5:1-13)[253]

주제: 어떻게 죄를 대응하기 위한 긍휼을 가질 수 있는가?

중심 명제: 모든 교회는 죄의 길로부터 교회 멤버들을 지키기 위해 긍휼을 가지고 징계를 실행해야 한다.

1. 교회 공동체의 징계는 죄의 영향 때문이다(5:1-5).
2. 교회 공동체의 징계는 구원의 기대 때문이다(5:6-8).
3. 교회 공동체의 징계는 죄인의 회복을 소망하기 때문이다(5:9-13).

❖ 케힐의 설교 아웃라인(시 117편)[254]

주제(subject): 왜 우리는 하나님을 찬양해야 하는가?

답변(complement): 하나님의 신실한 사랑 때문에.

설교 목적(purpose): 청중이 하나님의 신실한 사랑 때문에 주님의 위대한 가치를 인식하고 표현하기 위함이다.

❖ '빨랫줄 개념'(clothline concept: 설교의 중심 주제가 빨랫줄의 역할을 하고, 설교 요점들은 그 줄 위에 걸려있는 옷과 같다는 개념)에 입각한 설교 아웃라인[255]

본문: 시편 91편

설교 중심주제: 하나님은 모든 상황 속에서 우리를 돌보아 주신다.

설교 아웃라인:

1. 삶이 너무 더워 견디기 힘들 때, 하나님은 자신의 임재의 그늘 아래서 우리에게 안식을 주심으로 돌보아 주신다(시 91:1, 12-13).
2. 삶이 너무 추워 힘들 때에도 하나님은 자신의 깃 아래서 따뜻함과 안락함을 주심으로 돌보아 주신다(시 91:4).
3. 삶이 우리를 해하고자 덤벼들 때에도 하나님은 우리의 피난처가 되어 주심으로 돌보아 주신다(시 91:1-1, 9).
4. 우리가 혼자라고 느낄 때 하나님은 자신의 천사들을 보내심으로 돌보아 주신다(시 91:11-12, 15).

---

253 York and Decker, *Preaching with Bold Assurance*, 266-75.
254 Cahill, *The Shape of Preaching*, 102.
255 Carter, Duvall, Hays, 『성경설교』, 120-21.

5. 우리가 길을 잃고 헤매어 죽어갈 때에도 하나님은 우리의 구원자가 되심으로 돌보아 주신다(시 91:5-7, 14-16).

채플(Chapell)은, 서론에서 청중의 흥미와 관심을 유지시키고, 설교 전반에 걸쳐 적실성 요소들을 연결시키며, 예화를 통해 회중들의 삶의 정황에 직접적으로 호소하며, 적용을 통해 설교의 메시지를 청중의 삶에 직접적으로 연결하는 커뮤니케이션 모델 혹은 적용 모델(application model)의 아웃라인을 제시하기도 한다.[256] 채플은 가장 기본적인 방식과 흐름을 따라 만든 적용식 설교 아웃라인의 예를 제시한다.

❖ **채플의 그리스도 중심적 강해 설교 아웃라인(딤후 4:1-5)[257]**
빅아이디어: 하나님이 죄를 심판하시기 때문에, 우리는 그분의 의도하신 목적을 따라 말씀을 선포해야 한다.
서론: 흥미와 필요를 연결시키는 예화 + 우리의 연약함 때문에 하나님의 심판을 알면서도 말씀을 선포하라는 부르심에 순종하지 못함에 대한 고백(FCF 타락 상태 초점).
메인 아이디어: 하나님은 죄를 심판하실 것이기 때문에, 우리는 모든 상황에서 그분의 말씀을 선포해야 한다.
본론:
  - 중심 명제 1: 하나님이 죄를 심판하실 것이기 때문에 영혼을 구원하기 위해 말씀을 선포하라.
  - 지지 요소 1: 어떻게 우리는 말씀을 믿지 않는 자들에게 접근할 수 있는가?
      우리는 그들에게 확신을 선포해야 한다.
  - 지지 요소 2: 어떻게 말씀을 순종하지 않는 자들에게 접근할 수 있는가?
      우리는 그들을 책망해야 한다.
  - 지지 요소 3: 어떻게 말씀을 신뢰하지 않는 자들에게 접근할 수 있는가?
      우리는 그들을 격려해야 한다.
  - 예화 및 적용
  - 전환 문구: 바울은 진리가 필요한 죄인을 구원하기 위해 말씀을 선포해야 할

---

256 Bryan Chapell, "Alternative Models," *Presbyterion* 19 (1993): 3-16; Chapell, *Christ-centered Preaching*, 150, 168-72.
257 Chapell, *Christ-centered Preaching*, 376-86.

뿐 아니라, 거짓 진리에 빠진 자들에게 진리를 변증하기 위해서도 말씀을 선포하라고 도전한다.
- 중심 명제 2: 하나님이 죄를 심판하시기 때문에 우리는 진리를 변호하기 위해 말씀을 선포해야 한다.
- 분석 질문: 언제 우리는 진리를 변호해야 하는가?
- 지지 요소 1: 다른 사람들이 바른 교훈을 버릴 때.
- 지지 요소 2: 다른 사람들이 거짓 선지자들을 존중할 때.
- 지지 요소 3: 다른 사람들이 교훈을 듣지 않을 때.
- 예화 및 적용
- 전환 문구: 주님은 진리를 변호하기 위해 말씀을 전파하라고 분명한 명령을 주셨다. 그러나 거기에만 머물러서는 안 된다. 그래서 바울은 우리의 의무를 완수하기 위해 '어떻게' 말씀을 전해야 하는지 말한다.
- 중심 명제 3: 하나님이 죄를 심판하시기 때문에, 우리는 우리의 의무를 완수하기 위해 말씀을 선포해야 한다.
- 지지 요소 1: 우리는 깨어있어야 한다.
- 예화
- 지지 요소 2: 우리는 기꺼이 고난을 감수해야 한다.
- 지지 요소 3: 우리는 복음전도의 사명을 완수해야 한다.
- 적용 및 결론

설교적 아웃라인 구성의 핵심인 메인 아이디어와 보조 아이디어 구조를 만드는 법칙은 주해적(exegetical) 아웃라인에서 제시한 원칙과 공통적인 면이 있지만, 좀 더 설교적(homiletical)인 차원에서 간략히 정리해 보면 다음과 같다.

① 구체적이고, 온전한 문장들을 활용하라.
② 가능한 일관성과 대칭성, 균형성을 통해 핵심 키워드와 어구를 활용하라.
③ 본문 주해에 근거한 보편적인 원리로서 문장을 작성하라.
④ 아웃라인의 배열이 생각의 논리적인 발전(logical progression)이 있게 하라.
⑤ 현재형과 현대적 언어를 사용하라.
⑥ 건전한 신학적 원리들을 통해 청중의 믿음을 격려하고 순종하도록 도전하라.

⑦ 부가적인 포인트가 필요하다면 간단하게 제시하라.
⑧ 청중과 적용을 염두에 두고 아웃라인을 작성하라.
⑨ 빅아이디어에서 포인트들이 멀어지지 않게 하라.
⑩ 두음법칙(alliteration)을 활용하라(필수적인 것은 아님).[258]

성령의 역사를 통해 적실성 다리놓기의 과정을 통해 생겨난 결과들은 변혁적 적용을 위한 독특한 목적, 명제, 구조, 지지 내용이라고 볼 수 있다.[259] 설교자는 적용 지향적 주해와 신학 아웃라인에서 설교적 아웃라인으로 전환하기 위해 본문에서 나온 핵심 아이디어가 어떻게 현대적 적용에 초점을 맞춘 설교 아웃라인으로 발전될 것인가를 질문해야 한다.[260]

전통적으로 설교 아웃라인 기본 구조는 강해, 예화, 적용, 전환으로 이루어진다.[261] 구조적으로 설교자는 현대 청중을 위한 적용을, 연역적인 구조 통해 설교의 중간에 위치시킬 수 있고, 귀납적인 구조를 통해 설교 끝부분에 위치시킬 수도 있다.

다양한 적용 지향적 설교 구조들은 바울의 사도행전의 설교 모델들을 통해서도 발견할 수 있다. 사도행전 13장은 연역적인 구조로, 17장은 귀납적인 구조로, 20장은 귀납적이며 연역적인 구조를 함께 가지고 있다.[262] 바울의 설교처럼, 설교자들은 보다 효과적인 적용 지향적인 설교 구조를 형성하기 위해 연역적, 귀납적, 혼합적인 방식을 적절히 활용할 필요가 있다.[263]

기본적으로 본문의 핵심 아이디어는 설명되고 증명되며 적용되어야 한다는 측면에서 연역적 배열을 활용할 수도 있다. 본문의 주제와 연결된 삶의 정황적 문제를 제기한 다음, 성경적 해결책을 제시하고 적용하는 혼합형 배열을 활용할 수도 있다. 청중이 고민해야 할 질문을 여러 번 제시한 다음 설교의 끝에 가서 본문의 중심 아이디어를 제시하는 귀납적 배열을 활용할 수도 있다.[264]

---

258 Akin, Curtis, and Rummage, *Engaging Exposition*, 146–49.
259 Warren, "Paradigm for Preaching," 481.
260 Sunukijian, *Invitation to Biblical Preaching*, 161.
261 Chapell, *Christ-Centered Preaching*, 223; Greidanus, *The Modern Preacher and the Ancient Text*, 334–41; Richard, *Scripture Sculpture*, 118–19.
262 Sunukijian, "Patterns for Preaching," 180–84.
263 Thompson, *Preaching Like Paul*, 84.
264 Robinson, *Biblical Preaching*, 115–35.

주해적 다리놓기, 원리화 다리놓기, 적실성 다리놓기를 거치며 공들여 쌓은 탑과 같은 적용 지향적 설교 아웃라인이라 할지라도 공장의 기계가 찍어 내듯이 나오는 천편일률적인 설교 형식을 지양해야 한다. 예수님의 설교가 보여주는 '성육신적 설교신학'에 근거해 하나님의 창조적인 커뮤니케이션 전략을 추구해야 한다.[265]

설교의 형태와 구조를 결정하는 것도 결국 신학이라면,[266] 이를 위해서는 설교의 형태가 형성되어가는 용광로라고 할 수 있는 개혁주의 신학과 해석학 및 설교신학을 뿌리에서부터 견고히 하고, 저자가 의도한 핵심 아이디어와 적용이 가장 효과적으로 살아 움직이도록 본문의 다양한 장르(율법, 내러티브, 시, 잠언, 비유, 서신서, 묵시)와 개혁주의 문화관과 수사학적 이론을 적절히 통합, 활용해야 한다.[267]

차후 어떻게 성경의 다양한 장르를 살리면서도 적용 지향적인 설교 형태(genre-sensitive application-focused sermon form)를 살려내는 설교를 할 수 있는지에 대하여, 장르와 적용의 상관성에 대한 이론적이며 방법론적인 연구가 진행되어야 할 것이다.[268]

❖ **로버트 보겔(Robert Vogel)의 장르를 살린 설교 아웃라인**(대하 25:2-28)[269]
메인 아이디어: 절반의 마음으로 하는 영적 헌신은 영적 실패로 귀결된다.
전환: 어떻게 영적 실패의 과정이 전개되는가?
   1. 영적 실패는 분명한 신앙적 순종으로 시작될 수도 있다(3-4절).
   2. 영적 실패는 마지못해 하는 순종으로 나타날 수도 있다(5-10절).
   3. 영적 실패는 반역과 우상 숭배로 나아갈 수 있다(11-16절).
   4. 영적 실패는 신적 심판으로 귀결될 수 있다(17-28절).

---

265 Robinson, "Set free from the Cokie Cutter: How the Text can Form the Sermon," in *The Art and Craft of Biblical Preaching*, 323-326; Arthurs, *Preaching with Variety*, 22, 30.
266 Dennis M. Cahill, "The Theology of Sermon Design," *Preaching* 23 (2007): 30-35.
267 Dennis M. Cahill, *The Shape of Preaching* (Grand Rapids: BakerBooks, 2007), 18-24, 45-77; Arica A. Heald and Jeffrey D. Arthurs, "Public Address in the Bible and the Secularized West: Genre-sensitive and Culture-sensitive sermons from Biblical Speeches," *Evangelical Homiletic Society*(2007): 1-11.
268 Steven Smith, 『본문이 이끄는 장르별 설교』(*Recapturing the Voice of God*), 김대혁, 임도균 역 (서울: 아가페, 2016); Akin, Curtis, and Rummage, *Engaging Exposition*, 74-90을 참조하라.
269 Akin, Allen, and Mathews eds, *Text-driven Preaching*, 189-90.

❖ 스누키안의 테이크 홈(take-home) 설교 아웃라인(행 6:1-7)[270]
제목: 성장하는 교회가 되길 원한다면

1. 설교 도입
   - 모델 교회들 언급.
   - 교회 성장에 대한 문제 제기.
   - 성장하는 교회 안에 문제가 발생할 때 어떻게 우리는 해결할 수 있는가?(귀납적 질문)
   전환: 이 질문에 답하기 위해 우리는 사도행전 6:1-7에서 초대교회가 이 문제를 어떻게 해결했는지를 살펴보자.

2. 설교 본론
   1) 예루살렘교회는 우리 교회처럼 성장하는 교회이다(6:1).
      (1) 예루살렘교회는 성장하는 교회(6:1a).
      (2) 우리는 성장하는 교회: 외적으로 숫자와 통계상 – 시각자료, 차트, 통계 활용(*적용 부분).
   2) 그러나 때로는 성장하는 교회들도 문제들이 있다.
      (1) 예루살렘교회는 과부들에게 식량을 공급하는 것과 관련된 문제가 있었다(6:1b).
      (2) 우리의 문제들은 다르다(*적용 부분): 부족한 주차공간 문제, 부적합한 유모실 문제.
   3) 성장 가운데 생겨난 문제에 대한 해결책은 평신도를 세우는 것이다(설교 중심 아이디어).
      (1) 예루살렘교회는 그 문제를 평신도 지도자들을 세움으로써 해결한다(6:2-7): 성경적 문제 해결책.
         - 사도들은 해결책을 제안한다(6:2-4).
         - 사람들은 그 해결책을 받아들인다(6:5-6).
         - 문제는 해결된다(6:7).

---

[270] Sunukjian, *Invitation to Biblical Preaching*, 174-76.

(2) 성장 가운데 생긴 우리의 문제들에 대한 해결책은 평신도 지도자들을 세우는 것이다(*적용 부분).
- 평신도 지도자들은 기술적인 측면에서 그리고 교통 안내 봉사를 통해 주차 문제를 해결할 것이다.
- 특별히 선정된 젊은 엄마 지도자들과 인테리어 전문가들은 유아실 환경 문제를 해결할 것이다.

이러한 적용 지향적 설교 아웃라인과 구조가 어느 정도 형성되고 나면, 설교 뼈대를 적절한 내용(substance)으로 채우는 작업이 시작된다. 이 때 주해적 과정에서 얻은 언어, 문법, 문예, 역사 및 배경, 정경 및 구속사적 문맥 내용을 원리화 과정에 통과시킨 후, 현대화시킨 저자 의도적 의미와 적용, 예화와 다양한 자료들로 '성령의 부어 주심과 조명하심'의 역사 가운데 설교의 본론을 건축(body building)하고 설교문 작성을 해 나가야 한다. 로빈슨은 설교자가 철저한 단계를 밟아 얻어낸 성경적 내용(biblical material)과 개요의 요점을, 더욱 확실히 설명하고, 논증하고, 증명하고, 적용하고, 예시하고, 증대시키는 자료들을 통해 채움으로써 마른 뼈와 같은 설교 뼈대를 살아 움직이게 하라고 조언한다.[271] 즉 재진술(반복과 달리 다른 말로 반복 진술), 설명과 정의, 사실에 관한 정보, 인용, 이야기, 예화 등을 통해 설교 뼈대에 살을 채우는 작업이 필요하다.

2) 적용 지향적 서론과 결론, 전환의 원리

적실성 과정에서 설교 핵심 아이디어와 아웃라인을 구조화할 때 전체적인 시간 배분이 필요하다. 예를 들어, 전체 40분 설교라 가정할 때, 서론을 약 10%(4분), 결론을 15%(6분), 본론을 75%로 하되, 강해 50%(20분), 예화 12.5%(5분), 적용 12.5%(5분)가 적당하다고 볼 수 있다.[272]

첫째, 설교의 서론은 청중과 사회를 변혁시키는 적용 지향적 설교가 정상 궤도를 향해 이륙할 수 있게 하게 하기 위하여, 다음과 같은 기능을 효과적으로 수행해야 되어야 하는 부분이다. 설교의 도입부는 다음과 같은 순기능을 발휘해야 한다.

---

271 Robinson, *Biblical Preaching*, 140–62; Vines and Shaddix, *Power in the Pulpit*, 174–206.
272 Akin, Curtis, and Rummage, *Engaging Exposition*, 154–55.

① 청중의 흥미(interest)와 필요들(needs)를 적절히 불러일으킴으로 관심과 주의를 집중시키는 기능.
② 적절한 청중과의 친밀한 관계와 개인화를 형성하는 기능.
③ 본문과 설교의 주제를 핵심적으로 소개하고, 타락 상태 초점(FCF)을 제시하는 기능.
④ 본문(저자)의 의도와 설교자의 의도를 인식하게 하는 기능.
⑤ 전체 설교의 문을 여는 마스터 키와 같은 중심 명제를 언급하라.
⑥ 본론에 대한 소개 및 논리적 전환의 기능, 설교의 적실한 적용을 미리 청중의 삶과 연결시키는 기능.[273]

강해 설교자가 이러한 적용 지향적 설교 도입부의 목적을 효과적으로 성취하기 위해서는 구체적인 전략들이 필요할 것이다. 이런 차원에서, 적실성 다리놓기에서 건축해야 할 적용적 설교 도입부 전략에 대한 여러 설교학자들의 제안들을 종합해 보자면 다음과 같다.[274]

---

[273] York and Decker, *Bold Assurance*, 174–83; Akin, Curtis, and Rummage, *Engaging Exposition*, 188–90; Sunukjian, *Invitation to Biblical Preaching*, 192–241; Chapell, *Christ-centered Preaching*, 238–46; Vines and Shaddix, *Power in the Pulpit*, 219–23.

[274] Akin, Curtis, and Rummage, *Engaging Exposition*, 190–94; Chapell, *Christ-centered Preaching*, 246–53; Vines and Shaddix, *Power in the Pulpit*, 223–26; Robinson, *Biblical Preaching*, 166–75.

1) 사소한 이야기로 시간을 끌지 않고, 짧고 인상적인 주장(simple assertion)이나 깜짝 놀랄만한 진술(startling statement), 생각을 자극하는 질문(provocative question) 등을 통해 청중을 첫 문장부터 설교의 흐름과 연결시켜야 한다. 그리고 간결해야 한다.
2) 메시지와 적용 포인트, 특수한 상황에 따라 다양한 형태를 추구한다.
3) 청중의 필요들에 대한 하나님의 약속의 말씀에 초점을 맞추되, 전달할 수 있는 이상의 것을 약속하지 말라.
4) 귀납적 방식을 선택할 수도 있지만, 본문에 대한 소개와 간략한 상황화(contextualization)를 하고 빅아이디어를 소개한다.
5) 효과적인 여는 문장과 닫는 문장을 통해 본론으로 분명하고 자연스러운 전환이 이루어져야 한다.
6) 본문의 내용과 적용과 관련이 없는 내용이나 과거에 이미 전달했던 내용을 의미없이 반복하는 것을 지양한다. 본문 연속 설교나 시리즈 설교를 진행하는 경우, 지난 주 설교의 핵심 내용을 다시 간략히 반복(recap)하면서 이번 주 설교와 연결을 하는 전략은 필요하다.
7) 인류가 경험하는 스토리들(human-interest account), 최근 통계, 역사적 예화, 적절한 유머, 최근 사건, 성경 본문을 창조적으로 읽기, 실화 이야기, 강력한 인용, 설교자 개인이 경험한 이야기, 잘 알려진 책이나 노래나 찬양, 시, 삶과 관련된 문제들, 질문들, 적절한 기도, 픽션 이야기, 현대화된 비유, 개인적 간증(허락을 받은), 어떤 가상적인 상황에 대한 질문에 대한 답변을 사용할 수 있다.

둘째, 적실성 과정의 마무리 단계에서 설교 전체에서 강도(intensity)가 가장 높은 적용 지향적 결론을 효과적으로 준비해야 한다. 현대 청중에게 말씀의 적용에 반응하고 순종할 수 있게 할 마지막 기회요, 최고의 시간인 설교의 결론은 다음과 같은 목적을 완수하도록 철저히 준비해야 한다.

① 적절한 방식으로 준비하여 분명한 메시지를 요약(summation)하고 확고한 끝맺음(termination)을 남겨야 한다.
② 빅아이디어와 핵심 포인트를 다시 간략하게 상기시킨다(recap).
③ 청중에게 결론적 권면과 적용(final application)을 제시하고, 적용을 따라 실천할 수 있도록 최종적인 호소(appeal)가 있어야 한다.

④ 지성과 감성과 의지를 입체적으로 연결해야 한다.
⑤ '그래서 어쩌란 건가'(so what)에 대한 답변을 제시해야 한다.
⑥ 위로와 평안만이 아닌 강렬한 동기 부여, 격려와 도전을 주어야 한다.[275]

이러한 적용에 초점을 맞춘 설교의 결론이 완수해야 할 목적들을 성취하기 위해서 설교학자들의 효과적인 결론 전략들을 정리해 보면 다음과 같다.[276]

- 설교의 클라이막스(climax)를 향해 점점 나아갈 수 있도록(elevation)하고 본문의 감정(emotion from the text)과 톤(tone)에 맞게 조절하기, 안티클라이막스(anticlimax)를 제거함으로 결론부에 절정감을 유지하기.
- 서론과 본론과의 논리적인 연결성과 함께 마지막 적용이 저자가 의도한 적용에서 자연스럽게 흘러나오도록 하기. 고도의 기술이 요구되는 인클루지오(inclusio) 방식으로 서론과 결론 이야기를 서로 연결(wraparounds)하고 서론에서 시작한 이야기의 긴장과 문제를 해결하기.
- 실제 삶의 정황 속에서 일어나는 교훈을 이야기로 보여주되, 짧은 이야기나 강렬하고 감동적인 예화 활용하기.
- 미래 상상력을 통해 청중이 어떻게 진리에 순종할 것인지를 시각화하여 제시하기. 변혁적 적용을 따라 삶을 실천(변화)할 수 있도록 강력한 동기 부여를 활용해 권면하기.
- 긴 안목의 적용(long-term application)과 즉각적인 헌신의 반응을 적절히 강조하기. 때로는 명령형이나 나열식 적용보다는 적절한 '적용형 질문'으로 청중의 마음에 오랜 여운을 남기기. 청중과의 인격적인 교감이 있도록 하면서(2인칭 보다 3인칭 복수 '우리'), 실제적이고 구체적인 반응을 보여야 할 구체적인 청중에게 적용을 제시하기.
- 여러 중요한 문장들과 빅아이디어와 핵심 대지들을 수사학적 기법을 활용하여 동일한 구조로 반복하기. 마지막 문장을 설교의 핵심(essence)으로 간결하게 정리하여 청중이 가장 오랫동안 기억할 수 있는 명문장으로 만들기.
- 적절한 인용 혹은 명언, 설교의 핵심 교훈을 은유적인 그림 언어로 표현할 수 있는 짧은 시, 설교의 적용을 영적인 감동으로 승화시킬 수 있는 적절한 찬송과 연결하기.

---

275 Akin, Curtis, and Rummage, *Engaging Exposition*, 199–200; Chapell, *Christ-centered Preaching*, 253–56; Vines and Shaddix, *Power in the Pulpit*, 207–10.
276 Sunukjian, *Invitation to Biblical Preaching*, 242–255; Chapell, *Christ-centered Preaching*, 256–60; Reg Grant and John Reed, 『탁월한 설교 이렇게 하라』(*The Power Sermon*), 김양천 역 (서울: 프리셉트, 1996), 105–26; Robinson, *Biblical Preaching*, 175–81; Akin, Curtis, and Rummage, *Engaging Exposition*, 200–03; York and Decker, *Bold Assurance*, 184–94, 224–60을 종합해서 정리한 것임을 밝힌다

- 설교를 통해 전개해 온 시각적인 도움과 본문에서 나오는 오감을 적절히 활용하기.
- 하나님 나라의 종말론적 복음 안에서 격려와 소망이 담긴 긍정적인 메시지, 단조가 아닌 장조로 마무리하기.
- 적절한 수사학적 질문(rhetorical question)을 활용하기. '만약~한다면 어떻게 될까?'라는 도전적인 질문과 함께 강력한 동기 부여를 담은 하나님의 약속을 부여하기. 청중으로 하여금 말씀의 적용을 실천할 때 성령이 나타내실 변화의 열매와 미래에 일어날 하나님의 역사의 그림을 제시하기.
- 청중이 설교를 들은 후에 집으로 돌아가서 메시지를 기억하고 적용하고 실천할 수 있도록(take-home message) 요약해서 전달하기.
- 축도와 송영, 적합한 기도와 축복을 사용하기. 칼빈의 설교 마지막 부분의 '목회적 기도' 전통을 발전적으로 계승하기. 설교 후에 진행되는 예배 순서와 자연스럽게 연결하기.
- 결론부에서 피해야 할 것들: 혼동되고 어려운 질문들, 새로운 개념, 긴 시와 인용구들, 일반적인 원리들, 흔하고 진부한 결론 혹은 너무 뻔하게 다시 요약하는 반복, 너무 길거나 단조로운 마무리와 변명, 다수의 결론을 제시하거나 빈약한 내용이나 명확하지 않은 문구로 밋밋하게 끝내기.
- 결론에서 효과적인 전달 기법을 활용하기: 결론을 맺는다고 미리 알리지 않고 치밀하게 잘 준비된 결론을 통해 청중을 자연스럽게 알도록 하기, 예상치 못한 놀람의 요소 활용하기, 비언어적 커뮤니케이션(표정, 톤, 빠르기, 고저강약, 제스처, 얼굴 표현, 움직임, 멈춤, 유머)을 특별히 활용하면서 청중과 시선 맞춤을 잘 유지하기, 청중의 '흥미'가 떨어지지 않게 긴장감을 유지하기, 감동적이며 도전과 결단을 이끌어 내는 '짧은 영상'을 활용하기, 청중이 참여할 수 있는 프로젝트를 설교 엔딩으로 활용하기.

셋째, 적용 지향적인 적실성 과정을 위해 전환(transition)의 법칙을 기억할 필요가 있다. 본문의 장르별 특징에 따라 전환의 방식은 상이할 수 있으나, 전환 장치를 통해 청중을 변화시키기 위한 설교의 서론에서부터 결론까지 주요 핵심 아이디어와 보조 아이디어 사이를 다리놓기를 할 수 있다. 이를 통해 얻을 수 있는 효과는 다음과 같다. 즉 설교의 주요 교훈과 감정적인 리듬이 자연스러운 흐름(대지들 사이의 상호 관계)을 가질 수 있다. 청중의 주의를 다시 집중시키면서 명쾌하게 이해할 수 있도록 돕는다.

설교자의 논리(logic)를 따라갈 수 있게 해 주는 방향 신호 및 도입선(lead-in) 역할을 한다. 설교를 적절한 타이밍에 종합하고 요약하면서 다음 주제로 나아가는 연결고리 역할을 해 준다. 다음 설교 대한 긴장과 기대를 가지게 하는 기능을 한다.

이러한 전환의 기능을 적절히 감당하기 위해 씨줄과 날줄을 엮어주는 문장(knitting statement), '대화적 질문'(dialogical questions), 비유 혹은 그림 언어를 통한 전환 기법, 핵심 명제 앞 혹은 뒤에서 설교의 방향과 구성을 알려주는 문구를 통한 전환, 숫자를 통한 전환 등의 전략을 활용할 수 있다.[277]

3) 적용 지향적 강해 설교의 효과를 위한 설교작성/언어 법칙

적실성 과정의 마지막 단계에서 설교 작성을 할 때 스누키안(Sunukjian)이 제시하는 다음과 같은 법칙들은 적용 지향적 포브릿지 프리칭 설교문을 만들 때 유용한 팁들이라고 할 수 있다.[278]

---

[277] Chapell, *Christ-centered Preaching*, 260-65; Grant and Reed, 『탁월한 설교 이렇게 하라』, 87-103; Vines and Shaddix, *Power in the Pulpit*, 167-69.

[278] Sunukjian, *Invitation to Biblical Preaching*, 255-267; Vines and Shaddix, *Power in the Pulpit*, 232-61; Grant and Reed, 『탁월한 설교 이렇게 하라』, 149-68; Robinson, *Biblical Preaching*, 183-98; 박영재, 『설교자가 꼭 명심해야 할 9가지 설득의 법칙』(서울: 규장, 2007); 신성욱, 『목사님 설교 최고에요』(서울: 생명의 말씀사, 2011).

- 명사/대명사 아닌 동사/구체적 표현, 과거형 아닌 현재형, 부정형 아닌 긍정형, 평서문 아닌 명령형, 수동태 아닌 능동태, 문어체가 아닌 구어체, 고어체가 아닌 현대 언어로 설교문을 작성하라.
- 문장 앞에 중요한 정보나 단어들을 넣고, 필요시 기억하기 좋은 언어 유희(wordplay)나 운을 맞추는(rhyme) 전략, 두운법(alliteration), 대조법(contrast), 반복(echo), 은유(metaphor) 등을 사용하라.
- 복문, 긴 문장보다 단순한 문장 구조, 짧은 단문으로 명확하고 확신있게 쓰라. 직접적, 개인적, 구체적, 적용적 스타일로 흥미진진하게, 즐기는 마음으로 기술하라.
- 대화 형식과 성경 인물의 대화식 내러티브와 스토리텔링 기법을 활용하라. 긴장을 불러일으키는(suspenseful), 절정을 향해 가는(climatic), 에너지가 넘치는(energetic), 구체적인(concrete), 다양한(varied), 비유적(figurative), 관계적(relational) 언어를 통해 설교 내용이 생생하게 진술되게 하라. 스토리 진행 및 멈춤의 기법과 청중의 궁금함을 유발시키는 스토리 유예 기법, 예측 불가능한 기법 등을 활용하라.
- 긴 설명식보다는 짧은 경구(epigram), 재담(witticisms)과 유머(humor), 잠언이나 인용구, 강한 언어(emphatic language)를 활용하고, 효과적인 전환을 배치하라.
- 신학적인 전문 용어와 원어, 어렵고 학문적인 단어를 지양하고 간단하고, 친숙하고 단순한 단어를 쓰고, 문어체가 아닌 구어체로 작성하면서 가능한 명확한 언어를 사용하라. 단어의 내포된 의미와 원형에 민감하라.
- 분명한 자료 출처, 질서의 논리, 분명한 목적 제시, 존재의 논리, 본질, 연결 고리를 통한 논리, 나타남, 영적 연합 활용하라.
- 청중의 오감을 사로잡을 수 있도록 기술하고 비언어적 커뮤니케이션 기법을 사용할 경우, 적절한 곳에 표시하라.
- 추상적인 개념을 구체화하라(은유/직유, 그림 언어). 시각적인 언어(visual language)와 정확하고 구체적인 묘사(visualization)를 통해 시각적으로 그려지듯이 기술하라.
- 효과적인 설득을 위해 교묘한 조작(manipulation)을 피하고, 하나님의 말씀의 권위와 적실성을 가지고 설교자의 에토스와 로고스적 논리, 파토스적 호소, 성경적 상상력을 활용하라.
- 다양한 수사학적 기법을 활용하라. 즉 과장법, 동의적 반복, 증폭, 부정문을 먼저 사용, 최상급, 수사 질문, 유사, 은유, 직유, 대위법, 제유법, 인과 법칙을 통한 논리, 말씀 인용, 평행 구조, 대조, 반복 기법을 사용하라.
- 성령의 부으심과 조명하심의 역사 가운데 여러 번 설교문을 교정하여 탈고하라.

그러나 이러한 서론과 결론, 전환, 작성 원리와 전략들을 적절히 활용하면서도, 주요 설교학자들이 간과하거나 강조하지 않고 있는 '성령의 주도적 역할'을 다시 조명할 필요가 있다. '적용 지향적' 원리와 전략을 보강할 연구가 더 필요하다.

제4장

변혁적 다리놓기[1]

현대 설교학의 흐름 속에서 변혁적 설교를 위한 성령의 역할

알버트 몰러(R. Albert Mohler Jr.)에 의하면, 성령을 무시하고 있는 이 시대 가운데, 청중과 문화를 변혁시키는 설교의 권능을 회복하기 위해서는 종교개혁의 균형인 말씀과 성령의 연합을 설교자가 새롭게 인식하면서 성령의 영감, 내주, 중생, 조명의 사역을 회복하는 것이 필요하다.[2] 브라이언 채플(Bryan Chapell)은 강해 설교의 철학 차원에서 본문 선정에서 전달까지 설교 전 과정에서 말씀의 능력이 나타나는 원천은 성경의 권위와 성령의 역사임을 분명히 한다.[3] 이처럼 설교의 궁극적인 목적인 청중의 변혁을 지향하기 위해서는 성령의 역할은 결정적이라고 할 수 있다. 그렇다면 현대 설교학자들이 변혁적 설교를 위한 성령의 역할에 대해 적절히 강조하고 있는지 살펴볼 필요가 있다.

---

1 본 장은 박현신, "변혁적 설교의 전(全) 과정에서 성령의 다차원적 역할," 개혁신학회, 「개혁논총」 42 (2017): 201-46을 수정, 보완, 발전시킨 것이다.
2 R. Albert Mohler Jr, 『말씀하시는 하나님』(*He is not Silent*), 김병하 역 (서울: 부흥과개혁사, 2010), 67.
3 Bryan Chapell, *Christ-centered Preaching* (Grand Rapids: Baker Academic, 2005), 30-33. 채플은 강해 설교의 조명, 본문 선정, 해석, 요소/태도, 적용, 서론과 결론 및 전달까지의 전 과정에서 성령의 역할을 지속적으로 강조한다(69, 71, 99, 126-27, 233, 265). 채플은 성령의 조명에 대해 간략히 논의하였지만 청중의 변혁을 위한 성령의 다차원적 역할(조명, 부으심, 설득 등)에 대한 성경적인 근거와 역사적인 논의는 충분히 제시하지 않았다.

첫째, 설교의 정의에 '성령의 역할'이 거의 제시되지 않는 경우가 있다.[4]

둘째, 변혁적 설교를 위한 성령의 역할에 대해 언급하지만 성경적, 개혁주의적 원리와 구체적인 논의가 없는 경우도 있다.[5]

셋째, 설교학자들 중에는 설교 전 과정에서 성령의 다차원적 역할에 대한 접근까지는 하지 않지만, 청중을 변화시키는 설교를 위한 성령의 역할에 대해 좀 더 구체적인 논의를 전개시키는 학자도 있다.[6]

주요한 복음주의 해석학을 분석해 보면, 변혁적 설교에 있어서 성령의 역할에 대한 충분한 논의와 성경적 기초와 역사적 근거에 대해 체계적으로 강조하지 않는 경향이 있다는 것을 알 수 있다.[7] 복음주의 설교학자들이 제시하는 성령의 역할에 대한 간략

---

4   Terry G. Carter, J. Scott Duvall, and J. Daniel Hays, 『성경 설교』(Preaching God's Word), 김창훈 역 (서울: 성서유니온, 2009), 21, 25; Ramesh Richard, 『삶을 변화시키는 7단계 강해설교준비』(Scripture Sculpture), 정현 역 (서울: 디모데, 1998), 25; Donald Sunukjian, *Invitation to Biblical Preaching: Proclaiming Truth with Clarity and Relevance* (Grand Rapids: Kregel, 2007), 12; Haddon Robinson, *Biblical Preaching* 2nd. (Grand Rapids: Baker Academic, 2001), 21, 27.

5   Reg Grant and John Reed, 『탁월한 설교 이렇게 하라』(The Power Sermon), 김양천 역 (서울: 프리셉트, 1996), 11; Chapell, *Christ-centered Preaching*, 31; Hershael W. York and Bert Decker, 『확신있는 설교』 (Preaching with Bold Assurance), 신성욱 역 (서울: 생명의 말씀사, 2008), 22-24, 37. 요한 실리에(Johan H. Cilliers)는 성령의 역할은 언급했으나 청중의 변화에 대해서는 강조하지 않는다. Johan H. Cilliers, 『설교 심포니』(The Living Voice of the Gospel), 이승진 역 (서울: CLC, 2014), 45-46, 68, 379-84; Haddon Robinson, *Biblical Preaching* (Grand Rapids: Baker Academic, 2001), 21.

6   Michael J. Quicke, *360 Degree Preaching* (Grand Rapids: Baker Academic, 2003), 22, 49-51, 58-60, 164-165; John Piper, *The Supremacy of God in Preaching* (Grand Rapids: Baker Books, 2003), 21-29. Jerry Vines and Jim Shaddix, *Power in the Pulpit* (Chicago: Moody, 1999), 189. 바인즈와 새딕스는 비교적 성령의 역할에 대한 논의에 지면을 많이 할애한 편이다. 그러나 주로 성령의 영감(inspiriation)에 대해 다루었고(약 13페이지), 설교의 기초로서의 성령의 기름 부음(6페이지)에 집중되어 있고 변화를 위한 성령의 역할(1페이지 정도)과 성령의 조명에 대해서는 거의 제시하지 않고 있다. 25, 62, 84-85, 102-03, 199, 49-53; 성령의 기름 부음과 성령을 의지함에 관해서는 18, 64-69, 196.

7   다음 학자들은 성령의 역할에 대해서는 영감 혹은 조명과 관련하여만 간략하게 언급하고 있다. Bernard Ramm, *Protestant Interpretation*, rev. 3d ed. (Grand Rapids: Baker, 1970), 18; Gordon D. Fee and Douglas K. Stuart, *How to Read the Bible for All Its Worth* (Grand Rapids: Zondervan, 1982), 26; Grant Osborne, *The Hermeneutical Spiral* (Downers Grove, IL: InterVarsity, 1991), 340; William W. Klein, Craig L. Blomberg and Robert L. Hubbard, *Introduction to Biblical Interpretation* (Dallas: Word, 1993), 425; Henry A. Virkler, *Hermeneutics*, rev. 2nd ed. (Grand Rapids: Baker Academic, 2007), 28-29; Andreas J. Köstenberger and Richard Patterson, *Invitation to Biblical Interpretation* (Grand Rapids: Kregel Academic & Professional, 2011). 라킨은 성령의 영감과 조명의 역할에 대해서만 상세한 논의를 제공한다. William Larkin, 『문화와 성경 해석학』(Culture and Biblical Hermeneutics), 정득실 역 (서울: 생명의 말씀사, 2000), 358-398. 다음 학자들은 영감과 조명 외에 성경 해석 과정에 있어서 성령의 역할에 대해 좀 확장된 논의를 하고 있지만 해석의 주요 과정에서 성령의 다차원적 역할에 대한 논의의 지평은 거의 닫혀 있다. J. Robert McQuilkin, *Understanding and Applying the Bible* (Chicago: Moody Pub., 1992); Robert H. Stein, *A Basic Guide to Interpreting the Bible*, rev. 2nd ed. (Grand Rapids: Baker Academic, 1994), 61-69. 다음 책은 성령에 대한 논의를 1페이지 정도 할애하고 있다. Gordon D. Fee and Douglas K. Stuart,

한 논의에 대한 가치와 공헌은 인정할 수 있지만, 그 논의의 지평은 충분하지 않다고 볼 수 있다. 이는 전반적으로 현대 강해 설교의 경향이 본문의 주해, 교리, 예증, 적용에 초점을 맞추기에 성령의 역할이 이차적인 것으로 인식되기 때문이라고 볼 수 있다.

설교학에 있어서 성령의 역할에 대한 부실한 논의에 대해서는 여러 설교학자들도 지적하고 있는 부분이다.[8] 또한 기존의 설교학의 성령과 설교자에 대한 연구의 방향이 성령의 조명에 대한 교리적 논의, 성령을 통한 전달, 성령과 기도 등과 같은 차원에서 머무르는 한계로 인해 통합적이고 "다차원적인 상호 관계"와 설교자의 역할을 제시하지 못하고 있다고 이승진과 오현철은 지적한다.[9]

이런 맥락에서, 최근 성령과 변혁을 초점으로 설교학 재정립한 그렉 하이슬러(Greg Heisler)의 주장은 매우 주목할 만하다. 주해부터 적용까지 성령의 주도적 역할과 적용을 넘어 설교자와 청중의 삶을 변화시키는 성령의 역할을 균형 있게 강조한다.[10] 이러한 청중의 변화를 위한 성령의 역할을 균형 있게 강조하는 이유는 성령의 역사가 나타나야만 신자의 마음속에 심어진 하나님의 말씀이 그들의 삶 가운데 순종으로 나타날 수 있다는 것을 인식하기 때문이다.[11]

하이슬러 외에 복음주의 설교학자들 가운데서 설교에 있어서의 성령의 역할을 본격적으로 조명하기 시작했다는 점은 매우 고무적이며,[12] 최근 미국의 새로운 칼빈주의

How to read the Bible for all its Worth (Grand Rapids: Zondervan, 1982), 26. 다음의 두 책도 간략한 언급 차원에 그치고 있다. William W. Klein, Craig L. Blomberg and Robert L. Hubbard, *Introduction to Biblical Interpretation* (Dallas: Word, 1993), 425; Grant Osborne, *The Hermeneutical Spiral* (Downers Grove, IL: InterVarsity, 1991), 340. 최근에 나온 다음 책도 거의 성령에 대한 논의가 없다. Andreas J. Köstenberger and Richard Patterson, *Invitation to Biblical Interpretation* (Grand Rapids: Kregel Academic & Professional, 2011). 패커에 의하면, 학자들이 성경 해석과 적용을 지나치게 이성에 의한 논리적인 작업으로 이해함으로 성령에 대한 논의가 거의 없게 되었다고 본다. James I. Packer, "Infallible Scripture and the Role of Hermeneutics," in *Scripture and Truth*, eds. Donald A. Carson and John D. Woodbridge (Grand Rapids: Zondervan, 1983), 347-48.

8 Heisler, *Spirit-led Preaching*, 129; J. Kent Edwards, 『깊은 설교』(*Deep Preaching*), 조성헌 역 (서울: CLC, 2012), 170; Jeffrey Crotts, 『성령의 조명을 받는 설교』(*Illuminated Preaching*), 이승진 역 (서울: 성서유니온, 2011); 권성수, 『성령설교』(서울: 국제제자훈련원, 2012), 52-55.

9 이승진, "성령 하나님과 설교자와의 상호 관계에 대한 설교학적 연구," 「신학정론」 32 (2014): 240-41; 오현철, "설교자의 정체성의 설교자의 역할," 한국복음주의실천신학회, 「복음과 실천신학」 41 (2016): 142-68.

10 Greg Heisler, *Spirit-Led Preaching* (Nashville: B&H Academic, 2007), 21. "강해 설교는 **성령의 능력에 의해** 기록된 성경 본문에 대한 주해를 통해 진리를 청중에게 선포하고 적용하는 것으로서, **성령의 확신케 하는 능력을 통해** 본문에서 나오는 적용을 먼저 설교자 자신의 마음에 전달한 다음, 청중의 마음에 적용하며, **성령 충만한 삶으로** 살아있는 말씀과 예수 그리스도의 진실하고 능력 있는 증거자로 변화(성장)되어 가게 한다"(필자 강조).

11 Brian Richardson, "Do Bible Facts Change Attitude?," *BSac* 140 (1983): 163-72.

12 Albert N. Martin, *Preaching in the Holy Spirit* (Grand Rapids: Reformation Heritage Books, 2011);

(New Calvinist) 부흥 운동의 핵심 설교자들의 주요 특징 중에 하나가 성령의 주권적인 역할에 대한 재조명이라고 할 수 있다.[13]

이러한 흐름을 충분히 발전적으로 숙고하면서, 본 장은 말씀과 성령을 통한 삶의 전 영역의 '변혁'(transformation)을 강조한 종교개혁의 전통에 정초한 개혁주의 강해 설교의 관점에서 '청중의 변화와 성령의 역할'에 대한 성경적 기초와 역사적 고찰을 시도하고자 한다. 개혁주의 설교의 전제 중 하나는 강해 설교의 주해 과정에서 신학화 과정과 적용 과정뿐만아니라 전달 과정을 넘어 청중의 삶 가운데 변화의 열매를 맺게 하시고, 그리스도를 닮아가게 하시며, 삶의 전 영역을 인도하시는 변혁적 과정에서의 '성령의 주권적인 역사하심'이라고 할 수 있다.

따라서 필자가 제안하는 변혁적 강해 설교는 주해와 해석의 단계에서만 성령의 역할을 강조하는 것이 아니라 설교의 전 단계가 성령의 역동적 역사를 중요하게 인식하며, 특히 '성령 주도적 변혁 과정'(Spirit-led transformational process)에 초점을 맞춘다.

본 장의 중심 논지는 설교의 궁극적인 목적인 그리스도의 형상을 닮아가는 변화는 설교의 전 과정(whole process)에서 성령의 다차원적 역사가 있어야만 가능하다는 것이다. 이를 위해 개혁주의 설교학적 전제로서 설교의 주해화 과정부터 원리화, 적용과 전달, 삶의 변혁 과정까지 성령이 주도적인 역할을 하신다는 것을 견지해 나갈 것이다. 핵심 질문은 다음과 같다.

변혁적 설교의 전 과정에서 성령의 역할은 어떤 지평으로 전개되어야 정당한가?

강해 설교의 준비 단계부터 설교 후 과정까지 성령의 다차원적 역할은 무엇인가?

성령이 부으심, 조명, 나타나심, 전달, 인도하심을 통한 청중을 변혁하신다는 것에 대한 성경적, 역사적 근거는 어디에서 찾을 수 있는가?

이러한 중심 질문들에 답을 제시하기 위해,

첫째, 설교의 변혁적 과정을 위한 설교신학적 근거 및 성경적 기초와 설교사적 기초를 고찰하고,

둘째, 변혁을 위한 성령의 다차원적 역할, 즉 해석과 적용 과정의 '성령의 조명하심'과 함께 적용 과정의 조명을 논의하고,

---

Arturo G. Azudia, *Spirit-empowered Preaching: Involving The Holy Spirit in Your Ministry* (Ross-shire: Mentor, 2007).

[13] 박현신, "현대 미국 개혁주의 부흥에 대한 소고: 설교학적 관점을 중심으로," 「신학지남」 325 (2015): 284-85.

셋째, 설교의 해석과 적용 과정을 넘어 전달 과정에서 성령의 부어 주심을 통한 '나타남'의 역할을 살펴보고,

넷째, 설교 전달 후에 성령의 인도하심을 통한 변화의 열매에 대해 간략히 논의할 것이다.

물론 이러한 성령의 역할에 대한 임의적 구분은 조직신학적 접근이 아니라 실천신학적, 설교학적 시각에서 비롯된 것임을 밝힌다. 이러한 논의를 기초로, 나가는 글에서는 한국교회 강단에 성령이 주도하는 변혁적인 개혁주의 설교 회복을 위한 실천적 제언을 제시하고자 한다.

1. 변혁적 설교를 위한 성령의 역할, 그 설교신학적 근거

1) 변혁적 설교를 위한 성령의 역할: 설교신학적 근거

설교자가 하나님의 말씀을 청중의 영혼에 심을 때 하나님이 부어주시는(겔 36:27) 성령이 말씀과 함께 역사하심으로 헛되이 돌아오지 않고 청중 가운데 변화의 역사를 일으킨다(사 55:10–11).[14]

오늘날 설교자들도 말씀 사역을 통해 성도들이 하나님께 영광이 될 열매를 풍성히 맺는 삶(요 15:8, 16)을 살아가게 하기 위해서는 예수님의 고별 설교에서 6가지 제시된 보혜사 성령의 역사가 필요하다고 볼 수 있다.

이는 "진리의 영"(τὸ πνεῦμα τῆς ἀληθείας, 토 프뉴마 테스 알레데이아스, 요 16:13)이신 보혜사 성령(παράκλητος, 파라클레토스, 요 14:26; 15:26; 16:7; 요일 2:1)의 사역과 연결되며, 설교 사역 가운데 "모든 것"을 가르치시고(διδάξει, 디닥세이, 요 14:26; 눅 12:12), "생각나게" 하시고(ὑπομνήσει, 휘폼네세이, 요 14:26), "모든 진리 가운데 인도"하시고(ὁδηγήσει, 호데게세이, 요 16:13), "장래 일"(예수님이 "내 것"이라 말씀하신 것)을 알리시며(ἀναγγελεῖ, 아낭겔레이, 요 16:13, 14, 15), "죄에 대하여, 의에 대하여, 심판에 대하여 세상을 책망"하시는(ἐλέγξει, 엘렝크세이, 요 16:8) 성령의 역사를 통해 사람들은 변화될 수 있다.[15]

---

14 Daniel L. Akin, Bill Curtis and Stephen Rummage, *Engaging Exposition* (Nashville: B&H, 2011), 252; Richard N. Boyce, "Isaiah 55:6–13," *Interpretation* 44 (1990): 56–60.

15 D. A. Carson, *the Gospel According to John* (Grand Rapids: Eerdmans, 1991), 534–39; Roy Zuck, 『성령

케빈 드영(Kevin DeYoung)은 죄, 의, 심판에 대해 '책망하심'(요 16:7-11), '새롭게 하심'(중생, 요 3:5; 딛 3:5), 그리스도께서 성취하신 은혜의 축복을 '누리게 하심'(그리스도와 연합, 롬 8:10-11), 그리스도를 '영화롭게 하심,' 그리스도(진리)를 '조명하심'(요 16:13-15, "내 영광을 나타내리니"), '거룩하게 하심'(하나님의 성품에 참여함, 벧후 1:4)과 그리스도의 형상으로 '변화되어 가게 하심'(고후 3:18), '성령 충만을 주심'(엡 5:18-21), '인치심'(엡 1:13-14) 등으로 성령의 역할을 제시한다.[16]

존 칼빈(John Calvin)은 성령의 명칭(titles of the Spirit)을 '양자의 영,' '도장'(印), '물,' '생명,' '기름,' '불,' '생명수'로 나누면서 말씀을 통한 성령의 효력있는 역사를 통해 신자의 믿음이 구체적인 삶의 열매로 나타난다고 강조한다.[17]

설교 역사의 산맥을 이루고 있는 강해 설교의 성경적, 역사적 모델들은 철저한 강해와 성령의 역사를 통해 현 청중의 삶의 '변혁'을 추구한 것을 알 수 있다.[18]

바울의 모델을 따라, 칼빈은 성령(저자)의 의도에 근거한 말씀의 이해(use), 유익(edification), 실천(instruction)을 추구하면서 성령으로 말미암는 청중의 변혁을 추구했는데, 그 성령은 성령의 도구인 설교자의 음성을 통해 선포되는 말씀과 교리의 적용과 실천 가운데 조명하시고 역사하신다.[19] 칼빈은 설교자의 소리가 아닌 "살아 있고"(Ζῶν, 조온), "운동력이 있어 … 예리한"(ἐνεργὴς καὶ τομώτερος, 에네르게스 카이 토모테로스, 히 4:12) 하나님의 말씀이 선포될 때 나타나는 성령의 역사에 인간의 변화가 전적으로 달려 있으며, 말씀을 통해 나타나는 하나님의 능력(롬 1:16)을 막을 수 있는 것은 아무 것도 없다고 역설하였다.[20]

충만한 가르침』(Spirit-filled Teaching), 서정인 역 (서울: 디모데, 2000), 27-28, 38-49; Roy Zuck, "The Role of the Holy Spirit in Hermeneutics," BSac 141 (1984): 120; Azudia, Spirit-empowered Preaching, 19-27.

16 Kevin DeYoung, "the Holy Spirit," in Gospel as Center (Wheaton, IL: Crossway, 2012), 171-88.
17 John Calvin, Institutes of the Christian Religion, 3.1.3. ⟨http://www.reformed.org/master/index.html?mainframe=/books/institutes/books/indxbk1.html⟩.
18 James Stizinger, "강해 설교의 역사," in John MacArthur ed.『강해 설교의 재발견』(Rediscovering Expository Preaching), 김동완 역 (서울: 생명의 말씀사, 1992), 71-104.
19 Randall C. Zachman, "Expounding Scripture and Applying It to Our Use: Calvin's Sermons on Ephesians," Scottish Journal of theology 56 (2003): 481-507; Calvin, The First Epistle of Paul the Apostle to the Corinthians, trans. Ross MacKenzie (Grand Rapids: Eerdmans, 1995), 288; Calvin, The Epistle of Paul the Apostle to the Romans and to the Thessalonians, trans. Ross MacKenzie (Grand Rapids: Eerdmans, 1995), 377.
20 John Calvin, Calvin's Commentaries: Hebrews, John King trans., [1847-50] ⟨http://www.sacred-texts.com/chr/calvin/cc44/cc44009.htm⟩; 칼빈을 연구한 로널드 월레스(Ronald Wallace)에 의하면, "성령이 듣는 이의 마음속에 믿음을 심어주고 말씀을 받아들이도록 마음을 열어주지 않는다면, 하나님의 말씀은

『웨스트민스터 신앙고백서』(Westminster Confession)에도 인간의 진정한 회개와 회심과 성화의 삶으로의 변화와 선행의 열매는 성령의 조명과 감동의 역사를 통해서만 나올 수 있기에 무익한 종의 의식이 필요하다고 말한다.[21]

청교도의 설교도 성령의 역사가 나타나는 말씀 사역을 통해 개인, 가정, 국가, 종교의 변혁과 칼빈주의적 개혁을 추구하였다.[22]

에드워즈의 설교도 청교도의 평이한 스타일을 넘어, 성령 안에서 도전적인 적용을 추구하였고, 청중의 삶의 회개와 변화를 통한 하나님의 영광을 궁극적인 설교의 목적으로 추구하였다.[23]

로이드 존스는 역설하기를, 성령이 역사하시는 설교를 통해 청중이 인생의 전환점과 최고의 경험을 하게 되리라는 기대감이 있어야 하며 이러한 경험과 '변화'가 설교의 목적이라고 한다.[24]

이처럼 개혁주의 설교는 성령의 역사를 통해 삶의 실천으로 나아가는 '경험적'(experimental) 설교를 지향한다.[25] 개혁주의의 역사적 흐름을 통해 볼 때, 해석과 설교의 모든 과정에서 성령의 역할이 결정적임을 알 수 있다.[26] 따라서 설교자는 종교개혁 전통이 추구했던 말씀과 성령의 균형을 다시 인식함으로 성령의 영감, 내주, 중생, 조명의 사역을 통한 변혁적인 설교 사역을 오늘날 회복해야 한다.

현대 설교학의 흐름을 볼 때, 설교의 주요 과정에 있어서 성령의 역할에 대한 설교자들의 입장은 다음과 같이 크게 대별될 수 있다.

> 첫째, 주해 과정은 설교자의 객관적/지성적 단계라는 인식 혹은 전제 하에 주해 과정에 있어서의 성령의 역할을 축소하면서도, 이후 설교를 청중에게 적용하는 단계에서는 성령의 역할이 필요하다는 분리적 입장.
> 둘째, 성령의 역할이 주해와 적용 과정에서 필요하지만, 전달 과정에서는 그 역할을 강

아무런 효력도 발휘할 수 없을 것"이다. Ronald Wallace, *Calvin's Doctrine of the World and Sacrament* (Grand Rapids: Eerdmans, 1957), 128-29.
21 안명준, "웨스트민스터 신앙고백서의 신학적 윤리학," 「조직신학연구」 8 (2006): 306-308.
22 Leland Ryken, 『청교도-이 세상의 성자들』(*Worldly Saints*), 김성웅 역 (서울: 생명의 말씀사, 1995), 45-49.
23 박현신, "조나단 에드워즈의 설교 분석을 통한 적용 패러다임 연구," *KRJ* 25 (2013) 283-321.
24 D. Martin Lloyd-Jones, *Preaching and Preachers* (London: Hodder and Stoughton, 1985), 325.
25 Joel Beeke, "the Lasting Power of Reformed Preaching," in *Feed My Sheep: A Passionate Plea for Preaching*, Don Kistler ed. (Morgan,. PA: Soil Deo Gloria, 2002), 95.
26 Greg Heisler, *Spirit-Led Preaching* (Nashville: B&H Academic, 2007), 17-24, 129.

조하지 않는 입장.

셋째, 주해와 적용, 전달의 모든 과정에서 성령의 역할을 주장하지만, 설교 후 삶이 변하는 영역에서는 그 역할을 배제되어있는 입장.

넷째, 주해, 적용, 전달, 삶의 변화(열매) 영역 가운데 성령이 모두 필요하다는 입장.

성경적인 설교자는 변혁적 설교를 위해서는 주해와 해석, 적용과 전달 과정까지 성령의 역할이 중요하다는 입장을 취하는 것이 바람직하다.[27]

이런 측면에서 카이저는 성령의 나타나심은 설교자의 연약함과 무지를 넘어, 하나님의 능력으로 말씀이 선포되고 청중을 변화시키기 위해 반드시 필요하며, 설교자가 아무리 주해 과정, 원리화 과정, 적실성 과정을 준비하고 완성했다 할지라도 청중의 삶 가운데 진정한 변화를 가져오기 위해서는 성령의 나타나심이 필수적이라고 본다.[28] 쥬크도 청중의 삶을 변화시키는 변혁적 설교의 전체 과정에서 성령의 역할을 핵심 열쇠로 강조한다.[29]

주목할 점은, 이미 찰스 스펄전(Charles Spurgeon)이 설교의 전체 과정에서 성령의 부으심의 필요성을 강조하면서, 성경 주해 과정부터 적용, 전달 과정을 넘어, 설교를 들은 이후 청중과 설교자의 삶 가운데 성령의 효력과 변화가 필요하다고 말했다는 사실이다.[30]

이런 맥락에서 청중의 삶의 전 영역을 변혁시키는 목적이 상실되지 않도록 설교자들은 적실성 과정에서 멈추어서는 안되며, 지나치게 '스콜라적인 설교'(scholastic preaching)로 굳어버리지 않기 위해서는 설교자들은 변혁적 역사를 주관하시는 성령을 철저하게 의지해야 한다.[31] 적용 지향적 설교 패러다임이 지향하는 궁극적인 목적은 성령의 부으심을 통한 청중의 변화된 삶의 '열매'이다. 강해 설교의 주해와 교리, 적용 프레임을 넘어 변혁적 다리놓기(transformational bridge)라는 지평으로 확장하여 청중의 삶과

27　Daniel Overdorf, 『설교를 적용하기』(Applying the Sermon), 이재학 역 (서울: 디모데, 2013), 42; York and Blue, *Bold Assurance*, 72; Jake Roudkovski, "The Proclamation of the Gospel," *JBTM* 6 (2009): 43–51. 이승진은 말씀의 주해 과정에서부터 청중을 향한 선포와 전달의 과정 전체를 성령 하나님이 주도하시는 하나님의 프락시스 과정으로 본다. 이승진, "구속사 내러티브를 구현하는 설교목회," 제32회 정기학술대회 논문집, 한국복음주의 실천신학회 (2016): 12.

28　Kaiser, 『새로운 주경신학 연구』, 307–08.

29　Roy Zuck, "The Role of the Holy Spirit in Hermeneutics," *BSac* 141 (1984): 120–29.

30　Spurgeon, 『목회자 후보생들에게』, 297–323.

31　Michael Fabarez, *Preaching that Changes Lives* (Nashville, TN: Thomas Nelson Publishers, 2005), 57–58; Kaiser, *Toward an Exegetical Theology* (Grand Rapids: Baker, 1981), 236; Thomas R. Schreiner, *Paul Apostle of God's Glory in Christ* (Downers Grove, IL: InterVarsity, 2001), 253–70.

사회 전영역의 변혁을 목표로 삼아야 한다.

　성령이 변혁적 과정뿐만 아니라 설교할 본문을 결정하는 과정에서부터 전달 후 삶의 영역까지의 전반적인 과정을 통제하시고 인도하시기 때문에 설교자들은 철저하게 성령의 주권(sovereignty)을 인정하고 의지해야 한다.[32] 만약 이러한 성령의 주도적 역사와 기능을 설교자가 인지하지 못하고 어느 한 과정이라도 소홀히 한다면 주해 과정, 원리화 과정, 적실성 과정, 변혁적 과정 가운데 부적합한 결과들이 도출되는 단계가 있을 수 있다. 성령은 설교자와의 영적인 교통을 통해 각 청중의 특정한 필요들을 채워주시기 위해서 저자가 의도한 메시지에 근거한 변혁적 적용을 준비하게 하신다.[33] 이처럼 변혁적 적용을 위해서는 설교자가 모든 과정에서 성령의 주도적 역할에 해석학적인 실력과 영적인 민감함을 동시에 소유해야 한다.

　전체 변혁적 패러다임 가운데서 성령은 성경 본문을 성경 저자에게는 영감하시고, 설교자에게는 해석과 적용을 위해 성령의 기름을 부으시고, 청중에게는 깨달음과 순종을 위해 조명하시며, 세상을 향해서는 진리의 영으로 책망하신다. 이처럼 성령의 역사가 결정적인 요소이다.[34] 따라서 성령이 청중의 변화를 위한 설교의 모든 과정을 주도하시는 관점에서 강해 설교의 패러다임을 전환(paradigm shift)할 필요가 있다.[35]

2) 변혁적 설교를 위한 성령, 설교자, 청중 간 조명된 소통, 언약적 소통

　변혁적 설교를 위한 성령의 다차원적 역할은 성령과 설교자, 청중 간의 입체적인 삼자간 대화 관계(trialogue) 속에서 이해되어야 할 필요가 있다. 변혁적 강해 설교는 성령과 설교자 간의 해석학적인 설교학적 대화를 넘어 삼위 하나님 또는 성령, 설교자, 청중 사이의 '삼자 간의 대화'(trialogue)로 이해한다.[36] 이를 위해서는 이승진의 통찰처럼, 설교자들은 먼저 성령, 설교자, 청중 간의 관계와 역할 구도에 대한 "해석학적, 설교적, 성령론적, 종말론적 대화"라는 통합적인 관계 지평을 균형 잡힌 시각으로 접근하

32　Greg Heisler, "The Expository Method," *Preaching* 23 (2008): 20–23.
33　Timothy Warren, "Paradigm for Preaching," *BSac* 148 (1991): 480; John MacArthur Jr., *Rediscovering Expository Preaching* (Dallas: Word, 1992), 102–17, 300.
34　Kaiser, *Toward an Exegetical Theology*, 235–47; Paul Windor, "Four Horizons in Preaching," *ERT* 21 (1997): 225–27.
35　Heisler, *Spirit-Led Preaching*, 21.
36　Brian A. DeVries, "The Evangelistic Trialogue: Gospel Communication with the Holy Spirit," *CTJ* 44 (2009): 49–73.

는 것이 필요하다.³⁷

성도들을 변화시키는 강해 설교를 위해서는 본문 해석과 적용의 과정에서 설교자에게 성령의 조명하심이 필요하고, 청중에게는 설교자를 통한 "조명된 소통"(illumined communication)이 반드시 필요하다. 설교자는 예수님과 사도행전에 나타난 설교의 모델(베드로, 스데반, 바울)처럼 성령 안에서 "조명 받은 소통자"(illumined communicator)로서 설교자의 역할을 잘 감당해야 한다.³⁸

성령과 설교자 간의 입체적인 관계와 성령과 청중 간의 '언약적 소통'을 통한 변화의 관계 지평은 스피치 행동 이론(speech act theory)의 주장과도 연결될 수 있다. 케빈 밴후저(Kevin Vanhoozer)의 주장에 따르면, 화자로서 삼위일체 하나님은 청자인 인간(언약의 준수자들)과 상호 인격적이며 언약적인 관계를 맺으시고, 언약 공동체인 교회와 '언약의 담론'(discourse of covenant)인 성경을 통해 소통하심으로(약속, 명령, 경고, 위로, 소망) 이해와 믿음을 불러일으키시고 말씀을 행하는 부르심에 응답하도록 이끄신다.³⁹

크로츠(Crotts)는 이러한 밴후저의 스피치 행동 이론을 설교와 성령의 사역과 연결시키고 있다. '인격적 소통 행위자'이신 성령 하나님이 주도하는 변혁 지향적 강해 설교는 단순히 어떤 메시지를 말하는 차원인 '단순 발화'(locutionary, 발화 행위)에 국한되지 않는다. 메시지에 근거하여 어떤 것을 실제로 실행하는 차원의 '의미 수반 발화'(illocutionary, 발화 수반 행위)를 함의하고 있을 뿐 아니라, 저자가 의도한 의미와 적용에 대한 원 청중과 현대 청중을 향한 '효과 수반 발화'(perlocutionary, 발화 효과 행위)를 지향한다. 나아가 변혁의 다리에서 설교자는 소통 가담자로서 현대 회중들을 효과적으로 설득하고 반응과 '변화'를 요청하는 '상호 발화'(interlocutionary)를 지향한다.⁴⁰

언약적 관계를 통한 소통 행위 차원에서 성부 하나님은 언약 백성을 향한 말씀의 발화자이다. 하나님은 선지자들과 아들을 통해 말씀하시는(히 1:1-2) 분으로서 '발화 행위'(locution)를 통해 역사하시고, 로고스는 발화 수반 행위에 해당된다. 성령 하나님은 새 언약의 일꾼인 설교자를 통해 청자에게 하나님의 말씀을 조명하신다. 그리하여 성령 하나님은 청자로 하여금 발화 행위가 의도한 의미를 깨닫게 하시고 합당한 반응

---

37 이승진, "성령 하나님과 설교자와의 상호 관계에 대한 설교학적 연구," 239-66; 오현철, "설교자의 정체성의 설교자의 역할," 154-63.
38 Crotts, 『성령의 조명을 받는 설교』, 87-103.
39 Kevin J. Vanhoozer, 『제일신학』(*First Theology*), 김재영 역 (서울: IVP, 2007), 136-40.
40 Kevin J. Vanhoozer, *Is There a Meaning in This Text?* (Grand Rapids: Zondervan, 1998), 32-33, 410-13. Vanhoozer, 『제일신학』, 247-57.

(요 20:31)을 하도록 이끄시어, 발화 수반 행위에 대한 이해를 넘어 이에 합당한 믿음과 순종의 '발화 효과 행위'가 성취되도록 '발화 수반력'을 가지고 효과적으로 역사하신다.[41]

비록 간략한 고찰임에도 불구하고, 이러한 설교신학적 근거와 현대 설교학적 통찰을 종합해 볼 때, 변혁적 설교의 전 과정에 있어서 성령과 설교자와 청중 간의 삼자간 대화와 언약적 소통을 위해서는 성령의 주도적인 역할이 결정적 열쇠라는 것을 설교자는 인식해야한다.

2. 변혁적 설교를 위한 성령의 다차원적 역할

그렇다면 청중의 변화를 위한 설교의 전 과정에서 성령의 주도적 역할에 대한 필요성 혹은 강조의 차원을 넘어 성령이 구체적으로 설교의 각 주요 과정에서 어떤 역할들로 역사하시는지 성경적이며 개혁주의적 원리를 고찰하는 것이 필요하다.

1) 성령의 부어 주심 혹은 기름 부음(unction) – 설교의 전 과정을 위한

선지자 이사야는 장차 오실 그리스도의 말씀 사역을 위해 하나님이 부어주실 성령, 곧 "지혜와 총명의 영"(רוּחַ חָכְמָה וּבִינָה רוּחַ, 루아흐 호크마 브비나 루아흐), "모략(עֵצָה, 에차)과 재능(גְּבוּרָה, 그부르)의 영," "지식(דַּעַת, 다아트)과 여호와를 경외하는(יִרְאַת יְהוָה, 이르아트 아도나이) 영(רוּחַ, 루아흐)"을 부어주실 것이라 예언하였고(사 11:2), 이사야 61장에서는 메시야에게 성령의 '기름을 부으신'(מָשַׁח, 마샤흐) '이유'(יַעַן, 야안)가 성령 충만한 설교 사역을 통해 청중 가운데 변화(고침, 놓임, 기쁨 등)의 역사가 영적 희년의 성취로서 나타나도록 하기 위함임을 강조한다.[42]

예수님은 회당에서 선포하시기를, 이사야 61장이 이미 자신을 통해 성취되었고, 이

---

41   Vanhoozer, 『제일신학』, 229-30.
42   Francis Brown, S. R. Driver, and Charles A. Briges, *The New Brown-Driver-Briggs-Gesenius Hebrew and English Lexicon* (Peabody, MA: Hendrickson Pub., 1979), 602-03. '마샤흐'는 왕으로(왕상 1:34), 제사장으로(출 28:41), 선지자로(왕상 19:16) 구별되어 부르심을 받을 때 쓰인 동사이다. 따라서 그리스도처럼 설교자로서 기름 부음 받는 것은 하나님이 왕, 제사장, 선지자로서 설교자를 구별하여 부르신 것과 연결할 수 있다. 이사야 61장 분석과 메시야 사역과의 연결을 위해서는 A. Joseph Everson, "Isaiah 61:1-6," *Int* 32 (1978): 69-73; Earl Nutz, "The Commission of Messiah," *BibView* 12 (1978): 131-35; D. E. Gowen, "Isaiah 61:1-3; 10-11," *Int* 35 (1981): 404-09.

사야가 에인했던 성령이 메시야인 자신에게 임하신 이유가 성령으로 충만하여 복음을 선포하기 위함이라고 하셨다(눅 4:18, "복음을 전하게 하시려고 내게 기름을 부으사"[ἔχρισέν με εὐαγγελίσασθαι, 에크리센 메 유앙겔리사스타이]). 이처럼 예수님은 성령의 조명을 통한 설교 사역의 원형을 보여주셨고, 부활하신 이후에는 엠마오 도상으로 가는 제자들에게 구속사적 설교를 통해 친히 '눈을 열어' 주셨다(눅 24:27,32, 44-47).[43]

예수님은 성령의 부어 주심을 통한 케루소(κηρύσσω, "선포하다")를 통해 청중 가운데 일어날 영적인 변화, 즉 포로된 자에게는 '죄 사함'(눅 1:77; 3:3; 24:47) 혹은 빚 탕감을 의미하는 '자유'(ἄφεσιν, 아페신), 눈먼 자에게는 '다시 보게함'(ἀνάβλεψιν, 아나블렙신), 억눌린 자에게는 '놓임'(ἀφέσει, 아페세이, 사 58:6)의 변화가 일어날 것을 선포하셨다.

"오늘(σήμερον, 세메론) 너희 귀에 응하였느니라"라는 말씀(21절)은 수동 완료형(πεπλήρωται, 페플레로타이)을 통해 구약의 희년(레 25장) 혹은 '새 출애굽'의 해의 성취를 강조한다.[44] 누가는 의도적으로 헬라어 부정과거 수동형(aorist passive) 동사(말하는 어떤 형태가 따라옴)를 통해 '성령의 충만함 혹은 능력'에 의해 말씀이 종말론적으로 선포된 것을 강조하였다(눅 1:13-15; 39-41, 42-45, 67-69; 행 2:2-4; 4:8, 31; 9:17; 13:8-11).

따라서 성령이 주권적으로 예수님과 제자들의 설교 사역에 성령의 기름을 부으심으로써 말씀 사역을 이루어진 것처럼,[45] 오늘날 설교자의 설교 준비에서 가장 중요한 영적 시작점은 성령의 부으심이라는 것을 반드시 인식해야만 한다.

베드로의 설교는 말세에 모든 신자에게 성령을 "부어 주리니"(שָׁפַךְ, 샤파크, 요엘 2:28)라는 구약 요엘 선지자의 예언이 성취됨을 선포한 다음, 성령이 설교자를 통해 청중으로 죄를 깨닫게 하시고 적용하게("너희가 회개하여 …," 행 2:38) 하시는 예를 잘 보여준다. 베드로의 청중은 성령의 부어 주심과 능력으로 전해지는 설교에 의해 "마음에 찔려," "우리가 어찌할꼬"라고 반응하였고, 베드로가 회개하고 성령을 받으라고 선포하자 믿고 구원받은 자가 3천이나 되었다(행 2:22-41).

이후 사도행전의 베드로, 스데반, 바울의 설교를 통해 성령의 부어 주심과 설교와의 밀접한 연관성을 살펴볼 수 있다(행 4:8, 31; 7:55; 13:9-10; 13:52). 사도행전의 이러한 내용들은 예수 그리스도의 '천상 통치'의 시작과 최초의 통치 행위로서의 성령을 부어

---

43 Richard Mahue, "강해 설교의 재발견," in 『강해 설교의 재발견』, 39; Heisler, *Spirit-Led Preaching*, 134-35; Tony Merida, 『설교다운 설교』(*Faithful Preaching*), 김대혁 역 (서울: CLC, 2016), 124.

44 Darrell L. Bock, *Luke*, vol 1. 1:1-9:50, ECNT (Grand Rapids: Baker, 1994), 389-442; 신현우, 『누가복음』(서울: 성서유니온, 2016), 87-89.

45 Azurdia, *Spirit-Empowered Preaching*, 105-15.

주심 후에 성령의 능력을 통한 청중의 변화된 삶의 양상을 보여주고 있다.[46]

바울은 강조하기를, 그리스도에게 기름 부으셨던 동일한 성령이 청중을 눈 뜨게 하고(고후 1:21-22), 하나님께서 사람들을 하나님께로 돌이키도록 하기 위해(행 26:17) 바울을 설교 사역으로 구별하여 부르시고, 인정하고, 보증하시기 위해 이미(부정과거) 그에게 '기름 부어 주셨고'(χρίσας, 크리사스), 보증의 성령(τὸν ἀρραβῶνα τοῦ πνεύματος, 톤 아라보나 투 프뉴마토스)을 주셔서 그는 성령의 약속으로 '인침 받았다'(ἐσφραγίσθητε, 에스프라기스테테, 엡 1:13; 4:30).[47]

패커(J. I. Packer)는 성령의 내증(internal testimony)의 중요성을 부각시키면서 다음과 같이 강조한다.

> (성령은) 말씀과 함께 일하시며(cum verbo, 쿰 베르보), 말씀을 통하여 일하시며(per verbum, 페르 베르붐), 말씀과 별도로는 결코 일하지 않으신다(sine verbo, 시네 베르보).[48]

이러한 말씀과 성령의 균형을 추구하는 종교개혁의 설교 전통을 오늘날 계승하기 위해서는 성령의 사역과 설교자의 역할 정립에 대한 시각이 매우 중요하다. 퍼킨스와 청교도들은 성령의 부어 주심을 따라 평이한 설교를 통해 변혁적 설교를 추구하였고, 이러한 전통을 따라 조지 휫필드(George Whitefield)도 철저히 성령의 부으심을 따라 청중의 마음을 변화시키는 '경험적' 설교(Experimental Preaching)를 추구하였다.[49]

조엘 비키(Joel Beeke)도 개혁주의 설교는 성령의 부으심을 통해 설교자와 청중이 진리를 경험하는 설교라고 하였다.[50] 500개의 나팔보다 더 강력하게 살아있는 설교를 선포했던 존 낙스(John Knox)의 설교도 성령의 부으심의 역사가 있었기에 가장 어려운 상황 가운데서도 개혁과 변화의 역사를 일으킬 수 있었던 것이다.[51]

---

46 Overdorf, 『설교를 적용하기』, 43-60; Heisler, *Spirit-Led Preaching*, 5; Alex Montoya, *Preaching with Passion* (Grand Rapids: Kregel Pub., 2000), 23; Cilliers, 『설교심포니』, 46; 유상섭, "베드로의 설교 분석"(행 2:14-40; 3:11-26), 『신학지남』 260 (2000 가을), 227-53 참조하라.

47 Hughes, *The Second Epistle to the Corinthians*, 38-45; 권성수, 『성령설교』, 175.

48 R. C. Sproul, *Essential Truths of the Christian Faith* (Wheaton, IL: Tyndale House Pub., 1992), 93-95.

49 박태현, "조오지 휫필드의 성령관: 성령의 사역의 관점에서," 한국복음주의신학회, 『성경과 신학』 72 (2014): 166-68.

50 Joel Beeke, "the Lasting Power of Reformed Preaching," in *Feed My Sheep*, 95.

51 M. Lloyd-Jones and Iain H. Murray, *John Knox and the Reformation* (Carlisle, PA: The Banner of the Truth, 2011), 153.

스펄전이 강조한 것처럼, 성령의 부어 주심을 통해 설교의 메시지와 적용이 설교자 자신이 말하는 것이 아니라, 설교자 안에서 조명하시고 설교자를 사로잡으시고 역사하시는 성령의 역사임을 설교자 자신과 청중이 경험할 수 있게 되고, 불신자조차도 깨달을 수 있게 되며, 살아서 역사하는 능력의 말씀이 청중 안에 적용될 수 있게 된다.[52]

로이드 존스는 성령의 역사, 곧 '능력의 부가'(accession of power), '능력의 부어 주심'(effusion of power)이 설교자에게 가장 중요한 열쇠임을 확신하였기에, 사람으로는 할 수 없으나 하나님은 하실 수 있는 청중의 변화를 위해서는 성령의 능력의 부어 주심이 필요하다고 확신했다. 이러한 성령의 내적 증거 혹은 조명의 역사를 통해 회중을 변화시키기 위해서는 성령의 부어 주심을 추구하는 설교 사역에서 매우 중요하다고 보았다.[53] 토니 사전트(Tony Sargent)는 로이드 존스의 설교 연구를 통해 그가 강조한 핵심을 다음과 같이 정리한다.

① 성령의 '부어 주심'(unction)은 성령의 전적인 '주권'에 달려 있다.
② 설교자의 '연약함'이 성령의 역동적인 부어 주심을 방해하지 않는다(고전 2:4; 골 1:29).
③ 성령의 부어 주심의 필요성은 설교의 '언어(말)의 차원'을 넘어선 역사와 연관된다 (살전 1:5).
④ 설교자의 '철저한 준비'에 기름 부음이 더해져야 하지만, 그 준비가 부족함에도 불구하고 하나님의 은혜로 말미암아 성령의 부어 주심이 넘쳐날 수 있다.
⑤ 성령의 부어 주심은 설교자의 '전 인격'에 침투하고 지배하여 심령을 불타오르게 한다.
⑥ 경험 많고 경건한 설교자라 할지라도 특별한 사명을 위해서는 '새로운 부어 주심'이 필요하다.
⑦ 성령의 부어 주심은 설교를 듣는 '청중이 포함'되며, 이를 통해 거룩한 상호 교감과 생기 있는 반응과 실천하는 행동으로 나아가게 한다.[54]

---

52 C. H. Spurgeon, *Lectures to My Students* (Carlisle, PA: Banner of Truth, 1979), 50; Vines and Shaddix, *Power in the Pulpit*, 66.
53 Lloyd-Jones, 『목사와 설교』, 336; Tony Sargent, 『위대한 설교자 로이드 존스』(*The Sacred Anointing*), 황영철 역 (서울: IVP, 1994), 113, 115; 이우제, "로이드 존스: 성령의 능력에 사로잡힌 설교자," 한국복음주의실천신학회, 『복음과 실천신학』11 (2006): 19-61. 로이드 존스는 "성령께서 설교자에게 특별한 방식으로 임하는 것입니다. 그것은 설교자가 사람의 노력과 열심을 초월하여 성령에 의해 쓰임을 받아 그를 통해 성령께서 일하시는 도구가 되는 위치에서 설교 사역을 수행하도록 성령을 통해 설교자에게 주어지는 하나님의 능력과 권능입니다"라고 말한다. 로이드 존스, 『목사와 설교』, 336.
54 Sargent, 『위대한 설교자 로이드 존스』, 79-87; Lloyd-Jones, 『목사와 설교』, 335-58.

주목할 점은 로이드 존스가 성령의 부어 주심의 역사를 통해서 설교의 모든 과정이 지배를 받아야 청중의 반응과 실천적 행동의 변화가 일어날 수 있다는 것을 강조했다는 점이다.

역사적으로 탁월한 설교자들이었던 어거스틴, 루터, 칼빈, 낙스, 에드워즈, 스펄전, 무디 등과 같은 설교자들은 '성령의 부어 주심'을 의지하는, 불타는 '확신'의 사람이었다.[55] 청중과 사회를 변혁시키는 설교에서는 성령 부어 주심에서 나오는 열정과 힘, 은혜와 성품, 자유(freedom), 생명력(vitality), 능력(power), 사로잡힘(possession)이 설교자를 통해 나타나야 한다.[56]

청중과 사회를 변화시키는 강해 설교의 사역은 성령의 부어 주심(unction)을 통해 설교자가 자신의 소명을 확신하고 말씀의 진리를 삶의 전 영역 속에서 경험하는 것이 열쇠라고 할 수 있으므로, 설교자는 설교 준비 과정부터 성령의 능력을 철저히 의지해야 한다.[57] 스테판 올포드(Stephen Alford)는 설교자의 소명과 성별, 본문 선택과 연구, 이해와 적용, 선포와 동기 부여 및 초청까지, 설교자가 수행해야 할 설교 사역 전반에서 성령의 기름 부음의 중요성을 강조하였다.[58]

따라서 변혁적 설교를 위해서 설교자는 성령의 부어 주심(the Spirit's empowerment)의 중요성을 깊이 인식하면서 기도와 겸손을 통해 지속적으로 매일 성령 충만한 삶(Spirit-filled living)을 추구해야 한다. 성령의 부어 주심을 통해 청중을 변혁시키는 설교를 위해서는 설교자가 말씀의 올바른 해석을 위한 준비 단계와 본문 주해와 적용의 단계에서 철저히 성령 충만한 가운데 기도에 전적으로 헌신해야 한다.[59]

설교자는 먼저 영적으로 왕, 제사장, 선지자로 기름 부음을 받은 설교자의 소명을 확신한 다음, 말씀을 주해하고 묵상하며 적용을 충실히 준비하는 모든 과정 가운데 믿음으로 성령의 조명을 위해 철저히 기도해야 한다(시 119:18). 설교자는 성령이 주

---

55 York and Decker, 『확신있는 설교』, 19, 22-23.
56 Timothy J. Keller, *Center Church* (Grand Rapids: Zondervan, 2012), 191-97; Heisler, *Spirit-Led Preaching*, 126-41.
57 Beeke, "The Lasting Power of Reformed Experiential Preaching," 97; Pipa, "설교의 독특한 능력," in 『성경과 개혁주의 신학이 말하는 설교』, 118-37; Piper, *Supremacy of God in Preaching*, 42-49.
58 Stephen F. Alford and David L. Olford, *Anointed Expository Preaching* (Nashville, TN: Broadman & Holman, 1998).
59 아주디아는 성령의 부으심이 있는 설교를 위한 기도의 중요성과 성경적인 원리를 잘 제시해 준다. Azudia, *Spirit-empowered Preaching*, 161-73; 메리다는 어떤 설교학 책보다 성령의 부으심이 있는 설교를 위한 충실한 기도의 예들, 충실한 기도의 내용들, 걸림돌들, 실제적 조언들을 다루고 있다. Merrida, 『설교다운 설교』, 302-35.

시는 특별한 담대함으로 사람을 두려워하지 않고(행 4:29-31), 기도와 성령과 믿음으로 충만하며(행 11:24), 성령이 의도한 본문의 의미와 하나님의 뜻을 알고 분별하며(고전 2:13; 골 1:9), 교만함과 같은 내면적 죄와 불순한 동기를 버리며, 약함의 철학(고후 12:10)을 가지며, 십자가 중심적 경건 훈련을 추구하며, 본문 메시지가 설교자 영혼 안에 내면화되기 위해 필수적인 '골방 작업'인 기도에 헌신해야 한다.[60]

설교자가 성령에 의해 전적으로 통제받을 때, 진정한 영적 능력과 설교의 열정이 흘러나오기 때문에, 설교자는 성령을 '거부하는'(ἀντιπίπτετε, 안티핍테테) 죄를 범치 말아야 하고(행 7:51), 항상 성령의 통제 아래 있어야 하며(엡 5:18), 성령을 '근심하게 하지 말고'(μὴ λυπεῖτε, 메 뤼페이테, 엡 4:30) '소멸하지 말아야'(μὴ σβέννυτε, 메 스벤뉘테, 살전 5:19) 한다.[61]

성령의 부으심이 있는 설교를 위해서 설교자는 하나님 중심적이면서 그리스도를 높이는 설교를 추구하며(고전 2:9-11) 그리스도를 선포해야 하고(고전 2:1-5), 그리스도를 온전히 의지하면서 개인적 거룩함을 추구하며(딤후 2:21), 하나님이 큰 일을 행하시도록 기도하고(요 14:12-14), 조명하심을 위해 간구하며(시 119:18), 본문 연구에 충실해야 하고(딤후 2:15), 교회의 몸된 성도의 연합을 추구하며(엡 4:25-32), 기도 동역자들에게 기도를 부탁해야(엡 6:18-20) 한다.[62] 이처럼 설교의 준비 단계부터 설교 전달 과정까지 성령의 부으심의 역사가 있어야만 청중과 사회를 변혁시키는 설교를 추구할 수 있다.

2) 변혁 과정을 위한 성령의 역할인 부어 주심을 통한 조명(ἔλαμψεν): 설교의 해석(강해) 과정

성령의 부어 주심의 역사는 설교자의 준비 단계를 넘어, 설교 과정, 즉 청중에게 본문을 강해하는 과정과 원리화(principlizing)와 적용하는 과정에서 '조명하심'(illumination)의 역사로 나타난다. 바울은 성령을 '통해'(διά, 디아) 감추었던 복음의 진리가 조명된다고 강조한다.

60　Crotts, 『성령의 조명을 받는 설교』, 182-84; Montoya, *Preaching with Passion*, 36; Edwards, *Deep Preaching*, 171; Heisler, *Spirit-Led Preaching*, 97-100; John Owen, WIlliam H. Goold ed., *The Works of John Owen*, vol. iv (1850, 1967, London: Banner of Truth), 126. Crotts, 『성령의 조명을 받는 설교』, 184에서 재인용; Sergent, 『위대한 설교자 로이드 존스』, 130-35; Heisler, *Spirit-Led Preaching*, 144-52; Merrida, 『설교다운 설교』, 64-70.

61　Montoya, *Preaching with Passion*, 33, 36; Azudia, *Spirit-empowered Preaching*, 150-59. 아주디아는 성령과의 관계에 있어서 청중의 책임도 강조한다.

62　Merrida, 『설교다운 설교』, 128-33.

오직 하나님이 성령으로 이것을 우리에게 보이셨으니(ἀπεκάλυψεν ὁ θεὸς διὰ τοῦ πνεύματος, 아페칼립센 호 테오스 디아 투 프뉴마토스, 고전 2:10a).[63]

'새 언약의 영'이신 성령의 조명의 빛이 설교를 통해 새 언약 백성에게 비칠 때 내면적(본성적)으로 "변화하여"(μεταμορφούμεθα, 메타모르푸메타, 고후 3:18) 그리스도의 형상을 닮아가는 종말론적인 성화의 역사가 일어나게 된다. 이는 설교자와 청중 자신들의 능동적인 어떤 노력을 통해서가 아닌 오직 '주의 영으로 말미암아'(ἀπὸ κυρίου πνεύματος, 아포 퀴리우 프뉴마토스) 수동적 차원으로 이루어질 수 있는 차원이다 (고후 3:18). '새 창조의 영'이신 성령은 질그릇 같이 연약한 설교자 안에서 '심히 큰 능력'을 나타낼 수 있는 '보배 같은 그리스도'의 복음 메시지(고후 4:5, 7)를 전하게 하신다.

이를 통해 성령은 새 언약의 백성이 진리를 깨달을 수 있는 '조명의 빛'(그리스도 안에 나타난 하나님의 영광을 아는 빛, 고후 4:3-6)을 비추어 주심(ἔλαμψεν, 엘람프센)[64]으로 청중의 영적인 눈과 귀와 마음을 열어 주시고, '주의 영광을 봄으로써' 그리스도의 형상을 닮아(롬 8:29-30) 점진적으로 변화되어 내적 갱신과 외적 열매를 맺고, 예수 그리스도의 생명이 나타나게 하신다(고후 4:7-11).[65] 파이퍼는 고린도후서 3:18을 기초로 성령의 조명하심을 통해 하나님의 영광의 빛이 설교의 무게를 채워 청중으로 하여금 하나님의 탁월성(supremacy)을 즐거워하게 하고 청중이 "하나님의 영광에 눈 뜨게 되어 변화되는 설교"를 설교의 궁극적인 목적으로 추구한다.[66]

이러한 맥락에서, 루터, 칼빈, 존 오웬, 에드워즈 등과 같은 교회 역사상 탁월한 설교자들은 성령의 조명 교리에 대한 확신이 있는 자들이었다고 볼 수 있다.[67] 칼빈에 의

---

63 Calvin, *The First Epistles of Paul the Apostle to the Corinthians*, John w. Fraser trans. (Grand Rapids: Wm. B. Eerdmans Pub., 1973), 52-57; 맥아더, "성령과 강해 설교" in 『강해 설교의 재발견』, 178-80.
64 Colin Brown ed., *New International Dictionary of New Testament Theology* Vol. 2 (Grand Rapdis: Zondervan Publishing House, 1986), 484-86, 496; Louw-Nida, *Greek-English Lexicon of the NT* (Bibleworks 10: Software for Biblical Exegesis and Research, CD-ROM [Norfolk, VA: Bibleworks, LLC, 2015]).
65 Paul Barnett, *The Second Epistle to the Corinthians*, NICNT (Grand Rapids: William B. Eerdman Pub., 1997), 200-09; Murray J. Harris, *The Second Epistle to the Corinthian*s, NIGTC (Grand Rapids: William B. Eerdman Pub., 2005), 315-18; Philip E. Hughes, *The Second Epistle to the Corinthians* (Grand Rapids: Wm.B. Eerdmans Pub., 1962), 117-34; Jan Lambrecht, "Transformation in 2 Cor 3:18," *Bib* 64 (1983): 243-54.
66 Piper, *The Supremacy of God in Preaching*, 29; Piper, "하나님의 영광을 강해하는 기쁨으로서의 설교," in Mark Dever et al. 『십자가를 설교하라』(*Preaching the Cross*), 이심주 역 (서울: 부흥과개혁사, 2009), 143.
67 Crotts, 『성령의 조명을 받는 설교』, 36-42.

하면, 죄인이 구원 받고 참된 신자가 되기 위해서는 성경의 진리(객관적인 차원)를 확신하게 해 주는 성령의 가르침의 역사(주관적인 차원)인 '성령의 내적 증거'(the internal testimony of the Holy Spirit)가 중요하다. 이러한 성령의 조명의 역사는 변혁적 강해 설교를 위해 중요하다.[68] 칼빈은 청중을 향한 성령의 특별한 사역으로서 '조명(해석)과 적용'을 강조하였고, 설교자와 청중 가운데 유기적이며 역동적으로 역사하시는 성령의 역사를 통해 청중의 삶이 변혁되는 효과가 나타난다고 보았다.[69]

하나님의 말씀으로서의 성경은 "사람의 손으로 하지 아니하고 뜨인 돌"(단 2:34, 개역한글)과 같이 우리의 안과 밖의 거짓된 우상을 부서뜨리고 하나님의 뜻을 이루는 전복적(disruptive)이며 변혁적(transformative)인 말씀이다.[70] 김지찬은 다음과 같이 확신한다.

> 결국 성령의 조명과 역사가 없다면 하나님의 말씀의 설교는 하나님 말씀일 수 없는 것이다. 하나님의 말씀의 설교가 하나님의 말씀이라는 종교개혁가들의 고전적인 설교 정의 아래에는 성령의 내증과 조명이라는 전제가 깔려 있는 것이다.[71]

스코틀랜드 신앙고백(The Scot Confession)에 의하면 성령의 조명과 감동하심을 통해서만 그리스도인 안에 변화와 성화의 역사가 일어날 수 있다.[72] 윌리엄 퍼킨스(William Perkins)는 성령의 조명이 설교의 해석 과정에서도 결정적인 역할을 한다고 강조한다.[73]

---

68 John Calvin, *Calvin's Commentary on Galatians* (Grand Rapids: Baker, 1979), 21, 120. 윤종훈, "존 칼빈의 구원 확신론에 관한 고찰," 한국복음주의신학회, 「성경과 신학」 80 (2016): 169에서 재인용. 안명준, "칼빈의 성경 해석학에 사용된 성령의 조명," 기독교세계관학술동역회, 「신앙과 학문」 (1998): 103-18.

69 John Calvin, *The First Epistle of Paul the Apostle to the Corinthians*, trans. Ross MacKenzie (Grand Rapids: Eerdmans, 1995), 288. 칼빈은 성령이 신자의 마음에 진리의 빛을 비추실 때, 다른 방법으로는 깨달을 수 없는 영적인 빛을 깨닫게 해 주시고, 성령으로 구원의 확신을 인치시고, 확신 가운데 살게 하신다고 하였다. Calvin, *Tracts and Treatises on the Doctrine and Worship of the Church* (Grand Rapids: Eerdmans, 1958), 2:53. Crotts, 『성령의 조명을 받는 설교』, 68에서 재인용; Christina, Craig Collier. "Calvin's Theology of Preaching: The Activity of the Holy Spirit in the Preaching Event," (Ph.D. diss., The Southern Baptist Theological Seminary, 2001).

70 윤형철, "칼빈 신학을 통해 본 성경 권위와 해석의 상호 관계에서 성령의 중심성," 한국복음주의신학회, 「성경과 신학」 73 (2015): 29.

71 김지찬, "하나님의 말씀과 성령으로 돌아가라," 한국복음주의신학회, 「성경과 신학」 61 (2012): 319.

72 "우리의 이 신앙과 신앙의 확신은 혈과 육 즉 우리 인간 안에 있는 본성의 힘에서 생기는 것이 아니라 성령의 감동으로 생기는 것이다… 그와 같이 우리는 또한 성령께서 우리의 중생 이전이든 혹은 이후든 간에 우리로부터 나오는 아무런 공로없이 우리를 성화시키시고 중생시켰음을 고백한다" (The Scots Confession Faith, 제12조).

73 William Perkins, *WP*, 2:651. 박태현, "William Perkins의 설교론," 한국복음주의실천신학회, 「복음과 실천신학」 32 (2014): 157에서 재인용.

존 오웬(John Owen)은 '중생'을 준비시키는 성령의 사역인 조명을 정의하기를, 말씀에 의하여(by) 인간의 마음에 임하는 성령의 특별한 영향이라고 했고, 구원 받기 이전 단계의 피상적인 차원(자연적 이성의 지적인 동의 차원)의 조명과 구원 받는 단계의 영적인 차원(진리의 빛을 통해 믿음에 이르게 하는)의 조명이 있다고 보았다.[74]

찰스 핫지(Charles Hodge)는 성령의 조명을 통해서 신자의 삶 가운데 순종의 변화가 필연적으로 나타나게 된다고 보았다.[75] 워필드(B. B. Warfield)는 다음과 같이 말했다.

> 객관적인 계시와 주관적인 성령이 함께 연합하는 신성한 연대 행위에 의해 하나님의 참된 지식이 사람의 영혼 속으로 소통된다.[76]

헤르만 바빙크(Herman Barvinck)도 성령이 특별 계시를 통해 역사하시는 목적에 대하여 다음과 같이 말한다.

> 하나님의 형상을 따라 인류를 재창조하며, 하나님 나라를 지상에 수립하고, 세상을 죄의 권세로부터 구원하며, 이 모든 것 가운데, 그리고 이 모든 것을 통해 하나님의 모든 피조물 가운데서 주의 이름을 영화롭게 하는 것이다. 그러나 이런 점에서 그리스도 안에 있는 객관적 계시는 충분하지 않고, 반드시 **성령의 사역**이 여기에 더해져야 하는데, 이는 인간이 하나님의 계시를 인정하고, 받아들임으로 말미암아 **성자의 형상을 닮도록 하기 위함**이다(강조는 필자의 것).[77]

맥아더(MacArthur)는 성령의 조명을 하나님의 말씀이 의도한 의미를 청중이 깨달을 수 있도록 성령이 영적인 눈을 여시는 것이라 정의한 후, 청중을 변화시키는 성령의 능력이 있는 설교는 "오직 성령에 의해 조명된 하나님의 사람이 성령에 의해 영감된 계시의 말씀을 성령에 의해 조명된 청중을 향해 명백하고 권위있게 강해할 때에 발생

---

74 John Owen, 『개혁주의 성령론』(*The Holy Spirit: His Gift and Power*), 이근수 역 (서울: 여수룬, 1988), 203-05.
75 Charles Hodge, *Systematic Theology* (Grand Rapids: Eerdmans, 1960), 3:403.
76 B.B. Warfield, *Calvin and Augustin* (Philadelphia: Presbyterian and Reformed, 1980), 77. 워필드는 "사람의 심령이 말씀의 객관적인 증거를 자신의 것으로 공감하여 받아들일 수 있도록 성령의 증언이 그 심령을 준비시킨다"고 보았다(Warfield, *Calvin and Augustin*, 86).
77 Herman Bavinck, 『개혁교의학 1』(*Gereformeerde Dogmatiek*), 박태현 역 (서울: 부흥과개혁사, 2011), 471.

하는 것"이라고 단언한다.[78]

스티븐 스미스(Steven Smith)는 청중을 살려 내고 변화시키는 설교를 하기 위해서는 그리스도의 복음의 빛이 설교자를 통해 청중의 영혼 안에 불을 붙일 수 있도록, 설교자가 성령을 통해 본문의 조명을 받는 고통을 감내해야(고후 4:1-6) 한다고 강조한다.[79]

하이슬러도 확신하기를, 변혁적 설교에서 성령의 조명의 역사가 죄의 내주를 정복하게 하고, 청중의 마음을 본문으로 나아가도록 하며, 본문을 해석하도록 도와주며, 신자가 조명을 따라 순종할 때 더욱 풍성한 조명을 낳게 하며, 무엇을 강조해야 할지 알도록 도와주며, 설교 가운데 설교자와 청중이 열정으로 불타게 한다고 한다.[80]

설교의 변혁의 다리 과정은 성령의 '조명된 소통'과 '조명받은 소통자'(설교자), '조명 받은 청중'의 영적 삼중주를 통해 나오는 설교학적 화음이라고 할 수 있다. 크로츠(Crotts)는 성경에서 성령의 '조명'에 관련된 성경 본문들을 연구한 후, 4가지 범주, 즉 정죄(condemnation), 소통(communication), 회심(conversion), 그리고 확신(conviction)이 나타난다고 본다.[81] 아무리 탁월한 언변과 지식으로 설교한다 할지라도, 성령의 조명의 역사가 없이는 청중의 변화는 결코 일어날 수 없다.[82]

설교자의 해석(주해) 과정 가운데 역사하시는 '새 창조의 영,' '지혜와 계시의 영'이신 성령의 조명하심을 통해 '혼미한 마음, 보지 못하는 눈, 듣지 못한 귀'와 같은 영적 상태였던 회중들(사 6:9-10; 롬 11:8)의 영적 귀가 열려 듣게 되고 눈이 열려 보게 되며 마음으로 깨달아 진리를 경험하게 된다(마 13:16).[83] 그러므로 설교의 주해와 해석 과정에

---

78 John MacArthur, 『강해 설교의 재발견』(Rediscovering Expository Preaching), 김동완 역 (서울: 생명의 말씀사), 164. 조명에 대한 맥아더의 견해를 위해서는 163-81을 참조하라. 맥아더는 조명에 대한 오해를 다음과 같이 경계한다. 1) 조명은 하나님에 관해 인간이 모든 것을 이해할 수 있음을 의미하지 않는다. 2) 설교자의 필요성을 부인하지 않는다. 3) 기록된 하나님의 말씀(계시) 밖으로 넘어가지 않는다. 4) 원어와 해석을 위한 연구의 필요성을 배제하지 않는다(169-72).

79 Smith, 『나는 죽고 성도를 살리는 설교자』, 81-82.

80 Heisler, *Spirit-Led Preaching*, 46-51.

81 Crotts, 『성령의 조명을 받는 설교』, 23-32. 크로츠에 따르면, 바울은 고후 4:3-4에서 "조명이 없는 정죄"(복음이 거부당하는 이유는 망하는 자들, 불신자들에게 조명이 되지 않도록 이 세상의 신이 눈을 멀게 하기 때문임)를 묘사한다. 4:5에서 "조명을 위한 소통"(설교자가 아닌 그리스도가 복음의 핵심 메시지)을 제시하고, 6절에서 "조명에 의한 회심"(렘 31:33; 겔 36:26-27의 새 창조 사역과 연결됨)을 밝히고, "조명을 통한 확신"("하나님의 영광을 아는 빛"을 통해 회심 때 조명된 진리를 깨닫고 하나님을 아는 지식에서 자라감, 벧후 3:18)을 나타내고 있다.

82 Heisler, *Spirit-led Preaching*, 46; Merrida, 『설교다운 설교』, 120.

83 John Calvin, *Matthew, Mark, and Luke*, T. H. L. Parker trans. (Grand Rapids: Eerdmans, 1972), 63-69; John Oswalt, 『이사야』(Isaiah), 장세훈 역 (서울: 솔로몬, 2015), 148-51; Michael J. Wilkins, 『마태복음』(Matthew), 채천석 역 (서울: 솔로몬, 2012), 538-41.

서 새 언약의 영이신 성령의 조명하심의 역사가 나타날 때, 청중이 그리스도의 형상을 닮아가는 변화를 통해 하나님의 영광이 나타나는 삶을 살아갈 수 있게 된다.

3) 성령의 역할로서 부어 주심을 통한 조명: 설교의 적용 과정

청중을 변혁시키는 설교를 위해서는 설교 과정에서의 주해와 해석의 단계에서만 성령의 조명이 필요한 것이 아니라 본문에서 나오는 저자 의도적 적용을 현 청중에게 적실하게 다리놓기 하여 변혁적 적용(transformational application)을 제시하는 과정에서도 성령의 조명의 역사가 필요하다. 성령의 조명의 의미는 본문의 뜻에 대한 '이해'의 차원만이 아닌 삶의 변화를 위한 '적용적' 지평도 포함한다.[84]

설교자 바울은 오직 종말론적 성령에 의해서만 삶의 변혁이 가능하다는 차원에서 적용적 명령을 제시한다. 이를 통해 해석학적 과정과 변혁의 다리에서 성령의 결정적 역할을 강조한다. 바울의 설교에 나타난 적용의 패러다임은 변화를 이끌어 내시는 실행자이신 성령의 역사에 기초한 윤리적 적용, 개인적 적용, 가족 공동체(부부, 자녀) 적용, 교회 공동체 적용, 사회와 국가에 대한 적용, 사단과의 관계에 대한 적용 등으로 나타난다.[85]

칼빈도 확신하기를, 성령의 내적 증거와 조명을 통해 말씀을 그리스도인들의 영혼 안에 '적용'할 때 하나님에 대한 참된 지식을 얻을 수 있게 되고 청중의 순종과 변화가 가능하다고 하였다.[86] 청교도들에게 영향을 크게 미친 리차드 십즈(Richard Sibbs)는 성도의 삶, 교회, 세상을 말씀의 적용을 통해 변화시키기 위해서는 성령의 역사가 필수적이라고 보았다.[87] 스펄전은 하나님의 창조 사역, 그리스도의 부활, 증거 사역, 은혜의 사역을 통해서 성령의 외적 능력과 내적 능력이 드러나며, 미래와 소망에 찬 성령의 효과적인 역사를 통해서 개인, 가정, 공동체, 사회 영역에 변혁적 적용의 역사가 나타날 수 있다고 강조한다.[88]

---

84 Haddon Robinson, "The Heresy of Application," *Leadership* 18.4 (1997): 21–27; Vines and Shaddix, *Power in the Pulpit*, 189.
85 박현신, "바울의 설교에 나타난 적용 패러다임에 관한 연구," 「신학지남」 315 (2013): 174, 179.
86 Calvin, *Sermons on the Epistle to the Ephesians*, Arthur Golding trans. (Edinburgh: Banner of Truth Trust, 1998), 237, 550–51; 윤종훈, "존 칼빈의 구원 확신론에 관한 고찰," 171–72.
87 Joel R. Beeke, "Richard Sibbes on Entertaining the Holy Spirit," *The Banner of Sovereign Grace Truth* 6 (1998): 1–15.
88 Charles Spurgeon, 『스펄전의 전도설교: 구원의 핵심』(서울: 목회자료사, 2008), 118–21.

로이드 존스가 충고한 대로, 성령의 역사하심을 설교자가 교묘히 조정(manipulation)하려는 유혹을 경계하면서, 어떤 무능력한 죄인이라 할지라도 성령의 조명하심을 통해 메시지의 적용에 의지적으로 결단할 수 있고 변화될 수 있다는 사실을 강조해야 한다. 설교자는 적용이 청중 가운데 미칠 결과에 대해 염려하지 않고 성령의 역사에 온전히 맡겨야 한다.[89]

성령과 설교자 사이에 이루어지는 '해석학적 상호 작용'의 과정과 설교자의 충실한 강해 설교를 통해, 성령은 본문의 의미를 조명하실 뿐만 아니라 청중의 상황적인 필요들을 향해 적용하도록 내적으로 증거하신다. 이러한 성경 해석과 적용의 모든 해석학적 상호 작용 가운데 일어나는 성령의 역사(감동, 조명, 부으심 등)와 성령과 설교자 간의 종말론적(이미와 아직 사이)인 차원의 역동적 상호성 혹은 "구속사적 연합"(이 세대와 오는 세대가 서로 복합하는)은 현대 청중을 향한 조명된 적용의 설교신학적 토대라고 할 수 있다.[90]

성령이 조명의 역사를 통해 "청중의 삶에 본문을 적용시키는 과정에서 직접적인 역할"을 하시기 때문에 청중의 삶을 변혁시키는 적용 지향적 설교를 위해서는 성령의 주도적인 이끄심이 본질적으로 중요하다.[91] 카이저는 설교자가 청중에게 성경이 의도한 의미를 해석하고 적용할 때 성령의 조명의 역사가 있어야 삶의 변화가 일어날 수 있다고 보았다.[92]

설교자는 성령의 인도하심 가운데, 본문이 이끄는 적용(Spirit-led, text-driven application)이 현 청중을 저자가 의도한 적용에 반응하고 행동하도록 권면하고 설득하도록 해야 한다. 이를 위해서는 설교자는 본문에서 나온 '구체적인 행동 계획'이 담긴 적용의 진리들이 그리스도 안에서 청중의 정체성과 인격의 한 부분이 될 수 있도록, 역사하시는 성령의 역사(롬 8:28-29)에 민감해야 한다.[93]

성령의 부으심과 조명 가운데, 설교자가 성령 충만하여 전하는 말씀의 적용에 청중이 성령의 인도하심을 따라 순종할 때 하나님과의 관계, 증인의 사명, 개인적인 죄의 문제, 기도 생활, 공동체를 섬기는 은사의 활용, 예배의 변화, 가정에서 맡은 역할(부모, 남편, 아내, 자녀로서의 관계)에 충실함 등의 구체적인 삶의 변화와 성령의 열매가

89　Lloyd-Jones, 『목사와 설교』, 298-311.
90　이승진, "성령 하나님과 설교자와의 상호 관계에 대한 설교학적 연구," 246.
91　Heisler, *Spirit-Led Preaching*, 121.
92　Kaiser, *Toward an Exegetical Theology*, 236.
93　Akin, "Applying a Text-Driven Sermon," in *Text-driven Preaching*, 275.

나타날 수 있다.[94] 설교자는 성령에 충만함으로, 청중 가운데 말씀의 적용을 실천하지 못하도록 효력 없게 만드는 요소들을 어떻게 최소화할 것인지에 대한 질문들을 던지면서 점검해야 한다.[95]

이러한 역사적 조망을 통해 나타난 성령의 조명과 설교자의 적용의 균형을 인식하지 못할 때, 청중을 변화시키기 위한 적용에 대해 양극단, 즉 설교자 책임 혹은 성령의 책임으로만 규정하기 쉽다. 그러므로 이러한 불균형적 태도를 경계하면서, 성령의 주도적 역할과 설교자의 보조적 역할이 아름답고 풍성한 적용의 화음을 만들어내는 영적 이중주 적용을 추구해야 한다. 말씀과 함께 역사하시는 성령의 주도 아래, 성령과의 유기적이고 역동적인 관계 안에서 설교자의 역할과 책임이 필요하다.[96]

이를 위해 설교자들은 바울처럼 성도들 가운데 성령의 조명의 역사가 나타나도록 "지혜와 계시의 영"(πνεῦμα σοφίας καὶ ἀποκαλύψεως, 프뉴마 소피아스 카이 아포칼륍세오스, 엡 1:17)을 부어주셔서 하나님을 알게 하시고 마음의 눈을 밝혀 주시도록(πεφωτισμένους τοὺς ὀφθαλμοὺς τῆς καρδίας, 페포티스메누스 투스 옵탈무스 테스 카르디아스, 엡 1:18) 기도해야 한다. '마음 눈을 밝히다'는 헬라어 완료 수동태 분사(be enlightened)이다. 이는 성령의 인치심을 받고(엡 1:13) 이미(already) 중생한 성도가 구원 받았을 때와 그 이후의 성화 과정에서, 성령의 조명(하나님의 행동)이 신자의 심령 안에 과거에 이미 이루어졌고 현재에도 그 상태(하나님의 행동에 의해 생성된 영적 상태)가 지속되고 있다는 것을 암시한다.

성령의 조명을 통해 새 언약 백성들 안에 새 영과 새 마음을 창조하시는 목적은 그들로 하나님의 계시를 이해하는 지식을 갖게 하시고 성령의 인도를 따라 살아가게 하시며 다른 사람들에게 계시된 진리를 전달하도록 하시는 데 있다.[97] 따라서 설교자들은 청중의 변화의 과정이 시작되기 이전에, 먼저 자신이 말씀을 해석하고 적용할 때, 성령의 조명을 받아야 한다. 그리고 기도하기를, 청중에게 '지혜와 계시의 영'을 주셔서 눈으로 보고, 귀로 들으며, 마음으로 깨닫는, 성령의 조명의 역사가 나타나게 해달라고 해야 한다.

---

94 Bill Bennett, "the Secret of Preaching with Power," in *Text-driven Preaching*, 62–66.
95 Edwards, 『깊은 설교』, 354–56.
96 Carter, Duvall, and Hays, 『성경 설교』, 143; 오버도르프는 성령이 적용을 통해 청중 가운데 역사하심을 강화하는 가능성을 제안한다. Overdorf, 『설교를 적용하기』, 43–63.
97 Crotts, 『성령의 조명을 받는 설교』, 152–55; Barth, *Ephesians*, 148–49.

3. 변혁적 설교의 전달 과정에서 성령의 역할

1) 성령의 역할로서 부어 주심을 통한 '나타남'(ἀποδείξει): 설교의 전달 과정

성경의 해석과 적용 과정에서 성령의 역할을 제시하고 있는 학자들 가운데서도, 대부분 설교학이 설교 전달에 관한 부분에 소홀할 뿐 아니라, 설교 전달에 관해 논의하고 있는 주요 저술들조차도 성령의 역할을 간과하는 것 같다. 그러나 설교의 주해화, 원리화, 적용화 과정만이 아니라 '전달' 과정에서도 '성령의 나타나심'과 강력한 부으심의 역사가 필요하다.[98] 따라서 변혁적 설교의 전달 과정에서 성령의 역할에 대한 설교신학적 기초를 성경적, 역사적 고찰을 통해 재정립할 필요가 있다.

먼저 고린도전서 1:18-2:5은 청중을 변혁시키는 설교를 위한 성령의 역할에 대해 어떠한 성경적 원리를 제시하고 있는지 살펴볼 필요가 있다.

이 본문에서 성령의 능력은 무엇을 지칭하는가?

이 단락에서 바울은 '능력'(δύναμις, 뒤나미스)을 5회 반복해서 강조하는데(1:17, 18, 23-24; 2:4, 5), "십자가의 도"(Ὁ λόγος γὰρ ὁ τοῦ σταυροῦ, 호 로고스 가르 호 투 스타우루, 1:18)가 하나님의 능력(δύναμις θεοῦ, 뒤나미스 데우)이며, 그리스도가 하나님의 능력(χριστὸν θεοῦ δύναμιν, 크리스톤 테우 뒤나민, 1:24)이라고 강조한다. 즉 하나님의 능력은 역설적으로 연약하고 어리석은 메시지(고전 1:18-25), 연약하고 어리석은 사람들(1:26-31), 연약하고 어리석은 설교자들(고전 2:1-5)을 통해 나타나며, 설교자들은 어리석은 복음 메시지를 선포하기로 결심(determination)해야 한다는 것이다.[99]

나아가 바울은 자신의 설교적 차원, 즉 "나의 말과 전도함"(ὁ λόγος μου καὶ τὸ κήρυγμά μου, 호 로고스 무 카이 토 케뤼그마 무)의 능력의 원천이 인간적 지혜의 설득(οὐκ ἐν πειθοῖ[ς] σοφίας, 우크 엔 페이토이[스] 소피아스)에 있는 것이 아닌 '성령과 능력의 나타남' 안에(ἐν ἀποδείξει πνεύματος καὶ δυνάμεως, 엔 아포데익세이 프뉴마토스 카이 뒤나메오스, 2:5) 있다고 단언하였다.[100]

여기서 "나타남"(ἀποδείξει, 아포데익세이)은 당시 헬라 문화에서 연사(orator)가 논증의 정당성을 증명하기 위해 제시하는 증거(evidence)를 가리키거나, 수사학 전문 용어

---

98 Kaiser, 『새로운 주경신학 연구』, 308.
99 Azudia, *Spirit-empowered Preaching*, 67-69.
100 Charles B. Cousar, "I Corinthians 2:1-13," *Interpretation* 44 (1990): 169-70.

로 "일반적으로 동의하는 전제들로부터 제시하는 논증의 나타남 혹은 증거(demonstration or cogent proof of argument)"를 의미하였으나, 바울이 구별하여 사용한 용어(ἅπαξ λεγόμενον, Hapax legomenon, 단 한 번 기록에 남아 있는 어구)로서 '드러남'(manifestation), '나타남'(demonstration), '의심의 여지가 없는 증거'(indubitable proof), 확신케하며 확증해주는 방식으로 제시하는 확실한 증거를 의미하며, 일반적으로 수용된 진리를 통한 논증보다는 '성령과 능력을 통한 신적인 확신'(the divine conviction of the Spirit and power)을 지칭한다(고전 4:20).[101]

즉 단순히 논리적이며 증명의 차원을 넘어, 설교자를 통해 청중의 지성과 심령 안에 역사하여 그들에게서 거룩한 감정을 불러일으키고 그들을 설득하고야 마는, 그리고 반박할 수 없게 만드는, 하나님의 능력과 성령에 의한 결정적 '증거'(proof)와 '확증'(verification) 차원의 진리를 의미한다.

바울 자신의 그리스도 중심적 복음 설교(행 5:42; 8:5, 35; 9:20; 11:20; 17:2-3; 고전 1:23; 고후 4:5; 엡 3:8)와 십자가 중심적 설교가 바로 성령의 '나타남'의 증거이다(고전 2:4, 13; 갈 3:1-5).[102] 그리스도와 십자가에 기초한 설교의 '미련한 것'을 통해 계시에 대한 해석과 이해의 차원만이 아닌 적용과 전달 차원에까지 '계시의 소통자'되시는 성령의 능력이 나타남으로 말미암아, '온전한 자들' 혹은 '영적인 자들'을 변화시키는 역사가 일어나게 된다(고전 2:10-16).[103]

성령의 나타남이 있는 설교(Spirit-empowered preaching)가 설교의 전달 과정에 반드시 필요한 이유는 설교자의 강해와 적용을 통해 청중이 성령 안에서 전인(지성, 감성, 의지)

---

101 Timothy H. Lim, "Not in Persuasive Words of Wisdom, but in the Demonstration of the Spirit and Power," *Novum Testamentum* 29 (1987): 147; Azudia, *Spirit-empowered Preaching*, 98-101; Colin Brown ed., *New International Dictionary of New Testament Theology*, 588; William D. Mounce, *The Analytical Lexicon to the Greek New Testament* (Grand Rapids: Zondervan Publishing House, 1993), 88; Louw and Nida Lexicon (Bibleworks 10: Software for Biblical Exegesis and Research, CD-ROM). 문맥상 헬라철학자들이 사용했던 수사학적 기술이나 철학적 논증에 의한 증거와 반대되는 개념이다. Thayer's Greek Lexicon (Bibleworks 10: Software for Biblical Exegesis and Research, CD-ROM [Norfolk, VA: Bibleworks, LLC, 2015]).

102 Azudia, *Spirit-empowered Preaching*, 72-76; Colsar, "I Corinthians 2:1-13," 171.

103 Richard B. Gaffin, Jr., "Some Epistemological Reflections on 1 Cor. 2:6-16," *WTJ* 57 (1995): 103-24; 강웅산, "설교의 미련한 것(고전 1:21): 계시의 변증적 기능과 성령의 역할," 한국복음주의신학회, 「성경과 신학」 67 (2013): 135-72. 강웅산은 "설교의 내용은 그리스도의 십자가(고전 2:2)가 결정하고, 형식은 성령의 소통(고전 2:10-16)에 의해 지배된다"라고 강조한다(135). 고전 2:10-16에서 '감춤과 드러냄'(hiddenness and revelation), '온전한 자와 영적인 자'에 대한 폭 넓은 배경과 논의를 위해서는 Sigurd Grindheim, "Wisdom for the Perfect: Paul's Challenge to the Corinthian Church (1 Cor 2:6-16)," 697-709를 보라.

이 설득되고, 신적인 확신을 가지게 되어 말씀에 순종하여 변화를 받는 강력한 동력을 부여받을 수 있기 때문이다.

2) 성령의 나타남을 통한 십자가 중심적 설득(πείθω)/반응과 결단 요청

바울의 설교는 성령의 나타남(a demonstration of the Holy Spirit) 안에서 "행동하도록 만드는 설득(πείθω, 페이도)"으로 청중의 전인적인 순종의 변화를 추구하였다.[104] 설교자들도 변혁의 다리에서 적용을 통해 청중을 어떻게 가장 효과적으로 설득하여 결심하게 하고 행동하게 할 것인가를 고민해야 한다. 바울과 베드로의 설교는 성령의 나타남 가운데 청중의 설득을 통한 변화를 추구했을 뿐 아니라 회중들에게 '회개, 반응, 결단'을 촉구하기도 하였다.[105] 성령 부으심 아래 전파된 바울의 설교에 대한 회중들의 반응은 거부(행 4:2, 15), 수용과 거절(행 13:43, 48), 믿음(행 14:2; 16:33-34; 17:11; 18:18) 등으로 다양하게 나타났다는 점에 유의할 필요가 있다.[106]

진리의 영이신 성령의 역할 중에 하나는 설교자를 통해 그리스도를 증거하고 드러내는 사역이기에,[107] 바울의 설교는 신학적 교리에 근거한 적용과 함께 윤리적 문제들에 대한 궁극적인 해결과 변화의 열쇠로서 성령의 나타남 안에서 '그리스도와 십자가에 기초한 설득과 결단의 촉구'를 추구한다.[108] 사도 바울은 성령의 임재가 사역 가운데 효력을 나타낸다는 것을 확신하였기에, 하나님 나라는 말이 아니라 능력에 있음을 믿었고(고전 4:20), "말과 지혜의 아름다운 것," "설득력 있는 지혜의 말"(πειθοῖ[ς] σοφίας λόγοις, 페이토이[스] 소피아스 로고이스, 고전 2:4)"로 지칭된 당시 수사학(rhetoric)을 중립적

---

104 πείθω(페이도)에 대한 상세한 논의를 위해서는 Colin Brown ed., *New International Dictionary of New Testament Theology*, 1:588-93; Larry Overstreet, "The Priority of Persuasive Preaching," *Preaching* 19 (2003): 54. 필자가 사도행전에 나타난 πείθω(페이도)의 활용을 분석해 볼 때(행 17:4; 19:8; 28:23-24) 바울은 성령의 역사 가운데 설득을 통해 청중의 변화를 추구했다는 것을 알 수 있다.
105 James W. Thompson, "Paul's Preaching Ministry: Evangelistic and Pastoral Preaching in Acts," *RestQ* 42 (2000): 21-22; R. Albert Mohler Jr., *He is Not Silent* (Chicago: Moody Publishers, 2008), 124-31; 유상섭, 『분석 사도행전』(서울: 생명의 말씀사, 2001), 120-34; 유상섭, "베드로의 설교분석," 238, 248-49.
106 유상섭, 『분석 사도행전』, 134-36, 464-69; 유상섭, "베드로의 설교분석," 239, 251; Thompson, "Paul's Preaching Ministry," 22.
107 Azudia, *Spirit-empowered Preaching*, 47-62.
108 Heisler, *Sprit-led Preaching*, 56-61; 박현신, "바울의 설교에 나타난 적용 패러다임 연구," 181-83. 아주디아(Azudia)는 "성령의 생명력있는 역사는 그리스도 중심적 성경을 신실하게 선포하는 설교자를 통해 예수 그리스도를 영화롭게 하는 하나님의 효력있는 사역을 통해 이루어진다"고 강조한다. Azudia, *Spirit-empowered Preaching*, 62.

인 차원으로 간주하고 활용하면서도, 그것을 복음과 성령의 사역에 복종시키며 성령의 능력을 의지하고 그리스도와 십자가 복음 중심적 설교를 전달할 때 진정한 설득과 변화가 가시적으로 나타날 것을 확신한 것이다.[109]

따라서 설교자들은 바울처럼 수사학과 커뮤니케이션 기술적 차원을 넘어 성령의 주권적인 역사 안에서 페이도(πείθω)를 통한 청중의 삶의 근본적인 변화와 행동을 추구할 필요가 있다.

주목할 점은, 여러 강해 설교학자들도 고린도전서 2:1-5을 성령의 나타남과 능력을 통해 청중을 변화시키는 설교 전달의 성경적 원리로 제시하고 있다는 점이다. 이 본문을 통해 볼 때, 바울은 청중을 변화시키기 위해 당대 고린도 연설가들처럼 그리스-로마 수사학에 능숙하여 말과 지혜의 아름다운 것을 말할 수 있었지만 이러한 수사학적 능력을 의지하지 않았다. 바울의 설교 철학의 핵심은 설교의 스타일과 내용적 차원에서 오직 성령과 능력의 나타남이 청중과 공동체를 변화시키는 근원임을 확신하고 순전한 복음을 열정적이며 권위있게 전하는 것이다.[110]

궁극적으로 설교의 영적인 목적을 성취하는 것은 설교자의 기술과 지혜 때문이 아니라 성경을 통해 역사하시는 성령의 능력 때문이며, 성령의 나타남을 통해 설교하고 있는지 혹은 아닌지를 설교자 자신과 청중도 알 수 있다.[111]

데살로니가전서 1:5-6도 성령과 능력의 나타남을 통한 회중을 변화시키는 설교 전달의 성경적 원리를 제시해 준다. 바울은 하나님의 능력인 복음(롬 1:16; 살전 2:8, 9) 사역이 원 청중인 데살로니가인들 가운데 성령의 확신케하는 능력이 없는 공허한 인간의 수사학적이고 웅변적인 '말로만' 전파되지 않고, 복음의 '능력 안에서 그리고 거룩한 영 안에서'(ἐν δυνάμει καὶ ἐν πνεύματι ἁγίῳ, 엔 뒤나메이 카이 엔 프뉴마티 하기오, 살전 1:5), "많은 확신 안으로"(ἐν πληροφορίᾳ πολλῇ, 엔 플레로포리아 폴레) 생각과 마음과 행동을 변

---

109 Calvin, *The First Epistle of Paul the Apostle to the Corinthians*, 51; Thompson, *Preaching Like Paul*, 83; Vines and Shaddix, *Power in Pulpit*, 64-65; Duane Litfin, *Public Speaking*, 2nd ed. (Grand Rapids: Baker, 1992), 135-40; Lim, "Not in Persuasive Words of Wisdom, but in the Demonstration of the Spirit and Power," 147; Raymond C. Ortlund Jr., "Power in Preaching: Decide(1 Cor 2:1-5)," *Themelios* 34.1 (2009): 82-86. 바울이 고린도전서 1-3장의 문맥에서 사용한 '지혜'에 관한 학문적인 논의를 위해서는 Sigurd Grindheim, "Wisdom for the Perfect: Paul's Challenge to the Corinthian Church (1 Cor 2:6-16)," *JBL* 121/4 (2002): 692-97.

110 Vines and Shaddix, *Power in Pulpit*, 65; MacArthur, 『강해 설교의 재발견』, 453; Smith, 『나는 죽고 성도를 살리는 설교자』, 58-66; Kaiser, 『새로운 주경신학 연구』, 307; Merrida, 『설교다운 설교』, 104.

111 Chapell, *Christ-centered Preaching*, 26; Bill Bennett, *Thirty Minutes to Raise the Dead* (Nashville: Thomas Nelson, 1991), 176.

화시키도록 역사하셨음을 강조한다.[112]

복음 커뮤니케이션(Gospel communication)은 능력 안에 있는 복음, 성령 안에 있는 복음, 온전한 확신 안에 있는 복음으로 나타나야 한다. 복음의 능력과 함께 역사하는, 담대한 확신이 있는 설교의 전달을 통해 성령의 나타남은 데살로니가교회의 많은 환난 가운데서 믿음과 '성령의 기쁨으로'(χαρᾶς πνεύματος ἁγίου, 카라스 프뉴마토스 하기우, 살전 1:6) 말씀을 환영하여 받도록(눅 10:8, 10; 히 11:31) 하는 역사로 나타났다.

'주님의 말씀'(살전 1:8; 살후 3:1)인 설교를 통한 성령 주도적 역사와 인간의 책임적 반응의 균형적 결과로서, 바울과 "주님을 본받는 자"(μιμηταὶ ἡμῶν ἐγενήθητε καὶ τοῦ κυρίου, 미메타이 헤몬 에게네테테 카이 투 퀴리우, 살전 1:6)로 변화되고, "믿는 자들의 모범"(τύπον πᾶσιν τοῖς πιστεύουσιν, 투폰 파신 토이스 피스튜우신, 살전 1:7)이라는 '변화된 삶의 열매'가 나타났으며, 당시 다신교적 문화 속에서 섬겼던 우상들을 회개하고 살아계신 하나님께로 돌아오는(살전 1:9; 행 14:15) 회개에 합당한 삶의 열매(마 3:8)를 맺게 된 것이다.[113]

따라서 변혁적 설교를 위해서는 수사학적 능력이 아닌 성령과 능력의 나타남 안에서 확신에 찬 십자가 중심적 설득(Cross-centered persuasion)을 통해 청중의 전인적인 반응과 변화된 삶의 열매를 추구해야 한다.

3) 성령의 나타남을 통한 설교 전달(Spirit-filled delivery)

성령의 조명과 부으심의 역사를 통해 변혁적 설교를 추구하는 설교자는 성령 안에서 해석과 적용의 과정만이 아닌 설교의 전달 과정과 이후의 삶 가운데 나타날 말씀의 지속적인 '효력성'(effectiveness)에도 성령의 역사를 철저히 의지해야 한다. 성령은 모든 종류의 형태를 활용하여 설교자의 메시지가 효과적으로 청중에게 전달되도록 역사하실 수 있기 때문에, 설교자는 주해, 원리화, 적실성 과정뿐 아니라 설교 형태(구조)를 디자인하는 과정[114]과 설교의 전달(delivery) 과정에서도 성령을 철저히 의지해야 한다.

---

112 Calvin, *Commentary on the First Epistle to the Thessalonians*, 335–38; Wayne V. McDill, *The Moment of Truth* (Nashville: Broadman and Holman, 1999), 8; Raymond C. Ortlund Jr., "Power in Preaching: Desire (1 Thessalonians 1:2 – 5)," *Themelios* 34.2 (2009): 208–10.

113 Leon Morris, *The First and Second Epistles to the Thessalonians* (Grand Rapids: WM. B. Eerdmans Pub., Co., 1979), 56–65; F.F. Bruce, *1&2 Thessalonians*, WBC (Waco, TX: Word books, 1982), 13–19; 권성수, 『성령설교』, 403–04.

114 Cahill, *The Shape of Preaching*, 88–89.

성령 하나님이 설교자의 연약함에도 불구하고 설교의 전달 과정에서 개입하시지만, 설교자는 전달의 기술을 개발해야 한다.[115] 카이저는 설교자는 탁월한 주해자이어야 하면서 동시에 철저히 "위로부터 오는 능력을" 옷 입고(눅 24:49), 지식과 지혜의 영을 추구하며, 정결함과 자유롭게 전하는 성령의 은사, 성령 충만한 기도가 필요하다고 본다.[116]

그렇다면 성령과 능력의 나타남을 통해 설교자는 어떤 효과적인 설교 전달을 추구해야 하는가?

첫째, 성령 충만한 설교의 전달은 성령의 부어 주심이 있는 로고스, 파토스, 에토스를 추구해야 한다.

페이지 패터슨(Paige Peterson)은 성령의 부어 주심의 역사가 없이는 로고스, 파토스, 에토스를 통한 수사학적 설득으로 어떤 청중도 변혁시킬 수 없다고 강조한다.[117] 채플은 청중의 변화에 필요한 로고스(증명과 가능성을 기초로 한 논리적 측면), 파토스(청중의 감정을 불러일으키는 열정), 에토스(설교자의 신뢰받는 인격)가 '성령'의 나타남을 통해 드러내야 할 것을 강조한다(살전 1:5).[118]

성령의 나타남을 통해서, 본문으로부터 나오는 로고스(Sprit-led, text-driven logos)적 측면만이 아니라 본문에서 나오는 진정한 파토스(text-driven pathos)와 성령에 사로잡힌 설교자의 에토스(Spirit-filled ethos)가 설교 전달 가운데 나타나야 하며, 다리놓는 자(bridgebuilder)로서 설교자 자신을 예화와 적용 가운데 드러내는 것(self-disclosure)도 바울처럼(고후 1:12; 2:12, 13; 살전 2:8) 성령의 충만함 가운데 지혜롭고 적절하게 이루어져야 한다.[119] 특히 설교자는 성령에 충만하여 성경 본문에서 나오는 감정(text-driven emotion)을 살리는 파토스를 설교 전달에 담아서 전할 필요가 있다.[120]

둘째, 성령이 이끄는 설교 전달은 전인적 호소와 효과적 동기 부여(Spirit-led motivation)가 동반된다.

115　Heisler, *Spirit-Led Preaching*, 114.
116　Kaiser, 『새로운 주경신학 연구』, 306-16.
117　Paige Peterson, "Ancient Rhetoric: A Model for Text-driven Preachers," in *Text-driven Preaching*, 17-34.
118　Chapell, *Christ-centered Preaching*, 35. 채플은 이러한 수사학적 3대 요소의 성경적 증거들을 제시한다(살전 2:3-8, 11-12; 딤후 2:15-16, 22-24; 딛 2:7-8; 고후 6:3-4; 약 1:26-27; 3:13; Chapell, *Christ-centered Preaching*, 34-41).
119　Adam B. Dooley and Jerry Vines, "Delivering a Text-driven Sermon," in *Text-driven Preaching*, 247-49; Jeffrey Arthurs, "The Place of Pathos in Preaching," *JEHS* 1 (2001): 1-10; Jeffrey Arthurs and Andrew Gurevich, "Theological and Rhetorical Perspectives on Self-Disclosure in Preaching," *BSac* 157 (2000): 215-26; 권성수, 『성령설교』, 342-61.
120　김대혁, "설교자의 올바른 감정 사용에 대한 제언 : 본문의 감정을 살리는 설교," 한국복음주의실천학회, 『복음과 실천신학』, 36 (2015): 41-88.

에드워즈는 설교의 전달 과정에서 논리적 설득, 정서적 호소, 의지적 결단이라는 성령이 이끄는 호소를 보여줄 뿐 아니라, 성경 본문의 견실한 주해와 확고한 교리에 근거한 상상력을 활용하여, 청중의 순종하는 삶을 통해 어떠한 성령의 역사가 일어날 수 있는지에 대한 변화의 그림을 그려주며 청중에게 효과적인 동기 부여를 하고자 하였다.[121]

셋째, 성령의 나타나심은 설교자의 언어적 전달(verbal communication) 과정을 통제한다.

설교자는 언어적 전달 뿐 아니라 비언어적 전달 차원도 성령의 부으심 통해 가장 효과적으로 이루어질 수 있도록 해야한다. 퍼킨스도 성령의 부으심과 능력이 설교의 주해적 차원만이 아니라 설교자의 전달 과정의 언어와 몸 언어를 사용하는 차원과도 연결되어 있다는 점을 강조한다.[122] 스펄전은 성령의 부으심은 설교의 내용과 언어뿐 아니라 설교의 전달 과정 전체에 결정적인 영향을 미친다고 보았다.[123] 맥아더는 청중을 변화시키는 강해 설교 전달에서 중요한 요소들, 즉 설교자의 생각의 명료함, 명확한 언어, 불타는 열정, 그리고 권위는 오직 성령의 능력(고전 2:4-5)을 통해서만 효과적으로 나타날 수 있다고 확언한다.[124]

파이파는 성령의 부어 주심을 통해 설교의 적용이 '평이한 스타일'이어야 한다고 주장한다. 이를 위해 설교의 적용과 언어 사용에서 인간의 지혜보다 성령님의 지혜가 나타나고, 단순하고 명료한 어휘를 사용하고, 구체적이고 생생한 표현을 사용하게 되며, 설교자 자신만의 자연스러운 스타일이 우러나오게 해야 한다고 한다.[125]

넷째, 성령의 나타나심은 비언어적 커뮤니케이션(non-verbal communication)의 과정도 주도하신다.

설교 전달에 관한 저술들 가운데 비언어적 커뮤니케이션을 다루고 있는 경우도 드물지만, 이 영역에서 성령의 부으심의 결정적 역할을 균형있게 강조하는 경우는 거의 없다고 볼 수 있다. 그러나 성령을 통한 효과적인 비언어적 커뮤니케이션을 위해서는 설교자 목소리의 역동성(호흡, 발음, 목소리 성량/음량, 어조, 음성 고저, 속도 조절, 멈춤, 감정

---

121 William T. Flynt, "Jonathan Edwards and His Preaching," (Ph. D. diss., Southern Baptist Theological Seminary,1954), 126-31; John D. Hannah, "The Homiletical Skill of Jonathan Edwards," BSac 159 (2002): 100. 에드워즈 설교의 효과적인 커뮤니케이션에 관한 논의를 위해서는 John D. Hannah, "Jonathan Edwards and the Art of Effective Communication," *Reformation & Revival* 11 (2002): 109-31.
122 박태현, "William Perkins의 설교론," 161, 138-74.
123 Spurgeon, 『목회자 후보생들에게』, 305.
124 MacArthur, 『강해 설교의 재발견』, 453.
125 Pipa, "성경과 개혁주의 신학에서 말하는 설교," 138-44.

조절)과[126] 몸 언어(첫인상, 시선과 눈 맞춤, 얼굴 표현, 자세, 걸음걸이, 제스처, 움직임),[127] 원고를 철저히 준비한 후 원고 없이 성령에 철저히 의지해서 전달하는 영역에 대한 연구와 훈련이 필요하다.[128]

〈표 21. 성령의 나타남을 통한 비언어적 커뮤니케이션 영역〉

성령의 나타남을 통한 비언어적 커뮤니케이션	
목소리 (Voice)	호흡(breathing), 발음(articulation), 목소리 성량/음량(volume), 어조(tone), 음성 고저(pitch), 속도 조절(pace), 멈춤(pause), 감정 조절, 강도(intensity)
몸 언어 (body language)	첫인상(fisrt impression), 시선과 눈 맞춤(eyecontact), 얼굴 표현(facial expression), 자세(posture), 걸음걸이, 제스처(gesture), 움직임(movement)

4. 설교 전달 후 성령의 역할: 성령을 따라 행함(πνεύματι περιπατεῖτε)으로 성령의 열매(καρπὸς τοῦ πνεύματός)를 맺게 하심

현대 설교학에서 설교 전달 후의 과정과 설교 이후의 청중의 삶의 전 영역에서의 성령의 역할에 대해서는 거의 간과하고 있다고 볼 수 있다. 성령이 주도하는 변혁적 설교 패러다임은 설교의 준비 과정, 해석 과정, 적용 과정, 전달 과정에서만 성령의 부으심과 조명, 나타남, 인도하심을 강조할 뿐 아니라 설교 이후 청중의 삶의 전 영역에까지 성령의 총체적인 역할을 강조해야 한다. 그러나 현대 설교학은 이 부분에 대한 강조와 성경적, 역사적 논의가 부족한 부분을 지적하지 않을 수 없다.

바울의 설교 모델처럼, 개혁주의 변혁적 설교는 성령의 인도하심을 통해 청중의 삶 가운데 실천적인 행동과 변화의 열매가 나타남을 본질적인 목적으로 추구해야 한다.

126　Al Fasol, *A Complete Guide to Sermon Delivery* (Nashville, TN: Broadman & Holman Publishers, 1996); 9-101; Akin, Curtis and Rummage, *Engaging Exposition*, 260-80; G. Robert Jacks, *Getting the Word Across: Speech Communication for Pastors and Lay leaders* (Grand Rapids: Eerdmans, 1995), 181-86. 그러나 파솔(Fasol), 러미지(Rummage), 잭스(Jacks)는 비언어적 전달에 있어서 성령의 역할에 대한 구체적인 논의는 전개하지 않았다는 한계를 노정하고 있다.

127　Akin, Curtis and Rummage, *Engaging Exposition*, 282-98; Sunukjian, *Invitation to Biblical Preaching*, 270-99; York and Decker, 『확신있는 설교』, 288-331.

128　Martin, *Preaching in the Holy Spirit*, 125; Akin, Curtis and Rummage, *Engaging Exposition*, 300-04.

성령의 능력이 부어지는 설교는 하나님 나라의 확장을 위해, 설교자가 전달한 말씀의 적용을 통하여 청중의 삶과 사회 가운데 변화와 열매가 나타나도록 역사한다.[129]

로마서 8:12-17에서 신약의 성도들이 가진 윤리적 책임과 변화는 이미와 아직(already-not yet) 사이의 성령 통치와 인도하심 안에서 이루어지는 종말론적인 긴장과 하나님 "나라(Kingdom)를 거스리는 나라(kingdom)"와의 종말론적 전투의 차원(육체의 소욕과 성령의 소욕)과 연결된다.

성령을 좇아(κατὰ πνεῦμα, 카타 프뉴마, 8:4, 5) 행하는 자들(τοῖς περιπατοῦσιν, 토이스 페리파투신)은 '영의 생각'을 하는 자로 '변화'되어 가고(8:5-6), 성령의 인도함을 따라가는 하나님의 자녀들은 '영으로 몸의 행실을 죽이는 삶'으로 '변화'되어 가며(8:13-16), '양자의 영'(8:15)이 하나님의 자녀로 하여금 그리스도의 형상을 닮아가는 삶으로 '변화'되어 가도록 도우신다(8:26-29).[130]

바울은 갈라디아서 3-4장에서 제시한 교리적 직설법(indicative; 언약, 구원론, 성령론)에 기초한 성령이 주도하시는 윤리적 명령법(imperative)을 5-6장에서 제시한다.[131] 바울은 그리스도 안에서 이미 얻은 자유(ἠλευθέρωσεν, 엘류데로센, 5:1) 안에 굳게 서서 "성령으로 행하라"(πνεύματι περιπατεῖτε, 프뉴마티 페리파테이테, 5:16a)는 명령에 만약(εἰ, 에이) 순종할 때(5:18, 25), 육체의 열매(5:19-21)와 대조되는 "성령의 소욕을 따르는" 삶(5:18)에 나타날 3가지 관계 영역의 열매(5:22-23)를 보여준다.

① **하나님과의 관계 영역**(사랑, 희락, 화평).
② **사회적 영역**(오래 참음, 자비, 양선).
③ **개인적 영역**(충성, 온유, 절제).[132]

---

129 Larry Overstreet, "Implementing Persuasive Preaching," *Preaching* 20 (2004): 28; Heisler, *Spirit-Led Preaching*, 123-25; Azudia, *Spirit-empowered Preaching*, 176.

130 John Calvin, *The Epistle of Paul the Apostle to the Romans and to the Thessalonians*, trans. Ross MacKenzie (Grand Rapids: Eerdmans, 1973), 167-71; Thomas R. Schreigner, 『로마서』(*Romans*, ECNT), 배용덕 역 (서울: 부흥과 개혁사, 2012), 494-545; Sinclair B. Ferguson, 『성령론』(*The Holy Spirit*), 김재성 역 (서울: IVP, 1999), 178-80; 187-95; 최갑종, "로마서 7-8장에 나타난 성령의 역할," 한국복음주의신약학회, 『신약연구』 2 (2003): 116-17; Crotts, 『성령의 조명을 받는 설교』, 148-49.

131 Gordon Fee, "Freedom and the Life of Obedience(Galatians 5:1-6:18)," *RevExp* 91 (1994): 201-17; Scot McKnight, *Galatians*, NIVAC (Grand Rapids: Zondervan, 1995), 242-62; Victor P. Furnish, *Theology and Ethics* (Nashville: Abingdon, 1968), 98-106.

132 Calvin, *The Epistle of Paul the Apostle to the Galatians, Ephesians, Philippians and Colosssians*, trans. T.H.L Parker (Grand Rapids: Wm. B. Eerdmans Pub., 1965), 103-05; 육체의 열매와 성령의 열매에 대한 비교와 상세한 논의를 위해서는 René A. López, "Paul's Vice list in Galatians 5:19-21," *BSac* 169

바울은 성령이 주시는 자유(ἐλευθερία, 엘류테리아, 갈 5:13; 고후 3:17) 안에서 '사랑으로 역사하는 믿음'(갈 5:6)을 통해(하나님과의 관계 영역), 이웃을 자신의 몸과 같이 사랑하고 섬기는(갈 5:13-14) 삶의 변화와 공동체 관계 안에서, 다양한 변화와 개인적 관계(5:25; 6:4, 7)에서의 열매를 맺을 것을 명령한다(갈 5:26; 6:1-2, 6, 9-10).

모든 삶의 영역에서 성령으로 충만케 되는 것은 모든 신자들에게 주시는 하나님의 '명령'("성령의 충만을 받으라," πληροῦσθε ἐν πνεύματι, 플레루스테 엔 프뉴마티)이며 성령의 역사를 통해서만(수동 명령태) 계속해서 받을 수 있다(현재형)는 의미와 영적 영역에서 성령의 인도함을 따라가는 행동을 의미를 내포하고 있다(엡 5:18).[133] 가정과 사회적 관계에 있어서 성령 충만한 삶의 변화의 열매는 에베소서에서도 나타난다(엡 5:19-21, 22; 6:4-5). 즉 설교를 통한 청중의 변화와 열매는 삶 가운데 "성령을 따라 행하라"(πνεύματι περιπατεῖτε, 프뉴마티 페리파테이데, 갈 5:16, 25)라는 명령에 사랑으로 역사하는 믿음으로 순종함으로써 '그리스도의 법'을 성취하는 차원이다.[134]

칼빈은 성령을 따라 사는 것은 '내적인 능력'을, 걷는 것은 '외적인 행동'을 가리킨다고 보았고,[135] 루터와 칼빈은 사랑을 통해 역사하는 믿음은 전적으로 그리스도와의 연합을 통해 나타나며, 믿음의 열매는 공동체적 상황과 연결된다고 보았다.[136]

그러므로 설교를 통한, 청중의 삶의 영역에서의 변화의 열매가 하나님과 사람과의 관계에서 나타나기 위해서는 성령을 따라 행함이 중요하다. 먼저 설교자가 자신이 바울의 모범을 따라 설교자 "속에서 능력으로 역사하시는 이"(τὴν ἐνεργουμένην ἐν ἐμοὶ ἐν δυνάμει, 텐 에네르구메넨 엔 에모이 엔 뒤나메이)의 "역사를 따라"(κατὰ τὴν ἐνέργειαν αὐτοῦ, 카

(2012): 48-67를 참조하라. 육체의 열매를 제시한 것은 경고보다는 성령으로 '변화'되어 성령의 열매를 맺도록 동기 부여 차원이다.

133 Markus Barth, *Ephesians*, AB (Garden City, NY: Doubleday & Company, 1982), 582. 막스 터너(Max Turner)는 '성령으로 충만한 상태'(filled with the Holy Spirit)는 어떤 상황에 단기적으로 성령의 능력을 받는 의미이고, '성령으로 충만한'(full of the Holy Spirit)이라는 표현을 사용할 때는 보통 그리스도인과는 구별된 성령의 역사와 열매가 나타나는 삶을 사는 특별한 그리스도인을 지칭한다고 말한다. Max Turner, *Power from on High*, Journal of Pentecostal Theology Supplement series 9 (Sheffield: Sheffield Academic Press, 1996, 2000), 168-69. 권성수, 『성령설교』, 34-41에서 재인용.

134 Richard Longenecker, *Galatians*, WBC, vol. 41 (Nashville: Thomas Nelson, 1990), 246; Fee, "Freedom and the Life of Obedience," 204. 바울서신에서 성령에 대한 언급한 구절들에 대한 상세한 주해와 이를 근거한 성령에 대한 주해적 함의에 대해서는 Gordon Fee, *God's Empowering Presence: The Holy Spirit in the Letters of Paul* (Peabody, MA: Hendrickson Publishers, 1994)을 보라.

135 Calvin, *The Epistle of Paul the Apostle to the Galatians, Ephesians, Philippians and Colosssians*, 106.

136 Stephen J. Chester, "Faith Working through Love(Galatians 5:6); The Role of Human Deeds in Salvation in Luther and Calvin's Exegesis," in *Doing Theology for the Church*, eds., Rebekah A. Eklund and John E. Phelan, 41-51 (Eugene, OR: Wipf & Stock, 2014)..

타 덴 에네르게이안 아우투) 수고(ἀγωνιζόμενος, 아고니조메노스)해야 한다(골 1:29; 고전 9:25). 그리고 먼저 설교자는 하나님의 의의 종으로 열매맺는 삶을 살기 위해서는 성령을 따라 살 때에만 가능하다는 것을 인식하고, 이것을 청중에게 지속적으로 강조해야 한다.

5. 결어: 성령이 이끄는 변혁적 다리놓기를 향하여

지금까지 본 장에서 논증한 것처럼, '그리스도의 형상을 닮아가는 변화'라는 강해 설교의 궁극적인 목적을 성취하기 위해서는 성령의 다차원적 역사가 설교의 주요 과정에서 나타나야만 한다.

개혁주의 변혁적 설교는 성령이 설교 전 준비 과정에서 설교자를 위한 부으심의 역사, 주해와 적용 과정에서 설교자와 청중을 위한 조명의 역사, 전달 과정에서 청중을 향한 증명과 설득의 역사, 설교 후 청중을 성령 충만한 삶으로 이끄시고 주관하시는 역사에 의해 결정적으로 이루어진다.

성령의 부으심을 통한 청중의 변화된 삶의 '열매'를 추구하는 개혁주의 강해 설교는 단순한 주해, 교리, 적용이라는 패러다임을 넘어 변혁적 다리놓기(transformational bridge)를 재건하여 청중의 삶과 사회의 모든 영역을 변혁시키는 성경적 비전을 회복해야 한다.

첫째, 한국교회 강단에 성령이 주도하는 변혁적인 개혁주의 설교 회복을 위해서는 먼저 설교자들이 주요한 현대 성경 해석학과 설교학에서 변혁적 설교를 위한 성령의 역할에 대한 논의가 부재하다는 것을 인식하고, 설교의 전 과정에 있어서 성령의 다차원적 역할에 대한 필요성을 인지하는 것을 넘어 그 성경적 원리와 역사적 근거를 다시 재정립해야 한다.

둘째, 청중과 사회를 변혁시키는 설교를 회복하기 위해서는 설교의 준비 단계부터 설교 전달 과정을 넘어 설교 후 삶의 영역까지 포괄하는 성령의 부으심(unction)의 역사가 있도록 철저한 준비와 기도에 전심전력해야 한다.

셋째, 설교자는 성령의 부으심의 은혜 가운데, 설교의 주해와 해석 과정에서부터 새 언약의 영, 새 창조의 영이신 성령의 조명하심(illumination)의 역사를 통해 청중의 영적인 귀와 눈과 마음이 열리고 그리스도의 형상을 닮아가는 진정한 변화가 시작될 수 있는 설교를 회복해야 한다.

넷째, 설교자는 설교의 주해와 적용 과정을 넘어, 설교를 가장 효과적으로 전달하는 과정에서 청중이 전인적인 차원에서 설득되고, 감동받고, 확신과 순종으로 나아가도록 하기 위해서 성령의 나타남의 역사가 반드시 필요하다는 것을 기억해야 한다.

성령에 충만한 설교자로서 수사학적 기술을 탁월하게 연마하되 세속의 수사학적 능력을 의지하지 않고 성령과 능력의 나타남 안에서 로고스, 파토스, 에토스를 추구하며 십자가 중심적 설득(cross-centered persuasion)을 통한 청중의 반응과 결단을 이끌어 내어야 한다.

다섯째, 설교자는 능력으로 역사하시는 성령을 따라 힘을 다해 수고하면서, 회중의 삶의 전 영역에서 성령의 열매가 하나님과 사람과의 관계에서 풍성히 맺히기 위해서는 청중이 설교 후에도 성령에 충만하여(full of the Holy Spirit), "성령을 따라 행하라"는 명령을 지속적으로 강조해야 한다.

그러므로 개혁주의 설교자들은 종교개혁 설교 전통을 오늘날 회복하기 위해 성령의 다차원적인 역할이 살아있는 변혁적 설교 패러다임을 재구축해야 한다. 이를 통해 설교의 준비 지평에서부터, 해석(주해)의 지평, 적실성의 지평, 언어와 비언어적 전달의 지평, 청중의 삶과 사회의 지평까지 성령의 부으심, 조명, 나타남, 충만케 하심과 열매 맺게 하심의 역사가 한국교회 가운데 불과 같이 다시 한 번 타오르길 소망하고 기도해 본다.

〈표 22. 성령 주도적인 변혁적 설교의 전 과정〉

설교 전 준비 과정	설교 해석과 적용 과정	설교 전달 과정	설교 후 삶의 변화 과정
*부으심(unction), 기름 부음	*조명(illumination)	*나타남(demonstration)	*인도함(열매 맺게)
성령의 부르심, 기름 부음, 성령 충만, 인도하심	불신자-조명을 통한 회심, 중생 신자-조명을 통한 열 어주심(눈, 귀, 마음)/ 깨달음/감동/ *내적 증거	능력, 확신, 설득 *Filled with Holy Spirit 언어적 전달, 비언어적 전달 성령의 역사를 따라	*Full of Holy Spirit *성령을 좇아(kata, 따라) 행함의 열매
기름 부으시는 성령 성령-설교자 dialogue (해석학적 대화)	새 창조의 영-하나님 의 영광을 아는 빛(조명) 지혜와 계시의 영 성령-설교자-청중 trialogue (설교학적 대화)	성령-설교자-청중 trialogue (의사 전달적 대화)	성령-청중 dialogue (종말론적, 성화적 대화)

성령의 부으심(unction, empowerment), **성령 주도적 설교**(Spirit-led Preaching)

에필로그

H.E.A.R.T.로 요약되는 포브릿지 프리칭

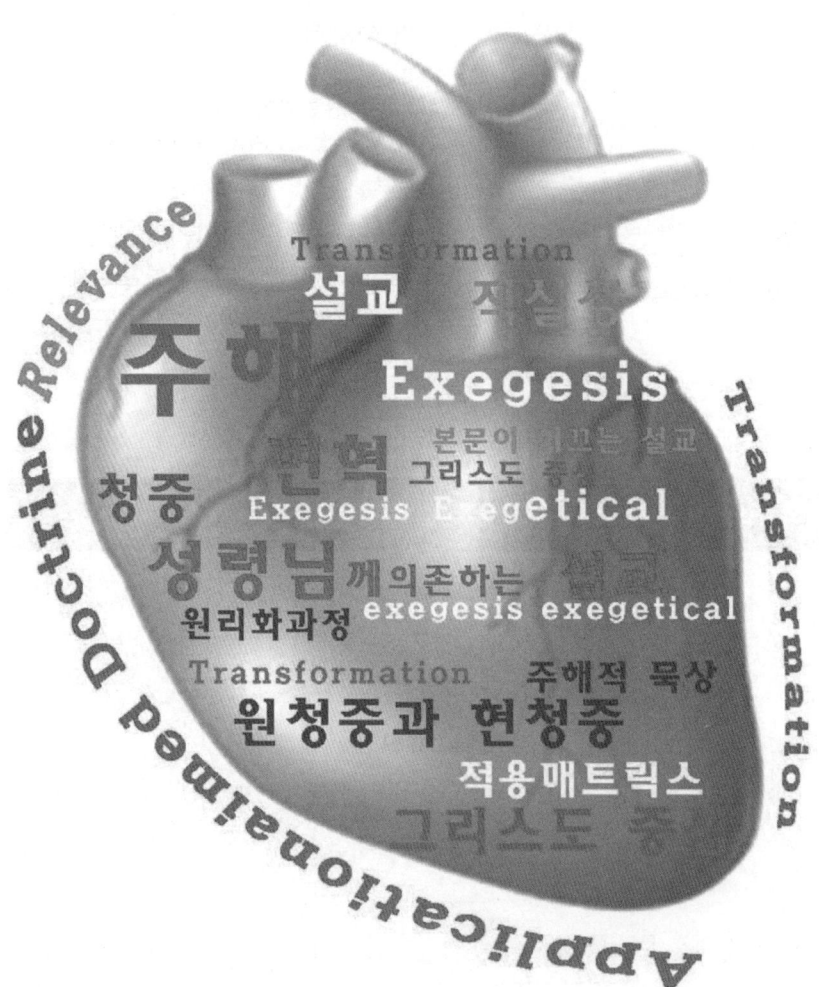

적용의 심장은 주해! 주해! 주해!

강해 설교의 생명이 치밀하고 과학적인 본문 주해(exegesis)에 달려있다는 것은 주지의 사실이다(물론 최근의 한국교회의 설교는 적용의 다리를 건축하기[건너가기] 전에 이미 주해의 과정에서 기초 공사가 부실한 경향을 보이고 있는 것 같다). 한 걸음 더 나아가, 성경과 역사의 강해 설교 모델에서 볼 수 있는 것처럼, 포브릿지 프리칭 패러다임이 추구하는 '주해'는 훨씬 더 다면적이고 입체적이다. 비유하자면, 적용 지향적 강해 설교를 건강한 사람의 '몸'(body)으로 볼 때, 적용은 몸(설교) 전체가 정상적으로 기능할 수 있도록 해 주는 '심방(心房) 주해와 심실(心室) 주해로 이루인 심장'과 같다.

1. 적용적 본문 주해: 적용의 심방

마치 펌프 작용처럼 심방은 확대되어 정맥에서 혈액을 빨아들이고, 심방의 수축과 심실의 확대에 의해 혈액은 심실로 빨려 들어가고, 이어서 심실이 수축하여 혈액을 동맥으로 내보내면서 심방은 다시 확대되고 정맥에서 혈액을 빨아들인다. 심장이 몸 전체의 기관에 혈액을 보내줌으로써 몸에 순환하면서 산소 전달, 이산화탄소 흡수, 여러 영양 물질을 공급한다. 따라서 몸 전체가 제대로 기능하기 위해서는 심장 한 기관이 매우 중요한 역할을 한다. 이처럼 말씀 주해와 적용도 설교와 목회 사역 전체가 유기적으로 기능할 수 있도록 심장과 같은 역할을 한다. 따라서 진정한 강해 설교자는 본문이 이끄는 주해와 적용에 목숨을 거는 '엑서지스 프리처'(exegesis preacher)이어야 한다.

간단히 말해, 심방의 기능은 몸 전체에 피를 받아들이는 것이다. 심장이 받아들이는 '혈액'은 성경의 본문이라고 비유될 수 있다. 심장의 심방에서 온몸을 돌고 '동맥'(혹은 정맥)을 통해 온 피를 받아들이 듯이, 설교자가 본문의 역사적, 문예적, 지리적, 언어적, 신학적 주해라는 설교의 수축 작업을 통해 저자가 의도한 적용을 받아들이게 된다. 심방 주해와 연결된 역사적 문맥, 문법적 문맥, 신학적 문맥은 혈액을 받아들이는 '동맥'과 같은 역할을 한다고 비유될 수 있다. 그러나 동맥이 막히면 심방에서 온 몸에 필요한 혈액을 보낼 수가 없게 된다. 즉 설교자가 본문과 연결된 여러 역사적, 문법적, 신학적 동맥을 통해 저자가 의도한 적용의 혈액이 흐르지 못하고 막힐 때, '설교적 동맥 경화'가 발생하는 위험이 올 수 있는 것이다.

또한 심방 주해와 심실 적용이 제대로 기능하지 못하게 되면, 자칫 심장 부정맥(不整脈: 정상 심장 박동이 이뤄지지 않고 맥이 고르지 않은 상태로 매우 광범위한 질환이 일어날 수 있음)이 설교 가운데 일어날 수 있다. 설교의 심실과 심방이 일정하게 뛰지 않음으로 설교의 맥이 느린 경우, 청중이 쉽게 영적인 피곤함과 침체와 무력감 등을 느낄 수 있고, 반대로 설교의 맥이 빠른 경우 청중이 영적인 답답함, 어지러움, 메슥거림 등을 느낄 수 있다. 설교의 심방과 심실에서 정상적인 주해와 원리화 작업, 청중 분석과 적용이 이루어지지 않을 때, 심실의 조기 수축(기외수축)과 심방의 조기 수축으로 인한 불규칙한 부정맥이 일어날 수 있다. 심방 주해와 심실 적용이 일정한 적용 해석학 원리라는 리듬으로 규칙적으로 박동을 하는 것이 중요하다.

그렇지 않고 설교의 심장에 이상 자극(설교자의 의도나 청중의 필요)이 형성되어 정상적인 박동 이외에 다른 박동이 일어나는 위험한 상황이 생길 수 있으며, 청중은 이러한 부정맥 설교 적용으로 인해 갑자기 영적인 덜컥하며 내려앉는 불안과 동요가 생겨날 수 있다. 카페인 음료를 많이 마실 때 이러한 부정맥이 나타날 수 있는 것처럼, 설교의 심방과 심실의 조기 수축으로 인한 부정맥을 일으킬 수 있는 카페인(본문이 아닌 인위적인 내용)이 지나치게 함유된 인스턴트 설교를 경계해야 한다.

- **심방 주해의 기능**
- ☑ 역사적, 문법적, 언어적, 문예적, 신학적 동맥을 통한 설교적 수축 작업을 통해 성경 본문의 의미와 저자가 의도한 의미와 적용의 혈액을 공급받음.
- ☑ 저자가 의도한 적용을 심방 주해와 심실 적용 사이의 판막을 거쳐 심실 적용으로 피를 내보내는 역할을 함.

2. 청중 주해: 적용의 심실(몸 전체에 피를 내보내는 곳)

이 단계를 비유적으로 설명하자면, 심방에서 본문 주해를 통해 저자가 의도한 적용의 원리를 동맥(역사적, 문법적, 신학적 문맥)을 통해 받아들인 다음, 심실에서 설교자와 청중, 문화를 '주해'함(cultural exegesis)으로 영양소(저자가 의도한 의미), 산소(저자가 의도한 적용), 면역 인자(신학적 원리)을 내보내어 하나님의 말씀이 기능할 수 있도록 한다. 본문에서 나오는 의미, 적용, 교리를 담고 있는 말씀의 혈액이 온 몸에 내보내지고 순환하면서, 노폐물은 신장으로 운반하고(죄와 육신적 습관을 회개하고 변화되는 삶으로), 이산화탄소는 배출하며(잘못된 교리와 생각을 교정), 체내 삼투압과 수분 평형(건강하고 균형 잡힌 신자의 삶)에 관여하는 역할을 한다.

> ● 심실 적용 기능
> ☑ 심방 주해를 통해 추출된 저자 의도적 의미와 적용의 혈액을 설교적 심실 수축을 통해 공급받음.
> ☑ 보편적인 원리를 만든 다음, 현 청중의 삶의 전 영역에 순환될 수 있는 적용의 혈액을 내보냄.
> ☑ 심방과 심실이 하루 10만 번, 평생 26억 번을 어느 곳에 가도 쉬지 않고 뛰는 것처럼, 하나님의 말씀에 기초한 저자 의도적 적용은 성령의 사역을 통해 청중의 삶 가운데 어느 때나 어느 장소에서나 기능할 수 있어야 함.

3. 적용적 판막과 혈액의 기능

심실과 심방 사이 '판막'은 혈액의 역류를 방지해 준다. 심장이 멈추지 않고 혈액 순환 주기에 맞추어 기능할 수 있도록 기본적인 임무를 수행한다. 이처럼 심장의 판막은 각 심방과 심실 사이에서, 각 심실과 혈관 사이에서 문지기 역할을 하면서 혈액이 거꾸로 흐르지 않도록 기능한다. 즉 판막을 그리스도 중심적/구속사적/신학적 원리로 비유하자면, 저자가 의도한 적용(심방 주해)과 청중을 주해하는 적용(심실 주해)이 제대로 기능할 때 인간의 의도에서, 적용적 판막은 청중과 상황(포스트모던 문화)에서 비롯된 '잘못된 적용'이 설교 가운데 역류하는 것을 방지해 주고 심장이 혈액 순환 주기에 따라 정상적으로 기능할 수 있도록 하는 역할을 담당한다.

심장을 통해 몸 전체 혈액의 순환은 설교의 적용 전체 과정에서 성령이 하시는 하나의 역할에 비유 할 수 있다. 심장을 통해 온 몸에 피가 잘 순환될 때, 몸의 각 기능들이 건강한 것처럼, 성령이 설교의 모든 과정에 역사하실 때, 그리스도 몸된 공동체가 건강할 수 있다. 그러나 심방 주해와 심실 적용이 제대로 기능하지 않을 때, 청중은 '영적 빈혈'과 '영적 영양 실조'에 빠질 수 있다. 심장에서 보내는 피가 몸 전체에 잘 순환될 때 건강한 것처럼, 심방과 심실에서 나온 저자 의도적 적용이 설교의 전 과정과 청중 개인과 공동체(가정, 교회, 사회) 가운데로 잘 순환될 때 건강한 설교가 될 수 있다.

건강한 설교가 청중을 영적으로 건강하게 자라게 하고 변화되게 한다. 건강한 설교가 그리스도의 몸된 교회의 각 지체에 잘 순환될 때, 건강한 교회가 될 수 있다. 질적으로 건강한 교회가 될 때, 양적으로 성장할 수 있다.

총체적 위기에 빠진 작금의 한국교회의 청중과 사회를 통전적으로 변혁시키기 위해서는 설교자가 실제 목회 현장에서 활용할 수 있는, 본문이 이끄는 적용에 대한 연구(분석)를 통해 시급히 대안을 구축해야 한다. 비전과 소망의 빛으로 가득 찬 강해 설교 미래의 지평을 열어가기 위해서는 먼저 설교자들은 본서에서 제시한 10가지 잘못된 패턴에 대한 분석과 질문을 통해 자신의 설교에 대한 적용 코칭과 철저한 진단을 시행해 보는 것이 먼저 필요할 것이다.

이러한 적용 오류 혹은 적용 이단을 피하고 본문이 이끄는 변혁적 적용을 추구하기 위해서는 모세와 선지자들, 바울을 비롯한 성경 모델들과 크리소스톰, 칼빈, 에드워즈, 브로더스, 켈러 등의 설교자 모델에 대한 재조명과 현대 적용 해석학 연구를 통해 발견할 수 있는 적용의 심방(적용적 본문 주해, applicatory exegesis), 적용의 판막, 적용의 심실(청중 주해)의 기능을 온전히 다시 회복해야 한다. 다시금 설교자의 심장을 뛰게 할 H.E.A.R.T. 적용을 추구해야 한다. 나아가 포브릿지 프리칭 패러다임이 제시하는 '적용 오중 렌즈'를 설교자의 안경에 장착해야 한다. 즉 원 청중에게 원 저자가 의도한 적용을 찾기 위한 적용적 주해 렌즈, '원리화' 렌즈, 다양한 적용 다초점 렌즈, 청중 주해의 렌즈, 프뉴마(성령) 어플리케이션 렌즈를 설교자의 안경에 장착시켜야만 한다.

이제 포스트모던 청중과 한국 사회와 문화를 변혁시키는 적용의 '심장'(H.E.A.R.T.)이 설교자 가운데 다시 힘차게 뛰게 할 때이다.

첫째, 이를 위해서는 본문이 이끄는 적용 패러다임의 전 과정을 통제하시고 적용의 심장을 뛰게 하시는 성령님께 철저히 의존하는 적용(H: Holy Spirit-led application)의 열쇠를 회복해야 한다. '프뉴마 어플리케이션'이 변혁적 적용의 열쇠임을 잊지 말아야 한다.

둘째, 성경과 역사의 모델에 대한 연구에 정초하여 심방 주해(E: Exegetical)를 통해 성경의 원 청중을 변혁하려는 목적으로 저자가 의도한 원 적용(signification)을 발견하는 데 심혈을 기울여야 한다.

적용의 심장이 살아 숨 쉬는 설교(application-focused preaching), 즉 성경적 적용 해석학을 기초로 역사적, 문법적, 언어적, 신학적, 정경적 분석과 치열한 본문 주해가 현대적 적용의 '모태'(matrix)가 되어야 하며, 본문의 의미와 설명에만 집착하여 주해의 지평에서 적용이 좌초되어 변혁의 항구까지 나아가지 못하게 되는 우를 피해야 한다.

셋째, 적용 지향적 원리화 과정(A: Application-aimed principlizing)를 통과시켜 보편적 원리에 뿌리내린 적용을 현대 청중에게 원리화 혹은 전이(트랜스퍼링) 시키는 과정을 거쳐야 한다.

적용의 트랜스퍼링(transferring)을 가능하게 하는 보편적인 원리 혹은 기준(criteria)을 발견하기 위해 필요한 신학(교리)의 렌즈가 필요하다. 기존의 학자들이 제시한 가장 기본적인 두 초점(하나님의 성품과 인간의 죄성) 렌즈를 통한 적용 다리놓기 원리를 잘 견지하면서, 나아가 성경적, 역사적, 현대적 모델이 보여주는 '신학(교리)의 프리즘'(하나님 나라/구속사와 언약, 하나님의 성품과 창조 질서, 인죄론, 기독론, 구원론, 교회론, 성령론, 종말론)과 구체성의 정도를 가늠하기 위한 '질문의 프리즘'을 통과시킴으로 트랜스퍼링 할 수 있어야 청중의 다양한 적실성 범주 영역에 재적용 할 수 있다.

넷째, 설교자들이 목회 현장에서, 심실 주해 차원으로서의 현 청중의 삶과 문화에 대한 분석(청중 주해)과 수사학적 적응을 기초로 한 적실성 과정(R: Relevant process)을 견고히 해야 한다.

성경과 역사, 현대 설교자 모델들을 통해 발견할 수 있는 개인, 가정, 공동체, 사회, 정치, 문화, 경제, 윤리, 종교적 영역을 변혁시키는 적용과 그 적용에 연결된 다차원적 적실성 범주를 회복할 뿐만 아니라, 포스트모던 시대 가운데 창조적으로 더욱 발전시켜 나가야 한다. 또한 다차원적 적실성 범주를 구축하는 데 긴요한 적용 지향적 강해 설교의 청중 주해(audience exegesis)를 위한 수사학적 방법론을 목회적으로 활용할 필요가 있다. 설교자들은 성경의 메시지와 오늘날 청중과 한국 사회를 연결하는 험한 세상의 다리가 되기 위해서는 주해 과정과 원리화 과정을 건너서 다차원적인 적실성 영역의 지평을 열어가며, 목회적으로 재상황화시킨 다양하고 역동적인 적용의 프레임들을 만들어 나가야 한다.

이것으로 말미암아, 무너져가는 가정, 교회, 지역 사회, 직장, 다음 세대와 문화, 경제, 정치, 종교, 민족과 세계를 향한 말씀의 적용을 통해 하나님 나라의 주권과 통치를 삶으로 고백하는 변혁적 브릿지빌더가 일어나야 한다.

다섯째, 하나님 나라 통치와 영광을 위해 청중의 삶과 사회와 문화의 영역을 변혁시키기 위한 변혁적 과정(T: Transformational)를 균형 있게 추구해야 한다.

심실 주해와 적실성 과정에서 멈추지 않고, 성령의 역사를 통한 변혁적 프로세스가 적용 패러다임의 최종적인 과정이자 목적지임을 항상 명심해야 한다. 오직 십자가와 성령이라는 예리한 적용의 양날 검으로 승부하며, 자신이 먼저 깨어지고 죽음으로써 성도들을 살려내고 하나님의 영광을 경험한 설교자의 '자아 변혁'이 부흥의 기폭제가 되어 '교회 변혁'과 '사회 변혁'으로 불이 번져 가야 한다. 그럴 때 한국교회는 다시 한 번 종말론적 하나님의 나라의 주권과 영광을 한국 사회 모든 영역에 선포하며 진정한 부흥(revival)을 다시 경험하게 될 것이다.

포브릿지 프리칭 강해 설교는 모든 설교와 변혁의 과정이 철저히 계시 의존적이면서도 동시에 성령 의존적이기에, 한국교회 설교자들은 더욱 기도하고 성령의 역사를 회복해야 한다.

이러한 적용의 심장(H.E.A.R.T.)이 다시 힘차게 박동하기 시작할 때, 성경 저자가 본래 의도한 원 적용이라는 상수원에서 흘러나 온 생수가 원리화 강에서 합류하여 거대한 바다에까지 흐르면서 개인과 가정, 교회와 공동체, 사회와 정치와 문화, 국가와 세계 곳곳에 흘러 들어감으로 말미암아, 하나님 나라의 생명의 역사와 변혁의 열매를 맺게 할 것이다.

"적용의 심장이 뛰고 있는 설교"

H	Holy Spirit	성령님께 의존하는 설교
E	Exegesis Exegetical	주해
A	Applicationaimed Doctrine	적용지향적 교리
R	Relevance	적실성
T	Transformation	변혁

부록 1

포브릿지 프리칭 10단계 프로세스

〈표 23. 포브릿지 프리칭 10단계 프로세스〉

주해적 다리놓기	1단계: 적용적 주해(해석학)를 통해 저자 의도적 의미를 파악하라.
	2단계: 본문의 원 청중을 고려하면서 저자가 의도한 원 적용을 파악하라. 직접적 혹은 간접적 적용인지 구별하라.
	3단계: 적용 지향적 주해 아웃라인 및 빅아이디어/보조 사상을 완성하라.
원리화 다리놓기	4단계: 원리화/신학화 과정(원리화 기준 형성하기)
	5단계: 7가지 교리(트랜스퍼링 기준)에 기초한 원리화 다리를 통해 트랜스퍼링을 하라.
	6단계: 적용 지향적 신학적 아웃라인을 형성하라.
적실성 다리놓기	7단계: 적용 지향적 7가지 적실성 범주를 분석하라.
	8단계: 적용 지향적 청중 주해와 수사학적 적응을 시도하라.
	9단계: 적용 지향적 설교 구조 및 설교 원고를 작성하라.
변혁적 다리놓기	10단계: 성령 주도적인 청중 및 사회 변혁을 지향하라.

부록 1 포브릿지 프리칭 10단계 프로세스 **445**

〈도형 2. 포브릿지 프리칭 패러다임〉

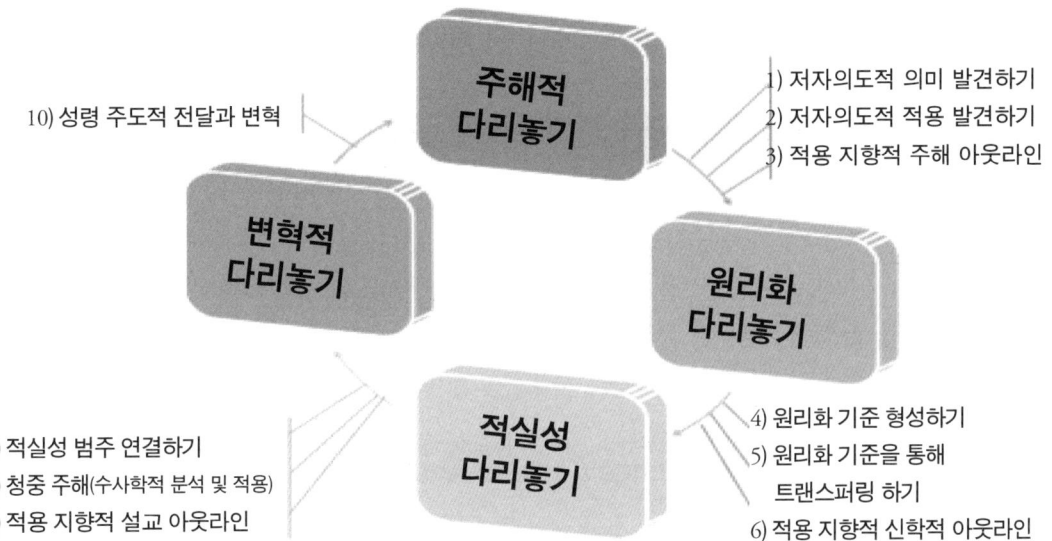

부록 2

포브릿지 프리칭 10단계 프로세스 예시(스가랴 4장)

A. 주해적 다리놓기 과정

【1 단계】 적용적 주해(해석학)를 통해 저자 의도적 의미를 파악하라

1. 역사적, 문화적 주해(Historical/Cultural Analysis)

* 원 청중의 역사적 상황—바벨론 포로후 공동체

페르시야 고레스왕 성전 재건 허락: 고레스 왕의 마음을 하나님이 감동시키자 (*에스라 1장) 고레스 왕은 본국으로의 귀환과 성전 재건을 허락하게 된다. 1차 포로 귀환(BC 537년)으로 스룹바벨과 42,360명이 이스라엘로 돌아와 성전 재건을 시작하고 성전 지대를 놓은 감격을 누린다.

성전 건축 중단 명령: 이 일은 사마리아인들의 모함과 반대가 불씨가 되었다. 수리아와 베니게, 암몬, 사마리아의 총독들이 페르시야 왕(캄비세스)에게 편지를 보냈고, 왕은 그 편지만 보고 칙령을 내렸다. 바벨론 포로 후 공동체는 절망하여 방관, 안일함, 핑계/합리화(학 1:1–2)에 빠졌고, 이로 인해 생존에만 매달려 있는 상황이다. 이것은 학개 선지자의 책망(학 1:4)과 연결되는 문맥이다. 다리오 왕 2년(BC 520년)까지 공사가 15년간 중단된 상태이다(스 3, 4장, BC 520년경).

* "머릿돌"

포로 후 공동체 자신들의 힘으로 성전을 재건하려다 중단되고 실패했다. 패배 의식 속에서 절망 했지만, 루아흐의 기름을 공급하실 때, 큰 산과 같은 장애물이 평지가 되리라는 만군의 여호와의 말씀을 듣고 먼저 정치적 지도자 스룹바벨이 '감동'받고 '깨어나서' 다시 성전을 재건하게 하시는 은총이 있다.

당시 고대 근동에서 옛 건물의 머릿돌을 새 건물 기초에 놓는 의미는 '연속성'을 나타내고자 함이다. 5년 전 무너져 있던 성전의 제일 위에 있던 바로 '그 머릿돌'(슥 4:7, 원문에는 정관사), 즉 첫 머릿돌(the first brick)은 바벨론 포로 후 공동체가 첫 번째 성전 재건을 시도할 때 놓은 기초석이다. 이것을 재건하는 성전에 놓아 하나님의 계속된 역사를 연결했다. 즉 엄청난 반대 속에서 이 일을 시작하게 하신(에 3:8-10) 하나님의 선하신 손이 다리오의 조서를 받게 하시고, 신속히 준행하게 하시고, 학개와 스가랴의 권면을 따라 '형통'케 하심으로 성전 재건을 '끝내게' 하시고, 유월절을 회복케 하시는(에 6:12-15) 역사에 대한 신앙고백이다.

또한 이러한 완성은 이스라엘의 힘과 능력이 아닌 하나님의 기름 공급해 주시는 '은총,' 만군의 여호와께서 신실하게 함께하심으로(학 1:13; 2:4) 온갖 장애물을 극복하게(학 2:21-23) 하시는 은총을 통해 가능하게 되었음을 강조하는 것이다.

2. 언어적 분석(Word Analysis)

* "힘"(חַיִל, 하일): 육체적 힘, 보화, 군대(말과 병거), 재산, 높은 지위(클래스).

* "능력"(כֹּחַ, 코아흐): 힘과 능력, 육체적 지성적 능력, 소유와 수단.

* "나의 영"(רוּחַ, 루아흐): 호흡(숨), 공기, 바람, 방향, 영 등으로 다양한 의미를 담고 있다.
본문에서는 두 감람나무에서 순금 등대에서 공급되는 기름과 연결될 수 있으며, 성전 건축에 있어서 하나님의 주권적 임재와 개입을 내포한다. 같은 맥락에서 학개는 성전을 건축함에 있어서 하나님의 영(루아흐)의 임재를 선포하며 두려워하지 말 것을 격려한다(학 2:5).

루아흐의 주권적 개입은 고레스왕의 마음을 감동시킴으로 바벨론 귀환과 성전 재건을 허락하도록 한 명령(스 1장)으로 나타난다. 또한 루아흐의 역사는 이스라엘 백성들을 '감동'시키심으로 성전 건축을 시작하게 하신다(순금 등대에 기름을 공급하는 차원과 연결됨). 성전 재건 중단 후, 두 번째 성전 재건을 위해 다시 이스라엘 백성을 루아흐께서 감동시키시는 역사가 일어난다.

… 마음을 감동(וַיָּעַר, 아와르)시키시매 그들이 와서 만군의 여호와 그들의 하나님의 전 공사를 (다시) 하였으니(학 1:14).

* "큰 산" – "다리오 왕"(스 6장)

"큰 산"(הָהַר־הַגָּדוֹל, 하르-학가돌): 성전 건축을 방해하는 거대한 세력에 대한 은유적 표현이다(cf. 스 4:2-4, 24). 구약에서 산은 극복하기 힘든 장애물이나 저항에 대한 은유적 표현으로서 정복되거나 평지로 바뀌는 때에 사용된다(사 40:4; 41:15; 42:15; 64:1, 3; 미 1:4; 나 1:5; 렘 4:24; 51:25-26; 합 3:10; 슥 14:4-5).

하나님의 기름 공급을 통해 산이 평지가 되는 역사는 이스라엘이 정복하기 힘든 장애물을 정복하게 하심으로 성전 재건이 완성된다는 의미이다. 큰 산이 평지가 된다는 것은 적대 세력을 오히려 지지 세력으로 역전시키심을 의미한다. 예를 들어 페르시아 왕은 성전 재건 중단 명령을 내린 큰 산이었지만, 다리오는 궁중 기록을 조사하라는 명령을 내리고(스 6:1-2), 성전 재건을 허락할 뿐아니라 하나님의 성전 기물을 돌려주고 경비도 지원하며 주위 나라들도 성전 재건을 돕게 한다.

* "은총"(חֵן, 헨): 긍휼의 마음, 공감, 은총, 은혜라는 의미이다.

긍휼을 통해 마지막 머릿돌을 놓게 하신 은총. 70인역은 은혜를 의미하는 두 단어가 "카리토스 카리타"(χάριτος χάριτα, 슥 4:7)이다. 두 감람나무로부터 순금 등대에 기름 공급하심을 통해 성전을 단 4년 만에(BC 515년) 마치게 하시는 은총이 있었다(스 6:15).

3. 문법적 분석(Grammatical Analysis)

* 스룹바벨의 "손"(יְדֵי, 예데)이 3번 반복된다. 루아흐의 주도적 역사와 함께 사명자의 참여와 책임을 동시에 강조하려는 저자의 의도가 있는 것이다.

* 하나님의 선하신 손의 도우심을 입어, 스룹바벨의 '손'이 기초를 이미(완료형) 놓았다(강조형). 스룹바벨의 '손'이 성전(집)을 '완성'하리라(강조형 미래, תְּבַצַּעְנָה, 트바차나, 4:9).

* 한글 성경에는 없지만, 9절에서 10절을 연결하는 "키"(כִּי)가 있다. 스룹바벨을 이스라엘에게 보낸 이유는, 스룹바벨 성전을 작은 일(קָטֹן, 카탄)이라고, 즉 솔로몬 성전과 비교해서 볼품이 없다고 멸시하는 자들이 있어도 스룹바벨 성전을 통해 이루실 하나님의 역사를 보고 기뻐하도록(וְשָׂמְחוּ, 웨사므후) 하기 위함이다(참조, 학 2:3).

* "일곱"(שֶׁבַע, 세바)이라는 숫자는 앞 문맥(슥 3:9; 4:2)에서 사용된다. 묵시 문학에서 완전성 혹은 전능함을 상징한다. 이 일곱 등잔과 일곱 관은 일곱을 매개로 "여호와의 눈"(the eyes of the LORD)과 관련시킨다(슥 4:10; 비교, 스 5:1-5). 성전 방해 세력을 통제하시고 완성되기까지 하나님이 감찰 하실 것을 강조한다.

4. 문예적 주해(Literary Analysis)

먼저 넓은 문맥에서 문예적 분석(1:7-6:8)을 해 본다면, 4:1-14이 중심을 이루고 있다. 4장의 문예적 구조만을 분석해 볼 때, 8-9절(특히 9절)이 중심을 이루고 있다. 이를 가능하게 하는 분이 하나님의 루아흐(나의 영, 일곱 눈)이심과 스룹바벨의 손을 통해서 완성하심을 구조적으로 강조한다(*필자의 분석).

　　　　A 천사가 스가랴를 깨움(1절)
　　　　 B 천사의 질문(1-3절)과 스가랴의 알지 못함(4-5절)
　　　　 C 힘과 능이 아닌 '나의 영'으로 된다(6절)
　　　　 D 스룹바벨 앞에서 큰 산이 평지가 되게 하심(7절)
　　　　 E 성전 건축을 마치게 하심(8-9절)
　　　　 D′ 스룹바벨의 손 다림줄로 작은 일을 통해 큰일을 이루심(10a절)
　　　　 C′ 완전한 하나님의 영(루아흐), 일곱 눈(10b절)
　　　　 B′ 천사의 질문(11-12절)과 스가랴의 알지못함(13절)
　　　　A′ 천사가 대답/설명함(14절)

5. 장르 분석(Genre Analysis)

▷ 묵시문학으로서 본문의 정황

일반적 문학 장르로서 스가랴 4장은 묵시 문학적이다. 이와 같은 역사적 상황 속에서, 다리오 왕 2년 밤에 하나님이 8개의 이상을 보여주신다. 스가랴 4장은 이 이상들(슥 1:7~6:8) 중 다섯 번째 이상으로 순금 등대와 두 감람나무에 관한 것이다. 성전 재건이 15년간 중단된 상황에서 하나님은 '학개와 스가랴' 선지자는 보내어, 성전을 재건하는 것이 하나님 나라의 우선순위에 있어서 '급선무'임을 알리신다(슥 2:5).

▷ 묵시장르적 분석

이러한 절망의 상황 가운데 하나님은 스가랴를 통해 '순금 등대 환상'의 말씀을 주심으로써 절망과 낙심, 합리화에 빠진 원 청중의 일상적인 생각에 충격을 주고, 극적인 이원성(dramatic dualism) 차원에서 긴장감(tension) 있게, 다른 시각(새로운 비전)에서 상황을 보게 하심으로 다시 성전 재건 사명을 완수하도록 의도하신다(저자 의도적 적용의 배경).

따라서 '두 감람나무'는 짝을 이루는 3장(천상 법정에 선 종교지도자 여호수아)과 4장의 이상을 묵시 장르적으로 이해할 때, "기름 발리운 자 둘"(4:14) 대제사장 여호수아와 총독 스룹바벨을 '상징'(symbol) 할 수 있다. 순금 등대가 출애굽기(25:31-40; 37:17-24)에서 나오는 성막의 등대와 가장 결정적 차이점은 순금 등대와 두 감람나무 사이의 연결성이 강조되면서 감람나무로부터 일곱 등잔에 기름이 공급되고 있다는 점이다.

6. 정경적/구속사적 분석(Canonical/Redemptive analysis)

* 순금 등대(메노라)는 원래 성소의 내부를 비추는 기능을 했지만(출 25:31-37), 여호와 하나님 자신의 임재를 조명하심을 상징한다. 두 감람나무에서 순금 등대에 기름이 공급되는 것은 이스라엘 공동체 가운데 이루어질 새로운 회복과 재건을 상징한다. 구속사적으로 일곱 촛대는 언약 공동체, 즉 영적 이스라엘인 교회를 상징한다(계 1:20). 요한계시록 11:4에서 두 감람나무는 개인보다는 왕 같은 제사장인 언약 백성 증인 공동체를 상징한다.

* 본문에서 감람나무의 기름 공급을 통해 재건되는 스룹바벨 성전은 구속사적 흐름 속에서 이해되어야 한다. 당시 바벨론 포로 후 공동체는 과거 화려한 솔로몬 성전과 비교하며 낙심할 것이 아니라 새로운 성전인 메시야를 바라보게 하는 성전을 짓는 것이 하나님의 뜻임을 깨달아야 했다. 루아흐의 기름 공급을 통해, 스룹바벨의 손으로 건축하려고 하시는 이 성전은 구약적인 의미의 이스라엘, 성전 재건이 아니라 새로운 하나님의 나라를 오게 하실 그리스도를 기다리라는 의미에서의 과도기적, 미래지향적인 성전이다. 만국의 보배, 참된 성전이신 예수 그리스도를 통해 "이전 영광보다 나중 영광이 더 크게" 하신다(학 2:9). 십자가와 부활, 승천 이후 그리스도인과 공동체가 하나님이 거하시는 성령의 전(고전 3:19; 6:19)으로 솔로몬의 성전(이전 영광)과 비교할 수 없는 '하나님의 영광'의 임재 약속해 주신다.

【2 단계】 본문의 원 청중을 입체적으로 고려하면서 저자가 의도한 원 적용(signification)을 발견하라
또한 직접적 적용인지 간접적 적용인지 구별하라

* 당시의 바벨론 포로 후 공동체(원 청중)에게 저자가 의도한 원 적용의 핵심은 무엇인가?

① 기름 공급을 통한 성전 재건의 거대한 파노라마(panorama)를 펼침으로 절망적 상황 속에 있던 원 청중에게 소망과 승리의 확신을 주면서 동시에 성전 재건을 완수하는 사명에 헌신하게 하는 원 적용(장르에 민감한 적용). ⇨ 간접적 적용 ⇨ 원리화 과정으로

② 바벨론 포로 후 공동체가 자신들의 인간적인 힘과 세상적인 능력(경제력, 정치력, 군사력 등)으로 성전 재건이 불가능하고 루아흐의 기름 공급을 통한 주권적인 개입과 통치를 통해서만 가능하다는 원 적용.

절망에 빠진 스룹바벨과 이스라엘 공동체가 일어나 성전 역사를 다시 시작할 수 있었던 원동력이 다름 아닌 루아흐의 기름 공급을 통한 마음의 감동에 있었다는 원 적용.

⇨ 역사의 주관자이신 하나님이 성령의 감동을 통해 절망에 빠진 하나님의 백성을 일으켜 세워 사명에 다시 헌신하게 하신다는 적용 자체는 직접적인 적용이 어느 정도 가능하다.

③ 바벨론 포로 후 공동체가 직면했던 페르시아 왕의 반대라는 큰 산을 돌파할 수 있으려면 하나님의 전적인 통치(루아흐의 기름공급)와 은혜가 필요하다.

동시에 두 감람나무(기름 발리운 자 둘)인 대제사장 여호수아와 총독 스룹바벨이 하나님의 성전 재건 역사를 위한 이스라엘 공동체를 세우는 사명자로서의 역할이 필요하다. ⇨ 간접적 적용 ⇨ 원리화 과정으로

④ 전능하신 하나님의 선하신 손으로 스룹바벨 성전 건축을 이루실 것이지만, 기름 공급을 통해 스룹바벨의 다림줄을 잡은 "손," 바벨론 포로 후 공동체의 "손"을 통해 이루신다는 헌신에 초점을 둔 적용. ⇨ 간접적 적용 ⇨ 원리화 과정으로

⑤ 성전 재건에 헌신한 원 청중을 향한 적용. 스룹바벨 성전은 솔로몬 성전과 비교할 때 작은 일의 날에 불과하다고 말하는 방해 세력의 멸시를 성령의 기름 공급을 통해 기쁨으로 역전시키는 승리와 소망에 대한 적용. ⇨ 간접적 적용 ⇨ 원리화 과정으로

⑥ 루아흐의 기름 공급을 통해, 1차 성전 재건 때 놓은 머릿돌을 다시 가져와 2차 성전 재건 때 놓음으로써 하나님의 구속 역사를 연속해 이어가게 하시는 하나님의 언약적인 "은총"에 대한 신앙적 감사와 고백에 대한 적용.

전능하신 하나님의 "일곱 눈"이 모든 상황을 주관하시며 성전 건축을 마무리하도록 "은총"을 주실 것이기 때문에 성전 건축이 가능하다는 적용. ⇨ 간접적 적용 ⇨ 원리화 과

정으로
⑦ 작고 미약해 보이는 시작이지만 스룹바벨의 "손"에 건축을 위한 다림줄을 주어지고 건축을 완성하게 하시는 '역전의 역사'를 볼 때, 이를 멸시하는 사람들이 모두 기뻐하게 될 것. 하나님의 끝내주시는 역사를 통해 '유월절'과 즐거움이 회복될 것임을 믿음으로 바라보게 하는 적용. ⇨ 간접적인 적용 ⇨ 원리화 과정으로
루아흐의 기름 공급은 "큰 산"이라는 외부 장애물과 '멸시'라는 내부 장애 요소를 모두 극복하고 사명을 완수하게 하신다는 원 적용. ⇨ 간접적인 적용 ⇨ 원리화 과정으로

저자가 의도한 적용이 전이(transferring)될 수 있기 위한 기준을 분별하라

 적용적 해석(applicatory interpretation)과 해석된 적용(interpreted application)을 통해 발견한, 저자가 의도한 적용들 가운데 현 청중의 삶에 직접적으로 옮겨가기(transferring)가 가능한 원 적용을 구별하기.
 직접적 적용 차원보다는 간접적 적용인 경우, 4단계 이후의 원리화 과정을 통해 현대적 적용으로 나아가도록 하기(*위에서 제시한 원 적용들의 예들을 참조할 것).

【3 단계】 주해적 결과와 아웃라인을 분별하라

스가랴 4:1-10 주해 아웃라인
- 주제 질문(Subject): 어떻게 바벨론 포로 후 공동체가 무너진 성전을 다시 재건할 수 있는가?
- 답변(Complement): 두 감람나무로부터 순금 등대에 기름 공급을 통해 다시 성전 재건이 가능하게 된다.
- 주해적 아이디어(Exegetical idea): 하나님이 두 감람나무로부터 순금 등대에 기름 공급을 하심으로 다시 바벨론 포로후 공동체가 스룹바벨 성전 재건을 가능하게 하신다.

* 적용 주해적 아웃라인
1. 하나님이 두 감람나무로부터 순금 등대에 기름을 공급하심으로 힘이나 능이 아닌 성령(루아흐의 감동)으로 일어서게 하신다(6, 10b절).
2. 하나님이 두 감람나무로부터 순금 등대에 기름 공급을 하심으로 큰 산이 평지가 되는 역사가 일어나게 하신다(7절).
3. 하나님이 감람나무로부터 순금 등대에 기름 공급을 하심으로 작은 일을 통해 큰 일을 이루시는 역전의 역사가 일어나게 하신다(8-10a절).

B. 원리화 혹은 교리적 다리 과정

【4 단계】 보편적인 원리들을 발견하기 위한 기준을 형성하라

1. 10가지 질문을 통한 트랜스퍼링 기준 분별 [1]

2. 트랜스퍼링 5단계 점검

- 1단계: 저자가 의도한 원 의미와 원 적용을 발견하라.
- 2단계: 직접적인 적용과 간접적인 적용을 '구체성의 정도'(the level of specificity) 혹은 '트랜스퍼링의 정도'(the degree of transferring)를 통해 구별하고, 직접적 적용인 경우 보편적 원리를 현대적 적용으로 승화시키라.
- 3단계: 원리화 과정/교리(기준) 렌즈를 통과시키기.
  만약 오리지널 적용이 직접적으로 현대에 전이가 가능하지 않다면, 저자가 의도한 구체적인 당시의 적용을 '신학/교리'의 프리즘을 통과시킨 다음 '보편적인 원리' 혹은 '초문화적 원리'로 나아가게 하라.
- 4단계: 원리화 다리를 건너 7가지 원리화 렌즈와 다차원적 적실성 범주와 통합하

---

[1] 본서 제4부 제2장 "3. 원리화 과정을 위한 트랜스퍼링의 기준"을 참조하라.

고, 다양한 적용(장르) 형태와 드라마적 특성을 균형 있게 살려내라.
- 5단계: 성경의 다른 본문들과의 충돌점은 없는지 적용점들을 점검한 후에, 이러한 보편적인 원리를 유사한 현대의 상황, 청중의 구체적인 삶 가운데 적용하라. 이처럼 독자는 본문의 적용을 결정하기 위한 원리들을 고려해야 할 뿐만 아니라, 저자 의도적인 적용의 다양한 기능들을 확인해야만 한다.

【5 단계】 7가지 교리에 기초한 두 세계를 이어주는 다리를 형성하라

1. 트랜스퍼링을 위해 저자 의도적 적용을 7가지 보편적인 원리의 프리즘으로 통과시키라

프리즘 1: 하나님 나라(구속사)와 언약에 기초한 적용의 보편적인 원리.
- ▶ 스룹바벨 성전은 참 성전 그리스도, 성령의 전으로 구속사적으로 연결됨.

프리즘 2: 하나님의 변함없는 성품에 기초한 적용의 보편적인 원리.
- ▶ 하나님의 전적 주권으로 통치하심, "은총, 은총," 역전의 역사(큰 산을 평지로), '내가 마치리라'(신실하심), 전능하심(일곱 눈).

프리즘 3: 인간론 혹은 인죄론.
- ▶ 3장 대제사장 여호수아 '더러운 옷'(죄성).
- ▶ 힘으로 능력으로 되지 아니함(전적 무능).
- ▶ 스룹바벨의 손 다림줄(하나님과 동역): 루아흐가 공급하시는 기름(능력)의 통로 역할을 강조.

프리즘 4: 예수님의 인격과 사역.
두 감람나무: 제사장 직분(여호수아)과 왕적 직분(스룹바벨)은 기름 부음받은 메시야이신 그리스도 안에서 성취됨(히 7장).
스룹바벨 성전.
* 그리스도 중심적 주해-원리화 과정(기독론)과도 연결됨.

프리즘 5: 구원론.

프리즘 6: 교회론. 구속사적 차원에서 신약 시대 교회를 상징함.

프리즘 7: 성령론.
> ▶ "영"으로 번역된 루아흐(기름 공급)는 성령과 연결됨.
> ▶ "일곱 눈"도 성령과 연결됨.

프리즘 8: 종말론.
> 두 감람나무는 개인보다는 왕 같은 제사장인 언약 백성, 종말론적 증인 공동체(계 11:4; 예: 예수님의 부활 승천 후 성령 보내주심[기름 공급/강림]으로 증인된 제자들)를 의미한다.

【6단계】 적용 지향적인 신학적(교리적) 원리들과 아웃라인을 형성하라

- 스가랴 4장 신학적 아웃라인
1. 하나님이 성령의 기름을 교회에 공급하심으로 힘과 능력이 아닌 감동으로 하나님 나라의 역전의 역사를 시작하신다(6, 10b절).
2. 하나님이 성령의 기름을 교회에 공급하심으로 영적 방해 세력을 지지 세력으로 역전시키시는 하나님 나라의 역사가 일어난다(7절).
3. 하나님이 성령의 기름을 교회에 공급하심으로 작은 일을 통해 큰 일을 이루시는 하나님 나라의 역전의 역사가 일어난다(10a절).

C. 적실성 다리 과정

【7단계】 적용 지향적 적실성 범주를 분석하라

아래 각 범주의 적용을 한 설교에 모두 적용해야 한다는 것은 아니다. 다양한 시각에서 적용 범주의 예를 분석해 보는 차원이다. 목회 현장에서 더욱 예리하고 구체적인 적용으로 발전시킬 수 있다.

1. 개인적 혹은 양심적

* 성전은 건물이 아닌 새 언약 아래의 성령의 전(고전 3:16)으로서 개인의 몸과 영혼을 거룩한 산 제사로 드리는 적용(롬 12:1-2).
* 개인의 능력, 배경, 학력, 재력, 인맥, 스펙만으로는 하나님 나라의 사명 완수가 불가능하고 성령의 역사와 인도하심을 통해서만 가능하다는 적용.
* 보혜사 성령의 기름 부음(unction)을 통해 공급되는 '영혼의 감동'을 통해 절망 가운데 일어나 소망과 승리의 확신을 가지고 각 개인에게 주신 사명을 완수하기로 결단, 재헌신한다는 적용.
* 하나님 나라 사명을 완수하는 데 방해가 되는 개인적인 영적 장애물(큰 산)이 성령의 역사로 기회의 도구가 될 수 있다는 적용.
* 전능하신 하나님의 선하신 손으로 착한 일을 시작하시고 이루시지만, 영적 다림줄을 잡은 그리스도인의 손(작은 희생과 섬김)을 통해 이루신다는 적용.
* 하나님 나라 사명에 헌신한 과정과 결과가 다른 사람에 비교해서 너무 작은 일이라는 자존심이 상하는 평가를 받아 상처를 받을 때, 성령이 작은 일에 충성한 자를 칭찬하시고 큰 일을 맡기시며 기쁨으로 역전시키신다는 적용.

2. 가정, 결혼, 자녀 양육 적용

* 그리스도인의 결혼, 부부 관계, 자녀 교육, 노부모님 봉양 등을 내 힘과 능력으로 하고 있지는 않는지에 대한 적용.
* 성령의 기름 공급을 통해 자녀를 하나님의 영에 감동된 사명자로 헌신하는 이 시대 스룹바벨과 여호수아와 같은 리더로 양육하는 적용.
* 작은 천국으로서의 가정에게 주어진 사명을 완수하지 못하도록 영적으로 공격하는 세력들(큰 산)이 보혜사 성령의 도우심으로 가정을 지지하고 돕는 세력으로 역전되는 소망의 적용.
* 하나님의 선하신 손으로 가족 안에 시작하신 선한 계획들을 영적 다림줄을 잡은 아버지와 어머니의 손(희생과 섬김의 모범)을 통해 이루신다는 적용.

3. 공동체적 혹은 목회적 적용

* 바벨론 포로 후 공동체와 같이, 교회가 하나님의 사명에 순종했으나 방해하는 세력들에 의해 실패, 좌절함으로 절망할 때, 하나님은 현실적인 축복이나 환경의 변화보다 먼저 말씀의 비전을 통해 하나님의 비전을 깨닫게 하심.
* 교회 안에서 하나님 나라 성령의 전인 믿음의 공동체를 세워가는 데 봉사하는 일이 혹시 작은 일이라 할지라도 결코 낙심하지 말아야 함. 다른 은사를 가지고 다른 사람들에게 눈에 띄는, 인정받는 봉사의 일과 비교하지 말아야 함. 그리스도(만국의 보배), 성령의 전, 영원한 성전(새 예루살렘)을 '바라보게' 하는 적용.
* 성령의 기름 공급을 통해 스룹바벨 성전을 건축하게 된 것은 단순히 오늘날 교회 건축을 독려하는 적용으로 접근해서는 안 됨(교정적 적용).
* 초기 한국교회 부흥의 영적 머릿돌을 다시 계승하여 성령의 이른비와 늦은 비의 은혜를 통한 새로운 영적 각성과 재건의 부흥을 사모하는 적용.
* 전능하신 성령의 주권적인 역전의 역사를 통해 교회의 주일예배와 각 예배 가운데 감격과 즐거움이 회복될 것을 신앙고백하는 적용.

4. 사회적, 정치적, 경제적 적용

* 한국 사회의 경제력, 정치력, 군사력 등으로 해결할 수 없는 국가적 문제와 외교적 위기 등을 성령에 충만한 그리스도인 지도자들이 사회의 각 영역 속에서 하나님의 주권적인 개입과 통치를 통해서만 역전의 역사가 가능하도록 기도하고 지혜를 구해야 한다는 적용.
* 포스트모던 시대, 한국과 한국교회의 자랑스러운 역사를 다시 재발견, 다음 세대에 소중한 유산을 계승시키고 교육하며 현재의 문제들을 반추하고 미래 나아가야 할 바른 방향 제시하는 사회에 대해 적용.
* 오늘날 스룹바벨과 같은 정치 지도자가 필요하며, 성령에 충만하여 글로벌 시대 국가적 사명 완수를 위해 진리의 다림줄을 들고 선도함으로 내부적, 외부적 위기를 극복하며 국민들을 행복하게 할 수 있는 지도자를 위해 기도하고 양성해야 한다는 적용.

5. 문화적, 세대적 적용

* 스펙과 등급 문화에 비교의식과 열등감에 사로잡힌 청소년들에게 성령의 은혜를 공급받아 자신에게 주신 작은 달란트(은사, 재능)를 가지고 하나님 나라 꿈에 헌신하면 예수님의 칭찬과 상급을 받게 되고, 열등의식에서 자유롭게 된다는 적용.
* 3포, 7포, 9포 문화로 대변되는 절망의 시대를 살아가는 청년 세대들을 향해 세상적인 '희망' 고문에 더 이상 고통받지 말고, 하나님 말씀의 환상(순금 등대의 비전)을 통한 복음의 소망, 절대주권자 성령의 기름 부음과 역전의 역사에 인생을 걸어야 한다는 적용.

6. 윤리적 적용

* 바벨론 포로 후 공동체의 성전 재건을 방해하는 세력들이 거짓, 모함, 뇌물을 통한 비윤리적인 공작을 통해 고위직과 힘 있는 사람들을 움직여 자신들의 계획과 이익을 관철시킨 것처럼, 한국 사회와 교회 가운데서도 이러한 비윤리적인 행동들을 회개하고 개혁해야 한다는 적용.
* 전능하신 하나님이 "일곱 눈"으로 모든 것을 감찰하고 계시며, 이러한 불의에 대해 책망하시고 심판하실 뿐 아니라 권력자들을 결국 움직이시고 하나님의 뜻만 이루어지도록 역사하신다는 적용.

7. 종교적 적용

* 대제사장 여호수아와 같은 목회자, 영적 지도자의 성령 충만한 메시지와 삶을 통해 무너진 한국교회 가운데 새 언약의 영이신 성령의 은혜가 다시 공급되어 종교개혁의 정신이 회복되도록 적용.
* (구속사적 적용) 성전 재건이 작은 일이라고 멸시하더라도 낙심하지 말아야 한다. 과거 솔로몬 성전과 비교하지 말아야 한다. 참된 성전인 그리스도(만국의 보배), 성령의 전, 영원한 성전(새 예루살렘)을 '바라보게'하는 사명이기 때문이다.

【8 단계】 적용 지향적 청중 분석의 방법들을 분석하라
(*청중에 대한 전체적인 분석과 함께 설교의 주요 대지마다 한 명씩 청중분석을 집중하는 것이 유익하다)

	남자	여자	기혼자	미혼자	이혼자	재혼자	독신자
다양한 연령 그룹: 10대, 20대, 30대, 40-50대, 60대, 70대 이상		힘과 능이 아닌 성령의 기름공급으로 남편과의 관계회복과 자녀 양육의 대안이 필요한 40대(아내, 두 자녀 엄마) 주부					
다양한 세대: 베이비부머 이전, 베이비부머, X세대, Y세대, Z세대		개인과 가정 생활 가운데 영적 큰 산을 만나 좌절한 X세대. 사명의 다림줄을 손에 놓은 상황					
다양한 직업 그룹: 취준생, 인턴, 정규직, 비정규직, 실직자, 자영업자, 재택근무, 공무원, 노동자, 경영자 등		주부 및 경력 단절 여성 말씀의 비전을 통해 새로운 비전과 사명이 필요한 상황					
다양한 신앙 수준/영적 상태: 불신자, 초신자(새가족), 철새 교인, 헌신자, 사역자, 모태신앙인, 회의주의자, 무신론자, 종교 없음, 안티기독교인 등		교회 안에서 주어진 작은 일에 헌신했으나, 사람들의 평가와 비교의식으로 절망적 상태 영적 방해 세력이 지지 세력으로 역전되게 하시는 성령의 역사를 경험해야만 하는 상황					
다양한 건강 상태: 건강한 자, 병에서 회복 중인 자, 병든 자, 임종을 앞둔 자, 암 투병 중인 자, 정신 질환자		우울증 초기 성령의 기름공급의 은혜를 통해 예배와 즐거움의 회복이 필요한 상황					
다양한 영적 우상/문화/세계관: 돈(맘몬), 성(性), 성공/권력, 외모, 안전, 스펙		남편의 사업실패와 자녀들의 방황으로 돈과 스펙의 우상에 점점 시험받는 상황					

【9단계】 적용 지향적인 설교 구조를 분석하라

* 스가랴 4장 적용 지향적 빅아이디어:
  하나님이 교회 공동체에 공급하시는 성령의 은혜(기름공급)를 통해 힘과 능력이 아닌 루아흐의 감동으로 일어나, 영적 방해 세력을 지지 세력으로 역전시키심을 확신(경험)하고, 작은 일을 통해 큰 일을 이루시는 역전의 역사에 동참하십시오.

* 적용 지향적 설교 아웃라인
1. 하나님이 교회 공동체에 공급하시는 성령의 은혜(기름 공급)를 통해 힘과 능력이 아닌 감동으로 역전의 역사에 동참하십시오(6, 10b절).
2. 하나님이 교회 공동체에 공급하시는 성령의 은혜(기름 공급)를 통해 영적 방해 세력을 지지 세력으로 역전시키시는 역사에 동참하십시오(7절).
3. 하나님이 교회 공동체에 공급하시는 성령의 은혜(기름 공급)를 통해 작은 일을 통해 큰 일을 이루시는 역전의 역사에 동참하십시오(8-10a절).

D. 변혁적인 다리놓기 단계

【10단계】 성령이 통제하시는 청중 변혁이 강해 설교 적용의 궁극적인 목적이 되게 하라

설교자는 이 단계에서 본문의 적용들이 성령 안에서 구체적으로 실천(실행) 될 때, 하나님의 역사와 변혁의 그림(열매)이 청중의 삶과 사회 전 영역 가운데 어떻게 나타날 것인지 성경적 비전을 제시하게 된다.

* 영적 방해하는 세력들에 의해 하나님이 주신 사명에 대한 헌신이 실패하고 절망한 상황 가운데, 현실적인 축복이나 환경의 변화보다 먼저 말씀의 환상을 통해 하나님의 비전을 깨닫게 하시는 하나님의 역사.

* 성령의 전으로서 몸과 영혼을 거룩한 산 제사로 드리는 모든 삶의 영역이 감동과 기쁨이 넘치는 예배로 드려지는 변화. 초기 한국교회 부흥의 영적 머릿돌을 다시 계승하여 성령의 기름 공급의 은혜를 통한 새로운 영적 재건의 부흥이 임하는 영적 변화와 이러한 영적 유산의 머릿돌을 다음 세대 사역의 첫 머릿돌로 놓는 사역의 패러다임 변화.
* 하나님 나라의 사명 완수를 위해 개인과 가정과 공동체가 인간적이고 세상적인 능력, 배경, 학력, 재력, 인맥, 스펙을 내려놓고 오직 성령의 기름 부음, 조명하심, 나타나심, 인도하심을 의지하는 변화. 포스트모던 문화의 각 영역들과 어린이, 청소년, 청년들 세대 가운데도 성령의 기름 공급을 통해 절망 대신 소망이 회복되고 하나님 나라 사명자로 세워지는 변화.
* 개인, 가정, 교회, 사회 안에 그리스도인들에게 보혜사 성령의 감동이 회복되어 절망 가운데 다시 일어나 하나님 나라 소망과 승리의 확신을 가지고 고유한 사명에 다시 헌신하고 무너진 곳을 재건하는 변화. 성령의 기름 공급을 통해 하나님의 영에 감동된 이 시대 스룹바벨과 여호수아와 같은 영적 리더들이 세워지는 변화.
* 한국 정치 지도자들이 경제력, 정치력, 군사력 등으로 해결할 수 없는 내부적, 외부적 위기 가운데 성령에 감동된 지도자들에 의해 해결되고 역전됨으로 하나님의 통치와 영광이 나타나는 변화.
* 개인, 가정, 교회, 사회, 국가, 세계와 선교지 가운데 하나님 나라 사명을 완수하는 데 방해하는 온갖 영적 장애물(큰 산)이 오히려 성령의 역사로 도움과 기회의 도구(평지)로 역전되는 변화. 그리스도인 개인과 공동체의 일과 사역을 방해하기 위한 온갖 거짓, 술수, 모함, 뇌물 등과 같은 비윤리적인 부정과 부패 세력들을 하나님이 감찰하고 통제하심으로 믿음의 사람들이 승리케 하시는 역전의 변화.
* 개인, 가정, 교회, 사회, 국가, 세계와 선교지 가운데 전능자 하나님의 선하신 손으로 시작하신 계획들이 영적 다림줄을 잡은 사명자들의 손(작은 희생과 섬김)을 통해 하나씩 구체적으로 이루어지는 변화.
* 개인, 가정, 교회, 사회, 국가, 세계와 선교지 가운데 하나님 나라 사명에 헌신한 열매와 결과가 비록 작은 겨자씨와 같을 지라도, 이를 통해 큰 일을 이루시고 그리스도의 이름과 영광을 나타내시는 변화.

스가랴 4장 설교 아웃라인

✷ 실습 ✷

빅아이디어(Big Idea):
주제질문(Subject):
보조사상(Complement):
1.
2.
3.
*설교대상(청중):
*설교목적(기대):

설교 도입부(Intro)
* 흥미와 필요(인트로 전략)
* 전환 문구

1. 설교대지/보조사상(Complement):
   1) 주해적 다리(핵심 포인트)
   2) 원리화 다리(핵심 포인트)
   3) 적실성 다리(핵심 포인트)
      -예화
      -적용
   4) 변혁의 다리(핵심 포인트)
   5) 전환문구

2. 설교대지/보조사상(Complement):
   1) 주해적 다리(핵심 포인트)
   2) 원리화 다리(핵심 포인트)
   3) 적실성 다리(핵심 포인트)
      -예화
      -적용
   4) 변혁의 다리(핵심 포인트)
   5) 전환문구

3. 설교대지/보조사상(Complement):
   1) 주해적 다리(핵심 포인트)
   2) 원리화 다리(핵심 포인트)
   3) 적실성 다리(핵심 포인트)
      -예화
      -적용
   4) 변혁의 다리(핵심 포인트)
   5) 전환문구

설교 앤딩(Ending)
* 요약과 도전(결론 전략)

참고문헌(bibliography)

국내문헌

강웅산. "설교의 미련한 것(고전 1:21): 계시의 변증적 기능과 성령의 역할." 한국복음주의신학회. 「성경과 신학」 67 (2013): 135-72.

권성수. 『성령설교』. 서울: 국제제자훈련원, 2012.

김대진. "제2차 구술문화 시대의 설교를 위한 청취해석학의 필요성." 한국복음주의실천학회. 「복음과 실천신학」 30 (2014): 9-41.

김대혁. "장르적 성격이 살아나는 설교 방법론 제안 : 비탄시를 중심으로." 한국복음주의실천학회. 「복음과 실천신학」 30 (2014): 42-88.

_____. "원리화/신학화 과정에서의 장르적 고려와 설교학적 함의: 의미론과 화용론의 통합." 한국복음주의신학회. 「성경과 신학」 79 (2016): 191-228.

김상훈. "개혁주의 해석학에 근거한 개혁주의 설교의 가능성 연구." 개혁신학회. 「개혁논총」 6 (2006): 45-80.

김지찬. "하나님의 말씀과 성령으로 돌아가라." 한국복음주의신학회. 「성경과 신학」 61 (2012): 313-17.

_____. "한국교회설교의 근본적인 문제점." 한국복음주의신학회. 「성경과 신학」 67 (2013): 261-89.

김정우. "개혁주의 정경적 성경 해석학에 대한 제안." 「신학지남」 300 (2009): 80-209.

김창훈. "포스트모더니즘과 설교." 한국복음주의실천학회. 「복음과 실천신학」 13 (2007): 149-74.

_____. "구속사적 설교의 평가." 한국복음주의실천학회. 「복음과 실천신학」 15 (2008): 132-52.

_____. "예언자적 설교: 그 의의와 중요성." 한국복음주의신학회. 「성경과 신학」 52 (2009): 193-224.

_____. "강단회복을 위한 제안: (삼위) 하나님중심적설교의회복." 한국복음주의실천신학회. 「복음과 실천신학」 27 (2013): 121-24.

_____. 『하나님중심의 설교』. 서울: 호밀리아, 2016.

김재선. "적실성 있는 설교 적용을 통한 청중의 변화 방안." 한국복음주의실천학회. 「복음과 실천신학」 33 (2014): 19-26.

김학철. "아레오바고에 선 사도바울." 「Canon&Culture」 3 (2009): 137-38.

류응렬. "바울의 설교를 통해 본 개혁주의 설교." 「신학지남」 281 (2004): 142-61.

_____. "적용을 향해 나아가는 개혁주의 강해설교." 「신학지남」 72 (2005): 212-32.

_____. "열정에 사로잡힌 설교자 조나단 에드워즈 연구." 개혁신학회. 「개혁논총」 17 (2005): 155-84.

_____. "청중을 변화시키는 설교에 대한 고찰." 한국복음주의실천신학회. 「복음과 실천신학」 17 (2008): 111-32.

_____. "한국교회 개혁주의 설교의 정착을 위한 8가지 제언." 한국개혁신학회. 「한국개혁신학」 26 (2009): 171-86.

_____. "칼빈의 설교에 나타난 해석 방법론." 한국설교학회. 「설교한국」 1 (2009): 226-65.

_____. "새 설교학자들의 성경관과 개혁주의 설교." 개혁신학회. 「개혁논총」 10 (2009): 132-52.

_____. "성경적 설교를 위한 저자중심적 해석학." 개혁신학회. 「개혁논총」 13 (2010): 107-27.

박완철. "조나단 에드워드의 설교와 그의 '마음의 감각' 신학." 「신학정론」 24 (2006): 211-45.

박현신. 『미셔널 프리칭』. 서울: 예영커뮤니케이션: 2010.

_____. 『7가지 키워드로 열어보는 팀 켈러의 설교세계: 가스펠 프리칭』. 서울: 솔로몬: 2021.

이광희. "설교에 있어서 본문과 상황의 이분법 문제 해결을 위한 연구." 한국복음주의실천학회. 「복음과 실천신학」 33 (2014): 140-58.

이동수. "다종교 시대의 복음화 전략: 사도행전 17장 아레오바고 논쟁을 중심으로." 「대학과복음」 10 (2004): 11-26.

이승진. "조나단 에드워즈의 설교 연구: 하나님의 영광을 추구하는 설교." 한국복음주의실천학회. 「복음과 실천신학」 10 (2005): 19-46.

_____. "윤리설교를 위한 하나님 나라 관점의 성경해석과 적용." 한국설교학회. 「설교한국」 2 (2010): 41-79.

_____. "다문화 상황 속에서 복음의 소통에 관한 실천신학적 고찰." 한국복음주의실천학

회. 「복음과 실천신학」 23 (2011): 71-96.

_____. "설교의 적실성과 적용." 한국설교학회. 「설교한국」 4 (2012): 29-31.

_____. "미디어 생태계의 변화에 따른 설교 생태계의 변화." 한국복음주의실천학회. 「복음과 실천신학」 27 (2013): 301-34.

_____. "한국교회 설교의 사사화와 공동체 지향적인 설교." 한국복음주의신학회. 「성경과 신학」 67 (2013): 31-73.

_____. "성령 하나님과 설교자와의 상호관계에 대한 설교학적 연구." 「신학정론」 32 (2014): 239-66.

이우제. "로이드 존스: 성령의 능력에 사로잡힌 설교자." 한국복음주의실천학회. 「복음과 실천신학」 11 (2006): 19-61.

_____. "상황화의 이슈를 통해 바라본 본문과 청중과의 관계." 한국복음주의실천학회. 「복음과 실천신학」 12 (2006): 264-84.

이영란. "J. Edwards의 윤리설교의 시각에서 바라본 한국교회 윤리설교의 방향." 한국설교학회. 「설교한국」 2 (2010): 80-105.

오현철. "설교자의 정체성과 성령의 역할." 한국복음주의실천학회. 「복음과 실천신학」 41 (2016): 142-68.

유상섭. "베드로의 설교 분석(행 2:14-40, 3:11-26)." 「신학지남」 260 (2000): 227-53.

_____. "칼빈의 성경해석에 비추어 본 합동측 목회자들의 설교." 개혁신학회. 「개혁논총」 11 (2009): 129-61.

안명준. "칼빈의 성경 해석학에 사용된 성령의 조명." 기독교학문연구회. 「신앙과 학문」 3 (1998): 103-18.

윤종훈. "존 칼빈의 구원 확신론에 관한 고찰." 한국복음주의신학회. 「성경과 신학」 80 (2016): 159-86.

윤형철. "칼빈 신학을 통해 본 성경 권위와 해석의 상호관계에서 성령의 중심성." 한국복음주의신학회. 「성경과 신학」 73 (2015): 1-35.

_____. "하나님의 말씀으로서의 성경 권위에 대한 해석학적 고찰: 해석학의 삼중적 과업을 활용하여." 한국복음주의신학회. 「성경과 신학」 67 (2013): 173-210.

안인섭. "칼빈의 에베소서 설교에 비추어 본 한국 교회의 설교 방향." 한국개혁신학회. 「한국개혁신학」 26 (2009): 137-70.

박태현. "William Perkins의 설교론." 한국복음주의실천신학회. 「복음과 실천신학」 32 (2014): 138-74.

_____. "조오지 휫필드의 성령관: 성령의 사역의 관점에서." 한국복음주의신학회. 「성경과

신학」 72 (2014): 166-68.

박영재. 『설교자가 꼭 명심해야 할 9가지 설득의 법칙』. 서울: 규장, 2007.

신성욱. "번영신학과 설교학적 대안." 한국설교학회. 「설교한국」 4 (2012): 83-93.

_____. 『목사님 설교 최고에요』. 서울: 생명의 말씀사, 2011.

정성구. 『개혁주의 설교학』. 서울: 총신대출판부, 1990.

조성헌. "설교에 있어서 청중분석." 「개신논단」 10 (2011): 231-55.

최갑종. "로마서 7-8장에 나타난 성령의 역할." 한국복음주의신약학회. 「신약연구」 2 (2003): 86-134.

황 빈. "설교와 청중: Bill Hybels 목사의 주중설교와 주말설교 비교연구." 한국복음주의실천학회. 「복음과 실천신학」 31 (2014): 163-99.

해외문헌(Books)

Adam, Peter. *Speaking God's Words*. Vancouver: Regent College Publishing, 1996.

Adams, Jay E. *Audience Adaptations in the Sermons and Speeches of Paul*. Grand Rapids: Baker Book House, 1956.

_____. *Sermon Analysis*. Denver: Accent, 1986.

_____. *Truth Applied: Application in Preaching*. Grand Rapids: Zondervan, 1990.

Akin, Daniel L., David L. Allen, Ned Mathews eds. *Text-driven Preaching*. Grand Rapids: B&H Academic, 2010.

Akin, Daniel L. Bill Curtis and Stephen Rummage. *Engaging Exposition*. Nashville, TN: B&H Pub., 2011.

Ames, William. *The Marrow of Theology*. Boston: Pilgrim, 1968.

Arthurs, Jeffrey D. *Preaching with Variety*. Grand Rapids: Kregel, 2007.

Attwater, Donald. *John Chrysostom: The Voice of Gold*. Milwaukee: The Bruce Pub., 1939.

Azudia, Arturo G. *Spirit-empowered Preaching: Involving the Holy Spirit in Your Ministry*. Ross-shire, Scotland: Mentor, 2007.

Bailey, Raymond, ed. *Hermeneutics for Preaching*. Nashville, Broadman Press, 1992.

_____. *Paul the Preacher*. Nashville: Broadman Press, 1991.

Bailey, Richard A. *The Legacy of Jonathan Edwards*. Edited by Sean Michael Lucan, D. G. Hart, and Stephen J. Nichols. Grand Rapids: Baker Academic, 2003.

Barclay, John M. G. *Obeying the Truth: A Study of Paul's Ethics in Galatians*. Edinburgh:

T&T Clark, 1988.

Barrett, C. K. *Freedom and Obligation: A Study of the Epistle to the Galatians*. London: SPCK, 1985.

Beaudean, John William, Jr. *Paul's Theology of Preaching*. Macon, GA: Mercer University Press, 1988.

Beeke, Joel. *Living for God's Glory: An Introduction to Calvinism*. Orlando: Reformation Trust Publishing, 2008.

Beker, J. Christian. *The Triumph of God: The Essence of Paul's Thought*. Translated by Laren T. Stuckenbruck. Minneapolis: Fortress, 1990.

Berkhof, Louis. *Principles of Biblical Interpretation*. Grand Rapids: Baker, 1950.

Bickel, R. Bruce. *Light and Heat*. Morgan, PA: Soli Deo Gloria, 1999.

Birch, Bruce C. *Let Justice Roll Down: The Old Testament, Ethics, and Christian Life*. Louisville: Westminster John Knox, 1991.

Bodey, Richard Allen. *Inside the Sermon*. Grand Rapids: Baker Book House, 1990.

Braxton, Brad R. *Preaching Paul*. Nashville: Abingdon Press, 2004.

Brilioth, Yngve. *A Brief History of Preaching*. Translated by Karl E. Mattson. Philadelphia: Fortress, 1965.

Broadus, John A. *Favorite Sermons of John A. Broadus*. Edited by Vernon Latrelle Stanfield. New York: Harper and Brothers, 1959.

_____. *Lectures on the History of Preaching*. New York: Sheldon, 1886.

_____. *On the Preparation and Delivery of Sermon*. San Francisco: Harper & Row, 1979.

_____. *Sermons and Addresses*. Baltimore: R. H. Woodward and Company, 1890.

Brown, Alexandra R. *The Cross in Human Transformation*. Minneapolis: Fortress, 1995.

Brown, Colin ed., *New International Dictionary of New Testament Theology*. Grand Rapids: Zondervan Publishing House, 1986.

Brown, Francis. S. R. Driver, and Charles A. Briggs. *The New Brown–Driver–Briggs–Gesenius Hebrew and English Lexicon*. Peabody, MA: Hendrickson Pub., 1979.

Bruce, F. F. *The Defense of the Gospel in the New Testament*. Grand Rapids: Eerdmans, 1959.

_____. *The Epistle to the Colossians and Philemon, and to the Ephesus*. Grand Rapids: Zondervan, 1984.

_____. *1 & 2 Thessalonians*. WBC. Waco, TX: Word books, 1982.

Bryson, Harold T. *Expository Preaching*. Nashville: Broadman & Holman, 1995.

Cahill, Dennis M. *The Shape of Preaching*. Grand Rapids: Baker, 2007.

Carrick, John. *The Imperative of Preaching: A Theology of Sacred Rhetoric*. Edinburgh: The Banner of the Truth, 2002.

Calvin, John. *I & II Timothy and Titus*. Edited by Alister McGrath and J. I. Packer. Wheaton, IL: Crossway, 1998.

_____. *The Epistles of Paul the Apostle to the Romans and to the Thessalonians*. Translated by Ross MacKenzie. Grand Rapids: Eerdmans, 1995.

_____. *The First Epistle of Paul the Apostle to the Corinthians*. Translated by Ross MacKenzie. Grand Rapids: Eerdmans, 1995.

_____. *John Calvin's Sermons on Galatians*. Translated by Kathy Childress. Carlisle, PA: Banner of Truth, 1997.

_____. *The Mystery of Godliness and Other Sermons*. Morgan, PA: Soli Deo Gloria, 1999.

_____. *The Pastoral Epistles*. Translated by William Pringle. Grand Rapids: Eerdmans, 1948.

_____. *Sermons on the Book of Micah*. Translated by Benjamin Wirt Farley. Phillipsburg, NJ: P&R, 2003.

_____. *Sermon on Deuteronomy*. Edinburgh: Banner of Truth Trust, 1987.

_____. *Sermon on the Epistle to the Ephesians*. Edinburgh: Banner of Truth Trust, 1998.

_____. *Sermon on Galatians*. Audobon, NJ: Old Paths, 1995.

Carson, D. A. *The Cross and Christian Ministry*. Grand Rapids: Baker books, 1993.

_____. *The Gospel According to John*. Grand Rapids: Eerdmans, 1991.

Carter, Terry G., J. Scott Duvall, and J. Daniel Hays. *Preaching God's Word*. Grand Rapids: Zondervan, 2005.

Chapell, Bryan. *Christ-Centered Preaching: Redeeming the Expository Sermon*. Grand Rapids: Baker, 1994.

Chartier, Myron R. *Preaching as Communication*. Nashville: Abingdon Press, 1981.

Chrysostom, John. *Saint John Chrysostom on Marriage and Family Life*. Translated by Catherine P. Roth and David Anderson. Crestwood, NY: St. Vladimir's Seminary Press, 1986.

_____. *Saint John Chrysostom on Wealth and Poverty*. Translated by Catharine P. Roth. Crestwood, NY: St. Vladimir's Seminary Press, 1984.

Christopher Wright. *Old Testament Ethics for the People of God*. Downers Grove, IL: InterVarsity, 2004.

Collins, Raymond F. *1 & 2 Timothy and Titus*. Louisville: Westminster John Knox Press, 2002.

Crotts, Jeffrey. *Illuminated Preaching*. 『성령의 조명을 받는 설교』. 이승진 역. 서울: 성서유니온, 2011.

Cunningham, Mary B., and Pauline Allen. *Preacher and Audience: Studies in Early Christian and Byzantine Homiletics*. Leiden: E. J. Brill, 1998.

Dabney, R. L. *Evangelical Eloquence: A Course of Lectures on Preaching*. Edinburgh: Banner of Truth, 1999.

Dargan, Edwin C. *A History of Preaching*. Vol. 1. Grand Rapids: Baker, 1954.

Darrell L. Bock, *Luke*. Vol 1. 1:1–9:50 ECNT. Grand Rapdis: Baker, 1994.

Decker, Bert, and Hershael W. York. *Preaching with Bold Assurance: A Solid and Enduring Approach to Engaging Exposition*. Nashville: Broadman & Holman Publishers, 2003.

Deidun, T. J. *New Covenant Morality in Paul*. Rome: Biblical Institute Press, 1981.

DeVries, Dawn. *Jesus Christ in the Preaching of Calvin and Schleiermacher*. Louisville: Westminster John Knox, 1996.

Dodd, C. H. *The Apostolic Preaching and Its Development*. Grand Rapids: Baker, 1980.

_____. *Gospel and Law: The Relationship of Faith and Ethics in Early Christianity*. New York: Columbia University Press, 1951.

Doriani, Daniel M. *Getting the Message*. Phillipsburg, NJ: P&R, 1996.

_____. *Putting the Truth to Work: The Theory and Practice of Biblical Application*. Phillipsburg, NJ: P & R., 2001.

Dorsey, David A. *The Literacy Structure of the Old Testament*. Grand Rapids: Baker, 1999.

Dunn, J. D. G. *Romans 9–16*. Word Biblical Commentary, vol. 38. Waco, TX: Word, 1988.

Dutch, Robert S. *The Educated Elite in 1 Corinthians: Education and Community Conflicts in Greco-Roman Context*. New York: T&T Clark, 2005.

Duval, J. S., and J. D. Hays. *Grasping God's Word*. Grand Rapids: Zondervan, 2001.

Edwards, Jonathan. *Charity and Its Fruits*. Edinburgh: Banner of Truth, 1969.

_____. *The Sermons of Jonathan Edwards: A Reader*. Edited by Wilson H. Kimnach,

Kenneth P. Minkema, and Douglas A. Sweeney. New Haven: Yale University Press, 1999.

Elliott, Mark Barger. *Creative Styles of Preaching*. Louisville: John Knox Press, 2000.

Enyart, David A. *The Homiletical Review Notebook: Creating Sermons That Connect Bible and Life*. Knoxville: Tennessee Valley Pub., 2003.

Erickson, Millard J. *Evangelical Interpretation: Perspectives on Hermeneutical Issues*. Grand Rapids: Baker, 1993.

Erickson, Millard J., and James L. Heflin. *Old Wine in New Wineskins: Doctrinal Preaching in a Changing World*. Grand Rapids: Baker Books, 1997.

Eswine, Zack. *Preaching to a Post-Everything World*. Grand Rapids: Baker, 2008.

Eversley, Walter V. L. *Edwards in Our Time*. Edited by Sang Hyun Lee and Allen C. Guelzo. Grand Rapids: William B. Eerdmans, 1999.

Fabarez, Michael. *Preaching that Changes Lives*. Nashville: Nelson Publishers, 2002.

Fant, Clyde F., Jr., and Williams M. Pinson. *20 Centuries of Great Preaching*. Vol. 1. Waco, TX: Word Books, 1971.

Fasol, Al. *A Complete Guide to Sermon Delivery*. Nashville, TN: Broadman & Holman Publishers, 1996.

Fee, Gordon D. *I & II Timothy and Titus*. Peabody, MA: Hendrickson, 1988.

_____. *Inerrancy and Common Sense*. Edited by Roger R. Nicole and J. Ramsey Michaels. Grand Rapids: Baker, 1980.

_____. *New Testament Exegesis: A Handbook for Students and Pastors*. Philadelphia: Westminster Press, 1983.

_____. *God's Empowering Presence: The Holy Spirit in the Letters of Paul*. Peabody, MA: Hendrickson Publishers, 1994.

Fee, Gordon D., and Douglas Stuart. *How to Read the Bible for All Its Worth: A Guide to Understanding the Bible*. 2nd ed. Grand Rapids: Zondervan, 1993.

Ferguson, Sinclair B. *The Holy Spirit*. 『성령론』. 김재성 역. 서울: IVP, 1999.

Foxgrover, David, ed. *The Legacy of John Calvin*. Grand Rapids: Calvin Studies Society, 2000.

Furnish, Victor P. *Theology and Ethics*. Nashville: Abingdon, 1968.

Garland, David. *Colossian and Philemon*. The NIV Application Commentary. Grand Rapids: Zondervan, 1998.

Gibson, Scott, ed. *Preaching to a Shifting Culture*. Grand Rapids: Baker Books, 2004.

Goldingay, J. *Approaches to Old Testament Interpretation*. Downers Grove, IL: InterVarsity, 1981.

Goldsworthy, Graeme. *Preaching the Whole Bible*. Grand Rapids: Eerdmans, 2000.

Greidanus, Sidney. *The Modern Preacher and the Ancient Text: Interpreting and Preaching Biblical Literature*. Grand Rapids: Eerdmans, 1988.

_____. *Preaching Christ from the Old Testament: A Contemporary Hermeneutical Method*. Grand Rapids: Eerdmans, 1999.

_____. *Sola Scriptura: Problems and Principles in Preaching Historical Texts*. Toronto: Wedge, 1970.

Green, Christopher, and David Jackman, eds. *When God's Voice Is Heard*. Nottingham, England: Inter-Varsity, 1995.

Groos, Nancy Lammers. *If You Cannot Preach like Paul*. Grand Rapids: Eerdmans, 2002.

Guthrie, Donald. *The Pastoral Epistles*. Grand Rapids: Wm. B. Eerdmans Publishing Company, 1957.

Hamilton, Adam. *Unleashing the Word: Preaching with Relevance, Purpose, and Passion*. Nashville: Abingdon Press, 2003.

Harris, Murray J. *Colossians and Philemon*. Grand Rapids: Eerdmans, 1991.

_____. *The Second Epistle to the Corinthians*. NIGTC. Grand Rapids: William B. Eerdman Pub., 2005.

Hartney, Aldeen M. *John Chrysostom and the Transformation of the City*. London: Gerald Duckworth, 2004.

Hay, David M. *Colossians*. Nashville: Abingdon Press, 2000.

Hays, Richard. *The Moral Vision of the New Testament*. San Francisco: HarperSan Francisco, 1996.

Heisler, Greg. *Spirit-Led Preaching: The Holy Spirit's Role in Sermon Preparation and Delivery*. Nashville: B&H Academic, 2007.

Henderson, David W. *Culture Shift: Communicating God's Truth to our Changing World*. Grand Rapids: Baker Books, 1998.

Hengel, Martin. *Crucifixion in the Ancient World and the Folly of the Message of the Cross*. Philadelphia: Fortress press, 1977.

Hesselgrave, David, and Edward Rommen. *Contextualization: Meaning, Methods, and Mod-*

els. Grand Rapids: Baker Book House, 1989.

Hodge, Charles. *Systematic Theology*. Grand Rapids: Eerdmans, 1960.

Holleman, Joost. *Resurrection and Parousia: A Traditional-Historical Study of Paul's Eschatology in 1 Corinthians 15*. Leiden: E. J. Brill, 1996.

Hughes, R. Kent. *1 & 2 Timothy and Titus*. Wheaton, IL: Crossway, 2000.

Hughes, Philip E. *The Second Epistle to the Corinthians*. Grand Rapids: Wm.B. Eerdmans Pub., 1962.

Jacks, G. Robert. *Getting the Word Across: Speech Communication for Pastors and Lay leaders*. Grand Rapids: Eerdmans, 1995.

Johnson, Dennis E. *Him We Proclaim: Preaching Christ from All the Scriptures*. Phillipsburg, NJ: P&R Publishing, 2007.

Johnson, Elliot. *Expository Hermeneutics: An Introduction*. Grand Rapids: Zondervan, 1990.

Johnson, L. T. *The First and Second Letters to Timothy*. New York: Doubleday, 2001.

Kaiser, Walter C. *Toward an Exegetical Theology*. Grand Rapids: Baker Book House, 1981.

Kaiser, Walter C., and Moisés Silva, *An Introduction to Biblical Hermeneutics*. Grand Rapids: Zondervan, 1994.

Kaye, Bruce Norman. *The Thought Structure of Romans with Special Reference to Chapter 6*. Austin, TX: Schola Press, 1979.

Keck, Leander E. *The Bible in the Pulpit*. Nashville: Abingdon Press, 1978.

_____. *Mandate to Witness*. Valley Forge: Judson Press, 1964.

Keller, Timothy. *Generous Justice: How God's Grace Makes Us Just*. New York: Dutton Adult, 2010.

_____. *The Reason for God*. New York: The Penguin Group, 2008.

_____. *Center Church*. Grand Rapids: Zondervan, 2012.

Kelly, J. N. D. *The Pastoral Epistles*. San Francisco: Harper and Row, 1986.

Kennedy, George A. *Classical Rhetoric & Its Christian and Secular Tradition from Ancient to Modern Times*. Chapel Hill: The University of North Carolina Press, 1980.

_____. *New Testament Interpretation through Rhetorical Criticism*. Chapel Hill: University of North Carolina, 1984.

Kistler, Don. ed. *Feed My Sheep*. Morgan, PA: Soli Deo Gloria Pub., 2002.

Klein, William W., Craig L. Blomberg and Robert L. Hubbard. *Introduction Biblical Interpretation*. 2nd ed. Nashville: Thomas Nelson Publishing, 2004.

Knight, G. W., III. *The Pastoral Epistles*. Grand Rapids: Eerdmans, 1992.

Köstenberger, Andreas J. and Richard Patterson. *Invitation to Biblical Interpretation*. Grand Rapids: Kregel Academic & Professional, 2011.

Larkin, William. *Culture and Biblical Hermeneutics*. Grand Rapids: Baker Book House, 1988.

Larsen, David L. *The Company of the Preachers*. Grand Rapids: Kregel, 1998.

Lawson, Steven J. *The Expository Genius of John Calvin*. Lake Mary, FL: Reformation Trust, 2007.

Lea, T. D. and H. P. Griffin. *1 & 2 Timothy and Titus*. Nashville: Broadman, 1992.

Lehmann, P. *Ethics in a Christian Context*. London: SCM, 1963.

Leith, John H. *From Generation to Generation: The Renewal of the Church According to Its Own Theology and Practice*. Louisville: Westminster John Knox Press, 1990.

Liefeld, Walter L. *1 & 2 Timothy and Titus*. Grand Rapids: Zondervan Publishing House, 1999.

Lightfoot, J. B. *Saint Paul's Epistles to the Colossians and to Philemon*. Grand Rapids: Zondervan, 1959.

Lincoln, A. *Paradise Now and Not Yet*. Cambridge: Cambridge University Press, 1981.

Lischer, Richard. *A Theology of Preaching*. Nashville: Abingdon, 1981.

Litfin, Duane. *Paul's Theology of Proclamation: 1 Corinthians 1-4 and Greco-Roman Rhetoric*. Cambridge: Cambridge University Press, 1994.

_____. *Public Speaking*. Grand Rapids: Baker Book House, 1982.

Lloyd-Jones, D. Martyn. *The Puritans: Their Origins and Successors*. Edinburgh: Banner of Truth, 1987.

Logan, Samuel T., ed. *The Preacher and Preaching*. Phillipsburg, NJ: P&R, 1986.

Lohse, Eduard. *Colossian and Philemon*. Translated by William R. Poehlmann and Robert J. Karris. Philadelphia: Fortress Press, 1971.

Long, Thomas. *Preaching and the Literary Forms of the Bible*. Philadelphia: Fortress Press, 1989.

_____. *The Witness of Preaching*. Louisville: Westminster/John Knox Press, 1989.

Longenecker, Richard. *Galatians*. Word Biblical Commentary, vol. 41. Nashville: Thomas Nelson, 1990.

Loscalzo, Craig A. *Apologetic Preaching: Proclaiming Christ to a Postmodern World*. Downers

Grove, IL: InterVarsity Press, 2000.

_____. *Preaching Sermons that Connect*. Downers Grove, IL: InterVarsity, 1992.

MacArthur, John. *Rediscovering Expository Preaching: Balancing the Science and Art of Biblical Exposition*. Dallas: Word Publishing, 1992.

Martin, Albert N. *Preaching in the Holy Spirit*. Grand Rapids: Reformation Heritage Books, 2011.

Martin, Ernest D. *Colossian and Philemon*. Scottdale, PA: Herald, 1993.

Martin, Ralph P. *Colossians and Philemon*. Grand Rapids: Wm. B. Eerdmans Publishing Co., 1981.

Marshall, I. Howard. *The Pastoral Epistles*. Edinburgh: T&T Clark, 1999.

Mayer, Wendy and Pauline Allen. *John Chrysostom*. London and New York: Routledge, 2000.

McCartney, Dan and Charles Clayton. *Let the Reader Understand: A Guide to Interpreting and Applying the Bible*. Wheaton, IL: Bridge point, 1994.

McDill, Wayne. *The Moment of Truth*. Nashville: Broadman & Holman, 1999.

_____. *The Twelve Essential Skills for Great Preaching*. Nashville: Broadman & Holman, 1994.

McKim, Donald K. *The Bible in Theology & Preaching*. Nashville: Abingdon Press, 1994.

_____. *Calvin's View of Scripture in Readings in Calvin's Theology*. Grand Rapids: Baker Books, 1984.

McKim, Donald K., ed. *Calvin and the Bible*. New York: Cambridge University, 2006.

_____. *Readings in Calvin's Theology*. Grand Rapids: Baker, 1984.

McKnight, Scot. *Galatians*. NIV Application Commentary. Grand Rapids: Zondervan, 1995.

McQuilkin, J. Robertson. *Understanding and Applying the Bible*. Chicago: Moody Press, 1992.

Meadors, Gary T. Ed., *Four Views on Moving beyond the Bible to Theology*. 『성경 어떻게 적용할 것인가』. 윤석인 역. 서울: 부흥과 개혁사, 2009.

Merida, Tony. *Faithful Preaching*. 『설교다운 설교』. 김대혁 역. 서울: CLC, 2016.

Merrill, Eugene. *Deuteronomy*. New American Commentary. Nashville: Broadman & Holman, 1994.

Mickelsen, A. Berkeley. *Interpreting the Bible*. Grand Rapids: Eerdmans, 1963.

Miller, Calvin. *Marketplace Preaching: How to Return the Sermon to Where It Belongs*. Grand Rapids: Baker Books, 1995.

Miller, Perry. *Jonathan Edwards*. New York: William Sloane Associates, 1949.

_____. *The New England Mind: The Seventeenth Century*. Boston: Beacon Press, 1961.

Mohler, R. Albert, Jr. *He is Not Silent: Preaching in a Postmodern World*. Chicago: Moody Publishers, 2008.

Montoya, Alex. *Preaching with Passion*. Grand Rapids: Kregel Pub., 2000.

Moo, Douglas. *The Epistle to the Romans*. Grand Rapids: Wm. B. Eerdmans Publishing Co., 1996.

Morris, Leon. *The First and Second Epistles to the Thessalonians*. Grand Rapids: WM. B. Eerdmans Pub., Co., 1979.

Moule, H. C. G. *Colossian Studies*. New York: A.C. Armstrong and Son, 1898.

Mounce, R. H. *Essential Nature of New Testament Preaching*. Grand Rapids: Eerdmans, 1960.

Mounce, William D. *Pastoral Epistles*. Nashville: Thomas Nelson Publishers, 2000.

Murphy-O'Connor, Jerome. *Paul on Preaching*. New York: Sheed and Ward, 1964.

Neill, Stephen. *Chrysostom and His Message*. New York: Association Press, 1962.

Nelson, Richard D. *Deuteronomy: A Commentary*, Old Testament Library. Louisville: Westminster John Knox, 2002.

Nicholls, Bruce J. *Contextualization: A Theology of Gospel and Culture*. Downers Grove, IL: InterVarsity, 1978.

Nichols, Stephen J. *Jonathan Edwards: A Guided Tour of His Life and Thought*. Phillipsburg, NJ: P&R Publishing, 2001.

O'Brien, Peter T. *Colossians and Philemon*. Waco, TX: Word, 1982.

_____. *The Letter to the Ephesians*. Grand Rapids: Eerdmans, 1999.

Old, Hughes Oliphant. *The Reading and Preaching of the Scriptures in the Worship of the Christian Church*. 5 Vols. Grand Rapids: William B. Eerdmans Publishing Company, 2004.

Olford, Stephen F. *Anointed Expository Preaching*. Nashville: Broadman & Holman Publishers, 1998.

Osborne, Grant R. *The Hermeneutical Spiral*. Downers Grove, IL: InterVarsity, 1991.

Overdorf, Daniel. *Applying the Sermon*. 『설교를 적용하기』. 이재학 역. 서울: 디모데, 2013.

Overstreet, Larry. *Persuasive Preaching*. Wooster, Ohio: Weaver Book Co., 2014.

Owen, John. *The Holy Spirit: His Gift and Power*. 『개혁주의 성령론』. 이근수 역. 서울: 여수룬, 1988.

Packer, J. I. *A Quest for Godliness*. Wheaton, IL: Crossway Books, 1990.

_____. *Truth and Power*. Wheaton, IL: Harold Shaw, 1996.

Parker, T. H. L. *Calvin's New Testament Commentaries*. Louisville: Westminster John Knox, 1993.

Patte, Daniel. *Preaching Paul*. Philadelphia: Fortress, 1984.

Perkins, William. *The Art of Prophesying*. Carlisle, PA: The Banner of Truth Trust, 2002.

Peterson, Brian K. *Eloquence and the Proclamation of the Gospel in Corinth*. Atlanta: Scholars Press, 1998.

Pickett, Raymond. *The Cross in Corinth: The Social Significance of the Death of Jesus*. Sheffield: Sheffield Academic Press, 1997.

Pillai, C. A. Joachim. *Early Missionary Preaching*. New York: Exposition University Press, 1979.

Piper, John. *The Supremacy of God in Preaching*. Grand Rapids: Baker Books, 2004.

Polhill, John B. *Paul & His Letters*. Nashville: Broadman & Holman Publishers, 1999.

Puckett, David L. *John Calvin's Exegesis of the Old Testament*. Louisville: Westminster John Knox, 1995.

Quicke, Michael J. *360 Degree Preaching: Hearing, Speaking and Living the Word*. Grand Rapids: Baker Academic, 2003.

Ramm, Bernard. *Protestant Biblical Interpretation: A Textbook of Hermeneutics for Conservative Protestants*. Grand Rapids: Baker, 1970.

Reid, Robert Stephen. *The Four Voices of Preaching: Connecting Purpose and Identity behind the Pulpit*. Grand Rapids: Brazos Press, 2006.

Resner, Andre Jr. *Preacher and Cross: Person and Message in Theology and Rhetoric*. Grand Rapids: William B. Eerdmans, 1999.

Richard, Ramesh P. *Preparing Expository Sermons*. Grand Rapids: Baker Books, 2001.

_____. *Scripture Sculpture*. Grand Rapids: Baker Books, 1995.

Ridderbos, Hermann. *Paul: An Outline of His Theology*. Grand Rapids: Eerdman, 1975.

Robertson, O. Palmer. *The Christ of the Covenants*. Phillipsburg, NJ: P&R, 1981.

Robinson, Haddon W. *Biblical Preaching: The Development and Delivery of Expository Messages. Grand Rapids: Baker, 2003.

_____. Making a Difference in Preaching. Grand Rapids: Baker Books, 1999.

Rosner, Brian S. Scripture and Ethics: A Study of 1 Corinthians 5-7. Leiden: E. J. Brill, 1994.

_____. Understanding Paul's Ethics. Grand Rapids: Eerdmans, 1995.

Ross, Michael F. Preaching for Revitalization. Ross-shire, Scotland: Mentor, 2006.

Ryken, Leland. Worldly Saints the Puritan As They Really Were. Grand Rapids: Zondervan Publishing House, 1986.

Sargent, Tony. The Sacred Anointing. 『위대한 설교자 로이드 존스』. 황영철 역. 서울: IVP, 1994.

Schreiner, Thomas R. New Testament Theology. Grand Rapids: Baker Academic, 2008.

_____. Paul Apostle of God's Glory in Christ. Downers Grove, IL: InterVarsity Press, 2001.

_____. Romans. Baker Exegetical Commentary on the New Testament. Grand Rapids: Baker, 1998.

Seters, Arthur Van. Preaching as a Social Act. Nashville: Abingdon, 1988.

Shaddix, Jim. The Passion Driven Sermon. Nashville: B&H Publishers, 2003.

Shires, Henry M. The Eschatology of Paul in the light of Modern Scholarship. Philadelphia: Westminster Press, 1966.

Simonson, Harold. Jonathan Edwards: Theologian of the Heart. Grand Rapids: Eerdmans, 1974.

Smith, Donald K. Creating Understanding. Grand Rapids: Zondervan, 1992.

Smith, Gary. The Prophets as Preachers. Nashville: B&H Academic, 1998.

Smith, Steven W. Recapturing the Voice of God: Shaping Sermons Like Scripture. Nashville, TN: B&H Pub., 2015.

Soards, Marion L. The Speeches in Acts: Their Contents, Context, and Concerns. Louisville: Westminster John Knox Press, 1994.

Sproul, R. C. Essential Truths of the Christian Faith. Wheaton, IL: Tyndale House Pub., 1992.

Spurgeon, C. H. Lectures to My Students. 『목회자 후보생들에게』. 원광연 역. 서울: 크리스천다이제스트, 2009.

Stein, Robert. A Basic Guide to Interpreting Bible. Grand Rapids: Baker, 1994.

Stott, John. *Between Two Worlds: The Art of Preaching in the Twentieth Century*. Grand Rapids: Eerdmans, 1982.

Stuart, Douglas K. *Old Testament Exegesis: a Primer for Students and Pastors*. Philadelphia: Westminster, 1984.

Tate, W. Randolph. *Biblical Interpretation: An Integrated Approach*. Peabody, MA: Hendrickson, 1991.

Terry, Ralph B. *A Discourse Analysis of First Corinthians*. Dallas: University of Texas at Arlington, 1995.

Thiselton, Anthony C. *The First Epistle to the Corinthians*. Grand Rapids: Eerdmans, 2000.

_____. *The Two Horizons: New Testament Hermeneutics and Philosophical Description*. Grand Rapids: Eerdmans, 1980.

Thompson, James W. *Pastoral Ministry According to Paul: A Biblical Vision*. Grand Rapids: Baker Academic, 2006.

_____. *Preaching Like Paul*. Louisville: Westminster John Knox Press, 2001.

Thompson, M. *Clothed with Christ: The Example and Teaching of Jesus in Romans 12:1-15:13*. Sheffield: JSOT, 1991.

Tisdale, Leonora Tubbs. *Preaching as Local Theology and Folk Art*. Minneapolis: Fortress, 1996.

Towner, Philip H. *1-2 Timothy and Titus*. Downers Grove, IL: InterVarsity, 1994.

Tracy, Patricia. *Jonathan Edwards, Pastor*. New York: Hill and Wang, 1979.

Turnbull, Ralph G. *A History of Preaching*. Grand Rapids: Baker, 1974.

_____. *Jonathan Edwards the Preacher*. Grand Rapids: Baker, 1958.

Unger, Merrill F. *Principles of Expository Preaching*. Grand Rapids: Zondervan, 1955.

Veerman, Dave. *How to Apply the Bible*. Wheaton, IL: Tyndale, 1993.

Verhey, A. *The Great Reversal: Ethics and the New Testament*. Grand Rapids: Eerdmans, 1984.

Victor, Paul Furnish. *The Theology of the First Letter to the Corinthians*. Cambridge: Cambridge University Press, 1999.

Vines, Jerry. *A Practical Guide to Sermon Preparation*. Chicago: Moody, 1986.

Vines, Jerry, and Jim Shaddix. *Power in the Pulpit*. Chicago: Moody Press, 1999.

Virkler, Henry A. *Hermeneutics: Principles and Processes of Biblical Interpretation*. Grand Rapids: Baker, 1981.

Vos, Geerhardus. *The Pauline Eschatology*. Grand Rapids: William. B. Eerdmans Publishing Co., 1953.

Wallace, Daniel B. *Greek Grammar beyond Basics: An Exegetical Syntax of the New Testament*. Grand Rapids: Zondervan, 1996.

Wallace, Ronald S. *Calvin's Doctrine of the Word and Sacrament*. Tyler, TX: Geneva Divinity School, 1982.

Wellborn, L. L. *Paul, the Fool of Christ: A Study of 1 Corinthians 1-4 in the Comic-Philosophic Tradition*. London/New York: T&T Clark International, 2005.

Wells, C. Richard, and A. Boyd Luter. *Inspired Preaching*. Nashville: Broadman & Holman, 2002.

Willhite, Keith. *Preaching with Relevance without Dumbing Down*. Grand Rapids: Kregel, 2001.

Williamson, H. G. M. *Ezra and Nehemiah*. Sheffield: JSOT, 1987.

Wilson, Paul Scott. *Preaching and Homiletic Theory*. St. Louis: Chalice, 2004.

Wilson, R. R. *Prophecy and Society in Ancient Israel*. Philadelphia: Fortress, 1980.

Witherington, Ben, III. *Conflict & Community in Corinth: A Socio-Rhetorical Commentary on 1 and 2 Corinthians*. Grand Rapids: Eerdmans, 1995.

Wright, Christopher H. *Walking in the Ways of the Lord*. Downers Grove, IL: InterVarsity, 1995.

Vanhozer, Kevin J. *Is There a Meaning in This Text?*. Grand Rapids: Zondervan, 1998.

_____. *First Theology*. 『제일신학』. 김재영 역. 서울: IVP, 2007.

York, Hershael W. and Bert Decker. *Preaching with Bold Assurance: A Solid and Enduring Approach to Engaging Exposition*. Nashville: B&H Publishers, 2003.

Zachman, Randal. *John Calvin as Teacher, Pastor, and Theologian*. Grand Rapids: Baker Academic, 2006.

Zuck, Roy B. *Basic Bible Interpretation*. Wheaton, IL: Victor, 1991.

영문 아티클(Articles) 및 영문 설교(Sermons)

Adam, Peter. "Calvin's Preaching and Homiletic: Nine Engagements Part 1." *Churchman* 124 (2010): 201-15.

Aland, Barbara. "Trustworthy Preaching: Reflection on John Chrysostom's Interpretation of

Romans 8." In *Romans and the People of God*, ed. Sven K. Soderland and N. T. Wright, 271–80. Grand Rapids: Eerdmans, 1999.

Allen, David L. "Preaching & Postmodernism: An Evangelical Comes to the Dance." *Southern Baptist Journal of Theology* 5 (2001): 62–78.

―――――. "A Tale of Two Roads: Homiletics and Biblical Authority." *Journal of Evangelical Theology* 43 (2000): 489–515.

Allen, Leslie. "Micah's Social Concern." *Vox Evangelica* 8 (1973): 22–32.

Allen, Pauline. "The Homilist and the Congregation: A Case Study of Chrysostom's Homilies on Hebrews." *Augustinianum* 36 (1996): 397–421.

―――――. "John Chrysostom's Homilies on First and Second Thessalonians: The Preacher and His Audience." *Studia Pastristica* 31 (1997): 3–21.

Allen, Ronald J. "Preaching in the Congregational System." *Encounter* 60 (1999): 551–81.

Anderson, Marvin. "Calvin: Biblical Preacher (1539–1564)." *Scottish Journal of Theology* 42 (1989): 167–81.

Arthurs, Jeffrey D. "The Place of Pathos in Preaching." *Journal of the Evangelical Homiletics Society* 1 (2001): 1–10.

Awad, N. George. "The Influence of John Chrysostom's Hermeneutics on John Calvin's Exegetical Approach to Paul's Epistle to the Romans." *Scottish Journal of Theology* 63 (2010): 414–36.

Bailey, Raymond H. "Acts 17:16–34." *Review and Expositor* 87 (1990): 481–85.

―――――. "John A. Broadus: Man of Letters and Preacher Extraordinaire." *Preaching* 9 (1993): 58–61.

Bailey, Richard A. "Driven by Passion: Jonathan Edwards and the Art of Preaching." In *The Legacy of Jonathan Edwards*, ed. Sean Michael, Lucan D. G. Hart, and Stephen J. Nichols, 65–67. Grand Rapids: Baker Academic, 2003.

Bandstra, Andrew J. "Interpretation in 1 Corinthians 10:1–11." *Calvin Theological Journal* 6 (1971): 5–21.

Barram, Michael. "Colossian 3:1–17." *Interpretation* 59 (2005): 188–90.

Barton, Stephen C. "New Occasions Teach New Duties? Marriage and Family Life as Christian Concerns." *Expository Times* 106 (1994): 69–74.

Beach, J. Mark. "The Real Presence of Christ in the Preaching of the Gospel: Luther and Calvin on the Nature of Preaching." *Mid-America Journal of Theology* 10 (1999):

77–134.

Beasley, George R. "The Second Chapter of Colossians." *Review and Expositor* 70 (1973): 469–80.

Beeke, Joel R. "Richard Sibbes on Entertaining the Holy Spirit." *The Banner of Sovereign Grace Truth* 6 (1998): 1–15.

Bettler, John F. "Application." In *Preacher and Preaching*, ed. Samuel T. Logan, 371–92. Phillipsburg, NJ: P&R Publishing, 1986.

Black, David A. "Paul and Christian Unity: A Formal Analysis of Philippians 2:1–4." *Journal of Evangelical Theology* 28 (1985): 299–308.

———. "The Pauline Love Command: Structure, Style, and Ethics in Romans 12:9–21." *Filologia Neotestamentaria* 2 (1989): 1–21.

Blue, Scott A. "The Hermeneutic of E.D. Hirsh, Jr., and Its Impact on Expository Preaching: Friend or Foe?" *Journal of Evangelical Theology* 44 (2001): 253–69.

———. "Meaning, Intention, and Application: Speech Act Theory in the Hermeneutics of Francis Watson and Kevin J. Vanhoozer." *Trinity Journal* 23 (2002): 161–84.

Boers, H. W. "Apocalyptic Eschatology in 1 Cor. 15." *Interpretation* 21 (1967): 50–65.

Boyle, M. O. "The Covenant Lawsuit of the Prophet Amos 3:1–4:13." *Vestus Testamentum* 21 (1971): 338–62.

Bramer, Stephen J. "Analysis of the Structure of Amos." *Bibliotheca Sacra* 156 (1999): 160–74.

Breeze, Mary. "Hortatory Discourse in Ephesians." *Journal of Translation and Textlinguistics* 5 (1992): 313–47.

Broadus, John A. "The Habit of Thankfulness." In vol. 4 of *Selected Works of John A. Broadus*, 45–56. Cape Coral, FL: Founders Press, 2001.

———. "The Holy Scripture." In *Sermons and Addresses*, 164–66. Baltimore: R. H. Woodward and Company, 1890.

———. "How the Gospel Makes Men Holy." In vol. 4 of *Selected Works of John A. Broadus*, 97–109. Cape Coral, FL: Founders Press, 2001.

———. "Intense Concern for the Salvation of Others." In vol. 4 of *Selected Works of John A. Broadus*, 110–23. Cape Coral, FL: Founders Press, 2001.

———. "Let Us Have Peace with God." In *Sermons and Addresses*, 85–96. Baltimore: R. H. Woodward and Company, 1890.

_____. "The Light of Life." In *Favorite Sermons of John A. Broadus*, ed. Vernon L. Stanfield, 124–27. New York: Harper and Brothers, 1959.

_____. "The Mother of Jesus." In vol. 4 of *Selected Works of John A. Broadus*, 125–38. Cape Coral, FL: Founders Press, 2001.

_____. "Some Laws of Spiritual Work." In vol. 4 of *Selected Works of John A. Broadus*, 26–44. Cape Coral, FL: Founders Press, 2001.

_____. "Worship." In vol. 4 of *Selected Works of John A. Broadus*, 1–25. Cape Coral, FL: Founders Press, 2001.

Brouwer, Wayne. "How to Land the Sermon." *Preaching* 14 (1999): 12–17.

Brueggemann, Walter. "Amos 4:4–13 and Israel's Covenant Worship." *Vestus Testamentum* 15 (1965): 1–15.

_____. "The Social Nature of the Biblical Text for Preaching." In *Preaching as a Social Act*, ed. Arthur Van Seters, 127–65. Nashville: Abingdon, 1988.

Bugg, Charles B. "A Look at Baptist Preaching: Past, Present, and Future." *Baptist History and Heritage* 40 (2005): 8–17.

Burnett, Stephen G. "Exegetical Notes: Hosea 9:10–17." *Trinity Journal* 6 (1985): 211–14.

Byrne, Brendan. "Eschatologies of Resurrection and Destruction: The Ethical Significance of Paul's Dispute with the Corinthians." *Downside Review* 104 (1986): 280–98.

Chapell, Brian. "Alternative Models: Old Friends in New Clothes." *Presbyterion* 19 (1993): 3–16.

_____. "Application without Morality." In *The Art & Craft of Biblical Preaching*, ed. Haddon Robinson and Craig B. Larson, 291–94. Grand Rapids: Zondervan, 2005.

_____. "The Future of Expository Preaching." *Presbyterion* 30 (2004): 65–80.

_____. "When Narrative is not Enough." *Presbyterion* 22 (1996): 3–16.

Charles, Daryl. "Engaging the (Neo) Pagan Mind: Paul's Encounter with Athenian Culture as a Model for Cultural Apologetics (Acts 17:16–34)." *Trinity Journal* 16 (1995): 47–62.

Cherry, Conrad. "Symbols of Spiritual Truth: Jonathan Edwards as Biblical Interpreter." *Interpretation* 39 (1985): 263–71.

Chester, Stephen J. "Faith Working through Love (Galatians 5:6): The Role of Human Deeds in Salvation in Luther and Calvin's Exegesis." In *Doing Theology for the Church*, edited by Rebekah A. Eklund and John E. Phelan. Eugene, OR: Wipf & Stock, 2014.

Christopher, Gregory T. "A Discourse Analysis of Colossians 2:16–3:17." *Grace Theological Journal* (1990): 204–20.

Chrysostom, John. "Homily I on Colossians." In *A Select Library of The Nicene and Post-Nicene Fathers of the Christian Church: St. Chrysostom*, ed. Philip Schaff. Vol. 13. Edinburgh: T. & T. Clark, n.d.; reprint, Grand Rapids: Eerdmans, 1994.

_____. "Homily I on Philemon." In A *Select Library of The Nicene and Post-Nicene Fathers of the Christian Church: St. Chrysostom*, ed. Philip Schaff. Vol. 13. Edinburgh: T. & T. Clark, n.d.; reprint, Grand Rapids: Eerdmans, 1994.

_____. "Homily III on Thessalonians." In *A Select Library of The Nicene and Post-Nicene Fathers of the Christian Church: St. Chrysostom*, ed. Philip Schaff. Vol. 13. Edinburgh: T. & T. Clark, n.d.; reprint, Grand Rapids: Eerdmans, 1994.

_____. "Homily IX on 1 Timothy." In A *Select Library of The Nicene and Post-Nicene Fathers of the Christian Church: St. Chrysostom*, ed. Philip Schaff. Vol. 13. Edinburgh: T. & T. Clark, n.d.; reprint, Grand Rapids: Eerdmans, 1994.

_____. "Homily V on Ephesians." In *A Select Library of The Nicene and Post-Nicene Fathers of the Christian Church: St. Chrysostom*, ed. Philip Schaff. Vol. 13. Edinburgh: T. & T. Clark, n.d.; reprint, Grand Rapids: Eerdmans, 1994.

_____. "Homily VI on Colossians." In *A Selected Library of The Nicene and Post-Nicene Fathers of the Christian Church: St. Chrysostom*, ed. Philip Schaff. Vol. 13. Edinburgh: T. & T. Clark, n.d.; reprint, Grand Rapids: Eerdmans, 1994.

_____. "Homily VI on Ephesians." In *A Select Library of The Nicene and Post-Nicene Fathers of the Christian Church: St. Chrysostom*, ed. Philip Schaff. Vol. 13. Edinburgh: T. & T. Clark, n.d.; reprint, Grand Rapids: Eerdmans, 1994.

_____. "Homily VI on the Gospel of Matthew." In *A Select Library of The Nicene and Post-Nicene Fathers of the Christian Church: St. Chrysostom*, ed. Philip Schaff. Vol. 10. Edinburgh: T. & T. Clark, 1888; reprint, Grand Rapids: Eerdmans, 1994.

_____. "Homily VIII on Colossians." In A *Select Library of The Nicene and Post-Nicene Fathers of the Christian Church: St. Chrysostom*, ed. Philip Schaff. Vol. 13. Edinburgh: T. & T. Clark, n.d.; reprint, Grand Rapids: Eerdmans, 1994.

_____. "Homily X on Acts." In *A Select Library of The Nicene and Post-Nicene Fathers of the Christian Church: St. Chrysostom*, ed. Philip Schaff. Vol. 11. Edinburgh: T. & T. Clark, n.d.; reprint, Grand Rapids: Eerdmans, 1994.

_____. "Homily X on Colossians." In A *Select Library of The Nicene and Post-Nicene Fathers of the Christian Church: St. Chrysostom*, ed. Philip Schaff. Vol. 13. Edinburgh: T. & T. Clark, n.d.; reprint, Grand Rapids: Eerdmans, 1994.

_____. "Homily X on Romans." In *A Selected Library of The Nicene and Post-Nicene Fathers of the Christian Church: St. Chrysostom*, ed. Philip Schaff. Vol. 11. Edinburgh: T. & T. Clark, n.d.; reprint, Grand Rapids: Eerdmans, 1994.

_____. "Homily XII on Ephesians." In *A Select Library of The Nicene and Post-Nicene Fathers of the Christian Church: St. Chrysostom*, ed. Philip Schaff. Vol. 13. Edinburgh: T. & T. Clark, n.d.; reprint, Grand Rapids: Eerdmans, 1994.

_____. "Homily XV on Romans." In *A Selected Library of The Nicene and Post-Nicene Fathers of the Christian Church: St. Chrysostom*, ed. Philip Schaff. Vol. 11. Edinburgh: T. & T. Clark, n.d.; reprint, Grand Rapids: Eerdmans, 1994.

_____. "Homily XX from Ephesians." In A *Select Library of The Nicene and Post-Nicene Fathers of the Christian Church: St. Chrysostom*, ed. Philip Schaff. Vol. 13. Edinburgh: T. & T. Clark, n.d.; reprint, Grand Rapids: Eerdmans, 1994.

_____. "Homily XXI from Ephesians." In *A Select Library of The Nicene and Post-Nicene Fathers of the Christian Church: St. Chrysostom*, ed. Philip Schaff. Vol. 13. Edinburgh: T. & T. Clark, n.d.; reprint, Grand Rapids: Eerdmans, 1994.

_____. "Homily XLIII from the Gospel of Matthew." In *A Select Library of The Nicene and Post- Nicene Fathers of the Christian Church: St. Chrysostom*, ed. Philip Schaff. Vol. 10. Edinburgh: T. & T. Clark, 1888; reprint, Grand Rapids: Eerdmans, 1994.

Clements, R. E. "Understanding the Book of Hosea." *Review and Expositor* 72 (1975): 405–23.

Clements, Roy. "Expository Preaching in a Postmodern World." *Evangelical Review of Theology* 23 (1999): 174–82.

Conn, Harvie M. "Contextual Theologies: The Problem of Agenda." *Westminster Theological Journal* 52 (1990): 51–63.

_____. "Normativity, Relevance and Relativism." In *Inerrancy and Hermeneutic: A Tradi-*

tion, A Challenge, A Debate, 196−97. Grand Rapids: Baker, 1988.

Cox, James W. "Biblical Preachers from Chrysostom to Thielicke." *Review and Expositor* 72 (1975): 189−201.

_____. "The Pulpit and Southern." *Review and Expositor* 82 (1985): 77−88.

Coxhead, Steven R. "Deuteronomy 30:11−14 as A Prophecy of the New Covenant in Christ." *Westminster Theological Journal* 68 (2006): 305−20.

Croy, N. Clayton. "Hellenistic Philosophies and the Preaching of the Resurrection (Acts 17:18, 32)." *Novum Testamentum* 39 (1997): 21−39.

Davies, John R. "Biblical Precedence for Contextualization." *Evangelical Review of Theology* 21 (1997): 197−214.

Davis, Thomas J. "Preaching and Presence: Constructing Calvin's Homiletical Legacy." In *The Legacy of John Calvin*, ed. David Foxgrover, 84−106. Grand Rapids: Calvin Studies Society, 2000.

Dawes, Stephen B. "Walking Humbly: Micah 6:8 Revisited." *Southwestern Journal of Theology* 41 (1988): 331−39.

Degner, G. Waldemar. "From Text to Context: Hermenuetical Principles for Applying the Word of God." *Concordia Theological Quarterly* 60 (1996): 259−78.

Deist, F. E. "Parallels and Reinterpretation in the Book of Joel: A Theology of the Yom Yahweh." In *Text and Context: Old Testament and Semitic Studies for F. C. Fensham*, ed. W. Claassen, 63−79. Sheffield: JSOT, 1988.

Deuel, David C. "An Old Testament Pattern for Expository Preaching." *MSJ* 2 (1991): 125−38.

Dempsey, Carol J. "Micah 2−3: Literary Artistry, Ethical Message, and Some Considerations about the Image of Yahweh and Micah." *Journal of Study of Old Testament* 85 (1999): 117−28.

Dennison, Charles G. "Preaching and Application." *Kerux* 4 (1989): 44−52.

Dennison, William D. "Indicative and Imperative: the Basic Structure of Pauline Ethics." *Calvin Theological Journal* 14 (1979): 55−78.

Deuel, David C. "An Old Testament Pattern for Expository Preaching." *Master Seminary Journal* (1991): 125−38.

DeSilva, David A. "Paul's Sermon in Antioch of Pisidia." *Bibliotheca Sacra* 151 (1994): 32−49.

DeVries, Brian A. "The Evangelistic Trialogue: Gospel Communication with the Holy Spirit." *Calvin Theological Journal* 44 (2009): 65–73.

Doriani, Daniel M. "Doctrinal Preaching in Historical Perspective." *Trinity Journal* 23 (2002): 35–62.

Dunn, James M. "Ethical Emphases in Galatians." *Southwestern Journal of Theology* 15 (1972): 53–66.

Dumbrell, William J. "The Theological Intention of Ezra-Nehemiah." *Reformed Theological Review* 45 no. 3 (1986): 65–72.

Dunnam, Maxie D. "Fulfill Your Ministry (2 Timothy 4:1–8)." *Evangelical Journal* (2001): 1–6.

Eduard, Schwizer. "Christ in the Letter to the Colossians." *Review and Expositor* 70 (1973): 451–67.

Edwards, Jonathan. "All God's Methods Are Most Reasonable." In vol. 14 of *The Works of Jonathan Edwards*, ed. Kenneth P. Minkema, 161–97. New Haven: Yale University Press, 1997.

_____. "Christian Cautions." In vol. 2 of *The Work of Jonathan Edwards*, ed. Edward Hickman, 159–63. Edinburgh: Banner of Truth, 1974.

_____. "Christian Knowledge: Or the Importance and Advantage of a Through Knowledge of Divine Truth." In vol. 2 of *The Work of Jonathan Edwards*, ed. Edward Hickman, 159–63. Edinburgh: Banner of Truth, 1974.

_____. "A City on a Hill." In vol. 19 of *The Works of Jonathan Edwards*, ed. M. X. Lesser, 537–59. New Haven: Yale University Press, 2001.

_____. "The Day of Judgment." In vol. 14 of *The Works of Jonathan Edwards*, ed. Kenneth P. Minkema, 509–41. New Haven: Yale University Press, 1997.

_____. "The Duty of Charity to the Poor." In vol. 17 of *The Works of Jonathan Edwards*, ed. Mark Valeri, 371–404. New Haven: Yale University Press, 1999.

_____. "East of Eden." In vol. 17 of *The Works of Jonathan Edwards*, ed. Mark Valeri, 329–48. New Haven: Yale University Press, 1999.

_____. "False Light and True." In vol. 19 of *The Works of Jonathan Edwards*, ed. M. X. Lesser, 122–42. New Haven: Yale University Press, 2001.

_____. "The Folly of Looking Back in Fleeing out of Sodom." In vol. 19 of *The Works of Jonathan Edwards*, ed. M. X. Lesser, 323–38. New Haven: Yale University Press,

2001.

_____. "Honey form the Rock." In vol. 17 of *The Works of Jonathan Edwards*, ed. Mark Valeri, 123-41. New Haven: Yale University Press, 1999.

_____. "Impending Judgment Averted only by Reformation." In vol. 14 of *The Works of Jonathan Edwards*, ed. Kenneth P. Minkema, 216-26. New Haven: Yale University Press, 1997.

_____. "The Justice of God in the Damnation of Sinners." In vol. 19 of *The Works of Jonathan Edwards*, ed. M. X. Lesser, 348-54. New Haven: Yale University Press, 2001.

_____. "Living Peaceably One with Another." In vol. 14 of *The Works of Jonathan Edwards*, ed. Kenneth P. Minkema, 116-33. New Haven: Yale University Press, 1997.

_____. "The Nature and End of Excommunication." In vol. 2 of *The Work of Jonathan Edwards*, ed. Edward Hickman, 118-121. Edinburgh: Banner of Truth, 1974.

_____. "The Preciousness of Time." In vol. 19 of *The Works of Jonathan Edwards*, ed. M. X. Lesser, 243-60. New Haven: Yale University Press, 2001.

_____. "Profitable Hearers of the Word." In vol. 14 of *The Works of Jonathan Edwards*, ed. Kenneth P. Minkema, 246-77. New Haven: Yale University Press, 1997.

_____. "The State of Public Affairs." In vol. 17 of *The Works of Jonathan Edwards*, ed. Mark Valeri, 351-70. New Haven: Yale University Press, 1999.

_____. "Stupid as Stones." In vol. 17 of *The Works of Jonathan Edwards*, ed. Mark Valeri, 173-83. New Haven: Yale University Press, 1999.

_____. "The Torment of Hell Are Exceeding Great." In vol. 14 of *The Works of Jonathan Edwards*, ed. Kenneth P. Minkema, 301-28. New Haven: Yale University Press, 1997.

_____. "The Unreasonableness of Indetermination in Religion." In vol. 19 of *The Works of Jonathan Edwards*, ed. M. X. Lesser, 91-105. New Haven: Yale University Press, 2001.

_____. "Warning of Future Punishment Don't Seem Real to the Wicked." In vol. 14 of *The Works of Jonathan Edwards*, ed. Kenneth P. Minkema, 200-12. New Haven: Yale University Press, 1997.

_____. "Youth and the Pleasures of Piety." In vol. 19 of *The Works of Jonathan Edwards*, ed. M. X. Lesser, 81–92. New Haven: Yale University Press, 2001.

Ehrhard, Jim. "A Critical Analysis of the Tradition of Jonathan Edwards As a Manuscript Preacher." *Westminster Theological Journal* 60 (1998): 71–84.

Ellis, Robert R. "Amos Economics." *Review and Expositor* 107 (2010): 460–79.

Emerson, Everett H. "Calvin and Covenant Theology." *Church History* 25 (1956): 136–44.

Escobar, Donoso S. "Social Justice in the Book of Amos." *Review and Expositor* 92 (1995): 169–74.

Estes, Daniel J. "Audience Analysis and Validity in Application." *Bibliotheca Sacra* 150 (1993): 219–29.

Everson, A. Joseph. "Isaiah 61:1–6." *Interpretation* 32 (1978): 69–73.

Evans, W. Glyn. "Jonathan Edwards: Puritan Paradox." *Bibliotheca Sacra* 124 (1967): 51–65.

Exum, C. and C. Talbert. "The Structure of Paul's Speech to the Ephesian Elders (Acts 20:18–35)." *Catholic Biblical Quarterly* 29 (1967): 233–36.

Fant, Clyde F., Jr., and William Pinson, Jr., eds. "Jonathan Edwards." In vol. 5 of Twenty Centuries of Great Preaching: An Encyclopedia of Preaching. Waco, TX: Word Books, 1971.

Farris W., James. "The Hermeneutical Arc." *Toronto Journal of Theology* 4 (1988): 86–100.

Fasol, Al. "What Is Happening While the Sermon Is Preached." *Southwestern Journal of Theology* 40 (1998): 20–27.

Fee, Gordon D. "Freedom and the Life of Obedience (Galatians 5:1–6:18)." *Review and Expositor* 91(1994): 201–17.

Fensham, F. C. "The Marriage Metaphor in Hosea for the Covenant Relationship between the Lord and his People." *Journal of Northwest Semitic Languages* 12 (1984): 71–78.

Filson, David Owen. "Fit Preaching: "Fitness" in the Preaching of Jonathan Edwards." *Presbyterion* 31 (2005): 89–100.

Findley, Gary. "Bridges or Ladders?" *Kerux* 17 (2002): 21–30.

_____. "Review of Christ-Centered Preaching: Redeeming the Expository Sermon by Brian Chapell." *Kerux* 11 (1996): 37–41.

Fleer, D. "Exegesis of Joel 2:1–11." *Restoration Quarterly* 26 (1983): 149–60.

Flemming, Dean. "Contextualizing the Gospel in Athens: Paul's Areopagus as a Paradigm for Missionary Communication." *Missiology* 30 (2002): 199–214.

Freeman, Harold. "Making the Sermon Matter: The Use of Application in the Sermon." *Southwestern Journal of Theology* 4 (1985): 32–37.

Fretheim, Terence E. "The Prophets and Social Justice: A Conservative Agenda." *Word & World* 28 (2008): 159–68.

Fudge, Edward. "Paul's Apostolic Self-Consciousness at Athens." *Journal of Evangelical Theology Society* 14 (1971):193–98.

Fuhrmann, Paul T. "Calvin, The Expositor of Scripture." *Interpretation* 6 (1952): 188–209.

Gaffin, Richard B. Jr. "Some Epistemological Reflections on 1 Cor. 2:6–16." *Westminster Theological Journal* 57 (1995): 103–24.

Gamble, Richard C. "*Brevitas et Facilitas*: Toward and Understanding of Calvin's Hermeneutic." *Westminster Theological Journal* 47 (1985):1–17.

_____. "Exposition and Method in Calvin." *Westminster Theological Journal* 49 (1987): 153–65.

Gangel, Kenneth O. "Paul's Areopagus Speech." *Bibliotheca Sacra* 127 (1970): 308–12.

Garrett, Duane A. "The Structure of Amos As A Testimony To Its Integrity." *Journal of Evangelical Theological Society* 27 (1984): 275–76.

_____. "The Structure of Joel." *Journal of Evangelical Theological Society* 28 (1985): 289–97.

Gerstner, John H. "Calvin's Two-Voice Theory of Preaching." *The Reformed Theological Review* 13 (1959): 15–26.

Gibbs, Jeffrey A. "An Exegetical Case for Close (d) Communion: 1 Corinthians 10:14–22; 11:17–34." *Concordia Journal* (1995): 148–63.

Gibson, Scott. "Philosophy versus Method: Big Idea Preaching's Adaptability." In *The Big Idea of Biblical Preaching*, ed. Scott M. Gibson and Keith Willhite, 163–72. Grand Rapids: Baker Books, 1998.

Given, Mark D. "Not Either/Or but Both/And in Paul's Areopagus Speech." *Biblical Interpreation* 3 (1995): 356–72.

Gossip, Arthur John. "The Whole Counsel of God: The Place of Biblical Doctrine in Preaching." *Interpretation* 1 (1947): 325–40.

Grindheim, Sigurd. "Wisdom for the Perfect: Paul's Challenge to the Corinthian Church (1 Cor 2:6–16)." *Journal of Biblical Literature* 121 (2002): 689–709.

Gray, Patrick. "Athenian Curiosity (Acts 17:21)." *Novum Testamentum* 47 (2005):110–16.

Greidanus, Sidney. "Truth Applied: Application in Preaching." *Calvin Theological Journal* 30 (1995): 212–14.

Grisanti, Michael A. "Was Israel Unable to Respond to God? A Study of Deuteronomy 29:2–4." *Bibliotheca Sacra* 163 (2006): 176–96.

Gurorian, Vigen. "The Ecclesial Family: John Chrysostom on Parenthood and Children." In *The Child in Christian Thought*, ed. Marcia Bunge, 61–77. Grand Rapids: Eerdmans, 2001.

_____. "Family and Christian Virtue: Reflections on the Ecclesial Vision of John Chrysostom." In *Ethics after Christendom: Toward an Ecclesial Ethic*, 133–54. Grand Rapids: Eerdmans, 1994.

Haire, J. L. M. "John Calvin as an Expositor." *Irish Biblical Studies* 4 (1992): 74–89.

Hannah, John D. "The Homiletical Skill of Jonathan Edwards." *Bibliotheca Sacra* 159 (2002): 96–107.

_____. "Jonathan Edwards and the Art of Effective Communication." *Reformation & Revival* 11 (2002): 109–31.

Harakas, Stanley S. "Resurrection and Ethics in Chrysostom." *Ex Auditu* 9 (1993): 77–95.

Harris, Garry. "Preaching in a Cultural Context." *Evangelical Review of Theology* 26 (2002): 184–86.

Harrisville, Roy A. "The Concept of Newness in the New Testament." *Journal of Biblical Literature* (1955): 69–79.

Heisler, Greg. "The Expository Method." *Preaching* 23 (2008): 20–23.

Hemer, Colin. J. "The Speeches of Acts: The Ephesian Elders at Miletus." *Tyndale Bulletin* 40 (1989): 77–85.

Hesselink, I. John. "Calvin on the Law and Freedom." *Ex Auditu* 11 (1995): 77–90.

Hofmeyer, J. H. "Covenant and Creation: Hosea 4:1–3." *Review and Expositor* 102 (2005): 143–51.

Holder, R. Ward. "Calvin as Commentator of the Pauline Epistles." In *Calvin and the Bible*, ed. Donald K. McKim, 224–55. New York: Cambridge University, 2006.

_____. "The Church as Discerning Community in Calvin's Hermeneutic." *Catholic Theological Journal* 36 (2001): 270–89.

Honeycutt, Roy L. "Amos and Contemporary Issues." *Review & Expositor* 63 (1966): 441–57.

Howie, Carl G. "Expressly for Our Time." *Interpretation* 13 (1959): 273–85.

Howinton, Nolan P. "Toward an Ethical Understanding of Amos." *Review and Expositor* 63 (1966): 405–12.

Huey, F. B. "The Ethical Teaching of Amos, Its Content and Relevance." *Southwestern Journal of Theology* 9 (1966): 57–67.

Huffmon, H. B. "The Covenant Lawsuit in the Prophets." *Journal Biblical Literature* 78 (1959): 285–95.

Hultgren, Stephen. "The Origin of Paul's Doctrine of the Two Adams in 1 Corinthians 15:45–49." *Journal for the Study of the New Testament* 25 (2003): 343–70.

Iats, Ian M. "Calvin's Ministry of Encouragement." *Presbyterion* 11 (1985): 43–99.

Jacobson, Rolf A. "The Lord is a God of Justice (Isaiah 30:18): The Prophetic Insistence on Justice in Social Context." *Word & World* 30 (2010): 125–34.

Jensen, Rogers. "Micah 4:1–5." *Interpretation* 52 (1998): 417–20.

Jewett, Robert. "Following the Argument of Romans." In *The Romans Debate*, 265–77. Peabody, MA: Hendrickson, 1991.

Johnson, Alan. "A Response to Problems of Normativeness in Scripture: Cultural Versus Permanent." In *Hermeneutics, Inerrancy and the Bible*, ed. E. Radmacher and R. D. Preus, 257–82. Grand Rapids: Zondervan, 1984.

Johnson, Andy. "First Fruits and Death's Defeat: Metaphor in Paul's Rhetorical Strategy in 1 Cor. 15:20–28." *Word & World* 16 (1996): 456–64.

Johnson, Ronald W. "The Christian and the State: Romans 13:1–7." *Review and Expositors* 97 (2000): 91–95.

Kaiser, Walter C. "The Crisis in Expository Preaching Today." *Preaching* 11 (1995): 4–12.

_____. "Legitimate Hermeneutics." In *Inerrancy*, ed. Norman Geisler, 117–50. Grand Rapids: Zondervan, 1979.

Kelley, Page H. "The Holy One in the Midst of Israel: Redeeming Love (Hosea 11–14)." *Review and Expositor* 72 (1975): 464–72.

Keller, Timothy. "A Model for Preaching: Part One." *Journal of Biblical Counseling* 12 (1994): 36–41.

_____. "Preaching Morality in an Amoral Age." In *The Art & Craft of Biblical Preaching*, ed. Haddon Robinson and Craig B. Larson, 166–70. Grand Rapids: Zondervan, 2005.

Kilgallen, John J. "Acts 13, 38–39: Culmination of Paul's Speech in Pisidia." *Biblica* 69 (1988): 480–506.

Klein, George. "An Introduction to Malachi." *Criswell Theological Review* 2 (1987): 31–35.

Kline, Meredith G. "Dynastic Covenant." *Westminster Theological Journal* 23 (1960): 1–15.

Knight, George W. III. "From Hermeneutics to Practice: Scriptural Normativity and Culture, Revisited." *Presbyterion* 12 (1986): 93–104.

Köstenberger, Andreas J. "What Does It Mean to be Filled with the Spirit? A Biblical Investigation." *Journal of Evangelical Theological Society* 40 (1997): 229–40.

Kraus, Hans-Joachim. "Calvin's Exegetical Principles." *Interpretation* 31 (1997): 8–18.

Kreider, Glenn R. "Sinners in the Hands of a Gracious God." *Bibliotheca Sacra* 163 (2006): 259–75.

Kruse, Colin G. "Paul, the Law and the Spirit." In *Paul and His Theology*, ed. Stanley E. Porter, 109–28. Boston: Brill, 2006.

Kurz, W. S. "Hellenistic Rhetoric in the Christological Proofs of Luke-Acts." *Catholic Biblical Quarterly* 42 (1980): 171–95.

Kysar, Robert. "New Doctrinal Preaching for a New Century." *Journal for Preachers* 20 (1997): 17–22.

Lambrecht, Jan. "Transformation in 2 Cor 3:18." *Biblica* 64 (1983): 243–54.

Lawson, Steven J. "The Pattern of Biblical Preaching: An Expository Study of Ezra 7:10 and Nehemiah 8:1–18." *Bibliotheca Sacra* 158 (2001): 451–66.

Lea, Thomas. "The Hermeneutics of the Puritans." *Journal of Evangelical Theological Society* 39 (1996): 271–84.

Leith, John H. "Calvin's Doctrine of the Proclamation of the Word and Its Significance for Today in the Light of Recent Research." *Review and Expositor* 86 (1989): 29–44.

Levison, John R. "2 Apoc Bar 48:42–52:7 and the Apocalyptic Dimension of Colossian 3:1–6." *Journal of Biblical Literature* (1989): 93–108.

Leyerle, Blake. "John Chrysostom on Almsgiving and the Use of Money." *Harvard Theological Review* 87 (1994): 29–45.

Light, Gary W. "The New Covenant in the Book of Hosea." *Review and Expositor* 90 (1993): 219–38.

Lim, Timothy H. "Not in Persuasive Words of Wisdom, but in the Demonstration of the Spirit and Power." *Novum Testamentum* 29 (1987): 137–49.

Lind, Millard C. "Hosea 5:8—6:6." *Interpretation* 38 (1984): 398—403.

Litfin, Duane. "The Perils of Persuasive Preaching." *Christianity Today* 21(1983): 14—17.

Long, Thomas G. "Learning to Speak of Sin." In *Preaching as a Theological Task*, ed. Thomas Long and Edward Farley, 94—102. Louisville: Westminster John Know Press, 1996.

Logan, Jr. Samuel T. "The Hermeneutics of Jonathan Edwards." *Westminster Theological Journal* 43 (1980): 79—96.

Lowery, David K. "The Head Covering and the Lord's Supper in 1 Corinthians 11:2—36." *Bibliotheca Sacra* 143 (1986): 155—63.

Luter, A. Boyd, and Michelle V. Lee. "Philippians as Chiasmus: Key to the Structure, Unity, and Theme Questions." *New Testament Studies* 41 (1995): 89 – 101.

Macgregor, G. H. C. "The Concept of the Wrath of God in the New Testament." *New Testament Studies* 7 (1960/1961): 103—09.

MacLean, J. "Micah 3:5—12." *Interpretation* 56 (2002): 413—16.

Mains, David. "From Application to Action." *Leadership* 7 (1986): 64—68.

Malherbe, A. J. "In Season and Out of Season: 2 Timothy 4:2." *Journal of Biblical Literature* (1984): 235—43.

Marcus, Joel. "Paul at the Areopagus: Window on the Hellenistic World." *Biblical Theology Bulletin* 18 (1988): 143—48.

Massey, James Earl. "Application in the Sermon." In *Handbook of Contemporary Preaching*, ed. Michael Dudoit, 209—15. Nashville: Broadman Press, 1992.

Mattingly, Terry. "The Big idea to Cultures and Subcultures: Exegeting the Culture." In *The Big Idea of Biblical Preaching*, ed. Scott M. Gibson and Keith Willhite, 81—94. Grand Rapids: Baker Books, 1998.

McCants, David. "The Lost Yale Lectures on Preaching, by John A. Broadus." *Southern Speech Journal* 36 (1970—71): 49—60.

McGrath, Alister E. "Apologetics to the Greeks." *Bibliotheca Sacra* 155 (1998): 259—65.

_____. "Apologetics to the Jews." *Bibliotheca Sacra* 155 (1998): 131—38.

_____. "Doctrine and Ethics." *Journal of Evangelical Theology Society* 34 (1991): 145—56.

McKay, K. L. "Aspect in Imperatival Constructions in the New Testament Greek." *Novum Testamentum* 27 (1985): 203—08.

McKenzie, S. L. and H. Wallace, "Covenant Themes in Malachi." *Catholic Biblical Quarterly*

45 (1983): 549-63.

McKibbens, Thomas R. Jr. "John A. Broadus: Shaper of Baptist Preaching." *Baptist History and Heritage* (2005): 8-17.

McMickle, Marvin A. "The Prophet Amos as a Model for Preaching on Issues of Social Justice." *The African American Pulpit* (2001): 99-108.

McMillion, Phil. "An Exegesis of Hosea 4:1-5:7." *Restoration Quarterly* 17 (1974): 236-48.

McNeill, J. T. "The Significance of the Word of God for Calvin." *Church History* 28 (1959): 131-46.

McQuilkin, J. Robertson. "Limits of Cultural Interpretation." *Journal of the Evangelical Theological Society* 23 (1980): 113-24.

―――. "Problems of Normativeness in Scripture: Cultural Versus Permanent." In *Hermeneutics, Inerrancy and the Bible*, ed. E. Radmacher and R. D. Preus, 228-39. Grand Rapids: Zondervan, 1984.

Michael, Parsons. "Being Precedes Act." In *Understanding Paul's Ethics*, ed. Brian S. Rosner, 217-49. Grand Rapids: William B. Eermans Publishing Company, 1995.

Milelic, J. L. "The Concept of God in the book of Nahum." *Interpretation* 2 (1948): 199-208.

Miller, Calvin, ed. "Scripture Application: Preaching Ancient Texts to Modern People." *Leadership* 18 (1997): 19-67.

Minkema, Kenneth P., and Richard A. Bailey. "Reason, Revelation and Preaching: An Unpublished Ordination Sermon by Jonathan Edwards." *The Southern Baptist Journal of Theology* 3 (1999): 16-33.

Minkema, Kenneth P., "Jonathan Edwards in the Twentieth Century." *Journal of Evangelical Theological Society* 47 (2004): 659-87.

Moule, C. F. D. "The New Life in Colossian 3:1-17." *Review and Expositor* 70 (1973): 481-94.

Nettles, Tom. "The Transforming Power of Theological Preaching: Part 1." *Founders Journal* 21 (1995): 17-24.

―――. "The Transforming Power of Theological Preaching: Part 2." *Founders Journal* 22 (1995): 9-17.

Noble, Paul L. "The Literary Structure of Amos: A Thematic Analysis." *Journal Biblical Literature* 114 (1995): 209-26.

Nwaoru, E. O. "The Role of Images in the Literary Structure of Hosea 7:9–8:14." *Vestus Testamentum* 54 (2004): 216–22.

Ortlund, Raymond C. "Power in Preaching: Decide (1 Cor 2:1–5)." *Themelios* 34.1 (2009): 82–86.

Osborne, Grant. "Hermeneutics and Women in the Church." *Journal of Evangelical Theological Society* 20 (1977): 340.

_____. "Preaching the Gospels: Methodology and Contextualization." *Journal of Evangelical Theology* 27 (1984): 27–42.

Overstreet, Larry. "The Priority of Persuasive Preaching." *Preaching* 19 (2003): 50–57.

Owen, H. P. "The Scope of Natural Revelation in Romans 1 and Acts 17." *New Testament Studies* 5 (1958/59): 142–43.

Packer, J. I. "Infallible Scripture and the Role of Hermeneutics." In *Scripture and Truth*, edited by D. A. Carson and John D. Woodbridge, 325–56, 412–19. Grand Rapids: Zondervan, 1983.

Papageorgiou, Panayiotis. "Chrysostom and Augustine on the Sin of Adam and Its Consequences." *St. Vladimir's Theological Quarterly* 39 (1995): 361–78.

Parsons, Michael. "Being Precedes Act: Indicative and Imperative in Paul's Writing." In *Understanding Paul's Ethics: Twentieth Century Approaches*, ed. Brian S. Rosner, 217–47. Grand Rapids: Eerdmans, 1995.

Peterson, David. "Worship and Ethics in Romans 12." *Tyndale Bulletin* 44 (1993): 271–88.

Pfitzner, V.C. "The Hermenutical Problem and Preaching." *Concordia Theological Monthly* 38 (1967): 348.

Phillips, Jere L. "Preaching Doctrine with Flavor." *Preaching* 23 (2008): 10–14.

Pierce, Timothy M. "Micah as a Case Study for Preaching and Teaching the Prophets." *Southwestern Journal of Theology* 46 (2003): 77–94.

Pieterse, Hendrik J. C. "Preaching in Urban Congregations." *Theologia Evangelica* 16 (1983): 21–28.

Pinnock, Clark H. "The Structure of Pauline Eschatology." *The Evangelical Quarterly* 37 (1965): 9–20.

Piper, John. "The Man and His Preaching." *Sothern Baptist Journal of Theology* 3 (1999): 4–15.

Plantinga, Cornelius. "Preaching Sin to Reluctant Hearers." *Perspectives* 12 (1997): 11–12.

Polaski, D. C. "Malachi 3:1–12." *Interpretation* 54 (2000): 416–18.

Porter, Stanley E. "Romans 13:1–7 as Pauline Political Rhetoric." *Filologia Netestamentaria* 3 (1990): 115–37.

Porter, Steven L. "On the Renewal of Interest in the Doctrine of Sanctification." *Journal of Evangelical Theology Society* 45 (2002): 415–26.

Pretorius, Emil. "Role Models for a Model Church: Typifying Paul's Letter to the Philippians." *Neotestamentica* 32 (1998): 547–71.

Proctor, John. "The Gospel from Athens: Paul's Speech before the Areopagus and the Evangel for Today." *Evangel* 10 (1992): 69–72.

Quicke, Michael. "Applying God's Word in a Secular Culture." *Preaching* 17 (2002): 7–15.

Ramsey, G. W. "Speech Forms in Hebrew Law and Prophetic Oracles." *Journal of Biblical Literature* 96 (1977): 45–58.

Reagles, Stever. "One Century After the 1889 Yale Lectures: A Reflection on Broadus' Homiletical Thought." *Preaching* (1989): 32–36.

Reid, Robert Stephen. "Postmodernism and the Function of the New Homiletic in Post-Christendom Congregations." *Homiletics* 20 (1995): 1–13.

Reisinger, Ernest. "The Priority of Doctrinal Preaching." *Founders Journal* 23 (1996): 29–33.

Resner, Jr., Andre. "Preaching in the Face of Economic Injustice." In *Just Preaching: Prophetic Voices for Economic Justice*, ed. Andre Resner, Jr., 3–10. St. Louis: Chalice, 2003.

Richard, Ramesh P. "Application Theory in Relation to the New Testament." *Bibliotheca Sacra* 143 (1986): 207–17.

_____. "Application Theory in Relation to the Old Testament." *Bibliotheca Sacra* 143 (1986): 302–11.

_____. "Levels of Biblical Meaning." *Bibliotheca Sacra* 142 (1986): 123–33.

Richmond, Kent D. "Preaching in the Context of Pluralism." *Quarterly Review* 3 (1983): 43–50.

Rivera, Ted. "Jonathan Edwards Hermeneutic: A Case Study of the Sermon Christian Knowledge." *Journal of Evangelical Theology Society* 49 (2006): 273–86.

Robertson, A. T. "Broadus the Preacher." *Methodist Quarterly Review* 69 (1920): 244–58.

Robinson, Haddon W. "Blending Bible Content and Life Application." In *Making a Difference in Preaching*, ed. Scot M. Gibson, 85–95. Grand Rapids: Baker Books,

1999.

─────. "The Heresy of Application," In *The Art & Craft of Biblical Preaching*, ed. Haddon Robinson and Craig B. Larson, 306-11. Grand Rapids: Zondervan, 2005.

─────. "Homiletics and Hermeneutics," In *Making a difference in Preaching*, ed. Scot M. Gibson, 69-84. Grand Rapids: Baker, 1999.

─────. "Preaching to Everyone in Particular: How to Scratch Where People Niche." *Leadership* 15 (1994): 99-103.

─────. "The Relevance of Expository Preaching." In *Preaching to A shifting Culture*, 79-93. Grand Rapids: Baker Books, 2004.

─────. "What Authority Do We Have Anymore?" *Leadership Journal* 13 (1992): 24-29.

Robert L. Thomas. "Current Hermeneutical Trends: Toward Explanation or Obfuscation?" *Journal of Evangelical Theology Society* 39 (1996): 241-53.

Rogers, Cleon L. "The Dionysian Background of Ephesians 5:18." *Bibliotheca Sacra* 136 (1979): 245-57.

Rogers, Edward. "Important Moral Issues: Gambling." *Expository Times* 75 (1964): 123-27.

Roudkovski, Jake. "The Proclamation of the Gospel." *Journal for Baptist Theology and Ministry* 6 (2009): 43-51.

Ryrie, Charles C. "Perspectives on Social Ethics." *Bibliotheca Sacra* 134 (1977): 33-44.

Sanchez, Daniel R. "Contextualization in the Hermeneutical Process." In *Biblical Hermeneutics*, ed. B. Corley, S. Lemke, and G. Lovejoy, 293-306. Nashville: B&H, 1996.

Sandnes, Karl O. "Paul and Socrates: The Aim of Paul's Areopagus Speech." *Journal for the Study of the New Testament* 50 (1993): 13-26.

Schreiner, Susan. "Calvin as an Interpreter of Job." In *Calvin and the Bible*. ed. Donald McKim, 57-59. Cambridge: CUP, 2006.

─────. "Through a Mirror Dimly: Calvin's Sermons on Job." *Calvin Theological Journal* 21 (1986): 175-93.

Schuringa, H. David. "The Vitality of Reformed Preaching." *Calvin Theological Journal* (1995): 184-93.

Schweitzer, Eduard. "Christ in the Letter to the Colossians." *Review and Expositor* 70 (1973): 451-67.

Seilhamer, F. H. "The Role of Covenant in the Mission and Message of Amos." In *A Light unto My Path: Old Testament Studies in Honor of Jacob M. Myers*, ed. Jacob M.

Myers, 435-51. Philadelphia: Temple University, 1974.

Selms, A. Van. "The Alphabetic Hymn in Nahum." *Biblical Essays OTWSA* (1969): 35-45.

Shealy, Brian A. "Redrawing the Line between Hermeneutics and Application." *Master's Seminary Journal* 8 (1997): 84-107.

Simonson, Harold P. "Jonathan Edwards and the Imagination." *Andover Newton Quarterly* 16 (1975): 110-17.

Sisk, Ronald D. "Preaching in a Congregational Context." *Review and Expositor* 100 (2003): 375-82.

Smit, Joop F. M. "Do Not Be Idolaters: Paul's Rhetoric in First Corinthians 10:1-22." *Novum Testamentum* 39 (1997): 40-53.

Smith, J. Z. "The Influence of Symbols upon Social Change: A Place on Which to Stand." *Worship* 44 (1970): 471-72.

Smith, Steven W. "Christology of Preaching." *Southwestern Journal of Theology* 50 (2008): 134-45.

Smothers, Thomas G. "Preaching and Praying Repentance in Hosea." *Review and Expositor* 90 (1993): 241-44.

Snyder, George. "The Law and Covenant in Amos." *Restoration Quarterly* 25 (1982): 158-66.

Stanfield, V. L. "Elements of Strength in the Preaching." *Review and Expositor* 48 (1951): 379-404.

Stein, Robert H. "The Benefits of an Author Oriented Approach to Hermeneutic." *Journal of Evangelical Theology Society* 44 (2001): 451-66.

Stitzinger, James F. "History of Expository Preaching." *Master's Seminary Journal* 3 (1992): 8-12.

Stott, John W. "The World's Challenge to the Church." *Bibilotheca Sacra* 145 (1988): 123-32.

Strange, John O. "The Broken Covenant: Bankrupt Religion (Hosea 4-6)." *Review and Expositor* 72 (1975): 437-48.

Sunday E., David. "Preaching the Whole Bible as Christian Scripture: The Application of Biblical Theology to Expository Preaching." *Interpretation* 55 (2001): 338-39.

Sweeney, M. A. "Concerning the Structure and Generic Character of the Book of Nahum." *Zeitschrift für die alttestamentliche Wissenschaft* 104 (1992): 364-77.

Talbert, Charles H. "Freedom and Law in Galatians." *Ex Auditu* 11 (1995): 17-28.

Thielman, Frank. "Law and Liberty in the Ethics of Paul." *Ex Auditu* 11 (1995): 63–75.

Thiselton, Anthony C. "Realized Eschatology at Corinth." *New Testament Studies* 24 (1978): 510–26.

Thomas, D. E. "The Experience Underlying the Social Philosophy of Amos." *Journal of Religion* 7 (1927): 136–39.

Thomas, Robert L. "Current Hermeneutical Trends: Toward Explanation or Obfuscation?" *Journal of Evangelical Theology Society* 39 (1996): 241–53.

Tiessen, Terry. "Toward A Hermeneutic For Discerning Universal Moral Absolutes." *Didaskalia* 18 (2007): 5–29.

Trakatellis, Demetrios. "Being Transformed: Chrysostom's Exegesis of the Epistle to the Romans." *Greek Orthodox Theological Review* 36 (1991): 211–29.

Turnbull, Ralph G. "Jonathan Edwards the Bible Interpreter." *Interpretation* 6 (1952): 422–35.

Veerman, David. "Sermons: Apply Within." *Leadership* 11 no.2 (1990): 120–25.

Van der Wal, A. "The Structure of Amos." *Journal for the Study of the Old Testament* 26 (1983): 107–13.

Van Spanje, T. E. "Contextualization: Hermeneutical Remarks." *Bulletin of the John Rylands University Library* 80 (1998): 197–217.

Warren, Timothy. "Mind the Gap." *Preaching* 13 (1997): 18–22.

_____. "A Paradigm for Preaching." *Bibliotheca Sacra* 148 (1991): 463–86.

_____. "The Theological Process in Sermon Preparation." *Bibliotheca Sacra* 156 (1999): 336–56.

Wanders, David W. "The Pastoral Sense of Jonathan Edwards." *Reformed Review* 29 (1976): 124–32.

Watson, Duane F. "A Rhetorical Analysis of Philippians and Its Implications for the Unity Question." *Novum Testamentum* 30 (1988): 61–79.

Watts, John D. W. "Amos—the Man and His Message." *Southwestern Journal of Theology* 9 (1966): 21–26.

Wells, C. R. "The Subtle Crisis of Secularization: Preaching the Burden of Israel." *Criswell Theological Review* 2 (1987): 39–62.

Wenig, Scot A. "Biblical Preaching that Adapts and Contextualizes." In *The Big idea of Biblical Preaching*, ed. Scott M. Gibson and Keith Willhite, 25–37. Grand Rapids:

Baker Books, 1998.

Wessels, W. J. "Meeting Yahweh's Requirements—A Proposed Reading of Micah 6:1-8." *Old Testament Essays* 15 (2002): 539-50.

Westra, Helen Petter. "Jonathan Edwards and What Reason Teaches." *Journal of the Evangelical Theological Society* 34 (1991): 495-503.

William, Baird. "Pauline Eschatology in Hermeneutical Perspective." *New Testament Studies* 17 (1971): 314-27.

Windor, Paul. "Four Horizon in Preaching." *Evangelical Review Theology* 21 (1997): 225-27.

Winter, Bruce W. "Theological and Ethical Responses to Religious Pluralism: 1 Corinthians 8-10." *Tyndale Bulletin* 41 (1990): 222-25.

Willhite, Keith. "Audience Relevance in Expository Preaching." *Bibliotheca Sacra* 149 (1992): 355-69.

_____. "Bullet versus Buckshot: What Makes the Big Idea Work?" In *The Big Idea of Biblical Preaching*, ed. Scott M. Gibson and Keith Willhite, 13-24. Grand Rapids: Baker Books, 1998.

_____. "Connecting with Your Congregation." In *Preaching to a Shifting Culture*, ed. Scott M. Gibson, 95-112. Grand Rapids: Baker Books, 2004.

_____. "A Sneak Peek at the Point: Sermon Introductions that Aim at Application." *Preaching* 5 (1990): 17-22.

Wilson, Eugene A. "The Homiletical Application of Old Testament Narrative Passages." *Trinity Journal* 7 (1978): 85-92.

Witten, Marsha G. "Preaching About Sin in Contemporary Protestantism." *Theology Today* 50 (1993): 244-53.

Word, Peter. "Coming to Sermon: the Practice of Doctrine in the Preaching of John Calvin." *Theology Today* 58 (2005): 319-32.

Wortham, Robert A. "Christology as Community Identity in the Philippians Hymn: The Philippians Hymn as Social Drama (Philippians 2:5-11)." *Perspectives in Religious Studies* 23 (1996): 281-87.

Wyrtzen, David B. "The Theological Center of the Book of Hosea." *Bibliotheca Sacra* 141 (1984): 315-29.

York, Hershael W., and Scott A. Blue. "Is Application Necessary in the Expository Sermon?" *Southern Baptist Journal of Theology* 4 (1999): 70-84.

Zachman, Randall C. "Expounding Scripture and Apply it to Our Use: Calvin's Sermon on Ephesians." *Scottish Journal of theology* 56 (2001): 481–507.

_____. "Gathering Meaning from the Context: Calvin's Exegetical Method." *Journal Religion* 82 (2002): 1–26.

Zehnder, Markus. "A Fresh Look at Malachi 2:13–16." *Vetus Testamentum* 53 (2003): 224–59.

Zink-Sawyer, Beverly. "The Word Purely Preached and Heard." *Interpretation* 51 (1997): 342–57.

Zuck, Roy. "The Role of the Holy Spirit in Hermeneutics." *Bibliotheca Sacra* 141 (1984): 120–29.

Zweck, Dean. "The *Exodium* of the Areopagus Speech, Act 17: 22, 23." *New Testament Studies* 35 (1989): 94–103.

학위논문들(Dissertations)

Barnard, L. R. "Christology and Soteriology in the Preaching of John Chrysostom." Ph.D. diss., Southwestern Baptist Theological Seminary, 1974.

Breidenbaugh, Joel Randall. "Integrating Doctrine and Expository Preaching: A Proposal and Analysis for the Twenty-First Century." Ph.D. diss., Southern Baptist Theological Seminary, 2003.

Brown, William Earl. "Pastoral Evangelism: A Model for Effective Evangelism as Demonstrated by the Ministers of John Albert Broadus, Alfred Elijah Dickinson, and John William Jones in the Revival of the Army of Northern Virginia in 1863." Ph.D. diss., Southeastern Baptist Theological Seminary, 1999.

Chamberlin, Charles A. "The Preaching of the Apostle Paul, Based on a Study of Acts of the Apostles and Paul's Letters." Ph.D. diss., Temple University, 1959.

Christina, Craig Collier. "Calvin's Theology of Preaching." Ph.D. diss., The Southern Baptist Theological Seminary, 2001.

Dooley, Adam Brent. "Utilizing Biblical Persuasion." Ph.D. diss., The Southern Baptist Theological Seminary, 2006.

Duvall, J. Scott. "A Synchronic Analysis of the Indicative-Imperative Structure of Pauline Exhortation." Ph.D. diss., Southwestern Baptist Theological Seminary, 1991.

Flynt, William T. "Jonathan Edwards and His Preaching." Ph.D. diss., The Southern Baptist Theological Seminary, 1954.

Heisler, Gregory. "A Case for a Spirit-Driven Methodology of Expository Preaching." Ph.D. diss., The Southern Baptist Theological Seminary, 2003.

Howell, Mark A. "Hermeneutical Bridges and Homiletical Methods: A Comparative Analysis of the New Homiletic and Expository Preaching Theory 1970-1995." Ph.D. diss., The Southern Baptist Theological Seminary, 1999.

Huber, Paul. "A Study of the Rhetorical Theories of John A. Broadus." Ph.D. diss., University of Michigan, 1956.

Robinson, Haddon W. "A Rhetorical Analysis of Sermons by Peter and Paul in the Acts of the Apostles." M.A. thesis, Southern Methodist University, 1960.

Ryoo, David Eung-Yul. "Paul's Preaching in the Epistle to the Ephesians and Its Homiletical Implications." Ph.D. diss., Southern Baptist Theological Seminary, 2003.

Smith, David Alan. "Introductory Preaching Courses in Selected Southern Baptist Seminaries in the Light of John A. Broadus's Homiletical Theory." Ph.D. diss., Southwestern Baptist Theological Seminary, 1995.

Sunukjian, Donald R. "Patterns for Preaching: A Rhetorical Analysis of the Sermons of Paul in Acts 13, 17, and 20." Ph.D. diss., Dallas Theological Seminary, 1972.

Walchenbach, John R. "John Calvin as Biblical Interpreter: An Investigation into Calvin's Use of John Chrysostom as an Exegetical Tutor." Ph.D. diss., University of Pittsburgh, 1974.

포브릿지 프리칭
FOUR BRIDGE PREACHING

2017년 9월 22일 초판 발행
2022년 2월 28일 초판 2쇄 발행

지 은 이 | 박현신

편　　집 | 정희연, 곽진수
디 자 인 | 신봉규, 서민정
펴 낸 곳 | 사)기독교문서선교회
등　　록 | 제16-25호(1980. 1. 18)
주　　소 | 서울시 서초구 방배로 68
전　　화 | 02) 586-8761~3(본사)　031) 942-8761(영업부)
팩　　스 | 02) 523-0131(본사)　031) 942-8763(영업부)
홈페이지 | www.clcbook.com
이 메 일 | clckor@gmail.com
온 라 인 | 기업은행 073-000308-04-020, 국민은행 043-01-0379-646
　　　　　 예금주: 사)기독교문서선교회

ISBN 978-89-341-1713-1 (93230)

* 낙장·파본은 교환해 드립니다.

이 도서의 국립중앙도서관 출판시 도서목록(CIP)은 서지정보유통지원시스템 홈페이지(http://seoji.nl.go.kr)와 국가자료공동목록시스템(http://www.nl.go.kr/kolisnet)에서 이용하실 수 있습니다.
(CIP제어번호:CIP2017021203)